北京大学教材

Media Management
second edition

媒介经营与管理
（第二版）

谢新洲　主编

图书在版编目(CIP)数据

媒介经营与管理 / 谢新洲主编. —2 版. —北京：北京大学出版社，2023.8
ISBN 978-7-301-34182-7

Ⅰ.①媒…　Ⅱ.①谢…　Ⅲ.①传播媒介—经营管理—高等学校—教材　Ⅳ.①G206.2

中国国家版本馆 CIP 数据核字(2023)第 118809 号

书　　名	媒介经营与管理(第二版) MEIJIE JINGYING YU GUANLI(DI-ER BAN)
著作责任者	谢新洲　主编
责任编辑	董郑芳
标准书号	ISBN 978-7-301-34182-7
出版发行	北京大学出版社
地　　址	北京市海淀区成府路 205 号　100871
网　　址	http://www.pup.cn
新浪微博	@北京大学出版社　　@未名社科-北大图书
微信公众号	北京大学出版社　　北大出版社社科图书
电子邮箱	编辑部 ss@pup.cn　　总编室 zpup@pup.cn
电　　话	邮购部 010-62752015　　发行部 010-62750672 编辑部 010-62753121
印　刷　者	河北文福旺印刷有限公司
经　销　者	新华书店 787 毫米×1092 毫米　16 开本　33 印张　672 千字 2011 年 11 月第 1 版 2023 年 8 月第 2 版　2025 年 8 月第 3 次印刷
定　　价	99.00 元

未经许可，不得以任何方式复制或抄袭本书之部分或全部内容。
版权所有，侵权必究
举报电话：010-62752024　电子邮箱：fd@pup.cn
图书如有印装质量问题，请与出版部联系，电话：010-62756370

目　录

导　论 ……………………………………………………………………… 001

第一章　媒介产业的变革与发展 ……………………………………… 007
　　第一节　市场主体变迁 ……………………………………………… 007
　　第二节　产业结构调整 ……………………………………………… 019
　　第三节　发展中的挑战:促进市场公平 …………………………… 027

第一编　媒介经营

第二章　媒介经营概论 ………………………………………………… 033
　　第一节　媒介经营的意义 …………………………………………… 033
　　第二节　媒介经营的理论基础 ……………………………………… 039
　　第三节　媒介经营研究的对象 ……………………………………… 045

第三章　媒介市场的形成、特征与评价 ……………………………… 054
　　第一节　媒介市场的形成与发展 …………………………………… 054
　　第二节　媒介市场的结构 …………………………………………… 063
　　第三节　媒介市场的特征 …………………………………………… 072
　　第四节　媒介市场的评价分析 ……………………………………… 075

第四章　媒介产品的生产与服务 ……………………………………… 083
　　第一节　媒介产品的定义及特征 …………………………………… 083
　　第二节　媒介产品的发展与特点 …………………………………… 090
　　第三节　媒介产品的生产流程与变化 ……………………………… 097
　　第四节　媒介产品的发展趋势:信息服务 ………………………… 109

第五章　媒介广告资源开发 ········· 116
　第一节　媒介广告及其类型 ········· 116
　第二节　媒介广告在媒体经营中的作用 ········· 123
　第三节　媒介广告资源的利用 ········· 126
　第四节　媒介广告的经营模式 ········· 133
　第五节　新媒体广告经营 ········· 148

第六章　媒介用户与媒介消费 ········· 155
　第一节　以用户为导向：媒介消费逻辑变迁 ········· 155
　第二节　媒介用户消费需求 ········· 161
　第三节　媒介用户细分 ········· 165
　第四节　媒介用户调研 ········· 176

第七章　跨媒介经营 ········· 186
　第一节　国家媒体制度下跨媒介经营的起步与发展 ········· 186
　第二节　跨媒介经营的理论基础与现实依据 ········· 190
　第三节　跨媒介经营的模式与实践 ········· 193

第二编　媒体管理

第八章　媒体管理概论 ········· 201
　第一节　媒体管理的概念与意义 ········· 201
　第二节　媒体管理的理论基础 ········· 204
　第三节　媒体管理的范畴与对象 ········· 208
　第四节　媒体管理的基本原则 ········· 210

第九章　媒体战略管理 ········· 215
　第一节　战略管理的概念 ········· 215
　第二节　媒体战略制定 ········· 218
　第三节　媒体战略管理的过程 ········· 228
　第四节　媒体战略管理的层次 ········· 231

第十章　媒体管理规制 ········· 256
　第一节　媒体规制的内涵 ········· 256
　第二节　媒体规制的调整对象 ········· 259

第三节　媒体管理的法律体系 …………………………………………… 261
　　第四节　媒体管理的政策体系 …………………………………………… 267
　　第五节　媒体管理的组织体系 …………………………………………… 270
　　第六节　媒体规制的主要构成 …………………………………………… 275

第十一章　媒体组织管理 ……………………………………………………… 292
　　第一节　媒体组织的内涵 ………………………………………………… 292
　　第二节　媒体组织的结构 ………………………………………………… 302
　　第三节　媒体组织的变迁 ………………………………………………… 316

第十二章　媒体人力资源管理 ………………………………………………… 325
　　第一节　媒体人力资源管理的兴起 ……………………………………… 325
　　第二节　媒体人力资源的特征 …………………………………………… 331
　　第三节　媒体人力资源管理的内容 ……………………………………… 336

第十三章　媒体渠道管理 ……………………………………………………… 356
　　第一节　媒体渠道的独特性 ……………………………………………… 356
　　第二节　印刷媒体的渠道运作和管理 …………………………………… 363
　　第三节　电子媒体的渠道运作和管理 …………………………………… 369
　　第四节　新媒体的渠道运作和管理 ……………………………………… 376
　　第五节　媒体渠道管理的发展趋势 ……………………………………… 381

第十四章　媒体财务管理 ……………………………………………………… 388
　　第一节　媒体财务管理的作用、目标与任务 …………………………… 388
　　第二节　媒体成本控制 …………………………………………………… 391
　　第三节　媒体预算与利润管理 …………………………………………… 401
　　第四节　媒体运营绩效评价 ……………………………………………… 405

第三编　媒体创新

第十五章　媒介经营管理创新概论 …………………………………………… 417
　　第一节　媒体创新的现实原因 …………………………………………… 417
　　第二节　媒体创新的主要领域 …………………………………………… 422

第十六章　媒体体制改革和媒体机制创新 …………………………………… 429
　　第一节　媒体体制和媒体机制的含义与特征 …………………………… 429

第二节　我国媒体体制的历史沿革 …………………………………… 433

　　第三节　媒体体制改革与机制创新的必要性 …………………………… 437

　　第四节　媒体机制创新的实现路径 ……………………………………… 444

第十七章　媒体资本运作创新 ………………………………………………… 451

　　第一节　媒体资本运作的背景 …………………………………………… 451

　　第二节　媒体资本运作的作用 …………………………………………… 456

　　第三节　媒体资本运作的特殊性 ………………………………………… 459

　　第四节　媒体资本运作的现状 …………………………………………… 462

　　第五节　媒体资本运作的方式 …………………………………………… 473

第十八章　媒体融合的实践与创新 …………………………………………… 486

　　第一节　媒体融合概念的发展与影响 …………………………………… 486

　　第二节　我国媒体融合的具体实践 ……………………………………… 494

　　第三节　我国媒体融合视角下的媒体经营与管理 ……………………… 510

第一版后记 ………………………………………………………………………… 517

第二版后记 ………………………………………………………………………… 519

导　论

今天,人类已经步入信息化时代,世界各地的人通过读报刊、听广播、看电视、上网了解天下的大事小事、休闲娱乐、聊天购物。

回首人类社会的发展,作为一种社会整合力量的信息传播,在一次又一次信息通信技术变革潮流的推动之下,不仅在政治活动、经济活动和文化活动中扮演着越来越重要的角色,其自身也迅速成就了一个颇具创造性、成长性和财富积聚性的产业——媒介产业。从农业时代到工业时代再到信息时代,媒介产业从无到有,从弱到强。媒介产业从未像如今这般成为人类社会经济结构中不可或缺的一环。从传统的报纸期刊、广播电视,到新近面世的互联网、移动互联网等都包含在媒介产业的经营范围之中。

105年,中国东汉时的蔡伦在前人的经验基础上制造出了植物纤维纸。

8世纪,中国唐朝出现世界上最早的报纸——《邸报》。

中国北宋庆历年间,毕昇首创胶泥活字排版印刷技术。

1450年前后,德国工匠古登堡制造出使用金属活字排版的印刷机。

1833年,美国人本杰明·戴在纽约创办了历史上第一张面向平民百姓的廉价报纸《纽约太阳报》,并获得大量广告收入。

近一个世纪以来,媒介产业以令人吃惊的速度实现着影响力、财富聚集力的跨越性提升,这是技术革命、资本的积极流动、各类媒介之间的技术渗透等多方面努力共同造就的结果。不断革新的传播技术、各类媒体组织、众多的媒体从业者、不同时期不同制度下的传播法律法规等树起一座座里程碑。

1920年,美国西屋电气公司建立并开始运营世界上第一座正式的广播电台——KDKA。

1927年,美国国会通过了《1927年无线电法》(Radio Act of 1927),以加强对广播频率的管理。

1936年,英国广播公司建立了世界上第一座电视台。

1941年,美国第一批18家电视台获准进行商业运营。

1958年,北京电视台(中央电视台前身)开始试播。

1978年,中国的报业走上适度自主经营的"事业单位,企业化管理"道路。

1993年,美国推出"信息高速公路计划"。

1994年,中国开始接入国际互联网。

1998年,在联合国新闻委员会年会上,互联网开始被称为"第四媒体"。

1998年,中国内地传媒业的利税首次超过烟草业,成为中国排名第四的支柱产业。

2001年,中国加入世界贸易组织。

2008年6月,中国网民人数达2.53亿,网民规模跃居世界首位。

2010年,中国网民人数达4.57亿。

2010年2月,《纽约时报》印刷发行量近99.51万,其网络读者人数突破2200万。

传统媒体衰落,新媒体崛起。

在"十二五"规划中,我国第一次明确提出要"推动文化产业成为国民经济支柱性产业",这一战略规划是为适应新的经济增长方式特别是信息时代技术进步的要求制定的。媒介产业是文化产业的重要组成部分。"十二五"期间(2011—2015),中国媒介产业一直保持高于GDP增速的速度稳定增长,到2014年,中国媒介产业总值达到11 361.8亿元,首次突破万亿元大关,互联网广告首次超过电视,跃居媒介广告市场首位。互联网和移动媒体成为产业增长的主要支柱。[1]

"十三五"规划进一步提出,要加快发展现代文化产业,加快发展网络视听、移动多媒体、数字出版、动漫游戏等新兴产业,推动出版发行、影视制作、工艺美术等传统产业转型升级。推进文化业态创新,大力发展创意文化产业,促进文化与科技、信息、旅游、体育、金融等产业融合发展。截至2022年底,全国广播节目综合人口覆盖率为99.65%,电视节目综合人口覆盖率为99.75%。[2] 农村广播电视网络基础设施持续改善。互联网普及应用持续深化,下沉市场潜能被激发,互联网广告、网络游戏保持高速增长。[3]

"十四五"规划提出,要加强公共文化服务体系建设和体制机制创新,健全现代文化产业体系和市场体系。[4]

毋庸置疑,媒介产业已经成为社会发展中的一支重要力量,在经济发展、文化传播

---

[1] 参见崔保国主编:《中国传媒产业发展报告(2015)》,社会科学文献出版社2015年版。

[2] 《2022年全国广播电视行业统计公报》,2023年4月27日,国家广播电视总局网站,http://www.nrta.gov.cn/art/2023/4/27/art_113_64140.html,2023年5月31日访问。

[3] 《中国新闻事业发展报告(2020年发布)》,2020年12月21日,中国记协网,http://www.zgjx.cn/2020-12/21/c_139600961.htm,2022年6月1日访问。

[4] 《中华人民共和国国民经济和社会发展第十四个五年规划和2035年远景目标纲要》,2021年3月13日,中国政府网,http://www.gov.cn/xinwen/2021-03/13/content_5592681.htm,2022年6月1日访问。

中表现出持续攀升的影响力。随着资本流动加剧、跨文化传播活动日益频繁、国际市场竞争激烈化,媒介产业在众多国家跃居重要地位。从我国的情况来看,媒介产业的发展至少在以下三方面意义重大。

第一,充分实现媒体的社会功能。媒介产品的功能主要体现为协调社会关系、文化交流传承以及休闲娱乐等。这些功能无论庄重或轻松,严肃或温情,都是社会良性运行所必需,更是社会成员健康生活的辅佐。

第二,不断提高媒介产业的经济效益。我国媒介产业发展的历史短,经验少,经营意识淡薄,体制转型所带来的不适还没有完全消除。但是,在投入产出的关系上,媒介产业也与其他产业一样,都将赢利作为一个重要的目标。如果媒介产业在发展中能够形成稳定的市场、行业规范以及良性的竞争规则,媒介产业的经济效益就会持续增长,在更广范围的竞争中壮大。

第三,逐步提升国家的软实力。当今时代,国家实力已不再仅由经济实力和军事实力衡量,文化实力日益成为国家综合实力的重要组成。我国的媒介产业作为文化产业的一个重要组成部分,在团结人民群众、树立民族自信、引领高尚操行以及进行国际传播、争夺国际话语权等方面责任重大,是文化软实力的主力军。发展媒介产业,无疑会生产和传播更多的精神文化产品,增强国家在全球范围的影响力。

对于一个微观的媒体组织而言,只有从每一个产品、每一个节目做起,关注每一次技术的进步、重视每一个珍贵的创意、尊重每一个受众的需求,踏踏实实,兢兢业业,才会吸引受众和获得认可。成功的媒体组织越多,媒体的各种社会功能越能得到实现,媒介产业的经济利益也才有可能得到提高,从而有助于国家软实力的提升。

因此,媒体组织的经营和管理活动是媒介产业发展的基础。那么,媒介市场有哪些特征?媒介产品是怎样被生产出来的?受众对媒介产品的需求如何?媒介广告资源如何被加以开发和利用?媒体运行中有哪些法律法规?媒体组织在技术、渠道、人力资源、财务等方面如何进行管理?媒体组织在竞争中怎样从战略高度、创新角度获得优势?等等。这一连串的问题构成了媒介经营和管理理论的基本框架。

理论源于实践,理论也能反过来指导实践。媒介产业在市场中前行,它的发展在为相关研究提供越来越多的素材,其自身发展也需要理论的指导。本书就在完成这样一项工作:通过大量案例和资料、从不同层面对媒体组织的经营和管理活动进行研究、观察、整理和思考,将媒介产业在实践中沉淀下来的具有一般意义的规律加以归纳和总结。

本书围绕媒体的经营与管理活动展开论述,从产品内容的选取、形式的设计和生产、包装、销售,到媒体组织人、财、物的合理安排、调动和规划等环节,既考虑到一般企业的经营管理规律,也考虑到媒介产业的特殊性。我们将围绕以下三个层面构建全书的体系。

一、媒介经营

媒介经营是指媒体组织将媒介生产要素投入媒介市场,通过媒介产品的生产、交换实现其价值的过程。媒介生产要素包括基础设施、产品生产与传播技术、资金、人员等诸多方面。媒介产品的价值实现则包括三个方面:一是媒介产品能够满足受众获取信息、娱乐等需求的使用价值;二是广告交换价值,即媒体将受众的注意力资源与广告商相交换而产生的经济价值;三是公共舆论价值,即媒体通过集中、整合和传播信息对公众意识产生影响并形成舆论的社会价值。媒介经营研究的目的是揭示媒介要素投入市场并参与价值产出过程的规律,从而为提高媒介经营效益、实现媒体价值服务。

媒介经营研究的对象基本可以分为两个大的层面:一是着眼于媒体组织的微观层面,即研究相对独立经营的媒体组织或单位,如一家电视台、一家报社等;二是着眼于整个媒介产业的宏观层面,即媒体组织之间、媒体业与其他相关行业之间的竞争、合作,媒体业与整个社会生态系统互相作用的各种关系。媒介经营研究不仅要研究单个媒体组织的运行规则,也要把握整个媒体行业的发展规律和变化趋势。微观层面的媒介经营研究重点是,研究媒介产品生产的机制与规律,以及如何通过媒体发行或者传输渠道使媒介产品到达受众端,满足受众消费需求并获得相关的价值回报。比如,媒体组织是通过生产和传播信息产品获得利益的,那么它的产品如何才能满足不断变化着的受众的需要?媒体组织利润来源的一大部分是广告,如何开发和利用广告资源实现更大的利润增长?宏观层面进行的媒介经营研究重点则是,研究媒介产业规模与结构、相关政策与技术环境,以及如何实现媒介产业的资源合理配置、推动产业升级等问题。

在我国社会主义市场经济体制改革和媒体体制改革的背景下,媒介经营更是媒体组织管理者必须解决和跨越的难题。一方面,从"国家供养"到"自收自支",媒体组织亟须解决"造血"问题,以适应激烈的市场竞争。另一方面,媒介经营有其特殊性。不同于一般的商品市场,媒介市场兼具政治属性和经济属性双重属性。重视媒体的经济属性有利于更好地发挥其社会服务职能,有利于通过经营活动促进多种资源的高效流通和优化配置,形成可持续的内容生产能力和更可观的传播力、影响力,进一步实现舆论引导、知识科普、大众娱乐、文化传承等功能,彰显社会效益和社会价值。此外,作为连接政府与公众、商家与用户的桥梁,媒体组织需要形成成熟、系统的经营模式和规范,发展成为具有独立性、稳定性的社会单位,持续发挥其对社会资源的连接、组织、配置和转化的作用,构建现代媒介产业链成为题中应有之义。

本书在厘清媒介经营的理论依据和研究对象的基础上,分别从媒介市场、媒介产品、媒介广告、媒介用户与消费以及跨媒介经营等方面展开,系统介绍媒介经营的主要环节、要素及其内在运行机制。

二、媒体管理

媒体管理即媒体主管部门和媒体组织通过制度、法规、计划、组织等,充分调动、协调和运用各种社会资源,促成媒体社会功能和经济功能实现的活动。媒体管理活动在媒介产业发展过程中起到计划、组织、领导、控制、沟通的作用。"媒介经营"与"媒体管理"是两个紧密关联又有显著区别的概念,经营以经济效益为最主要目标,管理则以效率为最优准则。媒体管理服务于媒介经营,而媒介经营只有与管理相协调,才能顺利运转。两者相互协调,相互配合,共同促进媒体企业的可持续健康发展。

媒体管理活动同样在宏观和微观层面有不同的内容。从宏观层面来看,媒体管理是指政府及有关主管部门通过各种法律、法规、政策对不同性质的媒体组织及其经营活动进行管理的过程。媒介产业是提供信息产品的特殊行业,它的产品不仅具有物质属性,而且具有精神属性。媒介产品的特殊性使这一行业所受到的规范和管理同样具有特殊性。作为对人的意识形态产生着重要影响的产品,媒介产品的生产和传播受到国家法律、制度方面的严格约束。媒介产业需要这种相对严格的制度环境。在微观层面上,媒体管理研究需要关注产品(内容)、从业人员、财务、技术、渠道等方方面面的协调。比如,媒体组织作为由不同的人、体制、资源等组成的社会机构,怎样运作才能实现效率最大化?从人力资源管理上看,媒介产品的生产和传播依靠媒体从业者完成,这些人如何团结为一个整体,形成媒体组织的合力,以实现媒体组织的社会目标和经济目标?

如何将现代管理理论与媒体组织的特殊性有效结合,提高管理效率,实现经济效益与社会效益的最大化,是当前媒体管理领域必须解决的问题。因此,媒体管理者和相关研究者需要回归管理的本质,确立媒体管理的基本研究范畴和对象,明确不同的媒体管理模式和效果,为解决新形势、新环境下媒体发展面临的新问题、新挑战提供支持。

三、媒体创新

媒体创新既是社会政治、经济及文化体制发展的结果,也是推动社会发展的重要动力。在急剧变动的时代,创新是企业制胜的重要因素。任何一个产业在快速变化的环境中都极为重视创新这一发展战略,媒介产业因与信息时代日新月异的网络传播技术,以及技术变迁下持续分化、细化的受众信息接收习惯和接收方式密切联系,相对而言比其他行业更需要创新,包括体制创新、组织管理创新、经营理念创新、内容及产品形式的创新等。

体制创新是一个除旧布新的渐进过程,是在旧的体制的基础上,剔除和改变不适应现实发展的规制工具,创造新的能够促进发展、释放活力的体制。媒体的组织管理创新是媒体机构内部资源优化和重组中的形式、结构方式创新，以最大化地激活内部创造力和媒介产品生产力，更有效地实现媒体组织的经济目标和社会目标。媒介经营理念创新是指媒体组织在不断适应媒体市场、受众、同业竞争者变化中对经营方式、方向、模式等进行的调整。

信息组织和传播模式的变革导致媒介经营与管理方式的适应性调整。在"平台化"大势所趋下，媒体组织由"二次售卖"进一步探索"多次售卖"的可能性。这就要求媒体组织采取更加灵活、有弹性的体制机制，适应瞬息万变、稍纵即逝的媒介市场竞争格局，进一步激活、释放其经营活力，改变条块分割的分工格局；创新资本运作方式，为自身拓展经营能力和经营方式提供动能支持，并带动媒体组织管理模式的优化和创新，分散潜在的经营风险。

对于当前面临巨大经营压力的传统媒体而言，媒体创新显得尤为"迫在眉睫"。新媒体技术在给传统媒体带来挑战的同时，也为传统媒体提供了新的经营与管理工具和手段。在挑战和机遇之间，关键是对用户资源的"争夺"，这促使传统媒体开启了"新媒体化"的转型进程。媒体融合发展成为当前我国文化体制改革的关键命题，它既反映了传统媒体在新媒体冲击下的自我革新，也反映了媒体创新路径的双向性。媒体融合发展既是党和国家着眼当前媒体生态变革而作出的重要战略部署，也蕴含了基层媒体组织"边缘突破"的创新实践。可见，对于与国家行政体系同构的媒体组织，其改革创新的过程亦是科层体制内部以及"国家—市场—社会"等多种社会关系的再结构化。本书将重点从媒体体制机制创新、媒体资本运作创新、媒体融合发展创新三个方面，讲解媒体创新的意义（原因）、特殊性及其实现路径。①

---

① 在本书中，"媒体"主要用于指代"媒体组织或平台"，"媒介"主要用于指代"传播介质或工具"。

第一章 媒介产业的变革与发展

中华人民共和国成立七十余年,经历从西方封锁时期到计划经济主导,再到全面改革开放、社会主义市场经济转型,实现了从站起来到富起来进而走向强起来的辉煌发展。计划经济时期,媒体主要由官方机构主办,发挥政治功能,几乎不参与市场运作。随着改革开放的到来和社会主义市场经济体制的确立,媒体由国家供给的事业单位转为企业化管理的事业单位,媒介市场随之逐步形成。构成媒介市场的关键要素如媒体组织、媒介产品和媒介消费者以及决定媒体市场运行的规制日臻成熟,媒体彰显出政治和经济的双重属性,走上社会效益与经济效益相互促进、共同发展的繁荣之路。熟悉我国媒介产业变革与发展的历程,可以更好地理解富有中国特色的媒介经营与管理的历史、现状和未来。

第一节 市场主体变迁

媒体具有政治和经济双重属性,单纯强调媒体的政治属性及其社会公益特征,并不足以形成媒介市场,只有当其经济属性得以充分彰显时,才能真正形成媒介产业。产业发展离不开市场交易。市场由主体、客体和市场机制三大要素构成,它们是判断市场是否形成、发展和成熟的基本变量。

媒介市场主体包括媒体组织即媒体,以及媒介产品消费者即受众,也就是信息产品供需双方;客体是市场交易的对象,即媒介产品,包括报纸、广播电视节目以及各类新兴传播技术应用,如基于互联网技术的门户网站、新闻客户端、微博、微信等,它们是内容与介质的综合体;维护市场运行的各种规制可分为内外两部分,主要通过外部调节和自我管理发挥作用。三大要素中,主体的培育与成长是影响媒介产业形成与发展的根本,它直接决定了客体的构成、质量和市场规则的价值取向。

回顾我国媒介产业发展历史,其中存在多个重要的时间节点,1978年实行改革开放政策成为里程碑。从此,以党报改革为龙头,中国媒体的经济属性日渐复苏,市场主体身份逐步确立,媒介产业由此发轫。

一、改革开放前发挥"喉舌"功能的事业单位

中华人民共和国成立后,中国媒体以党报为核心,逐步形成由报纸、通讯社、广播、电视、杂志、新闻电影等构成的较为完整的大众传播体系,以"宣传党的政策,贯彻党的政策,反映党的工作,反映群众生活"①为工作原则。此阶段的媒体作为党的宣传系统的重要组成,主要发挥党和政府的"喉舌"功能,被纳入行政级别体系,参照行政单位管理,没有经营实体。即使如此,中国社会关于媒体属性的认识并非一成不变,不同阶段的制度选择取决于当时的政治、经济和社会条件。

(一)"喉舌"功能的确立

我国新闻媒体"喉舌"之说始于革命战争年代,当时的新闻媒体为革命而生,具有特殊的时代印记。

早在20世纪20—40年代,中国诞生了许多革命团体主办的报刊,其任务不是追求利润,而是为革命服务。1930年8月10日,《红旗日报》发刊词提出,"本报是中国共产党的机关报,同时在目前革命阶段中必然要成为全国广大工农群众之反帝国主义与反国民党的喉舌"②,首次明确提出新闻媒体的"喉舌"功能。此前,早在1925年毛泽东为《政治周报》撰写"发刊理由"时就指出:"为什么出版政治周刊?为了革命。"③革命战争年代,我国媒体的任务被明确界定为"为了革命",功能则是"喉舌"。

应该注意到,从历史上看,我国媒体的"喉舌"功能不仅体现在为党服务上,同时体现在为人民服务上。因为中国共产党的根本宗旨是全心全意为人民服务,党报党刊自然也应该是党为人民服务的工具。两者并不矛盾。1948年10月2日,刘少奇在《对华北记者团的谈话》中指出,"你们的任务是写给读者看,读者就是你们的主人",党依靠新闻媒体"联系群众,指导人民,指导各地党和政府的工作",同时人民可以通过新闻媒体"把他们的呼声、要求、困难、经验以至我们工作中的错误反映上来"。刘少奇的谈话反映了我国新闻媒体"喉舌"功能的双向性。④

---

① 《中宣部为改造党报的通知(三月十六日)》,载中国社会科学院新闻研究所编:《中国共产党新闻工作文件汇编 上卷》,新华出版社1980年版,第126—127页。
② 参见向忠发:《〈红旗日报〉发刊词——我们的任务(一九三〇年八月十日)》,载中国社会科学院新闻研究所编:《中国共产党新闻工作文件汇编 中卷》,新华出版社1980年版,第22页。
③ 李焱胜:《中国报刊图史》,湖北人民出版社2005年版,第145页。
④ 郑保卫、张鸿飞、张喆喆:《刘少奇对华北记者团谈话的时代背景、理论内涵及历史意义》,《青年记者》2019年第3期,第99—104页。

（二）短暂的报刊企业化经营

中华人民共和国成立后不久，1949年12月17日到26日，新闻总署召开全国报纸经理会议指出，"全国一切公私营报纸的经营，必须采取与贯彻企业化的方针。即公营报纸必须把报社真正作为生产事业来经营，逐步实行经济核算制。私营报纸亦须在已有的基础上进一步改善经营方法"①。

1950年9月，中共中央宣传部发布《关于报纸实行企业化经营情况的通报》，肯定上述方针是"完全正确的，可以实现的"，并指出："有些报社的工作同志还不了解和不重视企业化的方针，他们以为报纸是文化企业，不能当作生产事业来经营，甚至个别报社的工作同志还残留着'赔多少向公家报销多少'的错误思想，缺乏精打细算的经济核算思想。"② 1950年下半年，党和中央人民政府决定对私营新闻出版事业进行社会主义改造，到1952年底，全国原有私营性质的报纸全部变为公私合营性质的报纸；1953年后，又通过收购私股的办法，使公私合营的报纸进一步变成公营报纸。③ 在国家政策的推动和扶持下，全国报业经营工作取得明显进展。到1951年，全国省级以上报纸基本实现自给自养。④

但是，到了20世纪50年代后期，受当时国际政治和国内经济的影响，国家需要对社会资源实行集中管理、集中使用、统一调配，所有媒体一律锁定供给制、报销制，市场竞争不再，广告被视作异端。报社实行企业化经营的管理方针被迫中断，其他媒体的经营与管理更乏善可陈。新闻媒体处于全面萎缩或停滞状态。这与当时实行的计划经济体制和西方国家对中国长期的封锁密切相关。在计划经济条件下，生产资料统一调配，产品定量供应、统一定价，没有市场竞争，也就无须广告。在此情况下，继续实施报社的企业化经营既无可能，也无必要。

（三）以党报为主导的宣传平台形成

中华人民共和国成立之初，国有新闻媒体与私营新闻媒体一度并存，后来通过对私营新闻媒体的改造，实现了新闻媒体国有化，建立了以《人民日报》为核心的党报系统。1958年，北京电视台（中央电视台前身）试播成功，标志着我国新闻媒体的种类已齐全。随后，上海电视台及哈尔滨电视台（黑龙江电视台前身）相继开播，一时间甚至出现了各地竞相开办电视台、试验台、转播台的热潮。总体上，在"文化大革命"开始前，我国初步形成了以报纸、通讯社、广播、电视为主体的新闻媒体传播框架，逐步形成了以党报

---

① 杜庆云主编：《中国报刊发行史料》，光明日报出版社1987年版，第7页。
② 中国社会科学院新闻研究所编：《中国共产党新闻工作文件汇编 中卷》，新华出版社1980年版，第20—21页。
③ 吴廷俊：《中国新闻史新修》，复旦大学出版社2008年版，第394页。
④ 郑保卫：《事业性、产业性：转型期中国传媒业双重属性解读》，《今传媒》2006年第8期，第8—10页。

为核心的公营报刊体系,结合以新华社为主体的国家通讯网、以中央人民广播电台为中心的国营广播网,确立了以党管国营媒体为核心的高度集中的新闻宣传体系①,不同媒体间的竞争较少,相互补充共同发展的势头明显。

1966年"文化大革命"爆发,我国新闻事业的发展遭受重创。中央为避免"造反派"冲击中央人民广播电台,甚至对中央人民广播电台实行了军事化管理。此间,社会动荡不安,大多数报刊停办。1970年,全国报纸仅剩42种,都是机关报或类似机关报,且报纸几乎千篇一律,呈现同一面孔,其他都被当作"毒草"铲除,成为中国报刊史上最凋零的阶段。在"文化大革命"前期,"文革小报"作为一种特殊宣传品开始兴起。为了"革命"和"造反"的需要,学校和社会上冒出了一大批"文革小报""红卫兵小报"。多数小报随出随停,没有正式的编辑机构,也无须申请、登记,带有很大的随意性。据不完全统计,种数最多的地区如北京为900多种,上海、江苏等地在300种以上。② 此间,除了农村有线广播网络有了一定的发展以及彩色电视试播之外,媒体发展乏善可陈。中国媒体错失发展时机,与国际媒体之间的差距被拉大了。

(四) 完全依靠财政支持的事业单位

中华人民共和国成立初期,我国的新闻制度主要基于两种实践:一是中国共产党在延安时期形成的新闻宣传工作原则和方法,二是苏联新闻管理模式。据此,新闻媒体实行全民所有制,纳入行政级别体系,形成了中央级、省级、地市级和县级媒体。不同级别的媒体之间虽然没有明确的上下级关系,但事实上存在业务指导关系,基层媒体的稿件能否被上级媒体采用,成为基层媒体考核的重要指标,上级媒体也经常借助基层媒体的力量完成部分采访。尽管媒体级别不同,但它们都是党的新闻事业的组成部分,统一接受党委宣传部门的归口管理,因此并不存在竞争关系。

新闻事业即指广大新闻从业人员所从事的,通过具有相当规模的各种专门机构,以各种方式采集和传播新闻,反映舆论,从而对社会生活产生重大和深远影响的经常性活动,是"新闻机构和其他各项业务的总称"③。此时的新闻事业单位比较单一,只有国家财政全额拨款一种类型,即老百姓常说的"吃皇粮"。党和政府根据政治、经济和社会发展的需要,统一分配媒体资源,审批媒体创办申请,按计划供应新闻纸张、电力、油墨等媒体正常运营所必需的物资,统一审定报纸、杂志、电视机、收音机、电影院等各种媒介产品的生产成本、销售价格和运营周期。因此,作为特定的组织,媒体组织不需要考虑物资采购、渠道建设、信息传播等流通环节,专注于内容生产,做好"采、编、

---

① 陈欢、张昆:《1978—2013:中国新闻体制的规制与发展》,《编辑之友》2015年第6期,第63—68页。
② 吴廷俊:《中国新闻史新修》,复旦大学出版社2008年版,第480—492页。
③ 中国大百科全书总编辑委员会《新闻出版》编辑委员会、中国大百科全书编辑部编:《中国大百科全书·新闻出版卷》,中国大百科全书出版社1990年版,第408页。

播、发"工作即可。

同样,新闻媒体的收入单一。当时,媒体收入主要是指报纸杂志的发行收入。它由邮局统一发行,在特定的报刊征订期内收回,然后根据发行周期按比例返还出版单位,冲抵部分成本。除了部分杂志,大部分报纸的发行收入无法抵消纸张和印刷费,不足部分由财政补助。因此,报社实际上并没有自由调配的资金。所谓媒体组织的财务管理极其简单,一个会计加一个出纳员按规定记录收支情况即可。在此情况下,邮局实行整订制,不允许破订,即必须在指定的订阅期限内完成订阅,而且只能订一年或半年,读者希望的临时订阅报刊完全不可行。因为如果订阅数量改变,便会影响新闻纸张的供应,影响邮路的安排,破坏既有生产计划。

受各种因素的影响,1978年实施改革开放政策前后,我国的媒体规模较小。1978年,全国的报纸总量有186种[1],全国共有广播电台105座,电视台37座,全国广播人口覆盖率为62%,电视人口覆盖率只有36%[2]。相对于当时的9.6亿人口而言,我国的媒体组织数量、新闻产品的产量以及传播覆盖率都低。此时,大众媒体的政治属性充分彰显,经济属性难以实现,媒体组织作为传播精神文化的事业单位,依靠国家财政生存,并未参与市场竞争,也不具备市场主体地位,因而难言媒介产业。

二、"事业单位,企业化管理"开启媒介产业

自1978年党的十一届三中全会决定实行改革开放始,中国社会获得了巨大的发展动力,新闻媒体也不例外。新闻媒体抓住机遇,努力创新,在实践中创造出许多宝贵经验。"事业单位,企业化管理"是我国媒体组织在党的十一届三中全会刚刚闭幕后率先提出的自下而上的改革倡议,得到了财政部等有关部门的支持,成为我国媒体从单纯依靠财政支持的发展模式,向国家支持与媒体自我发展有机结合转变的重要路径,影响深远。

(一)"事业单位,企业化管理"的提出

1978年,党的十一届三中全会胜利召开,传递了改革开放的重大信号,报纸开始再议经营与管理问题。当年末,《人民日报》等首都数家新闻单位联合给财政部打报告,要求试行"事业单位,企业化管理"的经营方针,希望通过适度的自主经营获得一些经济收入,以弥补财政拨款的不足,很快获得了批准。从此,报社率先走上了市场化的道路,形成了"独立核算,盈余自用"的事业拨款和经营收入两种财源的格局。

1983年,第十一次全国广播工作会议提出了"四级办台"的指导方针,开始改变经

---

[1] 《报纸市场有多大》,《领导决策信息》1999年第17期,第13页。
[2] 《新中国成立70年来广播电视事业发展成就与经验》,《旗帜》2019年第12期,第43—45页。

营管理方向,要求"节约开支,提高经济效益,并开辟财源。各级广播电视机构的服务公司或服务部,要实行事业单位企业化管理"①。

1988年,国家新闻出版署等部门出台了《关于报社、期刊社、出版社开展有偿服务和经营活动的暂行办法》,鼓励通过市场化的方式和单位经营来扭转亏损局面。同时,广电行业的企业化管理也不再仅限于"服务公司或服务部",而是扩大到整个行业。

1992年,中共中央、国务院作出《关于加快发展第三产业的决定》,要求第三产业机构应做到自主经营、自负盈亏。该决定明确要求,大部分福利型、公益型和事业型第三产业单位要逐步向经营型转变,实行企业化管理。同年10月,党的十四大第一次明确提出建立社会主义市场经济体制的目标,把社会主义基本制度和市场经济结合起来,由此打开了中国媒体企业化管理、市场化经营和产业化运作的大门。

自此,"事业单位,企业化管理"作为一种自下而上发起的创新经营活动,得到党和国家的重视与肯定,成为我国新闻媒体最主要的经营与管理模式。媒体的市场主体身份得以确认,我国媒介产业迎来快速发展的繁盛期。

(二)媒介产业的全面启动

"事业单位,企业化管理"的创新之处在于,在坚持党管媒体不变的根本原则下,激励媒体行业和组织自我发展,为我国媒体发展扩张注入生机与活力,由此促进了媒介产业的全面启动。

1. 媒介产业涌现创新案例

20世纪80年代末到21世纪初,中国传统媒体既是改革开放政策的支持者、宣传者,也是改革的实践者,媒介产业的各个链条不断涌现出丰富多彩的创新案例,媒介市场呈现出生机勃勃的繁荣景象。例如:《华西都市报》作为中国第一份都市报的成功创办,激发了全国各地争办都市报的热情;《中国青年报》"星期刊"开创了国内报业市场的周末版先河;《南方周末》的舆论监督模式也获得了一定反响;广州日报报业集团拉开了集团化的序幕;《洛阳日报》首创自办发行,打破了传统的"邮发合一"模式;珠江经济广播电台的"珠江模式"为面临电视冲击的广播走出困境打开了思路;湖南卫视的娱乐节目刮起了国内电视业娱乐旋风;人民网开办的"强国论坛",让老百姓的声音可以在中国最高级别的媒体上得以传播;等等。此间,新闻媒体呈现出的创新活力前所未有,在新闻事业和文化产业方面取得了显著成绩。

2. 广告业全面复苏

报纸是至今最古老的大众媒体,其自创办之日起便带有明显的商业特征。一方面

---

① 葛娴:《以宣传为中心改革广播电视——记第十一次全国广播电视工作会议》,《新闻战线》1983年第5期,第13+18页。

是报纸的销售可以带来发行收入,另一方面是可以为客户提供有偿信息刊登服务,获得广告收入。曾经风靡一时的免费报纸以及20世纪90年代后期出现的"厚报时代"更是完全依赖广告收入维持报社的生存和发展。但是,改革开放前,报纸的定价并非基于成本,报纸广告被视作异类,媒体的产业属性被完全压制。但这并不意味着我国媒体不具备进入市场的潜力。实际上,实行"事业单位,企业化管理"后,广告业首先得到了复苏。

1979年1月4日,《天津日报》发布了天津牙膏厂的一则通栏广告,成为新中国刊登在新闻媒体上的第一条商业广告,引起轰动。① 10天后,即1月14日,上海《文汇报》发表丁允朋的署名文章《为广告正名》,引起舆论关注。文章称:"我们有必要把广告当作促进内外贸易,改善经营管理的一门学问对待。""我们的报刊、广播、电视中有选择地刊登、放映外国广告,这也能扩大群众眼界,对增加外汇也是有好处的。"作者立足于当时的社会、经济发展的现实需求,对广告经营予以肯定。顿时,一石激起千层浪。新闻媒体、企业界都心潮涌动。②

1979年1月28日,上海电视台宣布"即日起受理广告业务"并播出"参桂补酒"广告,首开中国电视广告先河。③ 同日,上海《解放日报》在第二版和第三版的下端刊登了两条通栏广告:一条是"上海工艺美术工业公司所属部分工厂产品介绍",包括各种乐器、道具等;另一条是"上海市食品工厂所属产品介绍"。④ 1979年3月,上海电视台播出了上海广告公司代理的第一条外商广告"瑞士雷达表",并在转播国际女子篮球赛时,播出了自摄的"幸福可乐"广告。⑤ 随后,广告经营从地方媒体走向中央媒体。3月20日的《工人日报》刊登了"日本东芝"广告,这是首例外商来华宣传产品的报纸广告。⑥ 自此,外商开始通过中国媒体刊发商业广告。经过一段时间的观察和研究,新闻媒体刊播广告的尝试得到了《人民日报》的声援。1979年7月18日,该报以《一条广告的启示》为题,发表署名"十川"的文章,明确支持新闻媒体开始广告经营。⑦ 因此,1979年被认为是"中国媒体广告元年"。

随着媒体广告业的蓬勃发展,广告管理被列入党和政府的议事日程。1982年,国务院颁布了《广告管理暂行条例》,成为新中国第一个全国性广告管理法规,为我国新

---

① 耿堃、朱霖:《1979年,〈天津日报〉为什么会第一个恢复刊登广告》,《中国报业》2018年第11期,第41—43页。
② 吴琼、徐豪:《丁允朋广告思想及历史价值探微——以〈为广告正名〉与〈应该有个广告法〉为例》,《广告大观(理论版)》2011年第1期,第76—79页。
③ 黄艳秋、杨栋杰:《中国当代商业广告史》,河南大学出版社2006年版,第5页。
④ 许俊基主编:《中国广告史》,中国传媒大学出版社2005年版,第231页。
⑤ 黄艳秋、杨栋杰:《中国当代商业广告史》,河南大学出版社2006年版,第6页;许俊基主编:《中国广告史》,中国传媒大学出版社2005年版,第232页。
⑥ 许俊基主编:《中国广告史》,中国传媒大学出版社2005年版,第231页。
⑦ 十川:《一条广告的启示》,《人民日报》1979年7月18日第1版。

闻媒体的广告经营提供了法律保障。① 此后,我国广告开始驶入了依法经营的"快车道",国家关于广告经营的法律法规和政策也在实践中不断完善和丰富,促进了我国广告业的全面健康发展。

自1979年广告经营起步后,新闻媒体的经济效益显著提高。新闻媒体因此一度被称为"朝阳产业"和"暴利行业"。1994年,中央电视台首次以招标的形式解决黄金时间段广告销售中供不应求的矛盾。② 1996年9月26日,中共中央总书记江泽民视察人民日报社并发表讲话,明确提出"人民日报社的同志在集中精力办好报纸的同时,要努力搞好经营与管理"③。这是党的主要负责同志首次肯定新闻媒体的双重属性,我国新闻媒体的经济属性得到了广泛认同,媒体经营部门焕发出强大活力,收入增长迅速。

3. 多种经营与集团化改革

我国新闻媒体的多种经营从报纸开始。改革开放后,报业在服从和服务于党和国家的中心任务的同时,遵循报纸自身发展的规律,开始重提"经营报纸"的概念,进而重视报纸发行和广告经营,逐步恢复复印、打字等副业。到20世纪80年代,报业掀起了多种经营浪潮,从经营服务部、招待所拓展到建设、经营宾馆,涉足商业、地产等领域。新闻媒体陆续开展的多种经营是此后多元化经营的雏形。

1990年12月,新闻出版署颁布了《报纸管理暂行规定》,其中第45条明确指出,具有法人资格的报社可"开展有偿服务和多种经营活动"。从此,报业的多种经营得到了行政法规的许可。20世纪90年代,多种经营从起步进入发展时期,从中央到地方,各级报社开办了大量的经济实体。它们是中国报业在社会主义市场经济体制改革的背景下进行的多元化尝试,但办经济实体毕竟不是报业人士的专业强项,因此在此阶段的多元化经营总体上声势浩大,但成功者少。

尽管如此,早期报界的多种经营尝试为媒体多元化发展提供了宝贵的经验。首先,报业的管理者开始认识到多种经营并非越多越好,最好围绕主业开展。其次,他们认识到报界不仅需要会办报的人,更需要懂经营、会管理的人,这是对报业人才观的一次革命性挑战。最后,他们认识到,经营成败与内部的管理机制密切相关,只有改变原有的报业管理机制,改变既有用人机制、薪酬机制,激发经营人才的创造力和经营活力,才能保证经营活动的正常运行。此时的报业改革为其他媒体改革提供了借鉴,为真正的多元化战略实施奠定了基础。

1996年是中国新闻业产业化发展进程中的一个重要年份,广州日报报业集团宣告

---

① 黄艳秋、杨栋杰:《中国当代商业广告史》,河南大学出版社2006年版,第31页。
② 同上书,第92页。
③ 唐绪军:《报业经济与报业经营(第二版)》,新华出版社2003年版,第111页。

成立。作为新中国第一个报业集团,它的成立具有里程碑意义:一是从无到有,不同凡响;二是新闻媒体终于跨出了集团化经营至关重要的一步,融合内部资源和外部资源,在尊重新闻传播规律的同时也尊重市场规律,昭示了用办产业的方式办媒体的新思路,启动了集团化经营的新尝试、新实践。①

三、改革体制机制,促进媒介产业主体多元化

在计划经济体制下,事业单位相当于行政机关的附属物,政事不分,管办不分,事业单位的经济活动往往依赖行政机关的行政职能。要建立社会主义市场经济体制,一项明确的目标就是要建立统一、开放、竞争、有序的市场,实现政企分开、政事分开、管办分离。党的十六届三中全会明确提出,要"建立归属清晰、权责明确、保护严格、流转顺畅的现代产权制度"。按照上述要求,刚从计划经济体制脱离出来的新闻媒体显然难以成为完全意义上的市场竞争主体。这主要表现在两方面:一是媒体单位的产权不符合现代产权制度的要求,权、责、利不明确、不规范;二是媒体参与市场经济建设缺乏相应的法律予以规范和保护。② 整体上,事业单位作为市场主体的地位,与社会主义市场经济要求还有较大距离。

在中国,党和政府高度重视媒介产业发展,在鼓励媒体自下而上开展创新的同时,不断加强顶层设计,推动媒介产业体制机制改革,探索政事分开、事企分开的媒体改革路径,从而改变传统媒体单一的全额财政拨款事业单位的身份,促进了媒介产业化进程。

(一)事业单位改革重新定位媒体身份

在改革开放的大潮中,我国事业单位改革也拉开序幕。1985—1992年被称为中国事业单位改革全面启动阶段③,其代表性政策文件是1992年《中共中央、国务院关于加快发展第三产业的决定》,它明确提出对事业单位要实行企业化经营:现有的大部分福利型、公益型和事业型第三产业单位要逐步向经营型转变,实行企业化管理。正是在此阶段,国家通过公共资金供应机制和拨款办法的改革,将事业单位划分为"全额拨款""差额拨款""自收自支"等不同类型,以财政手段促进了事业单位经营管理机制的转换,促使事业单位面向市场提供服务,国家鼓励部分事业单位自收自支、实行企业化管理,完全通过市场获取资源。

广告业务的快速发展改变了媒体对国家财政的过度依赖,为媒体参与事业单位改革创造了条件。随后,从都市报开始,大部分媒体告别了全额拨款事业单位的身份,跻

---

① 丁柏铨:《对新闻业性质与功能的再认识》,《当代传播》2015年第4期,第10—14+25页。
② 王桂科:《我国媒介产业演变过程的制度分析》,《南方经济》2005年第1期,第61—63页。
③ 陈欢、张昆:《1978—2013:中国新闻体制的规制与发展》,《编辑之友》2015年第6期,第63—68页。

身自收自支事业单位行列;部分媒体,主要是广播电视媒体仍然部分享有国家财政资助,成为差额拨款事业单位;原来附属于媒体的广告、发行、印刷、基础设施服务等部门则开始资产剥离,向独立的企业法人转型。1993年,《国务院批转国家计委关于全国第三产业发展规划基本思路的通知》把新闻业(报刊和广播电视)列为"文化、体育事业",提出要遵照社会效益和经济效益并重原则发展文化事业。事实上,这承认了媒体的产业性质,从政策上促进了媒介产业化进程。

1998年发布的《事业单位登记管理暂行条例》明确了事业单位是利用国有资产举办的公益性的"社会服务组织",并正式建立起中国的事业单位登记制度,为事业单位分类改革指明了方向。2002年《国务院办公厅转发人事部关于在事业单位试行人员聘用制度的意见》,全面推进聘任制、公开招聘、岗位管理、绩效考核制度等内部管理制度的改革,为新闻媒体人事管理改革提供了政策依据。尽管在一些单位中仍然存在所谓"老人老办法,新人新办法"的混合用工制度,但聘用制已成为媒体主要用人制度。通过事业单位改革,我国媒体实现了主体多元化,并开始从传统人事管理向企业人力资源管理转型,极大地促进了媒介产业发展。

(二) 文化体制改革推动多主体并存

从2003年开始,一系列关于文化体制改革的政策先后出台,不断探索媒介产业全面发展的路径。党的十六大提出了深化文化体制改革、发展文化产业的战略任务。党的十七大进一步对深化文化体制改革、推动社会主义文化大发展大繁荣作出了战略部署。党的十八届三中全会再次明确,要推进文化体制机制创新,明确文化产业发展目标。党的十九大进一步强调,要推动文化事业和文化产业发展,深化文化体制改革,完善文化管理体制,加快构建把社会效益放在首位、社会效益和经济效益相统一的体制机制。党的二十大强调,要坚持把社会效益放在首位、社会效益和经济效益相统一,深化文化体制改革,完善文化经济政策。实施国家文化数字化战略,健全现代公共文化服务体系,创新实施文化惠民工程。

1. 文化体制改革试点

2002年11月,中国共产党第十六次全国代表大会确立了文化产业发展战略,提出了深入推进文化体制改革、发展文化产业集团的目标,改革成为新闻媒体发展的主题。2003年,党中央确定北京、上海、广东、浙江等9省市为综合性文化体制改革试点区,《北京青年报》等35家新闻出版、公益性文化事业、文艺创作演出、文化企业单位进行具体试点。

随后,全国新闻媒体的经营工作得到空前的发展。新一轮的新闻媒体体制改革与机制创新以"转企改制"为核心,以建立现代传媒企业为主要模式,以做强新闻产业做大新闻事业为根本目标。"多元化""集团化""资产剥离""资源整合""上市融资"等成为媒介经营中的"高频词",做大做强成为媒介经营的基本思路。

此次改革试图解决"事业单位,企业化管理"模式下,媒体作为事业单位在进入市场时面临的主体身份不明确的核心问题。其解决思路是,通过对新闻媒体的分类管理,区分公益性媒体和经营性媒体,剥离事业资产和经营性资产,分别以事业法人和企业法人进行管理,更加强调通过市场手段整合资源,谋求发展。通过签署委托经营协议等契约模式,明确媒体企业法人与事业法人之间的关系,确保事业法人坚持正确的舆论导向,继续发挥党和人民的"喉舌"功能,同时赋予企业法人参与市场的主动权和独立性。

在改革中,我国相继成立了一大批新闻媒体集团公司。随着媒体结构和产品的丰富、市场的进一步细分,媒介产业的经营范围不断拓展,多元化战略备受青睐,资本经营获得高度关注,媒体上市成为潮流,极大地改变了我国新闻媒体经营与管理的格局,也改变了媒介经营与管理的人才结构。浙报传媒集团股份有限公司(浙江数字文化集团股份有限公司)于2011年9月在上海证券交易所借壳上市,是中国报业集团中第一家整体上市的媒体经营性公司。

2. 全面深化文化体制改革

2011年10月,中国共产党第十七届中央委员会第六次全体会议通过了《中共中央关于深化文化体制改革推动社会主义文化大发展大繁荣若干重大问题的决定》,明确了我国包括新闻媒体体制在内的文化体制改革的总方向。作为文化体制改革的一个重要组成部分,新闻媒体要"以党报党刊、通讯社、电台电视台为主,整合都市类媒体、网络媒体等宣传资源,构建统筹协调、责任明确、功能互补、覆盖广泛、富有效率的舆论引导格局"[①]。2013年11月,中国共产党第十八届中央委员会第三次全体会议通过的《中共中央关于全面深化改革若干重大问题的决定》再次明确了全面深化改革的重大意义和指导思想,以及推进文化体制机制创新。2017年10月,中国共产党第十九次全国代表大会基于中国社会主要矛盾的转变,进一步要求深化文化体制改革,完善文化管理体制,满足人们更高层次的精神需求。[②]

截至2013年,按照中央的要求,高校出版社和地方出版社已经全面完成转企改制任务,成为真正的文化市场主体。中国文化报社等行业媒体相继启动改制,以非时政类报刊转企为龙头,所有经营性报刊业基本完成转企改制。新闻出版体制改革进入全面

---

① 《中共中央关于深化文化体制改革推动社会主义文化大发展大繁荣若干重大问题的决定(2011年10月18日中国共产党第十七届中央委员会第六次会议通过)》,《人民日报》2011年10月26日第1版。
② 《中共中央关于全面深化改革若干重大问题的决定(二〇一三年十一月十二日中国共产党第十八届中央委员会第三次全体会议通过)》,《人民日报》2013年11月16日第3版。

推开、纵深发展的新阶段,最终目标是"加快建立党委领导、政府管理、行业自律、企事业单位依法运营的新闻出版管理体制和富有活力的新闻出版产品生产经营机制"①。但改革同样面临如何甄别非时政类报刊等困难,需要通过体制机制的创新加以推进。

四、媒体融合战略,催生新兴媒体市场主体

2000年以后,以互联网为基础的新型网络媒体的发展不断消解传统的媒介市场结构。从最初的新浪、搜狐、网易、TOM等门户网站的兴起,到Web 2.0时代不断攻城略地的网络社交媒体平台和大量的自媒体,如微博、微信、客户端等,以先进技术为支撑的网络新媒体正在颠覆传统的信息生产、传播、接收与使用的方式,客观上形成了传统媒体与新兴媒体两大阵营的市场竞争。竞争是市场机制正常运营的必然表现。没有竞争的市场并非真正成熟的市场,竞争需要公平的市场条件和环境。中国所谓传统媒体和新兴媒体的竞争源于技术的进步和市场的自发,但这两种媒体始终处于不同的管理体制和发展政策中,甚至关于网络媒体的定义也一直存在争议,尤其是关于商业网站媒体属性的认知始终存在差异。这导致商业网站等网络媒体在"野蛮生长"的过程中赚取了传统媒体的受众眼球,又缺乏相应的社会责任感和内容生产能力,可能带来受众精神文化消费的低级化和媒体市场的失序。因此,媒体融合发展的要求越发迫切。

以2014年8月18日中央全面深化改革领导小组第四次会议审议通过《关于推动传统媒体和新兴媒体融合发展的指导意见》为界,我国媒体融合的探索可以分为两部分。2014年前是以媒体内部自下而上的融合创新为主,它包括传统媒体主动建设新媒体,以及在"三网融合"政策指导下与新兴媒体有限互动的发展过程。2014年被称为中国媒体融合的元年,此后则进入自上而下的深度融合阶段。"着力打造一批形态多样、手段先进、具有竞争力的新型主流媒体,建成几家拥有强大实力和传播力、公信力、影响力的新型媒体集团,形成立体多样、融合发展的现代传播体系"②,成为中国媒体融合发展的目标。随后,人民日报社、新华社、中央电视台等中央主流媒体单位以及上海报业集团、浙江日报集团等省级媒体成为此轮媒体融合的先行者。2016年,新华网继人民网之后,成为第二家获准在中国A股市场上市的中央级新闻网站,标志着媒介市场进入新的发展阶段。2018年,中央提出打造县级融媒体中心的战略,努力打通党和政府联系人民群众的"最后一公里",将媒体融合的触角延伸到基层。

2020年6月30日,中央全面深化改革委员会第十四次会议提出,要"打造一批具有

---

① 新闻出版总署:《关于印发〈关于进一步推进新闻出版体制改革的指导意见〉的通知》,2009年3月25日,中国政府网,http://www.gov.cn/zwgk/2009-04/07/content_1279346.htm,2022年6月1日访问。

② 《共同为改革想招 一起为改革发力 群策群力把各项改革工作抓到位》,《人民日报》2014年8月19日第1版。

强大影响力和竞争力的新型主流媒体"①。此处所指新型主流媒体的强大影响力和竞争力,并非简单与过去或传统媒体相比,而是要立足全球传播秩序的重建和占领国际国内话语权制高点的战略目标,有的放矢加以建设,媒体经营能力的提升成为题中应有之义。

通过持续深入的改革,中国媒体市场竞争意识加强,大量的传统媒体以休刊、合并、转型等方式重新定位,集团化、资本化、网络化等基于市场和技术需求的改革创新不断呈现,人民网、新华网等新闻网站成功登陆资本市场,传统媒体广泛入驻网络社交平台,"两微一端"成为传统媒体走向融合的标配,跨地区、跨媒体、跨领域的媒体合作与经营活动不断增加。在传统媒体不断互联网化的同时,腾讯、百度、阿里等互联网巨头通过收购、注资或参股等方式,不仅为传统媒体注入资金,同时带来网络思维、先进的技术平台、不同的企业经营与管理理念,与传统媒体强大的内容生产能力、专业的采编素养、丰富的信息加工经验等有机结合,形成多种所有制混搭的新型媒体组织,打造中国媒介产业的新型市场主体,共同提升了我国媒体在世界传播秩序重构过程中的话语权。

第二节 产业结构调整

2020 年,中国媒介产业总规模达到 25 229.7 亿元,其增长率高于 GDP。② 与此同时,媒介产业整体结构正在进行深度调整。典型表现即传统媒体的衰落、基于互联网的新兴媒体的崛起和媒体消费终端的移动化。新形势下,实现媒体融合是适应媒介产业化发展的重要路径选择,媒介产业化的相关制度需要不断完善。

一、传统媒体的衰落

进入 21 世纪以后,以互联网为代表的新兴媒体的发展,对以报纸、广播、电视等为代表的传统大众媒体的影响不断增强,从最初的受众分流,发展到广告主的分流,到最后形成内容生产者的分流,动摇了传统媒体的根基。传统媒体的衰落及其未来走向,成为全球媒介经营与管理者共同面临的课题。媒体融合能否应对当前传统媒体发展面临的挑战值得关注。

受众是媒体内容和服务的消费者,决定媒介产业发展的规模和效应。与之对应的是报刊的发行量和电视广播的收视听率等经营与管理指标,它们代表着相关媒体的发展趋势。当前,在新兴媒体的冲击下,传统媒体的经营指标出现大幅下滑趋势,其衰落

---

① 《依靠改革应对变局开拓新局　扭住关键鼓励探索突出实效》,《人民日报》2020 年 7 月 1 日第 3 版。
② 参见崔保国等主编:《中国传媒产业发展报告(2021)》,社会科学文献出版社 2021 年版。

之势不可逆转。特别是,大部分报刊发行量跌幅超过50%,引发了报纸消亡的担忧。

（一）发行量总体下滑

中国报协印刷工作委员会自1994年起进行全国性的报纸印刷量统计。研究表明,历史上全国报纸印刷总量曾从1994年的310亿对开张,增长到最高的2011年的1678亿对开张,从1997年至2004年年均环比增长率曾达到两位数。2005年以后,报纸印刷总量持续快速增长告一段落,出现起伏,并自2012年起连续下降。2019年的统计表明,全国报纸印刷总量为689亿对开张,较2011年减少近千亿对开张,较上年的781亿对开张减少92亿对开张,下降幅度为11.78%。相应地,2019年耗用新闻纸155万吨,较2018年的176万吨降低11.93%。① 其中,党报和时政类报纸印刷总量继续保持稳定,都市类报纸仍在减量、减版,停刊时有发生。

不仅如此,所有报纸均告别20世纪90年代后兴起的"厚报时代",走向"瘦身"的行列。如今,不仅过去都市报动辄百版的历史难再现,党报也主动"瘦身"。比如,2019年1月1日,《人民日报》改版:工作日从24块版调整为20块版,周末从12块版调整为8块版,节假日仍为8块版。

与报纸种类和印数同步下降的趋势不同,期刊种类在持续增长,其出版量却大幅下降,反映了期刊市场细分正在加速,读者的可选择性加强,但总订阅量仍然在下降,纸质大众传媒受众流失的总趋势并未改变。只有图书的出版量仍然保持大幅增长,这与出版社整体转企改制进入市场后竞争意识的增强不无关系。

（二）传统媒体休刊或停刊

面对居高不下的新闻纸价、持续走低的广告收入和不得不增加的人力成本三重压力,报纸开始主动休刊或停刊。其中不乏一些曾在市场上颇有影响的报纸,如中央级的《中华新闻报》、上海的《新民晚报》、北京的《京华时报》《法制晚报》《北京晨报》等,有的盈利能力一直较强,但由于结构性调整,在媒体融合的大潮中偃旗息鼓。

由此可见,在新兴电子媒体的冲击下,传统印刷媒体的市场占有量已经出现明显的衰落之势,但不同介质的媒体仍然表现出一定的差异性,特别是图书出版并未出现类似报纸的种类与发行量的双下降,而是从2012年的79.25亿册增长到2020年的101.00亿册,成为印刷媒体发展的重要亮点。② 只不过,图书印量的增加难以弥补报刊发行大幅跌落所造成的印刷媒体市场份额的减少。

（三）广播电视的收视变化

传统广播电视同样受到了新媒体的冲击,电视的表现尤其明显。电视观众规模在

---

① 《2019年度全国报纸印刷量调查统计报告》,《印刷工业》2020年第3期,第28—29页。
② 同上。

2013年首次出现下滑,2014年至2016年虽略有回升,但观众的结构发生了明显的变化。其中,老年观众仍是传统电视的忠实拥趸,中青年观众游离于传统电视之外的趋势加剧,无业和低收入群体的观众所占比例较大。从观看时长看,2001年以来,我国电视观众人均收视时长呈波动下行的发展态势。2005年和2006年,得益于各级电视台在新闻和综艺等节目形态上的大力创新和集中发力,以及"世界杯"等特殊事件的推动,观众人均收视时长一度回升;2007年,由于观众对选秀和民生新闻等新节目形态产生"审美疲劳",以及缺乏特殊重大事件的支撑,因此观众人均收视时长出现下滑;2008年和2009年,北京奥运会、庆祝中华人民共和国成立六十周年等一系列重大事件再次将观众的注意力拉回电视,人均每日收视时长又略有回升,但收视时长趋短之势未变。从2010年开始,全国电视观众人均每日收视时长基本呈现持续下滑的态势,难掩发展"颓势"。2014年后,受众对媒体的接收方式发生了较大变化,碎片化、个性化、随时随地的收看行为正在慢慢地蚕食人们收看传统电视的时间。2013年到2016年间,人均收视时长持续走低,跌至历史最低的152分钟。[①] 2020年,受到新冠肺炎疫情影响,电视用户每日户均收视时长为5.85小时,较2019年有不同程度上涨。[②] 观众的老年化、低收入化和收视时长的持续走低,要求传统电视业正视现代传播技术的挑战,及时进行自我革命,适应时代的需要。

随着社会经济不断发展,人民生活水平日益提高,私家车数量不断增加,传统的收听模式正在逐步被打破,新的模式正在日渐形成。与电视观众全天收视走势不同,广播全天的收听峰值出现在早晨,早晚高峰时段工作日收听水平明显高于周末。这反映出人们对于广播信息的需求与电视和其他媒体的差异,广播内容主要是作为人们上下班路上的一种陪伴,因此交通台、音乐台等最受欢迎。

(四)收入下降

广告是传统媒体的主要收入来源,新媒体的发展为广告主提供了更多的广告投放选择,网络消费行为的全记录则为广告精准投放提供了大数据支撑,基于算法的精准推送和广告可测量性等优势,共同推动了广告投放的转场。

与电子媒体不同,报刊的传统自主经营收入由发行和广告两部分构成。2008年到2018年间报刊媒体的广告收入清楚地展示了纸质媒体由盛而衰的过程。10年间,报纸广告收入最高达487.3亿元(2011),此后持续走低,出现断崖式跌落,2018年则跌破百亿元。历史同期,报纸发行收入从最高的301.7亿元(2011)跌至102.2亿元(2017);期刊广告收入从2012年的40.0亿元降至2017年的16.7亿元,其发行收入则由2013年的

[①] 《2016中国电视收视报告》,2018年10月20日,国家广播电视总局网站,http://www.nrta.gov.cn/art/2018/10/20/art_2178_39216.html,2022年6月1日访问。

[②] 《中国视听大数据2020年年度收视综合分析》,《影视制作》2021年第1期,第14—22页。

210.6 亿元降至 2017 年的 158.0 亿元。①

从 2014 年开始,全国广播电视广告收入持续增长,电视广告收入开始下降,广播广告收入增幅较大。2017 年,网络媒体广告收入为 306.71 亿元,占广告收入总额的 18.57%,网络等新媒体广告成为新的收入增长点。2018 年至 2020 年,广播广告收入并未延续此前增长的势头,而是重回负增长,电视广告收入进一步减少,传统广播电视广告出现整体式微的局面。②

表 1-1 为 2005—2019 年全国报纸种数、总印数、广播电视广告收入统计表。③

表 1-1　2005—2019 年全国报纸种数、总印数、广播电视广告收入统计表

年份	报纸种数	总印数（万份）	广播电视广告收入（亿元）	广播广告收入（亿元）	电视广告收入（亿元）	网络媒体广告收入（亿元）
2005	1931	4 126 040	—	—	—	—
2006	1938	4 245 172	—	—	—	—
2007	1938	4 379 882	600.56	65.39	519.21	—
2008	1943	4 429 222	701.75	72.23	609.16	—
2009	1937	4 391 132	781.78	81.46	675.82	—
2010	1939	4 521 391	939.97	—	—	—
2011	1928	4 674 300	1122.90	123.32	934.54	—
2012	1928	4 674 326	1270.25	136.20	1046.29	—
2013	1915	4 824 132	1387.01	139.92	1119.26	—
2014	1912	4 638 987	1464.49	159.94	1116.19	—
2015	1906	4 300 869	1529.54	156.42	1065.16	—
2016	1894	3 900 666	1547.22	145.83	1004.87	—
2017	1884	3 624 989	1651.24	155.56	968.34	306.71
2018	1871	3 372 583	1864.49	140.37	958.86	491.88
2019	1851	3 175 891	2075.27	121.24	877.61	828.76

---

① 参见崔保国等主编:《中国传媒产业发展报告(2019)》,社会科学文献出版社 2019 年版。
② 《全国广播电视行业统计公报(2017—2020)》,2021 年 4 月 19 日,国家广播电视总局网站,http://www.nrta.gov.cn/? spm=chekydwncf.0.0.1.OUbncH,2022 年 6 月 1 日访问。
③ 参见《中国新闻年鉴》编辑部编:《中国新闻年鉴(2015)》,中国新闻年鉴社 2015 年版;《中国新闻年鉴》编辑部编:《中国新闻年鉴(2016)》,中国新闻年鉴社 2016 年版;《中国新闻年鉴》编辑部编:《中国新闻年鉴(2017)》,中国新闻年鉴社 2017 年版;《中国新闻年鉴》编辑部编:《中国新闻年鉴(2018)》,中国新闻年鉴社 2018 年版;《中国新闻年鉴》编辑部编:《中国新闻年鉴(2019)》,中国新闻年鉴社 2019 年版。

（五）人才不足与流失

由于中国媒体的人力资源管理重点是内部搞活，在主动裁员方面始终面临较大的外部压力，因此中国传统媒体的衰落更多表现为人才流失，尤其是基层媒体的人才流失严重。最初，媒体人才大多流向企业，成为企业宣传、公关和品牌建设的主力。此后，门户网站从传统媒体挖走了大量的内容生产者，但由于门户网站发展初期，传统媒体正处于事业巅峰期，因此门户网站挖人并非易事。但进入 Web 2.0 时代后，尤其是社交媒体广泛兴起后，传统媒体的覆盖率、影响力和经济效益全面下降，对人才的吸引力大大降低，在此情况下，除了网络平台主动挖人外，一部分媒体人开始走上创业之路，成为自媒体大军中的引领者。

对全国 144 家新闻单位的调查表明，2012—2016 年间，采编人员离职人数为 1934，且基本为主动辞职，很少是单位辞退的。其中，工作 3 年以下人员最不稳定，离职人员较多，占总离职人数的 37.1% 左右。这反映出，传统媒体对年轻人的吸引力大不如前。不仅如此，一个更严重的问题是，在近 5 年的所有离职人员中，工作 5 年以上的采编人员有 1200 多人，甚至有工作 15 年以上的采编人员，他们基本上为媒体的中坚或骨干力量。离职原因多样，按主要原因排序为以下几种：有更好的工作机会、自主创业、目前薪资水平低、工作压力大、晋升机会少等。而对采编人员离职后的去向调查发现，29% 选择去新媒体单位工作，约 20% 选择自主创业，而 33% 直接转行，离开了媒体行业。[①]

传统媒体在人才流失的同时，还面临人才结构不合理的挑战。在传统媒体互联网化的过程中，数字技术开发、设计、应用和管理人才严重不足，传统媒体只能借助商业互联网的技术平台，成为平台的内容生产者之一，缺乏平台二次开发和控制的能力。人才的流失与人才结构的不合理，严重制约了媒体事业和产业的发展。

二、新兴媒体的崛起

伴随着互联网技术的飞速发展以及上网终端的广泛普及，互联网走进千家万户，逐步从早期单一的通信工具发展成为具有多种信息内容服务功能的媒体平台，抢占传统媒体的受众和广告市场份额成为媒介产业中最具活力的部分。

（一）互联网成为主要信息渠道

提供信息服务是大众媒体的基本社会功能。作为人体功能的一种延伸，报纸、广播、电视等不同媒体利用自己的介质特征，相继满足了人们读、听、看等不同信息获取需求，催生了通常所说的读者、听众、观众等不同的受众市场，并因此形成了特定的媒体细分市场，如报业市场、广播电视产业市场等。互联网作为一种新兴信息供应者，也经历

[①] 杨驰原等：《我国新闻采编队伍现状调查报告》，《传媒》2017 年第 23 期，第 9—16 页。

了类似的发展过程,先后满足了人们读取信息、收听信息和观看信息的功能性、知识性和娱乐性需求,并最终成为一种多媒体综合介质,对传统媒体介质产生了一定的替代作用,逐步由信息生产、发布和传播的补充手段发展成为公众获取信息的主渠道,从而促进了媒介市场的结构性变化,并相应表现为受众和广告主由传统媒体向网络新媒体转场。

新媒体作为信息供应者,也经历了一个由少数尝试者到大众化的创新扩散过程,只不过其创新扩散的速度远远超过此前任何一个媒体。1997年,中国互联网络信息中心(CNNIC)发布了首份中国互联网络发展报告,报告显示用户希望在网上获得的信息构成主要是"科技信息"(80.4%)、"社会新闻"(42.0%)、"商业资讯"(39.6%)、"金融信息"(32.8%)、"休闲信息"(24.8%)。[①] 大部分上网用户都对科技信息比较感兴趣,这与上网用户从事职业的比例有关系,此时全国仅有29.9万台计算机能够上网,上网用户数仅62万,网民中从事科研、教育、计算机行业的用户约占50.0%,真正的消费型用户占的比例很小,而"中文信息太少"曾经长期位居网民上网"最失望"的选项前三位。

尽管人们不断抱怨中文网络信息太少,但上网获取信息始终是网民上网的主要目的之一。1998年,中国互联网络信息中心的第三次调查表明,获取信息是网民上网的主要目的,占比为56.8%,远远高于其他目的,如学习计算机等新技术(9.7%)、工作需要(9.4%)、休闲娱乐(8.2%)、获得各种免费资源(7.2%)、对外联系方便(5.3%)、炒股需要(1.3%)、节省通信费用(1.0%)等。而获取各类新闻则是信息选择中最主要的项目,占比为84.0%。[②] 2021年12月,我国网民规模达到10.32亿,互联网普及率达到73.0%。[③] 互联网早已成为大多数人获取信息的主要渠道,深刻影响着媒介产业发展的方向和路径。

(二) 互联网广告全面超越传统媒体

2011年,互联网广告继续实现高速增长,收入总额突破500亿元,达到511.90亿元,增长率高达59.37%,增速连续两年保持50.00%以上,继2009年超过期刊发行收入后,2011年超过了有线电视收视收费和报纸的发行收入,以及期刊和广播的收入,占全部媒体广告收入的12.00%以上。相对而言,报纸、杂志、广播、电视等四大传统媒体广告收入为1665.61亿元,与上一年相比上升了14.99%。但四大传统媒体收入占各类媒

[①] 《中国互联网络发展状况统计报告(1997)》,1997年10月,中国互联网络信息中心网站,http://www.cnnic.net.cn/hlwfzyj/hlwxzbg/200905/P020120709345374625930.pdf,2022年6月1日访问。

[②] 《中国互联网络发展状况统计报告(1999)》,1999年1月,中国互联网络信息中心网站,http://www.cnnic.net.cn/hlwfzyj/hlwxzbg/200905/P020120709345373005822.pdf,2022年6月1日访问。

[③] 《第49次中国互联网络发展状况统计报告》,2022年2月25日,中国互联网络信息中心网站,http://www.cnnic.net.cn/hlwfzyj/hlwxzbg/hlwtjbg/202202/P020220721404263787858.pdf,2022年6月1日访问。

体总收入比重由 2010 年的 37.83% 降为 35.08%，四大媒体的市场份额均有所下降。[①]

2014 年既是中国媒介产业走向融合之路的关键时点，也是媒体霸主地位交接的重要节点。这一年，媒体融合从业界自发实践上升为国家政策，在全国范围内的各级媒体中推行；中国媒介产业总值首次超过万亿元，较上年同比增长 15.8%，网络广告收入首次超过电视广告，总额超过 1500 亿元，报业广告收入连续四年下降，出现"断崖式"下滑。[②] 由此，互联网替代了报纸和电视，成为中国媒介产业发展的领头羊。

人工智能、大数据等创新技术的应用，一方面降低了广告的投放门槛，另一方面创造了一批具有特色的营销平台，小微广告主找到了投放空间，使得整体广告市场在品牌广告预算不断削减、传统广告增速大幅放缓的环境下，依旧保持增长态势。

（三）互联网改变着媒介产业结构

互联网企业已成为中国经济发展的重要驱动力，同时改变着媒介产业结构。在新老媒体交融之际，数字化、移动互联成为中国媒体图景中重要的特征。在基础通信网络的快速更迭，大数据、云计算、物联网、人工智能、可穿戴设备等数字技术以及高新设备的推动下，媒体已经成为集内容、关系、服务于一身的综合体系。媒介产业开始了结构性调整，涉及媒体内容生产、传播、经营、管理和消费的全过程。

今天的媒介产业不仅包括传统的报纸、杂志、广播、电视、电影的生产、销售和广告经营等活动，如发行、广告售卖等，而且增加了基于互联网的数字内容生产、传播与变现，以及网络平台和渠道的经营与管理，如数字出版、搜索引擎服务、电子商务等。移动化、智能化、碎片化等正在改变消费者的习惯，极大地释放了商业潜力。未来的媒介产业市场是传统媒体、新媒体及两者融合后形成的新型媒介产业市场，产业链条更长，节点更多，与资本及其他产业结合更紧密，市场规模更庞大，创新能力更强，社会影响更广，经营管理的难度相应地也会大幅提升。

三、消费终端的移动化

信息产品获取的便捷性和易得性是媒体渠道选择的重要标准。以此为准绳，传统媒体曾经进行多种创新，以便通过渠道优化，提升媒介产品的时效性。但相对于移动终端的发展，经由自办发行等不断完善的传统媒体渠道开发，再次面临创新挑战。

（一）传统媒体的渠道变化

传统报纸的销售包括订阅和零售两部分。每年下半年的报刊征订大战和城市街头

[①] 参见喻国明主编：《中国传媒发展指数报告（2013）》，中国人民大学出版社 2013 年版。
[②] 《2014 年中国网络广告收入 1500 亿元 首超电视广告》，《中国有线电视》2015 年第 5 期，第 597 页。

报刊亭的变化曾经是报刊业的兴衰风向标。20世纪80年代后期,由都市报率先发起的"敲门发行""订报纸送大礼"的大征订活动风靡一时;城市繁华地带、十字路口等人流车流聚集地的报刊亭、流动在大街小巷的报贩的叫卖声见证了报刊业的红火。

如今,社区里已很难再见到报刊促销员的身影,街头报刊亭也在各种治理中趋于消失。以北京为例,除了邮政发行公司及其所属的户外报刊亭外,曾经活跃的《北京青年报》"小红帽"、《京华时报》"小蓝帽"、北京日报集团的"小黄帽"等自办发行公司,铁路部门掌控的北京四大火车站的书报刊零售网点,以及加油站、超市、地铁等处的各类流动售报员等,大多已经消失或转型。2018年8月30日,曾经在京城率先自办发行的《北京青年报》正式回归邮局发行,"小红帽"则开始向新型物流企业转型,不再由北京青年报社控股。北京街头高峰时超过3000家的报刊零售亭仅剩500余家正常运营,报刊销售再也不能作为其主营收入,饮料和食品成为其不可或缺的经营项目。

报刊发行队伍的大幅收缩和报刊亭消失的背后是受众获取信息终端的变化,流动售报员已经被移动信息接收设备所替代。智能手机的普及、移动互联网的发展和基于算法的信息推送服务等,改变了人们信息接收和消费的习惯。当然,受其影响的远非只有报刊,电视、广播同样面临如何适应移动信息消费需求的挑战。媒体融合既是当前传统媒体迎接挑战的重要路径,也是未来相当长一段时间内,媒介经营与管理者需要深入研究的课题。

(二)信息传播移动化

移动通信、无线上网技术的发展以及智能手机、平板电脑等移动通信设备的普及与升级,为移动互联网时代的到来奠定了基础。到2016年上半年,移动端已经成为网民获取新闻的最主要渠道,天下大事,随时随地"掌握",不再是梦想。移动互联网发展带来的信息膨胀和信息接收的碎片化、场景的泛在化,加速了网络用户对于个性化、垂直化新闻资讯的需求,促进了网络新闻"算法分发"模式的快速发展。基于用户兴趣的"算法分发"逐渐成为网络新闻主要的分发方式。相比于纸媒和PC门户时代的"编辑分发"模式,"算法分发"模式利用数据技术,过滤和筛选用户感兴趣的新闻资讯,彻底改变了信息的传递结构。以"今日头条"为代表的手机网络应用客户端的推出,打破了媒体以内容生产为主体的传统做法,它们宣称自己是"新闻的搬运工",而非生产者。这类新闻聚合平台是根据"算法分发"新闻,某种程度上是为订阅者量身定制新闻,而非传统的以编辑为中心的新闻推送。

互联网内容生产者的多元化和基于算法的新型的内容分发方式,直接影响着网民传播和获取信息的方式,引导着人们信息消费方式的转变,共同改写着媒介产业的市场格局。

第三节　发展中的挑战：促进市场公平

传统媒体衰落,新媒体崛起,二者除了在各自使用的媒介技术、传播路径、经营模式、管理思路等方面存在差异外,还在进入市场时面临规则差异,这客观上造成了媒介产业市场竞争的不公平。因此,要通过不断完善相关政策,促进新旧媒体以平等市场主体的身份参与产业竞争。

调整传统媒体间的不平等竞争政策。比如,根据现有政策,广播电视媒体可以申请开设平面媒体,如广播电视报,但平面媒体不能申请开设广播电视节目。中国内地在香港上市的第一家传媒公司"北青传媒"在最初的招股说明书中说明,募集资金将用于申办电视节目,尽管其最大的股东被确定为北京市唯一参与2003年全国文化体制改革试点的媒体(北京市也是此轮改革的试点城市),但其仍然未能获得投资电视频道的政策支持。传统媒体之间类似的政策壁垒依然较多,需要从全媒体的视角促进媒体间的公平竞争,促进资源的双向流动、资本活力的释放,为缔造更具竞争力的新型媒体集团创造条件。

妥善解决传统媒体与网络媒体管理的一致性问题。两类媒体本身的定位和特征决定,党和政府对其的管理不宜"一刀切",但是在参与市场竞争的条件和要求方面,应该尽可能保持一致性,为它们在同等条件下竞争与合作创造机会。推动媒体融合发展,要统筹处理好传统媒体和新兴媒体、中央媒体和地方媒体、主流媒体和商业平台、大众化媒体和专业性媒体的关系,不能搞"一个样",要形成资源集约、结构合理、差异发展、协同高效的全媒体传播体系。比如,与互联网媒体相比,传统媒体上市融资的前置审批条件较多,上市条件较为严格,可上市的交易地点选择有限,极大地影响了已经具有一定实力或者拥有品牌知名度的传统媒体借助资本力量扩大再生产的探索。当然,如果因此同时加大对网络媒体上市的限制,也并非好的选项,因为媒介经营与管理的最终目标是要将媒体事业做大,将媒介产业做强,这样才能更好地发挥媒体的社会效益和经济效益。

充分发挥市场对资源的调节和配置作用。目前,媒介产业的改革是以强大的行政力量为支撑,它可以更加高效地推动改革的进程,但由于行政组织的属地化和垂直化特征,在跨媒介、跨领域、跨地区的兼并组合中存在明显的行政局限性,容易形成特定地区的媒介产业的垄断化,或者媒体组织丧失积极性,单纯依赖行政指令,市场在资源配置中应有的作用难以发挥。在早期媒体集团化改革中该现象已经表现明显,一些媒体集团在行政力量的推动下仓促组建,空挂集团之名,内部组织依然各行其是,媒体融合建设过程中同样也出现了此类苗头。因此,党中央提出要真融、深融、全面融。只有将行政力量与市场有机结合起来,才能做到资源节约化、效益最大化。

妥善处理媒体的事业和产业双重属性。在国家宏观管理方面,要进一步明确媒体的事业和产业双重属性,避免对某一属性的过度强调,导致媒体发展的偏向,更不能将两种属性对立,简单地要求媒体在两者之间做出选择。目前,最主要的是要避免对媒体事业属性的片面强调,抑制媒介产业发展的动力。虽然我们国家已经是世界上第二大经济实体,但是总体上仍属于发展中国家行列,人均 GDP 依然较低,国家财政无力供养全部媒体组织。这也是 1978 年人民日报社提出"事业单位,企业化管理"建议的重要动因。世界各国的实践和中国媒体最近四十多年来的改革也证明,媒体的产业属性与事业属性并不矛盾,不能将媒体发展过程中的问题简单地归咎于对经济效益的追求。坚持党领导媒体的中国媒介产业也能够成为新闻事业发展的强大支撑。因此,尊重新闻规律和媒介产业运行规律,尽快明确、塑造传统媒介市场主体地位尤为重要,这是媒体融合中不容回避的重要制度挑战。

关于新闻媒体的意识形态属性和产业属性之间的复杂关系,有学者曾明确指出,在新闻传播规律受到重视的前提下,两种属性之间大致可以协调。应当说,这种情况是客观存在的,也是大量存在的。然而,在下述情况下,两种属性之间常常出现矛盾——新闻媒体受到行政力量的过多干预,受到与新闻传播规律相违背的行为干预;其意识形态属性被片面强调,并被强调到不恰当的地步;产业属性被错误地理解,被刻意与意识形态属性对立。[①] 未来,应当避免这种非此即彼的二元对立,在确保导向正确的情况下给予新闻媒体产业属性生长的空间,并以此为给养,反哺意识形态阵地的建设。

完善法律法规,优化管理体制和机制,促进传统媒体与新兴媒体一体化发展。目前,我国尚未制定类似媒体法之类的媒体发展与管理的专门法律,媒体事业和产业发展过程中均不同程度地存在法律规定不充分、不明确和不匹配的问题。其中最典型的问题便是,长期实施的"事业单位,企业化管理"的创新模式已经越来越多地面临法律与政策的限制。是否以及如何将媒体组织与一般事业单位加以区分,成为问题的焦点。如果将其视同一般事业单位,则根据现行管理办法,媒体从业人员的工资福利待遇需要与其他事业单位工作人员看齐,结果将很难体现媒体工作的创造性,甚至过去几十年一直适用的"自收自支"事业单位的自我分配机制,也可能在事业单位公益一类和二类的改革中面临实施困难。正在进行的县级融媒体中心建设便面临选择公益一类有财政保障但无法经营、选择公益二类可以经营但财政保障不明确的两难困境。此外,随着媒体融合的深度推进,如何构建传统媒体与新兴网络媒体以及商业互联网之间公平竞争的产业环境,已经成为一个更为紧迫的问题,如在新旧媒体一体化发展中,如何确定各自的市场主体地位、明确自身的权责,亟须通过制定或完善法律法规加以解决。

---

① 丁柏铨:《对新闻业性质与功能的再认识》,《当代传播》2015 年第 4 期,第 10—14+25 页。

总之，正在大力推进的全媒体深度融合战略将全面调整现行媒介产业市场结构，催生新型的媒介市场主体，媒体从业者和管理者均须强化互联网思维，坚持新闻传播规律和市场运营规律，充分发挥市场对资源配置的强大力量，与时俱进，不断创新经营与管理方式方法。中国媒介产业变革与发展的历史表明，只要坚持党对新闻工作的绝对领导，坚持宪法明确的"为人民服务、为社会主义服务"的"双为"方向和"百花齐放，百家争鸣"的"双百"方针，媒体领导者、管理者和从业者能够了解并尊重新闻传播规律，不断提高媒介经营与管理的水平，就完全可以实现做大新闻事业、做强新闻产业的目标。

小 结

总之，中华人民共和国成立后的七十余年里，伴随着外界政治经济环境的变迁，媒体的角色从发挥政治功能的官方"喉舌"转为企业化管理的事业单位，并带动了媒介市场的形成。媒介市场的构成要素包括媒体组织、媒介产品和媒介消费者，要素的互相作用决定了媒介市场的运行特征和走向，彰显了媒体的政治和经济的双重属性。政治、技术、市场是影响我国媒介产业变革与发展的重要推动力，宏观层面的认识有助于理解中国媒介经营与管理的内在逻辑。

思考题

1. 改革开放前媒体的属性主要是什么，如何体现？
2. 媒介产业的发展思路是在什么情况下、如何提出的？
3. 媒体组织在企业化经营过程中面临哪些阻碍？
4. 媒体集团化改革的表现和特征是什么？
5. 事业单位改革中确定的媒体身份是什么？
6. 媒体融合战略提出的背景是什么，经历了怎样的发展历程？
7. 新媒体兴起以来，我国的媒介产业结构经历了哪些变化？
8. 传统媒体的衰落表现在哪里？
9. 媒介产业的市场规则有哪些不足？
10. 总体来看，媒介产业变革与发展受到哪些内外部因素的影响？

推荐阅读

陈欢、张昆：《1978—2013：中国新闻体制的规制与发展》，《编辑之友》2015 年第 6 期，第 63—68 页。

陈鹏：《制度与空间——中国媒介制度变革论》，中国书籍出版社 2011 年版。

丁柏铨:《对新闻业性质与功能的再认识》,《当代传播》2015年第4期,第10—14+25页。

童兵主编:《技术、制度与媒介变迁——中国传媒改革开放30年论集》,复旦大学出版社2009年版。

谢新洲等编著:《鉴往知来:媒体融合源起与发展》,人民日报出版社2020年版。

谢新洲等:《见微知著:地县媒体融合创新实践》,人民出版社2020年版。

谢新洲等:《县级融媒体中心建设:理论与实践》,电子工业出版社2019年版。

郑保卫:《事业性、产业性:转型期中国传媒业双重属性解读》,《今传媒》2006年第8期,第8—10页。

第一编

媒介经营

在社会主义市场经济体制改革和媒体体制改革的背景下,媒体经营成为摆在媒体组织管理者面前最现实也最棘手的课题。一方面,从"国家供养"到"自收自支","断奶"后的媒体组织亟须解决"造血"问题,以适应激烈的市场竞争。另一方面,媒体的双重属性是相辅相成的,重视媒体的经济属性有利于更好地发挥其社会服务职能,有利于通过经营活动促进多种资源的高效流通和优化配置,形成可持续的内容生产能力和更可观的传播力、影响力,进一步实现舆论引导、知识科普、大众娱乐、文化传承等功能,彰显社会效益和社会价值。此外,作为连接政府与公众、商家与用户的桥梁,媒体组织需要形成成熟、系统的经营模式和规范,发展成为具有独立性、稳定性的社会单位,持续发挥其对社会资源的链接、组织、配置和转化的作用。

和其他类型的组织或产品经营不同的是,媒体经营有自身的特殊性和发展性,对媒体经营的学习要着重把握这种特殊性和发展性。媒体经营的特殊性主要在于,不同于一般的商品市场,媒体市场兼具政治属性和经济属性双重属性。这就要求在媒体经营活动中,媒体产品及其经营策略不能一味"逐利",而需要充分考虑其社会影响和社会效益。一般而言,媒体组织的经营方式主要遵循"二次售卖"逻辑,即将媒体产品和内容售卖给用户并获取后者的注意力,再将用户注意力售卖给广告主以获取经济收入。可见,媒体市场涉及媒体组织、用户、广告主三个主体,这也是与一般商品市场中的供需关系有所不同的。

媒体经营的发展性则在于,随着互联网等新媒体的发展,媒体经营方式日趋多元。除了广告收入,媒体组织以用户为导向,着重于对用户基础的培育及转化,衍生出网络游戏、知识分享、信息定制等内容增值服务,"流量变现"成为新媒体环境下媒体经营的主要内容。而这样的经营模式变迁反映的是在新媒体技术赋能(特别是移动互联网的发展和移动终端的普及)和社交媒体兴起的背景下,传统大众传播语境下的"受众"进一步向新媒体语境下的"用户"转移,用户的能动性、创造性更加明显,颠覆了传统意义上媒体市场的供需结构以及媒体产品生产与流通环节中的分工结构,用户研究成为媒体经营中的重要课题。在媒体融合发展的趋势下,日新月异的数字化技术和网络技术既为跨媒体经营提供了机遇,也对传统的媒体经营理念和方法提出了挑战。

本编在厘清媒体经营的理论依据和研究对象的基础上,分别从媒体市场、媒体产品、媒体消费者、媒体广告与媒体经营模式等方面展开,系统介绍媒体经营的主要环节、要素及其内在运行机制。

第二章　媒介经营概论

从 1949 年中华人民共和国成立到党的十一届三中全会召开前,我国实行计划经济体制。各级各类媒体总体属于财政供养的宣传机构,以新闻编辑部为中心,对媒介内容生产负责,一切按计划运行,无须面对市场,不存在经营压力,同时缺乏自我发展和扩大再生产的能动性。随着我国经济体制改革的不断深入,市场调节逐渐替代行政计划,商品流通日趋活跃,人们对市场信息的需求增加,中国传媒市场的广告因子被激活,为媒介产业化发展创造了条件。因此,广告经营是我国媒介经营的引子,也长期成为其核心构成,但广告经营只是媒介经营的一部分,版权开发、渠道建设、资本运作、顾客管理、消费者服务等均属经营构成。随着新兴网络媒体的普及和媒体融合的发展,传统的媒介经营结构、经营理念、经营方式和经营思路正在发生变化,媒介经营研究对象不断丰富。

第一节　媒介经营的意义

市场经济要求作为社会经济系统基本细胞的企业适应市场要求,自主经营、自负盈亏,媒体组织也不例外。改革开放之后,随着我国经济体制改革的逐步推进,产业化成为媒体发展的大势所趋,媒体组织也就由过去依靠政府补贴的事业单位逐步向经济上具备自生能力的企业实体转变。媒介经营能力成为国内媒体组织在日益激烈的竞争环境中生存与发展的必要条件,而媒介经营问题作为媒介产业化进程中的一个重要课题也得到了国内媒介经营者和相关研究者越来越多的重视。

"经营"与"管理"是一对难以区隔的概念,两者相辅相成。为便于理解,在此借用"效益"与"效率"两词对其加以区分,即"经营求效益""管理出效率"。当然,效益又可分为经济效益与社会效益,它们均离不开管理。同样,离开经营,不仅经济效益难以实现,也难以实现社会效益最大化。由此,我们可以理解,经营并非单纯为了挣钱,它还为了品牌建设、价值实现、社会责任等非货币化的长远目标和任务。媒介经营具有重要的意义,它是做大传媒事业和做强传媒产业的共同要求,最终影响的是媒体引导社会和服务社会的总体能力。

一、适应媒体发展的要求

媒体组织是从事信息传播的机构,通常称为媒体。媒体组织发展早期是与政党宣传直接相连的,而随着大众传播媒介出现,媒体开始以其特殊的运作方式获得利润,逐步进入产业化发展的阶段。报纸是最早进入产业化阶段的大众传播媒介,以广播电视为代表的电子媒介凭借对公共资源的占有而具备较强的经营能力,以互联网为代表的新媒体的普及和发展本身便是商业化、市场化的产物。无论何种媒体,失去独立经营能力,便失去了可持续发展的动力源泉。开展媒介经营正是适应媒体自身发展的要求。

(一)经营能力决定媒体发展空间

改革开放四十余年,中国传媒业的实践表明,媒介经营状况直接关系着媒体组织的生存。正是得益于"事业单位,企业化管理"的制度创新,我国传媒业的经营活动全面展开,不仅纾解了当时国家财政供养媒体的压力,而且激发了媒体自我发展的动力与积极性,迎来新中国媒体产业史上第一个辉煌发展的阶段。以报纸为例,1978年,全国的报纸总量只有186种。2007年,则达到1938种,其中综合类报纸809种,占报纸总量的41.74%,专业类报纸1129种,占报纸总量的58.26%。2008年,报纸总量达到1943种,报纸发行量突破1亿份大关,中国市场因此成为全世界报纸发行总量最大的报业市场。① 此后,在新媒体的冲击下,报纸受众流失严重,在以广告为主的单一经营模式下,报纸经营能力严重受挫,导致其发展空间逐渐萎缩。2019年,我国报纸总量降至1851种,《北京晨报》《法制晚报》等老牌报纸相继关停,报业掀起"关停潮"。报业的起伏体现了经营能力对于媒体发展的重要作用。

(二)经营水平决定媒体竞争力

经营工作的重点是提高媒体的经济效益,并具体表现为媒体的盈利水平。因此,经营首先要研究如何扩大市场规模、拓展市场空间、提升品牌效应,以实现经济效益最大化。同时,它对传媒业的影响是全面的。盈利水平良好的媒介经营活动不仅在宏观上扩大了媒介产业的市场规模,增加了媒介产品的种类,而且在微观上提升了媒体组织的内容生产能力和水平,并将进一步增强其市场竞争力。特别是在以市场、用户为导向的激烈的新媒体竞争环境下,经营水平事关媒体组织的兴衰成败。媒介经营工作的全面开展,促进了媒体人事制度、考核机制、评价标准等内部管理机制的创新,促进了媒介产业的自我管理的完善,有利于搞活媒体内部的微观环境。

---

① 参见《中国新闻年鉴》编辑部编:《中国新闻年鉴(2009)》,中国新闻年鉴社2009年版。

随着媒体经营意识的不断增强,经营工作得到空前重视,经营不再是某个部门的任务,而是事关全局的大事;经营人员也不再是边缘群体,媒体记者、编辑、广告和发行人员的经营意识全面增强。在新媒体环境下,"如何挖掘用户需求、直击用户痛点""如何吸引流量、促进流量变现"等都是新媒体组织解决其生存问题必须面对的重要议题。更为重要的是,经营并非仅仅为了挣钱,还要完成品牌构建、公信力塑造、企业文化建设等各个方面的任务。今天的媒介经营活动不再是生产流程的最后一个链条,而是贯穿媒介产品设计、生产、营销的全过程。媒体组织越来越意识到,与单纯的内容创作与设计相比,媒介产品的经营与运作同样重要。

（三）经营是新媒体发展的必然要求

如果说中国的传统媒体曾经有过财政供养的"吃皇粮"经历,其经营意识需要重新培育,经营能力面临挑战,那么以互联网为基础的新媒体则属于市场竞争的产物。新媒体经历过资本市场"烧钱"的疯狂,也遭遇过互联网泡沫破灭的"寒冬"的生死考验。同时,随着互联网的普及,媒介内容消费早已告别以编辑为中心的"你编我读"的单向传播模式,昔日的读者、观众、听众如今已兼具内容接收者、传播者和生产者多重身份。面对注意力经济下激烈的市场竞争,新媒体需要深耕内容建设,体察用户需求,不断创新、优化内容服务方式,在用户市场持续细分,以及网络信息技术日新月异带来新媒体产品从内容到形式快速变革的趋势下,保持竞争能力。

当前,缺乏经营意识和经营活动的新媒体是不可思议的。在媒体融合趋势下,以新媒体化为指引的传统媒体同样需要进一步强化经营意识,创新经营方式,提升经营水平。相反,在新媒体的冲击下,缺乏经营意识和能力的媒体是难以存活的,也难以发挥传媒应有的服务社会的功能。媒介经营的必要性不应因国家财政收入的多寡而有所增减。是否具有互联网思维已成为媒体运营的评价标准之一,能否适应信息传播规律和市场运行规律的要求则决定其经营水平的高低。

二、彰显媒体的社会属性

社会上有一种错误的观点,即将媒体的事业属性与产业属性对立起来,将媒体发展过程中存在的不足归咎于媒体对利润的追求。实际上,中国传媒作为党和政府的"喉舌"的功能并不因为媒介产业化发展而有所减弱。相反,媒体的产业化扩张有利于促进媒体事业发展,更好地履行"喉舌"功能,更好地反映社情民意,实现舆论引导职能,促进社会和谐发展与进步。因此,媒体的双重属性并非正反对立面,媒体经济属性的实现有助于彰显其社会属性。

（一）彰显媒体的社会功能

在我国,实现舆论引导、提供社会服务是对媒体的基本要求和媒体的功能定位。任何经营实践都不应该也无法离开这个中心。一方面,媒体价值来源于其能够为公众带来信息内容服务,媒介经营行为本质上是一种指向公共利益的服务;另一方面,经营实践能够为媒体创造其履行社会公共服务职能所必需的资源条件,媒介经营是推动媒体社会功能高质量、可持续发展的关键。国内外的实践均表明,任何将媒体社会功能不足"甩锅"于经营的行为都源于一种错误归因,而大力发展媒介产业正是彰显媒体的社会功能的内在需求。

中央电视台曾经推行多年的黄金时段广告招标便是一个典型案例。如每晚 7：00 开播的《新闻联播》节目前后的广告招标价格始终居高不下,该节目的收视率一直处于领先位置,较好地体现了社会效益与经济效益双丰收的良性互动。同样,在反映群众呼声、解释党的政策、引导社会舆论的重要节目《焦点访谈》《今日说法》《新闻 30 分》《经济半小时》等背后,是中央电视台经营水平和经营效益的提高,否则它们便难以支付高昂的制作成本费用。毕竟,国家财政补助的只是正式编制内事业人员的基本工资,大量的台聘人员的全部收入及事业编制人员的奖金均源自其经营收入。如果没有台聘人员的存在,如果没有必要的人才激励和保障机制,无论是央视还是其他媒体,均不可能生产出像今天这样丰富多彩的内容,媒体的社会引导与服务能力也难以充分彰显。

(二) 提升媒体的社会影响力

社会功能的实现以社会影响力（用户规模）为前提。社会影响力是评价媒体成功与否的根本指标,经营水平的高低对其具有直接影响。经营水平低的媒体,即使产品价值较高,也可能陷入"叫好不叫座"的尴尬局面。所谓"叫好",即被同行或专业人士所认可,而"叫座"才能体现媒体在大众中受欢迎的程度。将一部"叫好"的媒介产品变成"叫座"的产品体现的是经营的水平,而将一部不"叫好"的媒介产品改造成"既叫好又叫座"的产品则体现了经营的艺术。当前的中国媒介经营既要提高水平,又要加强艺术修炼。

媒介经营主要包括内容发行与媒介资源销售两部分,其中又可细分出内容销售渠道经营、社会活动平台构建、广告营销活动、消费终端建设、消费者和客户管理等,它们不仅能够直接产生经济效益,而且可以通过内容和广告的推广与销售、与消费者和客户的互动、参与社会公益活动等方式,提升媒体的覆盖率和到达率,改善媒体的知名度和美誉度,培养和丰富品牌价值,最终提升媒体的社会影响力。

三、增强国际传播话语权

2021 年 5 月 31 日,习近平总书记在中共中央政治局第三十次集体学习时强调,要加强和改进国际传播工作,展示真实立体全面的中国。① 作为开展国际传播工作的重要"支点",打造具有国际影响力、公信力的媒体组织是当前加强和改进国际传播工作的关键。然而,在以英美国家主流媒体为主导的国际媒体生态以及激烈的国际媒介市场竞争中,我国媒体的声量和影响力还十分有限,其中一个重要的原因便是我国参与国际传播的媒体组织的市场化程度和经营水平较低,与高度市场化的国际媒体竞争和发展格局不相适应。

改革开放后,中国媒体在内部搞活的同时,开始尝试着走出去,参与国际竞争。它们面对的是长期浸淫在市场经济环境中的国际传媒企业,在竞争中,中国媒体的经营成为一块短板。具体体现在:媒体在国际传播中缺乏市场竞争能力和造血能力,距离目标国家的市场、用户、文化等较远,本土化程度有限,未能有效嵌入目标国家的媒体生态格局,国际传播效果有限,且普遍不具备可持续发展能力。这使得中国在国际传播话语权争夺中长期处于被动、落后地位。尽管我国在国际传播上已投入大量的人力、物力、财力,但仍然收效甚微。相比之下,"今日俄罗斯"(RT)的成功实践能为我们带来启示。后者以企业化运作方式深耕美国市场,主动参与美国媒体市场竞争,不断创新并提升自身的内容生产能力和媒体经营能力,逐渐发展为国际舆论场中的重要发声主体。

从国家软实力建设的战略视角看,参与国际传播秩序的重建,争取更多的国际传播话语权,引导全球信息均衡流动,已经成为我国媒介经营管理者的重要责任。这就要求媒体加快转变经营理念和模式,着力推动国际传播本土化进程,打造符合各国文化和用户需求的内容产品,以内容本土化带动经营本土化,进而以本土化带动全球化。此外,国际媒体实践中的集团化、资本化、网络化以及为实现上述目标而采取的各种企业兼并、合作、上市融资等行为,均属于中国媒体应尽快熟悉的新领域。它既涉及国家对媒体调控的宏观政策的完善,也涉及媒介产业自我调节机制的建立,同样会影响特定媒体组织的微观管理。

四、构建现代媒介产业链

在媒介产业化发展过程中,20世纪80年代西方国家放松对电子媒介的管制政策是一个重要的里程碑,它加快了媒介产业化的步伐。随之而来的网络传播技术革命以及经济发展的全球化大潮,则共同推动了媒体在整个经济体系中的地位上升和利润增长,这场深刻的变革推进了西方媒体私有化、商业化、集中化和国际化的转变。

---

① 《习近平在中共中央政治局第三十次集体学习时强调 加强和改进国际传播工作 展示真实立体全面的中国》,2021年6月1日,新华网,http://www.xinhuanet.com/politics/2021-06/01/c_1127517461.htm,2022年6月1日访问。

我国的媒体组织从1978年开始走上了"事业单位,企业化管理"的发展道路,几乎所有的媒体组织都从零开始学习和探索媒介市场运作和经营的经验。以1996年广州日报报业集团成立为标志,中国媒介产业化进程不断深入,媒介产业作为第三产业的重要组成部分,在整个国民经济的发展中发挥着日益重要的作用。早在1998年,媒介产业的利税便已超过烟草行业,成为中国利税总额第四位的产业。2018年,中国传媒业总规模首次突破2万亿元大关,产业整体增长率为10.50%。① 2019年,受整体经济环境及中美贸易摩擦等因素的影响,中国传媒业增长率首次跌破两位数,降至近十余年最低的7.95%,总产值为22 625.4亿元。② 这侧面反映出,传媒业已深刻嵌入我国经济结构,并扮演着经济发展"指向标""晴雨表"的角色。

但至今,我国社会对于媒介产业化的认识仍较为有限,媒体自身追求产业化目标的能力也相对不足。媒介产品与一般商品的根本不同之处在于,它既具有一般商品的使用价值,也具有意识形态属性。公众在评价媒体绩效时,往往只注重其产品的精神属性,即是否满足了人们的精神文化需求,容易忽视其作为一般商品所具有的交换价值。此种情形与我国长期以来低价或亏本销售媒介产品的政策相关,也与媒体对外推广时过多强调"内容为王"而有意回避成本和利润的营销理念有关,加之长期以来因缺乏有效规制而根深蒂固的盗版问题,媒介产业化经营具有复杂性和挑战性,强调"内容即商品"的内容付费推广和发展受到阻碍。

实际上,在媒介产业化发展的过程中,经营行为将越来越多。媒介经营与管理工作无法像过去那样,仅仅掌握宣传要求和宣传纪律即可,而是要更多地学习法律法规和现代企业经营管理知识,除了一般意义上的知识外,还要特别补充学习《中华人民共和国劳动法》《中华人民共和国公司法》《企业会计准则》《中华人民共和国价格法》《中华人民共和国反垄断法》等。如果要进入境外或国际市场,则需要遵循境外或国际规范。比如北京青年报社控股的公司在香港上市后,就要遵循香港联交所对关联交易的限制,报社集团内部组织间习以为常的交易量、交易价格等均须按市场规则而非内部协商确定。所有这一切都需要媒体不断提升经营能力和管理水平,按照媒介产业市场运行规律办事。

总之,无论是从传媒组织自身发展,还是从媒体肩负的意识形态责任与社会功能,抑或从产业链建构的整体格局看,不断提升媒介经营能力与水平均具有重要的现实意义。

---

① 崔保国等主编:《中国传媒产业发展报告(2019)》,社会科学文献出版社2019年版,第2页。
② 崔保国等主编:《中国传媒产业发展报告(2020)》,社会科学文献出版社2020年版,第4页。

第二节 媒介经营的理论基础

媒介经营是指媒体组织将媒介生产要素投入市场,通过媒介产品的生产、交换实现其价值的过程。媒体生产要素包括基础设施、产品生产与传播技术、资金、人员等诸多方面,媒介产品的价值实现则包括三个方面:一是媒介产品能够满足受众信息、娱乐等需求的使用价值;二是广告交换价值,即媒体将受众的注意力资源与广告商相交换产生的经济价值;三是公共舆论价值,即媒介通过对信息的集中、整合和传播对公众意见产生影响并形成舆论的社会价值。媒介经营研究的目的是揭示媒介要素投入市场并参与价值产出过程的规律,从而为提高媒介经营效益、实现媒体价值提供可遵循之规。

相对于一般企业经营,媒介经营属于后来者,其经营活动同样遵循经济学和市场营销学等学科的一般理论和规律,其与媒介产品的特殊性结合,形成了独特的媒介产品交换模式和运营规律。

一、媒介经营的经济学理论基础

既然媒体组织兼具政治和经济双重属性,媒介市场的形成、发展和经营就必须遵循基本的经济运行规律和原理。因此,研究媒介经营需要掌握基本的经济学理论,并将其与传媒业的特殊性有机结合,为解释媒介经营中的各种现象和问题提供理论支撑。

(一)社会分工理论

社会分工理论是经济学研究的重要组成部分,也是媒介经营的基本理论前提。没有分工便没有交易,没有交易自然不存在市场。早在古希腊时期,柏拉图便曾论述过分工对增进社会福利的意义,但真正影响现代经济学发展的是古典经济学时期的亚当·斯密。他在《国富论》中开门见山地指出,分工是财富增长的源泉之一。之后,以马歇尔为代表的新古典经济学以资源配置问题取代了对分工问题的研究,经济学的研究重心转变为在既定的分工和组织环境下,如何实现最大效用。[1] 但无论怎样,当人们讨论社会分工时,总喜欢引用亚当·斯密那句经典而通俗的描述,"请给我以我所要的东西吧,同时,你也可以获得你所要的东西:这句话是交易的通义"[2]。正是因为有了分工,产生了彼此间的需求,才有了交易。

所谓"让专业的人做专业的事",媒体组织凭借自身专业的内容生产和传播能力,建立起相对于受众或用户而言的"信息差"或"内容优势",由此形成了媒介产品交易的

---

[1] 宋县委、玄立平:《劳动分工与经济绩效——劳动分工理论的演进》,《商情》2010年第11期,第55—56页。
[2] 参见〔英〕亚当·斯密:《国富论》,郭大力、王亚南译,商务印书馆2015年版。

逻辑起点。在传统媒体时期,基于单向的传播路径,媒体组织主要为公众提供的是以信息资讯、文化作品等为内容的媒介产品(如新闻报道、电视剧集等)。随着新媒体时代海量信息的涌现,在双向的传播模式以及"人人皆媒"的新型社会分工结构下,媒体组织的专业性更多地体现在用户数据挖掘与精准投放、内容质量筛选与知识提炼上,以媒体组织为中心的媒体内容生产逐渐向以用户为中心的媒体内容服务转移。

社会分工不只存在于媒体组织的外部环境,更清晰地体现在媒体组织内部。当传统媒体停留于作坊式的自产自销时,分工主要体现为媒体内部岗位的不同,比如编辑、记者、校对、印刊等。随着媒介产业的形成,劳动分工便形成了产业链上不同的生产单位,比如与报纸出版相关的造纸业、印刷业、油墨生产商、发行渠道等作为独立的专业机构,分工协作,按照市场规律而非行政计划进行公平交易,共同促进报业市场的发展。在现代传媒生态中,分工更为细密和专业,新职业、新岗位不断诞生,交易更为频繁和多元,市场规则更为复杂。比如今天出现的大数据分析师、人工智能开发工程师、舆情监测与分析员、内容审查员等,都是相较于传统媒体产业的新角色;首席执行官、首席技术官、首席财务官等企业化的新职位,则体现出传统媒体运营模式的变革。同样基于社会分工理论,电视台可以实现制播分离,通过向社会采购节目替代自我生产等。

(二)供需平衡理论

马克思在《资本论》《政治经济学批判导言》等经典著作中阐述了供需平衡理论,他把社会经济运行过程,即社会生产或社会经济发展过程归结为生产、流通、分配和消费四个相互联系的基本环节。其中,生产即供给,消费即需求。流通与分配则是连接供给与需求的中介。马克思科学地阐明,供需平衡发展是社会经济正常健康运行发展的客观要求和必要条件。在市场经济条件下,马克思的供需平衡理论具有普遍的意义,中国特色社会主义市场经济同样需要遵循这一重要理论。

在过去的计划经济时期,我国社会处于"短缺经济"状态,整个社会经济发展过程中供给不足是供需矛盾的主要方面,整个社会经济是一种供给约束型经济。改革开放后,经济发展中的供给不足也逐步转化为需求不足,我国经济逐步由供给约束型的"短缺经济"转化为需求约束型的"过剩经济"。[①] 中国传媒业供求关系的变化与整体的经济发展同步,也经历了从"内容短缺"到"信息冗余"的发展过程。当前,信息爆炸与知识碎片化、内容分众化现象共存,如何提供有效供给成为媒体组织乃至整个媒介产业发展需要共同面对的挑战。一方面,从"卖方市场"到"买方市场",意味着媒介市场竞争的加剧。媒介市场竞争是多维的,既有产品层面围绕内容质量、表现形式等展开的竞争,也有组织层面围绕市场(用户)占有、广告主资源等展开的竞争,更有技术层面以传

---

① 张春梅:《从供需平衡理论看我国扩大内需的战略方针》,《商业时代》2006年第10期,第4—5页。

统媒体和新媒体为角力双方的竞争。这要求媒体组织必须摒弃"国家供养"体制下的路径依赖(比如报纸"摊派"现象),通过经营结构和方式的优化和创新,不断提高市场化水平。另一方面,作为政治、经济、文化、社会、教育等领域的连接器,媒介产业同样面临供给侧改革的发展任务。未来的媒介产业化经营将旨在减少无效供给,增加有效供给,保证社会信息总供给和总需求的比例平衡,满足人们对美好生活的向往。

二、市场营销视角下的媒介经营

媒介经营关键在于解决这样一个问题,即媒体组织如何通过媒介产品(内容)的生产和流通(传播)获取经济效益。对此,市场营销学提供了相关的理论借鉴,比如 4P 理论、4C 理论、STP 理论、SWOT 分析法、边际成本理论、创新扩散理论等,这里将重点对 4P 理论、4C 理论、STP 理论进行介绍。而在借鉴市场营销学理论之前,我们必须首先把握媒介经营的重要逻辑,即"二次售卖"理论。这也是媒介产品经营区别于一般商品经营的特殊性所在。

(一)"二次售卖"理论

一般而言,媒介产品经营遵循"二次售卖"逻辑,即媒体组织不仅通过向受众(用户)提供媒介产品或内容服务获取一定的费用或补偿,而且可以将获取来的受众(用户)注意力销售给广告主,帮助后者实现广告营销目的,并从中获取利润。这种围绕受众(用户)注意力而开展的媒介经营实践,也被称为"注意力经济"。在这样一个三角关系中,媒体组织起着关键的"桥梁"作用。相对于受众(用户)而言,媒体组织所生产的媒介产品拥有体量和质量上的内容优势,能够满足受众(用户)获取信息、传习文化、学习知识、娱乐消遣的需求,从而可以促成媒介产品流通及其经济利益转化。相对于广告主而言,媒体组织所积累的受众(用户)及其媒介产品的信息承载功能,能够满足广告主将自己的商品或服务"广而告之"、促进商品或服务销售的诉求,从而促成媒介产品广告效益的实现。

在互联网时代,注意力经济得到了充分开发,看似免费提供信息服务的互联网运营商借助现代通信技术,记录下每个访问者信息消费的行动轨迹,精准捕捉每位消费者的信息需求和消费习惯,通过流量变现的方式悄然间便能完成二次售卖。

(二) 4P 理论和 4C 理论

现代市场营销理论相当丰富,其基本内涵是通过特定的方式将产品和服务送到顾客手中从而获得收益。因此,营销理论离不开"产品"和"顾客"这两个核心概念,并由此形成两个基本的营销理论,即 4P 理论和 4C 理论。

如表 2-1 所示,4P 理论是以产品(product)为中心,在价格(price)、渠道(place)和促销（promotion）三个环节开展营销活动，意在借助合适的渠道和促销活动，将特定的产品以适当的价格送到消费者手中，完成交换过程，实现商品价值。4C 理论与 4P 理论的营销目标相同，都是要实现商品价值的转移，但其出发点不同。4C 理论是以消费者（consumer）需求为导向，强调控制成本（cost），提供便利（convenience）的消费条件，强调与消费者的沟通（communication），更重视消费者的体验与感受。

表 2-1　市场营销学中的 4P 理论和 4C 理论对照

	4P 理论	4C 理论
理论核心	以产品为中心	以消费者为中心
理论组成	产品（product）	消费者（consumer）
	价格（price）	成本（cost）
	渠道（place）	便利（convenience）
	促销（promotion）	沟通（communication）

　　在媒介经营中，上述两种营销理论都有其适用性和局限性。在适用性上，媒介经营最重要的课题之一便是处理好内容和渠道的关系。在内容方面，以成熟的媒介产品和服务主导市场的营销行为，重视发挥价格调节机制的作用，能够有效扩大市场规模；在渠道方面，通过渠道建设降低物流成本，则能够提升利润率。媒介经营同样重视消费者的作用，在媒体内容生产与服务的创新与开发中，需要以消费者为中心，注重定制生产和精准化营销，开拓细分市场。4P 理论和 4C 理论用于解释媒介经营的局限性则体现在：从 4P 到 4C，虽然消费者的地位提升了，但消费者始终处于被动接受的地位，而在媒介经营中，用户的主动性和参与性愈发凸显，用户生产内容已成为媒体内容生态的重要组成部分，用户反馈成为影响媒介产品再生产的关键。所有这些都直接动摇了 4P 理论和 4C 理论所依靠的经营关系结构。此外，媒体组织及其产品所具有的社会属性也是基于纯粹理性行为假设的 4P 理论和 4C 理论所观照不到的。

　　值得注意的是，无论是传统的 4P 营销理论，还是升级的 4C 营销理论，都视渠道为不可或缺的因素。4P 理论和 4C 理论从不同角度强调了渠道的重要性。从构成看，在 4P 组合中，媒介内容（产品）与渠道共存，渠道畅通才能保证媒介内容顺利销售，而在 4C 组合中，似乎没有直接提及渠道。其实，4C 中的两个"C"（成本和便利）都与渠道相关。一方面，渠道成本直接影响着媒介产品的价格；另一方面，渠道关乎消费者获取商品的时间成本，是消费者获取信息的便利性的决定因素。以报纸为例，发行渠道的成本作为报纸营销总成本的重要组成部分，必然要体现在报纸的价格中（不计成本发行者例外），例如对于一份送到家门口的报纸与一份放在传达室的报纸，读者获取信息的便利程度不同，为之付出的时间成本也不同。

（三）STP 理论

另一个对媒体经营影响重大的市场营销理论是定位与市场细分理论，即所谓的 STP 理论。它是现代战略营销理论的核心，包括市场细分（segmentation）、目标市场选择（targeting）和产品定位（positioning）三个部分。

1. 市场细分

市场细分理论是伴随着市场的成熟与竞争的加剧而出现的。20 世纪 50 年代，美国著名营销专家温德尔·史密斯提出了市场细分化理论，这种以消费者需求的异质性为依据的理论成了现代市场营销的核心战略。具体操作是，通过市场细分，确定若干个具有不同需要、特征或行为偏好的购买者群体，根据他们的特征将市场分为若干个小的细分市场，针对不同市场需要采取不同的营销策略或组合。[①] 根据这一理论，媒介市场细分是指媒体按照一定的分类标准，把不同媒介可进入的市场分割为若干个具有相似的欲望和需求的细分市场，以确定传媒市场目标的过程。[②] 媒介市场细分是在对媒介消费群体整体的科学认识和把握的基础之上，寻找、树立、强化自身独特的风格或某方面的相对优势，以在竞争激烈的市场中立足。它意味着与同类媒体错开诉求、角度与重点，形成互补关系，而不是简单的"有你无我"。

2. 目标市场选择

媒体目标市场选择是指媒体组织根据自身优势，从各种细分市场中选出一个或若干个子市场作为自己的目标市场，并针对目标市场的特点展开营销活动，以满足这个市场中现有和潜在的消费者群体的需求。[③] 媒体在选择目标市场之前，必须对细分的子市场进行评估，主要考虑三个因素：（1）细分市场是否具备足够的规模和成长力；（2）细分市场是否具有吸引力；（3）细分市场与媒体组织的目标是否一致，以及媒体组织的资源能否适应新的市场需要。如果所评估的细分市场具备这些条件，就可以从中进行选择。选择目标用户则主要有四种模式：无差异性营销（大众）、差异化营销（细分）、集中性营销（利基）、微观营销（包括本土化或个性化营销）。[④]

3. 产品定位

产品定位是指消费者根据产品的重要属性定义产品的方法，或者说是相对于竞争中的其他产品而言，产品在消费者的评价中所占有的位置。[⑤] 一旦媒体组织决定进入某

[①] 梅清豪等编著：《市场营销学原理》，电子工业出版社 2001 年版，第 134 页。
[②] 曹鹏：《媒介经营管理 60 个关键词》，《新闻知识》2001 年第 7 期，第 51—54 页。
[③] 同上。
[④] 梅清豪等编著：《市场营销学原理》，电子工业出版社 2001 年版，第 142 页。
[⑤] 〔美〕艾·里斯、杰克·特劳特：《定位：头脑争夺战》，王恩冕、于少蔚译，中国财政经济出版社 2002 年版，第 5 页。

个细分市场,就必须在这些细分市场中找到适当的位置,即媒体目标用户定位。比如湖南卫视的定位为"最有活力的电视娱乐传媒",主打"快乐中国"概念,通过自制综艺节目和青春独播剧等,持续吸引年轻用户群体。在随后的发展中,"芒果 TV"作为湖南广播电视台的互联网视频平台,延续了"娱乐"的定位,推出了自制网综、网剧,收获了较好的传播效果。

三、产业经济学与媒体价值链理论

随着媒介市场化运作的深入,媒体市场竞争态势加剧,媒体行业分工日趋系统和细化,传媒逐渐成为国民经济市场的重要组成部分,媒介产业化进程初见雏形。产业经济学成为指导媒介经营活动、开展媒介经营与管理研究的重要理论面向,对于进一步推动媒介产业化发展而言,意义重大。

产业经济学(Industrial Economics)发源于西方经济学,其关注范畴包括产业组织、产业结构、产业发展、产业布局、产业政策等,属中观研究。在产业经济学视角下,媒介经营落入这样一个立体坐标:对内是核心竞争力的塑造,对外是对经营环境的评估;横向是与同行竞争对手的竞合,纵向是与产业链上下游的衔接。媒介产业本身受到媒介技术(特别是互联网)的深刻影响,为了能在这样一种快速更迭的产业体系中生存下来甚至谋得更好的发展,媒体组织需要充分体察媒介技术的发展趋势,系统评估政策、文化、社会等因素对后续经营活动的直接或间接影响,在竞争情报分析的基础上找准自身定位,打造特色产品,形成相对于其他竞争对手的核心竞争优势,并带动上下游资源的互补、互惠。在产业环境分析方面,美国学者迈克尔·波特(Michael Porter)建立的五种竞争力模型(简称"五力模型")提供了较为全面的分析框架,即进入障碍、替代威胁、购买者的议价能力、供应商的议价能力以及现有的竞争者之间的竞争。[①] 上述五种力量从整体上决定了产业的营利性,管理者通过它们来评价某个产业的吸引力。媒体组织的产业环境分析便可借鉴波特的竞争力分析模型,寻找参与市场竞争的机会和竞争策略。

波特随后提出的"价值链"理论同样适用于解释媒介产业现象。该理论认为,企业应厘清生产、作业活动过程中内部各部门间,竞争关系中以及整个行业生态下的各条价值链,通过与价值链上其他价值主体的关系维护和价值共创,降低生产成本并提升在行业内的相对竞争优势。企业最终能够实现的价值与每条价值链上的每一项价值活动都紧密相关。[②] 与传统实体经济不同,媒介产业以信息为价值载体和流通介质,具有更强的流动性、连通性和延伸性。新媒体环境下,大型媒体组织的"生态化"商业版图和"平

---

① 参见〔美〕迈克尔·波特:《竞争战略》,陈丽芳译,中信出版社 2014 年版。
② 参见〔美〕迈克尔·波特:《竞争优势》,陈小悦译,华夏出版社 2004 年版。

台化"发展趋向更凸显了这种特性。因此,媒体组织的战略规划不应止于"二次售卖"逻辑下的媒介产品营销,更重要的是充分发挥信息对跨行业、跨领域的连接作用,通过媒体组织的形象塑造、公信力维系、内容质量提升、用户群积累等,由信息资讯传播向公共信息服务拓展,从而延伸价值链条和经营空间。

第三节　媒介经营研究的对象

媒介经营研究的对象基本上可以分为两个大的层面:一是着眼于媒体企业的微观层面,即研究相对独立经营的媒体组织或单位,如一家电视台、一家报社等;二是着眼于整个媒介产业的宏观层面,即媒体组织之间、媒介产业与其他相关行业之间的竞争、合作等各种关系。媒介经营研究不仅要研究单个媒体组织的运行规则,也要把握整个媒体行业的发展规律和变化趋势。微观层面的媒介经营研究重点是研究媒介产品生产的机制与规律,以及如何通过媒体发行或者传输渠道使媒介产品到达受众端,满足受众消费需求并获得相关的价值回报;宏观层面进行的媒介经营研究重点则是研究媒介产业规模与结构、相关政策与技术环境,以及如何实现媒介产业的资源合理配置、推动产业升级等问题。

媒介要素投入转换为价值产出的过程是在媒介市场上发生和完成的,在这个过程中,媒介经营涉及的基本要素又包括媒介产品、媒介传播渠道、媒介受众、媒介广告等,这几个方面也就构成了媒介经营研究的主要范畴。如前所述,"经营"与"管理"是两个不可分割的概念,两者研究的对象具有高度的重合性,但各自的侧重点不同。媒介经营侧重于发现和实现媒介市场不同要素的效益,管理则侧重于协调各要素关系,提高要素间的协作能力,从而提升媒体运行效率。

本书在媒介经营部分重点研究在媒体产品生产、流通、销售和消费的相关环节中影响媒体效益的主要因素,强调其与一般产品经营的区别,如媒介市场、媒介产品、媒介消费者和媒介广告等。

一、媒介市场

市场的形成取决于三个基本要素,即市场主体、客体和交易规则。具体而言,市场包括产品生产者、消费者、用于交易的产品以及维持交易正常运营的各种规则。早期的市场需要有特定的物理空间作为交易场所即所谓的市场空间,电子商务兴起后,网络虚拟交易正在改变传统的"市场空间"的概念。借助现代通信技术,远程交易正在改变市场交易的方式与规则。大众传媒的市场也随之改变。

(一) 媒介市场的形成

媒介市场的形成是媒体生产发展到社会化大生产阶段的必然产物,是现代社会媒体经济发展所必需的资源配置方式。当媒体组织为了交换而大量生产、复制和发布媒介产品时,媒介产品就成为商品,媒介市场也便随之形成。我国媒介市场的形成具有明显的中国特色,媒介管理政策的调整对媒介市场的形成和发展有着至关重要的作用。我们要在学习和研究中,结合中国传媒发展的实际,理解中国媒介市场发展的历史、趋势及存在的不足,促进其适应现代传播技术和全球经济变革的要求,不断进行体制与机制的创新。

(二) 媒介市场结构

媒介市场中的媒体组织、受众和广告主构成了独特的二元交换结构,并受到信息内容、受众注意力和媒介消费需求三大因素的影响。在某个特定市场,媒体组织所能获得的消费者的数量,以及为获得这些消费者而进行的竞争的激烈程度,都要受到某些媒介市场特征的影响,这些特征的总和就构成了媒介市场的结构。

从市场主体上看,媒体是参与媒体交易的主体之一,消费者、广告主则是另外两个重要的市场主体,这是媒介市场与一般商品市场(仅有两个市场主体)的重要区别。

从交易客体上看,媒介市场交换的对象有作为信息载体的特定的介质,如报纸、杂志、电影拷贝等看得见、摸得着的物质,同时强调该物质所承载的精神产品属性。尽管新闻纸本身也具有一定的实用价值,但人们购买报纸并非因为新闻纸的实用价值,而是刊载其中的信息。

从交易标的物看,作为商品被交易的信息,其使用价值并不会因为交易结束而消失,它不仅可以被完整地传承,而且可能多次对消费者产生影响,更多的时候会潜移默化地影响人们对社会的认知、对环境的评价以及价值观的形成。因此,媒介产品可以多次销售,多次作用,传统的广告经营即属于将媒体受众注意力出售给广告主的二次销售行为。发达的网络传播技术为媒介内容的多次销售创造了条件,"长尾效应"则增加了媒体进行市场交易的频率与机会。

从生产链条看,媒体作为一种信息传播中介,能够与社会生活中的任何一种行为发生关联,因此广义的媒体产业的生产链条触及社会各方面,其市场构成也处于不断变化与丰富的发展中。

在影响中国媒介市场结构的众多因素中,政策因素居首位。市场准入与内容审查制度是引导媒介市场结构变化的外部因素。同时,现代传播技术的影响力正与日俱增,需要在学习和研究时予以充分关注。

(三) 媒介市场规模与测量

媒介市场规模主要包括两方面:一是媒介内容与服务的消费者规模,二是媒介产品供应规模。需要注意的是,测量消费者规模不仅要关注媒介产品受众的数量、质量和分布,还要特别关注广告主的分布。某种意义上,他们也是媒介内容与服务的消费者,但他们与普通消费者不同,媒体与之交换的是广告费,而非信息使用费。媒介的产品属性决定,人们对其的需求主要是精神层面的,因此很难用一般产品生产成本的核算方式为其定价,否则可能导致大量的消费者无力购买。尤其是,大众传媒肩负着文化传承、凝聚社会、传播主流价值观等重要责任,一直以来都是以低价销售的方式尽可能覆盖更多的社会群体。因此,消费者数量既是其市场规模重要的考核指标,又不能成为唯一指标,否则便可能导致其发行量越大,亏本越多,难以持续发展。在此情形下,媒介市场中的广告主及其可能投放广告的数量便成为评价媒介市场规模极为重要的指标。相对而言,媒介产品供应规模较容易测量,主要关注相关市场中竞争对手的数量与构成,以及它们对消费者需求的满足程度。

（四）媒介市场价值评估

媒介市场不仅具有一般商品市场的一般性特点,也因为各种因素的影响而具有其他商品市场所不具备的特征及运行逻辑。把握这些特征和逻辑是进行媒体市场分析以及从事媒介市场活动的基本出发点。媒介市场评价分析的对象主要包括两方面:一是媒介生存发展的客观环境,包括政治、经济、社会、文化等方面,其中尤以政治、经济因素的影响最为重大;二是媒体组织内部与市场相关的各要素,如媒介内容资源、媒体广告资源、媒介受众资源以及媒体竞争力评价等。媒介市场价值评估的过程中需要运用经济学和市场营销学的工具和公式,如市场调查法、千人成本、到达率、覆盖率等。

简而言之,媒介市场价值评估要解决两个问题:一是该市场是否值得进入,即有没有发展空间;二是该市场是否适合进入,即市场需求与媒体自身的资源储备、扩大再生产的能力,尤其是媒体发展战略是否匹配。市场总是在不断细分,总有新的需求产生,但并非所有市场主体都适合进入该市场,也并非所有主体都能够胜任市场的期望。因此,媒介市场价值评估实际上是媒介经营的可行性分析。

二、媒介产品

进入网络时代后,媒介产品相当丰富,互联网平台和现代通信传播技术成为新型媒体产品的沃土和驱动。除了人们熟悉的大众传媒产品外,更多的个性十足的自媒体产品极大地丰富了媒体市场。媒介经营管理者研究的重点是媒介产品的本质属性,以及基于该属性进行产品定价、版权保护和产品创新等与经营工作密切相关的问题。

（一）媒介产品属性

无论是大众传媒还是遍地开花的自媒体产品,只要其进入传播市场,成为媒介产品,就同时具有了政治和经济两大属性。如今的自媒体产品更多地强调其服务性,有意弱化其政治属性,但是否突出政治属性或经济属性,均属于媒介产品表现形式的问题。本质上,以信息内容形式出现的媒介产品,均不可避免地具有意识形态属性和商业属性。大众传媒还具有公共性,即重视公众利益。当然,研究中要区分用于交易的媒介产品和日常信息传播的区别。本书研究的媒介产品是指进入媒介市场进行交易的内容与服务,与微信平台上个人"朋友圈"内的信息传播有着重要区别。

(二)媒介产品定价

价格战略是一种重要的竞争手段。媒介产品不能完全参照一般商品按照"成本+利润"的方式定价,而要充分考虑其社会公益性,否则可能会因为价格过高将相当一部分公众阻挡在媒介产品消费的门外,增加公众信息获取的成本与负担,不利于知识传播与文化传承,导致"信息鸿沟"。但这也并不意味着,媒介产品与服务价格越低越好。价格过低将严重增加媒体运营压力,甚至威胁其生存,不利于媒体产业的成长。在实际定价中,要综合考虑媒介产品生产成本、社会购买力、公众的承受能力、媒介产品的公益性等因素,在保障媒体组织正常运营的情况下,既满足公众信息接触权和媒体产品的获得权,也要有利于调动生产与流通环节的积极性。

(三)媒介产品版权

与低价消费习惯相对应的是,公众对媒介产品版权的忽视。内容版权不仅是媒介产品的核心要素,也是决定媒介经营成败的关键资源之一。媒体内容生产作为一种创造性的劳动,难以像工业制品一样在流水线上重复批量生产,其创造力的价值集中体现在版权上。

相当多的人,尤其是网民,已经习惯于免费使用媒介产品,要让人们形成为内容付费的意愿并不容易。现有的与版权保护相关的法律对媒介产品的版权是有选择的保护。例如,法律规定对时政新闻作品侧重保护的是署名权和受益权,对专刊专栏、节目创意、包装设计等则实行全面保护。但如何依法充分保障媒体的版权始终是一个重要课题和难题。互联网的发展使之更为复杂。新浪等早期的互联网内容集成商最初便是依靠免费或低价使用传统媒体内容资源,分流了报纸、电视等传统媒体的受众。最终,它们在将获得的流量借助广告、游戏、增值服务等进行变现时,却并没有考虑版权所有者曾经做出的贡献。最近几年兴起的"今日头条"等以算法为基础的新型信息推送平台公开宣称,其不生产内容,只做信息的"搬运工"。结果,"搬运工"的收益远远高于信息内容生产者。它们似乎并没有意识到"搬运工"如果搬走了不属于自己的东西在现实生活中是违法的这一基本事实。无论是网民个人的免费消费习惯,还是网络内容集成商借助技术手段大规模免费或低价搬运他人内容的现象,均表明在当前传播环境下,媒介产品的版权保护水平和能力远不如工业版权保护,未来的版权保护可谓任重道远。只有解决了版权保护问题,才能进行版权的开发与利用。这需要媒介经营者熟悉法律法规,了解媒介市场运营规律。

（四）媒介产品创新

新兴的传播技术和媒介为媒介产品创新创造了更多便利,这涉及媒体技术、平台、应用等不同层面的产品创新。从早期的门户网站到中国移动的"移动梦网",从单机到联网的网络游戏,从传统纸质版的《哈利·波特》小说到其衍生电影、电视剧和4D现场演出等,均属媒体产品创新的表现。数字原住民习以为常的短视频、VR、角色扮演等,相对于传统媒体,无疑是颠覆性的新产品开发。诸如此类的新平台、新产品、新应用皆属媒体经营关注的重要内容。

媒介产品创新涉及产品创意、形态、构成、呈现方式等,从单一的文字、图片或声音走向多媒体表达、多渠道传播、多样态呈现,从而作用于媒体产品的成本、竞争力和综合价值。一般而言,影响媒介产品创新的关键因素是人才,外在因素是激励机制和创新环境。基于互联网传播的新一代媒介产品创新中,技术开发与应用的作用更加突显,也成为传统媒体与新兴媒体在创新过程中最重要的差距。互联网媒体的技术原创力成为新型媒体产品的重要创新驱动,而传统媒体目前尚处于技术跟随状态,且很难成为创新应用的早期尝试者。

版权保护与媒介产品创新密切相关。离开了版权保护,媒介产业便难以形成创新动力。而互联网空间不断加剧的媒介产品侵权行为,对于媒体从业者的内容创新、经营创新和管理创新都会造成伤害。随着法律法规的不断完善、国家对文化创意产业的高度重视以及媒体版权意识的不断加强,如今版权收入已经开始成为一些媒体重要的收入补充,新型防盗版技术也为网络版权保护提供了更多的支持。因此,从长远看,版权保护将刺激人们不断创新,随着创新水平的提高,人们对媒体产品的低价销售的刻板印象将有望被改变,媒介产品定价将越来越合理,从而形成一个良性的生产—定价—销售—创新—再定价—再销售的新型产品生产销售周期。

三、媒介消费者

媒介消费者由两部分构成:一是媒介内容的直接消费者即受众,二是媒介广告主。考虑到两者对媒介经营的影响力不同,本书将分别予以研究。此处所谓的媒介消费者特指媒介受众（用户）。

在媒体传播的过程中,受众是媒介内容的接收者和使用者;在媒介经营中,受众是媒介产品的消费者。"受众"应该被理解为一个抽象的概念;但在具体的媒体使用与产品消费过程中,"受众"又作为独立的个体,分散在社会的各个阶层,具有不同的生活方式、宗教信仰和消费行为，受到自身文化背景、个体心理因素、外在传播及舆论环境等多种因素的影响，对媒体的选择表现出一定的差异性或趋同性。

媒介受众是支持媒体组织运营的最直接的经济来源。媒体组织通过提供媒介产品而向消费者直接收取的费用被称为用户收费：它是媒介用户因使用、消费媒体内容或相关服务而支付的费用。用户收费存在于不同介质的媒体经营中，同时依据媒体性质或运营特点的差异，呈现出不同的形式。例如：报刊的发行收费，即消费者为购买报刊内容而支付的费用；数字付费电视用户为电视节目内容支付的收视费；网络用户因使用网络信息资源而支付的费用；等等。这些都是媒介经营中用户收费的组成部分。

中国是世界上互联网用户最多的国家，互联网的广泛普及与应用已经改变了传统媒体受众的结构。凡是网民本质上都属于媒介受众。但网民与传统的媒体受众有着重大区别。网民可能兼具信息接收者、传播者和生产者多重身份，而非单一的信息接收者。特别是在社交媒体时代，大到自媒体原创内容产品，小到一次用户点评，甚至一个点赞行为的用户生成内容方式，都是网络内容生态的重要组成，更是社交媒体平台的重要资源。媒体消费者的能动性增强，"受众"概念逐渐向"用户"转移。同时，在媒介消费习惯上，网民用户与过去的读者、听众、观众等有所不同，比如其内容付费意识和意愿在逐步增强、媒介消费方式日趋多元化，"如何让互联网用户为媒介产品付费""如何推动流量变现"成为媒介经营的关键议题。面对这一巨大变化，媒介经营者需要改变传统的媒体受众的研究方法，更多地利用大数据、算法推荐等新型技术手段，更精准地描绘用户画像，以更优的内容质量和更精准的传播能力，带动媒介经营效率和效益的提升。与之相伴的是，如何合理使用网络个人数据同样将成为媒介经营者在未来需要认真对待的法律问题和道德问题。

四、媒介广告

按照传播学的基本理论，媒体组织将内容通过渠道送达受众，即完成了媒体传播的过程，广告则是附着于渠道或者受众之上的增值品。虽然理论上媒体可以脱离广告存在，但事实上，随着我国传媒业的产业化改革，媒介市场竞争压力增大，广告成为电视、广播、报刊等传统媒体的主要经济来源，强调"注意力经济""流量变现"的互联网及其他一些新兴媒体更是媒介市场化的产物。媒介广告，无疑是当今媒介经营研究的重要范畴之一。

研究广告首先要关注的是广告主，即出资做广告者。广告主可以是企业法人，也可以是个人。国外的政党组织也可以是广告主体，它们的竞选广告在国外媒介经营中占有重要地位，并在一定程度上影响着国外媒体的政治价值取向。这表明，广告主构成虽然是以企业法人为主，但实际上只要法无禁止，任何组织或个人均可购买广告，广告主市场开发的潜力巨大。实际运营中,媒介经营者需要研究广告主投放广告的意愿、广告偏好、广告效果等,以便根据广告主的需求,提供广告服务,获得广告收益。

影响广告主投放选择的因素主要有两个:一是广告诉求,二是媒体影响力。前者是需求,后者是供应。媒介经营者的任务便是将两者有机结合起来,为此需要通过市场调查,了解广告产品的目标受众构成,分析其与本媒体受众构成的契合度。只有两者相匹配的广告投放活动才能真正满足双方的要求,为后续合作奠定基础。当然,影响广告投放的因素并不止于此,实际经营中需要运用多种市场营销手段,比如价格营销、差异化服务、媒体组织策略等。

随着媒体与广告主对市场规则的不断熟悉,以及新媒体技术的快速发展,今天的广告经营已不是单纯的"推"广告。一方面,今天的广告更多地强调以独特的创意和巧妙的策划敲开广告主的大门,通过高质量的广告制作和出其不意的广告效果赢得广告主的青睐;另一方面,愈发注重广告投放的精准性,强调连接广告主诉求和用户诉求两端的效率和效果。这反映出,媒介广告经营的市场化水平在逐步提升。本书所研究的广告经营侧重从媒介经营管理的总体视角,强调广告经营与管理的方法与思路,与广告学专业的其他课程相辅相成。

五、经营模式

"利润"一词看似平常,但要进入中国媒体的财务报表并不容易。它意味着,媒体需要遵循企业会计准则,这离不开传媒行业"事业单位,企业化管理"的改革创新,否则经营便无从谈起。2007年,财政部修订后施行的新版《企业会计准则——基本准则》和《企业财务通则》,进一步明确了"事业单位,企业化管理"的新闻媒体适用《企业财务通则》,进一步规范了媒体财务管理,从财务管理的角度肯定了媒介经营的合法性。

实行"事业单位,企业化管理"后,国家财政拨款随之逐年减少,媒体的自主经营意识不断增强,经营水平不断提高,经营收入大幅增长,媒体收入结构发生了根本性变化。目前,除了核心的党报党刊及广播电视台外,其他新闻媒体已经由过去的全额拨款事业单位向差额拨款事业单位或自收自支事业单位转变,一部分媒体在改革中已实现事业单位向企业转型,成为市场主体,走上了完全自我管理、自主经营和自负盈亏的发展道路。

传统媒体营收主要依靠其渠道和内容优势,形成了"发行+广告"或"内容+广告"的经营模式。广告收入、发行收入、有线电视收视费用(网络收入)、电影票房收入、电视剧版权收入等成为传统媒体(含电影)的主要收入,其中广告收入是重中之重,传统媒体组织对广告收入的依赖性很强。然而,伴随着互联网的快速发展,网络媒体以更多元的渠道和更丰富的内容逐渐分流了传统媒体原有的用户基础,使得收入结构单一、以广告为主营收入的传统媒体面临前所未有的经营压力,"倒逼"其开启新媒体化的转型之路。

相较之下,网络媒体的经营方式更加多元,盈利渠道更加多面,信息增值服务能力、流量变现能力更强,抗击外部风险能力更强。在媒介产品上,网络媒体拓展出更多样、更具多媒体特性的产品形态,比如知识付费、网络游戏等,并以信息为流通介质,将信息传播场景与电子商务场景相连接。更重要的是,网络媒体逐渐将"产品"做成了"服务"。如果说,传统媒体是将内容(如电视节目)及相应广告位以"产品"的形式分别售卖给了用户和广告主,那么在新媒体语境下,面对信息海量激增和注意力严重短缺,网络媒体则更强调为用户提供定制的内容筛选和知识(价值)提取服务、为广告主提供精准的用户画像和为潜在消费者提供精准的广告推送服务。这种做法充分利用了网络媒体的技术优势,实现了媒体组织的价值拓展和价值链延伸。

媒介经营形势的变化要求传统媒体创新、拓展经营模式,摆脱对广告的绝对依赖。目前,大部分媒体已经开始探索多元化经营,努力改变其收入结构单一的格局。比如,2020年新冠肺炎疫情期间,中央广播电视总台等主流媒体利用其主持人等人才资源以及自身媒体公信力,开始尝试"直播带货"的经营模式,取得了不俗的传播效果,并与扶贫工作相结合,彰显社会效益。自上而下的媒体融合发展带来了新媒体与传统媒体的经营融合,自下而上地激发了媒体组织的经营创新活力。本书相关章节中将重点介绍媒体组织的利润窗口、不同媒体组织的利润构成及跨媒介经营的意义等。

小 结

随着市场化程度的提高,经营对媒体组织的发展而言愈发重要。从微观视角看,媒介经营是媒体组织获取发展动能的直接经济来源,是媒体组织实现社会效益的客观物质基础。从宏观视角看,媒体组织的经营实践有助于提升媒体产业整体的专业化、市场化水平,有助于推动我国媒体组织跻身以市场为主导逻辑的国际媒体竞争格局,以国际化媒体经营能力带动我国国际传播话语权提升。了解我国媒介经营的历史沿革、媒介经营的中国特色以及媒介经营的具体模式和机制,是志在迈入或研究媒体行业的同学的必修课。在媒介经营编,我们将重点围绕媒介经营的几个关键环节展开,包括媒介市场、产品、广告、用户、渠道等。在学习的过程中,我们鼓励同学们将理论与实践相结合。除了本章中提及的基础理论,其他章节还会介绍具体领域的相关理论。一方面,可以利用既有理论去理解、解释媒介经营中的各种现象和规律;另一方面,更应体察媒介经营的特殊性,以批判性眼光检验既有理论在媒介经营领域的适用性,围绕媒介经营范畴构建知识体系。

◆ 思考题

1. 在我国,媒体组织得以经营的历史背景和社会条件有哪些?
2. 在我国开展媒介经营与在国外有何不同?
3. 媒体组织开展经营活动的可行性和必要性分别是什么?
4. 相较于一般的市场经营,媒介经营的特殊性体现在哪里?
5. 如何理解媒体双重属性的矛盾统一关系?
6. 尝试举例说明经营活动对媒体组织发展的重要意义。
7. 如何理解媒介技术发展对媒介经营模式变迁的影响?
8. 辨析"媒体组织""媒介市场""媒体行业""媒介产业"几个概念。
9. 除了本章涉及的理论基础,关于媒介经营你还能想到哪些理论?
10. 尝试用媒介经营相关理论,解释一个你所关注的媒介经营活动或现象。

◆ 推荐阅读

刘年辉:《社会资本与媒体产业发展》,《新闻与传播研究》2006年第2期,第50—55+96页。

梅清豪等编著:《市场营销学原理》,电子工业出版社2001年版。

〔美〕迈克尔·波特:《竞争优势》,陈小悦译,华夏出版社2004年版。

〔美〕迈克尔·波特:《竞争战略》,陈丽芳译,中信出版社2014年版。

宋建武:《媒介经济学——原理及其在中国的实践》,中国人民大学出版社2006年版。

谢新洲、陈春彦编著:《新闻媒体经营与管理》,外语教学与研究出版社2015年版。

〔英〕亚当·斯密:《国富论》,郭大力、王亚南译,商务印书馆2015年版。

第三章 媒介市场的形成、特征与评价

大众媒体具备双重属性:一方面,它是党和国家引导公众舆论的工具,是政党的"喉舌",具有政治宣传属性;另一方面,作为一个从事生产与交换的组织,它具有经济属性,是经济效益的创造者,发挥着经济功能。在我国的计划经济时期,媒体的政治属性被过度强调,而其经济功能或经济属性却被有意弱化。至于媒介市场,更无从谈起——媒体组织主要由国家财政供养,基本没有竞争的压力。这一时期的媒介产品类型单一,多数媒体承担着党和政府的宣传职能。

改革开放以后,随着社会主义市场经济体制的确立,多数媒体失去了原有的财政保障,被迫"断奶"。20世纪80年代中后期开始,国家对传媒的政策调整为"独立核算、自负盈亏、照章纳税、财政不给补给"。一些媒体开始探索"事业单位+企业化管理"的运作模式,其经济属性逐渐得到承认和重视。经过四十余年的发展,一个充满竞争活力、规则基本健全的媒介市场已经初步形成,为公众提供着丰富多彩的媒介产品与服务。

21世纪以来,伴随着中国加入世界贸易组织、网络传播技术的发展以及国家对包括传媒在内的文化产业发展的政策推动,媒介市场的特征逐步凸显。报纸、杂志、广播、电视、图书音像和互联网等多种形式的媒介产品与服务日益丰富,与这些媒介产品相关的媒体组织也都在产业化过程中不断提升自身的竞争能力、适应能力和创新能力。媒介经营理念的转变、经营机制的创新、融资渠道的拓宽以及跨媒介经营与合作的发展,都是在市场机制的作用下进行的。媒介市场为媒介产业的发展提供了广阔的舞台。

本章主要介绍媒介市场的基本含义、特征、要素和主要结构,以及媒介市场评价的主要指标。

第一节 媒介市场的形成与发展

媒介市场并非从来就有,它是媒体生产发展到社会化大生产阶段的必然产物,是现代社会媒体经济发展所必需的资源配置方式。当媒体组织为了交换而大量生产、复制和发布媒介产品时,媒介产品就成为商品,媒介市场也便随之形成。

我国媒介市场的形成具有明显的中国特色,媒体管理政策的调整对媒介市场的形成和发展有着至关重要的作用。媒介市场并非一成不变,随着传播技术的发展、受众需求的变化以及政策环境的变迁,媒介市场的内涵、外延、功能都在不断发生改变。我国媒介市场的形成和发展过程亦不例外。

一、市场及媒介市场

对于"市场"含义的准确理解,是研究媒介市场的基本前提。"市场"这一概念是商品经济的产物,它出现在交换行为之后,其内涵与外延也随着人类经济生活形态的不断变化而变化。古代社会中,由于生产力不发达、交通不便,人们的交换活动只能在有限的地理范围内以面对面的形式进行,所以此时人们提到的"市场"主要是指商品交换的物理场所,如人们所说的集市、码头、渔港、巴扎以及后来的股票交易所等。

在现代经济学中,"市场"已经成为一个更加广义的概念。"所谓市场,是指买者和卖者相互作用并共同决定商品或劳务的价格和交易数量的机制。"[①]市场体系具有自身的内在逻辑,这使得市场经济像是一部"复杂而精良的机器"[②],个人和企业的各种经济活动都在这部机器里得以协调:"将数十亿各不相同的个人的知识和活动汇集在一起,在没有集中的智慧或计算的情况下,它解决了一个连当今最快的超级计算机也无能为力的涉及亿万个未知变量或相关关系的生产和分配等问题。"[③]这里将市场定义为决定价格和交易数量的机制,是一种较为抽象的定义,强调了市场的本质属性。同时,它并不否定将市场定义为消费者的购买力与购买欲望以及商品交换的场所,后者是"表",前者是"里",表里呼应形成现代市场。

媒体经济是当代社会商品经济的重要组成部分。在市场机制作用下,成千上万家报社、出版社、电台、电视台、互联网公司等媒体组织将其生产的各类媒介产品源源不断地输送到数目更为庞大的受众面前,受众消费产品后,媒体组织获益,形成了一个虽非直观可见,但却真实存在的媒介市场。媒体经济已经成为当代社会商品经济的重要组成部分。

媒介市场究竟应怎样定义?许多学者从不同角度对"媒介市场"的概念进行了界定,以下是其中较具代表性的几个:

---

① 〔美〕保罗·萨缪尔森、威廉·诺德豪斯:《微观经济学(第17版)》,萧琛主译,人民邮电出版社2004年版,第21页。
② 同上。
③ 同上。

第一,媒介市场可以理解为由媒介产品联系起来的媒体生存、发展空间和消费者进行消费的渠道和场所。①

第二,媒介市场是指由报纸、杂志、广播、电视、电影以及新媒体等各种大众传播媒体共同组成的既有合作又有竞争的行业市场。②

第三,区分狭义与广义。狭义的媒介市场是媒介产品、媒体内容消费者和购买媒体物理空间与时间传播广告的广告主之间的经济关系的总和,媒体组织在本行业产品生产之外的其他行业的生产和市场行为,则归入广义的媒介市场之列。③

第四,媒介市场就是媒介产品买卖的地方。从媒介产品卖方的角度看,媒介市场就是有尚未满足的现实的和潜在的购买者的集合,而卖方的责任就是在符合规律的情况下最好地满足购买者的需求。④

从以上关于媒介市场的不同定义中不难发现,人们对媒介市场的理解存在不同的角度和层次。第一个定义主要是围绕媒介产品,将市场界定为一种环境,媒介市场是以媒介产品为纽带的媒体和消费者双方进行交易、共同生存发展的场所。第二个定义则从行业市场的角度,认为媒介市场是各类大众传播媒体组织赖以生存、开展竞争合作的规则和体系,强调组织之间的竞合关系。第三个定义区分了狭义和广义的媒介市场。狭义媒介市场的定义指出了媒介市场的三个主体,即媒介产品、媒体消费者和广告主,认为市场是这三者之间的经济关系的总和。广义媒介市场的定义则将和媒介产业相关的行业市场全部纳入进来,比如运输业、印刷业、服务业等,行业之间发生的交易行为也被纳入媒体市场。第四个定义则用市场的外在形态来定义媒介市场,认为其是媒介产品买卖双方交易的场所。

上述对于媒介市场的定义均不全面,主要问题在于没有界定清楚媒介市场的内涵与外延。综合来看,我们采用市场的本质属性定义,认为媒介市场是媒体组织、受众以及广告商之间的经济关系的总和,也包括保证各类经济行为有序运转的规则。媒介市场的主体包括作为媒介产品和服务的提供者的媒体组织、作为消费者的受众以及广告商。媒介产品与服务则是媒介市场的客体。这一定义提示我们,既要从静态的视角分析主体的特征,也要用动态的眼光关注主体间的互动关系和原则,以及社会政治经济环境中可能影响主体关系的因素。

二、媒介市场的发展动因

媒介市场存在于复杂的社会大环境中,其发展状况以及运作方式等受到各方面因

---

① 支庭荣:《媒介管理(第三版)》,暨南大学出版社2009年版,第94页。
② 胡正荣:《媒介管理研究——广播电视管理创新体系》,北京广播学院出版社2000年版,第98页。
③ 胡正荣主编:《媒介市场与资本运营》,北京广播学院出版社2003年版,第2页。
④ 邵培仁主编:《媒介管理学》,高等教育出版社2002年版,第231页。

素的影响,包括政治因素、经济因素、技术因素等。媒体组织只有深入了解媒介市场的发展动因,并对其加以有效利用,才能较好地融入媒介市场,充分发挥自身的社会和经济功能。具体到我国,媒介市场的发展动因主要包括内因和外因。内因是出于媒体自身生存发展的需要,外因则包括新媒体技术变革、信息需求多元化和技术、资本、政治力量的相互作用等。

(一)媒体自身生存发展的需要

改革开放以前,我国的媒体组织主要被视作政治宣传和舆论引导的工具,过分强调意识形态功能,由国家财政补给。从功能上来说,它也必须坚持正确的政治导向,无涉经济利益。

随着社会主义市场经济体制的确立,媒体组织赖以生存的财政补给全部或部分地中断,媒体组织不得不参与市场竞争,自行摸索生存和发展之路。在实际运营中,媒体组织越来越多地参与市场竞争,逐渐摸清并适应了市场规则,推动媒介市场向着更合理、更高效的方向发展。

(二)新媒体技术变革

新媒体技术变革一方面推动了各种新的媒体形式的产生与发展,为媒体融合提供了技术基础,另一方面也改变着受众的媒介消费习惯,迫使传统媒体适应新媒体的技术特征,寻求生存之路。对中国媒介市场来说,媒体融合既是技术发展的必然趋势,也是国家战略要求。如何在媒体融合中实现创新,打造媒体组织的核心竞争力,将成为未来较长一段时间内中国媒介市场的热门话题之一。随着互联网基础设施的不断完善,传播速度提升,信息服务费用降低,新媒体技术将进一步升级媒体消费方式,推动媒介市场变革和转型。

(三)信息需求多元化

信息存储与通信技术的进步方便了信息的流通和传播,信息以多元化的形式海量剧增,不再是社会的稀有资源,激发和满足了文化背景、受教育程度和价值观不同的媒体受众的多元化信息需求。信息需求的分化也相应带动了媒体需求的分化,媒介市场中出现了越来越多不同层次、不同类型的消费需求;而媒体为赢得更多受众,占据更大的市场份额,必须对市场进行进一步的细分,依据受众需求进行更精确的自身定位。受众需求的多样化及其引起的媒体组织目标与定位的进一步细分,不可避免地促进了媒介市场日趋多元。同质化竞争带来的高成本、高风险使得媒体组织尽可能避免与同类媒体的竞争,而不断通过市场细分开发新的市场空间,进而实现其媒介产品的分众化。

(四)技术、资本、政治力量的相互作用

媒介市场是在技术、政治与资本三种力量的共同作用与相互博弈中不断发展的。

从目前的发展趋势中可以看出,在我国媒介产业进程中,技术驱动作用日益明显,出现了技术型媒体快速发展、非技术型媒体缓慢发展的现象;但是,一般媒介产业演进的"资本拉力"依然为"政治与资本的长期博弈"所取代。

技术力量表现为技术天然具备的对社会生活的影响以及新技术相对于旧技术的优势,互联网及新媒体技术改变了信息的存储、组织和传播方式,实现了人和信息之间的智能化、广泛化连接,并通过规模化的个性化互动解决了信息权力不对称的问题,引发了对原有媒体秩序的重构。资本驱动则体现为大批资金的投入,以及与之匹配的媒体管理体制和分配体制改革的需求。[1] 政治力量则是指在中国语境下,传统媒体承担着意识形态的功能,与政府行政有着高度同构性,表现为从中央到地方的省、市、县各级都有自己的报纸、电视或广播。在传统媒体受到冲击的情况下,媒体融合上升为顶层设计和国家媒体战略。国家运用法律、政策和制度等手段,通过对媒介市场中不同主体的保护、扶植、限制或支持,调节媒体市场,确保主流意识形态在新的媒体格局中保持领导地位。

具体来说,技术在"政治与资本的长期博弈"中充当着"启爆器"的角色,引发信息存储、组织和传播方式的变化,带动整个媒体行业向新的层面跃进。政治与资本的力量则共同构成了对信息资源进行分配的社会制度。政治力量是主要的实践规则,但会按照新的技术规范和市场规则做出某些调整。互联网技术带来了信息传播模式的革命性变化,资本涌入为商业模式突破、市场扩张注入动力,政治力量则试图维系对媒介产业的科层式行政控制权力。互联网市场正是在这三股力量的制度性缝隙中生长和发展。

三股力量的调和与博弈还将在未来相当长的一段时间内继续影响我国媒介市场的发展方向。这使得推动我国媒介市场发展的力量作用关系更为复杂,产业形态也相应较为特殊,媒体组织不仅要在资本力量的驱动下强调对经济利益的追求,还要受到政治需求与安排的限制和影响,整个媒介市场由此呈现出曲折发展的总体态势。

三、媒介市场的形成标志

媒介市场与其他市场一样,也有一个形成和发展的过程。只有媒介产品和服务的交易活动发展到一定程度,完整意义上的媒介市场才能最终得以形成。媒介市场的形成有几个显著标志。

第一,生产力和私有制的发展导致了社会分工的产生,一些专业化的、独立化的媒介商品生产者或者说媒体企业出现,并成为媒介市场上的生产主体。这些媒体企业直接面向市场,依照价值规律和竞争机制进行媒体生产和经营活动,谋求经济收益。

---

[1] 陈刚:《数字逻辑与媒体融合》,《新闻大学》2016 年第 2 期,第 100 —106+151 页。

第二，媒介产品和服务的交易活动达到一定规模，在实践中形成交易规则，制约媒介消费活动。经常性的媒介交易活动一方面沟通了媒体生产与媒介消费，另一方面又以市场上的价格信息和竞争规律刺激各媒体企业扩大生产，降低成本，并推动资金、人才和技术在不断流动中实现合理配置。此时，媒介产品消费已经成为一种直接的商品消费形式，二次售卖的传统模式形成，媒体所服务的对象——受众也同时具备了消费者的身份，其喜好被塑造和商品化，且其消费行为很大程度上由被动消费转变为主动消费。

第三，媒介交易活动受到法律法规和其他契约形式的规范与保护，趋于稳定和系统化。这主要是指从国家层面对媒介市场中的经济主体进行规范。单纯依靠市场手段配置资源虽然效率较高，但会出现市场失灵的情况，尤其是考虑到媒体的双重属性，在谋求经济效益的同时还必须兼顾社会效益，提升社会总福利。因此，需要政府从宏观层面通过制定法律法规、规章制度的方式直接或间接介入媒介市场的运作。媒介市场相对较为成熟的国家已经形成了较为完整的法律法规体系以规范各种媒介交易活动。近年来，我国政府也通过制定一系列相关政策法规逐步加强了对媒介市场的管理与规制。虽然并没有一部级别较高的系统的媒介产业法进行统摄，但是《中华人民共和国网络安全法》《互联网信息服务管理办法》《网络信息内容生态治理规定》等法律法规也在引导媒介产业向着有利于社会大众利益和适应市场经济要求的方向发展。它们对于保证我国媒介市场的有序发展起到了非常重要的作用。除政策规制外，随着市场调查机构的逐渐发展与成熟，受众、广告主与媒体组织之间的信息不对称性日益消弭，这也在某种程度上促进了媒介市场的规范化。例如，市场调查公司可以通过各种新型的数据监测和分析手段了解到某媒介产品的传播特征和效果，并将此类信息迅速传达给广告主，这种调查和反馈机制不仅提高了广告主广告投放的精确性和有效度，也对媒体组织形成了一定的压力和激励，促使其不断改进内容供给的质量。

第四，媒介市场与其他产品市场相互适应、相互融合，成为整个国民经济市场的重要组成部分。由于媒体生产是一种复杂的综合性生产活动，需要投入包括资金、人才、技术、信息等在内的多种生产要素，所以当媒介市场发展到一定规模时，势必要借助其他行业市场的资源支持，这也要求媒体组织必须逐渐适应一般市场的游戏规则，并不断更新自身运营理念与经营方式。

媒介市场与整个大市场的日益融合突出表现为媒介市场竞争规模的不断升级，产业结构扩容、整合与优化的不断深入，以及集团化战略的大行其道。以电视市场为例，随着传统电视的衰落，不同电视台之间的竞争从节目竞争开始，先后经历了栏目竞争、频道竞争阶段，现在已经进入将电视台、新媒体等各类媒体深度融合，不断涉猎新领域、嫁接新产业，构建新型媒体集团进行竞争的新层面。单个栏目，甚至单个频道的市场占有率的重要性降低,竞争的焦点已经转向整个电视台的产业链拓展和经营情况,与其在目标市场中的综合占有率以及目标受众市场的结构优化程度相比,对市场资源的动员、整合能力业已成为各电视台集团成败的关键。

四、我国媒介市场发展的主要阶段

中华人民共和国成立后,根据市场的竞争形态划分,我国媒介市场的发展大致经历了五个主要阶段:完全行政主导阶段(1956年至20世纪80年代初期),行政主导与相对自由竞争并存阶段(20世纪80年代初期至90年代中期),从相对自由竞争向集团化竞争过渡阶段(20世纪90年代中期至21世纪初期),行政与技术主导竞合发展的新阶段(2000年至2010年)以及平台主导时代(2010年至今)。目前,随着数字技术的普及、发展以及受众生活形态的不断变化,我国媒介市场竞争呈现加剧的趋势。从回避竞争到鼓励竞争再到规范竞争,我国媒介市场形态的每一次转变,都是经济体制变革以及社会观念更新、技术进步等因素综合作用的结果,其核心动因都是满足、协调党和政府的需要、社会的信息需要以及媒体的盈利需要。

(一)完全行政主导阶段(1956年至20世纪80年代初期)

从中华人民共和国成立到1956年的这段时期,政府通过公私合营、合并改组完成了对中国私营新闻业的社会主义改造,消除了纯商业意义上的新闻媒体竞争。国家以行政手段建立起高度集中的国有新闻事业,在新中国成立初期百废待兴的背景下,这种体制有利于政府在政策宣传方面的集中管理,从而较好地保证了国家政令畅通,有效地凝聚了各种社会力量投入国家建设,但也从此形成了至今仍深刻影响着中国媒介市场的行政性主导体制。在此种体制下,国家凭借行政权力按区域、系统划分、配置媒体资源,具体表现为:媒体组织层级结构与国家行政层级结构对应,按中央、省、地(市)、县四级办报、办台;新建立媒体的审批权力从属于相应各级党政机关,媒体始终与这些党政机关保持行政隶属关系并接受其领导;媒体在受众、功能和风格等方面的定位均由上级行政领导机关确定,媒体一般没有自主决定权;媒体种类相对单一,媒介市场基本上被非营利性质的党报、电台、电视台主导;在极高的区域壁垒、部门壁垒隔离下,媒体各司其职,等级分明,彼此间几乎不存在竞争。

(二)行政主导与相对自由竞争并存阶段(20世纪80年代初期至90年代中期)

这种完全由行政主导的媒体机制与市场格局一直延续到20世纪80年代初期。随着我国经济体制改革,以及社会媒体需求与政府媒体管理观念的不断变化,市场壁垒得以逐渐被打破,媒体开始走向市场,竞争体制初步形成,媒介市场在仍旧保有一定程度的行政主导特性的同时,日益呈现出相对自由竞争的状态。

20世纪初,市场作用在整个国民经济中的地位进一步强化,并渗透至各个领域;1992年,党的十四大正式确立了建立社会主义市场经济体制目标,我国进入全面经济体制转轨时期,这也为媒体全面走向市场奠定了基础。在市场经济体制下,社会决策主体相对多元,社会决策权趋于分散;随着市场作用的逐步强化和企业改制的不断深入,整个社会对信息的需求日益高涨。这为国内媒体组织走向市场、参与竞争、自负盈亏提供了社会基础。与此同时,伴随体制转轨的社会结构转型和不同职业分化,则促使社会信息需求日益多样化,从而促进了媒体的多元化发展,为充分的市场竞争奠定了结构基础。

（三）从相对自由竞争向集团化竞争过渡阶段（20世纪90年代中期至21世纪初期）

从20世纪90年代开始,我国媒体行业走上了产业化的道路。媒体作为产业走向市场,就要遵循市场规律,按企业方式运作、经营。企业要扩大市场份额,最主要的手段就是扩大经营规模,从而降低成本,增强竞争实力,实现规模效应。同理,在市场体制下,媒体与其他企业一样,也会存在扩大经营规模的自然倾向。企业扩大规模的方式包括内部积累和外部扩张（兼并、联合等）,尤以后者居多,媒体组织也不例外。

媒体组织规模的扩大突出表现为媒体集团的产生。从某种意义上说,成熟的媒介市场必然表现为媒体集团的垄断竞争形式,且媒体集团的组合方式多样化,既包括聚焦单一业务的传媒集团（如报业集团、广播集团、电视集团、发行集团、出版集团）,也包括横向交叉的综合传媒集团（集报纸、杂志、广播电视、互联网络等多种媒体组织于一体）、纵向联合式传媒集团（如报刊公司和广告公司、印刷公司等相关企业的联合）和混合交叉式传媒集团（各类媒体产业、相关产业以及非相关产业的联合）。从国内媒介市场的情况来看,最初聚焦单一业务的传媒集团居多,中期则是以横向交叉和纵向联合式集团为主,此后混合交叉式集团逐渐成为新的发展趋势。

（四）行政与技术主导竞合发展的新阶段（2000年至2010年）

进入21世纪后,随着网络新型媒体的不断扩张,我国媒介市场迎来了新的变化,即受众需求"碎片化"、传播技术"数字化"和市场竞争"全球化"时代到来。相应地,媒介市场的竞争态势发生了明显变化。一方面是掌握媒体行政审批权的政府机关及其主管的传统的新闻媒体资源,另一方面是掌握最新的传播技术和庞大的电子商务、网络社交平台的互联网技术公司。两者竞争加剧,特别是在争夺年轻受众和广告主方面竞争异常激烈,亟须走上竞合之路。

"碎片化"实际上是社会个体信息需求个性化、多样化的表现,即人们不再按照统一的模式生活和思考,价值观念、消费方式和消费场景由此日趋多样化,使得原来比较单一的信息需求分解为众多"碎片"。碎片化在消费领域的集中反映是大众消费向分众消费的转变,消费者在接触信息时更注重自己的个性化需求,这也直接导致了媒介产品市场的碎片化。

随着"数字化"时代的到来,在高速发展的数字技术的推动下,报纸、杂志、图书、广播、电视等各种传统的媒介形式得以在数字技术平台上实现融合,媒体传播渠道的边界日渐模糊。消费者可以通过各种智能方式获取丰富的内容产品,媒介产品的形态在经历深刻变革的同时,其传播渠道也变得空前丰富与便利。与此同时,传播技术的进步也使得双向互动、异步性传播、跨地域的全球化传播成为可能,被动的"受众"向主动、个性化、参与意识强烈的"用户"转变。

21世纪以来,特别是中国加入WTO后,虽然存在意识形态上的分歧,但在中国官方占据媒体政策主导权的前提下,一些外国新闻集团开始通过兼并收购、投资控股、参股式、品牌合作等资本运作的方式迂回地进入中国市场,采取各种策略争取官方宽松的媒体政策环境,并对媒介产品进行本土化改造,与我国的媒介产业开展竞争与合作。

"碎片化"使得受众需求日益分散;"数字化"则使得媒介产品传播渠道日益丰富,"受众"逐渐向"用户"转变,进一步带动广告主需求的分散,增加了广告精准到达的难度;"全球化"则扩大了中国媒介产业的市场规模,提高了市场进入的资金门槛,加剧了竞争的激烈程度,也为国内媒介产业带来了先进的国际经验。这三方面趋势共同促进了媒介市场的进一步细分,从而推动了国内媒介市场向高度竞争、合作共赢的方向发展。

(五)平台主导时代(2010年至今)

近年来,以"腾讯""阿里巴巴""新浪"为代表的平台型企业急剧扩张,平台不但能发挥媒体的生产和传播内容的功能,而且拥有先进的技术、庞大的用户群和将不同群体相连接的能力。平台的反垄断问题已经成为我国经济领域的重点问题。2021年2月,《国务院反垄断委员会关于平台经济领域的反垄断指南》(以下简称《指南》)正式发布,初步构建了我国平台企业垄断认定等方面的法律规范。2021年3月,习近平总书记在中央财经委员会第九次会议上也强调要"反对垄断,防止资本无序扩张"[①]。用户接入平台所产生的海量数据成为平台经济的重要竞争优势,也是平台维持市场势力的核心要素。算法加数据的双轮驱动原理经网络效应的放大对用户达成了锁定效应,增强了用户黏性,又为其设置了极高的转移成本,以隐蔽的方式强制性地获取主体动向,对其

---

① 新华社:《习近平主持召开中央财经委员会第九次会议》,2021年3月15日,中国政府网,http://www.gov.cn/xinwen/2021-03/15/content_5593154.htm,2023年3月1日访问。

施加影响。平台既是市场中的经营者,又是主导生态系统内数据流通规则的管理者。互联网平台的多边市场效应使市场份额集中于少数平台,市场约束并不充分。[①] 平台排他性地独占数据、限制数据访问权限所形成的数据壁垒,可能提高了新创企业的市场进入门槛,阻止了潜在竞争对手进入市场。"腾讯"面临着类似的指控:"抖音"认为,"腾讯"将用户数据视为私人财产,对用户数据的独占行为严重影响了行业的创新发展。[②] 数据要素的异化带来的平台权力膨胀可能进一步引发市场集中、市场封闭、抑制创新、数据泄露等产业风险,削损社会福利。

第二节 媒介市场的结构

传统媒介市场中,媒体组织、受众和广告主构成了独特的二元交换结构,并受到信息内容、受众注意力和媒介消费需求三大因素的影响。在某个特定市场,媒体组织所能获得的消费者的数量,以及为获得这些消费者而进行的竞争的激烈程度都要受到某些媒介市场特征的影响,这些特征的总和就构成了媒介市场的结构。市场规模是体现市场发展状况的绝对指标,而市场结构则是体现市场发展阶段性特征的相对指标。

市场结构由多种因素共同决定,但我们仍然可以找到几个最重要的指标,来帮助形成对市场结构的基本判断,这些指标包括:市场中消费者和生产者的集中程度,产品的差异化程度,新竞争者的进入壁垒、成本结构、垂直整合。这些指标在媒介市场中同样适用。

一、媒介市场的构成

构成媒介市场需要三个基本要素,即作为媒介产品的信息内容和服务、作为媒介衍生产品的公众注意力聚集以及媒体消费需求。它们是衡量媒介市场形成、发展与成熟阶段的重要指标。

(一)信息内容和服务——媒介市场产品的基本依托

媒介市场交换行为的中心是媒介所提供的有价值的信息内容和服务。人们之所以愿意以时间和金钱的代价消费媒介产品,就是因为后者能够为其带来有用的信息内容。随着我国媒介市场化程度的不断提高,媒介"内容为王"的呼声也不断高涨。随着受众生活形态的不断改变,媒介市场中内容竞争的范围与形式也不断变化,逐渐由单纯的内容竞争演化为内容、承载内容的载体,以及传—受之间互动规则的三重体系的复合竞

---

① 赵鹏:《平台、信息和个体:共享经济的特征及其法律意涵》,《环球法律评论》2018年第4期,第69—86页。
② 《关于抖音起诉腾讯垄断的声明》,2021年2月2日,抖音微信公众号,https://mp.weixin.qq.com/s/gP1oPRVpW6qD_dEGIKw3vQ,2023年3月1日访问。

争——不仅内容要能吸引受众,承载内容的载体也要尽可能贴近受众生活形态、适应受众媒体接触习惯,还必须在内容传递给受众的方式、媒体与受众的互动机制上为受众提供充分的便利与实惠,即市场营销中所谓的便捷性和易得性。关于内容的竞争泛化为关于信息内容和服务的竞争。

媒介市场的产品主要是无形的精神产品,其产品形态具有双重性:一方面,媒介产品是有形的,任何媒体内容都需要特定的物理载体,如传统的报刊、图书、广播、电视和新媒体环境下的电脑、手机等;另一方面,媒介产品又是无形的,受众媒介消费的目的一般不在于获得有形的媒介产品本身,更重要的是获取其中无形的内容,或者说意义。媒体组织提供给受众的各种信息、观点和感受虽然是无形的,但人们能够通过视听等感官系统接收这些内容,并在头脑中理解、阐释其中的意义。随着传播技术的不断发展,媒介产品的无形性特质愈发明显,其传播渠道与内容形式的界限日益模糊,越来越多的媒介产品开始以数字化的形式在不同的平台上跨越流动,为媒介市场的消费者提供了很大的便利。

伴随着新媒体技术的发展,媒体的平台化特征进一步突显,传统媒体的媒体融合实践已经从表面的"内容上网"发展为面向用户需求建立内容共享平台与机制,将新闻属性转换为信息与服务属性,扩大传播规模,增强传播效果,最终实现整体的媒体转型。在这一趋势下,媒体不仅是内容提供方,也可作为平台为用户提供表达空间和渗透到衣食住行各领域的服务,以换取注意力。这是互联网时代强大的交互式传播技术为传统媒体信息传播带来的巨大变革,并直接影响着媒介市场的发展方向。

(二)公众注意力聚集——媒体组织的收入的重要源泉

公众注意力聚集对于广告主而言是极其宝贵的资源,当这种聚集与特定产品实现有效的传播对接时,便能够帮助作为这些产品提供者的广告主获得更多经济回报,这是它们愿意为获得这些资源而付出昂贵代价的根本原因。媒体组织正是注意力资源最重要的提供者,这也是媒体组织核心的收入源泉。至今,广告仍然是全球绝大多数媒体组织的营收的支柱,是整个媒介市场运转的最重要利润来源。以中国广电行业为例,根据国家广播电视总局的统计公报,2020年,全国广播电视实际创收收入9214.60亿元,其中广告收入1940.06亿元,占据五分之一左右的份额。传统广播电视广告收入下降,新媒体广告收入增长明显。其中:传统广播电视广告收入789.58亿元,同比下降20.95%;广播电视和网络视听机构通过互联网取得的新媒体广告收入889.96亿元,同比增长7.38%。[①] 广告市场总量不断增长,出现了传统广告收入比例不断下降、

[①]《2020年全国广播电视行业统计公报》,2021年4月19日,国家广播电视总局网站,http://www.nrta.gov.cn/art/2021/4/19/art_113_55837.html,2023年3月1日访问。

网络媒体广告收入持续增加的局面,这从一个侧面反映出,无论是传统媒体还是网络新媒体,广告都是重要的收入来源,其增减反映了公众注意力的聚散。

在互联网时代,不同于订阅量、收听率、收视率等衡量公众注意力聚集的指标,"流量"成为广告主看重的资源。流量原是指规定时间内通过指定地点的车辆或行人数量,在互联网语境下,被用来记录用户在浏览网页时所下载接收到的字节数,现在则泛指网络用户在网络上浏览、点击、播放等一切信息消费行为(耗费时间和精力)所产生的数据,代表网络对用户的注意力攫取。用户不仅是流量的消费者,消费行为所产生的数据也可能为媒介产品吸引新的流量。随着信息形式和载体的多元化,用户在终端上接收到以"流"的形式呈现的海量信息,个人的浏览、评论、分享、互动等行为又产生数据,被整合到更大的数字网络中,投入新的信息流通。例如,人们在社交媒体等网络平台上发布信息、分享感受或者上传视频,这些行为为网络平台提供了内容或者素材,进而吸引别的用户点击、浏览,又增加了平台的浏览量。流量可以用来衡量大数据时代信息的覆盖面,数据可能是惊人的,但这只是基础层次的传播效果。其中有多少信息能够精准到达目标受众群且被接受、理解,并转化为实际行为,才是广告主真正在乎的指标,并会据此决定广告预算。流量已成为网络媒体吸引广告主,将用户货币化,并获得利润的一项重要指标。

(三)媒介消费需求——媒介市场的基本支撑面

没有需求就没有市场。尽管媒介市场拥有独特的交换结构,但归根结底其产品需求的源头仍是用户。如果没有用户的认可,就无从获取其注意力资源,也将无法实现面向广告主的二次售卖。因此,用户是媒介市场发展的一个最为基本的支撑面。用户的数量、年龄结构、社会层次、生活方式以及兴趣爱好等都深刻影响着各个媒体组织以及整个媒介市场的发展方向。比如,"抖音"和"快手"、"淘宝"和"拼多多"、"微信"和"微博"上就聚集着媒介消费习惯不同的用户。只有尽可能地深入洞察和类型化细分用户,才能将最适合用户的信息服务送达用户。正是由于用户在媒介市场发展中所起到的重要作用,用户调查已经逐渐成为今天媒体竞争必备的支持手段。

二、媒介市场的运行逻辑

拥有诸多特征的媒介市场同样具有自己的运行逻辑。信息内容和服务、公众注意力聚集、信息需求和广告需求三个方面的构成要素决定了媒介市场的基本运行逻辑。

(一)传统媒介市场的运行逻辑

一般商品在市场中通过供求双方的交换直接实现价值,而媒介市场则不同。在市场经济条件下,媒介消费者对于媒介产品的消费是分两次进行的。媒体组织只生产一种产品，但却参与两个消费目的迥异的市场——产品市场和广告市场。一方面，媒体组织生产信息内容，受众支付时间、精力和金钱，两者共同构成了媒介产品市场。另一方面，媒体组织在向受众提供信息的同时，聚集了特定群体的注意力。注意力在市场经济条件下是为各类产品生产者和销售者所重视的稀缺资源，为获得这一资源，这些产品生产者和销售者作为广告主向媒体组织支付一定数量的金钱，媒体组织则将广告主想要宣传的产品或服务信息与其生产的一般性信息承载在同一媒体形式上，媒体组织和广告主之间形成了媒介广告市场。

于是，在媒介市场独特的交换结构中，作为媒介产品生产者的媒体组织、作为消费者的受众和作为媒体资助者的广告主三者共同构成了媒介市场的三重主体，三者之间也呈现出一种相互联系、相互影响的互动关系。消费者通过购买媒介产品及其附加的广告中所介绍的产品或服务，分别支持了媒体组织和广告主；媒体则通过生产特定的内容产品来满足消费者的需求，并以此吸引广告客户；同时，广告主通过在媒体上投放面向消费者的产品广告来支持媒体组织。在这个三角关系中，消费者，即受众处于非常重要的位置，他们是媒体存在的支点，也是广告主的最终诉求对象；离开广告主的资金支持，媒体组织很难生存；如果没有媒体组织，广告主也很难直接与消费者沟通。正是信息需求将一般公众、媒体和广告主有机联系了起来。

消费者的重要位置体现为其作为媒介市场交换结构中的支点，是媒体实现经济效益的动力源泉。媒体组织生产的内容通过报纸、杂志、书籍、广播、电视、网络等载体或渠道在媒介市场上流通，以有偿或者无偿的形式提供给消费者，并同时获得用户的注意力。而当消费者对媒体生产的产品不满意时，这种"产品—注意力"交易就会自动停止。此时，如果消费者是有偿使用媒介产品，那么其消费行为的停止将会直接影响媒介产品的销售收入；即使消费者是无偿使用媒介产品的，随着停止消费行为的消费者数量的增加，媒体能够用于"二次销售"的注意力资源将相应减少，其经济效益同样将因广告收入的损失而受到影响。

在这种传统的"二次销售"模式中，用户的倾向和选择对于媒体来说至关重要。而且随着互动技术的发展，用户的主动性越来越强，逐渐脱离了面目模糊的被动"受众"形象，开始积极主动地参与媒体生产和传播的过程，对广告的话语权和选择权不断增强。因此，媒体提供的内容或服务的质量、特色在很大程度上影响甚至决定着消费者的选择，也进而影响和决定着广告主的选择，是决定整个媒介市场能否顺利运行的关键因素。

上述产品、用户、广告与媒体经济效益间的逻辑关系中的一个突出表现是报业市场的"发行量螺旋"现象：为获得尽可能多的注意力，广告客户常倾向在发行量大的报纸上做广告，而拥有较多广告收入的报纸更有实力打造出更具吸引力的媒介产品，并因此获得更多的读者,形成更大的发行量,反过来又会吸引更多的广告,进一步提升产品质量,吸引更多读者,如此循环往复,使得发行量呈螺旋式上升。由于报纸的大部分利润来自广告,因此如此循环的结果往往是发行量落后的报纸最终退出市场。这种现象也被人们称为报纸经济效益的"聚焦化"。

同时,在媒介广告市场上,广告主通过购买媒体的空间或时间获取消费者的注意力。只有消费者接触到广告,并受其影响成为广告产品的实际或潜在购买者,广告主通过媒体传播产品或服务信息进而促进销售的目的才能够实现,媒介市场提供的"注意力"也才会转化为切实的社会"影响力"。在相对传统的"注意力经济"理念指导下,广告主往往愿意购买发行量大的报纸版面、收视听率高的广电媒体时间段或点击量大的网络资源,以有效降低广告的千人成本(CPM)。而随着"影响力经济"理念日益受到重视,浅表层次的"注意"已无法满足广告主深度影响用户信念和行为的需求。越来越多的广告主已经开始将关注的焦点转向媒体的有效渗透率,即产品或服务的目标消费者以及潜在消费者在媒体用户总数中所占的比例,因为只有广告信息到达这部分人群并影响到其消费决定,才能真正实现促销或改善企业形象的投放初衷,由此形成所谓的"精准营销"。

(二)"二次销售"模式的弱化:社会化媒体时代的新进展

随着社会化媒体迅速成长,互联网开放互动的特征日益突显,我们从"读"时代进入了"写"时代,网民从被动的信息接收者和消费者转变为主动的信息生产者、创造者和传播者。信息组织与传播机制也从线性、科层化向非线性、网络化的模式转变。建制化的媒体组织不再是大众传播资源的垄断者,普通用户也可以参与意见表达,凭借在某些方面的才能吸引网络中其他用户的注意,成为信息流通网络中的重要节点,即"意见领袖"。媒介市场主体中的"媒体组织"的概念被扩大了,既包括传统的电视台、报社,也囊括了网络平台上具有固定受众群、掌握了用户注意力资源的自组织——网络自媒体。目前,一些广告主的营销已经从传统的媒体渠道转向了网络上的"大V""网络红人"等流量较大的自媒体,将广告内容经过一定的包装和改造后隐藏在日常信息流中,同时推送给用户,丰富了广告的人际属性,取得了更显著的营销效果,也增加了网络广告管理的复杂性。

传统的媒体组织通过"二次售卖"模式获利,即向受众出售媒介产品,再将受众的注意力售卖给广告主。但在互联网环境下,这一模式也面临一定挑战。主要原因是传统媒体对信息资源的垄断优势不再,互联网为用户提供了海量的个性化信息,成为用户获取信息的第一入口,传统媒体的吸引力不断下降,难以聚集注意力。

在此背景下,一些媒体组织开始借助新媒体技术的互动性、多媒体、超链接、即时性等特征,开发品牌资源,售卖衍生产品或衍生服务。广告主可越过媒体组织,以品牌化、人格化的社交账号作为载体直接与受众,即用户进行交易。具体而言,即强化媒体的平台属性,从着重生产优质信息内容转而为用户提供参与和表达的空间,靠满足用户的参与感和自我认同感占据用户时间,让用户附着在媒体上,并将一定时间、范围内的信息流出售给广告主。用户生产内容和用户之间的社交关系相结合,可进一步转化为媒体自身的资源,引发更多的互动和跟随行为,媒体在这一过程中不仅是一种传播工具或载体,也超越了平台属性,成为网络用户的个人化行动赖以传播、复制和再生产的组织结构。

(三) 平台化时代的平台中心结构

平台的兴起改变了信息环境。"平台"这一概念越来越多地出现在业界和学界的讨论中,在媒体融合视角下被赋予了丰富的含义。平台不但能发挥媒体的生产和传播内容的功能,而且拥有强大的技术、庞大的用户群和将不同群体相连接的能力,引发了各种社会资源链接和分配方式的结构和制度性的变革。传统媒体为了适应互联网的发展趋势,争相搭建平台以完成新媒体化转型。以社交网站为代表的新媒体商业平台具备了内容生产和传播的能力。在平台化背景下,信息主体的信息行为,包括信息的生产、分发和传播机制发生了重要变化,进而重塑了新闻业和公共传播业的生态。平台凭借技术和资本优势,对使用平台的主体施加控制。

流量虽然仅可以用来衡量基础层次的传播效果,但已成为商业平台吸引广告主、将用户货币化、获得利润的一项重要工具。商业平台的逐利导向会驱使其利用算法规则的操作,将流量出售给广告主,"因而对于言论的来源、形式和内容要以商业化的标准进行筛选、塑造和主导"①,扶持那些商业价值更高的内容及内容生产者,为其匹配更多、更精准的资源。"文化生产者转变为平台补充者,传统的线性生产过程转变为一个迭代的、数据驱动的过程,在这个过程中,内容不断变化,以优化平台的分发和货币化。"②

依靠基础设施、算法和协议,平台成为个人用户、新闻媒体、广告主等不同主体之间的中介,重新定义和结构化了主体之间的关系。平台作为"数字中介",因为拥有垄断的分配权力而位于信息传播的中心,且具有高度不可见性,"它们可能有意或以其他方式控制或限制新闻的获取,或影响其商业可行性……它们对数字世界中新闻的传播和货币化越来越重要"③,并且通过强制、建制和价值规范等手段使主体必须接受和遵循其逻辑。

---

① 吴靖:《精英控制互联网议程的机理分析——资本裹挟下的网络公共领域"单极化"》,《人民论坛·学术前沿》2013年第12期,第19—28页。
② David B. Nieborg, and Thomas Poell, "The Platformization of Cultural Production: Theorizing the Contingent Cultural Commodity," *New Media & Society*, Vol. 22, No. 11, 2018, pp. 4275-4292.
③ Efrat Nechushtai, "Could Digital Platforms Capture the Media through Infrastructure?" *Journalism*, Vol. 19, No. 8, 2018, pp. 1043-1058.

三、影响媒介市场结构的因素

市场集中程度、产品差异化程度、进入壁垒、成本结构、垂直整合程度是影响媒介市场结构的重要指标。

（一）市场集中程度

市场中生产者和销售者的绝对数量能够在很大程度上决定市场的集中程度。从市场集中程度来看，媒介市场可分为四种：完全竞争市场、垄断竞争市场、完全垄断市场和寡头垄断市场。如果在一个市场中，收入被有限的几家公司控制，这个市场就可以被认为是高度集中的。我国的电视市场过去一直是由中央电视台主导，其垄断特征明显。但随着我国媒介产业市场化改革的不断推进，各省、自治区、直辖市的很多地方电视台也逐渐发展、壮大。目前，我国几乎所有省级电视台都实现了上星，湖南卫视、江苏卫视、浙江卫视、东方卫视等省级卫视资源丰富，制作能力强，在全国范围内与中央电视台争夺市场；此外，很多地区的城市电视台、有线电视台发展速度很快，在为本地电视观众提供更为丰富的收视选择的同时，也使得我国电视市场的集中程度呈现下降趋势；网络电视的加速发展将进一步改变电视市场格局。

媒介市场不同于其他的行业市场，具有二元属性，根据交换结构可以分为消费者市场和广告市场，在测量市场集中程度时也应从两方面获取数据。在消费者市场中，可以计算每个竞争者所占有的市场份额。例如，广播电视行业通过视听率来对市场中购买者的集中程度进行估计；广告业则是计算该市场中最大的四个（或者八个）媒体组织控制的收入（广告经营额）占媒体市场总体收入（总广告经营额）的百分比，该测量方法被称为集中度（concentration ratio）测量。一般认为，如果四家公司的集中度达到或超过50%，或者八家公司的集中度达到或超过75%，这个市场就被认为是集中的。[1] 但在我国，由于缺乏统一的受众数据调查，以及缺乏统一的针对媒体组织的收入核算标准等，要通过上述方法对市场集中程度进行有效的考察仍相对比较困难。诸如此类的问题，均是媒介经营与管理研究者需要面对的课题。

（二）产品差异化程度

产品差异性是指产品之间存在的可觉察到的差异。产品差异化越大，替代性越低，反之替代性越高。在媒介市场尚不发达时，在一段时间内会存在大量非常相似的产品，甚至可以相互替代的媒体，出现内容同质化现象。通过比较不同电视台（如 CCTV-5 和 BTV-6）对于同一场足球比赛的直播，不同报纸对于同一新闻事件的报道，不同广播台同一时段的天气预报节目，同一媒体组织的不同新媒体平台（微博、微信公众号、App

---

[1] Alan B. Albarran, *Management of Electronic Media*, Wadsworth Publishing, 2001, p. 153.

等)对同一事件的报道等,便可以有效发现媒体的产品差异化程度。缺乏差异性会在某种程度上导致媒体资源的浪费,也不利于媒体组织核心竞争力的打造。差异化可以体现在多方面,如:挖掘当地新闻、服务当地群众的本地化策略;报纸应用不同的版面结构,对同一新闻进行不同报道的角度化差异;电视台使用独特的台标、启用风格各异的节目主持人、采取不同的节目安排策略等形象化差异;新媒体端可以根据技术特征创新内容呈现形式,强化不同属性的手段性差异;等等。近年来,随着我国媒介市场的不断发展与成熟,媒介产品的市场细分和差异化程度有所提升,但总体上仍然存在比较严重的同质化问题,也由此引发了一些不利于产业健康成长的恶性竞争现象,政府和媒体组织仍须分别在政策引导和自身特色建设方面予以重视。

(三) 进入壁垒

所谓进入壁垒,是指新的竞争者在进入某个特定市场时必须逾越的各方面困难与障碍。进入壁垒越高,行业市场越封闭,市场集中度也会较高,反之亦然。我国媒体具有政治宣传和经济利益的双重属性,受到宏观政策的干预,媒介市场的进入壁垒主要可以分为以下几类。

1. 政策进入壁垒

媒体组织作为社会公器,对社会的稳定和发展有着至关重要的作用,因此政府对媒体行业的管制比对一般行业更加严格,从而形成了新竞争者进入媒体市场的政策壁垒。改革开放前,我国的媒体行业一直作为新闻事业存在,受到党和政府的监管,很少成为独立的企业法人,难以按照市场规律运行。以报业市场为例,我国对报纸实行准入审批制,严格控制刊号数量,由财政资助维持运营,没有真正意义上的经营行为。改革开放后,我国媒介市场中的各种生产因素相继被激活,媒体产业链中的广告、发行、营销等环节率先面向市场,国有资本、社会资本也在不同领域获准参与媒体市场,各类政策壁垒有所调整,但依然存在。

传播技术的变迁要求管理部门改变传统的媒体管理制度。新媒体技术的快速发展使得传播资源不再为少数传统媒体所垄断,媒体的平台化特征为自媒体创办提供了便利,个人在某种意义上也可以扮演媒体组织的角色,管理部门通过审批登记制控制媒体单位的总量、结构和布局的难度增加。政策壁垒既要有助于激发市场活力,培育竞争力量,也要有助于解决互联网媒体市场主体良莠不齐的新问题,避免不良信息泛滥、资源浪费、竞争失序的新现象。

2. 资金进入壁垒

资金壁垒是媒体组织必须克服的第二道进入壁垒。无论是新办一份报纸,还是新建立一家广播台或者电视台,又或者是引进新技术开展媒体融合,都需要庞大的资金支持,以购买必需的设备、引进人才和丰富节目源,启动资金动辄数千万元。随着媒介市场不断放开,政府虽然逐步允许民营和外资等多种资本进入我国媒介市场的特定领域,但仍然设定了资本类型、资本构成、资本比例等多种限制,除国有资本外,其他社会资本大多仅可获准进入媒介市场的边缘领域,且不得控股。不仅如此,即使没有政策对资本进入的限制,媒体行业本身极高的资金壁垒也令大量的社会资本望而却步,媒介产业要在短期内获得较高的投资回报率相当困难,投资者要有足够的资金做支撑,并做好长期投资的准备。特别是对于民营资本来说,要在短期内真正进入媒介市场的核心业务领域仍非常困难。

3. 进入策略壁垒

除有形的资金因素以外,无形的心理因素也是新竞争者进入媒介市场需要逾越的一道障碍。媒介市场利润丰厚,但同时风险也极高。如前所述,投资者进入媒介市场需要付出高额的初期投入,且其中很大一部分属于无法回收的沉没成本。与巨大的投入形成鲜明对比的,是媒介市场回报的高度不确定性:媒体组织决策上的一次失误就可能造成无法挽回的后果(如对敏感事件的报道稍有不慎就可能激起众怒,让媒体组织声誉扫地);面对越来越多的媒体选择,受众变得越来越挑剔和难以捉摸,媒体组织要生产出个性化的媒介产品也越来越困难。新竞争者要进入媒介市场,必须能够承受其不确定性带来的巨大心理压力。因此,是否进入、如何进入、何时进入等成为进入策略的重要壁垒构成。

(四) 成本结构

成本结构是指产品生产和销售所要耗费的各种成本的比例。总成本包括固定成本和可变成本两个部分。其中,固定成本是指总成本中不随产品数量变化而变化的那部分成本。相对地,可变成本则是指总成本中随产品数量增减而相应增减的那部分成本。以报社为例,其运营的前提是具备一系列基本要素,如办公场所、采访设备等,不管报社规模大小、报纸发行量多少,此类基本要素均属必备,且该成本不随报纸发行量的改变而改变,此即报社的固定成本。相应地,随着报纸发行量的增加,其印刷和发行成本会相应增加,且增加幅度取决于发行量增长率,此部分成本即属报社的可变成本。

总体来说,相对于一般产品市场,媒介市场中固定成本的比例较高,这会造成两方面的结果。第一,由于初期投入较大,资金进入壁垒较高,因此媒介市场容易出现集中现象。无论是欧美国家相对成熟的媒体市场,还是我国正在高速发展和转型之中的媒介市场,都出现了不同程度的集中现象,媒介市场上"大鱼吃小鱼"的并购与兼并仍在不断发生。第二,高固定成本使得媒介市场中的媒介产品生产具有典型的"规模经济"效应。所谓规模经济,是指当生产更多单位的某种产品时平均成本下降的现象。以某一地方电视台制作新闻节目为例,即使该电视台仅仅制作一档晚间新闻节目,也必须承担工作人员、仪器设备和办公场所等所耗费的成本。如果该电视台通过对内容资源进行深度开发和多次利用,同时提供其他的新闻节目(如早间新闻、午间新闻、晚间新闻等),或者将新闻节目上传到不同的互联网平台引发新一轮热点讨论,挖掘出更多的线索,因为人员、设备、办公场所等所耗费的成本并不会发生大的变化(除去随工作量增加而相应增加的人员薪酬),所以制作每一档新闻节目的平均成本便大幅下降,从而产生规模经济效应——电视台在生产出更多节目的同时,有效降低了平均成本。正是在该理论的指导下,一些转型中的传统媒体组织自行搭建技术平台,创新和优化工作流程,尝试在有限的成本预算内拓展信息传播的广度和深度,从组织结构、规范标准和工作理念等方面促进媒体融合。比如由《人民日报》、新华社、中央电视台等大型传统媒体掀起的"中央厨房"或融媒体中心的改革浪潮。"中央厨房"的概念来源于餐饮业,此模式可总结为"新旧融合、一次采集、多种生成、多元发布",搭建融合媒体技术系统与平台,将传统媒体内部原来分属不同部门、机构的人财物资源整合起来,统一调度、资源共享、聚合优势、汇集优质内容,作用包括节约成本、提高生产效率、适应分众传播特征、形成宣传合力等。

(五)垂直整合程度

垂直整合,即企业向上下游拓展业务范围,通过在整条产业链中占据更多环节来降低成本、增强控制力的行为。如前所述,由于存在自然垄断和规模经济效应,媒介市场中的兼并、收购活动异常活跃,而其中很大一部分属于垂直整合。这导致媒介市场在总体上拥有较高的垂直整合度,很多媒体组织同时控制着特定媒体产品的生产、加工、销售等多个环节。相比于欧美媒体市场,国内媒体组织的垂直整合程度总体上还比较有限,大多数媒体组织仍专注于单一的业务领域。随着媒体市场化程度逐步提高,特别是媒体集团化趋势的不断增强,我国媒介市场的整体垂直整合程度正在不断提高。转型中的各大传媒集团,都不同程度地整合了同一产业链上从事不同环节业务的多家企业,如南方日报报业集团旗下不仅拥有众多细分领域的报刊,同时也整合了出版社、印刷厂、发行公司、信息服务公司等多种经济实体,通过提升垂直整合程度,提高媒体的整体影响力和媒体资源利用效率。

第三节 媒介市场的特征

媒介市场不仅具有商品市场的一般性特点,还因为各种因素的影响而具有其他商品市场所不具备的特征及其运行逻辑。把握这些特征和逻辑,是进行媒介市场分析以及从事媒介市场活动的基本出发点。要全面理解媒介市场的特征,必须从两方面着手。

首先,媒介市场具有典型现代市场的某些一般特征:其一,突破地域局限。媒介市场早已不再局限于一定的区域之内,只要技术和政策允许,市场交易完全可以跨越国家和地区的限制进行。其二,受到技术的深刻影响。媒介产品是信息产品,媒介市场交易的实现也高度依赖现代化的信息传播技术。现代媒介市场的产生与发展离不开现代信息通信技术的进步,而逐渐成熟的数字技术正在推动着媒体交易形式日益向互动化、个性化方向演化,为媒介市场的发展提供了更加广阔的空间。其次,由于媒介产业本身的特殊属性,媒介市场同一般产品市场相比,又有其特殊性。

一、媒介市场主要为大众提供精神文化产品

尽管现在人们越来越强调媒体组织对小众市场的开发,但总体而言,媒介市场的多数产品是大众化的。一方面,媒介市场通过提供精神文化产品来满足人们获取信息、学习知识、愉悦身心的基本需要,这些需要的普遍性决定了媒体组织应当利用有限的媒体资源尽可能为大多数人服务。另一方面,受众的社会地位和受教育程度千差万别,因而在理想情况下,媒体组织应当通过充分的市场细分提供满足不同层次消费者精神文化层面需求的多样化的媒体产品。然而就目前的状况而言,这样的充分细分还很难实现。随着市场化的不断加深,我国媒体组织大多成为自负盈亏的经济主体。迫于生存的压力,加之媒体资源、市场信息获取能力等方面的限制,大多数媒体组织都自觉或不自觉地选择了通俗化、大众化的路线,试图通过提供能满足大部分人口味与需求的媒介产品,争取最大的市场份额,吸引尽可能广泛的受众群体,以获得更多直接销售收入和更多广告主的重视。

二、媒介市场的产品提供者是具有社会责任的媒体组织

"理性人"是经济学最基本的假设之一。在一般产品市场中,作为"理性人"的厂商的根本追求是利润最大化,但在媒体市场中,这一假设却很难成立。诚然,为在市场中求得生存和发展,媒体组织也需要追求利润,但这并非媒体存在的唯一目的。作为社会公器和舆论的引导者,媒体组织承担着不可推卸的社会责任和政治功能,因而在其运营过程中,应处理好社会效益和经济效益之间的关系,坚持党性和人民性相统一的原则。坚持党性的核心就是坚持正确政治方向,站稳政治立场,坚定宣传党的理论和路线方针政策,坚定宣传党中央重大工作部署,坚定宣传党中央关于形势的重大分析判断,坚决同党中央保持高度一致,坚决维护党中央权威。坚持人民性,就是要把实现好、维护好、发展好最广大人民根本利益作为出发点和落脚点,坚持以民为本、以人为本。要树立以人民为中心的工作导向,把服务群众同教育引导群众结合起来,把满足需求同提高素养结合起来,多宣传报道人民群众的伟大奋斗和火热生活,多宣传报道人民群众中涌现出

来的先进典型和感人事迹,丰富人民精神世界,增强人民精神力量,满足人民精神需求。

目前媒介市场上出现的很多不良现象,都是因为部分媒体组织在市场化大背景下,没有很好地把握和理解自身的社会责任,片面追求经济效益。如,为扩大市场份额,不惜用低劣、庸俗的内容填充媒体空间或时间;为吸引观众,提供色情、暴力内容或制造假新闻、假信息等。此类行为造成了不良社会影响,扰乱了媒介市场的正常秩序,也损害了媒体行业的公信力,需要政府、社会多方力量共同规范媒体经营行为,确保媒体组织经济利益和社会利益的实现。

三、媒介市场具有显著的地域性

虽然如今的媒介市场早已不再局限于一定的区域之内,在技术条件和政策支持下,媒介市场交易可以跨越国家和地区,但是所有媒体组织的运作都是在特定的地理领域中进行的。以报纸市场为例,有的报纸,如《人民日报》的发行范围覆盖全国,但绝大多数报纸的市场则限定在一个相对较小的地理区域内,如各地的都市报、早报、晚报等,往往只针对特定的省份或城市。在电视市场方面,中央电视台依靠政策支持和技术支撑覆盖全国并向海外传播,省级卫视在技术上也具备全国落地的条件,但更多的地方电视台仍然局限于在所属行政区域内传播。传统媒体与中央、省、市、县的行政结构具有高度同构性,为了尽可能发挥区位优势,地方媒体也以发布当地信息、服务当地群众为主要着力点。

互联网兴起后,媒体物理介质的发行与传输仍然带有显著的区域性特点,但其内容传播的区域性限制已被彻底打破。同一内容往往能越过地理的边界,在更广的范围内掀起波澜。以行政区域和行政级别划分媒介市场的做法面临更多挑战,在碎片化、数字化、互动化的趋势下,要深入挖掘用户的媒体使用习惯和特征,比如可以依据用户的社会经济地位、受教育程度、家庭背景、媒介消费习惯等对媒介市场进行精准划分。相应地,新的媒体环境也对现行的媒体管理体制提出创新要求。目前,媒体组织在各自不同等级的区域内参与市场竞争,谋求生存和发展,其所受规制的程度与范围也依地域不同而不同。在全国范围内,由中宣部、网信办指导、规范新闻宣传工作,由广电总局等单位对媒体组织进行管理,同时媒体组织接受所在地党委和政府的领导,遵循属地管理原则。在网络新媒体发展过程中,需要协调行政体制内的横纵关系,形成统一、规范、有序的媒体管理制度,引导媒介市场健康发展。

因此,地域性只是界定某个媒体组织所处市场的影响因素之一,它需要与产品因素有机结合,才能较为清晰地确定其市场位置。毕竟,媒体组织提供的产品所针对的目标人群处于一定的地理范围内,但并非所有在此地理领域中的媒介消费者都是该媒体组织的受众。例如,北京人民广播电台下属的交通台,在地域上服务于北京地区的广播听众,在节目定位上则主要针对车载人群,只有综合考虑这两方面因素,才能准确理解该台真正所处的市场位置。

四、媒介市场依赖实体经济

媒介市场虽然主要提供无形的精神文化产品,但并非空中楼阁,也依赖实体经济的发展。媒介产品的生产、传播和消费必须依托一定的物质载体以及信息通信技术,根植于社会信息环境中。首先,信息基础设施、通信设备、通信网络的发展和普及是用户接触媒介产品的必备物质条件,只有提高网络接入率和设备拥有量,才能增加用户的媒体接触行为,扩大媒介市场。其次,产业融合是媒介市场自我壮大、持续造血的大势所趋。越来越多的实体行业在与媒体产业结合,开拓新型商业模式,寻找新的经济增长点。2020年3月4日,中共中央政治局常务委员会会议强调,要加快5G网络、数据中心等新型基础设施建设进度。致力于科技端基础设施建设的"新基建"政策,为技术驱动的平台型媒体在数据信息服务方面向纵深发展提供了政策支持。商业媒体平台可以借助5G、大数据、人工智能、工业互联网等技术渗透进社会生活的各个领域,嫁接不同产业链,为媒介市场拓展更多机遇,推动产业升级换代。

第四节 媒介市场的评价分析

随着媒介经营意识不断增强,针对媒介市场的评价分析日益受到媒体组织管理者的重视,相应的媒介市场调查行业亦逐步发展壮大。以现代媒介市场调查为基础的媒介市场评价分析有助于了解全国性媒介市场的现状,展望未来可能的发展空间,制定出科学的发展策略。

一、媒介市场调查的兴起

媒介市场价值评估要解决两个问题:一是该市场是否值得进入,即有没有发展空间;二是该市场是否适合进入,即市场需求与媒体自身的资源储备、扩大再生产的能力是否匹配,尤其是与媒体发展战略是否匹配。市场总是在不断细分,总有新的需求产生,但并非所有市场主体都适合进入某个特定市场,也并非所有主体都能够满足市场的期望,媒介市场调查应运而生。当前,媒介市场评价及相关调查的兴起与媒介市场面临的几大重要发展趋势密切相关:

一是,媒介市场已逐步由卖方市场转化为买方市场,并且受众的消费需求正伴随着受众的碎片化而日趋分散、多元和难以把握,对媒介市场需求的分析与评价已成为媒体把握多变消费需求的重要支持。

二是，媒介市场的发展超越了地域限制，媒体在跨地域甚至跨国界发展时，必须依靠及时有效的地区媒介市场评价分析做出有效决策。

三是，新技术和资本的大量涌入使媒介市场自身的变化速度越来越快，媒介经营管理者必须及时掌握市场发展的最新动态，以有效应对竞争。

四是，媒介市场调查行业本身的调查规范、技术方法等日趋完善，更有可能提供准确的媒介市场评价分析。近年来，随着媒体调查领域各种规范、准则的不断出台，以及众多新的科学技术成果被引入，媒介市场调查为媒介经营管理者提供准确、有效的资讯的能力也不断提高，媒介市场评价分析获得了有力的方法论支持，市场调查报告的作用和影响力均显著增强。

二、媒介市场评价分析的对象与类型

媒介市场评价分析的对象主要包括两方面：一是媒体生存发展的客观环境，包括政治、经济、社会、文化等方面。其中，尤以政治、经济因素的影响最为重大。二是媒体组织内部与市场相关的各要素，如媒体内容资源、媒体广告资源、媒体受众资源等。在此仅撷取媒介市场评价分析中比较重要的几种类型进行介绍和分析。

（一）媒介经济景气状况评价分析

"景气"作为一个抽象的经济概念，是指某一国家、地区或产业的总体经济运行状态。景气具有四大特征，即反复性、多样性、波及性、累积性，且其存在的必要条件之一是该经济现象必须呈现出周期性变化的特征。媒介经济的发展就是一个不断循环往复、波动前进的过程。纵观国内外媒介经济的发展轨迹不难看出，媒介经济的繁荣和萧条都受到世界经济、地区经济大环境以及媒体本身经营管理水平等多种因素的影响，且繁荣与萧条总是交替发生，景气扩张或景气收缩也都呈现出阶段性。

媒介经济景气状况会直接影响媒介产品、媒体资本、媒体劳动力等各种媒介市场要素的发展。因此，开展媒介经济景气的评价与分析亦可有效帮助媒体从业人员把握媒介市场发展规律，进而引导媒介市场的良性健康发展。

目前，国内对于媒介经济景气评价与分析的相关研究中，具有代表性的是赵彦华的《媒介市场评价研究——理论、方法与指标体系》[①]，其中提出的媒介经济景气模型设定如下。

媒介经济景气指标体系由同步经济指标、先行经济指标和滞后经济指标三组指标组成。

其中，同步经济指标是指与媒介基准循环日期相一致的媒介经济序列，这些序列基

---

① 赵彦华：《媒介市场评价研究——理论、方法与指标体系》，新华出版社2004年版，第70—71页。

本上可以反映媒介经济总量的变化过程。反映媒介经济同步指标的因素主要包括：媒介广告收入和媒介经济总收入（包括广告收入、发行收入和其他收入）。二者水平高，表明媒介经济实力增强；媒介经济景气状况差，则相反。

先行经济指标是指那些基于长期决策而进行的媒体经济活动，这些活动一般领先于基准循环，其变化趋势可以预示基准循环的变化趋势。这一指标主要包括以下几个部分：(1)媒体贷款。(2)媒体原材料指标。例如，新闻纸等敏感性原材料的价格指数即有领先于基准循环的趋势。(3)硬件设施投入指标。例如，对建造办公楼、购买一些大型机器设备的投入也都会领先于基准循环。在实际活动前，这些前期活动都会影响景气循环。(4)利润指标。由于利润是已支出的剩余，因此其波动幅度较大，可能在媒介经济景气循环达到峰值之前已经开始下降，在景气循环到达谷底以前已经开始上升。(5)新媒体建立和旧媒体倒闭。媒体倒闭领先于基准循环的峰与谷。在循环上升初期，成本滞后，利润增长。随着大量资金投入新建媒体，成本开始大幅度上升，利润获得开始变得困难。有些媒体会随着繁荣期的开始而倒闭，但大量媒体倒闭还是主要出现在媒介经济衰退之前，其可以被认为是媒介经济衰退的前兆。与此相反，新媒体的不断诞生则是媒介经济复苏并走向繁荣的前兆。

滞后经济指标主要包括受众的媒介消费收入与支出、媒介存款利率、媒介产品发行总额等。

（二）媒体内容资源评价分析

媒体内容资源的调查分析主要可分为定性、定量两种类型。定性研究即受众、专家等对媒体内容资源提供主观评价及意见、建议，而定量调研则主要是由专业媒体调研公司进行，基于数据的搜集与分析对媒体内容资源做出评价。以下以广电媒体、平面媒体和网络媒体为例，对媒体内容资源的定量调查分析做简要介绍。

1. 针对广电媒体内容资源的定量调查分析

针对广电媒体内容资源的定量调查指标主要包括覆盖率、收视率等。其中，覆盖率是从广电媒体自身出发考察，而无法考量受众对媒体及其传播内容的接触程度，因而目前媒体市场各主体一般对于更贴近受众的收视率指标更为关注。收视率在《全球电视受众测量指南》中，被定义为：根据抽样调查所估计的，某个特定时段里收看电视人口占所有电视渗透人口的平均百分比。[①] 其中，电视渗透人口是指拥有电视收视手段或工具的人口。收视率数据基于抽样调查得出，但并不只是简单的抽样结果，而是综合收视观众的所有收视特征得出的收视量化指标。收视率的经济价值贯穿整个电视媒介市场，

---

① GGTAM，即"Global Guidelines for Television Audience Measurement"的缩写，是一种国际上广泛认可的电视受众测量标准。

它对于电视媒体和广告业就如同"通货膨胀率""失业率"指标对于经济学一样重要,因此被称为电视媒介市场的通用货币,被广泛应用于节目评价、节目编排、广告经营、媒体选择、媒体投放、促销广告分析等多个领域。同时,因不同的调查方法和结果,其准确性也经常面临质疑和批评。

2. 针对平面媒体内容资源的定量调查分析

针对平面媒体内容资源的评价分析的主要内容包括对内容资源消费量(包括订阅发行量、零售发行量、赠阅发行量、发行总收入、年平均期发数)的评价,对读者消费忠诚度(包括日平均阅读时长、周平均阅读天数、月平均接触次数、读者实际接触频度)的评价,以及对读者的信息接收情况(包括读者的人口覆盖率、读者传阅率、实际覆盖读者人数)的评价等。

如同视听率之于广电媒体,发行量在平面媒体广告市场的交易中也扮演着通行货币的重要角色。鉴于报纸发行量对媒体市场交易的重要性,全球范围内已经出现了很多专门的报刊发行量核查机构,如占据国际性权威地位的发行量稽核局(Audit Bureau of Circulation,ABC)、BPA国际媒体认证公司(Business of Performing Audit)等。该类机构一般由广告主、广告公司及媒体单位联合组成,对印刷媒体发行量进行严格稽核,并颁予发行量认证书以证明该刊物发行量,借此规范报刊业的广告经营活动,保护广告主、广告公司以及报刊社等媒介市场主体的经济利益。我国平面媒体的发行量调查中一直缺乏权威的调查与认证机构。2005年5月,首家从事出版物发行量调查统计和认证的机构——国新出版物发行数据调查中心正式成立,面向出版社、报刊社、互联网等出版单位、广告客户、广告主及有关调查研究机构提供图书、报刊、互联网等出版物印刷量、发行量及相关数据的认证和信息发布服务。遗憾的是,尽管得到了国家主管部门的大力支持,但该中心并未能够成为真正意义上的第三方出版数据调查机构,目前除对已经公开进入股票市场的媒体有正式的信息披露外,对绝大多数平面媒体的发行量仍然缺乏公开透明的核查机制。

3. 针对网络媒体内容资源的定量调查分析

针对网络媒体内容资源的评价分析,不仅涉及类似传统媒体内容资源调查的对受众的客观消费(包括阅读量、浏览量、点赞量、收藏量,以及情感态度等)的评价,也包括对"用户"的一些线上和线下的主动的生产、传播行为(包括转发数、评论数、分享数、购买量等)和信息接收情况(包括用户规模、实际覆盖率、人群密度等)的评价。数据挖掘与分析技术的发展客观上为网络上的专业数据调查提供了便利,大数据产业的发展正是基于相同的逻辑,但如何消除网络数据中的造假现象,辨别真实的相关关系、因果关系,挤去网络数据的"水分"成为当前的课题。

(三) 媒体用户资源评价分析

用户资源是媒体制定竞争策略的重要参考指标。用户调查以读者、听众、观众为对象，目的在于了解他们对媒体的需求、态度、意见和建议。用户资源评价分析的对象通常包括用户构成、用户媒体接触行为、用户广告接触行为、用户需求与态度等。

1. 用户构成

用户构成是指媒体用户的人口分布状况，一般用人口统计指标衡量。目前，国内已有媒体调查机构，如中国广视索福瑞媒介研究（CSM），定期对媒体用户构成情况开展基础性调研。应用其提供的软件或数据分析报告，媒体组织即可了解、把握其用户构成的基本情况。

2. 用户媒体接触行为

用户媒体接触行为是指用户日常接触媒体的行动和状态。主要指标有：(1) 媒体接触率——日常生活中是否接触（读、看、听）某种媒体；(2) 接触媒体的时间分布——分为周一至周五、周六、周日三类时间，全天24小时每半个小时为一时段；(3) 媒体接触时间长度——一天接触某媒体大概多长时间；(4) 接触媒体的途径——通过什么样的途径，在什么样的地点接触到该媒体；(5) 经常选择的媒体内容类型——日常生活中最经常或最喜欢选择的媒体内容。

3. 用户广告接触行为

目前，广告主在投放媒介广告时大多会以用户媒体接触率数据作为重要参考，电视收视率、广播收听率、报纸阅读率、转发点赞评论数据等均成为反映用户接触相应媒介广告程度的常用替代性指标。事实上，用节目或内容的接触率来估计广告的接触率往往存在一定偏差，不能评估真实的消费行为转换效果。另外，从媒体投放的角度来看，这些接触率指标只能在同类媒体中通用，而无法实现各类媒体之间的横向比较，如电视收视率只能用于电视媒体之间的比较、报纸接触率只能用于报纸媒体之间的比较、点击率只能用于不同网站的比较、转发量只适用于同个社交媒体上博文内容的比较等。

为了解用户广告接触行为的真实情况，可将市场研究公司（CTR）提供的广告监播数据与CSM提供的收视率数据（包括广告时段收视数据）结合使用。用户广告接触度调查的主要调查内容包括：各类广告的用户接触排名、用户接触广告时间总量、用户接触各类广告的时间以及城市用户接触各类广告的时段分布、不同种类产品消费者接触各类广告的情况等。该项研究主要针对各种主要媒体类型，而尚未开展对具体媒介产品用户广告接触行为的大规模调研。

4. 用户需求与态度

针对用户对各类媒介产品的需求、喜好、态度等的调查，多是由媒体委托专业调研公司通过专项调研方式开展,方法也多以定性调研为主,辅以定量调查手段。

(四)媒介广告资源评价分析

鉴于广告对媒体收入的重要贡献,开展媒介市场评价分析也必须重视媒介广告资源。对其进行评价分析,通常涉及以下几个层面:

(1)广告时间(版面)情况的调查分析,包括媒介广告时间(版面)的数量、媒介广告时间(版面)的分布等。

(2)广告价格的调查分析,包括广告定价标准(基本价格和折扣价格)、广告价格策略等。

(3)广告经营额的调查分析,包括年度广告营业额及其增长率、媒介广告营业额占区域市场广告营业额比重及变化、区域市场广告营业额占全国市场营业额比重及变化等。

(4)广告客户的调查分析,包括广告客户的构成(行业构成、地域分布、所属性质、企业规模等)、广告客户投放需求及投放趋势等。

(5)与广告公司等支持机构的合作,包括合作机构数量、合作机构代理份额占媒体广告总收入比例等。

(五)媒体竞争力评价分析

媒介经营管理的开展同样需要基于对媒介市场竞争格局及具体竞争对手在受众、节目及广告等各方面情况的了解,具体包括媒介市场占有率、媒体影响力等方面。

1. 媒介市场占有率

媒介市场占有率是指一个媒体组织所生产的媒介产品在整个同类媒介市场中所占有的销售份额。媒介市场占有率不仅是反映媒介经营情况的关键指标,亦是媒体竞争地位的最直观体现,具体包括收视听(发行)市场占有率、广告市场占有率、总收入市场占有率等;在应用层面上则可分为:全部市场占有率——某一媒体组织的营业额占全行业营业额的百分比,相对市场占有率——相对于排名前三位的竞争者,某一媒体组织营业额占其营业额总和的百分比,相对市场占有率——相对于市场领先者,某一媒体组织的营业额占其营业额的百分比。

2. 媒体影响力

媒体影响力是指媒体组织通过其品牌知名度、美誉度等要素对大众观念及行为产生的作用力。它不仅是媒体组织在发挥社会功能方面具体表现的重要衡量指标,也是其顺利执行经济功能的前提和基础。对于广告主而言,衡量媒介广告价值的最重要标准是,媒体能否对目标消费者的消费心理和消费行为产生预期的影响力,以及这种影响力的作用有多大。只有当这种影响力足以涵盖并改变目标受众的心智和行为时,广告主才会心甘情愿地为其支付高额的费用。在实际操作中,很多广告主往往会以很高的价格购买某个收视率与其他媒体相比并没有很大差别的媒体,此即缘于媒体价值。社会影响成为衡量媒体价值的重要指标。

评价媒体影响的指标众多。目前较为完备的媒体传播影响力评价体系由郑丽勇等人构建。他们根据媒体影响力发生的环节,提出了四个测量维度,并发展出四个因子:广度因子、深度因子、强度因子和效度因子。广度测量的是受众规模;深度测量的是受众接触媒体所持续的时间;强度的测量较为复杂,包括受众满意度以及对媒体品牌的体验和忠诚度;效度则是指决策力、消费力和二次传播力。这一标准主要是针对传统的大众传播媒体,对网络传播影响力的评估则更为复杂,因为其形成机制不再是"单向"的大众传播,而是依赖多方社会行为主体之间的多向互动传播。以对社会化媒体中个体影响力的评估为例,这类评估主要评估个体对信息传播的推动作用,包括个体用户的状态属性和行为属性,在传播网络中占据的位置和结构特征,以及传播速度、范围和距离。

3. 媒体竞争力分析方法——定标比超、SWOT[①]

定标比超(benchmarking)分析已经成为竞争情报领域的重要工具,是使用最多的竞争情报分析方法之一,有助于企业和组织提高产品质量和生产效率、提高企业管理水平和客户满意度,从而赢得和保持企业竞争优势。定标比超是运用情报手段,将本企业的产品、服务或其他业务活动过程与本企业的优秀部门、确定的竞争对手或者行业内外的一流企业进行对照分析,提炼出有用的情报或具体的方法,从而改进本企业的产品、服务或者管理等环节,最终赢得并保持竞争优势的一种竞争情报分析方法。定标比超的一般步骤包括:(1)了解自身的情况,确定定标比超的内容;(2)选择定标比超对象;(3)收集数据并进行分析;(4)确定行动目标;(5)实施计划及评价。

SWOT分析方法是在调查研究的基础上,确定研究对象的内部优势(S-strengths)因素、内部弱势(W-weakness)因素、外部机会(O-opportunities)因素和外部威胁(T-threats)因素,并将它们按照矩阵形式排列,通过考察内外部因素的不同组配,进行全面系统的综合分析,从而做出最优决策的分析方法。SWOT分析方法也是竞争情报实践中非常流行的分析工具。SWOT方法可以作为竞争对手分析的参考工具,既可以进行简单的初步分析,快速了解竞争对手的概况,也可以进行全面、复杂、深入的分析。

小 结

改革开放四十多年来,我国媒介市场经历了从无到有、从小到大、从单一市场到多元化发展的过程。目前,在经济较发达的大中城市,媒介市场已经进入成熟期,明显表

---

① 谢新洲、吴淑燕:《竞争情报分析方法——定标比超》,《北京大学学报(哲学社会科学版)》2003年第2期,第137—151页;陈峰、梁战平:《论SWOT分析方法在竞争情报实践中的应用》,《情报学报》2001年第6期,第720—727页。

现出市场竞争激烈、产品差异性日趋减弱、媒体营销费用日益增加、媒介产品利润增长速度呈减缓甚至下降态势,以及新旧媒体在竞争中趋向融合发展等特征。在高速发展的同时,我国媒介市场也存在不容忽视的问题,如对资本的不合理利用、垄断型平台企业权力膨胀、文化体制改革中出现利益冲突与格局调整、传统媒体在新技术冲击下经历转型之痛、体制机制不顺导致造血能力弱等。坚持持续深入的体制机制改革与创新,建立稳定、协调、充满活力的媒介市场机制,是正确处理和解决各类问题的关键,也是我国媒介市场保持良好发展态势、行稳致远的保障。

◆ 思考题

1. 市场及媒介市场的定义是什么?
2. 媒介市场的发展动因有哪些?
3. 媒介市场的形成标志是什么?
4. 我国媒介市场的发展可以分为哪些阶段?
5. 当前的平台化趋势给媒介市场带来了哪些影响?
6. 媒介市场结构在平台化趋势下的新特征是什么?
7. 媒介市场的运行逻辑是什么?
8. 影响媒介市场结构的指标有哪些?
9. 媒介市场的特征有哪些,如何对应媒体功能?
10. 媒介市场评价的方法与步骤是什么?

◆ 推荐阅读

Doyle, Gillian, *Understanding Media Economics*, Sage Publications, Ltd., 2002.

Picard, Robert G., *Media Economics—Concepts and Issues (Commtext Series)*, Sage Publications, Inc., 1992.

李岚:《中国电视产业评估体系与方法》,华夏出版社 2004 年版。

刘德寰:《市场研究与应用》,北京大学出版社 2006 年版。

〔美〕艾尔·巴比:《社会研究方法基础》,邱泽奇译,华夏出版社 2002 年版。

〔美〕安澜·B.艾尔布兰:《传媒经济学——市场、产业与观念(第 2 版)》,陈鹏译,中国传媒大学出版社 2009 年版。

曾静平、王欢芳、郑湘明:《新媒体产业》,人民出版社 2018 年版。

赵彦华:《媒介市场评价研究——理论、方法与指标体系》,新华出版社 2004 年版。

周曾:《我国新媒体产业的市场结构、行为与绩效研究》,经济科学出版社 2013 年版。

朱春阳:《中国媒体产业 20 年:创新与融合》,复旦大学出版社 2019 年版。

第四章 媒介产品的生产与服务

媒介产品是媒介经营管理的主要对象之一。与其他经济产品相比，其相同点都是为满足消费者特定需求而生产的有形物品或无形服务；而作为精神文化产品，媒介产品又兼具公共产品和私人产品属性，在使用价值划分和价值实现方面与其他产品有所差异，其本质是为社会提供各种信息服务。媒介产品的生产，即媒体运用自身的资源优势，向市场提供能够满足消费者需要的媒介产品，以实现媒体的社会功能和经济功能的过程。媒介产品的生产是媒介经营管理首要的基本环节。明确产品定位，优化产品生产流程，降低生产成本，提高媒介产品的生产效率，发挥媒介产品的竞争优势，是各种媒体在经营管理过程中追求的目标。为此，首先需要厘清媒介产品的内涵和外延，阐明其特殊性；其次，要在梳理媒介产品发展演变的基础上，详细阐释媒介产品的一般生产流程及不同类型媒介产品在生产流程上的特点，并在此基础上根据技术进步程度不断开发新的产品，满足不同层次的社会需求。

第一节 媒介产品的定义及特征

20世纪80年代，我国传媒业创造性地实行"事业单位，企业化管理"后，逐渐步入市场化轨道，媒体的产品意识不断增强，传统的报刊、广播、电视、出版社等不再将其作品仅仅看成是一种宣传报道材料，而是作为满足市场需求的特殊产品，内容生产者不再固守"编辑本位"，而开始"以用户为中心"，积极生产既能发挥社会效益又能满足市场需要的媒体产品。由此，媒介产品的内涵和外延得以丰富与拓展，并通过市场化机制实现其价值。

一、媒介产品的内涵和外延

在市场营销学中，产品一般是指市场主体通过劳动生产的，能够提供给社会或市场并满足人们某种需求的有形或无形的载体。文化产品是指由文化产业相关组织和机构创作的,以文化或艺术为主要内容,能够满足人类精神需求、反映社会意识形态、满足大众娱乐需求的文化载体,包括文化商品和文化服务。[①] 相较于一般经济产品,文化产品既有物质性的一面,也表现出符号性的特点。[②]

媒介产品属于文化产品的范畴,作为传媒经济学研究的基础和起点,传播学界对媒介产品的内涵进行了充分的讨论,其定义虽各有侧重,但达成了以下共识:一是媒介产品是由媒体组织生产的;二是为了满足某种社会或市场需要;三是其核心为由各种信息符号组合而成并构成一定意义的文本;四是其载体既可以是有形也可以是无形的,并随着信息与通信技术的发展而不断变化。狭义的媒介产品是指报纸、期刊、图书等印刷出版物,广播电视节目、电影等音像及电子出版物,以及网络媒体产品,而广义的媒介产品还包括不同媒体类型的广告资源及其他衍生品。

媒介产品伴随大众传媒的出现应运而生,并随着传媒业的发展而演变。随着信息技术的发展,以互联网为代表的新媒体以多种面貌、多种形式渗透到人类的经济生产与社会生活中,对媒介市场及环境产生了巨大影响。媒介市场主体、组织形式、用户消费需求以及产品呈现形式等均发生了变化。因此,在网络环境下,媒介产品的内涵和外延也在发生改变。网络环境下的媒介产品是指由媒体组织或个人生产的,以满足用户需求为目的,以互联网及新的媒体终端为载体的信息产品的总称。随着互联网的发展,不同媒体之间的区隔模糊,网络环境下的媒介产品范畴更为广泛,包括新闻客户端、新闻网站、社交媒体、网络社区、短视频、直播、视频网站、搜索引擎、网络知识服务等。媒介产品的内涵与外延随着传播技术的更新迭代而不断丰富与拓展。

二、媒介产品的特殊性

媒介产品是文化产品的一种,具有一般经济产品的特征,也有不同于一般商品的特殊性。媒介产品的一般性表现为,它与所有其他经济产品一样是人类劳动的产物,凝结了媒体工作者的无差别人类劳动。同时,媒介产品在市场交换过程中,同样表现出一般商品的二重属性,即使用价值与价值的统一:一方面,媒介产品能够满足特定用户的某些需求,具有使用价值;另一方面,媒介产品可以通过市场交换获得价值。然而,媒介产品作为文化产品,具有一定的特殊性,其使用价值的划分和价值的实现方式也与一般经济产品有所差异。正确认识媒介产品的特殊属性,是成功组织媒介产品生产的前提。

---

① 臧秀清、游涛:《文化产品:特征与属性的再认识》,《探索》2011年第5期,第120—123页。
② 薛晓源、曹荣湘:《文化资本、文化产品与文化制度——布迪厄之后的文化资本理论》,《马克思主义与现实》2004年第1期,第43—49页。

（一）媒介产品的使用价值具有共享性与持久性

媒介产品可以在不同空间为多人共同使用，或者在不同时间为不同地域的人所使用。有些媒介产品还可以长时间地满足人们的需要。也就是说，媒介产品的使用价值具有共享性与持久性。

信息传播是一种共享活动。这里所说的共享，即一个人可以将自己获知的信息传播给他人，而自己不会失去该信息。媒介产品提供的正是具有共享性的信息。例如，同一本图书或杂志经常会在多人之间传阅，看过某电视节目或网络视频节目的人可以将其中的信息、观点等内容告知其他人，这些都不会影响媒介产品的最初拥有者对于这一信息的占有。

媒介产品的使用价值还具有持久性。一般的产品经过使用以后，其使用价值会因为磨损、消耗而不复存在，但媒介产品却不同，虽然媒介信息的载体是客观存在的实物，这些实物也会因为磨损而老化，但信息相比于其物质载体具有相对独立性，信息的消费和使用表现为载体的转换，这种转换并不会引起信息商品的损耗和丧失。媒介产品的精神性决定了，人们对其进行消费的形式是认识性的、理解性的和欣赏性的，虽然其物质载体会发生损耗，但其实质性内容却可以持久地对人们产生影响，一些优秀的媒介产品比如经典视听产品（电影、电视剧、网剧等）往往因为其独特的艺术魅力、思想价值被人们长久欣赏、持续使用。

媒介产品的共享性和持久性使媒介产品所承载的信息不仅可以满足同时期人类的需要，而且可以通过信息的保存、积累、传递实现时间和空间上的延续。随着云计算、云存储等信息存储技术的持续发展，媒介产品使用价值的持久性更加鲜明。

（二）媒介产品通过二次售卖拥有受众和广告客户两级消费者

媒介产品与其他产品的显著不同在于，其他产品一般只有一级消费者，比如生产资料的消费者是生产性组织，生活资料的消费者是居民、团体，这些产品的消费是一次性的，其消费在满足消费者的直接需求外，并不会带来其他可利用的价值。与一般产品不同的是，大多数媒介产品有两级消费者：受众和广告客户。受众和广告客户分别消费媒介产品的不同的使用价值。[①]

媒体组织首先生产的是信息内容产品，其直接目的是满足用户的信息需求、娱乐需求，而用户在消费媒介产品的同时也付出了注意力，大量的用户注意力汇聚成为广泛的社会影响力，这种社会影响力就成为媒介产品的副产品，被媒体卖给广告商，这些广告客户通过媒体收集的影响力产品对自己的产品、服务甚至政治观念进行广泛的传播。

---

① Alison Alexander, et al., eds, *Media Economics: Theory and Practice*, 3rd Edition, Lawrence Erlbaum, 2004, pp. 155-156.

这就是媒介产品"二次售卖"的过程。媒介产品作为一种特殊产品,在向用户提供内容的同时,还获取了广告客户最感兴趣的用户注意力。通过向用户提供信息内容和向广告客户提供用户注意力,媒介产品在两次售卖之后实现了双重价值,即媒介产品的价值是在媒体生产者、用户、广告客户三个环节的流动过程中实现的(见图4-1)。例如,一般读者购买报纸是为了获取信息或者获得娱乐,广告客户购买报纸版面并不是为了获取信息,而是为了借助报纸内容对读者的吸引力推销自己的产品、服务等。这样,媒体一方面通过直接的报纸发行获得一部分收入,另一方面还通过向广告客户出售版面(实质上是读者对该报纸版面的兴趣和注意力)获得广告收入。

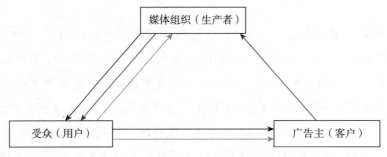

图4-1 媒介产品"二次售卖"的过程

网络环境下,媒介产品"二次售卖"的过程也发生了一些变化。在内容消费方面,内容生产来源更加多元化,内容的供需关系开始发生不平衡,网络媒介产品通过内容免费、信息加工重组、精准推动等形式,获取了更大的用户基数。当前常说的"流量"就是一种用户注意力资源。流量原是指在规定时间内通过指定地点的车辆或行人数量,在网络环境下,泛指用户在网络上下载、浏览、点击、播放、转发、评论等一切投入时间和精力的用户行为所产生的数据。[①] 流量已经成为平台型媒体企业吸引广告主的重要抓手,也成为商业模式创新的重要基础。网络媒介产品的价值在媒体生产者、用户、网络平台、广告主以及提高技术/营销方案的第三方企业等更多的环节中进行流转。

(三)媒介产品兼具公共产品与私人产品属性

"公共产品"与"私人产品"是两个重要的经济学概念。一般认为,判断某种物品属于公共产品还是私人产品的主要标准在于,其是否具有消费或使用上的排他性和竞争性。

排他性是指某消费者在消费特定产品时能够排除其他人消费同一产品的可能性,在某种程度上,排他性意味着产品消费门槛的存在,即产品的生产者或购买者可以将其他人排除在该产品带来的好处之外。这种门槛的主要表现形式之一就是收费。这里又

---

① 谢新洲、宋琢:《平台化下网络舆论生态变化分析》,《新闻爱好者》2020年第5期,第26—32页。

包括两层含义：首先，该产品是否可能实现有效的收费；其次，事实上是否执行了收费。如果某种产品可以收费但事实上并未收费，其仍然是非排他性的。

媒介产品的排他性并不会随着技术的更迭而消失，这一层面所折射的形态则更为复杂和多样。技术进步可以促使边际成本降低，而是否具有排他性多取决于市场机制的设计，是私人产品的一个特性。媒介产品的排他性实际上是指媒体组织作为经营机构，通过设置一定的门槛对某部分媒介产品面向消费者进行收费，通过市场行为实现媒介产品的价值，从而实现收益最大化。实际上，媒介产品价格上的排他性是媒体企业依据不同类型的媒介产品属性以及特定的经营目的和战略需要而主动赋予的。

竞争性是指产品存在一个正的边际成本，即某个消费者对该产品的消费会影响到其他人使用同一产品的机会与效用。从另一个角度讲，竞争性意味着产品的相对稀缺。相应地，如果某种产品是非竞争性的，则在特定生产力条件下，消费者消费该种产品数量的增加并不会带来新的成本，即边际成本为零，此时我们也可以认为此种产品资源是取之不尽、用之不竭的。

与一般物质产品相比，作为文化产品的媒介产品某种程度上具有天然的"非竞争性"，而这种特性的体现程度与媒介技术的发展以及由此引发的媒介产品载体形态的演变密切相关。传统的报纸、杂志、图书等印刷出版物以及后来出现的以各种磁带、光碟为主要载体的各类电子音像出版物，依托特定的有形载体，发行量有限，必然会产生正的边际生产成本，因而表现出一定的竞争性。但这种边际成本完全来源于具体的实物载体的生产，而内容的复制事实上并不会产生额外的成本。随着信息与通信技术的不断进步，媒介产品复制与传播的形态日益由实体化向数字化、虚拟化、网络化转变，用于媒介产品有形载体生产的成本日益降低直至完全消失，数字信息资源重复利用的效率由此显著提高，媒介产品资源越来越丰富、传播范围越来越大，其非竞争性也愈加明显。相比于印刷媒介，广播电视媒体产品更多表现出了公共产品非竞争性的一面，其节目信号质量一般并不会因为更多人的共同接收而降低，网络媒体更是如此。

随着信息与通信技术的发展，媒介产品的非竞争性特点愈加明显。网络媒体产品的非竞争性体现在两个方面：一是其生产边际成本为零，数字化技术使得信息的复制成本趋向于零，可实现低成本大范围的传播；二是拥挤边际成本为零，即每个消费者的消费都不影响其他消费者的消费数量和质量。只有在出现重大舆情或个别突发情况下，受到网速及带宽的限制，海量网民同一时间登录，突破了服务器所能容纳的最大限额，造成系统瘫痪，用户体验才会受到影响，如微博热搜产品、网络直播等。在一般情况下，网络媒体产品可以容纳大规模用户同时在线，消费者彼此之间的用户体验不会因为在线人数增多而受到显著影响。

以是否具有排他性和竞争性为标准，我们可以将所有媒介产品分为四类，即公共产品、私人产品、俱乐部物品和公共资源。以电影产品为例,当同一部电影作品以不同的产品形态出现时,其在排他性与竞争性这两个方面的特征也不尽相同,因而也就表现为或公共或私人或介于二者之间的不同产品类型(表4-1)。具体而言,第一,当电影在商业院线上映时,消费者要获得其内容必须付费(购买电影票),因此其具有排他性;而影院座位的有限决定了某一消费者的消费行为必然会影响到其他人的消费机会,这又体现出其竞争性。因此,此时的电影产品是完全的私人产品。第二,当电影在露天或公共电影院免费播放时,任何人都不能阻止其他人前来观看,此时对该电影的消费是无门槛的,即无排他性;但另一方面,座位的有限性仍然存在,一旦影院的拥挤度达到一定程度,新的消费者进入的效用和机会必然受到负面影响,正的边际成本由此产生,即体现出竞争性。此时的电影产品属于公共资源这一类型。第三,当电影通过电视频道或者网络传播时,其有形载体不复存在,因而新增加一次消费的边际成本几乎为零,理论上无论同时有多少人通过电视观看或通过网络下载这部电影,都不会增加其他人获取并消费同一电影内容的成本,此时的电影产品便具有了非竞争性;而其是否具有排他性则取决于相应的电视频道或网络观影服务是否收费——付费电影频道和付费网络电影资源属于所谓的俱乐部物品,而当这些频道或网络服务免费时,电影产品就成为真正的公共产品。

表4-1 根据排他性与竞争性划分的四种产品类型(以电影产品为例)

排他性	竞争性	
	是	否
是	私人产品 (商业院线、DVD)	俱乐部物品 (付费电影频道、付费网络电影资源)
否	公共资源 (免费露天或公共影院)	公共产品 (免费电影频道、免费网络电影资源)

绝对的公共产品或私人产品在现实世界中并不多见,绝大多数产品都处于某种中间形态,而媒介产品由于其自身的特殊性,在产品类型上往往表现得更加复杂而难以界定。同一媒介产品往往兼具公共产品与私人产品的特征,且不同类型的媒介产品倾向也各不相同,这一点通过上文对不同类型电影产品的性质分析便可见一斑。

随着媒体市场化程度日益提高以及媒体融合战略的持续发展,除广告收益外,媒体组织也在寻找更加多元的盈利模式。虽然网络媒介产品在发展初期通过免费的方式吸引用户注意力,体现出了非排他性,但是随着互联网商业化的发展,新媒体企业积累了大规模的用户群体,网络媒介产品也逐渐渗透到用户的日常工作、学习、生活中,这为商业模式的创新奠定了用户基础。同时,随着行业内数字版权保护技术的不断进步,对网络产品信息与服务进行收费已经成为传媒产业盈利的方式之一,很多网络媒介产品也体现出越来越明显的私人产品属性。例如,数字付费阅读、知识付费、自媒体订阅号、直播等很多基于信息内容与服务的媒介产品都开始通过设定一定的收费门槛实现内容变现。

(四)媒介产品的外部性

媒介产品兼具公共产品与私人产品属性,同时也具有很强的外部效应。所谓外部性,指的是私人边际成本与社会边际成本或者私人边际效益与社会边际效益之间的非一致性。媒介产品满足用户的精神、文化、娱乐需求,带有一定的意识形态及思想文化属性。而随着信息环境的变化,互联网成为社情民意的聚集地以及舆论的放大器。较之于传统媒体时代,网络媒体产品在消费方面具有更强的外部性。

在我国,主流媒体除经营活动外,还要承担宣传思想、引导舆论、服务群众的重要使命。准确认知媒体产品中的意识形态及精神文化内涵,是全球化背景下媒介产品生产与流通管理的基础。除自然科学以及一些与政治、道德、伦理的关系不够紧密,以社会科学为主要内容的产品外,绝大部分媒介产品都具有鲜明的时代性,甚至带有媒体企业所处社会环境的意识形态的痕迹。比如,西方一些影视作品中强调的个人英雄主义、金钱至上的价值观等就与资本主义社会制度息息相关;而我国一些主旋律影视剧作品中所弘扬的集体主义、奉献精神则与我国的社会主义制度有关。由于媒体企业存在于特定的社会制度下,媒介产品的内容也就必然受到一定社会制度中的上层建筑即政治、法律、宗教等的影响。此外,不同类型的媒介产品有不同的属性。比如,广播电视产品与报刊产品不同,具有非物质性、新颖性、非竞争性、非排他性、近乎零的边际成本、即时再生性、快速创新性等特点。① 因此,必须注意区分不同的情况,有针对性地开展媒介经营与管理活动。

正因为媒介产品具有特殊属性,媒介产品的组织、生产和管理也就比一般产品更加复杂,不能完全交由市场机制对媒体资源进行调节。大多数国家的政府都会通过政治、法律和宗教观念等手段,对媒介产品的生产和流通等环节进行规范,以减少媒介产品所产生的负外部效应。在我国,主流新闻媒体是国家所有的垄断行业,国家对于传媒产业的宏观管理主要表现在:通过许可证制度对媒介产业的进入进行规范和管理;通过行政手段及资本投入限制实现对媒体产权的管理;通过对媒介的技术管理影响媒介产品的交易范围以及对产品内容进行管理;等等。采取不同社会制度的国家尽管对媒介产品的治理方式、程度各不相同,但都会对媒介产品的内容在政治观点、国家安全、社会伦理

---

① 〔美〕詹姆斯·沃克等:《美国广播电视产业》,陆地等译,清华大学出版社2005年版,第50页。

道德等方面进行严格规制。媒体的准公共产品属性及其极强的外部效应是政府对媒介产品的严格管制的经济学依据。

第二节 媒介产品的发展与特点

在技术进步的驱动下,为响应市场需求的变化,媒介产品的迭代速度加快。以形态划分,媒介产品大致经历了印刷媒介、电子媒介以及网络媒介三个阶段。不同阶段的媒介产品有其不同的特点,其生产方式也不尽相同,洞悉媒介产品的演变以及发展趋势,是有效优化其生产流程的基础。近年来,以互联网为代表的新媒体的快速发展以及媒体融合战略的全面推进,使得媒介产品在呈现形式、核心内容、功能定位、消费场景等方面发生变化,媒介产品的差异化、个性化、智能化趋势明显。

一、印刷媒介产品及其特征

15世纪中叶,德国古登堡金属活字印刷术的发明使得大规模复制信息的社会劳动得以实现,而后工业革命推动了廉价纸张、蒸汽动力和机器排版的普及[①],也促进了大众传播行业的发端,书籍、报纸、期刊等印刷媒介产品随之兴起。报纸是以刊载新闻和新闻评论为主的定期向公众发行的印刷出版物,是最主要的印刷媒介产品之一。现代意义上的报纸诞生于15世纪的德国和意大利,那时的报纸更多地被视为一种交流商讯和刊发新闻的媒体。例如,16世纪中叶,威尼斯出现"手抄新闻"行会,开始向付钱购买新闻的消费者出售新闻产品,其内容包括航旅信息、贸易商情、政治事变等。这种手抄新闻也使得新闻信息成了一种能够满足人们社会、经济、市场需求的媒介产品。而随着经济、社会、政治、科技、文化的发展,社会信息量以及人们对信息的需求量都得到了快速增长,手抄新闻开始向定期化发展,具有真实性、时效性、充足信息量的现代报纸随之兴起。

现代报纸的出现极大地推动了大众传播业的发展,并在相当长的一段时间里成为最主要的大众新闻媒体产品。报纸具有以下特点:一是具有较强的权威性,报纸在长期的新闻报道和新闻评论中形成了自己的权威性和影响力,具有舆论监督和舆论引导的功能。由于报纸一旦发行,便不可改写,因此相较于其他媒体产品,报纸生产的审核流程非常严格,通常为"三审"或"五审"制,在严格的生产审核制下,信息内容的真实性、准确性和权威性也相对较强。二是可长期保存,随时翻阅,可重复阅读。印刷媒介产品的油墨抗氧化性较强,一般不容易褪色,同时报纸的纸质结构较为轻便,可节省存储空

---

① 谢新洲、赵珞琳:《网络知识传播的沿革与新特征》,《编辑学刊》2017年第1期,第6—12页。

间。对于普通人而言,对报纸的保存远比对广播和电视节目的保存来得容易。报纸易于保存和便于携带的特点,使其较适合在人群中进行反复传阅。三是信息内容较为深入,适合理性分析。报纸主要依靠文字符号传递信息,文字符号本身具有抽象性,适于读者反复品味和思考。与此同时,"厚报"时代的报纸所能承载的文字信息量较大,这就使得报纸有能力也有空间对新闻事件进行深度挖掘,做分析性、解释性和调查性报道。互联网发展起来后,报纸媒体澄清事实、进行调查报道的功能越发显得重要。

报纸的上述特征满足了受众对于信息的多种需求,与此同时,受众获取报纸的成本也相对低廉。因此,报纸能够在很长时期内保持其作为最受欢迎的大众媒介的地位。但是,随着以互联网为代表的新媒体的出现,信息环境发生了巨大变化,传统印刷产品面临极大的挑战。报纸等平面媒体时效性不强、缺乏互动机制、感染力差、传播范围有限等劣势,导致其广告收入及用户受到了新媒体的双重分割,进而需要探寻转型发展新路径。社交媒体兴起后,网民的碎片化阅读方式也对报纸表达和传播方式提出了挑战。

二、电子媒介产品及其特征

印刷媒介实现了文字信息的大规模生产和复制,使得普通大众消费媒介产品成为可能。电子媒介的出现则让文字、声音、图像、影像等信息形式实现了远距离的快速传输。1844年,莫尔斯发明电报,使得可靠、即时的远距离信息传输得以实现;1876年,贝尔发明电话;1877年,爱迪生发明留声机;后来,电影、广播、电视相继被发明及实现商业化应用。这更是让信息的存储和传递不拘于文字,声音、图像、影像都能够被存储、记录、传递、处理。电子媒介产品主要是指运用电子信息技术、设备等进行信息存储与传播的产品形式,包括电报、电话、广播、电影、传真、电视等。为将媒介产品发展阶段划分得更为清楚,此处电子媒介产品特指基于模拟电子信息技术的产品形式,广播、电视节目则是最具有代表性的早期电子媒介产品。

广播是借助电力和磁力,依托电磁波频谱中特定的频率,以光速进行远距离、跨空间信息传送的一种媒介形式。广播对声音信号的传送可以借助无线电波,亦可借助导线,这两种传播方式分别被称为无线广播和有线广播。广播将声音符号编制成不同的节目,再通过一定的传输方式进行信息传播。节目是广播内容的最终组织形式和播出形式,按内容性质可以分为新闻性节目、文艺性节目、教育性节目和服务性节目等;按内容构成和组织方式又可分为专题性节目、综合性节目和板块节目等。作为伴随性较强的电子媒介产品,广播节目凭借着传播迅速、覆盖广泛、功能多样和感染力强等优势,迅速收获了大批用户群体,成为媒介产业价值实现的重要载体。但是受当时的技术水平限制,广播节目也存在保存性差、无法点播、只能按时间顺序播出等问题。

电视节目作为电子媒介产品的另一主要表现形式,是电视内容最终的组织和传播形式。电视是指借助电讯系统远程传播、接收影像和声音的媒体,从最早的机械电视摄像机和接收机到电视的实用阶段,从黑白电视到彩色电视,从有线电视到卫星电视,从模拟电视到数字电视,电视经历了几十年的发展,电视节目日益丰富,一度成为人们接收新闻和娱乐信息的重要渠道,并呈现出以下特点:一是影响范围广泛。电视节目的消费,不需要印刷媒介产品所必需的识字能力,比印刷产品有着更低的消费门槛。二是集视听于一体,声画并茂,有效地增加了其传播的信息量,使人们能够更真实、立体地了解事物的特征,具有较强的现场感。但是,它在保存性、选择性、互动性等方面的问题同样突出。在新的信息技术环境与市场需求面前,传统电视节目过于老化,内容重复率高,受众流失严重,电视节目的改革及创新是当前网络环境下电视台节目生产面临的重任。

三、网络媒介产品及其特征

随着信息技术的不断进步,以及媒介市场商业化应用的持续创新,网络环境下媒介产品的类型愈加丰富。从 1995 年中国传统媒体"入网"到商业网络崛起,从社交媒体主流化到自媒体蓬勃发展,网络媒介产品的多种探索齐头并进、百花齐放。

网络媒介产品从媒体企业生产的边缘产品发展到核心产品,经历了二十余年的实践与演变(图 4-2)。20 世纪 90 年代初期,受全球信息化浪潮的影响,我国互联网产业进入萌芽期,网民数量也在逐步增长,为网络媒体的发展奠定了基础。媒体组织机构利用互联网发布新闻的热情被逐渐释放。一方面,大批传统媒体纷纷在网上开办网络版,实现了传统媒体的电子化与网络化。1995 年 4 月《中国贸易报》电子版上线,成为第一家走上国际互联网的中文报纸后,1997 年起,以《人民日报》、新华社、中新社、《光明日报》等为代表的中央重点新闻媒体机构开始建立电子版或网络版。但是这一时期,传统媒体只是将互联网作为信息发布与传播的拓展渠道,"网络新闻"更多的是传统报纸新闻信息内容的网络再现,属于传统媒体的延伸产品或者是附属产品,仅仅是呈现形式的变化,内容本身并没有实质性改变。

另一方面,商业门户网站等商业媒体的出现也给传媒业注入了新鲜的血液,媒介产品形式开始发生更为多样化的创新和转变。1998 年,以"新浪""搜狐""网易"为代表的商业门户网站相继兴起,这些网络媒体的出现直接催生了网络新闻产品。网络媒介产品的雏形正是在此阶段出现的。

互联网是一种新媒体,其特有的交互性改变了过去大众媒体面向公众的单向传播机制。网络媒介产品与其他媒体产品的主要差别之一即网民能够参与网络媒介产品的生产与流通,前者具有双重身份。一方面,作为信息的生产者,网民积极利用网络媒介产品进行自我情绪与观点的表达;另一方面,作为信息的消费者,网民通过与他人的交流互动以及对信息的消费,成为网络媒介产品价值实现不可或缺的推动者。

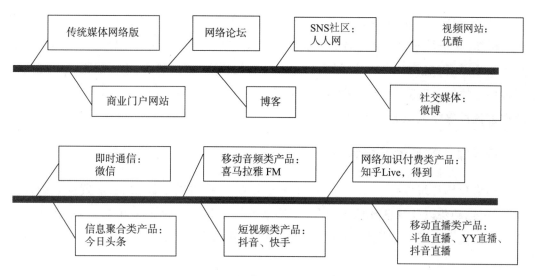

图 4-2 网络媒介产品的发展演变

社会化媒体产品的出现更凸显了网络媒介产品的优势,使其逐步从附属产品转变为核心产品。网络论坛是我国较早出现的社会化媒体产品。1995 年,基于校园网的"水木清华"论坛与基于 Chinanet 公网的"一网情深"论坛相继开通,成为孕育早期网民的沃土。1999 年后,强国论坛迅速崛起,政治话题、民生话题逐渐成为网络论坛内容的主要导向,这一趋势在 2003 年达到了顶峰,"西祠胡同"、"猫扑"、天涯社区和凯迪网四家网络论坛在当时聚集了大量网友,其匿名性特征为网民创造了充分互动、自由争锋的表达空间,个体意见在其中经过发酵后常演变成群体舆论。2002 年兴起的博客与 2005 年 SNS 社区的发展均体现出以强调个人身份构建为主的呈现方式。借助移动互联网技术,微博作为新兴的社交媒体产品突出了随时随地浏览、发布及分享信息的功能,不仅实现了网络媒体的经济效益,同时促进了网民对公共议题的参与及讨论,在一定程度上推动了社会民主进程,放大了其社会效益,也悄然改变着媒介产品的类型。

移动互联网、大数据、云计算等信息技术,让信息交互可以实现精准的即时匹配,为新型媒介产品的生产与传播提供了更为精准的供需信息。为应对用户对个性化、碎片化信息的新需求以及对信息消费体验的更高要求,网络媒介产品也在不断地创新发展。例如,以微信公众号、今日头条的头条号为代表的信息聚合类产品,以"斗鱼""虎牙"为代表的移动直播类产品,以抖音、快手为代表的短视频类产品,以逻辑思维、知乎为代表的网络知识付费类产品,以"喜马拉雅 FM"为代表的移动音频类产品,以及更为细分的可视化数据新闻、H5、虚拟现实等数据新闻产品等,成为大数据时代网络媒介产品的创新实践者。

为适应传播条件与趋势的变化,新型主流媒体以媒介产品为切入点,将媒体信息资源、技术资源以及用户资源进行有效融合,在媒介产品及服务创新方面进行了大量实践。例如,新华社通过对各类原创资源的再加工、整合,进一步推动"融合化、移动化、成品化",生产了包括文字、图片、漫画、视频、可视化新闻、虚拟现实、无人机视频等在内的多种形态的融合新闻产品。① 融媒体产品汲取了传统媒体与新媒体的各自优势,正在不断探索各种媒介资源的优化配置方案。

四、媒介产品的发展特点

网络媒体的跨界竞争,用户需求的垂直化细分,技术的创新发展,消费场景的碎片化、社交化趋势以及社会环境的变化,都影响着网络媒介产品的变革与创新,并使其呈现出多元化、移动化、智能化、视频化趋势,其核心内容更注重舆论引导功能和服务群体意识。

(一)产品内容的主流化和意识形态安全

坚持党管媒体原则更加突出,将"导向"覆盖全媒体。经过早期"野蛮生长"快速发展起来的网络空间,开始改变昔日"网上网下两个标准"的生态环境,朝着风清气朗的新型网络空间建设目标迈进,更加注重其社会责任和舆论引导功能。作为信息内容主要的组织形式,网络媒介产品,尤其是融媒体产品内容的舆论引导性更加明显。习近平总书记在2016年党的新闻舆论工作座谈会上指出,"各级党报党刊、电台电视台要讲导向,都市类报刊、新媒体也要讲导向;新闻报道要讲导向,副刊、专题节目、广告宣传也要讲导向;时政新闻要讲导向,娱乐类、社会类新闻也要讲导向;国内新闻报道要讲导向,国际新闻报道也要讲导向"②。由此可以看出,从党和政府的角度出发,无论是何种性质的媒体组织,无论是何种媒介产品形式,都要坚持正确的舆论导向。各级主流媒体及新媒体平台都将坚持正确舆论导向融入了日常的信息生产与传播过程。坚持正确舆论导向成为媒介产品创新的基本原则,正确的舆论导向与先进的传播技术相结合,是当前媒介产品创新的趋势。

(二)产品形式的多元化与视频化趋势

一方面,超文本、多媒体、移动互联网、大数据、云计算、虚拟现实、人工智能等技术的创新发展为网络媒介产品的多元化提供了技术基础和实现工具;另一方面,信息环境的变化使得用户产生了新的信息消费需求,单一的信息呈现方式已经无法满足用户需要。在两种力量共同作用下,媒体组织不断整合、创新多元化产品形式,灵活运用文字、

---

① 《新华社新媒体中心2017交出优异成绩单》,2018年2月28日,中国新闻出版广电网,https://zgcb.chinaxwcb.com/info/112191,2023年3月18日访问。
② 习近平:《坚持正确方向创新方法手段 提高新闻舆论传播力引导力》,2016年2月20日,人民网,http://politics.people.com.cn/n1/2016/0220/c1024-28136187.html,2023年3月18日访问。

长短视频、移动直播、移动音频、大数据新闻、虚拟现实新闻、H5产品、动画、漫画、Vlog等多种媒介产品形式,提高用户体验,增强用户黏性。

以近年来全国两会①报道为例,《人民日报》在2016年两会报道中推出了形式多样、信息内容丰富的网络新闻媒体产品,如《人民代表习近平》微视频、两会版《成都》MV、《两会喊你加入群聊》H5、《word两会我做主》RAP动画、《厉害了我的两会》播报②等多元化的媒介产品形式,让两会报道更为生动、更加贴近用户。随着媒体融合的全面展开和纵深发展,融媒体产品呈现形式更为多样。在2019年两会报道中,新华社新媒体中心推出了"文字+图片+短视频"的融媒体报道《"萌"姊代表记——全国人大代表赵会杰和小庙子村的新故事》,融合手绘动画、3D建模和现实拍摄的手法,生动地阐释了习近平总书记在参加内蒙古代表团审议时的重要论述③;《人民日报》官方微博在两会期间发布的《两会Vlog│人民日报新媒体记者带你体验的两会一天》,通过记者亲历两会的现场拍摄,以"我"的视角出发,拉近了与用户的距离,让用户可以随着记者的所见所闻迅速进入新闻空间④;《光明日报》推出《钢铁侠直播:全景看两会》新闻产品,增加了用户的临场感,进一步优化了其信息消费体验;新华社利用"媒体大脑"MAGIC智能数据分析和短视频智能剪辑,推出《一杯茶的工夫读完6年政府工作报告,AI看出了啥奥妙》,对六年来政府工作报告中的主要经济相关数据进行纵向对比分析⑤,在短时间内,以多元化的产品形式让用户更容易消化和理解原本篇幅宏大、数字繁多的政府工作报告,不仅清晰明了地传递了有效信息,同时也增强了传播效果。中央媒体对全国两会的报道对地方媒体报道本地两会具有示范性。在媒体融合的大潮中,地方媒体以两会报道为契机,也在不断创新媒体产品形式。随着5G技术的发展,以视频为主的媒体产品形式现象级崛起,短/中/长视频以及网络直播的产品形式成为主流。

(三)生产与传播方式的娱乐化

随着用户信息接收和传播偏好的改变,信息内容娱乐化态势更加明显。所谓娱乐化,一方面是指无论何种体裁的信息内容都趋向于以娱乐化的方式呈现,以增加内容的趣味性、可读性,吸引用户,增强传播效果。另一方面就产品内容来说,严肃新闻、社评、深度调查等内容的占比逐渐降低,娱乐、消费类信息内容占比增加。有学者对《人民日

---

① 指全国人民代表大会和中国人民政治协商会议。
② 谢新洲、柏小林:《媒体深度融合让两会报道"直抵民心"》,《新闻战线》2017年第7期,第44—47页。
③ 谢锐佳、李洪磊:《守正创新,新华社两会报道"融"有力》,2019年3月14日,新华网,http://www.xinhuanet.com/politics/2019lh/2019-03/14/c_1124234104.html,2020年1月15日访问。
④ 袁映雪:《Vlog:党媒时政传播的新探索——以2019年两会报道为例》,《青年记者》2019年第20期,第95—96页。
⑤ 阮璋琼:《2019年全国两会媒体融合报道创新解析》,《青年记者》2019年第20期,第48—49页。

报》《南方周末》《新闻晨报》三家主流媒体法人的微博话题进行内容分析发现,信息娱乐化程度较高,大部分内容与政治议题无关。① 而以"抖音""快手"为代表的短视频,以及以"斗鱼"为主的移动直播等更是呈现出"无娱乐,不信息"的特点。媒介产品的娱乐化有利于增加内容的亲和力,更容易发挥大众传媒寓教于乐的教化功能,但是在实践中需要谨防过度娱乐化——如果片面追求娱乐而有意忽视媒体产品的社会公益性,容易陷入低俗化。

（四）产品消费场景的碎片化

移动互联网的兴起助推了媒介产品的碎片化趋势。一方面,媒介产品的碎片化是指消费场景的碎片化。移动互联网的出现逐渐消弭了时间与空间对信息传播的限制,使网民可以随时随地进行信息消费,利用很多碎片化时间,例如通勤时间、睡前时间、等候时间等。另一方面,媒介产品内容也趋向于碎片化。例如,在以"抖音""快手""梨视频"为代表的短视频类产品平台,用户上传视频的时长一般为 15 秒、30 秒、1 分钟、3 分钟、5 分钟等,与传统电影的长视频相比,短视频的信息文本、意见观点、视觉形式等方面均呈现出碎片化特点。移动端游戏(手游)的出现进一步满足了用户在碎片化时间的娱乐需求,相对于端游或者主机游戏,手游的规则更为简单清晰,容易上手,且一个回合耗时较短,能够较好地满足碎片化的消费场景要求。为了便于大家合理安排碎片化时间,微信公众号、移动音频等自媒体内容产品在文章中常常标注此内容所需要消费的时间,通常不会超过 10 分钟,为用户选择方便的时间和场景进行信息消费提供依据,减轻用户的焦虑感。然而,过度的碎片化也导致了内容的浅表化,用户长期以碎片化信息消费为主,难以建立系统的知识体系,提炼式的信息内容产品可能造成用户的惰性,无助于深入学习和思考。因此,在媒介产品创新中,既要关注碎片信息消费的市场需求,也要避免一刀切式的碎片化,要将碎片化信息作为一种信息源和思想的火花,吸引用户更加主动深入地了解、掌握相关信息,而不是止于碎片化。

（五）技术驱动下的智能化

新型主流媒体积极利用信息革命成果,创新媒介产品的生产、传播与消费形式。2019年 1 月 25 日,习近平总书记在中共中央政治局第十二次集体学习时指出,媒体智能化进入快速发展阶段,要积极探索将人工智能运用在新闻采集、生产、分发、接收、反馈中。② 近

---

① 黄炎宁：《数字媒体与新闻"信息娱乐化"：以中国三份报纸官方微博的内容分析为例》,《新闻大学》2013 年第 5 期,第 54—64 页。
② 习近平：《加快推动媒体融合发展 构架全媒体传播格局》,2019 年 3 月 15 日,求是网,http://www.qstheory.cn/dukan/qs/2019-03/15/c_1124239254.htm,2023 年 3 月 18 日访问。

年来,传感器技术、机器写作①、虚拟主持人②等技术手段被广泛应用到环境新闻、体育新闻、财经新闻以及文艺报道的生产与传播中,算法通过对用户偏好的大数据分析,实现精准的内容推送,推动了各媒介产品形态的智能化。③ 5G 技术的快速发展使视频呈现象级崛起,2019 年 11 月 20 日,中央广播电视总台"央视频"5G 新媒体平台正式上线。2020 年初,新冠肺炎疫情成为全球重大公共卫生事件,围绕此次抗"疫"主题报道,"央视新闻"开通了 24 小时不间断直播——《共同战"疫"》,开播持续整一个月,直播时长近 800 小时,是中国新媒体直播领域在时长、多角度融合、关注度方面达到最高水平的疫情防控大直播,最大限度地满足了公众对抗疫新闻报道内容与深度的心理需求。④ 通过 5G 技术对"火神山""雷神山"医院的建造过程进行直播,全国人民和世界人民都看到了中国抗疫的决心和速度。未来,"5G+AI"技术也将围绕着"全程媒体、全息媒体、全员媒体、全效媒体"⑤构建出更多创新路径和创新产品。

此外,以上特征均是围绕着媒介产品的内容而言,而媒介产品的另一个重要转向是面向用户需求提供个性化、多样化、精准化的网络信息服务,本章将其单独列为一节(第四节)进行详细阐释。

第三节 媒介产品的生产流程与变化

媒介产品的生产流程,是构成媒介产品生产的各要素依据特定的顺序关系组合而成的一个较为固定的模式,也可称为"流程"。对于媒介产品生产流程的了解有助于媒介经营管理者对媒介产品的生产流程进行科学管理,使其各环节之间相互协调,共同实现媒体组织的经济和社会目标。在遵循基本生产要素与环节规律的基础上,不同类型媒介产品的生产流程各有差异。下面我们将在分析媒介产品一般性生产要素的基础上,以传统媒体产品、融媒体产品以及新媒体产品为例,分别对其产品生产基本流程进行介绍和分析,同时围绕媒体融合趋势下产品生产流程的变化进行探讨。

---

① 喻国明、兰美娜、李玮:《智能化:未来传播模式创新的核心逻辑——兼论"人工智能+媒体"的基本运作范式》,《新闻与写作》2017 年第 3 期,第 41—45 页。
② 刘敏、张振亭:《AI 主持人的角色、意义和挑战》,《青年记者》2019 年第 8 期,第 55—56 页。
③ 唐绪军、黄楚新、王丹:《中国新媒体发展趋势:智能化与视频化》,《新闻与写作》2017 年第 7 期,第 19—22 页。
④ 史靖洪、唐陟:《奋力打造国际一流新型主流媒体——中央广播电视总台抗疫报道纵览》,《新闻战线》2020 年第 9 期,第 2—5 页。
⑤ 《加快推动媒体融合发展 构建全媒体传播格局》,2019 年 3 月 15 日,求是网,http://www.qstheory.cn/dukan/qs/2019-03/15/c_1124239254.htm,2023 年 3 月 18 日访问。

一、媒介产品生产的基本要素与环节

媒介产品生产是信息收集、处理、加工并传播给信息消费者的基本过程。媒介产品的生产要素是媒介产品生产过程依托的所有内部、外部条件的总称。一般来说,产品生产的要素包括劳动者、劳动资料和劳动对象。媒体产品的生产要素也包括这些方面。其中,劳动者是指媒介生产过程各环节的从业者,包括采访者、编辑者、播出者、评论人员等,也包括各类管理人员;劳动资料包括各类媒体产品制作过程中所需要的资本、机器设备以及其他物质条件,如录音、录像、计算机信息处理设备等;劳动对象则是指媒体可以获得的用来制作媒介产品的一切原始信息材料。具体来看,媒介产品的生产要素主要包括信息资源、信息采集者、信息处理者、信息产品实体生产与传输设备、信息传输者等。

媒介产品生产实际上就是各生产要素结合的过程。根据上述各生产要素的性质和功能,我们可以将整个媒介产品生产流程划分为以下四个主要环节(图4-3):

图4-3 媒介产品生产的基本环节

(1)信息资源采集。媒介产品的采集是媒介产品采集者从媒介信息资源所有者那里获取信息材料的过程。例如,记者深入社会生活,通过自身观察将有新闻价值的事件挖掘出来作为撰写新闻报道的基本材料,就是一个媒体信息资源的采集过程。随着受众对媒介产品生产的参与度不断提高,越来越多的媒体组织开始利用受众主动提供的材料进行媒介产品生产,如读者向报社提供自己所看到的新闻线索,或者将自己的经历提供给广播电视台作为节目制作的素材等。这些都为媒体信息资源采集提供了更大的便利,也直接影响了媒介产品内容的性质与风格。

(2)信息处理。在完成信息采集以后就进入了加工制作环节,媒体组织内编辑所做的工作大多属于这一环节,他们通过将记者采集的信息进行编排、增删等处理,形成媒体产品的基本内容。"内容为王"是媒体市场亘古不变的通则,而信息处理环节很大程度上直接决定着媒介产品内容质量的优劣,因此在整个媒介产品生产流程中占据着举足轻重的地位。

(3)信息产品实体的生产和制作。经过信息处理之后,媒介产品生产就进入实体生产阶段,也就是将文字材料以报纸、期刊形式进行印刷、出版,或将声音、影像资料压制成磁带、光盘等产品形态的过程。需要注意的是，由于媒介产品本质上是一种精神产品，所以并非所有媒介产品都有实物载体，因此并不是所有媒介产品的生产流程都包括实体生产和制作这一环节。特别是随着数字化技术的不断发展，网络媒介、移动媒体产品更多是以一种虚拟化形态出现，在这些新媒体产品形态的生产过程中，产品实体生产和制作环节与前后其他生产环节间的界限正变得越来越模糊。

（4）信息传输。媒介的信息传输者虽然不直接参与媒介产品的生产，但是他们的劳动对于媒体信息产品价值的生成同样发挥着至关重要的作用——如果不能将媒体信息产品有效传递到消费者手中，就无法实现其价值和意义。报刊的发行、广播电视信号的发射和接收、网站信息的发布等都属于媒介产品的信息传输过程。媒介产品只有经过发行、播出等环节进入受众消费领域，才能算是真正完成了整个媒介产品生产的过程。

以上各生产环节还可细分为更多子环节，而媒介产品生产就是各层次、各工种、各工序的执行人员各司其职、通力合作的过程。从这个角度来看，媒介经营管理的实质就是媒体组织者通过合理划分生产工序、有效调配人员、合理运用资源，在预定生产周期内，以最低的成本支出，生产出符合市场需要的媒介产品的活动。

二、传统媒体产品的生产流程

（一）报纸生产流程

报纸的生产同一般产品的生产过程一样，也是一个"投入—产出"的过程，报纸内容一般包括新闻信息、娱乐信息、公共信息、广告等诸多要素。根据对相关文献资料的整理，其生产制作一般遵循下面的步骤（图4-4）：

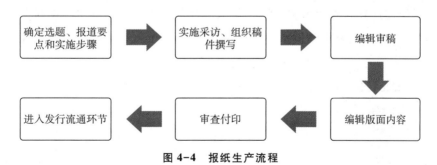

图 4-4 报纸生产流程

（1）根据政策、受众需求确定报纸的选题、报道要点和实施步骤。一份报纸要有清晰的定位、明确的市场细分目标，在遵守国家相应政策法规的前提下，认真研究市场，确定读者实际需求，并努力在内容安排和风格设定上满足特定读者群的需要。

（2）实施采访，并根据内容、版面、选题确定采访分组、资金控制和组织稿件撰写。

信息的收集过程可以通过多种渠道,记者、其他媒体或者通讯社都可以是信息的来源。一般报纸都有自己庞大的记者群来保证充足、及时的信息源。

（3）编辑审稿。一般要经过分稿、选稿、核稿三个步骤,稿件来源可以是通讯社、资料组或者采访组等。

（4）编辑版面内容。一般要经过制作标题、图文整合、定稿发排、出小样、副总编辑或总编辑助理审查、美编划版、拼版、出大样几个环节,对于版面编辑的技术有一定的要求。

（5）审查付印。一般完成的版要经过一校、二校、三校三轮审核,再经值班领导签版、网络付版至印厂（在网络无法运营的情形下,由编辑部出胶片送至印厂）,最终付印。

经过上述五个步骤之后,报纸信息内容产品的生产环节结束,报纸进入发行流通环节。

报纸的广告版面生产与内容生产同步,但通常由经营部门单独设计和制作后,再统一合并到相关版面上。报纸生产者先将广告版面出售给广告客户,然后进行广告制作,再将制作好的广告连同新闻以及其他信息一起进行编辑印刷,最终出售给读者。由于广告内容的制作多由专门的广告公司进行,因此报纸生产者自身在广告产品生产中的主要任务就是扩大发行量,力争覆盖特定的目标人群。

（二）广播节目生产流程

广播节目的制作需要采集多种来源的声音素材,并通过各种仪器设备对其进行修改、调音剪辑和深度加工。我们一般把对新闻性节目、专题性节目的语言,文艺节目的音乐、戏曲等原声以及现场实况等声音素材的采集过程称为前期制作;而把对录制的音响素材进行复制、剪辑、合成混响等各种加工的过程称为后期制作。另外,也有学者将广播节目制作过程分为播音录制、录音剪辑、录音合成和前期与后期制作四个主要生产环节。① 根据对相关文献资料的整理与改编,广播节目的一般生产流程如图 4-5 所示。

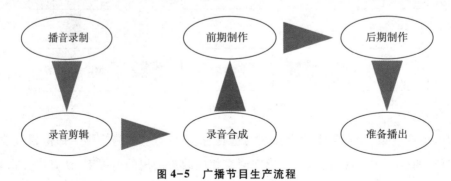

图 4-5　广播节目生产流程

---

① 凌昊莹:《媒介经营管理》,中国广播电视出版社 2002 年版,第 191 页。

在我国,80%以上的广播节目是以录播的方式播出的,即对于编辑采用的节目稿件,在播音员播读时以录音的方式进行录音,然后将剪辑制作好的节目交播出部门播出。录播可以使播出节目的安排灵活、方便,确保播出质量和提高播出的可靠性,便于复制、重播,也便于广播节目播出的自动化。

录音剪辑和合成技术在广播节目制作中应用非常广泛。录音剪辑是将广播节目按照节目内容和时间的要求加以选择、整理和重新编排顺序。节目制作人员根据听觉艺术的特点和节目播出的需要,将选择采用的若干段录音素材,按照节目构想和新的编排顺序进行剪裁和重新组合,并插入必要的解说,使录音素材成为符合编辑意图的节目或新的节目素材。录音合成是把播音语言的录音磁带、剪辑好的录音素材、事先录制好的特殊的音响效果、背景音乐以及现场的播音和音响等,按节目的总要求一次性地、有机地混录在一起制成合成带的过程。随着网络广播的兴起,越来越多的节目开始尝试直播模式,它可增加节目主持人与听众的互动,更具亲和力与个性化特征,同时对电台节目主持人和播出服务人员提出了更高的业务和素质要求。

(三)电视节目生产流程

与广播节目制作相比,电视节目的生产制作流程更加复杂。通常,电视节目制作单位按照职能细分为各个部门,分别负责节目的策划、制作、技术设备控制、后期加工制作等,好的电视节目产品的产出,必须通过各个部门的通力合作实现。

电视制作过程可以划分为若干阶段,最常见的一种划分方式是分为"前期制作"和"后期制作"两个阶段。前期制作主要完成节目的构思、采录,决定要制作的节目的类型、明确节目受众特征、决定节目风格定位以及播出时段,安排节目制作人员,并进行有关财务预算。后期制作则主要是节目的编辑、合成阶段。无论是直播还是预制的电视节目,都需要经过脚本制作,确定拍摄计划,联系场地、设备、人员,进行成本控制以及产品品质控制,必要的情况下组织外景采访和内景录制,后期的配音、剪辑和添加音效、字幕等主要生产环节。

另一种划分方式是将电视节目制作分成构思创作、拍摄录制和编制混录三个阶段。电视节目制作涉及的节目成品和制作手段、方式、效率等诸因素非常纷繁复杂,无论是两个阶段还是三个阶段的划分,都大体反映了电视节目的制作过程,具有实用价值。

根据来源,电视台播出的节目可以被笼统划分为自制节目和外购节目。

电视台自制节目多是时效性较强的新闻类、专题类节目,通常带有鲜明的个性特色,投入的人力、财力等成本较高,制作精良,是电视台打造自身品牌、塑造整体形象的重要手段。通过对相关文献资料的整理[①],电视台自制节目的生产流程如图4-6所示。

---

① 支庭荣:《媒介管理(第三版)》,暨南大学出版社2009年版,第249页。

其中,电视直播是电视媒体综合实力的集中展示,对节目设计、拍摄、采访、信号传输、主持、导播等各个环节都有严格的要求。网络传播环境下,直播节目还要及时回应受众反馈,以期形成良性互动,对主持人的现场应变能力提出了更高要求。

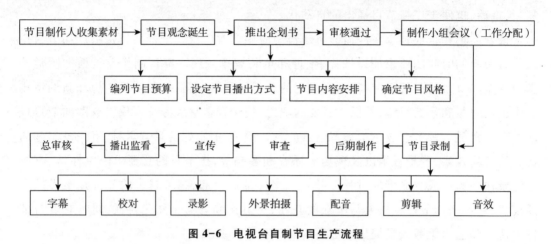

图 4-6　电视台自制节目生产流程

电视台不仅播出自己制作的节目,还常常从市场上买进一些节目。电视台外购节目的流程一般为:看试片—比价—购片—审核—宣传—播出监看—评估。外购电视节目的主要来源是专业的媒介内容供应商。

三、融媒体产品生产流程的重塑

媒体融合已成为当前主流媒体转型发展的重要战略,它打破了传统媒体产品生产的单一模式,再造了媒介产品的生产流程。媒体职业工作者和专业媒体机构的垄断地位逐渐为媒介专业部门和社会公众共同参与生产的新模式所打破,采编系统也由以单一媒体类型为基础的编辑系统,转变为以数字技术为整合平台的信息与服务提供系统,以及"中央厨房"全媒体平台为代表的融媒体系统,重塑了新闻内容的生产及业务流程,使之从线性生产过程转变为多元化的共创过程,并且随着各种媒体融合的深入,逐渐演变成一种独立运行、流程完整、操作规范的媒介产品生产模式。

"中央厨房"的概念来源于食品产业,代表一种食品生产方式,即将食物原料根据菜单定做成半成品或者成品,配送到各连锁经营店进行二次加热或者进行组合后销售给顾客,或直接加工为成品或组合后配送销售给顾客,本质上是力图实现标准化生产、最大限度脱离厨师个体影响的烹饪工业化的产物。[①] 其最大的优势在于通过集中规模采购、集约化生产来降低成本[②],提高生产效率。早在 2007 年,当时的新闻出版总署就

---

① 郭顺堂、刘贺:《中央厨房——中国食品产业新的增长极》,《食品科技》2013 年第 3 期,第 290—295 页。
② 姚丽亚:《基于"中央厨房"模式的新闻生产理念创新》,《新闻界》2015 年第 14 期,第 63—67 页。

启动了"全媒体数字采编发布系统工程",就有媒体组织将"中央厨房"的理念引入融合实践。2015年,《人民日报》、新华社等主流媒体开始正式启用"中央厨房"进行专题报道。2017年,中共中央政治局委员、中央书记处书记、中宣部部长刘奇葆,在推进媒体深度融合工作座谈会上指出,"推进媒体深度融合,要重点突破采编发流程再造这个关键环节,以'中央厨房'即融媒体中心建设为龙头,创新媒体内部组织结构,构建新型采编发网络"[1]。至此,从中央到地方各级媒体都投身到"中央厨房"式采编发系统的建设和运营中,通过建设全媒体平台再造新闻生产流程。

(一)信息来源的多元整合与采集方式的智能化

"中央厨房"模式首先要将原来分散在各部分、各频道、各板块的采编力量整合入强大的"指挥中心"[2],建立新闻指挥系统和新闻共享系统,并对内外部资源进行统一调配。全媒体记者通过多元化的信息渠道收集海量信息数据,将各种新闻生产资料聚合在全媒体平台,不同媒体终端的编辑根据产品所需的形式、内容以及用户需求,将信息加工成符合不同需要的各种媒介产品。反过来,各种媒体终端的编辑也可以向"中央厨房"全媒体平台下订单,以满足用户对不同新闻产品的个性化需求。"中央厨房"的理想化的生产模式可以概括为"一体策划、一次采集、多种生成、多元传播、24小时滚动、全球覆盖"的模式。

媒体融合中新闻信息采集的变化主要体现在两个方面:一是信息来源的变化。对于新闻信息的采集,除了全媒体记者通过采访等方式进行专业的信息、数据采集以外,还有对各种用户和组织生产内容的筛选,因为参与主体的多元化使得信息来源更为广泛。例如,《人民日报》抖音号在短视频素材的采集方面,很大程度上并不依赖人民日报社的全媒体记者,而是通过快速从基层政府、企事业单位和地方媒体拿到独家新闻素材和内容资源,充分发挥各类优质资源的整合能力和众包化生产能力,借助外力加工成品。二是信息采集方式的变化。信息与通信技术的持续发展为信息采集提供了更为先进、多元化的工具。例如,传感器新闻就是指专业记者和自媒体运营者通过传感器收集和利用海量信息与数据来"讲故事"的新闻生产模式。[3] 利用传感器进行信息、数据收集尤其在环境新闻、交通新闻、重大突发事件、调查新闻等方面有重要的应用,如央视运用即时定位技术与基于位置服务(LBS)生产的"据说春运"运用了传感器技术进行数据、信息的采集。

(二)新闻素材的全方位、多层次、"宽领域"处理与加工

在媒体融合下的信息处理阶段,编辑通过更为智能化的手段对各种新闻素材进行

---

[1] 刘奇葆:《推进媒体深度融合 打造新型主流媒体》,《人民日报》2017年1月11日第6版。
[2] 栾轶玫:《融媒体时代新闻生产的流程再造》,《今传媒》2010年第1期,第30—31页。
[3] 史安斌、崔婧哲:《传感器新闻:新闻生产的"新常态"》,《青年记者》2015年第19期,82—83页。

全方位、多层次的信息分析、处理与开发。传统编辑时代,编辑根据单一产品需要对记者采写的新闻素材或成品进行编辑,例如报纸编辑就需要对文稿进行再加工,电视台编辑需要对采访或拍摄的视频内容进行剪辑等。而媒体融合时代,采集的所有数据信息(数据、文字、图片、视频、音频等素材)都在平台进行整合,编辑需要对一个新闻进行多层次、多侧面的分析、整合与开发,并将适合各种终端表现的不同新闻要素具象化,以形成能够满足不同媒介形态需要的新闻产品[1],优化信息资源配置,使得一次信息采集借助多元加工,获得最大效益。此间,信息处理的手段和方式也更加自动化,并向智能化发展。大数据技术和工具催生了所谓的"数据新闻",即可以通过反复抓取、筛选及重组来深挖数据,还可以通过数据可视化的方式对新闻故事进行呈现等。

(三) 内容审核机制的重新确立

我国互联网内容行业在快速增长的同时,也暴露出许多问题,如涉及谣言、侵权、低俗暴力等不良信息泛滥,涉事平台被"约谈"、整改、产品下架的消息不绝于耳。为维护互联网内容安全、净化网络空间,网络内容审核成为内容生产流程中重要的一环。由此,内容生产流程的再造也包括内容审核机制的重新确立。[2] 大多数新型主流媒体都有其内容审核机制。例如,上海文化广播影视集团(SMG)所建立的内容生产监控平台,真实记录了新媒体稿件从生产到发布所有环节的操作日志,严格执行信息发布审核程序,即"分级审核、先审后发、重发重审、授权发布",落实"三审制"。为了方便各级领导即便在会议中、旅途中也可以进行审核操作,内容生产监控平台的三级审核模块同时配套有移动端应用程序,以加速审核流程,确保稿件及时发布。[3] 随着技术的发展和信息的海量增长,未来人机协作将成为网络内容审核的重要机制。机器审核具有效率高、成本低的特点,可以全天候24小时不间断工作,迅速剔除大量的确切违规内容;人工审核可思考审核复杂场景,具备价值判断、情感包容等高阶思维能力。人机协同既能兼顾效率和质量,也能降低整体成本。具体来说,可由机器判定疑似违规内容,由人工审核加以确认,而对于部分有害信息风险较高的内容或时段,可全部由人工进行审核。

"中央厨房"并不一定是流程再造的唯一模式。媒体转型和融合发展并没有固定模式,建设"中央厨房"也只是其中的一种探索。[4] 当前,"中央厨房"的建设存在很多问题,例如:内容生产与传播渠道"中断"[5],即"中央厨房"可能在一定程度上解决了生产

---

[1] 姚丽亚:《基于"中央厨房"模式的新闻生产理念创新》,《新闻界》2015 年第 14 期,第 63—67 页。
[2] 陈昌凤:《媒体融合中的全员转型与生产流程再造——从澎湃新闻的实践看传统媒体的创新》,《新闻与写作》2015 年第 9 期,第 48—50 页。
[3] 余檬等:《SMG 融媒体内容生产监控平台的搭建》,《现代电视技术》2018 年第 11 期,第 94—96+101 页。
[4] 何炜:《"中央厨房"——探索融合新闻生产新模式》,《新闻战线》2016 年第 17 期,第 68—69 页。
[5] 喻国明、弋利佳、梁霄:《破解"渠道失灵"的传媒困局:"关系法则"详解——兼论传统媒体转型的路径与关键》,《现代传播(中国传媒大学学报)》2015 年第 11 期,第 1—4 页。

的问题,但是在传播渠道方面不具优势;"中央厨房"模式的建立是有条件的,并不适合所有媒体组织;等等。各地媒体组织仍要结合自身实际情况,以内容提升为根本目的,在推动体制机制创新的基础上,重塑符合自身发展特点的融媒体产品生产流程。①

总之,媒体融合下新闻生产工作流程的改变,颠覆了以往内容生产的常规模式,改变了新闻生产周期,促成了记者和信息来源以及用户之间的协作、信息共享,共同进行新闻生产;同时用户提供的线索、反馈以及后续评价,有助于专业生产者调整和完善其后续报道。应借助新技术及新媒体平台及终端,充分开发主流媒体的内容资源,将长期积累的内容生产优势转换为新的竞争优势。②

四、新媒体产品的生产流程

新媒体产品是相对于传统媒体产品来说的,其类型十分丰富,包括网站、社交媒体、网络平台、网络应用程序等。融媒体产品也是新媒体产品中的一种,为区别不同生产主体媒体产品的生产流程和特点,本教材对两者进行了区分,即融媒体产品是指由新型主流媒体生产的媒介产品,而本部分谈到的是狭义的概念,是指以互联网商业平台为生产主体生产的媒体产品。通过对媒介产品发展、演变的梳理,可以发现,当前新媒体产品的视频化趋势十分明显,中国互联网络信息中心第 49 次《中国互联网络发展状况统计报告》显示,截至 2021 年 12 月,我国网络视频(含短视频)用户规模已达到 9.75 亿,而短视频用户规模则达到 9.34 亿。③ 基于不断扩大的用户规模,网络视频产业得到了快速发展,其生产模式也有别于传统的电视节目生产。在此,以网络视频中两个典型的媒体产品,即网络自制剧和短视频为例,介绍新媒体产品的生产及特点。

(一) 网络自制剧的生产模式

当前,学者对网络自制剧并没有一个统一的定义,但是通过对其共同点的提取,可以概括为由视频网站参与投资、制作并以网络媒体平台为主要播出渠道的影视作品。

与传统影视剧相比,网络自制剧通过储备优质的 IP 资源、通过大数据技术充分挖掘用户兴趣和喜好,以用户内容生产与专业内容生产相结合的模式,开发并制作影视作品,以提升用户体验,增强用户黏性。网络视频平台主要通过购买热门小说、影视剧、网络游戏、漫画等作品的版权,对优质 IP 进行改编:一方面这些优质 IP 具有一定的粉丝基础,另一方面也节省了创作时间和成本。同时,通过大数据技术深挖网络用户在网络

---

① 陈国权:《中国媒体"中央厨房"发展报告》,《新闻记者》2018 年第 1 期,第 50—62 页。
② 蔡雯:《"全媒体战略"中的内容生产创新——对新形势下传统媒体转型的思考》,《新闻战线》2013 年第 1 期,第 86—88 页。
③ 《第 49 次中国互联网络发展状况统计报告》,2022 年 2 月 25 日,中国互联网络信息中心网站,http://www.cnnic.net.cn/hlwfzyj/hlwxzbg/hlwtjbg/202202/P020220721404263787858.pdf,2023 年 3 月 19 日访问。

视频平台的观看行为及消费数据,可以为网剧的题材、创作团队及演员、剧情走向、播出方式等提供决策依据。

美国奈飞公司(Netflix)便是利用大数据分析用户喜好完成电视剧制作的典型。该平台通过获取用户的搜索、收藏、暂停、回放、快进、停留时间等观看数据,以及推荐、转发、评论等社交数据,为用户推荐影片,并允许用户参与内容生产,以更好地满足用户需求。例如,在网上向用户征集最喜爱的导演及演员,作为组建创作团队的参考依据。《纸牌屋》第二季中"女性角色"以及"中国元素"故事线的突出,就是用户参与生产的结果;爱奇艺自制剧《灵魂摆渡》也是利用大数据技术进行内容生产的成功实践。此外,网剧的播出方式更加多元化,可以边生产边播放,其剧情内容可以根据视频平台以及社交网络上的用户反馈进行调整,以更符合用户喜好,赢得用户口碑;也可抓住热点,一次多集播放,以满足用户需求。

(二) 短视频的内容生产

短视频是一种视频长度以秒为计量单位,依托移动智能终端实现快速拍摄、美化、剪辑,并可通过社交媒体平台实时分享的新型视频形式。① 相较于传统的视频生产,在生产流程上没有太大变化,仍然遵循"视频素材采集—视频编辑再加工—视频上传—内容审核—分发推广"的基本流程,但是其生产主体和方式方法有所改变。

首先,视频素材来源较为贴近用户现实生活,其拍摄手法更有代入感。各种短视频应用程序为用户提供了各种拍摄、美化、剪辑、编辑视频的工具,加之短视频时长较短,降低了制作门槛,因此用户可以随时随地对当下的生活以及所遇到的社会事件、现场进行拍摄。其次,短视频的剪辑、编辑及再加工以能够引起用户情感共鸣为核心,背景音乐在短视频的情感化表达中发挥着关键作用②,通过音乐及具有特点的节奏来渲染内容表达,是短视频内容生产的主要特色之一。再次,由于时长较短,为了吸引用户注意力,短视频的拍摄脚本或剪辑方式,都是以碎片化的叙事方式呈现,注重特写镜头、时间、情景以及空间的快速切换。最后,在内容审核环节,各种短视频平台承担了对用户上传的视频素材及成品进行审核的责任和义务。例如,"梨视频"平台涉及三道审核程序,拍客的素材要经过平台检测(检测原始素材)、编辑检测(原始素材是否可用)、用户检测(编辑好的短视频发布后,接受大众满意度的调查与审核)③等不同环节的审核。

短视频从简单的拍摄记录到剪辑、美化、编辑,可以快速完成,降低了生产成本,其

---

① 王晓红、包圆圆、吕强:《移动短视频的发展现状及趋势观察》,《中国编辑》2015年第3期,第7—12页。
② 张志安、彭璐:《混合情感传播模式:主流媒体短视频内容生产研究——以人民日报抖音号为例》,《新闻与写作》2019年第7期,第57—66页。
③ 周建华:《"梨视频"内容生产四大特色》,《传媒》2019年第4期,第43—44页。

内容则向垂直化、分众化倾斜,更符合移动化、智能化、碎片化时代用户的信息需求。目前,国内已经形成了以"抖音""快手""梨视频"等为支撑的短视频传播平台,吸引了大量的受众,并对传统的电视媒体构成新的挑战。

五、媒介产品生产模式的发展与变化

在新媒体环境下,传统媒体不再是唯一的内容生产者。网络内容平台的发展催生了多元的内容生产方式。一方面,普通网民为分享生活、表达观点,成为网络内容生产的重要力量,内容的社会化生产成为主流趋势。另一方面,内容变现的产业发展需求推动了专业优质内容的发展,PGC(专业生产内容)、OGC(职业生产内容)逐渐兴盛并成为内容变现的主力。2013 年以来,MCN 的兴起、发展更是推动内容生产向规模化、流程化方向发展。此外,人工智能等新兴技术也逐渐应用到内容生产过程中,催生了自动摘要、自动专题、自动视频、自动图像处理、机器人写作等新技术,助力内容生产。

(一)传统媒体融合转型:OGC 持续发展

在传统媒体融合转型过程中,媒体平台依托记者、编辑、导演、制片等职业创作者生产的内容被称为"职业生产内容"(OGC)。OGC 大体上传承了传统媒体时代的内容生产特点,但也出现了一些新变化。首先,OGC 在内容表现上更适合新媒体技术展现形式,更加贴近互联网传播特点,也更容易受到受众偏好等因素的影响。比如,在遣词造句方面会主动迎合网络文化,职业标准的控制力有所削弱。以《人民日报》"中央厨房"模式为例,其通过搭建总编调度中心和采编联动平台,再造了策采编发流程,一线采编团队生产的内容经过可视化团队等工作室的深度加工,可以实现"一鱼多吃",产生丰富的短视频、H5、动画、图解等新媒体产品。其次,受众对 OGC 生产的影响力有所加强。网民关切可能影响 OGC 内容生产的选题,形成以双向互动、自下而上、自由随意为特征的"网民议程设置",同时受众偏好和媒体使用习惯等也会影响 OGC 的内容表现形式。

(二)"人人都有麦克风":UGC 的崛起

随着互联网技术的应用和发展,互联网的交互特性使受众迎来"人人都有麦克风"的时代,用户不再只是被动接收信息的受众,而成为互联网内容的生产者和供给者。这种由互联网用户产生、创作并通过互联网传播的媒体内容,被称为"用户生成内容"(UGC)。

UGC 生产方式主要分为两种:一是对既有的文字、图片、视频等素材进行再加工,如进行信息整合、观点提炼、抒发己见、音视频剪辑等;二是用户原创内容的生产,如自拍视频,并编辑上传到社交平台。众包新闻即是以 UGC 为主的一种新闻生产方式。

"众包"是指利用集体智慧来搜集与核实信息、报道故事。① 2012年,英国《卫报》所属"我的钱都去哪儿了"网站(Where does my money go. org)邀请用户以做游戏的方式,参与核查政府公布的超过100万份有关议员的花费清单,以了解英国议员的消费情况、明确纳税人缴纳税款的去向。通过建立网络读者社区,有关数据在短时间内被整理好。《卫报》对数据进行分析,并用可视化的方式呈现,公布调查结果。此举调动了公众参与新闻生产的热情,提高了新闻生产效率。

UGC模式的强势崛起为互联网内容供给多样化和差异化带来了可能,也极大地增强了文化的多样性和社会生态的丰富性,并促进了巨大的社会性知识生产力的释放。UGC在生产创作过程中摆脱了种种专业束缚,往往是更加个性化的表达,并具有强烈的社交属性,因而独具魅力。在很短的时间里,博客、微博及其他SNS网站迅速蹿红,成为备受用户青睐的主流平台。然而,用户生成内容也面临一些挑战。一是短视频、直播等相较于微博、论坛等以文字为主的内容生产,其生产门槛更低,生成内容质量参差不齐,给网络内容的管理带来挑战;二是用户生成内容不具有可持续性。用户生成内容大多依赖用户自身的兴趣和时间,其生产和发布周期具有不定期性,较为随意。

(三) 回归专业生产:PGC急速生长

由于UGC创作门槛较低,为了摆脱内容质量良莠不齐、流量不稳定等问题的困扰,平台往往会采取重点扶持具有专业背景的用户生产内容的策略,保障平台的内容产出的稳定性,例如曾轰动一时的今日头条"千人百万粉"计划、腾讯"三个百亿"(100亿流量、100亿产业资源和100亿元资金)计划、淘宝"超级合伙人"计划等。在平台的重金和流量帮扶下,越来越多的头部内容生产者通过平台聚集在一起,形成了巨大的影响力,并产生了良好的经济效益。这种依托具有较强专业背景的用户生产的内容被称为"专业生产内容"(PGC)。

相比于普通用户,PGC创作者主要是专业人士,在专业知识水平、内容质量等方面具有优势,而且往往聚焦自身熟悉的特定领域进行创作,生产的内容也并非简单的互动回应或情感表达,而是具有一定专业内容的文字或音视频作品。相比于职业创作者,PGC创作者并非直接受雇于媒体平台,具有极大的创作自由度。

随着移动互联网技术的迅速发展,用户对专业内容的需求越来越大,PGC迎来急速生长的黄金时期,一大批聚焦特定专业领域的媒体平台迅速发展壮大,如聚焦科普的"果壳网"、聚焦医疗的"丁香医生",等等。与此同时,大量媒体平台也采取了"OGC+PGC"或"UGC+PGC"的复合生产模式,如各大视频网站通过购买版权取得OGC内容,

---

① 〔美〕范·哈克、米歇尔·帕克斯、曼纽尔·卡斯特:《新闻业的未来:网络新闻》,张建中、李雪晴译,《国际新闻界》2013年第1期,第53—66页。

通过扶持个人"UP 主"形成 PGC 内容,也获得了巨大成功。

(四)公司化运作:MCN 生产模式的盛行

MCN(Multi-Channel Network)是指多频道网络,具体是指具有多个专业的内容生产团队或自制栏目,以及多元渠道的内容分发、商业变现、版权管理能力的机构。[①] 与前几种内容生产模式相比,其资源整合能力以及商业变现能力更强,目前在短视频以及移动直播领域的应用较为广泛。通过对相关文献资料整理和对具有代表性的 MCN 公司内部人员的访谈,短视频 MCN 生产流程大致可以描述为以下环节。

由项目负责人对短视频产品进行定位,设定主体、生产周期等,MCN 机构通过对垂直领域的划分,沉淀累积精准的用户资源,依据细分群体的用户画像实现个性化的产品定位。同时,编导对内容进行选题策划,撰写分镜头脚本;摄影师依据脚本进行视频取材;剪辑师依据脚本进行视频剪辑及再加工,形成产品雏形。初始产品完成后,转给包装人员,包装人员在素材库中提取相应的素材对产品进行加工和处理,例如添加字幕、音乐、音效、滤镜、配音等,后将成品上传至素材库,由运营人员进行多平台、多渠道的分发。

MCN 通过整合各种资源、细化生产环节进行分工协作,实现标准化的内容管理,优化了生产流程,提高了内容生产效率,降低了生产成本。但是,MCN 也面临工业化流程下内容生产的同质化和标准化、行业竞争激烈以及机构平台与签约者之间如何有效管理等问题,需要媒体经营与管理者予以重视。

第四节 媒介产品的发展趋势:信息服务

媒介产品以信息为基础提供各种服务。网络技术的发展进一步拓展了媒介产品的服务功能,使其不仅可以满足人们对于特定信息的需求,而且能够实现主动服务、精准服务、定制服务、个性化服务和创新服务,这也成为媒介产品发展的重要趋势。

一、媒介产品可为社会公众提供多层面的信息服务

不同媒体组织与机构围绕"信息服务"展开了更多的实践与探索,其服务内容也从单一的新闻信息服务逐渐扩展到消费、政务、教育、医疗等多样化信息服务,涉及政治、经济、文化等社会生活的各个层面。

(一)新闻信息服务

互联网及其相关技术的发展,为更多主体参与新闻信息采集、制作、发布、转发、传

---

① 马月飞、吴英昊:《短视频 MCN 内容生产与发行分析》,《青年记者》2019 年第 17 期,第 89—90 页。

播提供了有利条件。2017年版《互联网新闻信息服务管理规定》将"新闻信息"定义为时政类新闻信息,包括有关政治、经济、军事、外交等社会公共事务的报道、评论,以及有关社会突发事件的报道、评论。由此,不同媒体组织与机构通过门户网站、应用程序、网络论坛、博客、微博(客)、公众账号、即时通信工具、网络直播、网络视频等多元化的形式,向公众提供公共事务和社会突发事件的报道和评论。网络新闻媒体产品通过增加个性化评论、点赞、转发等服务功能,增强了新闻信息的可读性和用户黏性。

(二) 经济信息服务

传统媒体时代,企业及组织机构如果想要发布商务信息需要依靠传统报纸、广播电台、电视台等进行宣传和对外发布。数字化、超文本以及多媒体技术为网络环境下的信息传播提供了新的技术支持和实现工具。很多企业组织或品牌设立了官方微博账号、微信订阅号及服务号等自媒体平台,为用户定期或不定期地推送相关产品信息,加强了与用户的互动。从事各类经济生产经营活动的组织可以通过多元化的媒介产品形式,向公众提供各种商务信息服务,包括企业和其他组织机构对外发布的公开信息服务,如企业宣传资料、商品介绍、产品需求信息以及上市公司按照规定所需向外发布的财务信息等,降低了昔日对传统媒体的依赖度。

(三) 政务信息服务

政务信息服务是指政府通过对信息的收集、获取、保存、传播等各种方式和途径,满足公众不同的信息需求[1],并由此衍生出"电子政务"的概念。以电子政务信息平台为主的政务信息传播的关键在于各种网络媒介形式与社会公众进行的双向信息沟通和交流,其出发点和落脚点都是为社会大众提供更好的信息和服务。电子政务的最早表现形式为政府门户网站,它既是政府办公业务的对外交流平台和政府形象宣传的前台,也是政府发布信息、公众获得信息的主要载体和渠道,是提供在线公共服务的重要工具。[2]如今,政务媒体已经进入多媒体发展阶段,除了传统的机关报刊和内部电视广播外,还包括政务网站、"两微一端"等。其中,政务微博、微信公众号成为当前各级政府为社会公众提供政务信息服务的主要媒介,政务微信公众号尤为普遍。党政机构及行政事业单位在微信公众平台上通过应用账号,利用文字、图片、语音、短视频、H5等各种媒介产品形式发布政务性、事务性信息,为公众提供信息公开、政务互动、实时管理和服务等。[3]如今,电子政务平台已经成为公众与各类媒体重要的信息源。

---

[1] 马费成、夏义堃:《我国政府信息服务的现状与创新》,《图书情报工作》2003年第12期,第19—23页。
[2] 刘静岩、李峰、王浣尘:《政府门户网站的功能与具体定位》,《情报杂志》2005年第2期,第63—64+67页。
[3] 李宗富、张向先:《政务微信公众号服务质量评价指标体系构建及实证研究》,《图书情报工作》2016年第18期,第79—88页。

（四）社会生活服务

随着媒体融合的全面铺开及纵深发展,以各级融媒体中心为主体,最大限度地发挥媒体的社会服务功能已经成为共识。互联网环境下,传统媒体从新闻生产传播向信息服务拓展,其自身定位也从新闻媒体单位向提供多元化的社会信息服务平台转型。2018年2月,中共中央印发《关于加强和改进党的新闻舆论工作的意见》,强调"县域媒体要强化服务功能,整合资源,充分利用互联网,重点发展新媒体,建设综合信息服务平台"。2018年,习近平总书记在全国宣传思想工作会议上提出,"要扎实抓好县级融媒体中心建设,更好引导群众、服务群众",为融媒体中心建设指明了发展方向。建设"综合服务平台和社区信息枢纽"成为县级融媒体的现实目标,从而为公众提供经济、政治、教育、医疗等多层次、多方面的社会服务。

二、网络信息服务模式的集成化、个性化与精准化

以用户为中心是互联网思维的显著特征,面对信息资源环境和技术环境的变革,用户也急需能够与之匹配的服务模式,以便随时随地享受到集成化、个性化与精准化的信息服务,提升信息消费的用户体验。

（一）一站式集成服务

网络环境下,用户对信息的需求更为多样化,希望能够随时随地获取与自己的工作、学习、消费、娱乐等相关的信息。由此,面向用户需求,提供信息资源整合与集成服务成为一个重要的网络信息服务模式。从传统媒体网络版的实现,到新闻、门户网站的兴起,再到搜索引擎的广泛应用,互联网成为信息的集散地和交换中心,为信息资源的整合、传播、呈现及接收提供了各种可实现的工具。门户网站是为网民提供某类综合性互联网信息资源和有关信息服务的应用系统。商业门户网站扩大了网络信息的规模,增加了网络信息的数量,用户通过导航服务、搜索引擎等,可以在同一网站获取多样化的信息内容和服务,提高了信息获取的效率。通过数字化、超文本以及多媒体技术,网络信息以非线性的形式被储存、组织、管理和浏览,用户可以跳跃性地即时链接到相关信息,而信息在这种无限链接中被重新组织起来,为人们获取新知识提供了便捷的途径。

（二）个性化定制服务

以 Web 2.0 为代表的现代信息技术为满足数字化信息用户更高层次的信息需求奠定了技术和环境基础[①],使得大规模的信息定制服务成为现实,网络媒介产品开始转向

---

① 胡昌平、邓胜利:《数字化信息服务》,武汉大学出版社 2012 年版,第 42 页。

提供个性化定制服务。个性化定制信息服务的特点即以用户为中心,能够对用户的信息需求以及兴趣、行为习惯等进行充分的挖掘,同时为用户提供信息反馈的渠道,并能够充分整合这些信息,以更为灵活、多样的方式满足用户的信息服务需求。

个性化定制服务可分为:(1)个性化内容定制服务。用户可以根据自己的兴趣和需要定制信息资源。例如在数字图书馆中,用户可通过选择不同的数据库、电子期刊、图书、学术网站等选择所需要的信息资源。[1] (2)个性化信息检索定制服务。搜索引擎的出现为个性化信息检索提供了工具,用户可以进行检索模板定制,如对所需信息的所属专业、应用目的、语言、地域等进行定制,通过输入关键词进行检索。此外,用户还可以对信息检索结果的呈现方式进行定制,如输出格式、排序方式、相关度计算标准、分类等。[2] (3)个性化界面定制服务。用户可以根据自身的喜好选择信息界面的显示方式,包括结构布局、显示颜色以及内容排列方式等。(4)个性化信息推荐服务。以基于大数据算法实现个性化推荐的信息服务为例,平台基于大数据挖掘技术对用户信息使用行为数据进行深入挖掘,包括用户关注的信息内容、点击、标签、页面停留时间、使用时长、使用时间、社交关系等,以此建立用户模型,推算出用户可能的兴趣,进行个性化的信息推送,并根据持续变化的用户信息使用行为来优化模型,提供更为精准的个性化信息定制服务。如,ANOS公司就基于用户行为数据分析,针对数字阅读市场推出了"美味爱读"这一移动应用程序。该应用会持续跟踪文章的网络传播情况,并把引用数作为衡量文章价值的重要指标之一。此外,发布时间以及文章的评论数也作为重要指标被赋予不同权重,共同影响文章在阅读器中的排序。同时,该应用还增加了"焚毁"和"评论"功能,用户对自己不喜欢的文章可以选择"焚毁"按钮将其除去,系统通过追踪文章的网络传播路径、被引次数、用户评论数等数据,实现个性化的信息推荐。

(三)精准化知识服务

精准化知识服务的关键在于针对用户所提出的问题提供其所需的知识储备或解决方案。网络环境下,信息筛选成本逐渐上升,导致用户对高质量、精准知识的大量需求。知识生产的质量良莠不齐、信息量的爆炸式增长及垃圾信息的泛滥导致用户信息筛选机制失灵。知识付费通过提供精练式、定制化、可操作性强的知识与服务,提高了用户的信息检索效率,节省了用户时间成本,可提供高效高质的知识内容及服务。

为了缓解社会竞争和社会压力带来的焦虑感,用户对消费体验、职业技能以及情感

---

[1] 袁玉英:《因特网个性化信息服务》,《现代情报》2004年第10期,第12—13页。
[2] 张晓林等:《基于Web的个性化信息服务机制》,《现代图书情报技术》2001年第1期,第25—29页。

认同等都提出了更高要求。而知识付费中的"知识"含有大量的隐性知识,即多偏重经验、技能、实践等实操层面,深埋在社会实践中,不易从传统渠道中获取。知识付费方式可以将此类"隐性知识"更好地提供给在职场和生活中对知识及精神文化产品有更高需求的群体。

因此,进入21世纪后,媒介经营与管理不仅要组织生产和销售特定的内容产品,满足人们的知情权和传承文化,而且要进一步强调媒介产品的服务功能,更加注重产品获取的便利性、精准性和有效性。这体现了媒体生产中的市场营销意识。

小 结

媒介产品是传媒经济学研究的基础和起点,也是媒介经营管理研究的主要对象之一。作为文化产品的一种,媒介产品具有一般经济产品的共性,即凝结了无差别的人类劳动,是使用价值和价值的统一体。媒介产品同时也具有一定的特殊性。媒介产品的使用价值具有共享性和持久性的特点;兼具公共产品和私人产品的属性,具体属性随产品形态的不同而发生改变,随着以互联网为代表的信息技术的发展,媒体产品的非竞争性特点更加明显;媒介产品通过"二次售卖"获得用户与广告商两级消费群体,在网络环境下,"二元产品市场"形态变得更加复杂;因媒介产品具有强大的外部性,其组织、生产、管理也比一般经济产品复杂,不能完全交由市场机制对媒介资源进行调节,需要借助政府的力量对媒介产品的生产与流量等环节进行规范,以降低媒介产品所产生的负外部效应,促进媒介产品健康、可持续发展。

以媒介技术为划分依据,媒介产品经历了印刷媒介产品、电子媒介产品和网络媒介产品的发展和演变。网络媒介产品的发展呈现出产品内容的主流化、产品形态的多元化、生产与传播方式的娱乐化以及产品消费场景的碎片化等特点。信息服务成为媒体产品发展的趋势:在信息类型方面,媒介产品为社会公众提供了新闻、经济、社会、生活、政务等多层面的信息服务;在信息服务模式方面,网络信息服务呈现出集成化、个性化、精准化特点。

媒体产品的生产过程是构成媒介产品生产的各要素依据特定的顺序关系组合而成的一个较为固定的模式。它分为四个主要环节:信息资源采集、信息处理、信息产品实体的生产和制作以及信息传输。新媒体的发展打破了原有的媒体市场格局,媒介产品的生产与传播也发生了巨大变化。媒体融合战略的实施实现了对传统媒体生产流程的重塑。网络环境下,媒介产品的生产主体更加多元,生产模式也更加多样,出现了OGC、UGC、PGC、MCN等不同的生产模式。各种生产模式丰富了媒介产品的样本,优化了生产流程,提高了生产效率,促进了媒介产业的发展。

◆ 思考题

1. 网络环境下,媒介产品的"二次售卖"过程发生了哪些变化?
2. "流量"是如何产生的?媒体企业如何运营流量实现盈利?
3. 随着信息技术的发展,媒介产品的产品属性发生了哪些变化,请举例说明。
4. 网络媒介产品的发展经历了哪些阶段,其演进逻辑呈现出什么特点?
5. 媒体融合战略对新闻生产流程产生了哪些影响?
6. 媒介产品的生产模式发生了哪些变化?对媒介产品产生了哪些影响?
7. MCN模式是怎样的?请举例说明,这种生产模式具有哪些优点,又产生了哪些问题?
8. 媒介产品是如何将内容与信息服务嫁接起来的?
9. 融媒体如何运用信息服务获取更多用户注意力?
10. 从媒介产品视角谈谈主流媒体如何才能更好地服务群众?

◆ 推荐阅读

Albarran, Alan, Bozena Mierzejewska, and Jaemin Jung, eds., *Handbook of Media Management and Economics*, Routledge, 2018.

Alexander, Alison, et al., eds., *Media Economics: Theory and Practice*, 3rd Edition, Lawrence Erlbaum Associates, Inc., 2004.

Peitz, Martin, and Markus Reisinger, "The Economics of Internet Media," in Anderson, Simon, Joel Waldfogel, and David Stromberg, eds., *Handbook of Media Economics*, North-Holland, 2015.

Smythe, D. W., "Communications: Blindspot of Western Marxism," *Canadian Journal of Political and Social Theory*, Vol. 1, No. 3, 1977, pp. 1–27.

丁和根、喻国明、崔保国主编:《传媒经济与管理研究》,南京大学出版社2020年版。

黄楚新:《"互联网+媒体"——融合时代的传媒发展路径》,《新闻与传播研究》2015年第9期,第107—116+128页。

〔加拿大〕文森特·莫斯可:《传播政治经济学》,胡春阳、黄红宇、姚建华译,上海译文出版社2013年版。

李明德、王玉珠:《"知识变现":从APP"分答"看新媒体产品盈利模式创新》,《编辑之友》2018年第3期,第25—28页。

刘宏、王倩:《圈层传播:一种媒介产品化的底层逻辑——以B站跨年晚会为例》,《青年记者》2020年第18期,第9—10页。

彭兰:《智能时代的新内容革命》,《国际新闻界》2018年第6期,第88—109页。

苏宏元、倪璐瑶:《回归内容为王:挑战、机遇以及生态重构》,《中国编辑》2019 年第 12 期,第 15—20 页。

姚丽亚:《基于"中央厨房"模式的新闻生产理念创新》,《新闻界》2015 年第 14 期,第 63—67 页。

叶俊东、王永霞:《以特色内容产品化推进媒体深度融合——半月谈打造转型增长点与竞争力的路径思考》,《中国记者》2020 年第 12 期,第 105—108 页。

张宏伟:《参与式生产:文化产品生产的转向与变革》,《新闻与传播研究》2015 年第 11 期,第 109—117+128 页。

张志安、彭璐:《混合情感传播模式:主流媒体短视频内容生产研究——以人民日报抖音号为例》,《新闻与写作》2019 年第 7 期,第 57—66 页。

第五章　媒介广告资源开发

广告是媒介经营的重要产品,是媒体收入的主要来源。科学、高效地开发与经营广告资源对于媒体组织激活造血能力、提升影响力而言意义重大。在新媒介技术的带动下,媒介广告在内容、形式以及经营方式上均呈现出新特点。本章将重点对媒介广告的主要内容、操作实务和发展趋势进行阐释,从媒介广告的内涵和意义出发,系统梳理从媒介广告资源开发到经营的重要环节,并着眼新媒体发展前沿,挖掘新媒体广告经营的新特点与新思路,聚焦当前广告经营中普遍存在的违法问题,探析媒介广告的经济效益与社会效益之关系。

第一节　媒介广告及其类型

关于媒介广告的定义,学界和业界尚未形成共识。已有定义各有侧重,且不能完全适应经济社会发展和媒介生态变迁。因此,在具体介绍媒介广告资源的开发与经营之前,我们有必要先明确媒介广告的内涵与外延,为后续的阐释和讨论提供概念基准。

一、媒介广告的内涵

一般而言,广告有广义和狭义之分。广义上,广告指的是通过一定的方式或渠道向目标对象传递某些信息以实现某种影响的活动或过程。狭义上,广告指的是以营利为目的的商业广告。考虑到本书主要将媒介广告作为媒介经营的重要产品来介绍,故采用狭义广告观来理解和阐释媒介广告。

首先,广告是一种信息传播活动。"广告"一词是由英文"advertising"译得,后者源于拉丁语"adverture",有通知、诱导、披露之意,而后演变为"advertise"并引申出使某人注意到某件事或通知别人某件事,以引起他人的注意的意思。伴随17世纪中后期英国大规模的商业活动,"广告"一词得以流行并形成被赋予具有现代意义和活动色彩的"advertising"。①

其次,广告的发展与商业活动相伴而行。作为社会经济发展的"风向标""晴雨表",广告源于社会生产力发展与市场扩张下的商业信息传播需求。早期,广告伴随着工业革命的深入逐渐从业余走向专业、从现象发展为产业。② 在我国,广告的兴盛则是因在改革开放背景下,社会主义市场经济体制的建立和发展为其注入了动力和活力。广告业逐渐成为推动社会主义市场经济发展、加快转变经济发展方式的重要产业之一,受到社会的广泛重视。

最后,广告离不开媒体的中介作用。作为连接生产产品或提供服务的企业与打算购买物品的潜在顾客之间的重要桥梁,广告通过出售广告时间和广告空间,完成商品(品牌)或服务信息向目标对象的传递,从而获取广告费收入。一方面,媒体是构成广告产业形态的根本支柱,广告信息只有通过媒体才能走向大众③;另一方面,媒介技术的日新月异推动广告在传播环境、呈现方式、传播效果上均发生了革命性的变化,从而对传统的广告定义提出挑战。

综观已有的广告定义,主要有三个流派,即劝说型、传播型和促销型广告观。劝说型广告观认为,广告是一种广义层面的劝说与说服工作,侧重转变公众态度,强调广告主的主导地位,但忽略了公众的能动作用;传播型广告观认为,广告是一种以商业活动为主的传播和宣传工作,侧重让公众知晓相关信息,从信息占有权扩散的角度出发将公众视为能够理解、接受并产生共鸣的整体,却忽视了个体差异对广告的反作用;促销型广告观认为,广告是一种促销和营销手段,侧重促成公众的消费行为,解释了广告的商业本质,然而也失去了社会和文化营养。④

借鉴已有研究对广告的定义,并将其放入媒介经营管理的范畴,本书将媒介广告定义如下:媒介广告是媒体组织运用自身传播能力和渠道,向目标用户传递广告主的商品(品牌)或服务信息以实现后者的营销目的,广告主为此需要向媒体组织支付一定费用的信息管理和传播活动。可见,在媒介广告经营中,经营者是媒体组织,经营的内容是媒体的广告资源,服务对象是以商品(品牌)或服务推广为目标的广告主,而经营的直接目的是通过媒介广告资源获得回报、取得利益。

二、媒介广告的组成要素

媒体组织是媒介广告的经营主体。《中华人民共和国广告法》(以下简称《广告法》)

---

① 何修猛编著:《现代广告学(第八版)》,复旦大学出版社 2016 年版,第 1—2 页。
② 卫军英、王佳:《广告经营管理》,北京大学出版社 2013 年版,第 3—5 页。
③ 同上书,第 155 页。
④ 何修猛编著:《现代广告学(第八版)》,复旦大学出版社 2016 年版,第 2—4 页。

将广告媒体定义为"为广告主或者广告主委托的广告经营者发布广告的法人或者其他经济组织",媒介广告是媒介经营的主要收入来源。同时,作为广告传播活动的信息中枢,媒体组织的公信力、影响力以及在新媒体环境下的精准投放能力在很大程度上决定了媒介广告的效果好坏,是其作为广告经营主体之于广告主的价值体现。因此,拥有优质广告资源并加以高效合理的利用是媒介广告经营的关键所在。

广告资源是媒体组织的经营内容。广告活动以将广告主的商品(品牌)或服务信息传递或投放至目标用户以实现商业性营销效果为根本目的。媒体组织依靠其在信息处理(如广告策划、用户定位、精准投放、效果监测)、传播渠道(广告时间和广告空间)、目标用户群上的资源优势,获得与广告主开展商业合作(获得资金和广告信息)的机会并推动这一目的的实现。随着信息技术的发展,在海量信息时代,新媒体无远弗届地嵌入人们的社会生活,广告资源呈现出碎片化和多样化的特点,在时间维度上趋向即时,在空间维度上趋近无限,对其的利用则逐渐趋于高效化和精准化。

广告主是媒介广告经营的服务对象。《广告法》将广告主定义为"为推销商品或者服务,自行或委托他人设计、制作、发布广告的自然人、法人或者其他组织"。广告主通过向媒体组织付费的方式,借由后者的广告资源实现针对目标用户的营销效果,促进自身的生产经营实践。无论是在信息传播层面还是在商业运作层面,广告主都处于媒介广告活动的源头[1]和前端[2]。广告主的本质是趋利的,正是这种趋利属性使得媒介广告活动具有商业色彩,且愈发注重效益和效率。

广告信息是媒介广告的传播内容。一般而言,媒介广告包含企业信息、商品信息、品牌信息、服务信息、促销信息等内容。由于媒介广告的展示时间和空间以及用户注意力较广告信息而言均相对有限,因此对这些信息的展示往往是精练而集中的。同时,在网络技术持续拓展媒介广告空间的趋势下,优先展示的广告信息可以通过超链接、二维码等方式将目标用户带入全景式的信息呈现场景,提供更全面、丰富的信息服务。在呈现形式上,广告信息与多样化的媒体形态相结合,从图文广告到视频广告,再到 H5 广告、短视频广告,媒介广告不断探索出更符合用户媒体使用习惯的表达方式。

用户是媒介广告的传播对象。以实现营销目的为核心的媒介广告直接指向用户——用户是否留意到媒介广告、是否对广告主品牌产生印象或好感,甚至因为媒介广告产生对商品或服务的购买欲望、愿意主动将广告信息或相关体验转化为二次传播,是检验媒介广告奏效与否的主要标准。在新媒体环境下,用户的主动性显著提升,不再只是单纯、被动地接收广告信息,还可以主动选择广告信息(比如屏蔽不感兴趣的内容、拒

---

[1] 王昕:《广告生态系统变迁中的中国广告管理研究》,中国传媒大学出版社 2015 年版,第 23 页。
[2] 卫军英、王佳:《广告经营管理》,北京大学出版社 2013 年版,第 6 页。

绝广告推送)、创造广告内容(比如口碑传播、"病毒式营销")、提供广告资源(比如自媒体广告经营)。因此,以用户为导向是媒介广告发展的重要趋势。

三、媒介广告的基本类型

依照不同的分类方法,媒介广告可被归为不同类型。本书主要基于载体性质、内容特征、呈现方式、功能效果四种分类思路阐述媒介广告的基本类型(表5-1)。需要说明的是,随着新媒体技术的不断发展和快速革新,越来越多新的媒介广告形态甚至类型将出现。本书介绍的媒介广告类型不一定全面,但所遵循的分类方式可以为进一步认识媒介广告提供思路。

表5-1 媒介广告的基本类型

分类标准	广告类型	举例
载体性质	传播媒体广告	传统媒体广告:报刊广告、广播广告、电视广告等 新媒体广告:互联网广告、移动互联网广告等
	活动营销	商品或服务信息发布活动、促销活动等
内容特征	品牌信息广告	广告赞助、企业形象宣传广告、企业公益广告等
	商品信息广告	多种形式的商品信息展示,如直接展示、间接植入、互动传播等
	促销信息广告	线上促销活动、线下促销活动、促销信息的媒体宣传或报道等
呈现方式	展示类广告	硬广告、软广告
	搜索类广告	搜索引擎广告
	互动类广告	图文互动广告、视频互动广告、H5广告等
功能效果	品牌广告	电视广告、互联网横幅广告、网络视频广告、社交媒体广告等
	效果广告	报纸分类广告、文字链广告、搜索引擎广告、网络直播广告、短视频广告(一般附有商品购买链接)等

按载体性质分,媒介广告可以分为传播媒体广告和活动营销。传播媒体广告指的是以媒体平台为信息载体的广告传播,媒体平台在其中起着沟通广告主与公众之间双方信息的作用。[①] 传播媒体广告可进一步依据媒体平台性质分为传统媒体广告(如报刊广告、广播广告、电视广告等)和新媒体广告(如互联网广告、移动互联网广告等)。活动营销指的是以宣传活动为信息载体的广告传播,即将广告信息融入线上或线下具有娱乐性质和促销性质的活动,用户参与活动的过程便是接收信息甚至受到影响的过程。对于媒体组织而言,传播媒体与宣传活动相结合是一种兼具传播效果和用户体验

---

① 何修猛编著:《现代广告学(第八版)》,复旦大学出版社2016年版,第13页。

的理想的广告策略。

按内容特征分,媒介广告可以分为品牌信息广告、商品信息广告、促销信息广告。品牌信息广告指的是以品牌信息为主要内容,以提升品牌美誉度、培养用户忠诚度、塑造企业形象为主要目的的媒介广告,比如广告赞助、企业形象宣传广告、企业公益广告等。商品信息广告指的是以商品信息为主要内容,以传递商品信息、促进商品销售为主要目的的媒介广告。商品及其相关信息的展示方式多种多样,有展示类的也有互动类的,有展示意图直接明显的也有相对间接隐晦的植入式广告。促销信息广告指的是以促销信息为主要内容,同样以促进商品销售为主要目的的媒体广告,多为线上与线下、媒体平台与营销活动相互联动,以形成立体化的传播格局和一体化的营销结构。

按呈现方式分,媒介广告可以分为展示类广告、搜索类广告、互动类广告。展示类广告指的是直接向目标用户呈现广告信息的媒介广告,用户总体上处于接收信息的被动地位,其互动性和针对性均较弱。展示类广告可进一步依据信息传递方式分为硬广告和软广告,硬广告对商品(品牌)或服务信息的宣传较为直白,软广告则将这些信息融合在媒体内容之中,以此提高媒介广告的亲和力,借助媒体内容突出商品(品牌)或服务特点,减少观众对广告的反感,达到在潜移默化中实现传播效果的目的。搜索类广告指的是媒体平台通过搜索引擎捕捉用户输入信息,识别其商业需求进而定向展示相关广告信息的媒介广告,用户的主动输入是此类广告投放的起点和基点,其互动性和针对性均较强。互动类广告指的是基于网络技术、以交互形式实施、依据用户意愿呈现的媒介广告,是新媒介技术发展的产物。用户能够控制自己获取信息的数量和速度,媒体和用户之间是互相交换信息的关系,而不再是简单的传输和接收关系。①

爱奇艺《中国新说唱》上线国内首个互动视频广告

爱奇艺旗下网络综艺节目《中国新说唱》在2019年的一期节目中上线了一则由两位人气选手出演的"清扬"洗发水互动原生广告。在临近广告尾声时,画面弹出两个互动按钮,用户可以自主选择其中一人的视角继续广告剧情。该广告以悬念式的分支剧情设计,带给用户沉浸式的体验感,激发用户对未解锁内容的好奇心,驱动用户主动选择观看广告。设置广告情节选项,打破了广告的时长限制,增加了广告信息的曝光时间。同时,用户的互动行为数据为广告主提供了精准的消费者喜好参考。②

按功能效果分,媒介广告可以分为品牌广告和效果广告。品牌广告是指向消费者

---

① 〔美〕特伦斯·A.辛普:《整合营销沟通(第5版)》,熊英翔译,中信出版社2003年版,第385页。
② 《引领广告迈入互动时代 爱奇艺〈中国新说唱〉2019上线国内首个互动视频广告》,2019年8月3日,爱奇艺悦享会微信公众号,https://mp.weixin.qq.com/s/JSSuNFQ5yhwTbJSwbTmOlw,2023年3月1日访问。

的注意和兴趣、侧重树立商品（品牌）或企业形象的媒介广告。此类广告是传统媒体时代的主要广告形式，媒体在广告传播过程中起主导作用，广告主希望借助媒体的影响力和覆盖面广泛、快速触达受众以提升商品（品牌）或服务的知名度和影响力，但与消费者产生实际购买行为存在较大距离。效果广告是指向消费者购买欲望与行为、侧重迅速产生促销和营利效果的媒介广告。由于这种对短期效果的追求，效果广告希望能够以最低的价格和最精准的程度触达目标消费者，这就要求媒体能够精准地找到目标消费者。需要注意的是，这两种广告类型并非相互替代而是相互促进，它们各有侧重，指向消费决策流程的不同阶段，从而对消费者产生了不同影响，在实践中对二者的综合利用有助于实现利润的最大化。[①]

四、新媒体广告及其特点

"新媒体广告"是相对于"传统媒体广告"的概念。由于新媒体本身是一个相对的、动态的、发展的概念，因此新媒体广告可以相应地理解为基于新兴媒体的广告信息管理和传播活动，当前主要指的是建立在信息技术基础上的以互联网和移动互联网为载体的媒体广告。

我们不妨通过类型归纳对新媒体广告做进一步了解。就广告信息展示形式而言，新媒体广告可以分为平面广告、视频广告、Flash 广告，即分别以平面图文、视频（包括网络视频、短视频、网络直播等形式）、Flash 动画为形式展示广告信息的媒介广告，不同形式拥有各自独特的表现力，给用户以不同的体验。

就广告信息投放平台而言，新媒体广告可以分为传统网站广告（包括门户网站广告、专题网站广告、企业官方网站广告等）、电子邮件式广告、搜索引擎广告、电商平台广告、社交媒体平台广告、网络游戏广告、网络广播广告、知识型社区广告、网络视频平台（包括网络视频平台、网络直播平台、短视频平台等）广告，不同平台拥有的广告资源不同，且各有优势。

就广告信息的技术形式而言，新媒体广告可以分为插播型广告、设置型广告、链接型广告和话题型广告。插播型广告将广告信息强制性插入用户的新媒体动态使用过程（如下载行为、观看视频行为等）；设置型广告主要包括以信息呈现为主的旗帜广告（banner advertising）和版面广告；链接型广告运用超链接技术将用户引导至更丰富的信息场景；话题型广告通过营造话题引起用户的关注和讨论。这些广告借助不同的技术形式，构建出不同的传播机制和交互机制，目的是以用户更能接受的媒体使用方式实现传播效果的提升。[②]

---

① 刘庆振、赵磊：《计算广告学：智能媒体时代的广告研究新思维》，人民日报出版社 2016 年版，第 96 页。
② 关于新媒体广告的分类思路，参见何修猛编著：《现代广告学（第八版）》，复旦大学出版社 2016 年版。

相较于传统媒体广告,新媒体广告具有交互性、精准性、即时性、泛在性、经济性等特点和优势。其中,交互性是新媒体广告区别于传统媒体广告的最大特点和优势。[1] 随着新媒体打破传统的单向传播结构,媒介广告的传播对象从"受众"向"用户"转变,其能动性得到增强。一方面,用户逐渐参与到媒介广告生产、传播、经营的全流程中,"口碑传播""病毒营销""网红经济"这些现象级的新媒体广告案例充分展现了用户的作用和价值;另一方面,考虑到用户地位的提升,广告主和媒体平台更加重视用户体验、与用户的沟通以及对用户需求的满足,不断创新互动形式,提高信息服务能力。

以用户为导向催生了新媒体广告的精准性特点。借助大数据、云计算、机器学习、人工智能等技术,新媒体广告实现了对用户的精准定位、投放以及实时效果监测,从而形成语境、广告和用户三者的最佳匹配[2],弥补了传统媒体广告将用户视作一个模糊整体进行粗放式投放导致的"知道有一半的钱白花了,但不知道白花在哪里"的固有缺陷,极大提高了媒介广告经营的效率和效益。

新媒体广告的即时性体现为由新媒体自身的传播特性与先天优势带来的时间成本的压缩。媒介广告的信息发布与传播不再受制于时空界限,媒介广告资源的经营与运作流程更加快捷,时间成本的压缩进一步转化为新媒体广告在广告资源拓展开发与利用上的经营优势。同时,新媒体广告的即时性意味着,广告主和媒体平台可以根据不断变化着的用户需求和市场反应及时调整媒介广告经营策略。而在传统媒体广告经营中,更换已发布广告无论是难度还是成本都是巨大的。

所谓泛在性,即新媒体广告无处不在。新媒体在信息量级、传播范围上无可比拟的优势,释放了新媒体广告从内容策划到传播策略的潜力和空间。基于超链接技术构建的信息结构,新媒体广告逐渐实现了对广告信息从广泛投放、重点展示到精准投放、充分展示的层次递进。基于多媒体的呈现方式,新媒体广告不断适应用户的媒体使用习惯以提升其传播力和吸引力,同时减少用户的反感。在此背景下,新媒体广告在广度和深度上都越来越深刻地嵌入人们社会生活的方方面面,呈现出"广告即信息"的发展趋势。

新媒体广告的技术优势使其成为对于广告主而言更具经济性的广告投放选择。首先,新媒体广告的成本较低,可以相对较短的制作周期获得与传统媒体广告同等甚至更优的广告效应,其有效千人成本远远低于传统媒体广告。[3] 其次,新媒体广告的精准性更强,加之以程序化购买为代表的经营模式创新,减少了不必要的资源浪费,同时与用户需求和兴趣更加贴合的广告信息内容及形式有利于长期的用户关系维护。此外,新媒体所具有的异步性使得广告资源可被重复利用,其广告价值得到延伸。

---

[1] 尚恒志主编:《网络与新媒体广告》,北京大学出版社 2018 年版,第 28 页。
[2] 刘庆振、赵磊:《计算广告学:智能媒体时代的广告研究新思维》,人民日报出版社 2016 年版,第 1 页。
[3] 何修猛编著:《现代广告学(第八版)》,复旦大学出版社 2016 年版,第 13 页。

总的来说,从传统媒体广告到新媒体广告,是一种从创意和资源驱动型广告向数据和技术驱动型广告的转变。①

第二节　媒介广告在媒体经营中的作用

在广义上,广告兼具政治宣传价值、商业经营价值和社会文化价值。仅就媒介经营与管理而言,广告是媒介经营的重要产品。在微观层面上,它是媒介经营的主要收入来源,是形成媒体内容生态并促使其变革的重要组成部分。在宏观层面上,它是媒介产业化发展的助推器,同时在与技术的双向互动中对媒介技术革新形成一定的反作用。

一、媒介广告是媒介经营的主要收入来源

作为媒介经营的最主要收入来源之一,媒介广告经营在媒介经营中所承担的责任重大,对媒介经营发展的意义不言而喻。相关统计数据显示,2018年报刊发行与广告业务在华媒控股、华闻传媒、粤传媒三家具有代表性的报业公司收入中所占比重均超过60.00%,居于核心地位②;2018年全国广播电视广告(含广播广告、电视广告、网络媒体广告)收入为1864.49亿元,占全年实际创收收入的33.06%③。网络新媒体的广告收入占比更高,2018年百度的网络营销营收为819亿元,占全年总营收的80.06%④;微博的广告和营销营收总计为4.17亿元,占全年总营收的86.53%⑤。与此同时,在新媒体的冲击下,传统媒体在对广告主的争夺中逐渐落于相对劣势,囿于自身广告经营乏力、造血能力有限而面临空前的经营危机,这反向体现了广告对于媒介经营和持续运转而言的重要意义。

作为社会的信息中枢,媒体以其在信息处理、传播渠道、用户基础上的资源优势实现平台价值的兑现。广告主若希望将其商品(品牌)或服务信息传递给目标用户,投放媒介广告是最为关键且高效的营销策略。在这样一种社会分工下,广告主和媒体之间形成了一种互利共赢关系——媒体将一定时间和空间卖给广告主,给后者提供广告宣传的机会,从中获得盈利;广告主通过购买媒介广告实现营销目的,通过了解市场反馈调节生产实践。相比于广告主为抢占广告资源而付出的高成本,媒体将包含广告在内

---

① 刘庆振、赵磊:《计算广告学:智能媒体时代的广告研究新思维》,人民日报出版社2016年版,第96页。
② 《2018年新闻出版产业分析报告》,2019年8月28日,中国新闻出版广电网,https://www.chinaxwcb.com/info/555964,2023年3月1日访问。
③ 《2018年全国广播电视行业统计公报》,2019年4月23日,国家广播电视总局网站,http://www.nrta.gov.cn/art/2019/4/23/art_113_42604.html,2023年3月1日访问。
④ 江萍:《百度公布2018全年财报背后 广告营收增势可期》,《营销界》2019年第13期,第196页。
⑤ 新浪科技:《微博发布2018年第四季度及全年财报》,2019年3月5日,新浪网,https://tech.sina.com.cn/i/2019-03-05/doc-ihsxncvh0033063.shtml,2023年3月1日访问。

的信息卖给用户则几乎是免费的。从这个意义上说，媒体生存在很大程度上依赖广告的支持。①

广告经营对媒介经营意义重大，但媒体组织也必须注意广告经营的"适度"原则。媒介经营要依靠广告，但不能只依靠广告，更不能唯广告是从。一方面，媒体本身具有双重属性，须兼顾社会属性和经济属性的矛盾统一，处理好媒介广告与媒体内容的博弈关系；另一方面，经济学研究表明，当一个企业的产品创收占到总创收的60%以上时，这个企业抵御风险的能力就比较薄弱②。因此，创新经营模式、优化经营结构对于媒体特别是对广告依赖程度更高的新媒体而言，将是保证其可持续经营的关键所在。

二、媒介广告推动媒介产业化发展

产业的形成是生产力发展的结果，离不开资本和资源的保障。若缺少资本的注入或资源的支撑，产业运动便失去了基本的动力来源。从世界范围看，媒介产业的发展与广告主对媒体的巨大广告投入是分不开的。以美国为例，全美在1867年的广告支出仅5000万美元，到2000年即已突破3200亿美元，翻升了6400多倍，这些广告经费中绝大部分都投向了各种媒体。巨额广告费的投入不仅刺激了媒介产业的快速增长，而且加速了媒介产业规模化发展的势头。③

产业同时也是社会分工的产物。有学者将媒介产业视为一种"影响力经济"，认为传媒影响力的本质特征在于它为受众的社会认知、社会判断、社会决策和社会行为所打上的"渠道烙印"④。广告作为媒体组织的一种重要的经营产品，无论在广告主一端帮助其传播商品（品牌）或服务信息以实现营销目的，还是在用户一端为其做出消费决策提供充分的广告信息和引导，它所起到的连接作用均是对媒介产业之立足点——渠道价值的体现甚至强化。还有学者将媒介产业视为一种"社会资本经济"，政府的支持、广告商的信任、受众的忠诚等决定了媒体的生存方式、发展空间和竞争能力。⑤ 广告在活跃市场经济、繁荣社会文化等方面的意义，为媒体与政府、企业、用户建立良好且稳定的社会关系从而积累社会资本提供了有力抓手。在社会分工的意义上，以上两种视角均反映了广告对于媒介产业之价值体现而言所具有的基础性意义。

视线聚焦至我国的现实语境，媒介产业化发展是伴随传媒体制改革一起推进的。从"国家供养"到"事业单位，企业化管理"，媒体的经营空间和潜力得到释放，与此同时

---

① 卫军英、王佳：《广告经营管理》，北京大学出版社2013年版，第11页。
② 陈越红、胡修瑞：《基于电视媒体产业化的经营模式研究》，《现代传播（中国传媒大学学报）》2006年第2期，第157—158页。
③ 卫军英、王佳：《广告经营管理》，北京大学出版社2013年版，第11页。
④ 喻国明：《关于传媒影响力的诠释——对传媒产业本质的一种探讨》，《国际新闻界》2003年第2期，第5—11页。
⑤ 刘年辉：《社会资本与媒体产业发展》，《新闻与传播研究》2006年第2期，第50—55+96页。

国家对媒体的"断奶"也使得其经营压力一并上升。在此背景下,广告在激活媒体造血能力、缓解媒体经营危机上的意义得到体现并逐渐受到广泛重视,为我国媒介产业的形成和发展奠定了必要的资本基础。进一步地,广告活动作为媒体的一种经营性实践,它所反映出的诸如采编与经营、商业利益与社会责任、公信力与传播力等矛盾关系及其现实问题,在一定程度上为我国媒介产业发展的战略调整、规制完善、结构优化积累了丰富的实践素材和参考依据。

三、媒介广告促使媒体内容变革

既然广告对于媒介经营而言必不可少,那么媒体在进行内容编排时也必须为广告留出一定的空间或时间。不同类型的媒介广告对媒体内容的影响方式和程度不尽相同。对于纯粹展示广告信息、与媒体内容关系不大的硬广告而言,媒体一般会在内容(或功能)板块之间留出一定的"展示位"。比如,报纸会为广告留出一定的版面,广播电视会为广告在节目与节目之间留出一定的时段,网站会为广告留出一定的展示区域和链接通道等。对于植入媒体平台内容、与媒体内容关系密切的软广告而言,媒体一般会将广告信息纳入其内容策划与设计的考虑范畴。比如,报纸、网站、社交媒体中的图文类内容将广告信息融入其中,形成兼具隐蔽性、感染力和传播力的广告"软文";电视节目、网络视频节目、网络游戏将广告信息融入其物理形象展示、视觉与听觉信息传达、产品使用过程展示以及相关情节设置,在潜移默化中让用户形成品牌或商品印象,甚至诱发其购买行为;社交媒体如微信、微博等将广告信息融入其平台内容生态,孵化出符合其用户社群的平台使用习惯、尊崇用户体验、极易引发讨论和二次传播的"原生广告"。

广告资源的价值在很大程度上取决于媒体品牌价值(如传播力、公信力、影响力等),广告主出于商业营销目的自然希望以相对有限的投入成本尽可能换取更优的传播效果,因而会更青睐品牌价值更高、用户基础更好的媒体,促使媒体不断通过推进内容创新或信息服务升级,实现自我实力的提升。从这个意义上说,广告竞争压力对媒体内容质量的提升起到了积极的促进作用。相应地,优质内容所兑现的广告收入又对内容生产形成反哺作用,有益于内容与经营的良性循环。

此外,在以用户为导向的营销趋势下,适应用户习惯、满足用户需求、提升用户体验是媒介广告的发展要义。为了避免传统的展示类广告及其粗放型投放方式可能引起的用户反感,广告内容与媒体内容的融合程度逐渐加深、边界逐渐模糊,使得媒体内容(特别是新媒体内容)经常性地带有商业营销色彩。一方面,这是广告作为商业文化、消费文化的体现;另一方面,我们也应警惕肩负社会文化职能的媒体被过度商业化、趋利化的内容所裹挟。

四、媒介广告对媒介技术革新具有反作用

媒介广告与媒介技术是相互作用的。首先,不难理解的是,媒介技术决定了媒体对广告资源的利用能力和效率,包括广告信息传播能力、广告内容或形态创新能力、面向用户精准投放能力、突发状况应对能力等,进而直接影响到媒介广告的实际效果。特别是在新媒体语境下,新兴技术重塑着传统的媒介生态,更新了广告生态系统中"广告主""媒体""用户"等主体间的互动关系和机制。① 新媒体在传播广度、深度、精度、效度上所展现出的优越性和引领性,打破了单向传播结构下传统媒体以渠道为核心的固有优势。广告主的广告投放策略和方式日趋多样化,媒介广告市场竞争格局发生改变。技术在越来越强调用户导向和效果优先的媒介广告发展趋势下,受到更多的重视。

同时不可否认的是,技术发展始终指向的是对人类需求的满足,是否满足人类需求是检验技术之实际功效的重要标准。因此,媒介广告对媒介技术革新同样具有反作用。针对广告主希望提高投放效率和效果、"把钱花在刀刃上"的需求,用户定位、精准投放、程序化交易等新技术不断涌现出来,重构着传统的媒介广告运作机制和经营模式;针对用户希望优化广告体验、增强主动选择能力的需求,更符合用户媒体使用习惯的媒介广告形态、更尊重用户意愿的媒体广告交互机制被设计出来,带来媒体从信息呈现到信息服务的技术创新。在新媒介广告价值开发和新兴广告渠道成形的推动下,媒体经营者将广告打造成了新媒体、新技术的交汇点,广告方式的更新直接体现了传媒技术的进步。② 站在一个更大的视角上说,作为一个高度依赖传播技术并对新的技术极度敏感的领域,广告产业总是持续不断地为解决广告创意、传播、投放、效果等基本业务中的核心问题而不断地采用新技术,新技术的应用又会相应地引出新的问题,并进一步要求诉诸更新的技术来解决这些新问题。在这样的循环过程中,技术和产业相互推进、共同演进。③

第三节 媒介广告资源的利用

广告资源是媒介广告经营的对象。合理开发并高效利用广告资源实质上是在回答这样一个问题:"什么样的广告信息通过哪种渠道或平台传播同时以何种方式展示的效果最好?"为回答这个问题,本节将先从广告资源的分布状况入手,厘清不同媒体平台所拥有的广告资源特点及其相对优势。在此基础上,以渠道拓展、结构优化为核心思路阐

---

① 王昕:《广告生态系统变迁中的中国广告管理研究》,中国传媒大学出版社2015年版,第89页。
② 丁俊杰、王昕:《中国广告观念三十年变迁与国际化》,《国际新闻界》2009年第5期,第5—9页。
③ 刘庆振、赵磊:《计算广告学:智能媒体时代的广告研究新思维》,人民日报出版社2016年版,第80页。

述媒介广告资源开发的潜在空间和可行方式；以用户导向、传播升级为基本原则阐释媒介广告资源的高效化利用。

一、媒介广告资源的分布状况

在激烈的广告市场竞争中，媒体不遗余力地培育和发展着各自的广告传播能力并期望形成不可替代的优势。不同性质的媒体拥有不同的传播渠道、信息技术、用户基础等基础资源，进而表现出不同的广告传播效率和效果，且各有特色。广告主或广告代理公司基于其广告诉求或广告策略，结合媒体的传播特性，向最适合的媒体组织或媒体平台组合投放资金和信息资源，以寻求实现目标传播效果或营销效果的最优解，并逐渐形成了相对固定的投放偏好。比如，相对稳重的国企品牌倾向投放电视广告；指向年轻消费群体的品牌则越来越重视时下更为流行的社交媒体广告等。以下将主要从媒体基础资源、媒体传播特性、广告主投放资源三个方面勾勒当前媒介广告资源的分布状况（表5-2）。

表5-2 媒介广告资源分布状况

一级指标	二级指标	报纸	广播	电视	互联网
媒体基础资源	内容	图文形式 信息容量较大	音频形式 信息容量有限	音视频形式 信息容量有限	多媒体形式 信息容量大
	渠道	版面 （空间）	时段 （时间）	时段 （时间）	页面+节目 （空间+时间）
	用户	规模锐减 老龄化	规模稳定 有车一族	规模缩小 家庭活动	规模庞大 年轻化
媒体传播特性	传播力	范围较广 速度较快	范围广 速度快	范围广 速度快	无远弗届 注意力分散
	影响力	官媒主导 影响力较大	官媒主导 影响力较大	官媒主导 影响力较大	官方平台和意见领袖主导 头部效应和商业性显著
	公信力	事业属性 公信力较强	事业属性 公信力较强	事业属性 公信力较强	官方平台和意见领袖主导 整体公信力较弱
	精准性	粗放式投放 精准性较弱	粗放式投放 精准性较弱	粗放式投放 精准性较弱	精准投放 精准性较强
	交互性	缺乏交互渠道 交互性弱	线性传播 交互性弱	线性传播 交互性弱	非线性传播 交互性强
	时效性	时效较短 灵活性较差 易被忽略	转瞬即逝 灵活性较差 不易储存	转瞬即逝 灵活性较差 不易储存	时效性强 灵活性较好 可重复利用

(续表)

一级指标	二级指标	报纸	广播	电视	互联网
	表现力	文字表现力强 形式较单调 需要理解能力	播音表现力强 形式较单调 缺乏画面感	视听兼具 感染力强 现场感强 娱乐性强	多媒体呈现 表现力强 注重用户体验 带来沉浸感
	成本	费用较低	费用较低	费用较高	费用较低
	效果监测	发行量反映 指标单一 精度不高	收听率反映 指标单一 精度不高	收视率反映 指标单一 精度不高	实时监测 指标多元 精度较高
广告主投放资源	资金	大幅缩水	相对稳定	相对减少	稳中有升
	信息	房地产、零售 说明型广告	汽车相关产品 印象型广告	药品健康、快销 印象型广告	食品饮料、母婴 印象型、说明型广告

以上仅是以媒体性质为单位做的粗略归纳，值得注意的是，同一性质媒体内部的不同媒体组织所拥有的媒介广告资源也不尽相同。比如，在社会公信力上，官方媒体一般要强于商业媒体，因而在媒介广告信息的选择上也更为谨慎；在传播覆盖面上，全国性媒体的传播覆盖面更广，地方性媒体则更适合专注于本地用户的广告信息投放；在传播效果上，传播效果较好（比如发行量大、收视听率高、点击量高、用户活跃度高、转化率高）的媒体往往更能吸引广告主的青睐，然而效益优先的评价原则和相对片面的评价体系也使得媒介广告市场中出现了"唯发行量、唯收视听率、唯点击量"的乱象。进一步地，同一媒体平台上的广告资源分布也并不均衡。报纸的头版、电视频道的黄金时段、网站的置顶位、社交媒体的开屏位等，都因为更贴近用户的媒体使用习惯或更能捕捉用户注意力峰值而相较于其他空间或时间拥有更高的广告价值。

可见，媒体广告资源分布不可避免地呈现出显著的头部效应，反过来对媒介广告市场及其资源配置起到了引领作用。如果说来自广告主的资源趋于向传播效果更好的媒体平台流动，那么媒体也在通过自身基础资源的流动不断更新和优化传播结构和能力。"新媒体"、"技术"（精准投放）、"用户"（流量和交互）几个关键词基本指示了当前媒介广告资源的流动方向。

微信的广告资源

微信借助其用户基础和平台优势，为广告主提供了丰富的广告资源，主要有以下三种形式："朋友圈"广告，即以类似微信好友原创内容的形式在"朋友圈"进行展示的原生广告，通过整合用户流量，为广告主提供社交推广营销平台；公众号广告，即在公众号文章的底部、中部、互选广告和视频贴片四个广告位进行展示的广告;小程序广告,即借助微信小程序,利用算法实现精准投放、成本与效益管理的广告投放系统。

二、媒介广告资源的深度开发

媒介广告离不开媒介技术的加持,媒介技术的发展为媒介广告经营释放出更多的可能性,这种可能性表现为广告资源的不断丰富与创新。深度开发广告资源对于媒介广告提升经营能力、优化经营结构、创新经营模式而言具有重要意义。多种多样的广告资源和类型就是在"开发—维护—再开发"的过程中不断形成、丰富的。媒介广告资源开发主要有资源拓展和资源创新两种方式。

资源拓展主要指的是在渠道层面(时间和空间维度)对广告资源进行延展,即通过拓展投放渠道提升对广告产品或信息的容纳和展示能力。一般而言,媒体会为广告信息留出一定的时间或空间,比如报纸杂志增加广告版面、广播电视增加广告时间、网站页面设置广告板块、网络视频增加广告时段等。在此基础上,在不影响用户收视听或使用的前提下,媒体通过挖掘自身渠道资源尽量为广告主提供更多元的广告场景。比如,杂志在常规版面之外增加广告插页,电台在常规广告段之外增加品牌整点报时,电视台除常规广告片还增加了角标、游动字幕等广告,社交媒体利用其平台优势新开辟了开屏广告、原生广告等。

资源创新主要指的是在信息层面(广告内容或呈现方式)对广告资源进行表现力和融合度(符合用户媒体使用习惯的程度)的提升。无论是广告创意还是形式设计,无论是广告植入还是多媒体呈现,无论是事件营销还是活动营销,均需要兼顾审美和实用。广告资源创新的最终目的仍然是通过更有效率和效果的方式向用户传递广告信息,以引起后者对相关商品(品牌)或服务的注意、了解、偏好和购买欲望。因此,媒介广告资源、广告主的诉求以及用户的媒体使用习惯等都是需要纳入考量范围的重要因素。一方面,媒体要尽可能地以醒目的形式传递更多的广告信息,这无可厚非;另一方面,媒体若不尊重用户的媒体使用习惯,破坏原本内容的完整性,造成用户对广告产生"躲避"心理,甚至对广告及其涉及的商品(品牌)或服务形成负面印象,则不利于媒介广告的长远发展,媒体自身形象也会受到损害。

用户"逃避"广告趋势下的媒介广告应对策略

在媒介广告环境越来越复杂、用户"逃避"广告倾向越来越明显的情况下,媒介广告要给用户留下突出印象甚至影响其商品(品牌)或服务的偏好变得更加艰难。传统"以量取胜"的方法不但消耗过大,而且在媒介广告资源有限、政府管理机构对媒介广告从量到质的管理愈发严格和规范的情况下,其效果也变得相当有限。因此,广告主对于创新型广告的需求更加迫切,进而引导了媒介广告经营的方向。从广告资源的多样化开发、广告形式设计的花样翻新到广告资源的高效化利用,以及产业链条其他环节如内容编排、广告定价、销售服务、效果监测等的不断创新,都是媒介广告经营为适应市场变化而采取的应变之举。但需要注意的是,创新不是目的而是手段,媒介广告资源的开发与利用不是也不能为创新而创新,而应以能否优化广告传播效果、吸引和巩固广告客户、在竞争中保障广告经营利益作为判别和衡量其效果的关键。

值得注意的是,新媒体的发展正在让广告资源的拓展接近无限、让广告资源的创新趋向多元。新媒体的异步性和可重复性让广告突破了传统媒体时期的时间限制,新媒体的超链接技术伴随着移动互联网的发展则让广告得以广泛地深入线上与线下的多种空间和场景。此外,新媒体还拓展了广告产品的形态。以视频网站为例,同一剧集如果在电视上播放时,其可以搭载的广告形式只有广告短片、片尾贴片广告和植入广告三种,而在视频网站中播放时则可以根据需要开发出视频贴片、浮层广告、压标广告、播放器广告、视频种子等多种广告产品形态。

《创造101》的"花式广告植入"

腾讯视频推出的网络综艺节目《创造101》凭借丰富多样的广告类型、融入度较好的植入形式以及生动活泼的表现方式成为广告资源深度开发的典型案例。其中主要的广告植入形式包括:展示型植入,比如在节目画面右下角展示产品商标,在节目环节间的过渡段插入产品形象或商标,在节目的物理场景内让产品直接出镜等;情节型植入,比如选手或导师在"日常交流"中提及产品信息或直接出演产品广告片(以情景剧形式居多),在比赛直播中口播广告信息等;互动型广告,比如在节目"彩蛋"处通过人气选手发福利活动宣传其自有短视频平台,产品广告直接绑定投票链接或设立用户需购买产品才能获得投票机会的投票规则等。可见,广告信息实现了与节目内容、场景的无缝对接,最大限度减弱了用户对广告的反感心理;选手和导师与广告信息深度绑定,极大地提高了广告的表现力和影响力。[①]

---

① 侯璨:《探析我国网络综艺节目植入广告的新形式——以〈创造101〉的"花式植入"为例》,《视听》2018年第12期,第216—217页。

三、媒介广告资源的高效利用

如果说对媒介广告资源的深度开发是对广告经营潜能的激发,那么对广告资源的高效利用则是将这些潜能兑现成实际价值的关键。就媒介广告的"双边市场"特性而言,广告资源利用可以分两个维度来理解:一是面向广告主的主要基于渠道层面的广告资源整合,二是面向用户的主要基于信息层面的广告内容编排。

在广告资源整合维度下,媒体一般有两种整合思路,即效益导向型资源整合和效果导向型资源整合。效益导向型资源整合从广告主希望以有限投入获取更优广告传播效果和营销效果的需求出发,更加关注用户从接收广告信息向发生实际购买行为的转化。一般的做法是,将广告资源加以细分,再基于特定的广告诉求(包括营销目标、目标人群等)进行重新组合以实现精准投放,避免不必要的资源浪费。在传统媒体广告中,精准投放仅停留在内容与渠道的结合上,比如广播电台为汽车厂商提供具有针对性的广告资源组合;在新媒体广告中,精准投放则伴随着新媒介技术的发展进一步实现了内容、渠道与用户的结合,比如基于数据挖掘、算法推荐等技术的社交媒体定向广告投放。可见,前期针对广告主和用户的充分调研对于形成科学合理的广告策划、实现媒体广告资源的高效利用而言至关重要。

效果导向型资源整合主要是将媒体所拥有的多种广告资源进行有机合并,以形成具有规模效应的全面覆盖,突出影响力。比如,电视台在广告招标会上提供由不同节目(时段)广告组合而成的广告套餐,跨时段实现资源的打通与整合,以在短期内实现全方位的传播效果。当前,跨媒体传播以及活动营销与媒体传播相结合(线上与线下相结合)是广告主更倾向选择的广告投放组合策略。相应地,站在媒介广告经营的角度,一方面媒体传播矩阵的构建以及全媒体广告传播能力的培育是大势所趋,另一方面广告内容与广告形式、商业营销与信息服务之间的关系始终是媒体需要持续关注并不断探索的问题。就新媒体广告而言,不同媒体平台之于跨媒体整合的相对优势如下:门户媒体常用于扩大品牌传播的覆盖规模;垂直媒体用于相对精准地定位目标兴趣群体;搜索媒体用于拦截处于品牌学习、产品筛选阶段的用户;新闻/资讯类媒体用于关联社会热点、形成软性营销;视频媒体可用于品牌教育、产品需求激发;社会化媒体常常扮演"四两拨千斤"的病毒性传播和口碑放大角色。[①]

总的来说,广告资源整合是对广告资源的二次扩充,不仅能为广告经营提供更多元的产品,也通过细化或综合,兼顾单一资源的个体优势与资源组合的协同效应,使可用

[①] 尚恒志主编:《网络与新媒体广告》,北京大学出版社2018年版,第104页。

之才都能物尽其用。事实上,随着广告资源的不断拓展和丰富,上述两种思路的边界逐渐模糊。网络技术和电子商务的快速发展极大地缩短了从注意、兴趣到欲望、行动的时间和空间距离①,使得采用兼具效益和效果的资源整合方式以实现广告资源利用的最大化和最优化成为可能。对此,媒体也应该积极适应更强调效益的广告市场变化。比如,新媒体广告平台通过细致入微的用户定位挖掘长尾流量价值,为广告主提供覆盖垂直细分领域或个性化目标人群且成本相对较低的广告选择。

央视面向2018年世界杯的广告资源组合

中央电视台作为2018年世界杯中国大陆地区独家全媒体播出机构,推出了三大核心广告产品,包括"世界杯转播顶级合作伙伴""世界杯转播赞助商""世界杯FIFA赞助商专享方案",受到众多赞助商的青睐。最终共有18家企业参与了认购,整体标底价为37.27亿元,总收入约39亿元。央视动用全频道资源,着力突出现场感和专业化,打造多空间的组合式报道。体育频道从每天早晨8点便进入20小时俄罗斯世界杯大直播节目段,增加体育新闻节目时长以扩充世界杯报道内容,连接北京演播室和莫斯科演播室以形成前后方配合呈现,通过品牌节目《豪门盛宴》及其他赛前赛间系列节目营造世界杯氛围。此外,央视充分利用旗下新媒体平台拓展广告资源,推出的新媒体广告产品包括:世界杯转播顶级合作伙伴——独家电商互动支持;央视网转播合作伙伴;世界杯新媒体铂金资源包;新媒体黄金资源包;等等。

广告内容编排指的是为一定形式的广告信息安排发布的具体时间或空间位置,使其与媒体内容实现顺畅的衔接和过渡。在媒介广告经营越来越精细化、精准化的趋势下,如何通过合理有效的内容编排提高广告传播效率和效果变得尤为关键。一般而言,广告内容编排如果影响了用户媒体使用的整体感受,比如广告太多、广告太长,会引起用户的反感进而造成广告时段的用户流失;而广告内容编排过少则又无法达到广告主要求的传播效果,更谈不上对广告资源的高效利用。

因此,熟谙用户的媒体使用习惯,在充分尊重用户体验的基础上实现广告内容编排的优化成为题中应有之义。以电视广告为例,研究发现:各广告段都存在早期收视优势(60—70秒);晚期收视优势并不明显;引出节目广告的收视高于其他任何广告位的平均收视;随着节目的推进,观众开始越来越早地从广告段中逃离节目;插播广告段中的收视回归是广告段时长与广告位置共同作用的结果,时长越长、位置越靠后的广告段,

---

① 参见刘庆振、赵磊:《计算广告学:智能媒体时代的广告研究新思维》,人民日报出版社2016年版。

回归次数越多。① 相较于线性传播结构下的传统媒体,新媒体的交互性优势在广告内容编排中得到充分体现。一般情况下,网络视频广告给予用户一定的自主选择权,面对强制插入的贴片广告,会员直接拥有跳过广告的权限,部分广告则允许普通用户在观看一定时间后自行选择继续观看广告还是回到节目中去,从而在一定程度上缓解了完成广告任务与维护用户体验之间的矛盾。也正是在这样的逻辑下,以广告植入、原生广告等为典型形式的泛在化广告场景被越来越多地搭建出来。

第四节 媒介广告的经营模式

所谓媒介广告经营,即对媒介广告资源进行组织和调配以实现预期的经营目标。广告是一种投入,无论是广告主还是媒体自然都会对其产出做出要求。因此,广告活动不仅是单纯地传播信息,还是信息价值和信息效果的实现,这便是广告经营的必然性所在。②

媒介广告经营不能简单表述或理解为广告销售,因为经营还包括策划、服务等环节,从吸引用户、令用户满意到保持用户忠实度,各个阶段缺一不可;同时,媒介广告经营也不是简单地销售内容资源,还与媒体品牌价值的体现息息相关。媒体组织可以通过广告经营加深广告主对媒体品牌和传播价值的理解,巩固媒体在广告主心目中的地位,进而将品牌价值转化为传播价值,最终转化为广告价值。从用户消费到广告再到品牌,在这个媒体竞争层次从低到高的进程中,广告经营效果步步为营,逐步推进着媒体整体经营效果的提升。

一、媒介广告经营理念的变迁

关于媒介广告的经营理念或理论,学界和业界都积累了丰富的思辨成果。总的来说,媒介广告经营理念的发展脉络以提高广告效益为出发点,以用户导向为落脚点,理念核心经历了从媒体本位向用户本位的价值转移。对于媒体组织而言,需要不断思考和解决的问题主要是两个方面:一是作为广告主的广告投放服务提供商,如何让广告信息更快、更准确地触及目标用户,以更有吸引力、更符合用户媒体使用习惯的方式实现广告主所期望的广告传播效果和营销效果;二是作为用户的信息内容服务提供商,如何在不影响基本收视(收听)体验、保证优质内容生产的情况下,满足用户获取目标消费商品或服务等信息的需求。

---

① 李莎、赵辉、林升栋:《电视节目插播广告收视率的逐秒分析——长度、顺序、位置的影响》,《新闻与传播研究》2017年第3期,第42—63+127页。
② 卫军英、王佳:《广告经营管理》,北京大学出版社2013年版,第27页。

"用户"成为媒介广告经营的关键词。若将广告视为一种产品,借鉴市场营销理论从 4P 模式①向 4C 模式②的发展,可以更清楚地理解媒介广告经营在这一层面的理念变迁。4P 模式由产品(product)、价格(price)、渠道(place)和促销(promotion)四个方面的策略组成,强调对可控资源的合理利用以适应相对不可控的市场环境。由该模式构建的媒介广告经营整体架构如下:广告内容是媒介广告经营的核心产品(product);广告价格的确定及其性价比评估即媒体广告经营的定价策略(price);广告投放的形式、时间、空间是广告产品接触用户的通路(place);广告销售以及售后服务则对应产品推广(promotion)。

随着卖方市场向买方市场转移,用户受到更多的重视。面对新媒体冲击下传受关系日益模糊的传播结构和愈发激烈的市场竞争,媒介广告经营理念也从"消费者请注意"的 4P 模式发展为"请注意消费者"的 4C 模式。其中,消费者(consumer)取代了产品(product),用户需求和体验成为媒介广告经营的核心,技术(如用户定位、需求挖掘等)的作用凸显;消费成本(cost)取代了价格(price),媒介广告经营更注重效益,强调以用户(结果)为导向的精细化与高效化经营;方便(convenience)取代了渠道(place),广告与用户的接触趋向场景化和泛在化,媒体从信息传播平台发展为信息服务平台;沟通(communication)取代了促销(promotion),传统的单向传播结构被双向多元的沟通交互机制取代,沟通是掌握用户需求的前提。见图 5-1。

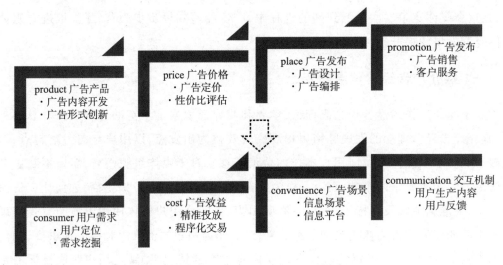

图 5-1 从 4P 模式到 4C 模式的媒介广告经营理念

---

① 4P 模式是由美国学者伊·杰·麦卡锡于 20 世纪 60 年代提出的,他认为,企业如果生产出适当的商品,定出适当的价格,利用适当的分销渠道,并辅以适当的促销活动,就会获得成功。

② 4C 模式是由美国学者罗伯特·劳特朋于 1990 年提出的,他强调用户导向,提出应以符合消费者需求和意愿的成本,为其提供方便的商业服务,通过主动沟通获得消费者认同。

在用户导向下,广告主期望能够更加精准地捕捉用户的细分需求,形成更有针对性且兼具效率与效果的广告营销策略。对此,媒体组织一方面需要通过自身的内容和品牌建设,不断积累具有广告市场竞争力的用户基础,另一方面需要借助大数据技术,更加重视用户行为数据的采集和分析,更充分、及时地挖掘其背后的用户行为动机或需求变化,借助定向分发技术实现精准投放,同时加强对投放效果、用户反馈等信息的收集和再利用。

针对潜在的各种用户群体类型,广告主的营销策略往往是一套"组合拳",既有指向短期的商品促销,也有指向长期的品牌推广,更有近年来随着社交媒体发展而备受重视的社群营销。对此,媒体组织需要为不同的营销策略积累或拓展相应的广告资源,既要有相对固定的广告展示位,又要有更具包容性和延展性的广告植入空间——整合营销传播的概念由此诞生。而对于社群营销,媒体组织从初期强调与用户建立关系[①],到后来基于社交媒体直接参与用户社群的运营和维护,通过优质内容和场景构建实现对用户的"导流",拉近和用户的距离,甚至发展出"私域流量"的概念。

"融合"是体现媒体广告经营理念变迁的另一个关键词。从信息提供到信息服务,媒体日趋平台化的功能拓展与角色转变意味着,广告投放同样开始带有服务取向,更紧密地贴合用户的多种需求,既要保证用户能够在不被打扰的情况下获取优质内容产品,又可以在用户需要的时候为其提供丰富、准确的商品或服务信息,这无论是对于媒体自身影响力和公信力的维系,还是对于广告主品牌形象的维护,都具有重要意义。从"我向你推荐该产品/服务,你是否需要"到"我向你推荐该产品/服务,你可能需要",如今的媒介广告经营更强调与用户媒体使用行为及其动机的融合程度,平台化的场景为此提供了可能性。基于用户行为数据的需求挖掘、基于算法的定向投放、基于内容的广告植入,使广告变得越来越"软"且无处不在。人们对过于明显的广告营销意图日趋反感,反过来进一步促进了广告的服务取向。近年来,"快手"等新媒体平台与央视春晚合作的"抢红包"活动策划,短视频作品专门设置其内容中所涉及商品的链接入口等,都是在广告服务取向与融合发展上相对成功的实践。

二、媒介广告的定价与效果评估

媒介市场具有独特的二元交换结构,面向广告主的媒介广告产品与面向受众的媒体内容产品同样是媒体组织获得利润的重要形式,因此也同所有其他在市场上实现交易的商品一样面临着定价问题。

---

① 唐·E. 舒尔茨(Don E. Schuhz)于21世纪初期提出了4R理论,该理论包含关联(relevancy)、反应(reaction)、关系(relationship)、报酬(reward),更注重与用户的互动和连接,是关系营销理念的体现。

（一）媒介广告定价

媒介广告交易首先需要给广告定价。一般而言，广告价格的基础是刊例价，即媒体综合影响力、传播力、公信力等因素所确定的对外报出的价格。在此基础上，媒体组织根据广告资源的价值，如前端内容层面的广告形式、广告信息容量，终端效果层面触及目标用户的广度（覆盖面）和深度（精准度）等，确定广告的价格。因此，不同的媒体组织在整体广告定价上有所不同，同一媒体组织内部的不同广告资源在定价上也存在差异。同时，媒体组织还会根据广告资源供求关系、竞争情况以及与广告商的关系等，设定折扣价格。

1. 媒介广告定价的基本形式

确定广告资源并安排好发布时间和位置，广告产品基本成形后，还需要出台相应的广告价格。广告价格的基础是刊例价。通常，电视台刊例中都会按照播出时间顺序依次列出各个广告段的具体时间、时长和不同秒数广告的价格以及其他说明，例如节假日的价格浮动等；报刊刊例中会按照广告尺寸、所在版面等注明价格和其他必要的说明，例如黑白广告和彩色广告的价格调整等。某些媒体的刊例中还会注明非常规广告的价格，例如电视角标、剧场冠名等。

以刊例价为基础，媒体会根据广告资源供求关系、竞争情况以及与广告商的关系等，设定折扣价格，既可以是所有广告资源采取统一折扣价，也可以为不同广告制定不同的折扣价，还可以对不同客户、在不同条件下收取不同的折扣价。通常，统一折扣价或不同广告的不同折扣价是明码标价统一对外发布的，而视情况不同或为不同客户提供的特殊折扣价并不对外发布，是媒体与客户一对一的商业协议。

特殊广告形式或节目赞助等通常是根据具体情况，由媒体与广告商另行商定最终价格，或通过招标等方式销售。

2. 媒介广告定价的基本考虑因素

长期以来，广告价格都是以广告次数作为计算单位的，体现为每播出一条电视广告或刊登一条报刊广告的价格。这种以广告本身作为广告交易标的物的定价方式，有以下两方面定价考虑因素。

第一，广告形式和广告信息容量。如电视广告的不同长度，报纸版面的不同大小。

第二，广告产品的质量。广告定价的基础是广告质量。以电视广告为例，在收视率高、市场份额高、观众价值高的频道和广告段，广告的质量也高，所以通常可以设定相对高的广告价格。从量上考虑，广告产品质量的主要衡量标准是广告接触到的受众的数量。例如，电视收看人数较多的晚间，相比于收看人数较少的白天，广告价格也相对较高；覆盖面广泛的媒体通常比局部覆盖的媒体广告价格高；发行量大的刊物通常比发行量小的刊物广告价格高;电视广告段临近节目的位置通常价格相对高。从质上考虑,广告命中特定受众群体的能力非常重要。能够接触到一般难以接触的特定受众群体的媒体的广告价格,通常高于那些只能接触到普通大众消费群体的媒体广告。例如某些财经或经管类刊物,由于读者为中高层管理人员,其社会影响力和消费能力均相对较高,所以这些刊物的广告价格较相同发行量的以普通大众为读者的刊物也更高。再如现今国内广播广告经营中最为突出的北京交通广播,其广告价格相对高的主要原因是交通广播能够接触到"动众"这一相对"稀缺"而广告价值较高的听众群体。

除了以上两点广告本身的因素以外,广告定价还需要考虑三个基本关系,或者说三个适度问题。

一是成本和预期收益关系。广告作为一种媒介产品,其定价也必须考虑成本及媒介广告经营的目标。媒介广告经营的目标由广告价格和销售量共同决定,是影响定价策略的重要因素。电视媒体制作节目,平面媒体采访、发布独家报道,都需要大量的人力、财力、物力投入,因而其广告价格相对较高。广播节目的制作和播出成本相对低于电视节目,这也是广播广告价格低于电视广告的主要原因之一。近年来,电视媒体领域出现的"独播电视剧"利弊之争,就充分反映了独播剧的巨大投入与广告收益预期之间存在的高风险关系。如果广告定价过低,则有悖于斥巨资购买独播剧的初衷;如果广告定价过高,又可能在广告销售方面受阻。所以,成本效益的平衡是广告定价中首先要解决的一个"适度"问题。

二是市场环境和资源供求关系。供不应求的稀缺广告资源通常价格更高。在资源竞争中,供不应求的情况尤其为那些拥有独占或垄断资源的媒体提供了设定高广告价格的资本。独家报道、独播电视剧、独家转播的体育赛事等,都成为广告价格高的主要理由。把握供求关系的平衡是广告定价面对的又一个"适度"问题。

三是竞争关系。广告公司媒体选择的主要标准是媒体的广告价格和效果。媒体为争夺广告市场份额,面对广告主的比较选择,在效果竞争的同时,也会采取一些价格竞争策略。如电视频道的收视份额就直观地反映了频道以及广告的市场竞争力,收视份额高的频道有能力设定相对较高的广告价格。媒体组织要充分考虑自身所处市场的竞争状况,一方面避免定价过高削弱市场竞争力,另一方面又要避免定价过低而损失原本可以获得的广告收益。根据竞争对手的定价和市场需求状况,结合自身竞争优势设定适当的广告价格,在提高广告竞争力的同时保证广告收益,是媒介广告定价的基本要求,也是广告定价中另一个重要的"适度"问题。

3. 媒介广告定价的价格体系变化

以广告产品为定价基础的方式也要考虑标的物的质量,即"以质论价"。广告只是一种通过接触受众向其发布信息的工具,其最终目的在于影响特定受众群体的态度和消费决策。所以,受众——而非广告产品本身——才是广告交易的最终标的物,"以质论价"的对象最终应落实到广告接触的受众规模和质量上。

仍以电视广告为例,其受众数量主要是以观众收视率(有机会看到广告的受众比例)来表征的。广告公司于20世纪90年代后期开始在广告交易中推行收视率指标,并以此为基础将总收视点作为广告投放指标,而不再以单纯的广告购买数量为目的。相应地,广告的成本计算方式也发生了改变,获得每个收视点(1%的受众)所需付出的成本成为广告公司与广告主的关注对象。在媒体效果调查领域,收视率调查发展得最为成熟完善,为根据收视点定价的方式提供了可能性。1999年前后,宝洁等大广告商提出以收视点为计算单位的广告价格体系,将按收视点核算成本的方式直接应用于广告定价中,即现今常说的"以点论价"。在这种定价方式下,广告价格不再是一条广告或一次发布的价格,而是表现为接触到特定数量受众所需要的价格(表5-3)。

表5-3 广告段价格、收视率和每收视点成本表

时间	广告段	30″价格(元)	收视率(%)	每收视点成本(CPRP,元)	收视成本效益
18:20	《A剧场》剧间插	2800	0.6	4667	价格低,收视低,CPRP高,收视成本效益低
18:55	《A剧场》二正插	3500	1.2	2917	价格较低,收视居中,CPRP居中,收视成本效益一般
19:05	《A剧场》二片尾曲前	3000	0.8	3750	价格较低,收视低,CPRP高,收视成本效益低
19:20	《B新闻》特约	2500	0.8	3125	价格低,收视低,CPRP高,收视成本效益低
19:40	《B新闻》插播	5000	1.5	3300	价格高,收视较高,CPRP高,收视成本效益低
21:30	《C报道》前	3000	1.3	2308	价格较低,收视居中,CPRP低,收视成本效益高
21:40	《C报道》插播	7000	5.2	1346	价格高,收视高,CPRP低,收视成本效益高
22:00	《C报道》后气象前	4000	1.8	2222	价格较高,收视较高,CPRP低,收视成本效益高
22:05	《D剧院》特约	2500	0.9	2778	价格低,收视低,CPRP高,收视成本效益低
22:10	《D剧院》一片前曲后	2500	0.7	3571	价格低,收视低,CPRP高,收视成本效益低

(续表)

时间	广告段	30″价格（元）	收视率（%）	每收视点成本（CPRP,元）	收视成本效益
22:30	《D剧院》一正插	2800	0.7	4000	价格低,收视低,CPRP高,收视成本效益低
22:50	《D剧院》间插	2500	0.3	8333	价格低,收视低,CPRP高,收视成本效益低

根据收视点成本定价,不但使得广告公司更容易直观地把握广告效果与成本之间的关系,将价格直接与最终收益相连接,也更利于控制广告交易中的风险。这种风险来自媒介广告的预售方式。

媒介广告经营是以预售为主要销售形式的,即在广告发布前,买方根据对未来广告效果的预估决定购买广告的数量和相应需承担的成本,而广告的实际效果必须根据广告播出后实际接触到的受众数量来评估。广告商对广告段位、广告次数等的选择,都是基于对即将播出的节目的收视率的预估,而预估是存在风险的,节目的最终收视情况存在相当大的不确定性。所以,同样的资金付出,购买同样的广告段位的同样次数,在不同情况下可能取得截然不同的收视结果,这就给广告商的广告购买造成了很大的风险。

实行"以点论价"后,广告商可以借此更好地保证广告效果并降低广告投放风险,而作为广告交易的另一方,电视台就必须为节目收视率的高低担负主要责任、承担主要风险。在广告商按照商定的收视点成本计算出广告费用总金额后,如果电视台在预计广告次数内不能达到预计的收视点,就需要额外补充播出广告,以确保最终的广告总收视点达到要求。

报刊广告和户外广告等由于其媒体特性和媒体目标(受众)衡量标准与电视不同,所以目前仍主要使用传统的广告定价方式,即以一次发布为基本定价单位。

（二）媒介广告效果评估

广告效果直接影响着广告价格的高低。目前,对各种媒体的广告效果都有一些已经成形的效果评估方式。

在相对通用的量化指标中,电视广告的收视率、报刊广告的阅读率或发行量、网站的点击率、户外广告的人流量等,虽然精细程度和准确程度各不相同,但相对来说都是已经得到公认的、能够为交易各方认同的效果衡量指标体系。而对非常规广告效果的衡量,通常没有直接可用的指标,目前或是通过某种方法折算为观众收视率,或是以广告回忆率调查结果为依据。随着非常规广告的逐渐"常规化",其效果评估的规范化、系统化势在必行。

CTR 植入式广告价值评估模型(CTR PVI-Model)

央视市场研究公司(CTR)媒介智讯认为,传统硬广告业务是以 GRP(gross rating points,即毛评点,一般计算方法是收视率乘以播出频次)为售价基础的广告秒数的销售,如果以时长作为价值换算的货币,通过加权计算求得植入式广告的折合广告秒长,那么许多问题就可以迎刃而解。曝光时长是决定效果的基础指标,曝光时间越长,传播效果越理想。但植入式广告的播出环境与硬广告的播出环境迥异,因此需要通过视觉、听觉和情节度三个维度进行加权计算所获得的 PVI(product placement value index,即植入式广告价值指数)值修正曝光时长。植入式广告的效果最终由曝光时长、视觉、听觉和情节度等四维指标所决定(图 5-2)。①

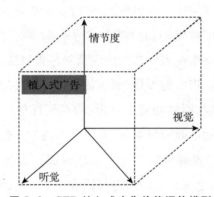

图 5-2 CTR 植入式广告价值评估模型

除上述量化考虑,还需要考虑媒介广告的质量效果,例如受众购买力、影响力以及媒介广告对于品牌建设的作用等。

根据考量主体的不同,媒介广告效果还可以分为媒体效果和受众价值两个基本方面。媒体效果主要是媒体的特性和传播表现所决定的传播效果,常用的评估因素包括:广度(到达率)——接触多少人;深度(接触频次)——平均每人接触多少次;速度——在多长时间内接触到消费者;密切度——消费者如何接触媒体;干扰度——是否受到其他广告拥挤的影响;力度——媒体在消费者和整个社会中的影响力;硬件——声音/影像/文字等;软件——媒体形象、吸引力、说服力;与其他媒体的比较优势、互补关系等。

媒体效果越适合广告传播的目的和需求,该媒体的广告也就越容易得到广告主的青睐。例如:新产品上市时,需要快速广泛的宣传推广,此时那些到达率和接触频率高的媒体具有更大吸引力;当特色成熟产品要巩固与目标消费者的联系时,那些目标受众忠实度高的媒体更具价值。

---

① 佟潇:《植入式广告在电视真人秀节目中的表现形式研究》,中国人民大学硕士学位论文,2008 年,第 32 页。

受众价值常用的受众分类变量包括：人口统计特征——姓名/性别/年龄/收入/教育/居住地等；职业特征——职业/职位/领域/单位性质等；个性心理特征——性格/成就感/金钱观/消费观/品牌观/时尚感/科技感/家庭观等；生活行为特征——生活方式/媒体接触习惯/消费购物习惯/休闲娱乐方式/交友状况/饮食偏好/健康状况等；品牌产品使用特征——普通产品—精品使用者/重度—轻度消费者/现有—潜在用户/忠诚—游离用户等。

那些与广告目标息息相关的受众特征对广告客户的广告投放具有很强的指示意义。例如，奢侈品等关注与消费能力有关的受众价值，通信和办公用品关注与工作及社交相关的受众价值，化妆品和时装等关注与年龄有关的受众价值，日化和食品则关注日常生活用品采购者的媒体使用情况等。

总的来说，媒体效果主要关注的是传播质量，这在某种程度上可以通过媒介有效到达的受众数量加以反映，而受众价值则主要关注这些受众的质量本身。二者相互作用，共同构成了评价媒介广告价值的重要指标体系。

媒介广告效果评估有多种方法，对广告经营各个环节也有各自的效果评估目的和方法。这里仅从媒介广告发布后的结果角度，简要介绍其三个递进的评估层次（图 5-3）：首先是广告播出的执行效果评估，回答是否如期、如约播出的问题，所采取的主要测量方法是广告监播；其次是媒体效果评估，回答接触受众量（广度和频次）及成本效益问题，所用主要方法是收视率调查；最后是广告的市场传播效果评估，回答对消费者的态度和行为影响的问题，所用主要方法是各类专项调查。

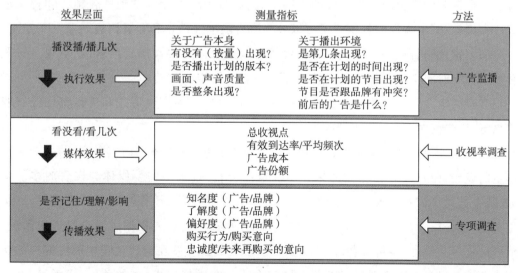

图 5-3　媒介广告传播效果评估层面及测量方法

媒介广告效果评估除了为定价提供参考以外,其核心目的是评估分析媒体的价值和广告传播效果。媒介广告效果评估目前主要是由广告公司和第三方调研机构执行,而对于媒体的广告经营者来说,了解广告市场的媒体效果评估方法,将非常有助于他们有针对性地提高自身所在媒体的广告价值和竞争力。

三、媒介广告的交易与服务

广告销售和广告服务是广告运营从幕后走向台前的关键步骤,是广告策划的最终体现,也是实现广告经济效益的重要中间环节;它既是媒体组织市场竞争力的集中体现,同时也是促进媒体组织完善广告运营链条的重要推动力。

(一)媒介广告销售的基本方式

广告销售是连接媒介和广告商的关键环节,其主要任务是将广告资源和广告产品推向市场,通过各种销售方式获得广告商的投入,最终实现广告收益。

广告销售是广告经营最直接的体现,广告经营流程前面的所有步骤都是内向型的,以媒体内部的计划实施为主,而广告销售是广告资源全面面向市场参与竞争的外向型发挥,几乎所有的商业销售方式和技巧都在广告销售中得到了应用。

根据不同的标准,广告销售可以分成不同的类别。

1. 按照广告资源形式划分

广告销售的产品是广告资源,按照广告资源的形式分类是广告销售最基本的分类方法。根据其所销售的广告资源的不同形式,广告销售可分为常规广告销售和特殊形式广告销售,其中常规广告销售又可以分为广告段单独销售和套装销售。

(1)常规广告销售。常规广告销售的对象是媒体的常规形式广告,如电视台按照秒数和播出时间销售、报刊按照版面销售等;它既可以是销售单一的广告形式,也可以是销售套装组合广告。常规广告销售操作相对简单,因为广告形式和价格都已经有明确设定,广告商对其也比较熟悉。

(2)特殊形式及非常规广告销售。既然是非常规,从形式到内容再到价格,未必有固定的设定,而有灵活性也就意味着不确定性,销售过程中需要媒体与广告商多次沟通,甚至针对广告商需求量身定做广告形式。这种情况下,销售沟通的工作将更深入、更关键,媒介广告销售人员不但要了解广告商的需要,而且要根据媒体自身资源情况,配合广告形式设计、定价等各环节,完成广告产品的设计并在销售过程中取得客户的认同。即使是经过多次实践已经有相对固定形式的非常规广告,例如角标、标板等,在销售中也面临如何向客户呈现广告效果的问题。如前文所述,常规广告已经形成了一些特定的效果衡量指标,例如电视广告的收视率、报刊广告的阅读率或发行量、网站广告的点击率,户外广告的人流量等,在销售过程中可作为谈判和交易的通行标准。而非常规广告的效果衡量通常没有直接可用的指标,要么通过借鉴或类比的方式,套用或调整某些常规广告的效果衡量方法,要么针对特定广告形式进行专门的效果调查。无论哪种方式,都需要在销售过程中向广告商充分说明广告效果及其衡量方法,这是非常规广告销售中必不可少的关键环节。

注重调查研究和科学理性的评估正在成为广告业发展的一个重要趋势,而某些媒介广告正是由于暂时缺乏有效的效果评估机制而陷于销售的被动。如某些以特定小众群体为对象的媒体,由于广告效果评估的现有体系难以体现其广告效果,因此其销售中往往会遇到来自广告主的更多怀疑和犹豫。广告销售中的这种现象,从积极的角度来看,显示了媒介广告经营中对于效果的关注和对于公认的科学的效果评估的尊重;而从消极的角度来看,有矫枉过正的倾向,即过分单纯依赖数字,这可能会带来一系列负面影响。广告效果并非一定要通过量化指标体现,更非单一的某个指标可以全面刻画的。尤其对于广告销售,其根本目的不是兜售大量描述效果的数字,而是通过理性和感性相结合的方式,充分、真实地展现广告产品的价值,最终达到媒体组织的销售目标。

2. 按照广告销售周期划分

根据广告销售周期,媒介广告销售可分为日常广告销售和定期广告销售,定期广告销售又可分为阶段性广告销售和特殊时期广告销售。日常广告销售通常销售的是常规广告资源,通过日常与广告商的沟通接触,逐渐强化广告商对广告产品的印象,增进广告商对广告产品的了解,进而增加其广告投放的可能性。如能定期关注广告商的需求变化和广告计划,适时地进行广告销售,广告销售的成功便是水到渠成的事情。在定期广告销售的阶段性广告销售中,比较常见的是年度广告销售。每年第四季度通常是媒体和广告主都很忙碌的时节。媒体要盘点过去一年的成绩,推出第二年的广告安排,在广告主制订第二年广告计划的当口,集中向广告主介绍自身的广告优势,同时推出某些年度广告优惠以吸引广告主加大投入,为第二年的广告销售争取"开门红",并争取取得未来较长时间内的广告投入保证。特殊时期广告销售的最典型例子是2008年北京奥运会和2020年北京冬季奥运会的广告销售。虽然奥运会每四年举办一次,但北京(夏季/冬季)奥运会对于国内媒体组织来说却具有非同一般的意义和价值,其受关注程度和广告吸引力都是难以复制的,因此这两次奥运会的媒介广告销售也体现出很多不同于以往奥运会广告销售的独有趋势与特征。

3. 按照销售形式划分

从形式上来看,广告销售可分为日常销售和推介会集中销售两种类型。这里特意将推介会集中销售单独列出,是因为这种销售方式正在为越来越多的媒体所采用,并成为国内市场上一年一次甚至一年多次的媒介广告销售重头戏。以电视媒介的推介会为例,省级卫视年底的推介会不但在本地和北京、上海、广州等大城市连续召开,而且在逐步向经济发达、广告商云集的其他城市扩展,如江西卫视已连续多年在福建企业聚集的晋江召开年度推介会;省台和城市台推介会虽然规模相对较小,但也有不少是针对当地广告主的推介会、答谢会或二者的结合体。推介会不再只是每年一次,也不再限于年底或年初,很多媒体会根据最新的节目调整和广告表现,适时召开推介会,或宣传重大改版计划,或宣传近期取得的突出收视表现。推介会通常会播放展示媒体优势的宣传片,请媒体研究专家从各自的研究领域出发总结媒体传播的效果和特点,由电视台领导或广告经营负责人介绍第二年的广告资源和广告安排情况,有时还会由电视台知名主持人组织与来宾互动,请广告主代表发表感言并说明广告对于其产品营销的效果,甚至有些媒体还会请观众上台"现身说法"以体现该媒介对受众的影响力等。广播、报纸杂志及其他媒体的广告推介会,与电视台推介会相比,虽然媒体形式不同,宣传内容也有差异,但根本目标和整体安排大同小异,都是以聚拢广告主、从多角度突出展现媒体优势、扩大影响为主要目的。

在众多广告销售方式中,广告招标会可谓集大成者。中央电视台的广告招标更是业界瞩目,不仅直接关系到中央台广告资源的整合,也是国内广告业每年最重要的营销事件之一,甚至已经超越了广告范畴,被形容为"中国经济的晴雨表"。

即使仅从广告销售的角度来看,中央电视台的广告招标也是一项浩大的系统工程,从每年下半年就开始的各地巡回宣传展示会(表5-4),到与重点行业的主要企业以及广告公司的密切沟通,再到标的物和投标规则的设定,直至招标现场主持人的选择,每一个环节都是为了实现最大化广告销售这一目标服务。

表5-4　2002—2013年央视广告"标王"概览

年份	标王 (中标企业)	标的 (亿元)	总招标额 (亿元)	年份	标王 (中标企业)	标的 (亿元)	总招标额 (亿元)
2013	剑南春	6.080	158.81	2007	宝洁	4.200	67.96
2012	茅台	4.430	142.57	2006	宝洁	3.940	58.69
2011	蒙牛	2.305	126.68	2005	宝洁	3.800	52.48
2010	蒙牛	2.039	109.66	2004	蒙牛	3.100	44.12
2009	纳爱斯	3.050	92.56	2003	熊猫手机	1.080	33.15
2008	伊利	3.780	80.28	2002	娃哈哈	0.200	26.26

从2014年开始,央视黄金资源广告招标会不再公布总招标额。2014年、2015年央视招标预售总额均以高于上年的金额收官;且从2015年开始,招标最大的特点是白酒

企业不再唱主力,2015年中标额最高的行业是家电行业,2016年则是汽车行业,近几年百度、"快手""抖音"等互联网企业相继成为央视春晚的互动合作伙伴。

(二)媒介广告销售的对象

媒介广告销售的对象即广告投入者,包括广告主企业和代理公司,它们的状况和特征直接影响着媒介广告销售的策略和方法。广告主企业和代理公司中又有国际企业、国际代理公司和国内企业、本土代理公司之分,大到市场营销和媒体传播理念,具体到运作流程和人员工作风格,它们之间都存在比较明显的差异。这些差异具体体现为不同的广告客户对于媒介广告销售的需求不同,选择媒介广告的方式和标准也有区别。

代理公司代企业进行广告投资,所以在媒体选择过程中往往表现得更为谨慎。其中,又以在国内广告市场占据重要地位的国际广告代理公司尤为突出,它们通常有精细的广告成本核算方法,有相对成熟固定的媒体选择方法和流程,非常看中广告效果的可预期性和稳定性,通常要求媒介广告销售提供更为翔实的数据以证实其广告效果。

(三)媒介广告销售中的优惠和折扣

与其他的商业销售活动类似,优惠和折扣也是广告销售中经常采取的手段。优惠不单是广告价格的折扣,还包括广告赠播、广告选择优先、广告位置免加收等多种方式。在广告销售中,优惠和折扣的提供通常考虑的主要因素有投放量、投放份额、付款信誉、品牌价值、投放要求和配合度等。

(1)投放量。投放量又可以细分为承诺投放量、签约投放量和实际投放量。通常,媒体组织会在第二年广告销售开始时,对于预先承诺广告投放达到或超过某一额度的客户,给予一定的优惠。当然,给予这些优惠是在客户履行了承诺投放额的前提下,如果客户最终未能达到规定的投放额,媒体组织可能会取消原定的优惠。除此之外,有时媒体组织还会根据前一年的广告实际投放额,在第二年的广告销售中给某些广告主一定的优惠。

(2)投放份额。一些实力较强的媒体组织对于在多媒介竞争中承诺只投放该媒体或以一定的比例投放该媒体的企业和广告代理公司给予优惠。例如,在几份报纸竞争激烈的某城市,某一企业可以只选择投放其中一份,使得该报取得竞争优势,再借此来换取该报纸的广告折扣或优惠。

(3)付款信誉。广告交易中重要的环节,很多时候影响着交易是否可以持续、合作是否可以维持。在广告交易中,除个别占有资源稀缺的媒体组织会要求预先付款以外,多数采取的是播后付款方式。对于能够及时、按时履行播后付款或者可以预先付款,甚至在媒体需要配合时可以提供一定的付款支持的信誉较好的企业或广告公司,媒体组织常常会提供相应的广告优惠作为回报,因为这些企业或广告公司的行为更有利于其维持正常的资金周转和广告经营。

（4）产品的品牌价值。广告是媒体借以建立和展示自身形象和品牌价值的有力工具。即使投放量不大，一些知名品牌或国际品牌也可能取得那些希望鼓励品牌产品投放以树立或改善自身形象的媒体组织的优惠政策。

（四）媒介广告服务和广告客户管理

在很长一段时间内，很多消费品和服务的经营都以销售完成为终点。广告经营也经历了这个阶段——广告资源一旦卖出，收到回报就大功告成。"购买的是产品，享受的是服务"，虽然商家现在都明白这个道理，但日常生活中只顾叫卖产品而忽视服务的现象仍是屡见不鲜。广告经营不是一次性销售，销售完成就万事大吉。广告服务不仅是巩固客户忠实度的关键因素之一，而且在争取客户的过程中发挥着重要作用。

广告销售的出发点是卖方（媒介），以媒体的资源为基础，以销售取得回报为目的；而广告服务的出发点是买方（广告主），以广告主的需求为基础，以服务满足客户需求为目的。单纯的广告销售并不能满足广告客户的全部需求。广告服务的任务就是要在广告销售以外，通过提供多种服务，充分、到位地满足客户的需求，巩固客户关系。例如，在广告播出后及时提供实播证明和效果评估，为适应广告主特点实施相对灵活的付款政策，净化广告环境，为客户提供更有保证的传播效果，及时提供节目介绍和广告变动信息，并为客户分析节目趋势和广告效益等。

四、媒介广告的组织经营形态

广告经营方式的确定需要综合考虑媒体的广告资源状况、内部机制和人员结构、广告商特点、媒体的近期和长期目标、市场竞争等，因地制宜，且通常应与媒介经营方式相配套。例如，频道制经营的电视台与集团综合经营的电视台采取的广告经营方式往往不同。合理的广告经营方式可以使得高质量的广告资源充分得到广告商的认可并获得高效回报；相反，广告经营方式选择不合理不仅会影响媒体组织的短期广告经营收益，还会影响其广告运营的长远发展（图5-4）。

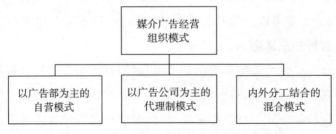

图5-4 三种主要的媒介广告经营组织模式

(一) 媒体组织的广告部自主经营模式

多数媒体组织采取的广告经营方式是自主经营,毕竟只有媒体组织自己最了解自身的广告资源,最熟悉自身经营机制和业务流程,同时也是广告经营目标的制定者和最终回报的获得者,相对不容易产生制度上的"代理—寻租"问题。

媒体自主经营又可以按照媒介内部的机构和职能设定,分为中心统一经营和媒体内各分支机构独立分散经营两种类型。

统一经营的突出特征是,媒体组织设立广告部或广告中心作为核心广告经营机构,统一负责媒体内所有广告资源的开发、设计、编排、定价、销售和服务。如电视台设立广告中心对全台整体的广告经营负责,统一把握全台各频道的广告资源,内部统一计划,外部统一销售和服务。其主要优点是:协作性强,有利于避免频道间相互竞争导致价格被压低而影响整体收益;优势互补,统一包装,统一操作,不但可以进行跨频道的整合推广,而且有利于树立媒体统一的品牌形象。不利的一面是,统一经营往往在灵活性上有所欠缺,针对不同频道的差异,如何在统一的大框架下使其充分发挥各自特点是一个主要的问题。此外,在多频道广告统一经营中,广告部或广告中心还必须注意与各频道的节目内容和编排部门进行充分的协调合作。

独立分散经营即由广告部负责管理协调,而各分支机构分别独立经营各自的广告业务。仍以电视台为例,独立分散经营即每个频道对本频道的广告经营负责,独立运作频道的广告资源。此种方式通常对应于实施频道制经营管理的电视台,各频道的节目编播和广告运营也往往相互独立。在某些媒体集团内部,还有一些统一、独立经营相结合的广告经营方式,例如在省电视台内部,卫视频道独立经营,地面频道统一管理。分散独立经营可以相对充分地发挥各频道自身特点和积极性,广告与节目的结合相对默契。分散独立经营面临的最重要问题是,如何协调频道间既竞争又协作的关系,避免出现内部竞争压价,在面对其他电视台的竞争时联合巩固本台的竞争力。分而不乱、灵活而不失控的协调运营是分散独立经营的最理想状态。

还有一些媒体组织的广告经营方式介于一"统"一"分"两个方向之间,部分具有两种方式的特点,也可以看作不同程度的"统"与"分"组合的结果。如一些媒体设有广告中心,承担部分统一管理功能,包括策略制定、统一广告包装、统一刊例等,同时各频道也有广告部或市场部向广告主销售本频道广告。

(二) 委托代理公司经营模式

代理经营,即媒体将部分或全部广告业务委托给一家或几家代理公司经营,这种方式常被称为"外包"。无论是全部广告资源代理,还是部分广告资源代理,通常是代理公司与媒体组织事前商定代理公司需向媒体上交的广告回报金额,之后由代理公司负责向广告商销售广告,到结算期按照上交任务的完成情况评判代理公司的业绩。

代理公司熟悉、了解广告企业和公司,有相对成熟的广告运作经验,有专职的相对充足的广告经营人员,有的代理公司还有相对稳定的广告客户资源等,这也是代理公司经营的主要优势所在。而代理经营的核心问题是如何处理电视台与代理公司之间的利益关系。代理公司毕竟是独立的经营主体,有其独立的利益目标,有时难免会与电视台的价值、利益和发展需要发生冲突,因此实践中在设定合作协议条款、确定利益分配关系时,必须充分考虑和有效协调双方的需要,才能最终取得双赢的结果。

(三)混合经营模式

混合经营模式是对上述两种模式的折中,希望能取两者之长,避各自之短。混合经营模式主要是指媒体自我经营部分广告业务,同时委托广告公司经营部分业务。业务的划分可以根据各自的优势,以行业或具体客户来划分,也可根据广告位置划分。

央视的广告经营就是典型的混合模式。它至少由三方面组成:一是央视广告经营中心,除了统筹广告资源外,还通过对特殊时段广告的招标进行自我经营;二是央视投资成立的各类广告公司,如北京未来广告公司等,经营部分广告业务;三是由其他广告公司代理部分栏目或时段的广告业务。

混合经营最大的优点是,能够发挥各自专长,整合内外资源,扩大广告经营的广度,挖掘广告经营的深度,优化客户结构,丰富广告类别。

影响混合经营的主要因素是利益分配是否合理。在广告客户的开发过程中很容易发生"抢"客户,或者"撞车"现象。特别是对于一些未明确界定的客户,两家广告公司或者内外部业务员同时开发,既可能让客户感到无所适从,也可能让业务员之间发生冲突。媒体的经营管理者对此应予以重视:要坚持媒体利益至上的基本立场,同时又要本着互惠互利的原则,寻找媒体、客户、代理公司都能接受的解决方案。

总之,广告经营并无定式。所谓的模式只是新闻媒体在长期的实践中已经形成的一种经验总结,它会随着时间的推移和广告业的发展,不断经历改革、调整和完善。因此,媒体经营人员不必抱残守缺,而应结合实际,锐意进取,创造出更新的经营模式。

第五节 新媒体广告经营

新媒体技术的发展带来媒介产品从内容到形态的革新,这种变化不仅表现在作为产品的媒介广告本身,也推动了媒介广告经营从观念到模式的"新媒体化"趋势。由于大量用户转移到了新媒体平台,因此为了实现提高经营效益的目标,新媒体广告经营更强调"用户导向"。一方面,为避免用户的厌烦心理,新媒体广告从表达方式到呈现方式都更强调对用户体验的融入和渗透;另一方面,为满足广告主管理投放成本的需求,新媒体广告从生产到传播都更强调对用户需求的精确捕捉和向目标用户群的精准投放。

一、广告即内容

伴随移动互联网和社交媒体的发展,媒介广告借助传播渠道的延伸在物理上渗透进人们生活的方方面面。考虑到用户反感对于广告传播效果的负面影响,媒介广告持续追求着更能为用户接受的内容和形式。当人们对基于内容的"软广告"司空见惯并有所警惕时,媒体组织开始寻求将广告投放与用户使用体验相结合。具有代表性的是"原生广告",也称"信息流广告"。广告不再只是传统意义上的商品或营销内容展示,而更多地被"植入"了人们的媒体使用,比如人们刷"朋友圈"时看到的朋友圈广告,微博的开屏广告,短视频平台推荐信息流中的短视频广告等。以社交媒体平台为代表,平台方或是为广告主注册社交账号,并以"用户"的形式在网络社交"广场"中发布广告;或是利用算法向广告主开放信息流,将商业广告"安插"在目标用户所接收的信息流中。有研究证明,此种"社交媒体化"的广告包装,有助于消解用户的排斥心态,促进广告传播效果提升。[1] 由此,媒介广告和媒体内容的界限日渐模糊,广告业由此呈现出向信息服务业过渡的发展趋势。[2]

原生广告

作为近几年兴起的新媒体广告代表,原生广告受到学界和业界的广泛关注。不同于具有劝服性(persuasive)的展示性广告(打断消费者阅听活动的"闯入式劝服")和植入广告(隐藏广告主意图的"隐藏式劝服"),原生广告强调信息性(informative),意在"融入用户体验",通过提升内容价值,支持消费者的网络心流体验,从而避免消费者对劝服性内容的感知和排斥,将广告从广告主单方获利的劝服关系转变为广告主与消费者相互需要的共赢关系。[3] 可见,原生广告的本质特征在于将媒体内容与广告内容无缝融合,它模糊了媒体内容与广告的边界,公众对内容(包括新闻)的需求与广告内容在一定程度上实现了统一。[4]

广告即内容还突出表现在自媒体的广告经营活动中。作为网络媒体内容生态的重

---

[1] Benjamin K. Johnson, Bridget Potocki, and Jolanda Veldhuis, "Is That My Friend or an Advert? The Effectiveness of Instagram Native Advertisements Posing as Social Posts," *Journal of Computer-Mediated Communication*, Vol. 24, No. 3, 2019, pp. 108—125.
[2] 丁俊杰、王昕:《中国广告观念三十年变迁与国际化》,《国际新闻界》2009年第5期,第5—9页。
[3] 康瑾:《原生广告的概念、属性与问题》,《现代传播(中国传媒大学学报)》2015年第3期,第112—118页。
[4] 陈力丹、李唯嘉、万紫千:《原生广告及对传统广告的挑战》,《新闻记者》2016年第12期,第77—83页。

要构成,自媒体以其内容亲民性和题材广泛性也开始受到广告主的青睐。自媒体的广告经营活动愈发活跃,自媒体博主在其自制内容中插播广告的现象已屡见不鲜,有的自媒体还会单独为了某个商品或品牌专门制作节目。一方面,自媒体的草根属性及其自带的"粉丝"基础会使其广告经营行为更容易被用户理解、包容;另一方面,自媒体会警惕过多广告植入导致的用户流失,在将广告信息更好地内化进节目内容的同时,也会平衡内容与广告的比例。作为媒体组织的重要收入来源,广告已十分紧密地与媒体渠道和内容绑定起来。可以说,有信号(渠道)的地方就有媒体,有媒体的地方就有广告。

二、用户细分与精准投放

网络环境下,媒体内容的海量性与用户注意力的稀缺性之间的矛盾,要求媒体组织对用户进行持续细分,更精准、切实地满足用户的信息需求,进而提升广告投放的效率和效果。从人口统计学细分到行为细分再到心理细分,媒体组织通过持续细化用户特征,构建出更全面甚至更"真实"的用户画像。数据采集技术和数据挖掘技术让用户精准定位成为可能,用户变得更加"透明"。用户的一次浏览、一次点击、一次停留、一条评论、一则动态等均有可能成为建立用户画像的依据。新媒体平台 API(Application Programming Interface,应用程序编程接口)的开放,让用户数据在多个平台间以滚雪球的方式流动、积聚,则将用户画像描绘得更丰富、更立体。广告主往往通过用户数据及其反映出来的用户特征(包括但不限于与广告主商品或品牌的契合度、转化能力或消费能力、社交媒体影响力、内容生产能力等),评估该用户是否为自己的潜在客户,以及该用户是否具有潜在的二次传播能力,以此衡量用户价值和广告价值。因此,媒体组织在培养用户基础的同时,也要清楚地掌握这些用户的特征,以提升自身在广告经营过程中的议价能力。

基于用户细分,媒体广告投放日趋精准,也带动了媒介广告产业的精细化和专业化。以往广告主"知道广告费浪费了一半,却不知道是哪一半"的局面被打破。同时,传统意义上具有仪式性的广告定价和交易方式已不再适应新媒体环境下大量出现且快速变化的广告需求。实时竞价(real time bidding,RTB)广告交易模式应运而生(如图 5-5 所示)。依托信息资源整合管理、数据挖掘与分析、实时竞价、信息传输等技术,新媒体广告交易发展成为一种类似"股票市场"的实时动态竞价过程:当用户登录或切换至某个媒体平台开始浏览信息时,媒体平台会监测用户的到来并获取其数据信息,连同该用户浏览内容所涉及的广告位信息传送给广告交易平台,后者形成广告竞价信息并传送给广告主。广告主基于自身商品或服务特性,对媒体平台所提供的用户信息和广告位信息进行价值评估,并综合考虑当前的市场竞价情况,形成针对该用户及其所处广告位的报价,将其反馈至广告交易平台。媒体平台对广告交易平台整合提供的所有报价进行最高价筛选,并经由广告交易平台向最高价出处索要广告物料,最终向该用户展示此广告信息。该过程看似复杂,但这一切从开始到完成仅需不到一秒的时间。这种程序化、常态化的广告交易模式进一步催生了诸如供应方平台(supply side platform,SSP,主要为媒体平台提供广告资源经营管理服务)、需求方平台(demand side platform,DSP,主要为广告主提供广告资源经营管理服务)、广告交易平台公司、第三方数据监测公司等专业化主体。在专业化的产业链分工下,媒介广告价值得到了更为充分的开发和利用。

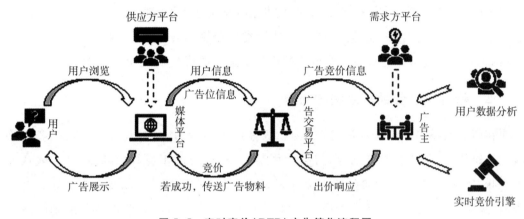

图 5-5　实时竞价(RTB)广告简化流程图

三、广告效果指标多元细化

新媒体环境下,传受双方界限模糊且互动性提升,可供媒体组织衡量广告信息触达、影响用户的效果指标更加丰富、细致。除了单向传播意义上的覆盖率、触达率、阅读量等,强调用户反馈的点赞、收藏、评论、转发等互动性指标伴随社交媒体兴起而具有更多意义,更能反映用户的具体感受、态度、意愿,更深入地体现了广告对用户的影响。比如,点赞可以反映出一则广告被用户认可、喜欢;收藏意味着一则广告给用户带来了有效信息,用户在未来可能会反复浏览这则广告并完成行为转化;评论可以反映出一则广告是否能够引起用户的讨论,对评论内容进行分析还可以进一步发现这则广告具体引起了用户的哪些共鸣或争议,评论较多的广告具有发展为舆论热点的潜质;转发一般意味着用户希望将一则广告转发给社交关系中的其他用户。特别地,在"点评"机制下,用户生产内容对于媒介广告经营而言愈发重要。来自其他用户(特别是"网红""大V")的"种草"(或"拔草")、"安利"(或"排雷")越来越成为影响消费者购买意愿的参考信息源。用户生产内容不仅可以直观地反映出用户体验及其反馈,也通过社交网络的二次传播直接关系到广告价值链的延伸。

在不同性质的媒体平台,不同效果指标的意义有所不同。在短视频平台基于算法推荐的快速信息流下,点赞是最常用的用户反馈按钮,且点赞后的内容会以收藏的方式集结在用户的点赞列表中,因而能最直接、有效地反映出用户对于广告内容的兴趣。而在微博等广场式的公共话语空间,用户接收和处理信息的即时性没有那么强,发言、讨论等信息交互行为是此类平台的核心逻辑,相较之下,点赞行为的信息处理成本低,而转发、评论对于衡量广告传播效果的权重相对更大。不同性质的商品或服务看重的效果指标也有所不同。比如,展示类或品牌类广告一般更看重覆盖率、触达率、点赞数等指标,因为这些指标能充分反映出此类广告所追求的用户知晓度、认可度等触达效果;营销类广告一般更看重点赞、转发、评论等指标,因为这些指标能直观反映出此类广告所追求的用户参与、再传播等互动效果;效果类广告则更看重收藏、点击(注册)、购买等指标,因为这些指标能直接反映出此类广告所追求的用户采纳、消费等转化效果。

四、新媒体广告经营面临的问题

在商业利益的驱动下,"流量"成为新媒体广告经营的关键词。流量越多,表明接收到该媒体内容(或参与某话题讨论、使用某网络服务)的用户数量越多,在一般意义上意味着该媒体内容所蕴含的广告位价值更大。为了在激烈的市场竞争中争夺广告主资源,媒体组织间开启了流量竞赛,一时间"流量至上"成为媒介广告经营市场的主导逻辑。在"流量至上"逻辑下,为了吸引更多流量,一些媒体生产低俗化、过度娱乐化的内容,甚至不惜以牺牲公信力为代价,传播谣言、假新闻以博人眼球,严重影响了网络内容生态的健康有序发展;为了实施更精准的内容推送,一些平台利用技术手段窃取用户隐私,导致用户隐私受到侵害。

相较于内容生产方,平台方通过算法规制信息流,在流量配置上起到了更为基础的作用。平台一般采用以流量为核心的内容推送逻辑,即"爆者更爆",有意将流量定义为决定内容传播效果的核心指标[①],进而掌握媒介广告经营的核心资源及其主导权。典型的例子便是网络搜索引擎的"竞价排名"机制。搜索引擎平台方将搜索结果作为广告位资源售卖给广告主,广告主根据商品或业务特性将其与特定的搜索关键词相关联。当用户搜索相关关键词时,广告主的广告物料便会展示在用户的搜索结果页。一般而言,越靠前的搜索结果广告价值越高,竞价中出价越高的广告主可以得到越靠前的广告位。这种做法本质上便是在平台影响力的基础上,利用信息推送技术人为地制造出"流量差",引导广告主为流量竞价,从而获得并提升广告收益。然而,在商业利益的驱使下,也因内容把关机制和监管机制的缺位,网络搜索引擎一度沦为虚假广告、垃圾信息、有害信息、网络诈骗的滋生土壤,给用户权益造成严重危害(如"魏则西事件"),严重瓦

---

① 谢新洲、朱垚颖:《短视频火爆背后的问题分析》,《出版科学》2019年第1期,第86—91页。

解了媒体组织自身的公信力基础。还有一些媒体组织仰仗平台优势,罔顾用户体验,强势地在其信息流中大量植入广告,反倒把移除广告做成了一门"生意"(如部分视频网站中提供的"会员充值免除广告观看"服务),同样引起了社会公众的反感。

类似的新媒体广告经营乱象还有很多,乱象背后是媒体在追逐经济利益时对其应有的社会效益的忽视。无论在经营管理的哪一个环节,媒体的双重属性始终是相互统一、相互作用的,追逐经济利益、创造广告营收无可厚非,但任何时候都不能以牺牲社会效益为前提。作为"社会公器",媒体组织理应切实履行社会责任。而从媒介经营策略的角度来看,媒体组织应找到自身的市场定位和相对优势。流量并非越多越好,在用户不断细分的趋势下,更重要的是通过深耕内容质量,形成符合媒体自身特性、媒体有能力持续维系的用户群,并在此基础上开展媒介广告经营。这样做,一来可以有效控制运营成本,二来可以凭借内容和用户群特色在广告市场中建立相对优势,获得可持续的广告收益。

小　结

作为媒体组织的重要收入来源,广告在媒介经营活动中具有重要意义。不同性质的媒体组织所拥有的广告资源及其相对优势不尽相同,在同一媒体组织内部广告资源的分布也存在差异,关键是通过渠道拓展和内容创新,充分挖掘广告资源的潜在价值,通过资源整合和精准投放,提升广告传播及其价值变现的效率和效益。新媒体技术发展为媒介广告资源开发和利用提供了更多的可能性,包括内容生产层面的信息增量、内容创新、形式丰富,传播层面的用户定位、精准投放、二次传播,效果层面的实时监测、指标细化、用户反馈,经营层面的实时竞价、定制服务、融媒整合等。然而,海量信息环境在带来广告资源扩展的同时,也带来了虚假广告、垃圾信息、有害信息、网络诈骗等乱象,这要求媒体组织正确看待自身的双重属性,始终以更好地发挥社会效益作为媒介经营的首要目标,切实履行社会责任。

◆ 思考题

1. 广告在我国的发展经历了哪几个历史阶段?
2. 广告对于媒介经营而言意味着什么?这种意义在传统媒体和新媒体之间是否存在不同?
3. 新媒体广告与传统广告的不同之处主要体现在哪些方面?
4. 举一个例子说明媒介广告对媒体内容变革的影响。
5. 除了本章介绍的媒介广告资源分类方式,你还能想到哪些其他的分类方式?

6. 为了绕开用户对广告的"躲避",媒体组织都做了哪些尝试?
7. 你认为媒介广告资源开发和利用的关键是什么?
8. 新媒体广告经营与传统媒体广告经营的异同分别有哪些?各自的优势是什么?
9. 经过整顿后,网络搜索引擎广告较之前发生了什么变化?
10. 如何看待直播"带货"中的虚假宣传现象?

◆ 推荐阅读

陈刚、祝帅:《在批判中建构与发展——中国当代广告学术发展四十年回顾与反思(1979—2018)》,《广告大观(理论版)》2018 年第 2 期,第 4—17 页。

丁俊杰、王昕:《中国广告观念三十年变迁与国际化》,《国际新闻界》2009 年第 5 期,第 5—9 页。

郐明编著:《广告经营与管理》,复旦大学出版社 2008 年版。

何修猛编著:《现代广告学(第八版)》,复旦大学出版社 2016 年版。

康瑾:《原生广告的概念、属性与问题》,《现代传播(中国传媒大学学报)》2015 年第 3 期,第 112—118 页。

黎斌、蒋淑媛等编著:《中国电视广告经营模式创新研究》,中国传媒大学出版社 2005 年版。

刘庆振、赵磊:《计算广告学:智能媒体时代的广告研究新思维》,人民日报出版社 2016 年版。

〔美〕W.罗纳德·莱恩等:《克莱普纳广告学(第 18 版)》,程言等译,中国人民大学出版社 2019 年版。

〔美〕唐·舒尔茨等:《整合营销传播:创造企业价值的五大关键步骤》,王茁等译,清华大学出版社 2013 年版。

〔美〕威廉·阿伦斯等:《当代广告学(第 11 版,通用教材版)》,丁俊杰等译,人民邮电出版社 2013 年版。

〔美〕约瑟夫·塔落:《分割美国——广告与新媒介世界》,洪兵译,华夏出版社 2003 年版。

尚恒志主编:《网络与新媒体广告》,北京大学出版社 2018 年版。

卫军英、王佳:《广告经营管理》,北京大学出版社 2013 年版。

夏洪波、洪艳:《电视媒体广告经营》,北京大学出版社 2003 年版。

张龙:《互联网广告管理的法律规制与问题思考》,《编辑之友》2018 年第 4 期,第 70—75 页。

第六章　媒介用户与媒介消费

在媒介经营领域,用户占据核心地位。在传统媒体时代,在单向传播结构下,由于传统媒体的强势性和消费者的被动性,媒介消费者一般被称为"受众"。随着新媒体的兴起,交互技术和移动互联技术让媒介消费者在网络媒体使用和参与中具有了更强的能动性、主动性和主体性。新媒体环境下,用户生产内容成为媒体内容生态的重要组成,用户反馈影响着媒介产品的价值兑现,用户数据则是衡量媒介产品传播价值和广告价值的重要指标,用户在媒介经营中的核心地位更加突出。

第一节　以用户为导向:媒介消费逻辑变迁

伴随着互联网等新媒体的发展,媒介消费逻辑发生了本质变化,已不再是"媒体播什么,观众看什么",用户的选择性、能动性显著提升,媒介经营开始强调以用户为导向。用户成为学界、业界的重点研究对象。

一、从"受众"到"用户":媒介消费主体概念演变

在传统媒体时期,媒介消费者一般被称为"受众"。彼时媒体组织强势占据着社会信息网络的中心,是人们获取外界资讯的主要渠道。相较之下,"受众"更多地被视为信息接收者。无论是社会学视角下的"大众",还是传播学下"魔弹论"中的"靶子",媒介消费者都是被动的、大规模的、匿名的、无差异的。相应地,早期媒体组织重在对受众规模、范围、构成、消费率、信息到达率等结构性数据的搜集,以此向广告主彰显自身的传播力和影响力,获取广告收入。[①] 随着受众研究的深入,以拉扎斯菲尔德为代表的实证研究者通过实证研究发现,受众会根据自身的认知结构、观念立场对媒体信息采取

---

① 隋岩:《受众观的历史演变与跨学科研究》,《新闻与传播研究》2015年第8期,第51—67+127页。

"选择性接触",媒体信息传播的效果是"有限"的。① 但在有限效果范式下,媒体效果仍然是研究核心,媒体组织仍然占据传播链条及其分析逻辑的主导地位。

第二次世界大战以后,伴随电视媒体组织数量的显著增多,受众对媒介产品(电视节目)的选择权相应增多,媒介市场竞争趋于激烈。受众研究开始从"传者中心"向"受者中心"转移,最具代表性的是"使用与满足"理论。该理论认为,受众需求因人而异,受众的媒体使用程度及方式受其个人需求的驱动。由此,受众需求成为媒介经营活动和媒介产品传播活动的出发点。在经济学理论视角下,电视观众、广播听众和报刊读者,在使用媒介产品时支付了自己的金钱或时间,并从中获得了所需要的知识或消遣,媒体组织与受众(target audience)之间的关系是产品提供者与消费者之间的商品交换关系。在我国,受众中心论则伴随着社会主义市场经济体制的逐步建立而占据主导地位。1982年,由中国社会科学院新闻研究所和首都新闻学会调查组开展的"北京地区读者、听众、观众调查"(简称"北京调查")被视为我国受众调查的起点。② 以受众为指向的媒介消费者研究持续深入、细化,媒体组织从内容生产到产品经营不再只是独善其身,而是开始重视并投入更多的资源开展受众调查与研究,试图更充分地体察受众的想法、心理、需求及其所受到的社会影响。

随后,互联网兴起,媒体组织的强势性被彻底打破。人们的内容生产能力得到提升,内容传播渠道得到拓展,人与人之间的联系更加便捷、紧密,传统媒体组织不再是人们获取信息的唯一渠道。在双向传播格局下,人们不再只是信息的接收者,也可以是信息的传播者、创造者,此时"受众"的概念便不再适用。"用户"成为新媒体环境下媒介消费者的代名词。"用户"原是指经济学意义上的消费者、顾客,或是计算机科学领域的终端设备使用者。放置在媒介经营语境下,"用户"体现了媒介消费者对媒介产品的选择权和使用权,而这种使用不只是单纯的体验或参与,更是创造、创新。相应地,对于媒介经营者而言,开展媒介经营活动也不再只是简单的"投其所好",而是要更加重视用户反馈——既要以效果指标和用户数据调整、优化自身的内容产品和内容服务,也要关注、鼓励、引导用户的二次生产和二次传播,以延伸单个内容产品或单次内容服务的经营价值。

二、用户成为媒介产品生产流程的核心

我国学界和业界对媒介消费者地位的认识经历了一个曲折的变化过程。改革开放之前,受众一直被单纯地视为"宣传对象"。改革开放之后,随着国外传播学理论的引

---

① 参见〔美〕保罗·F. 拉扎斯菲尔德等:《人民的选择——选民如何在总统选战中做决定(第三版)》,唐茜译,中国人民大学出版社2011年版。

② 贾亦凡:《当前我国受众调查的若干误区》,《新闻大学》2002年第2期,第32—36页。

入,学界和业界开始普遍把受众看作大众传播的"信息接收者"。20世纪90年代,我国的经济体制改革进入深化阶段,大众媒介正式走向市场,开始参与市场竞争,受众作为"信息产品的消费者"和"大众传媒的市场"的观点逐渐被广泛接受。

伴随着互联网媒体的发展,现阶段媒介组织和媒介经营管理者越来越强调"用户至上"的理念,本质上也是对受众相关认识的延续和发展。媒介用户是媒介产业的市场基础,也是媒介经营的核心要素之一。对媒介经营来讲,媒介消费是媒体全部活动的中心。只有寻找并建立起一定规模的用户群体,媒体的内容产品才能销售出去,才能吸引广告主进行广告投放,周边产品才能找到市场。

媒介市场是媒体组织、广告主和用户共同聚合而成的一个关系结构。其中,媒介产品是媒体组织面向用户生产的借以实现价值的载体;广告主是将用户看作其产品的潜在消费者并向其进行产品宣传的各种商家;用户是媒介市场中的信息接收和创造终端,处于核心地位。没有用户,传播活动就失去了意义。因此,用户市场构成媒介市场的核心。

从根本上讲,媒介市场可以被认为是用户市场,媒介经营的核心是经营用户。用户是媒体生存的基础,是最重要的战略资源。用户的这一地位决定了,今天的媒介经营和管理者必须从用户出发进行决策,将满足用户需要作为提高媒体组织竞争力的基点。相较于传统媒体的经营方式,新媒体借助互联网平台加强了和用户的交互体验。如何精准定位自己的用户群体,让特定用户选择自己的产品,鼓励用户在自己的媒体平台上创造内容,成为媒介经营的新课题。

在传统媒体的受众市场变化研究中,受众呈现出高度聚集和高度分散的统一。一是受众聚集,大量观众同时关注少数几个节目。尽管受众的年龄、性别、文化程度、兴趣爱好有所不同,但都不约而同地被少数电影、电视节目,少数书籍或音乐制品吸引。二是受众分散,越来越多的兴趣爱好相近的人士形成了众多相对固定的受众群,一起分享他们共同感兴趣的东西。第一种趋向原则上是大型媒体努力追求的目标。在媒体高度发达的今天,要想形成受众的高度聚集,对于媒体的综合实力有极高的要求。第二种趋向则反映了越来越多讲求个性的选择偏好。

今天,伴随互联网发展带来的信息爆炸,对于大多数媒体来说,要牢牢吸引住"分散"的观看人群,为他们量身定做特别的内容,"抓住了部分就抓住了整体"是现实而理性的选择[1],而这一点尤其体现在新媒体时代的用户运营中。互联网平台集发布、接收和反馈工具于一身,使得用户的主动性大大提高。网络内容产品和服务前所未有地基于个体需求而持续分化,不同个体的不同需求都能通过不同的信息形式得到满足。个

---

[1] 张海潮:《眼球为王:中国电视的数字化、产业化生存》,华夏出版社2005年版,第1—2页。

性化、小众化、定制化的媒体使用深刻影响了媒介市场的格局与面貌。网络媒体的产品开发要在具有高度重复化、同质化风险的市场竞争中推陈出新,坚持精品创作,满足用户在信息泛滥而信息筛选能力有限的困境下对于媒介产品个性化和高质量的需求;而传统媒体则要从"受众"思维转型到"用户"思维,从单纯由线下向线上拓展的网络化"搬运"思路,转变成充分利用自身公信力和专业性从而实现"阵地转移"与"内容深耕"相结合的"新媒体化"思路,努力实现媒介经营理念和方式的创新融合。

三、用户生产内容成为重要的媒介产品

伴随移动互联网和社会化媒体的快速发展,内容生产的门槛逐渐降低,话语权逐渐下移,呈现出所谓"人人皆媒"的社会化传播格局。用户或出于兴趣、好奇,或出于经济回报、效能感提升,抑或出于社交需求、社会规范等考虑,积极主动地投入了媒体内容生产,用户生产内容大量涌现。用户生产内容(user-generated content,简称 UGC),泛指以任何形式在网络上发表的由用户创作的文字、图片、音频、视频等内容,是 Web 2.0 环境下一种新兴的网络信息资源创作与组织模式。① 2007 年,世界经济合作与发展组织(OECD)在报告 *Participative Web and User-Created Content: Web. 2.0, Wikis and Social Networking* 中描述了用户生产内容的三个基本特征,即互联网上公开可用的内容、内容上一定程度的创新性、非专业人员或权威人士创作。②

在传统的新闻生产与传播方面,用户越来越广泛且深入地参与其中,比如用户利用手机等移动终端采集并向媒体组织提供多媒体形式的新闻线索,以留言、评论、接受采访、自制内容等方式针对新闻事件发表言论或分享亲身经历等。用户生产内容能够为传统新闻生产在时效性、题材丰富性、亲近性以及多元观点等方面做填补。③ 媒体组织愈发重视用户生产内容的价值。英国广播公司(BBC)于 2005 年成立了"用户生产内容集成中心"(UGC HUB),集中处理用户通过各种渠道提供的新闻信息,并提供给 BBC 的各编辑部和播出平台使用。④ 类似的还有《赫芬顿邮报》的"走下大巴"(Off The Bus,OTB)公民记者项目、美国有线电视新闻网(CNN)的"iReport"等。对用户生产内容的协同利用,成为传统媒体与新媒体融合发展的重要路径。

除了传统意义上的新闻生产与传播,用户生产内容伴随社会化媒体的快速发展,逐

---

① 赵宇翔、范哲、朱庆华:《用户生成内容(UGC)概念解析及研究进展》,《中国图书馆学报》2012 年第 5 期,第 68—81 页。

② 参见 OECD, *Participative Web and User-Created Content: Web 2.0, Wikis and Social Networking*, OECD Publishing, 2007。

③ 曾祥敏、曹楚:《专业媒体新闻内容生产创新实践——用户生产与专业生产深度融合的路径研究》,《现代传播(中国传媒大学学报)》2015 年第 11 期,第 34—41 页。

④ 顾洁:《"受众参与":一种超越"用户生产"的新闻实践——从 BBC 的实践看一种发展中的新闻样态和类型》,《新闻与写作》2013 年第 9 期,第 80—82 页。

渐深入网络社交、网络政治参与、网络消费（电子商务）、网络娱乐、网络文化、网络公共服务等诸多领域，成为用户网络参与的主要表征和网络内容生态的核心组成部分。从"维基百科"到网络问答社区，从BBS、博客到微博、微信公众号，从播客到直播、短视频，用户生产内容从内容到形式日趋多元泛化，为媒体平台持续带来发展活力和变革动力。特别是在大数据、人工智能技术日新月异的发展趋势下，利用用户数据优化媒介经营方式、实现精准传播显得尤为关键而必要，用户生产内容作为媒体组织与用户的连接点，已成为媒体组织开展经营活动的重要资源。这种经营模式在强调社会化生产的短视频平台尤为凸显，从国外的"YouTube""TikTok"到国内的"抖音""快手""微视""B站"，各大平台相继推出各具特色的"创作者计划"，支持和鼓励普通用户参与到平台的内容生产中。

<h3 style="text-align:center">YouTube的"合作伙伴计划"</h3>

为了鼓励用户参与内容生产的积极性，YouTube（"油管"）向其用户推出了"合作伙伴计划"（YouTube partner program，YPP），即符合内容生产要求的用户可以入驻该计划从而利用自己生产的内容获得收入。这些要求包括：在平台上拥有良好的信誉，至少拥有1000名订阅者，过去12个月的有效公开视频时长达到4000小时。符合要求的用户可以向平台提出入驻YPP的申请，平台会派专人审核其频道内容是否符合平台规范（尤其抵制过多的同质化内容），审核通过后的用户便可加入YPP。YPP可供用户获得收入的方式有广告费、订阅费、会员费、直播打赏等，甚至可以售卖自己的商品。其中，广告是主要收入来源。平台会基于受众群体、视频元数据（时长、画幅等）以及内容匹配度自动地将广告投放至用户生产的视频内容页面，形式包括：出现在视频右侧、推荐栏上方的展示类广告（display ads）；以半透明方式出现在视频下部20%区域内的重叠式广告（overlay ads）；强制观看后方可开始正式观看视频的导视广告（bumper ads）；可跳过和不可跳过广告（skippable/non-skippable video ads）；展示可能与该视频相关内容的赞助卡片（sponsored cards）；通常被投放在长视频里的中插广告（mid-roll ads）；等等。[1] 平台会将这些具体的创收方式及其原理清楚地告知用户，鼓励、引导他们创作出既可以吸引更多观众，同时也更适合广告投放的内容。

---

[1] 资料来源参见YouTube（"油管"）官方网站的"合作伙伴计划"（YouTube Partner Program，YPP）专题页面，https://www.youtube.com/creators/how-things-work/video-monetization/，2023年3月18日访问。

四、用户反馈影响媒介产品的价值兑现

无论是传统媒体语境下的发行量、订阅数、收视率，还是新媒体语境下的点击量、点赞数、评论量、转发量等，用户始终是关乎媒介产品价值兑现的核心。在传统媒体的消费逻辑中，用户被视作一个整体，反映的是媒介产品所触达或影响的群体规模。触达或影响的群体规模越大，反映出该媒介产品越受欢迎，进而越受广告主青睐。在新媒体的消费逻辑中，新媒体技术赋予用户以更强的能动性和主导性，强调精细化、个性化。除了由传统媒体时代大众传播效果演变而来的"流量逻辑"，新媒体环境下的用户反馈方式更加多元，变革甚至延伸了媒介产品的价值链条。比如，面对互联网上的海量信息，用户普遍缺乏足够的精力和能力进行信息检索和信息筛选，在此情况下，其他用户的点评成为人们获取知识、形成评价的重要来源和依据（典型的如"种草""安利"）；在一些原创内容平台，"投币""充电""打赏"等功能则可以通过内容付费的方式直接为自媒体带来收益。

从传播效果评估的角度来看，相较于点击量、播放量等触达层指标，点赞、评论、转发等往往更能反映用户的态度。是否点赞反映的是用户是否喜爱所接触的媒体内容，是否评论反映的是该媒体内容是否能引起用户的共鸣、质疑或讨论，是否转发反映的是用户是否希望该媒体内容被更多人看到等。不同形态或特点的媒介产品对这些指标数据的期待有所不同。比如在快速翻看的短视频信息流中，点赞更符合用户的使用习惯，一般而言更能反映短视频的热度；在微博这样的公共舆论场中，评论更能反映一条微博的舆论反响，且呈现出不同的立场和情绪取向；一篇知识科普性质的文章则更期待用户的转发行为，意味着用户愿意将这篇文章分享给他人，表明这篇文章对他们而言是有价值的。相关的用户行为指标仍在进一步细化中，比如微信朋友圈基于用户社交关系而设置的"在看"功能，一些平台还赋予用户内容管理的权限和功能，如"举报""不感兴趣"等，这些都侧面反映了用户反馈对于媒体平台优化媒介产品生产、分发，从而提升经营效率的重要意义。

用户反馈不仅能够影响媒介产品的传播流向，也可以对原本的媒介产品进行二次甚至多次的内容加工，基于社交网络和媒体平台实现社会化生产，促进跨平台、跨圈层传播，延续媒介产品的传播价值。比如，一则附着于媒介产品的"热门评论"，一条被广泛转载的"高赞回答"，弹幕与视频作品共创的"媒介景观"，由"模因"引起效仿和扩散的"病毒式营销"（如"冰桶挑战"）等。伴随着传播的价值链条延伸，经营的价值链条也在延伸。传统的"二次售卖"正在向"三次售卖"甚至"多次售卖"转变，其本质是基于用户需求，在"媒体"与"服务"之间搭建桥梁，延伸内容服务的能力。在一条短视频里，主人公的衣着可以以"购物车"链接的形式出现在屏幕下方供用户了解、购买；在一篇卫

生保健类文章的结尾,可以为用户提供在线医疗的渠道入口或更多的信息源。以用户为导向,媒介消费的空间和格局正在打开。

第二节 媒介用户消费需求

鉴于用户在媒介经营活动中的核心地位,在当前媒体形式和媒介用户消费需求多样化、媒体竞争日趋白热化的阶段,媒体组织必须加强对媒介用户消费需求的研究,并根据相应需求有针对性地制作出高经济效益的产品,增加媒体组织的直接收入;进一步培育潜在的用户广告市场,增加媒体组织的广告收入,以实现长期的生存。

一、媒介用户需求的层次与类别

媒介用户由于各自的知识背景、经济状况及工作环境等特点不同,因此对于媒介产品和服务的需求和期待各有差异。美国著名社会心理学家、人格理论家和比较心理学家马斯洛(Maslow)的需要(求)层次理论是解释人的需求的最著名的理论之一。他认为,人的需求可以被精简为五种最基本的需求层次,从低向高依次为生理需要(physiological needs)、安全需要(safety needs)、归属和爱的需要(belonging and love needs)、尊重的需要(esteem needs)和自我实现的需要(self-actualization needs)。马斯洛的需要层次理论表明,人的各层次需要之间是存在一个优先顺序的,如果某一层级的需要没有得到满足,那么该层级下部的需要就会主导人的行为。例如,贫困的人会关注其生理需要的满足,而不会努力满足该层次上部的其他需要。一般来说,这些需要的满足是从低向高依次进行的,如图 6-1 所示。当然,正如马斯洛所指出的,人的需要层次划分并不是非常严格的,一个在某一方面有强烈需要的人可能会以某些更基本的需要为代价。例如一个对艺术、知识特别钟爱的人可能会对艺术鉴赏类的信息有特殊的兴趣,而极少关注住房、饮食等通常意义上更为基础的需求。

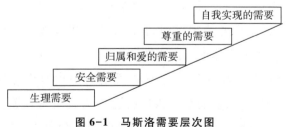

图 6-1 马斯洛需要层次图

马斯洛的这一理论同样可以对受众的媒介接触动机做出解释。受众之所以接触媒介无非是为了满足其各种层次的需要,都是怀有某种动机的,即主动通过媒体内容来满足自己的需要,实现自己的目的。这些不同的信息需要也可以依据马斯洛的理论分为与人的生理相关联的信息（健康、舒适等）、安全方面的信息（社会治安、食品安全等）、获得归属感的信息（热爱社区、职业等）、赢得尊重的信息（知识、道德修养等）以及自我实现方面的信息（成功意识等）。这里，我们把人们的信息需要简单地分为三类：一般资讯需要、社会化需要和情绪调节需要。

一般资讯需要。这是人类最基本的信息需要。在受众的信息需要系统中，资讯需要占据主导地位。人类的很多共同活动和交换活动在信息交换的基础上才得以进行。人类要生存和发展，必须要获得关于周围环境的信息，比如天气、物价等，并根据这些信息采取行动。当人们面对的环境极其复杂，几乎不可能靠自身去获得有关环境的全部信息时，大众媒介就成为一个很好的信息提供者。特别是，人们对社会环境的认识在时空上都具有局限性，而社会生活节奏的不断加快又要求人们及时获得更多的准确信息。在现代社会，互联网覆盖面不断扩大，移动端的发展使得人们获取信息更为便捷，越来越多的人依赖网上信息，媒介在人们认识周围社会环境中的重要性也日益突出。

社会化需要。社会化是指个体在与社会的互动过程中，逐渐形成独特的个性和人格，从生物人转变成社会人，并通过社会文化的内化和角色知识的学习，逐渐适应社会生活的过程。[①] 人在社会化过程中，一是使自己知道社会和他人对自己有哪些期待，二是使自己具备实现这些期待的能力，更好地承担自己的社会角色。家庭、学校和社会组织在人的社会化过程中都起着重要的作用。随着媒介的发展，媒介从两个方面对人的社会化产生着影响。第一，使人们获得信息的来源越来越丰富，在社会化过程中通过大众媒介了解社会和时代需求，学习专业知识，逐渐适应社会的需要。众多调查发现，在信息时代，儿童受媒体的影响很大，他们在媒体中初步接触社会的规则、角色关系和道德标准，并在随后的生活中运用这些经验。第二，新媒体时代下，社会化媒体的发展为人的社会化提供了新的实践场所。人们在线上平台互动的同时，也满足了社会交往的需求。通过社会交往和内容创造及分享的方式，人们的自我表达可以在新媒体环境下得到更多人更广范围的认可，也可以形成跨地域同一趣缘群体的认同感。

情绪调节需要。现代人的生活压力大，大众媒介提供的节目，尤其是一些娱乐、综艺、体育类内容往往能使受众的情绪得到调节，压力得以释放，从而获得轻松感。借助媒体调节情绪是现代人接触媒体信息的重要原因。

此外，人们可能还有某些特殊的心理需要，如在媒体内容中寻找生活的结合点，寻找认同感；通过媒体了解信息，从而增加人际交流中的共同语言等。毕竟，人们使用媒体并不都是由单一需求驱使的，一般是以某种动机为主，但也不排除其他动机的存在。

---

① 郑杭生主编：《社会学概论新修精编本（第二版）》，中国人民大学出版社2015年版，第83页。

二、媒介消费需求与媒体内容的关系

媒介消费本质上是对媒体内容的消费。媒体组织凭借其信息采集能力、内容生产能力形成信息差、内容差,用户获取相关信息、内容、服务的需求促成了媒介消费行为的展开。媒体内容是媒介产品的基本单位,用户受其消费需求驱动,依据媒体内容对媒介产品进行选择。从这一意义上说,媒体内容与媒介消费需求之间形成了一种供需关系。在传统媒体时代,媒体组织占有绝对话语权,媒体内容优先于媒体消费需求,呈现"媒体播什么,受众看什么"的单向传播模式。到了新媒体时代,用户占据媒介经营流程的核心,媒体内容生产与传播围绕用户媒介消费需求展开。

面对不断垂直分化的媒介消费需求,媒体内容生产日趋多元。比如,电视台开办新闻、经济、文化、体育、影视、军事、农业等多个频道;网站开辟生活、娱乐、资讯、国际、时政、体育、汽车、房地产等多个栏目。为了提高传播效率和效果,同时降低内容生产成本,媒体组织需要进行准确的用户细分,明确其市场竞争优势。比如,抖音的用户集中在一、二线较发达城市,平台将"记录美好生活"作为口号吸引用户;快手的用户则主要来自三、四线城市或乡镇,平台则提倡"拥抱每一种生活"。

面对海量信息流下提炼信息价值的媒介消费需求,媒体内容传播日趋精准。在大数据、算法、人工智能等技术的帮助下,媒体平台可以通过用户数据分析形成用户画像,有针对性地为用户进行定制化、个性化的信息内容推送。然而,需要注意的是,一味地以媒介消费需求为导向进行媒体内容生产,容易导致媒体内容同质化、低俗化、娱乐化现象,不利于媒体内容生态的良性发展,不利于媒体组织维系公信力、培养可持续发展能力。这就要求媒体组织在经济效益和社会效益之间寻找平衡。

此外,在新媒体环境下,用户既可以是媒体内容消费者,也可以是媒体内容生产者、传播者,媒体内容生产的门槛在降低。用户生产内容成为重要的媒介产品,专业性不再是媒介消费的硬性要求。除了传统意义上的订阅报刊、接收电视信号、观看付费网络节目等,为网络直播"打赏"、为自制网络视频节目"投币"等新媒体消费方式已经成为常态。与之相伴的是内容付费意识和习惯的养成,人们逐渐愿意为知识、音乐、音视频节目付费。这进一步拓展了媒介内容产品和内容服务的盈利方式。

三、影响媒介用户消费需求的因素

随着从"受众"向"用户"概念的演进,媒介消费主体概念的变化实际上也反映出当代人媒介消费需求的变迁。具体而言,用户相较于传统受众的信息搜索范围和信息获取范围扩大,其选择信息的容量和自由度随之扩大,更多个性化的创作者(如个人或团体运营的自媒体)对传统垄断式发布信息和生产内容的媒体机构(如报纸、广播、电视)

产生了冲击。用户的媒介消费需求在选择性和自主性上得到增强,更加强调个性化和交互性。媒体组织必须以用户需求为主驱动产品迭代更新。

根据经济学、心理学和社会学理论,影响个体用户媒介消费需求的因素有很多,一般包括以下五个方面:

第一,经济收入。一般而言,在其他条件不变的情况下,收入与用户对媒介产品的需求成正比。

第二,受教育程度。一个人的受教育程度直接影响了他的文化水平与知识结构,从而最终决定其对媒介产品的消费能力和消费结构。媒介产品本质上是一种知识产品与信息产品,有一定文化水平的人才能消费,从未接受过教育或受教育程度非常低的人往往很难形成对该产品的需求。例如,对报纸、杂志、书籍等媒介产品的需求明显地受消费者受教育程度的影响;而对电视的需求则不像报纸、杂志、书籍等媒介产品那样依附消费者的受教育程度。目前社交媒体的可视化、娱乐化趋势,实际上也是在通过降低人们使用媒介产品的受教育门槛,进一步扩大媒介产品的市场范围。

第三,个人偏好。个人偏好包括个人心理特质以及对自己的身份定位,在很大程度上受到个体生理和心理的影响,具有明显的个性化特征。媒介产品越能满足特定用户的特定要求,则他们对该产品的需求越迫切,也更可能愿为之付出更高的价格。此外,特定的偏好还会导致重复性的行为发生。多数情况下,媒介产品能形成稳定的消费群体,都是源于读者的偏好。

第四,媒介产品的定价。媒介产品的定价主要包括两个方面:(1)媒介产品本身的定价。价格与需求一般成反比,即产品价格越高,需求就越低。(2)相关媒介产品的定价,包括替代性产品和互补性产品。替代性产品是指两种不同的产品在使用价值上可以互相替代来满足人们的某种需要。以新闻产品为例,平面报纸与社交媒体平台上推送新闻的公众号即可被认为是互为替代品。互补性产品是指两种产品在功能上相互补充,缺少了其中一方则另一方将无法正常发挥功能,比如手机、电脑等电子媒介与需要以此为载体运营的各类应用产品(如聊天、游戏、娱乐类的软件等)及所谓的自媒体可以彼此称为互补品。在传统供需关系研究中,互为替代的媒介产品中一种产品的价格上升(下降),会引起另一种产品需求量的增加(减少);互补产品中一种产品价格上升(下降),会引起另一种产品的需求量的减少(增加)。也就是说,媒介消费者对于相关信息产品的需求,在价格既定的情况下,与替代性产品的价格成正比,与互补性产品的价格成反比。但是,上述需求判断只是在"经济人"假设下的推断,在现实情况中则有很多媒介消费行为属于典型的"冲动消费",比如在网络选秀节目中,人们会为了助力偶像出道购买过量的捆绑产品。

第五,个人可支配的时间结构。如果个人的工作时间增长,而休闲时间减少,则个人会减少对休闲商品的需求;如果个人的休闲时间增长,工作时间减少,则个人会增加对休闲商品的需求。媒体商品的消费是以消费个人的时间为代价的,因而个人可支配的休闲时间的长短在很大程度上决定了人们对媒体商品的需求量。随着便携式电子设备和多屏的应用,个人在相同的可支配时间内可能产生新的需求,碎片化内容供应为碎片化时间的开发与利用创造了可能,人们在工作期间或者在通勤等零碎时间里的价值得以被进一步挖掘。

当然,社会环境的复杂性、媒介生态的变化性已使得影响媒介消费需求的因素变得越来越多,比如外部便利条件(保证媒体内容接收和使用的信息基础设施、物质载体、移动终端等)、社会规范(人际信任、群体压力等)、社会文化心理(爱国主义、民族情绪等)等。媒体组织在经营管理过程中,需要及时关注用户媒介消费需求变化趋势及其影响因素,适应市场需求,不断调整产品定位和营销策略,提高竞争力。

四、新媒体环境下用户媒介消费需求的变化

当前,用户的主要媒介消费需求来源于电子媒介,对传统媒体的需求大幅度下降,这个过渡期产生了新趋势和新特征。第一,在商业资本的大力推动下,媒介消费需求作为文化符号消费的非理性特征更为突出。商业营销策略是为了唤起和制造更多"冲动消费"需求,或者将其包装成"实用性"需求进行推销,符号意义上的需求满足越来越突出。第二,娱乐化消费的需求呈现巨幅增长,各行各业的媒介消费需求均呈现泛娱乐化趋势。正如李伯曼等在《娱乐营销革命》的前言中所述:"公众强烈渴望寻求刺激,渴望超越现实,渴望体验图像和声音的魔幻世界。"[1]第三,由技术发展带来的媒介用户效应增强。这主要体现为用户内容生产和内容消费权力的变化,包括从垂直到水平、从独享到包容,以及从个体性到社会性——对于个体而言是个性化定制,对于更有潜力的商业运作而言则是用户群的连通。[2]

第三节　媒介用户细分

在媒介市场发展的早期,媒体及其提供的媒介产品实际上是一种稀缺资源,媒体组织决策者不用过多地考虑不同的消费者所具有的不同需求,他们只需要将媒体内容提供给市场,各种各样的受众在等待着获取这些媒体内容。随着经济的发展和技术的进

---

[1] 〔美〕埃尔·李伯曼、帕特丽夏·埃斯盖特:《娱乐营销革命》,谢新洲、陶岳波、王宇译,中国人民大学出版社2003年版,第7页。
[2] 参见〔美〕菲利普·科特勒、〔印尼〕何麻温·卡塔加雅、〔印尼〕伊万·塞蒂亚万:《营销革命4.0:从传统到数字》,王赛译,机械工业出版社2018年版。

步,媒介产业获得了巨大的发展,越来越多的竞争者和媒体内容进入市场,为获取消费者和利润进行激烈的竞争。消费者获得了更多的选择权利,开始在众多的媒体内容中选择自己所喜好的产品。媒体机构不得不采取相应的产品定位战略和营销战略以应对新竞争者带来的挑战,其营销人员和推广人员越来越深入地开展用户市场研究,试图从中发现不同消费群体的需求,有针对性地提供媒介产品和服务。

互联网的普及进一步降低了人们获取信息的受教育门槛,媒介市场竞争加剧,竞争格局也发生着改变:一方面,传统媒体曾经在相当长一段时间内占据媒介市场的主导地位,但是现阶段,传统媒体因其地位和市场份额被逐渐削弱,急需加快媒体融合的进度,实现机构转型;另一方面,与互联网应用息息相关的新媒体则在经历井喷式发展后逐步进入优胜劣汰的阶段,媒体组织和管理者需要对自身优势进行重新定位。此外,与先加入者相比,媒介市场的后加入者不得不寻找新的细分市场以求生存。因此,媒介消费需求细分化,并将媒介产品指向特定需求的群体即"小众",已经成为媒体组织市场定位的普遍趋势。现代战略营销理论的核心是"STP"营销,即市场细分(segmenting)、选择目标市场(targeting)和产品定位(positioning)。相应地,进行媒介消费群体(用户)细分也包括三个步骤,即媒介用户细分、媒体目标用户选择、媒体目标用户和差异化策略。

一、媒介用户细分维度及类型

市场细分理论是伴随着市场的成熟与竞争加剧而出现的。20世纪50年代,美国著名营销专家温德尔·史密斯提出了市场细分理论,这种以消费者需求的异质性为依据的理论成了现代市场营销的核心战略。市场细分要先确定若干个具有不同需要、特征或行为偏好的购买者群体,根据他们的特征将市场分为若干个小的细分市场,同时每个市场需要不同的营销策略或组合。[1] 根据这一理论,媒介市场细分是指,媒体按照一定的分类标准,把媒体可进入的市场分割为若干个具有相似的欲望和需求的细分市场,以用来确定传媒市场目标的过程。[2] 媒介市场细分是媒体在对媒介消费群体整体的科学认识和把握的基础之上,寻找、树立、强化自身独特的风格或某方面的相对优势,以在竞争激烈的市场中立足。它意味着与同类媒体错开诉求角度与重点,同时形成互补关系,而不是简单的"有你无我"。

市场细分不仅是媒体组织关注的问题,也是广告商关注的问题。广告商并不希望铺天盖地、漫无目的地做广告,这种营销方式成本太高,而且收效甚微。现在,广告商在投放广告的时候,也要事先进行产品定位,找准产品适销对路的细分市场,然后有针对

---

[1] 〔美〕菲利普·科特勒等:《市场营销管理(亚洲版·第二版)》,梅清豪译,中国人民大学出版社2000年版,第170页。

[2] 曹鹏:《媒介经营管理60个关键词》,《新闻知识》2001年第7期,第51—54页。

性地进行宣传。媒体机构进行合理的市场细分和定位,向某些特定的人群提供特定的媒体内容,不仅可以满足特定用户群的需要,而且能吸引对特定用户群感兴趣的广告主前来投放广告。

在媒介经营管理人员寻找适合进行投入的细分市场的过程中,有一个概念非常重要,那就是"共同特征"。消费者在很多时候都会留下可以帮助我们了解其需求状况的信息,如家居何处、处于什么社会地位、喜欢哪种生活方式、需要什么样的信息内容等,特别是在互联网发展时代,信息痕迹的应用价值不可小觑。媒体组织的经营管理者可以根据这些蛛丝马迹,发现并锁定具有相似需求和欲望的消费群体,并针对他们的特点制作媒介产品,选择在适当的时间通过适当的方式传递给这一消费者群体。媒体机构进行市场细分的目的就是要找到特定的位置和市场空间,并及时采取行动去满足这个市场空间的需求。

媒介用户的需求共性和个性并存,市场细分正是基于媒介用户需求的个性或者说差异性。对差异性的考察源于不同的变量,这些变量将成为我们进行媒介市场细分的基本依据,并构成市场细分方法的组合因素来源。在各种市场细分的变量中,最主要的变量包括地理变量、人口统计变量、心理变量和行为变量(见表6-1)。

表 6-1 媒介用户市场细分的变量①

细分变量	具体内容
地理变量	国家、区域、州、县、市、社区、人口密度、气候等
人口统计变量	年龄、生命周期阶段、性别、收入、工作、教育、种族、宗教、代际等
心理变量	社会阶层、生活方式、性格等
行为变量	场合、利益、用户地位、使用率、忠诚度等

(一)地理细分(geography segmentation)

地理细分变量主要是指媒介消费者所在的地理位置以及国家、区域(在中国尤其体现为城乡)、州、县、市、社区、人口密度、气候等因素。地理因素是一个静态因素,往往容易辨别,对于分析研究不同地区媒介用户的需求特点、需求总量及其发展变化趋势有一定意义,有助于媒体组织开拓区域市场。媒体机构在进行市场细分和定位的时候,必须将地理因素考虑在内,根据不同地区用户的生活习惯、文化传统、媒体消费习惯等,决定在不同地区用哪种传播方式、哪种风格提供何种类型的信息。比如,在德国、瑞典、西班牙、英国和美国等欧美国家,用户多使用电脑和平板电脑;在亚太地区,大多数国家则是

---

① 〔美〕菲利普·科特勒等:《市场营销管理(亚洲版·第二版)》,梅清豪译,中国人民大学出版社2000年版,第171页。

以移动设备为主导。① 还有调查显示,大多数美国和德国消费者都非常喜欢基于图片的广告,却认为视频广告是一种特别恼人且没内涵的广告类型。②

地理变量易于识别,是细分市场应予以考虑的重要因素,但处于同一地理位置的用户需求仍会有很大差异。比如,在我国的一些大城市,像北京、上海,流动人口逾百万,这些流动人口本身就构成一个很大的市场,很显然,这一市场有许多不同于常住人口市场的需求特点。所以,简单地以某一地理特征区分受众市场,不一定能真实地反映用户的需求共性与差异,所以还须结合其他细分变量予以综合考虑。

（二）人口统计细分(demographics segmentation)

人口统计细分的主要因素包括年龄、生命周期阶段、性别、收入、工作、教育、种族、宗教、代际等。人口变量是区分用户群体最常用的基本要素。一方面,媒介用户对媒体的需求、偏好和使用率与人口变量密切相关,媒介用户的需要、欲望和购买频率经常都是紧随人口变量的变化而变化的;另一方面,相比于其他变量,人口统计变量也更容易测量。

性别是很重要的因素,男性与女性在媒体内容的需求与偏好上有很大不同。比如,在一个家庭中,丈夫可能是最喜欢体育节目的家庭成员,而电视剧和综艺节目则是妻子的最爱。而在网络综艺的观看人群中,年轻女性更为青睐男性偶像选秀类节目。

年龄变量也是区分不同信息需要的显著指标,不同年龄段的人的心理需求、信息需求和娱乐爱好表现出差异性。按年龄细分用户市场,有利于满足各年龄段受众的特定需要。以电视节目为例,可能中年女性观众更喜欢看连续剧,中年男性观众更喜欢看体育节目,年轻人更喜欢看娱乐资讯节目,等等。

不同的媒介用户群体对不同的媒介产品表现出不同的兴趣,这一点可以从许多调查结果中得到证实。复旦大学信息与传播研究中心在 2010 年组织了"新传播形态下的中国受众"课题,沈菲等人利用课题研究的数据将新传播形态下的中国受众分成了六个类型(见图 6-2):一个典型的"电视主导型"受众很可能是一个居住在农村地区的低收入、低教育水平的务农者,由于农村娱乐活动的匮乏和其他媒体资源的有限,电视成了唯一的低成本娱乐活动;一个典型的"媒体低耗型"受众有可能是一个初中教育水平的低收入务农者,繁忙的劳作和经济的拮据令他无暇或很少有时间接触媒体;一个典型的"电视-杂志型"受众很可能是一个年轻的高教育和高收入水平的城市白领,杂志能够为他提供针对细分市场的专业信息,如美容、汽车、电脑游戏方面的信息或新

---

① "The Global Media Intelligence Report 2020," Oct. 25, 2020, GlobalWebIndex, https://www.emarketer.com/content/global-media-intelligence-2020, 2021 年 7 月 1 日访问。

② "Content Trends: Global Consumer Preference," Feb. 7, 2018, HubSpot, https://blog.hubspot.com/marketing/content-trends-global-preferences, 2021 年 7 月 1 日访问。

闻时事等;一个典型的"电视-报纸型"受众很可能是一个高收入、中等教育水平的中年男性城市居民,每日阅读报纸是他的生活习惯之一;一个典型的"电视-网络型"受众很可能是一个中等教育、中等收入水平的年轻网民,他平时每天的工作和学习都需要用到互联网;一个典型的"电视-广播型"受众很可能是一个低教育水平的中老年受众,广播通过音频传递信息的特点使他能够在做家务的同时接收信息和享受娱乐。① 近十年来,互联网的快速发展不断挤压报纸、杂志甚至是电视媒体的主导地位,上述"电视-杂志型""电视-报纸型"受众都在逐渐向"电视-网络型"受众和"纯网络型"用户靠拢。在此基础上,挖掘用户的细分市场需要进一步细分网络媒介产品类型。这充分说明,市场细分并非固化且一成不变的,而是一个动态结构。

	人数	人口比例（%）	平均电视天数	平均报纸天数	平均杂志天数	平均广播天数	平均互联网天数
电视主导型	22233	59.6	高	低	低	低	低
媒体低耗型	4689	12.6	低	低	低	低	低
电视-杂志型	904	2.4	高	中	高	低	中
电视-报纸型	2912	7.8	高	高	低	低	中
电视-网络型	3681	9.9	高	低	低	低	高
电视-广播型	2861	7.7	高	低	低	高	低

图 6-2　受众分类命名②

发达国家大众媒体的细分群体在人口统计指标层面上大都很明确。例如,在 21 世纪初,BBC 设置了三个青少幼频道,主要就是根据年龄生命周期和教育水平等人口统计因素对观众进行了细分。CBeebies 的学龄前儿童频道针对英国最小的电视观众(8 岁以下)提供高质量的启蒙教育及娱乐节目;CBBC(Children)少年频道则为 8 岁以上的少年儿童提供丰富多彩的节目内容;BBC Three 多元文化的青年频道从线下播出转换为互联网频道,满足不同文化背景下的青年人(16 岁至 34 岁)的时尚、娱乐的需求。③

（三）心理细分(psychology segmentation)

心理细分变量是比人口统计变量更深入的市场细分依据,媒介用户归属于不同的社会阶层,其生活方式、个性特征均有所不同。心理细分依据人们的心理因素——价值观、态度、个性和生活方式将媒介用户归类,把人视为有感情、有倾向的个体,并按照他

---

① 沈菲等:《新媒介环境下的中国受众分类:基于 2010 全国受众调查的实证研究》,《新闻大学》2014 年第 3 期,第 100—107 页。
② 同上。
③ 杨莹:《CCTV 与 BBC 电视频道市场细分的分析与比较》,《传媒观察》2004 年第 11 期,第 54—55 页;相关资料已经根据最新情况进行了修正。

们的感觉、信仰、生活方式以及媒体接触习惯等对他们进行分类。

个性即一个人在一定社会条件下形成的、具有一定倾向的、比较稳定而独特的心理特征的总和。① 特定的个性同媒介的选择之间关系密切，使用个性变量来细分市场则可针对目标用户的个性特征，赋予媒介产品与之相符的品牌个性，将媒介产品和媒介用户两者的个性相结合。现阶段，很多自媒体在运营过程中都会采用年轻化的品牌个性形象，瞄准年轻的用户群体，比如在互动过程中使用网络流行用语、紧跟娱乐热点等。

生活方式是指在一定的社会条件下，由历史积累形成的人类活动形式的总和，它说明了人们在何种条件下，结成何种关系，以何种形式来利用生活资料，反映了人们社会活动的内容、特征和形式。② 生活方式就是生活主体同一定的社会条件相互作用而形成的活动形式和行为特征的复杂有机体。人们对媒体的兴趣受其生活方式的影响，而他们选择媒体的同时也反映了自己的生活方式。媒介用户的作息习惯、对闲暇时间的支配、对娱乐方式的选择等，都会影响他们对媒体的选择、接触媒体的时间和频率。

以中央电视台《东方时空》节目根据受众需求的数次改版为例。2004年9月，《东方时空》第二次改版调整了播出时间，节目由原来早晨7:15，调整到晚间黄金时间18:14。在21世纪初，中国的大多数百姓的早间生活比较匆忙，很少有人会在早晨7点到8点的时间段看电视。而该节目调整到18点这一时间段，与紧接其后的《新闻联播》《焦点访谈》两大新闻节目联成一体，形成了一套"新闻时段"，与中国人的生活方式相协调。2009年8月，《东方时空》再次调整时间，改到《焦点访谈》后。其节目内容也在数次改版中从专题化到资讯化，最终成为梳理解读当日资讯的新闻栏目。改版后，中央电视台新闻频道从18点的《新闻直播间》、19点的"《新闻联播》+《焦点访谈》"，到20点的《东方时空》，可以更好地满足不同时段结束工作的人收看当天资讯的需求。

伴随互联网的发展和泛在式移动环境的形成，新媒体平台的媒介产品开始进一步争夺人们的零碎时间。比如，短视频兼具视听效果丰富和短时间内密集传达信息的双重优点，与智能手机应用相互促进，让人们可以在上下班的等车、坐车等各种零碎时间消费。

动机是激励个体实施某种行动的主观原因，是推动个体寻求满足需要的内在动力。动机越强烈，个体从事某项活动的指向越明确，活动的持续性和稳定性也越强。③ 即使对于同一类媒体、同一种媒介产品，其用户也往往存在不同的使用动机。在一项有关"抖音"短视频的网络民族志研究中，使用"抖音"短视频的用户最直接的动机是娱乐消遣，但是在不同情境和不同身份中，人们也会有不同的使用动机。比如，早晨清醒前打

---

① 彭聃龄主编：《普通心理学（修订版）》，北京师范大学出版社2001年版，第137页。
② 王伟光主编：《社会生活方式论》，江苏人民出版社1988年版，第96页。
③ 彭聃龄主编：《普通心理学（修订版）》，北京师范大学出版社2001年版，第236页。

开"抖音"短视频,实现"热身唤醒";以好奇的心态围观猎奇;通过一些知识技能类短视频实现提升自我的目标;通过上传、浏览、回复评论短视频满足社交互动的需求;对于"微商"而言,上传短视频则是为了实现广告效应;等等。①

以心理视角划分媒介人格

有研究以心理视角为用户观测入口,划分出六种媒介人格倾向,即外倾型、自由型、利他型、警惕型、建构型、解构型。其中,外倾型人格的用户倾向通过媒介与更多人互动,建立更多的社会关系;自由型人格的用户倾向利用媒介寻求自我愉悦与自我表达;利他型人格的用户倾向通过媒介帮助他人,例如回答别人的困惑、解决别人的问题;警惕型人格的用户倾向对其他用户保持警惕,不太容易屈服于人或与他人合作;建构型人格的用户倾向通过媒介努力学习、提升自我,在一个系统里出人头地;解构型人格的用户缺乏"包容平顺"的心态与行为,例如倾向在网上发表冲突性的言论或与别人"抬杠"。该研究进一步基于有关公众媒体使用的大规模问卷调查数据发现,我国公众的媒介人格趋于正向,建构型媒介人格得分最高。②

(四)行为细分(behavioristic segmentation)

按照用户消费媒介产品的行为对其进行分类是细分市场的最佳方法之一。行为细分由许多变量来决定,其中最重要的变量就是媒介用户的媒体使用行为特征(包括用户黏性、消费潜力、媒体使用习惯等)、使用率、消费时机和利益追求,这些分类可以进一步向媒体组织揭示用户行为背后的消费原因。

1. 媒介用户的使用行为特征

媒介市场中的用户可以分为几类。

第一类是忠实用户,如长期阅读某报纸的读者、长期观看某电视节目的观众等。这类用户对某媒介产品表现出强烈的忠诚,不需要媒体机构进行过多的宣传或者调整,就能持续对该产品进行消费。"饭圈""粉丝"群体也多属于这类用户,比如爱奇艺平台的"青春有你"系列、腾讯平台的"创造营"系列、优酷平台的"少年"系列,都吸引了大量忠实的付费用户。

第二类是半忠实用户。这部分用户对特定的媒介产品表现出一定的忠诚度,但如果替代产品出现,而且新的媒介产品很具有吸引力的话,他们有可能会选择替代产品。

---

① 参见孔宵:《基于网络民族志调查的"抖音"短视频 APP 用户研究》,山东大学硕士学位论文,2018 年。
② 方可人、喻国明:《媒介用户:从物理划分到心理划分的范式升级——关于媒介人格与媒介使用偏向的实证研究》,《新闻与写作》2020 年第 5 期,第 61—66 页。

比如,北京交通广播电台提供关于北京路况信息的节目拥有很多听众,但是如果中央人民广播电台的"都市之声"频道在特定的时间段提供更吸引人的节目,而听众可以通过手机上的地图 App 查询路况,听众就很可能根据节目主持人和节目编排方式等多个因素来决定收听哪个台。这类听众并非北京交通广播电台的忠实听众,而是半忠实听众。

第三类是极具消费可能的用户。这部分用户本来对某个媒介产品就有良好的印象,如果该媒介产品的质量能够得到进一步提高和改进的话,他们很有可能选择该媒介产品。

第四类是知晓但未尝试该媒介产品的用户,这部分用户是媒体机构可以极力争取的用户群,他们对媒体内容并不是很了解,媒体机构可以采取适当的营销措施,鼓励这部分用户了解自己的媒介产品,并最终成为自己的用户。

第五类是游动用户,这部分用户在两种以上的媒介产品中游移,不具有确定性,他们很容易受到一些宣传和推广活动的影响,媒体机构可以通过一些营销活动吸引这部分用户。

第六类是尝试而拒绝消费的非用户。这部分用户不是媒体机构要争取的对象,但其拒绝消费的原因值得关注。

2. 使用率

某个媒体产品的用户群中,往往有一部分人是"重度消费者",另外还有一部分"中度/轻度消费者",这两个概念相对出现。假设一个微信公众号有十万关注者,其中有一万用户每天都阅读该公众号的推送,有八万用户一个星期阅读一两次,还有一万用户偶尔阅读一次,那么每天都阅读的一万用户就是重度消费者,而一个星期阅读一两次的八万用户就是中度消费者,另外偶尔阅读的一万用户就是轻度消费者。针对消费者的使用率,媒体机构在进行市场细分时也应有所侧重,要特别关注重度消费者,发现这部分消费者的共同特征,以及他们为什么对自己提供的媒介产品感兴趣,从而进一步勾画和把握目标市场。

3. 消费时机

媒体机构还可以根据用户消费媒介产品或服务的时间来对媒介消费群体进行细分。比如,在新春佳节期间,人们阖家团圆,希望观看一些轻松愉快的片子,与家人共享天伦,这就形成了一个细分市场。近年来,百度、抖音、快手等互联网公司更是纷纷争夺央视春晚的黄金契机,推出"集福""抢红包"等营销活动。新冠肺炎疫情期间,"直播带货"则因人们居家隔离出行不便、上网时间增多等现实状况成为新兴的网络购物模式,以"驰援湖北"为主题的系列直播带货活动更是直观体现出了这种模式的社会效益。

4. 利益追求

用户是为了追求某种产品利益——获取特定信息、社会认同感、娱乐需求、身份象征等——才消费特定媒体产品的。比如,喜欢阅读时尚类公众号的读者很可能是因为想获取关于时尚的信息,让自己紧随时尚的步伐;一些读者订阅财经新闻可能是想显示自己对经济问题的精通,获得人们的尊重。因此,媒体机构可以根据媒介用户追求的产品利益来对媒介用户进行细分,并采取相应的措施,更好地满足媒介用户的需求。根据媒介用户从媒介产品中追求的利益侧重,媒介消费市场可细分为新闻型市场、服务型市场、娱乐型市场、综合型市场等。如在现在众多的移动客户端中,有新闻诉求的用户倾向使用"央视新闻""凤凰新闻""今日头条"等资讯类App,有娱乐诉求的用户则愿意选择"爱奇艺""腾讯视频"等视频类App或网络游戏App等。

媒体机构根据上述标准对媒介用户进行细分研究,一方面识别出目标细分市场,另一方面对组成这个细分市场的用户进行充分的描述,以更好地了解他们的需求,提供合适的媒体产品,采用合适的传播方式,实现媒体的传播效果。在通常情况下,运用一两个变量进行市场细分,并不能发现足够的市场机会,或者全面认识某一个媒介消费群体的特征,这时就需要运用两种或两种以上的变量来细分市场。

媒介用户细分是建立在媒介用户需求之上的合理细分。强调细分,并非说分得越细越好,而是强调合理细分。细分市场受到用户数量和范围的限制,过度细分可能会带来以偏概全、资源浪费等问题。只有那些合理的、可以操作的细分才能为媒体机构带来更大的商机。

需要注意的是,虽然媒介市场细分的方法很多,但不是所有的细分都有效。根据市场营销学的基本原理,只有满足特定条件的细分市场才是现实有效的、有意义的。这些因素包括可测量性、可到达性、可持续性、差异性、可执行性等(图6-3)。

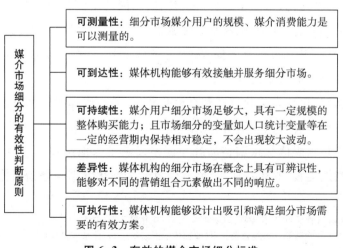

图6-3 有效的媒介市场细分标准

二、媒体目标用户选择

任何一个媒体组织都难以生产出满足所有媒介用户需求的产品。它必须在可以观测到的细分市场中做出选择。媒体目标用户选择是指媒体组织在需求差异性市场中,根据自身优势从各种细分市场中选择出一个或若干个子市场作为自己的目标市场,并针对目标市场的特点展开营销活动,以满足这个市场中现有和潜在的消费者群体的需求。① 媒体在选择目标市场之前,必须对细分的子市场进行评估,主要考虑三个因素:细分市场是否具备足够的规模和成长力;细分市场是否具有吸引力;细分市场与媒体组织的目标是否一致,以及媒体组织的资源能否适应新的市场需要。如果所评估的细分市场具备这些条件,就可以从中进行选择。

选择目标用户基本有四种模式:无差异性营销(大众营销)、差异化营销(细分营销)、集中性营销(利基营销)、微观营销(包括本土化营销和个性化营销)。②

(1) 无差异性市场策略(或大众营销),即媒体为整个市场设计生产单一媒介产品内容,实行单一的市场营销方案,来满足绝大多数的媒介用户,即产品单一化,采取整体市场策略。比如,传统的综合报纸采用的就是这种策略。

(2) 差异化营销(细分营销),即媒体为每个细分的目标市场生产、提供不同的媒介产品和内容,呈现出产品多元化、市场多元化,但同时也存在增加商业成本的风险。比如,中央电视台通过经营多种频道,满足不同消费群体的需求,推出综合频道、财经频道、综艺频道、中文国际频道、体育频道、电影频道、军事·农业频道、电视剧频道、纪录频道、科教频道、戏曲频道、社会与法频道、新闻频道、少儿频道和音乐频道等。但这些频道并不固定,常因市场变化而调整。

(3) 集中性营销(利基营销),是指媒体为一个目标市场即同一类用户群提供多种内容,呈现出产品多元化、市场单一化。例如,财新网的定位为原创财经新媒体,主要提供每日经济活动必需的财经资讯及基础金融信息服务。这种策略的优点是适当缩小了市场面,有利于发挥媒体的综合优势,集中力量满足某一特定受众群体的各种需求,同时避免了单一内容可能带来的弊端。

(4) 微观营销,包括本土化营销和个性化营销,是指媒体组织调整媒介产品与营销活动去迎合具体消费者与当地消费者的品味。

本土化营销是指媒体机构调整品牌与促销以满足当地用户的需要。比如,一些自媒体专注推介当地美食、娱乐场所、新闻等信息。个性化营销则是指媒体机构调整产品

---

① 曹鹏:《媒介经营管理60个关键词》,《新闻知识》2001年第7期,第51—54页。
② 〔美〕菲利普·科特勒等:《市场营销管理(亚洲版·第二版)》,梅清豪译,中国人民大学出版社2000年版,第180页。

与营销活动以满足个体用户的需求与偏好,也称为一对一营销、大规模定制和个体营销。比如,一些新闻客户端的会员可以享受定制的新闻推送,还可以获得参观新闻机构、获得定制礼品的机会。

三、媒体目标用户定位和差异化策略

产品定位(product positioning)是指消费者根据产品的重要属性定义产品的方法,或者说是相对于竞争中的其他产品而言,产品在消费者的评价中所占有的位置。[①] 一旦媒体组织决定进入某个细分市场,就必须在这些细分市场中找到适当的位置,即媒体目标用户定位。比如,湖南卫视定位为"最有活力的电视娱乐传媒",在随后的发展中,"芒果TV"作为湖南广播电视台的互联网视频平台延续了"娱乐"的定位,推出了众多综艺节目和电视剧。相比较而言,凤凰卫视更侧重"综合资讯的提供",之后的"凤凰新闻"移动端则仍然以提供新闻资讯为主。

用户常被太多的产品和服务信息所包围,他们不可能每次做决策时,都重新评估产品。为简化选择过程,用户把产品进行分类,在脑海中"定位"产品、服务和媒体。一个产品的定位是知觉、印象和用户比较产品后的感觉的混合物。而媒体市场定位的诉求点就是为目标用户提供利益,差异化的根本所在就是让媒体使用者感受到一种更好的利益获取方式的存在,进而形成使用偏好。

一旦确定了媒体产品定位,媒体机构就必须采取有力措施与目标用户交流并传递这种定位形象,产品的营销组合策略也必须支持这个定位。媒体产品定位要有具体的实施策略,而不是停在口头上。如果某财经新闻杂志的定位是"最深入、最权威的财经分析和评论",那么该杂志必须体现这种定位,在设计营销组合策略,也就是产品、定价、分销和促销等时,所有战术细节都要围绕产品的定位,即提供深入、权威的内容。为此,它需要有威望的撰稿者和采访对象,设定较高的价格以体现其价值,通过有品质的渠道来发行,并选择令人信赖的宣传促销手段等,以上是该杂志围绕定位进行营销的必不可少的手段。

媒体组织经常发现,找到好的产品定位策略要比实施这个策略容易得多,实施或改变市场定位是一个长期的过程,有时已经形成的定位会很快失去。媒体组织一旦找到了在市场中的位置,就要通过持续的努力和交流来保持它。在变化多端的市场竞争中,媒体组织时常要调整自己在市场中的位置,以适应客户的需要和竞争对手的策略。但是,媒体组织应该避免那些使用户感到迷惑的变化,在适应变化中的市场环境时,一个产品的定位需要逐步调整,尤其在新媒体环境下,产品创新不能盲目,需要综合考量媒

---

① 〔美〕艾·里斯、杰克·特劳特:《定位:头脑争夺战》,王恩冕、于少蔚译,中国财政经济出版社2002年版,第5页。

体组织的自身定位、内容生产和经营能力、客户和市场需求以及政策、媒介等外部环境变化等因素。

第四节　媒介用户调研

营销大师菲利普·科特勒(Philip Kotler)指出:"市场是指产品的现实和潜在的购买者。这些购买者共同具有某一特定的、能通过交换关系得到满足的需求或欲望。"①从媒体经营和运作的情况分析,媒体的买方市场一方面是投放广告的商家和企业,另一方面是媒体的消费者(媒介用户)。媒介用户通过交换注意力获取媒介产品,媒介经营者再将与媒介用户交换所得的注意力交换给投放广告的商家和企业,并从中获取收益。表面上,媒体联系着两个市场,但从广告主最终的目的来看,媒介产品的用户才是将市场联系起来的核心要素,具有决定性作用。媒介经营者唯有获得尽可能多的消费者注意力,才能获取更多的利润。媒介用户细分等的最终目的多是吸引尽可能多且高质量的媒介用户,这就要求媒介经营一方面要遵循媒介传播规律,同时也要遵循媒介消费市场规律。为此,进行媒介用户调研就成为必不可少的一步。

早期媒介用户调查被称为"受众调查",是源于媒介产业发展的需要。早在1914年,美国的广告商为了防止报社虚报发行数量,联合组织了"报纸发行数字稽核局",通过各种途径调查报纸的发行数量,这些数据对于媒体管理以及制定广告投放策略是十分必要的。②

在此之后,美国出现了许多专门从事受众调查服务的公司,负责向各种媒体提供调查报告。随着媒体的发展,受众调查扩展到广播电视的收听率、收视率及满意度调查。如今,用户调研的重要性越来越突出,媒介消费情况调查方法和调查内容也得到进一步拓展。

在我国,媒介消费情况调查的起步相对较晚。改革开放以后,受众在传播过程中的作用和地位逐步得到确认。同时,伴随着传播学理论、传播学实证研究方法的引进,受众调查得以在国内兴起。四十多年后的今天,吸引、开拓用户的媒介消费以保证媒体组织自身的生存和发展,成为经营管理者首先考虑的问题,用户调研也因此获得了学界、业界的高度重视。

一、媒介用户调研的主要指标

媒介用户调研可以帮助管理者了解自己和竞争对手的优劣势。为了在处理调研数

---

① 〔美〕菲利普·科特勒、加里·阿姆斯特朗:《市场营销》,俞利军译,华夏出版社2003年版,第14页。
② 张隆栋主编:《大众传播学总论》,中国人民大学出版社1993年版,第134页。

据的时候最大化利用各个渠道的调研信息,管理者必须能理解媒介市场调查的术语,并且能够分析数据。针对不同的媒介有不同的常用指标。

(一) 传统媒体受众调查中的常用指标

在传统媒体受众调查中,纸质媒体、广播电视媒体等作为相较于互联网的传统媒体有一些特定的常用指标。

1. 纸质媒体

发行量(circulation)。发行量指的是印刷媒体每期实际发送到读者受众的份数(包括订阅、零售和赠阅的所有份数)。报纸和杂志的广告收费水平往往是根据其发行量来决定的。

初级发行量(primary circulation)。初级发行量指的是购买报刊和接收到赠阅报刊的人的总数。此处就涉及另外一个术语,称为基本阅读率,指的是主动购买某报刊和获赠免费出版物的人在整个读者群中所占的比例,计算公式如下:

$$基本阅读率(\%) = 初级发行量 \div 发行量$$

二级读者量(secondary readership)。二级读者量又称作接班读者量,指的是除购买报刊和接收到赠阅报刊的人以外的其他读者。同样,这里也涉及另外一个术语,称为传阅率,指的是除购买报刊和接收到赠阅报刊的人以外的其他读者在整个读者群中所占的比例,计算公式如下:

$$传阅率(\%) = 二级读者量 \div 发行量$$

订阅率或零售率,即订阅某报刊或者零售某报刊的消费者分别在该报刊总体购买者人数中所占的百分比。这个数据对于广告主来说很重要,从广告主的角度来看,在报摊上零购报刊的读者大多数是出于真实的需求,而非订阅的惯性,因此可能比订阅用户更具有价值。

2. 广播电视媒体

视听率。视听率指的是基于一些普遍估计数值,估算出收看或收听特定节目的观众或者家庭的数目占收看或收听总量的百分比。这个普遍估计数值可以是整个国家的受众数目(比如广播网络和有线电视频道的情况),或者是包含某个地方市场中大部分人口的一个样本量。不管哪一种,都必须明确界定普遍估计数值。一般而言,计算视听率的公式如下:

$$视听率(\%) = 受众(个人或家庭)数目 \div 普遍估计数值$$

或者

$$视听率(\%) = 实际观众或者听众数目 \div 观众或听众人口总量$$

视听率的一个点代表了受调查人口群体中的一个百分点。如果某个特定的电视节目的收视率为 10,则表示估计在受调查的人口群体中,有 10% 的人看过该节目。

占有率与视听率不同,占有率是根据实际的观众或听众数目,比如在一个特定时间内收看电视的家庭(households using television,HUT)或者收听广播的听众(persons using radio,PUR)的数目,来测量收看或者收听特定节目的观众或听众的比例。占有率可以反映出某个特定的节目或者特定的电视台在竞争中的表现如何,计算公式如下:

占有率(%)= 受众(个人或家庭)数目÷使用电视的家庭或使用收音机的听众数目

累积听众(cume persons)。累积听众代表的是一个广播台在指定的一周内,连续收听该广播台的节目不少于 5 分钟的不同听众的数目。较高的累积听众数表示较强的市场渗透能力。

累积收听率(cume rating)。累积收听率是指在特定的一周内,一个广播台所到达的听众,或者是累积听众数在整个人口群体中所占的百分比。

收听时间(time spent listening,TSL)。收听时间是指平均每个人花费在收听广播上的时间。

电视市场调查中还会经常提及以下术语:

受众总数(total audience)和受众构成(audience composition)。受众总数是指某节目的一部分到达的受众人数总和,该数字一般被分解成不同的项目,以便清楚地确定受众构成,即受众的人口统计分类分布。

到达率(reach)。到达率是指特定目标视听受众在特定时期内会看到或者听到广告或广告活动的比例,又称作覆盖率或覆盖范围。这个术语也可以用来指称特定目标视听受众在特定时期内看到或收听到某广播电视节目的人数所占总量的比例。

(二)新媒体用户调研中的常用指标

从 PC 端到移动端,近几年比较流行的统计方法聚焦在"流量"的统计上。"流量"原本是物理学名词,在网络媒体的应用中,具体是指在一定时间内打开网站地址的人气访问量,或者是指代手机移动数据。

数量意义上的流量统计,具体包含如下指标:

浏览量(page view,PV),是指页面被浏览的次数。用户每一次页面打开即被记为 1 次浏览量。浏览量越多,说明该页面被浏览的次数越多,浏览量之于网站,就像收视率之于电视,是评估网站表现的基本尺度。

访问次数(visit),即用户在网站上的会话(session)次数。与浏览量不同,访问次数是从访客角度衡量的分析指标。一次会话过程中用户可能浏览多个页面,此时浏览量可能不止 1 次,而访问次数却为 1。访问次数与用户数量也不同,如果网站的用户黏性足够好,同一用户一天中多次登录网站,那么访问次数就会明显大于用户数。

质量意义上的流量统计,具体包含如下指标:

唯一访客数(unique visitor),是指一天之内网站的独立访客数,一般以"cookie"为依据,一天内同一用户多次访问网站只算作1个独立访客。该指标一般用来测量当天访问网站的用户规模。

新访客数,即一天内第一次到访网站的独立访客数。新访客数一般用来衡量媒体组织开发、吸引新用户的效果。

新访客比率,即一天中新访客数占总独立访客数的比例。具体计算公式如下:

$$新访客比率 = 新访客数 \div 唯一访客数$$

IP数,即一天之内访问网站的不同独立IP数的总和。其中,同一IP无论访问了几个页面,其独立IP数均为1。与唯一访客数不同,IP数以独立IP为计算单位,基于同一个IP地址可能有多个用户,这些用户访问网站会带来唯一访客数的提升,但IP数仅计为1。

跳出率,指的是只浏览一个页面便离开网站的访问次数占总访问次数的百分比。跳出率是衡量用户黏性的重要指标,它显示了用户对网站的兴趣程度:跳出率越低说明流量质量越好,用户对网站的内容越感兴趣,这些访客越可能是网站的有效用户、忠实用户。具体计算公式如下:

$$跳出率 = 只浏览了一个页面的访问次数 \div 全部的访问次数总和$$

平均访问时长,是指平均每次访问在网站上的停留时长。平均访问时间越长,则说明用户停留在网页上的时间越长。如果用户对网站的内容不感兴趣,短时间内便会关闭网页,平均访问时长就短;如果用户对网站的内容感兴趣,在网站停留时间长,则平均访问时长就长。跳出率和平均访问时长在评估用户黏性上起着相辅相成的作用。具体计算公式如下:

$$平均访问时长 = 总访问时长 \div 访问次数$$

平均访问页数,是指平均每次访问浏览的页面数量。平均访问页数同样可以说明用户对网站的兴趣。平均访问页数越多,说明用户越希望了解网站的更多信息,这对媒体组织传播媒体产品、传递广告信息、形成品牌形象等均有参考价值。一般会将平均访问页数和平均访问时长这两个指标放在一起衡量网站的用户体验情况。具体计算公式如下:

$$平均访问页数 = 浏览量 \div 访问次数$$

考量流量转化"变现"可以从如下指标入手:

转化次数,是指用户主动到达目标页面,或完成网站运营者所期望的转化行为的次数。该指标能直接反映网站的用户行为期望的实现情况,可以衡量以用户转化为目标的营销效果。比如,通过网站页面点击广告主提供的广告链接,或者购买网站提供的付费内容产品或服务。

转化率,即访问转化的效率,该数值越高,说明越多的访次完成了网站运营者希望用户完成的操作,表明营销活动的效率越高。具体计算公式如下:

$$转化率=转化次数÷访问次数$$

移动客户端的统计指标还会从用户角度出发进行考察,统计"新增用户""活跃用户""留存用户""流失用户"和"转化用户"等指标。

随着媒介经营管理的精细化和精准化,用户调研指标会越来越丰富,并更多地依靠大数据和人工智能技术。不同的指标适应不同媒体的情况设定,其目的就是更清楚地观察消费者对媒介产品的消费情况,以方便媒体组织和广告主进行产品生产和广告决策的制定等。

二、媒介用户调研方法

一般而言,媒介用户调研采用的方法主要分为定量方法(quantitative method)和定性方法(qualitive method),前者是基于问题的数量的研究方法,后者是基于问题的性质的研究方法。

定量方法用于可以用数量来描述、解释和预测各方面情况的调查,例如关于收入、年龄和教育水平的研究。定量方法主要是以数理统计为工具,在实际执行过程中有一套严格周密的操作程序,其中包括抽样方法、资料收集方法、数理统计方法等。一般而言,倘若调查较为严格地遵循了各项程序,研究者便可以根据研究结果推断媒介消费的整体情况,从而帮助媒介管理者、节目制作人和广告主获取相关问题的答案,诸如哪种类型的节目能够成功地到达目标群体,哪种特定类型的消费群体需要哪种特定的媒体服务等。这些数据一方面为媒体内容的设置、编辑方针的确定提供了科学依据,同时也是广告投放和节目评价的客观标准。近年来,计算机辅助模拟、数据库应用的发展和互联网覆盖面的扩大,进一步提高了定量研究方法描述媒体用户群及其使用特征的能力。

定性方法一般不操作变量,而是通过研究者与用户之间的互动,尽可能在自然情境下收集原始资料,从而达到对少量用户进行细致、动态的描述和分析的目的。也就是说,它强调从用户的角度了解他们的行为、动机、满意度、需求等方面的信息,对特殊个体的各方面状况进行深入探究。然而,由于定性分析是依据典型的或少量个案的资料得出结论,因此其结论不一定具有普遍性;此外,对于定性资料的分析要依靠分析者的主观洞察,如果研究者缺乏一定的研究能力和洞察力,有可能得出不正确的结论。

(一)定量方法

定量方法的主要研究材料为数据,其方法应用有利于观察趋势性变化和规模性呈现。在互联网海量数据时代,数据分析应用尤其广泛,如可以进一步分析用户留下的文本,深度分析其中蕴含的态度和情绪,比如热点词频分析、情绪正负指数解读等,做出更精准的用户群体判断。

1. 收视听率调查

电视广播媒体的用户调研主要是对收视率和收听率进行调查,它们是节目评估的重要指标。收视听率调查主要有电话调查法、日记法和仪器法三种。

电话调查法是通过电话了解观众收视听情况的方法。但是,由于电话调查的被访者不固定,因此调查一般没有连续性,只适合做短期和中期调查。而日记法和仪器法的被访者一般较为固定,从而可以提供日常连续性的用户收视听率资料。

日记法是在被抽中的样本户中留置日记卡,请样本家庭中的每一位成员按时填写一周内自己收看电视的情况,内容包括观众姓名、收看的频道、收看的时间等,然后将日记在某一周的固定时间返还给调查机构。[①] 采用日记法的弊端也是显而易见的,主要的问题在于:日记法要求受众自主填写收视情况,这不可避免会造成一些人为的偏差,从而影响结果的准确性;同时,由于采用日记法对数据进行收集和分析一般需要两周左右的时间,因此这种调查方法的时效性比较差。

相比之下,仪器法则需要投入较大的成本,如人员测量仪的使用。这一方法利用仪器收集电视收视信息,也是国际上公认的较为有效的收视调查手段。在样本家庭中,人员测量仪与电视机相连接,它有一个遥控装置,当家庭成员开始看电视时,按一下遥控器上代表自己的按钮,结束看电视时按键取消即可,人员测量仪会自动记录频道和时间,并将数据通过电话线进行回传。与日记法相比,仪器记录在最大限度上避免了人为因素的影响,并且可以做到详尽准确地记录观众的收视情况,因而采用这种方法获取的数据准确性高;同时,测量仪会把收看电视的所有信息以分钟(甚至可以精确到秒)为时间段储存下来,然后通过电话线传送到总部的中心计算机(或通过掌上电脑入户读取数据),因此数据的反馈速度快、精确性强。但仪器成本高、操作要求高,制约了仪器法在收听率调查领域的普及。

电话调查法、日记法和仪器法各有所长,也各有不足。因此,为适应不同细分媒介市场的具体情况,满足不同用户的要求,调查机构在进行收视听率调查时,会以一种方法为主,配合使用其他方法。随着电视广播媒介市场占有份额的日渐缩小,这些调查方法的应用也越来越有限,其时代局限性越来越明显。

2. 问卷调查法

媒介用户的问卷调查法脱胎于社会科学研究中的调查法。结合网络媒介的传播特点,它在形式上比传统方法更为丰富。具体来说,主要包括两种方法:网上调查(在线调

---

① 刘燕南:《电视收视率解析:调查、分析与应用》,北京广播学院出版社2001年版,第55页。

查)和网下调查(离线调查)。这里分别以注册法和软件调查法为代表进行介绍。

(1) 注册法

注册法是常见的在线调查法。具体做法是,通过提供某种免费服务、开展某种活动,比如网上竞猜、购物优惠、节目福利等,要求参与的用户填写一份包含个人信息等的注册表,以进行用户调查。通过这种调查方法,可以获得关于用户基本人口统计特征的资料,同时还可以收集具体媒介产品的使用体验。

(2) 软件调查法

软件调查法是网络媒体利用软件在网上对用户进行调查。它可以调查用户的身份、电子信箱地址、上网习惯和爱好、使用媒体的情况等多种信息,大致可分为服务器软件调查法和 Cookie 技术跟踪法。前者通过设在网络服务器上的访问日志软件(Log File)来记录、统计、分析用户访问网站的情况,后者采用一种被称为"Cookie"的技术。

服务器软件调查法是网络媒体进行日常调查的重要工具,据此获得的网站访问流量是网站吸引广告、改进经营管理、调整内容和服务的主要依据。但是,由于各个网站采用不同的统计调查软件和度量标准,因此这种方法的调查结果和说服力缺乏一定的可信性。

Cookie 是一种编码的身份识别标志,是用户访问网站时网络服务器自动设置在受众的计算机硬盘上的软件,用来调查用户的个人资料和使用媒体的情况。Cookie 技术的出现使隐蔽的受众暴露在媒体的监视之下,用户在网上的一举一动都可能被这项技术监控、记录,因此在道德伦理上容易引起争议。

(二) 定性研究

定性研究的主要材料是以相对于数量而言的其他资料为主,常见的有访谈记录、实地观察记录等。面对面的观察和交流能收集到丰富细微的用户体验,包括访谈对象的表情、肢体动作、态度等。随着网络通信工具的发展,定性研究的方法也并不局限于面对面完成调查,还可以借助聊天软件进行用户调研,抑或深入网络环境开展田野调查,即所谓"网络民族志"。后者尽管在资料丰富度上有所欠缺,但可以节约大量调研成本。在媒体用户研究中,定性研究的基本方法主要为深度访谈和焦点小组。

1. 深度访谈

深度访谈是一种无结构的、直接的、一对一的访问,在访问过程中,调查员对调查对象进行深入的访谈,以揭示其对某一问题的潜在动机、态度和情感。从某种意义上看,焦点小组访谈是让被访者在研究者组织的框架中进行评论,而深度访谈则是让被访者用自己独特的语言陈述自己的观点,因此深度访谈所获取的资料具有深度,并常常可以获得意想不到的收获。与焦点小组相比,深度访谈对各个被访者的内心想法和态度的了解程度更深,访问具有更大的灵活性,但其费用相对较高,访谈的结果较难以解释和分析。

在对具体媒介产品的目标群体进行调查的过程中,适当地加入一些深度访谈,可以更加深入地探索到目标群体深层的思想和看法、潜在的动机与需求,而这些隐藏在行为表象下的心理要素,恰恰是媒介产品定位的关键因素。

2. 焦点小组访谈

焦点小组在市场调查中经常使用,其运作的关键是使参与者对主题进行充分和详尽的讨论,从而帮助研究者了解受众对一种产品、观念、想法或组织的看法。焦点小组采用"群体动力学"机理,其关键假设是,一个人的反应会成为对其他人的刺激,从而可以观察到被访者间的相互作用,这种相互作用会提供比对同样数量的人做单独访谈时更多的信息。

一次焦点小组的参加者一般为8人到12人,由研究者从与研究相关的人群中抽出来的人组成。访谈一般是由一个经过训练的主持人以一种无结构的、自然的形式展开,主持人鼓励并帮助每一个参与者把自己的想法说出来。一次焦点小组持续的时间一般为90分钟到120分钟,一般会有录音或录像。除获取研究者需要获取的信息之外,研究者还能从自由进行的小组讨论中得到一些意想不到的发现。

与调查相比,焦点小组形式使讨论能在更深层次上进行,从而使研究者迅速发现一些很难从调查中发现的问题;与深度访谈相比,焦点小组平均到每个研究对象的费用较低,参与者还可以通过小组交流相互激发。

三、新媒体环境下用户调研的拓展

如今,用户对电子媒介使用的依赖程度不断加强。相较于传统大众传播理论指导下的受众调查,新媒体环境下的媒介用户调研也从改善用户切身体验的角度出发,发生了一些变化。

第一,媒介用户调研的分析内容不断丰富。在新媒体时代,用户的自主性被充分挖掘,为研究者和媒体组织管理者提供了更多新的资料来源。如,网络视频内的"弹幕"和评论区里的发言可以直观地体现用户对于具体内容的好恶,提供点评平台的网站(如豆瓣网、猫眼电影网)可供用户对内容进行标记、评价和讨论,社交媒体上聚集的用户群也在平台上大量留言(如微博广场或超级话题内的留言、微信公众号发布文章的"在看"),等等。尽管面对海量内容,从这些文本内容中梳理出有效表达意见的关键词、确认用户对媒介产品反馈的情绪强度,并且将之量化,在数据化操作上存在不可低估的难度,但对于研究者和媒体组织管理者而言,从特定角度入手对上述资料进行充分挖掘,将会获得更为真实、更为精准的用户体验。

第二,媒介用户调研方法进一步发展。在定量研究方面,除了优化媒介用户数据的收集方式以外,还在数据统计分析、结构化处理、可视化呈现上做了大量的尝试,比如通过文本内容收集和分析情绪,将情绪强度进行指数化和标准化处理,更好地呈现媒介产品的实际效果。定性研究也衍生出了很多适应网络环境的方法,比如在观察法的基础上潜伏进入特定的用户群,对用户互动情况进行观察或者亲自参与互动,利用人类学方法进行网络民族志的记录等。

第三,媒介用户调研从跨学科角度出发,更全面地还原了用户的真实面貌。媒介用户调研的发展趋势是从简单的相关性向更复杂的机制探讨演进。在传统的受众调查中,消费者的特征属性是与具体的媒介产品内容简单联系,比如男性偏好体育内容,女性偏好恋爱等电视剧内容,但是与这些用户的其他社会属性相割裂。随着调查内容和调查方法的丰富,媒介用户调研可以综合描绘用户群的形象,同时大量运用"社会人"假设基础上的心理学研究(比如消费心理学、社会心理学等)作为依据,并辅以认知神经科学的实验法采集用户体验数据,将用户还原成真实的社会群体内的人,更贴近人本真的思考方式。

小 结

用户是媒介经营活动的核心。随着媒介市场竞争日趋激烈,用户的选择性、能动性使得媒体组织开始强调以用户为导向。互联网等新媒体的兴起(特别是社交媒体的发展)增强了用户生产、传播内容的能力,用户逐渐从媒体组织开展内容生产活动的外部目标,进入媒介产品生产流程。本章系统介绍了媒介用户的消费需求,不同的用户需求不同,相应的媒体使用和消费行为也会有所不同。用户需求与媒体内容是相互形塑的关系,媒体组织在依据用户需求调整内容再生产策略的同时,也在通过内容的传播引导用户形成知识、态度和需求。影响用户消费需求的因素有很多,而这些因素在新媒体环境下正在发生变化,主要体现在符号化、娱乐化和个性化三个维度上。媒体组织为了提高媒体内容传播和媒介产品营销的效率,需要充分了解用户需求并划分用户类型,从而选择目标市场,形成产品定位。一方面,要充分做好用户调研,特别是要关注用户调研在新媒体环境下的拓展;另一方面,要基于媒体组织自身特性和能力,形成具有差异化的市场定位,找到媒体资源配置的最优解。

思考题

1. 受众与用户的区别体现在哪些方面?
2. 从"受众"到"用户",反映了什么样的媒体发展历程和趋势?

3. 试着举一个例子,说明用户反馈对媒介产品价值兑现的影响。
4. 除了本章的介绍外,你还能想到哪些用户的消费需求?
5. 适用于媒介消费需求研究的理论有哪些?
6. 请比较传统媒体环境下和新媒体环境下用户媒介消费需求的异同。
7. 媒体组织为什么要开展媒介用户细分?
8. 试举一个同质化市场定位的例子,以论证差异化市场定位的必要性。
9. "双十一"期间,媒体组织会更看重哪些"流量"指标?
10. 如何理解当前社会舆论中关于"媒体或平台创造需求"的说法?

◆ 推荐阅读

Nightingale Virginia, and Karen Ross, eds., *Critical Readings: Media and Audiences*, Open University Press, 2003.

〔美〕南波利:《受众经济学——传媒机构与受众市场》,陈积银译,清华大学出版社2007年版。

〔美〕詹姆斯·韦伯斯特:《注意力市场:如何吸引数字时代的受众》,郭石磊译,中国人民大学出版社2017年版。

沈菲等:《新媒介环境下的中国受众分类:基于2010全国受众调查的实证研究》,《新闻大学》2014年第3期,第100—107页。

隋岩:《受众观的历史演变与跨学科研究》,《新闻与传播研究》2015年第8期,第51—67+127页。

孙卫华:《媒体市场化与电视分众》,新华出版社2007年版。

王兰柱主编:《收听率调查与应用手册》,中国传媒大学出版社2009年版。

〔英〕丹尼斯·麦奎尔:《受众分析》,刘燕南等译,中国人民大学出版社2006年版。

〔英〕菲利普·鲍尔:《预知社会:群体行为的内在法则》,暴永宁译,当代中国出版社2007年版。

第七章 跨媒介经营

从报纸杂志到广播电视,从新闻信息网站到社交媒体,从自媒体蓬勃发展到短视频、直播呈现象级崛起,各具特色的媒介形态极大地促进了信息的流通和文化的交流,以各种面貌嵌入了人们的经济生产与社会生活。新兴媒体的进入使得媒体的市场化程度更高,传统媒体的经营方式面临严峻挑战,传统媒体与新兴媒体融合发展成为战略转型的重要举措。多元化的媒介形态以及媒体融合的发展趋势,使得媒介经营模式也走向跨界经营、多元发展、融合创新。本章首先梳理了我国跨媒介经营的发展历程,明确了在文化体制改革和媒体市场变化的背景下,跨媒介经营的意义和价值、理论依据以及内外驱动力,进而介绍了当前主要的跨媒介经营模式及未来发展趋势。

第一节 国家媒体制度下跨媒介经营的起步与发展

跨媒介经营是我国特色媒体制度的产物。1978年末,以《人民日报》为代表的中央级媒体单位提出"事业单位,企业化管理"的申请,拉开了我国传媒机构尝试市场化经营的序幕。至今,我国传媒经营体制改革历经四十余年的发展,逐渐形成了与社会主义市场经济发展相匹配的多元化媒体经营模式。

一、报业集团化开启跨媒介经营的序幕

随着文化体制改革的推行,公益性文化事业与经营性文化产业实现分离,媒体机构开始践行"事业单位,企业化管理"的制度设计,逐步发挥市场机制的作用,实现媒体产业发展,以报纸为首的传统媒体市场的影响力逐渐显现。1978年,人民日报社联合其

他8家新闻单位提出要实行"事业单位,企业化管理"的运营模式。① 所谓的"企业化",是与"行政化"或"非市场化"相对而言的,即媒体组织运营的资金来自其自营性业务,而不依靠财政拨款。该制度是针对20世纪80年代初期的时代条件设计的,在缺乏足够财政支持的条件下,为当时我国传媒业的自给自足起到了非常重要的保障作用。80年代初期,部分位于大都市的党报开始在每个周末增加版面,设立"周末版""星期刊"。"周末版"通常是以社会特写和生活、文化副刊为主,在内容上"周末版"成为报纸参与市场竞争的"试验田"或"小特区"。1992年,全国128家报纸扩版,其中三分之二的省级党报扩至八版。② 同时,党委机关报兼办面向大中城市市民的晚报、都市报等"子报",从而在报纸扩容之后又实现了传播空间按功能分流,扩大了报纸的市场影响力。

伴随着建设中国特色社会主义市场经济体制的目标愈加明朗,传媒体制改革也逐渐向纵深发展,以1996年广州日报报业集团的成立为标志,开启了传媒集团化的改革之路。《广州日报》1952年创刊,是中共广州市委的机关报。1981年,经广州市委批准,广州日报社于当年与市财政脱钩,率先实行"自筹自支、自负盈亏"的新财务制度。此举意味着广州日报社开始走上市场化的发展道路,开始按市场规律来组织报纸的生产与销售。主动断了"皇粮"之后,"找米下锅"的压力变成开拓市场的动力。经过十几年的企业化运营发展,广州的报业市场竞争初现端倪,主要是《广州日报》《羊城晚报》与《南方都市报》之间的竞争。从世界报业发展史看,在报业发达的国家,报社发展到一定程度,往往会在市场的驱动下进入"一社多报""一社多刊"的状态。当报社发展到这样一种状态时,不管主观上有没有建立报业集团的意识,实际上已经进入了集团化经营的状态。到了20世纪90年代,特别是党的十四大明确提出社会主义市场经济以后,中国报业已经发展到了集团化的程度,当时已经有不少报社拥有两份以上系列报刊,有的还成立了一些关联公司。这些报刊和公司由一个报社统一管辖,实际上已经形成了集团化经营。而广州日报社的经营也变得更加多元化。因此,主动通过成立报业集团来统筹运营的需求变得非常迫切。在各种条件有机结合的背景下,1996年1月15日,中共中央宣传部、新闻出版总署发文批准同意成立广州日报报业集团。

广州日报报业集团成立后,又有多家报刊并入或新创刊:1996年,《新现代画报》并入;1997年,《广州英文早报》创刊;2001年,《信息时报》创刊;之后,还有《舞台与银幕》《看世界》《美食导报》《共鸣》《大东方》《羊城地铁报》等报刊并入或创刊。2004年11月,广州日报报业集团与上海文广新闻传媒集团、北京青年报社共同创办《第一财经日报》,在异地办报的方向上走出了重要一步。高峰时期,广州日报报业集团合计拥有15

---

① 陈国权:《今天,谁来"供养"报业?——对"事业单位,企业化管理"的改革探讨》,《青年记者》2018年第28期,第60—62页。
② 李军强:《打造舆论引导主渠道——观察〈新华日报〉的改版效果》,《传媒观察》2005年第5期,第5—7页。

份系列报纸、5份杂志、2个网站。除广州日报报业集团外,羊城晚报报业集团和南方日报报业集团等第一批报业集团的诞生,成为中国报业集团发展新的里程碑,三大报业集团在社会效益和经济效益方面产生了巨大的影响力。2012年,广州日报报业集团通过资产重组实现整体上市。面对移动互联网发展对传统报业集团的冲击,广州日报报业集团开始寻求多元化的发展路径,努力增加各种"非报收入"。① 2019年,《广州日报》借助大数据、云计算、WebRTC、自然语言处理等前沿技术,搭建《广州日报》融媒体平台,实现了跨媒介经营。②

二、转企改制推动资本化运作

随着文化体制改革的深入发展,我国媒体组织经历了经营体制的市场化尝试、集团化改革以及转企改制的历程。党的十六大将"文化事业"与"文化产业"相分离,推动了文化体制改革进程,自2001年起,中央宣传部、新闻出版总署以及国家广电总局等单位陆续发布了一系列有关政策文件,进一步明确了转企改制的范畴和边界,以建立现代企业制度、实现传媒业的产业化经营为目标。2008年10月12日,国务院办公厅发布《关于文化体制改革中经营性文化事业单位转制为企业和支持文化企业发展两个规定的通知》,经营性传媒开始向市场独立法人进行实质性转变,中国传媒存量的体制改革正式启动。这是我国传媒市场化改革的延续。

不断变化的市场环境与用户需求对传媒经营体制改革提出了更高要求,转企改制也经历了从剥离改制到整体转制的发展变化,体制机制创新成为媒体融合向纵深发展的难点问题。2007年12月,时任国务院新闻办公室副主任蔡名照在第七届"中国网络媒体论坛"上指出,重点新闻网站应尽快完成转企改制工作,作为首批试点单位的重点新闻网站应该积极开拓多样的融资途径,在保持过半数股份的情况下可以建立股份制公司,时机成熟时可以在国内融资上市。2009年10月,经中央文化体制改革工作领导小组批准,十家重点新闻网站率先开始了以转企改制和融资上市为目标的改革工作。

而报业集团经过十余年的发展,也遭遇了一些瓶颈,尤其是资本方面的瓶颈制约了其发展的速度和规模。2010年,国家开始鼓励发展比较快的报业集团、传媒集团实施一些跨媒介、跨行业的扩张,要培育"双百亿"传媒出版企业,让有能力发展的企业发展得更快一些。中宣部等九部委联合发布了一份《关于金融支持文化产业振兴和发展繁

---

① 李良荣、窦锋昌:《中国新闻改革40年:以市场化为中心的考察——基于〈广州日报〉的个案研究》,《新闻与传播评论》2019年第3期,第108—116页。
② 姜翼飞、辛拓:《传统纸媒的智能化融媒体传播格局探析——以〈广州日报〉为例》,《出版广角》2020年第21期,第49—51页。

荣的指导意见》,实际上旨在推动符合条件的传媒类文化企业上市。这为报业集团的上市提供了较好的政策环境和外部条件。

上市对报业集团的发展起到了推动作用。一是能够较好地解决资本瓶颈问题;二是可以提高国有资本在意识形态上的控制力和影响力;三是有助于企业内部改革和科学管理。利用融资平台有利于报业集团通过并购、重组等形式,实现跨媒介、跨区域的合作。

三、媒体融合加速推进经营多元化

互联网、移动互联网的发展给传统媒体集团带来了极大的冲击,包括报纸、广播电视在内的传统媒体面临着用户规模和广告份额的双重流失。为顺应新的媒体发展环境,传统媒体开始向新媒体转型,媒体融合战略也成为新形势下我国媒体企业转型发展的纲领。随着媒体融合战略的全面实施和纵深发展,我国传媒行业的技术基础、市场结构、产业环境均发生了革命性变化,进一步要求媒体企业彻底向市场化转型,而多元化经营也成为媒体融合在经营实践上的可行路径。

多元化发展本身也是企业规避风险、转型发展的必由之路。媒体融合背景下,主流媒体开始寻求"跨界经营",主要围绕着跨媒介、跨地区、跨行业来展开:跨媒介指的是不拘于原本的媒介形态,在不同媒介形态之间实现统合;在跨地区经营方面,业界开始探索以资产为纽带的跨地域经营活动,如报刊的异地发行、异地办报、创办地方报刊等;在跨行业经营方面,鉴于传统媒体业务增长空间有限,媒体企业纷纷试水与主业无直接关联的其他行业,以其他业务营收来弥补媒体主业的亏损,例如房地产业、文娱产业、体育产业、旅游产业等。

媒体集团的多元化经营也表现在产业链的多元化以及新业态的多元化两个方面。产业簇群是基于地缘关系、产业技术、价值链、同业交往等关系,在竞争和合作中共同获得优势的特定领域的企业集合。内在的关系交流、竞争合作、相同的价值取向、准共同体联合是产业簇群的本质。[①] 通过分工、竞争和协作,行业集聚具有产业规模经济和范围经济效应,能起到盘活存量资产、减低成本和交易费用、激励企业创新、功能互补和构造社会网络等作用。目前我国数字出版产业所形成的产业集聚,就是以大型新闻出版集团为中心,在新闻出版产业链、价值链的辐射范围内进行集聚,催生新闻出版集团形成的一种行业集聚形态下的产业链多元化模式。

新媒体的发展也为传统媒体业态升级与经营扩大提供了有力的市场支持。[②] 以出

[①] 郭繁荣:《产业簇群的竞争优势与我国高新区发展》,《经济师》2006年第4期,第47—48页。
[②] 李舸:《地方上市出版集团募集资金投放问题刍议——兼论跨区域、跨文化、跨媒体、跨行业的产业扩张》,《出版发行研究》2011年第2期,第5—9页。

版行业为例,当前出版行业的新业态主要表现在过程的数字化和成果转化的数字化两个方面①,具体可细化为新业态下的数字出版产业链的多元化。数字出版产业链可分为三部分:(1)上游,即作者和出版社,包括版权交易和内容产业;(2)中游,即技术提供商,范围涵盖平台支持、内容加工服务、内容代理发行三点,其中平台支持具体包含提供技术服务和掌上阅读器的开发、销售等环节;(3)下游,即数字产品营销商、渠道商,包括营销环节的电子商务、数字图书以及数字期刊等。出版集团进入数字出版领域,创新商业模式,等于为集团的发展拓展出无数条新触角,对于集团规模的扩大、业务的多元化、经济收益的增长都有着重要的意义。

第二节 跨媒介经营的理论基础与现实依据

在新媒体发展和推广过程中,产业链各环节对新媒体运作主控权的争夺,以及采用传统媒体形式的媒体组织对新媒体发展的积极参与,透露出传统媒体向新媒体领域扩张的迫切性;与此同时,在产业化和市场化进程中,传统媒体企业频频抛出"做大做强"的口号,寻求对多种媒介资源的掌握,尝试拓宽盈利领域,则体现出在市场竞争的压力下,传统媒体对规模化和多元化经营的倚重。开发多元化的媒介利润窗口和跨媒介经营已经成为媒介产业发展的重要趋势。

一、跨媒介经营的意义

对跨媒介经营意义的认识,要从对企业经营中的垂直整合(vertical integration)和横向整合(horizontal integration)的认识入手。所谓垂直整合,是指企业在生产经营过程中,通过收购和兼并等方式,向自己所在产业链的上下游进行延伸,进而掌握完整的产业链条。所谓横向整合,则是指企业在价值链的同一层面(例如材料供应层面、销售层面或者售后层面),通过收购和兼并等方式,整合经营类似业务和产品的企业,由此扩大自己的市场领域和空间。跨媒介经营实际上就是媒体企业在市场竞争过程中的横向和纵向整合,即通过开拓和获取与自身业务具有相似性或相关性的其他媒体业务,来实现自身的扩张和利润的最大化。

第一,跨媒介经营可以使媒体组织同时获得规模经济效益和范围经济效益。所谓规模经济效益,是指企业通过扩大生产和经营规模而实现平均成本的降低和效益的提高。通过跨媒介经营,媒体为特定内容产品获得了更多的销售渠道和更大的市场需求。

---

① 杨庆国、陈敬良、毛星懿:《出版集团多元化经营创新模式研究——基于国内 25 家出版集团数据统计及模式建构》,《出版科学》2011 年第 6 期,第 39—43 页。

由于媒体内容产品的边际成本较低,因此内容产品生产数量的增加会带来平均成本的降低和收益率的提高(如电影的拍摄成本相当高昂,但复制一份电影 DVD 的成本则相对低廉)。所谓范围经济效益,则是指企业通过增加生产产品(尤其是相关性较强的产品)的品种,借以分摊来自分销、研究与开发等方面的成本,实现效益的提升。通过跨媒介经营,媒体组织可以整合研发和制作力量,最大限度地发挥同一内容资源满足多种媒介形态传播需求的潜力,实现范围经济效应。

第二,跨媒介经营可以增强媒体组织的竞争能力和抗风险能力。在市场竞争中,任何媒介形态都需要争夺用户"排他性"的注意力,因此对于媒体组织而言,其所面临的竞争不仅来自同类媒体,还来自其他媒体形式。通过跨媒介经营,媒体组织可以拥有数条信息传递通道。这一方面增加了自身节目内容在传播范围上的优势,提升了媒体组织的竞争力;另一方面则减少了媒体组织对单一媒体渠道的依赖,提升了媒体企业的抗风险能力。

第三,跨媒介经营可以增强媒体组织满足客户需求的能力和协商议价能力。通过跨媒介经营,媒体组织不仅能通过多种媒介形态满足受众对特定内容产品的需求,也可以满足广告主通过多元的媒介渠道到达目标消费者的需求。正因为如此,在与客户进行交换(无论是注意力还是金钱)时,媒体组织将拥有更强的协商能力和议价能力。例如,某媒体组织拥有热门内容,并能通过电视、广播和互联网等多种媒体渠道到达受众,广告主要获得对特定内容的广告插播或者冠名权,就必须综合考虑媒体组织在多媒体渠道传播方面的能力,其所愿意承担的广告成本也会由于媒体组织良好的到达效果而提高。

当然,跨媒介经营效果的实现并不容易。在跨媒介经营中,媒体组织既可能面对不同媒体组织之间难以协同合作的困境,也可能面对各媒体部门过度依赖媒体整体运作而丧失独立创新能力的局面。多元化的媒体利润窗口虽然可以为媒体企业带来前所未有的机会,但若缺乏组织协调和合理运作,则可能给媒体组织带来灾难性的影响。

在我国,伴随着媒介市场化和产业化的发展进程,20 世纪末和 21 世纪初出现了一股跨媒介经营的发展浪潮。其间产生了诸如上海文化广播影视集团(SMG)、湖南电广传媒集团、广东南方传媒集团、浙江日报报业集团等一批具有代表性的传媒集团,实现了对多种媒体利润窗口的整合。在新媒体环境下,主流媒体在资源整合、跨媒介经营方面进行了更多的创新和探索。

二、跨媒介经营的经济学理论基础

媒体组织与一般的商业企业不同,承担了更多的社会责任。但是不可忽视的是,采用任何媒介形式的媒体组织都肩负着社会和经济双重职能。并且,随着改革进入深水区,媒体的市场化程度也逐渐加强,从企业的经济属性出发考虑,追求"媒体利润的最大化"仍旧是各种媒体组织经营所需考虑的基本要素。我们这里将跨媒介经营定义为媒体组织以利润为主要驱动,寻求对多种媒体形态(媒介通路)的整合利用,以拓展自身内容资源的经营范围,提高自身内容资源的投资回报率的一种经营方式。跨媒介经营通过"横向整合""纵向整合""斜向扩张"等方式[1],整合媒介资源,以提高媒介产品的生产能力与效率,扩大经营范围,降低生产与经营成本,实现范围经济。

从产业经济学的理论视角出发,跨媒介经营就是通过发挥范围经济效应,来获取经济效益的最大化。在网络环境下,尽管规模经济仍然是一种高效的运行方式,但是范围经济的优势也凸显出来。范围经济效益意味着追加新的产品或劳务进行联合生产,要比单独生产的成本低,是实现纵向一体化发展的主要动力。互联网环境下,信息产品、分发平台的多样化发展和联合化生产为实现范围经济提供了条件[2],媒介产业的范围经济主要表现在:(1)知识、经验的互通共享。虽然产品的呈现形式不同,但是媒介产品的运营逻辑是基本一致的,因此有关不同媒介产品经营的知识、经验在不同媒体之间是可以实现流转的。(2)通过数字化融媒体平台整合不同的媒介资源,通过流程重塑,实现多重产品开发以及多渠道运营。(3)品牌资源的聚集和放大效应。在集团化运作的跨媒介经营中,强势媒体的品牌资源可以扶持相对弱势的媒体,放大品牌无形资产的价值。[3]

三、跨媒介经营的内外驱动力

实现资源配置最优,追求更高的经济利益,成为推动跨媒介经营模式发展的最大内在驱动力。用户的分化和市场的分流使得传统媒体经营面临极大的困境和挑战。一方面,随着市场化进程的深入,单纯依靠财政拨款和补贴的资金投入方式已经无法满足媒体行业的发展要求,集约化经营和自负盈亏的企业化经营成为媒体组织的必然选择。跨媒介经营通过整合媒体资源,降低成本支出,拓展媒介经营领域,分散经营风险,有利于可持续发展。另一方面,互联网等新兴媒体的发展,拓宽了传统的信息传播渠道,信息内容可以多种形式面向用户。随着经济与文化的发展,用户的信息需求和消费习惯也在发生变化,单一的大众媒体无法满足多元化的用户需求,用户逐渐被分流到不同的媒体形态中。随着用户的分化,广告主也随之发生迁移,转移到更能够引起用户注意力的媒体形态。由此,网络环境下,传统大众媒体面对用户和广告的双重瓜分,收入大幅下降,面临严峻的经营挑战。为追求利润,实现自负盈亏,传统媒体的各种资源向利润率更

---

[1] 谢新洲:《我国跨媒体经营战略分析》,《新闻与传播评论》2004年第0期,第149—160+234+244—245页。
[2] 唐俊:《范围经济视角下的媒体融合与重塑》,《传媒》2020年第11期,第68—71页。
[3] 张辉锋:《传媒业中的规模经济与范围经济》,《国际新闻界》2004年第6期,第57—61页。

高的领域倾斜,开始尝试网络、影视、出版、房地产等领域的跨媒介、跨行业、跨地域经营。

媒体技术的发展与政策的完善是推动跨媒介经营的外在驱动力。一方面,互联网等信息技术的发展打破了传统媒体形态之间的隔膜,让原本拥有不同符号形态的文字、图像、音频和视频信息都可以用数字形态承载,使各种媒体之间的信息有了互通互用的可能。数字技术对各种信息符号的融合改变了传统媒体的独立性,加强了不同媒介形态之间的相互包容和渗透,在技术上为开发多元媒体利润窗口提供了可能。另一方面,随着文化体制改革的持续深入,媒体的市场化、产业化趋势显著,政策的逐步放宽为跨媒体经营提供了有利的政策环境。

和任何企业一样,媒体组织生产和投放任何内容产品都面临市场风险(例如创新电视节目通常会面临政策风险和观众接受度风险)。正如资本市场上投资者都尽量规避"将鸡蛋放到一个篮子里",媒体组织的经营者希望通过掌握多种媒体盈利窗口,来摆脱对某种媒介形态的单纯依赖,以避免因其某种媒介形态市场竞争力的下降而导致媒体组织的收益下降。

第三节 跨媒介经营的模式与实践

跨媒介经营也是媒体融合的重要内容,通过转变信息生产的传播模式,可以降低经营成本、使生产结构趋于个性化、避免恶性同位竞争。[①] 媒体组织逐渐由分散走向聚合,既是媒体组织进行跨媒介经营的手段,又是这些跨媒介经营实践的结果。在国外,以时代华纳、维亚康姆、迪士尼和新闻集团为代表的少数传媒巨头对各种媒体资源的渗透和掌握,使得全球传媒行业呈现高度集中的趋势。在国内,传媒的产业化和市场化进程加速了跨媒介经营领域的探索,"鼓励以并购、重组等方式兼营、创办多重媒体"以及"媒体融合"等为跨媒介经营提供了坚实的政策支持。[②] 在市场实践中,跨媒介经营可以通过多种方式实现,包括媒体组织之间的收购和兼并、媒体组织之间的协作与联盟,以及通过政策引导实现媒体组织之间的整合等。

一、跨媒介整合与兼并

媒体聚合中最主要和最引人注目的方式是通过兼并、收购和买断等方式,实现对媒体组织所有权的整合。兼并和收购的方式包括或让两个媒体组织的控制权归入由合作产生的更大的媒体企业,或让一个媒体组织获得另一个媒体组织的控制权,从而使若干

[①] 杜江、向倩仪:《论媒介融合的跨媒体经营——以纽约时报集团和新华社为例》,《社科纵横》2010年第8期,第129—131页。

[②] 谢新洲:《我国跨媒体经营战略分析》,《新闻与传播评论》2004年第0期,第149—160+234+244—245页。

个媒体组织结合成一个整体来经营。由于这种方式涉及媒体所有权的变化,往往会明显改变市场的竞争结构,给竞争者带来比较大的影响。例如,2000年美国在线收购时代华纳事件就曾给媒介市场带来巨大震荡。

作为一种涉及所有权的媒体聚合方式,跨媒介整合与兼并行为带有明显的利润导向,兼并或收购后的媒体组织各个部门的盈利状况是决定聚合实体能否存在的关键因素,因此基于兼并和收购的更大规模的媒体组织并不是一种稳定而永久的存在,而根据市场竞争的现状和趋势对聚合体进行结构性调整(例如收购新的媒体结构或者出售某个媒体部门)的情况时有发生。

近几年来,跨媒介的收购与并购成为资本交易市场的潮流,也是媒体组织应对全球化、潜在竞争者和技术变迁的结果。在当前的市场竞争中,收购与并购被普遍认为是能够扩大企业规模和经营范围并有效提升组织竞争力的战略行为。收购与并购的优势体现在多个方面:能够明显提升媒体组织的实力,为媒体企业获得更多的市场竞争资源;帮助媒体组织获得一个结构调整和重塑的契机;帮助媒体组织进入新的市场;推动媒体组织研发与生产新的媒体产品,获取更多的渠道和用户资源。收购与并购的优势使其能在分摊媒体组织运营成本、提升媒体组织投资回报的同时,提高媒体组织的抗风险能力,规避媒体组织进入新市场领域的风险,并提高媒体组织进行个性化和细分化服务的能力。

值得注意的是,收购与并购最主要的意义在于通过业务和资产的重组,提升媒体组织的价值,提升投资者的权益。这就要求媒体组织在进行兼并和收购时有明确的战略目标,明确媒体组织要开拓和发展的市场领域,并剥离与媒体组织整体发展战略和核心业务关联不大的业务。一般而言,媒体在推行并购与收购战略的时候,往往希望实现规模经济效益和范围经济效益,希望通过整合的优势来发挥产品和服务的互补性,提升媒体组织的经营效率。要实现这些目标,媒体组织需要进行内部体系和组织结构的重塑,需要在技术、组织结构、企业文化、薪酬和福利、会计和管理信息系统、营销活动、生产设备、销售和分销等方面进行全面的调整和融合。这就决定了跨媒介兼并和合作的系统性和复杂性,决定了媒体组织只有在不断的试错过程中,才能寻求到更好的并购效果。

美国第三大传媒公司维亚康姆集团的发展历程就是通过收购与并购实现跨媒介经营的过程。20世纪80年代,萨姆纳·雷石东继承并发展的家族企业东北影城公司(后更名为全国娱乐公司)通过收购控股了维亚康姆公司,实现了从电影到电视的跨媒介经营。1999年,维亚康姆以370亿美元的代价收购了美国三大电视网之一哥伦比亚广播公司,此后维亚康姆陆续完成了对黑人娱乐电视网(BET)、英国第五台等企业的并购与收购,进一步拓宽了经营范围。2019年8月,维亚康姆与美国哥伦比亚广播公司达成协议,进行全股票合并,意味着美国两大传媒巨头自 2006 年之后又实现了一次整合,合并后的公司拥有全美规模最大的电视业务和派拉蒙电影公司,发挥了规模经济效应与范围经济效应。

然而,媒体组织之间大规模的收购和兼并会改变现有媒体市场的竞争格局,一方面可能会限制媒体市场的竞争,另一方面则可能会使部分媒体拥有过于强大的舆论影响力,进而影响媒介产业整体经济功能和社会功能的发挥。大规模的媒体收购和兼并往往会成为社会舆论的焦点,也容易引起政府相关主管部门的关注和干预。鉴于媒介产业不同于其他产业的特殊属性,在大多数国家,媒体企业收购和兼并的数量及规模都会面临政策限制。

二、跨媒介协作与联盟

跨媒介经营的另一种重要形式是媒体组织之间的协作与联盟。媒体之间的协作与联盟又可以分为两种形式:一是几家媒体组织通过共同拥有对一家媒体组织的所有权来形成合作关系,例如几家媒体组织合资建立新的媒体公司,或者一家媒体组织收购另一家媒体组织的部分所有权;二是媒体组织之间通过签订正式的协作或联盟协议,形成正式的业务合作网络,合作过程不涉及媒体组织之间的所有权转换。

和收购与并购相比,协作与联盟虽然也能带来效率的提高和竞争力的增强,但媒体组织自身对于媒体聚合的控制力和支配力却相对较弱。当不同媒体组织之间就利益分配问题难以达成一致意见时,媒体协作与联盟就很难取得成功。在媒体聚合的过程中,媒体组织之所以会选择协作与联盟,而非收购和兼并,往往有其对内外环境因素的考虑。从外部因素来看,政府政策的管理和限制往往会影响媒体企业的策略选择,当政策明确阻止更大规模的媒体组织出现,或者明确限制两大产业领域的融合的时候,媒体组织往往会采取合资或者合作的形式,来寻求业务领域的突破。从内部因素来看,当媒体组织希望进入某个拥有高盈利预期,但却同时面临高风险的市场领域时,它如果无法独立承担风险,或者由于资金短缺不能收购其他企业,或者由于技术缺乏不能胜任对新业务领域的管理,它们也会希望通过合资或者合作的方式来寻求扩张。

由于参与协作和联盟的各个媒体企业都有自己的利益诉求,也可能拥有不同的管理机制和发展理念,因此处理联合体内部各媒体组织之间的关系要比处理同一媒体集团内部各个公司之间的关系复杂得多,这使因协作和联盟产生的媒体聚合体具有更明显的不稳定性。在市场实践中,协作和联盟往往会成为收购与兼并的先导。当协作体中的某一个媒体组织具备了收购协作伙伴的能力,并产生了独立运作和操控新业务领域的意愿时,它就很有可能寻求对合作对象的兼并和收购。例如,在维亚康姆集团发展的过程中,它对 MTV 音乐频道的收购就是以入股合作为先导的;而欧洲传媒巨头贝塔斯曼集团也是通过合资和合作的方式,逐步向电视、广播和音乐等领域渗透,并最终实现了对部分领域业务的全盘控制。

三、跨媒介经营的影响

在以利润为核心导向、全球化程度不断提高的媒介市场上,跨媒介经营将是重要的发展方向和大势所趋。随着越来越多的媒体资源向越来越少的媒体组织汇聚,媒介市场的格局和政府对媒体资源的管理方式都在发生变化。跨媒介经营中也存在不同的影响效果。

跨媒介经营的正面影响主要体现在媒体组织自身经营的层面,包括:(1)提高媒体组织的竞争力和抗风险力;(2)提高内容资源的利用效率,为更多的受众服务,并创造更多的财富;(3)让媒体组织有能力集中更多研发力量和更大规模资金,开发更丰富和优质的媒体内容;(4)加速媒介市场全球化的发展趋势,促进全世界的文化交流和内容资源共享。从美国媒介市场发展的实践经验来看,几十年来的跨媒介经营实践在促进其媒体产业经济实力增强的同时,也为其媒体组织奠定了在全球市场的领先和主导地位;也正因为如此,不少发展中国家的政府都在积极引导和推进跨媒介经营的进程,以提升本土媒体组织的竞争力。

有关跨媒介经营的负面评价,主要围绕着其对社会造成的负面影响来展开。部分学者指出,通过收购和兼并形式实现的跨媒介经营使得媒介资源向少数媒体组织汇拢,让这些媒体组织拥有了强大的市场主导和控制力。这就导致市场进入门槛提高,增加了新竞争者进入市场的难度,削弱了市场竞争的力度,容易形成行业垄断。当少数媒介组织拥有了对大量媒介渠道的控制权之后,它们的意志和意识形态取向将主导媒体的声音,由此对社会文化产生诸多不利影响——出于成本和收益的考虑,大型媒体组织往往会倾向传播那些能为其带来更多利润的内容,而忽视对公民的引导和教育。而市场竞争的减弱会使媒体组织缺乏开发新产品的动力。由此,媒体聚合也可能导致媒介内容多样性和创新性的减损,这无疑与社会对媒体功能的期待相违背。

小　结

随着文化体制改革的持续深入,公益性文化事业与经营性文化产业实现分离,我国传媒机构通过集团化、转企改制、股份制改造以及上市等方式,逐步确立了现代媒体企业,开启了市场经营模式的探索。而跨媒介经营是市场化经营的重要模式和发展趋势。跨媒介经营具体是指媒体组织通过整合媒体资源,扩大经营范围,降低生产与经营成本,获取更高的经济利润的经营活动,包括跨媒介、跨区域以及跨领域的多元化经营模式。我国媒体行业的政策从不支持媒体跨地区、跨领域经营到当前支持多元化经营模式,是内外因素合力驱动的结果。随着互联网等新媒体的发展、用户的分化与市场的分流,传统媒体企业面临经营上的严峻挑战,是跨媒介经营的内在驱动力。而政策环境的转变与媒体技术的发展,是跨媒介经营得以实现的外在条件。跨媒介经营可以实现媒体企业的规模经济效应与范围经济效应,增强媒体企业的竞争力和抗风险能力。

◆ 思考题

1. 制度变迁视野下我国跨媒介经营经历了怎样的发展历程?
2. 推动我国媒体组织实现跨媒介经营的驱动力有哪些?
3. 简述我国媒体集团化的发展历程。
4. 与国外媒体集团化发展相比,我国媒体集团化发展有什么特点?
5. 简述媒体集团化模式的竞争优势和风险分析。
6. 跨媒介经营有哪些模式,其优缺点是什么?
7. 媒体组织如何通过跨媒介经营实现"范围经济"?请举例说明。
8. 跨媒介经营对于出版行业的转型发展有何启示?
9. 从媒体经济发展的角度来看,跨媒介经营对于媒体组织的意义是怎样的?
10. 在媒体融合背景下,跨媒介经营有哪些新的形式和变化?

◆ 推荐阅读

Graham, G., et al., *Content Is King: News Media Management in the Digital Age*, Bloomsbury Publishing USA, 2015.

Lewis, S. C., and O. Westlund, "Actors, Actants, Audiences, and Activities in Cross-MediaNews Work: A Matrix and a Research Agenda," *Digital Journalism*, Vol. 3, No. 1, 2015, pp. 19-37.

贾毅:《网络直播的经济形态与产业发展路径研究》,《编辑之友》2018 年第 7 期,第 48—53 页。

李红祥:《跨媒介经营:媒介融合下的传媒管理创新——以美国媒介综合集团管理经验为借鉴》,《新闻界》2009 年第 3 期,第 9—10 页。

刘峰:《出版机构 IP 化经营:媒体融合背景下的创新策略探析》,《出版发行研究》2015 年第 9 期,第 23—26 页。

刘庆振:《媒介融合新业态:数字化内容与广告融合发展研究》,《新闻界》2016 年第 10

期,第55—59+72页。

潘骏晖:《融合转型:媒体融合时代下传统报业多元化经营新方向》,《中国出版》2019年第3期,第5—8页。

张辉锋:《跨国传媒集团的低成本战略——兼论对中国传媒集团的启示》,《国际新闻界》2003年第1期,第84—88页。

支庭荣:《新媒体不是传统媒体的延伸——融合背景下"转型媒体"的跨界壁垒与策略选择》,《国际新闻界》2011年第12期,第6—10页。

第二编

媒体管理

　　"媒介经营"与"媒体管理"是两个紧密关联又有显著区别的概念,经营是以经济效益为最大目标,管理则是以效率为最优准则。媒体管理服务于媒介经营,而媒介经营只有与管理相协调,才能顺利运转。两者相辅相成,相互配合,共同促进媒体组织的健康可持续发展。本书第一编已经从媒体市场、产品、广告、用户与消费、跨媒介经营等方面,系统介绍了媒介经营的主要环节、要素及其内在运行机制。本书第二编将着重梳理和阐释影响媒体组织和行业发展的另外一个重要部分——媒体管理。

　　1911年泰勒提出了科学管理的理论,管理学开始作为一门学科确立下来,经过百余年的发展,出现了不同的理论与流派,虽然不同流派对管理的理解有所不同,但其共识都是围绕组织及内部资源的构成、方法展开的。媒体管理与一般企业管理有相同之处,但与此同时因其兼具公共性和商业性,又与一般企业管理有所差异,尤其是我国媒体行业的特殊性,使其在媒体管理上具有特殊的行业特点。在宏观层面,媒体管理是指政府及有关主管部门通过各种法律、法规、政策对不同性质的媒体组织及经营活动进行管理的过程;在微观层面,媒体管理的核心是媒体组织基于构建科学合理的组织架构,通过计划、组织、指挥、协调和控制等多元化的方法,统筹各种媒体资源的过程。其目标都是实现媒体组织的社会效益与经济效益的最大化。如何将现代管理理论与媒体组织的特殊性有效结合,提高管理效率,实现经济效益与社会效益的最大化,是媒体管理必须解决的问题。

　　通过商业网站的媒介化以及传统媒体的网络化,以互联网为代表的新媒体颠覆了媒体行业的发展,构筑了新的媒体生态环境。一方面,网络信息内容参与主体的多元化、信息的海量生产与传播、经营模式与商业模式的多种探索,给媒体管理带来了很多新问题和新挑战。媒体管理的对象更加多元、管理的范围更加广泛、管理面临的情况更加复杂。另一方面,随着媒体融合的全面实施,新媒体也重塑了传统媒体的组织形态、生产流程以及资源整合方式,为媒体管理提供了新的管理思路、方法和技术工具。因此,媒体管理者和相关研究者需要回归管理的本质,确立媒体管理的基本研究范畴和对象,明确不同的媒体管理模式和效果,为解决新形势、新环境下媒体发展面临的新问题、新挑战提供支持。

本编共分为八章,分别从宏观和微观两个层面对媒体管理进行了阐释。第八章提纲挈领地论述了媒体管理,阐释了媒体管理的概念和内涵,通过与一般企业管理的对比,明确了媒体管理的特征,并从媒体组织发展的角度强调了媒体管理的重要意义;同时,介绍了主要的管理理论在媒体管理中的应用与发展,重新界定了媒体管理的研究范畴与对象。第九章从战略高度出发,基于媒体战略理论,分别从国家层面的媒体宏观战略,以及微观层面的企业战略,介绍了在技术、市场、政策环境变化的前提下,媒体组织如何整合内外部资源要素,促进可持续发展。第十章则是基于宏观管理的视角,阐释了我国媒体管理规制的内涵、对象,以及法律、政策和组织体系,强调媒体企业及行业发展要时刻关注宏观的政策和法律法规的变化,并随着政策环境的变化而做出适当性调整。从微观的视角出发,媒体管理的核心是媒体组织通过各种方法对媒体资源进行优化配置。媒体资源的外延十分广泛,依据不同的划分标准,其类型也不同,包括信息资源、组织资源、技术资源、用户资源、物质及人力资源等。结合媒体管理的对象和范畴,本书的第十一章到第十四章,分别从组织、人力资源、渠道、财务四个方面,介绍了微观媒体组织开展管理的对象、内涵、方式方法与发展趋势。这些媒体资源管理既是独立的,有各自的管理特点和模式,同时也是相互联系的,环环相扣,共同构成媒体组织的管理体系。

第八章 媒体管理概论

　　伴随着信息社会的不断发展及媒体市场化进程的加速推进,我国媒体市场竞争越来越激烈。传统媒体和新兴媒体、中央媒体和地方媒体、主流媒体和商业平台等媒体企业围绕信息资源、广告资源、用户资源开展争夺。市场竞争对媒体组织的经济与社会效益的实现都提出了挑战。要想在市场竞争中保持竞争优势,获得健康可持续的发展,既要制定有效的战略规划,也要建立健全科学合理的媒体组织架构,以便统筹处理好人才、技术、资金、渠道、信息等媒体资源,实现和维持媒体组织自身的差异化竞争优势,而这也正是媒体管理的核心。作为媒体管理部分的一般性概述,本章将从媒体管理的概念出发,通过与一般性企业管理对比,突出媒体管理的特殊性;结合媒体产业的特点,阐释几个主要管理理论在媒体管理中的应用与发展;在宏观与微观层面,归纳媒体管理的主要范畴和对象;明晰媒体管理的基本原则。

第一节　媒体管理的概念与意义

　　结合我国媒体发展的历程,业界和学界对媒体管理的认识和研究是一个逐步发展的过程。在媒体市场化之前,"媒体管理"被单纯理解为宣传领域的行政管理,并主要限制在公益性文化事业层面,其重心在于意识形态管理。随着媒体市场化、产业化进程的推进,媒体组织更加多元,媒体产品更加多样,媒体环境更加复杂,"媒体管理"概念的内涵和外延也更加丰富。随着媒体组织片面追求经济效益现象的与日俱增,媒体发展也面临着诸多不充分不平衡问题。增强媒体的传播效果,提高媒体对突发事件的舆情管理与危机防控能力,平衡好经济效益与社会效益的协同发展,是新形势下媒体管理的关键意义与价值。

一、媒体管理的界定

现代管理学以泰勒(Taylor)于 1911 年创立的科学管理理论为诞生的标志,发展至今已有百年历史。管理活动古已有之,但随着工业革命的开启,大机器生产取代了手工作坊,生产力得到空前释放,生产组织规模扩大、组织结构复杂、管理成本增加,传统经验式管理方法受到严重挑战。① 管理开始从经验活动上升为系统性理论,最终独立成为一门学科,并随着人类社会和经济的发展而不断演进。经过百余年的发展,管理学科涌现出了不同的理论和流派,包括古典学派、行为学派、社会系统学派、决策理论学派、系统管理学派、经验主义学派、权变理论学派、管理科学学派、组织行为学派、社会技术系统学派、经理角色学派及经营管理学派等。② 不同学派对管理学的认知和理解有所不同,突显了管理中不同要素和方法的重要性,但其共识可以归纳为研究组织及组织内部资源配置的构成、方式和方法的学科,重点在于建立可运作的组织机构,协调资源的使用,促成组织目标的实现。其中,经营管理学派又称为管理过程学派,起源于法约尔的管理理论。该学派认为,管理一般是指人类社会、群体、组织或个人为实现特定的目标而构建可运作的组织机制,协调人、财、物等资源以达到预期目标的过程。

综上所述,基于过程管理学派对管理概念的一般认识,并结合我国媒体行业的特殊性,我们在这里对媒体管理做出如下界定:媒体管理是指政府、行业管理部门以及媒体企业,通过建立科学有效的管理体制与机制及多元化的方式方法,整合并优化媒体资源配置,实现经济效益和社会效益最大化的过程。

二、媒体管理与一般企业管理的区别

一般而言,管理活动是由管理主体、管理客体、组织目的和组织环境条件四大基本要素构成。和一般企业相比,我国媒体组织的特殊属性决定了我国媒体管理在上述四大要素方面的独特性,由此也决定了媒体管理的特殊性。

(1)在管理主体上,一方面,鉴于媒体在信息传播和舆论引导方面的巨大影响力,党和政府宣传主管部门对意识形态安全与舆论引导有管理责任,因而构成了媒体管理主体中的重要组成部分;另一方面,在媒体产业化、市场化发展过程中,媒体组织需要自负盈亏,自谋发展,媒体组织本身也需要有效地扮演管理主体的角色,才能保证媒体经济功能的实现。

(2)在管理客体上,媒体组织既是管理的主体,也是政府和媒体有关部门管理的客

---

① 李晋、刘洪:《管理学百年发展回顾与未来研究展望——暨纪念泰罗制诞生 100 周年》,《外国经济与管理》2011 年第 4 期,第 1—9 页。
② 芮明杰:《走向 21 世纪的管理学》,《管理科学学报》1998 年第 4 期,第 10—16 页。

体,无论是由公有资本主导的主流媒体,或是由非公有资本主导的网络媒体平台、自媒体组织,还是经过转企改制的新型主流媒体平台,都要被纳入管理的范畴。从企业内部来讲,管理的客体是指不同的媒体资源形式。

(3) 从组织目的来看,一般企业管理的目标更多在于帮助经济组织追求经济效率和效益的提升。然而事实上,管理并非只服务于经济目的,许多非营利性目标的实现同样需要有效的管理作为支撑。媒体管理需要促成媒体社会效益和经济效益的协调发展。

(4) 在组织环境条件方面,由于媒体的特殊社会功能和影响力,它面临来自政策和法律的相对更加严格的管控;而媒体技术环境、政策环境以及市场环境的变革,也使得媒体管理面临更严峻的挑战。

可以发现,政治、经济、社会环境无不对媒体管理提出了超出一般企业管理的更高要求,这就要求媒体管理者必须充分分析内外条件,在深入思考的基础上谨慎实施媒体管理活动。

三、媒体管理的意义

在文化体制改革的背景下,中国新闻媒体既要坚持正确舆论导向,坚持党的领导地位,也要推进文化事业单位的"转企改制",重塑文化市场主体,按照现代企业制度的要求,推进国有文化企业的公司制改造。这决定了我国媒体组织在媒体产业化发展过程中,要始终坚持媒体的社会效益和经济效益"两手抓,两手都要硬"的根本遵循。媒体管理对媒体行业的发展具有重大意义。

第一,媒体管理有利于解决新形势、新环境下媒体发展面临的新问题、新挑战。一方面,进入互联网时代以来,价值观念的多元性使得网络意识形态环境更为复杂。互联网解构了时间与空间的限制,来自不同政体、文化、经济、社会的价值观念在网络内容空间汇聚,呈现出多元化的特点。另一方面,一些西方国家凭借技术、经济优势,在世界范围内推销符合其政治、经济利益的价值标准:通过互联网传播虚假信息,扭曲事实,对他国实施"污名化";恶意激化社会矛盾,煽动社会暴乱,颠覆他国政权,制造"颜色革命";大数据、人工智能、算法推荐等新技术逐渐向意识形态领域渗透,加剧了网络意识形态斗争的复杂性与艰巨性。另外,互联网将过去相对割裂的、局部的、分散的社会资源通过互联互通的形式组成了新的格局,由此带来产业边界、资源配置方式、组织方式等的根本性变化。媒体产品的生产、流通、运营模式也发生变革。这些变化严重影响了传统媒体的发展,也对媒体管理提出了新的要求。重新思考媒体管理的制度、机制、方式,是化解媒体发展所面临困境的重要路径。科学、有效、合理的媒体管理有利于促进不同性质媒体企业的协同发展,并实现其社会效益与经济效益的双赢。

第二，媒体管理有利于降低媒体组织的生产与流通成本,提高媒体资源配置的效率。随着媒体市场化进程的加速以及互联网的媒介化,媒体市场参与主体更加多元,市场竞争愈加激烈,市场格局发生重大变化。无论是对于主流媒体、商业媒体平台还是对于自媒体来说,如何在激烈的市场竞争中占据有利位置,提升市场竞争优势,都是一个需要解决的重要问题。科学的媒体管理制度和机制可以帮助媒体组织提高组织、技术、内容信息、资金、人力等资源的配置效率,充分利用有限的资源增加效益。

第三,媒体管理有利于提高对突发事件的舆情管理和危机应对能力。新媒体的即时性、交互性以及超越时空的特点,使得网络舆论环境更加复杂。很多社会突发事件容易在网络平台上发酵,公众的态度、意见与情绪在网络空间形成聚集效应,其社会影响也随之加大。快速响应突发事件,尤其是涉及公民生命健康、财产安全等关键问题的事件,及时回应公众关切,降低公共风险,提高危机应对能力,都需要政府部门和媒体组织共建内容审核、舆情危机预警、舆论引导等管理机制。

第二节　媒体管理的理论基础

早期的管理学理论(古典管理理论)兴起于19世纪末20世纪初,以弗雷德里克·W.泰勒的科学管理理论、亨利·法约尔的行政管理理论和马克斯·韦伯的官僚组织管理理论为代表。古典管理理论致力于改进生产方式,提高工人的生产效率,更多地侧重从管理职能和组织方式等方面研究企业的效率问题。在1930—1940年期间,管理的人际关系学派逐渐兴起,以埃尔顿·梅约、亚伯拉罕·马斯洛和弗雷德里克·赫茨伯格等为代表的学者基于更为微观的视角探讨了个人对组织管理效率的影响,侧重研究个体行为、团体行为与组织行为之间的关系,聚焦于人的心理、行为等对高效率地实现组织目标的影响作用。20世纪60年代后,伴随着国际政治经济形势的不断变化发展,涌现出大量新兴的现代管理学理论,以管理效果、管理系统、领导管理、价值链管理和战略管理等为代表,这些理论将人们对管理的理解推向了更加多元的层次。媒体管理是在管理学范式下发展起来的,其理论基础也承袭了管理学的理论,并融合自身特点进行了适当调整。以下通过对几个主要管理理论的介绍,阐释管理理论在媒体管理中的投射。

一、行政管理理论与媒体管理的科层制

行政管理理论最早是由古典管理学派代表人物马克斯·韦伯提出的,该理论主张将企业管理阶层划分为高级、中级以及低级管理阶层,不同管理阶层需要与之匹配的管理者,强调个人与权力的分离,又称为科层制或官僚制,属于组织管理理论的一种。科

层制强调,以合理合法的权力为基础的官僚制组织是最有效的管理组织形式,处于不同层级的行政管理人员遵照既定的管理规范进行管理。① 其特点表现为:一是依据组织目标进行分工并实现专业化;二是严格执行等级制原则,以树立合法权威;三是严格遵照一套抽象的规章制度进行管理,保障科层组织活动稳定、可持续地运转;四是不同科层的管理者具有非人格化的理性特征,在处理公共事务时,不带有私人感情;五是用人标准具有普遍性,即组织中的管理人员在专业素养上要符合同一套程序系统的要求,其晋升也依照该套标准一以贯之②。

中华人民共和国成立以来,我国行政管理一直采用的是科层制的组织结构,而媒体管理体制内嵌于行政区划体制,因此沿用科层制。以党管媒体为基本原则,我国通过划分中央、省、市、县四个管理层级,建立了权威的媒体管理体系,针对不同媒介形态,又分别设有不同的直属管理部门,实现了管理的等级划分和职能分工。其媒体管理规范包括法律、行政法规、部门规章和工作文件等。③ 随着互联网的媒介化发展,媒体环境发生了巨大变化,对传统的媒体管理制度提出了以下几方面挑战。一是现有的科层制的管理体系难以应对传播内容生产与分发机制变化所带来的海量信息流;二是现有的管理手段难以适应信息内容生产与传播技术的快速进化;三是现有的管理结构难以处理网络媒体生态中的多元利益关系。因而,在新形势下,媒体管理需要转变科层制的管理体制,结合网络环境下媒体行业发展的新特点、新问题,做出调整,向扁平化管理、协同管理方向持续改革,发展出更多符合当前媒体发展形势的管理理论。

二、战略管理理论在媒体管理中的应用

战略管理理论关注企业内部和外部要素之间的不断变化,并在宏观与微观要素变化中实现自身的发展与演化。④ 其内部要素包括领导者认知、利益相关者等,其外部要素包括市场环境和政策环境。⑤ 战略管理理论的重心从寻求在现有市场竞争环境下追求更大利益,扩散到创造新的市场需求、开发新的市场空间,也就是实现从"红海"战略向"蓝海"战略的转移。⑥ 其理论视角从以波特为代表的强调竞争优势,转向合作视角,

---

① 王春娟:《科层制的涵义及结构特征分析——兼评韦伯的科层制理论》,《学术交流》2006年第5期,第56—60页。
② 〔德〕马克斯·韦伯:《支配社会学》,康乐、简惠美译,广西师范大学出版社2010年版,第35—81页。
③ 谢新洲、李佳伦:《中国互联网内容管理宏观政策与基本制度发展简史》,《信息资源管理学报》2019年第3期,第41—53页。
④ Guerras-Martín L. Á., et al., "The Evolution of Strategic Management Research: Recent Trends and Current Directions," *BRQ Business Research Quarterly*, Vol. 17, No. 2, 2014, pp. 69—76.
⑤ 衡量、贾旭东、李飞:《扎根范式下虚拟企业战略演进过程及机理的研究》,《科研管理》2019年第7期,第152—162页。
⑥ 张东生、王宏伟:《战略管理理论前沿与演变规律——基于文献的科学计量分析》,《管理现代化》2021年第4期,第121—125页。

认为企业之间的战略联盟通过协同效益，可以获得更高的经济效益。此外，战略管理的理论视角也从价值链理论转向了价值网理论。早期企业将竞争对手局限在同行业的参与主体中，随着价值链理论视角的出现，企业开始将产业链上下游的供应商和消费者也纳入竞争范畴。随着互联网的出现和发展，产业边界逐渐消弭，市场参与主体更加多元，信息在不同主体之间高速流转，从某一条供应链拓展到相关供应链的管理，形成了网状结构，其战略管理的视角也从一个行业扩展到相关行业领域，呈现纵向和整合的发展态势。

媒体战略管理以一般性战略管理理论为基础，在掌控好媒体组织内部资源与外部各环境要素之间的平衡中，寻求媒体发展。随着互联网的发展，传统媒体面临用户与广告的双重流失。为化解传统媒体的发展困境，2014年党和政府提出了媒体融合战略，推动传统媒体向新媒体转型。当前，媒体融合实践中也涌现出很多新的思想和理论，如媒体生态位理论等。媒体战略管理理论的实践需要不同性质的媒体企业在变化的媒体技术、政策环境下，优化媒体内部资源，协同好不同参与主体的关系，从而获得健康、可持续的发展。

其中，媒体战略管理也从价值链管理向价值网管理转变。在媒体的二元经济环境中，媒体组织同样是在一个由内容供应商、内容集成商、媒体渠道、受众和广告主等多个环节组成的价值链条上运作，各环节也利用不同的要素为媒体组织带来价值增值，并保证媒体组织的最终盈利。虽然大多数媒体组织都要经历相似的价值链过程才能最终实现媒体产品和服务的价值，但不同媒体在运营时对于价值链上各环节的偏重会有所不同，由此呈现出其价值链管理侧重点的差异。例如，以新闻通讯社为代表、以内容产品为核心的媒体组织，其创造价值的主要环节是对信息内容的采集、加工和整合，内容制作环节是其价值链管理的核心和主要环节；而以商业杂志为代表、以市场（受众）为核心的媒体组织，其创造价值的主要方式是汇集对广告主有独特吸引力的价值人群，针对特殊的受众市场开发和传播内容产品，并提高自身在价值人群中的知名度和认同度是其价值链关注的重点；再如以楼宇液晶电视为代表、以渠道为核心的媒体组织，其创造价值的主要方式是构建尽量广泛的到达目标受众的渠道，拓展渠道覆盖面成为其提升价值的不二法门。

不同的媒体形态和媒体组织形式侧重不同的价值链环节，是媒体组织管理模式呈现差异的重要原因之一。除此之外，媒体组织在处理价值链内部和价值链之间的关系时，还会采取不同的方法和策略，这进一步强化了价值链管理的模式差异。在媒体组织发展的过程中，部分媒体选择垂直整合，向价值链上下游拓展，通过加强内容制作、供给、编辑、传输和广告销售等环节的协同，减少中间交易成本，强化市场需求导向，以创造更高的价值;部分媒体则选择横向整合,通过合作和并购等方式,向其他媒体的价值链条扩张,通过实现不同媒体的范围经济,来获得更高的价值回报。

三、流程管理理论在媒体管理中的应用

流程管理起源于对质量的控制,最早关注对生产流程的控制。20 世纪 70 年代,日本企业将改善流程的思想加以拓展,推广到全面的质量管理领域,但也是局限于某一职能范围内。[①] 20 世纪 80 年代中后期,欧美企业的质量管理拓展到了跨职能流程,以信息技术和组织调度作为改善流程管理的抓手,通过流程管理来实现提高效益的目标。随着全球化进程的加速、信息技术的发展以及企业向服务转型的态势,流程管理也发生了变革。1993 年,哈默(Hammer)等学者提出了"企业流程再造"的思想理念,将其定义为对企业业务流程进行再思考和再设计的过程,以实现企业在成本、质量、服务等关键指标上的新进展。[②] 其中,BPR(business process redesign)是流程再造的关键理论和方法,它通过运营信息技术和人力资源管理手段来改善业务流程绩效。[③]

媒体流程管理包括对媒体生产与传播各环节的质量把关,以及信息在不同部门、渠道流转中的管理过程。随着媒体融合战略的深入,主流媒体依据网络传播特点进行了对生产流程的重塑,是流程再造理论在媒体管理中的发展和实践。数字化信息平台将媒体组织的信息采集、信息聚合、数据清洗、信息加工处理等各环节统合在一起,实现了对新闻生产流程的再造,改变了传统的生产机制,使得一次采集、多产品形态、多渠道分发成为现实,降低了生产成本,提高了生产效率。生产流程的再造也包括内容审核机制的重新确立[④],而内容审核从人工审核转变为人机协同审核。

四、媒体人力资源管理理论

彼得·德鲁克(Peter Drucker)在《管理的实践》中提出了"人力资源"的概念,随后经过几十年的发展,现代人力资源管理理论又取得了很多新的研究进展和研究成果。[⑤] 人力资源管理理论的核心是"适配",1984 年,迈尔斯和斯诺在战略、结构与绩效的基础上,将企业战略划分为三种类型:防御型、分析型和探索型战略。不同类型的企业对人

[①] 岳澎、郑立明、郑峰:《流程管理的定义、本质和战略目标》,《商业研究》2006 年第 9 期,第 45—49 页。

[②] 〔美〕迈克尔·哈默等:《企业再造:企业革命的宣言书》,王珊珊等译,上海译文出版社 2007 年版,第 30—51 页。

[③] 郭忠金、李非:《业务流程再造理论的起源、演进及发展趋势》,《现代管理科学》2007 年第 11 期,第 8—9+92 页。

[④] 陈昌凤:《媒体融合中的全员转型与生产流程再造——从澎湃新闻的实践看传统媒体的创新》,《新闻与写作》2015 年第 9 期,第 48—50 页。

[⑤] 〔美〕彼得·德鲁克:《管理的实践》,齐若兰译,机械工业出版社 2006 年版,第 1—20 页。

力资源管理中的人力资源规划、人事、绩效评估、薪酬以及培训与开发都有不同的设计。① 人力资源管理理论涉及绩效管理理论、薪酬管理理论,激励理论等。近年来,人力资源管理理论研究的进展体现在管理者职业化胜任素质研究、员工敬业度研究、工作—家庭冲突研究、雇佣关系研究和跨文化管理研究五个方面。②

媒体人力资源管理既包括一般人力资源管理的研究话题和理论基础,也发展出了自己的特点。一方面,由于媒体组织性质的不同,不同性质的媒体组织在薪酬管理、激励机制等方面有不同的实践。随着媒体融合的纵深发展,建立完善的、市场化的薪酬体系、绩效考核体系以及激励机制成为各级主流媒体努力的方向。另一方面,以社交媒体为代表的新媒体嵌入工作生活,改变了从业者的角色、工作与生活的边界等,带来了一些新的研究话题和视角,也为人力资源管理理论提供了可拓展、修正的空间。

第三节 媒体管理的范畴与对象

如何将现代管理理论与媒体组织的特殊性有效结合,提高管理效率,实现经济效益与社会效益的最大化,是当前媒体管理必须解决的问题。有效的管理必须首先明确由媒体组织(管理主体)对什么(管理对象)进行管理,其管理的具体内容有哪些。因此,媒体管理者和相关研究者需要回归管理的本质,确立媒体管理的基本研究范畴。本节将从宏观层面和微观层面对媒体管理的对象及内容进行概述,并阐释媒体管理的一般流程。

媒体管理可以通过在行业层面建立完善的政策和法律监管体系,在机构层面建立畅通的协调和沟通机制,有效保证媒体信息传播的效率和舆论导向的正确性。

一、宏观层面:政策法规对市场参与主体的管理

从宏观层面来看,媒体产业所具有的意识形态传播的特殊属性,以及其在社会政治、经济和文化等多方面的巨大影响决定了政府相关主管部门及相关立法机构必然会对媒体产业采取更为直接和严格的管理手段。在我国媒体产业化和市场化改革的进程中,政府主管部门和立法机构与媒体组织本身之间的角色分工越来越明晰。通过政企分开、政事分开和管办分离的改革,政府主管部门和立法机构逐步明确准入、规划、宣传、标准和监管等职能,回归到了宏观媒体管理者的角色上。在这个层面上,管理者是政府主管部门和立法机构,管理对象是媒体产业的各方参与者,而管理手段则是政府主

---

① R. E. Miles, and C. C. Snow, "Designing Strategic Human Resource Systems," *Organizational Dynamics*, Vol. 13, No. 1, 1984, pp. 36-52.
② 赵曙明:《人力资源管理理论研究新进展评析与未来展望》,《外国经济与管理》2011年第1期,第1—10页。

管部门针对媒体宣传和市场经营制定的政策规范和法律法规。美国、英国和日本等发达国家传媒产业的发展经验显示,完善的政策规范和法律法规体系是传媒产业良性发展的重要保证。而我国传媒产业要在兼具宣传"喉舌"与市场主体的双重功能的前提下健康发展,就更需要相关主管部门、立法机构、行业协会及学术团体加强对媒体经营和媒体组织管理等领域相关的政策规范和法律法规的研究。

随着新媒体行业的快速发展,门户网站、网络社区、社交媒体平台、新闻客户端、短视频平台、网络直播平台等新媒体组织也被纳入媒体管理的范畴,在宏观层面成为媒体管理的对象。一直以来,我国对互联网的内容管理主要是由主管部门在"资质审批"和"内容管理"等层面进行的。我国的传统媒体,包括报社和广播电视台等均是党和政府领导下的机关单位,在依法取得资质后,才能在互联网从事信息传播业务。我国《互联网信息服务管理办法》规定,国家对经营性互联网信息服务实行许可制度。如,2007年公布的《互联网视听节目服务管理规定》要求:"从事互联网视听节目服务,应当依照本规定取得广播电影电视主管部门颁发的《信息网络传播视听节目许可证》或履行备案手续。"取得资质后,各单位还需要对传播内容进行把关,《互联网视听节目服务管理规定》要求,"发展互联网视听节目服务要有益于传播社会主义先进文化,推动社会全面进步和人的全面发展、促进社会和谐"。对于微博、微信、"今日头条"等新兴的基于移动端用户生产内容的信息传播平台的治理,政府依然遵循"资质审批"和"内容管理"的管理逻辑。例如,布局互联网短视频领域的"今日头条"便于2017年通过与运城市阳光文化传媒有限公司签署合作协议,获得了国家新闻出版广电总局颁发的《信息网络传播视听节目许可证》。互联网原创视频平台"梨视频"因未取得互联网新闻信息服务资质却大量发布"独家"视听类时政信息,多次被中央网信办等部门责令整改。由此,各类具有传播功能的互联网平台也应依照媒体企业的管理范式,遵照其特殊性,与一般企业管理形成差异。

二、微观层面:媒体组织对各种媒体资源的管理

在微观层面上,媒体管理研究需要关注包括产品(内容)、人与组织、财务、技术、渠道、资本融通、计划与战略等在内的多个方面的要素。在这些要素中,产品(内容)管理是媒体管理研究的重中之重。媒体产业在很大程度上可以归结为内容产业,内容是媒体直接或间接售卖的主要产品,是媒体获得社会和经济效益的主要倚重。媒体内容管理研究可以分为三个层次:一是从意识形态传播和宣传的角度,对内容的准入和标准管理进行研究,确保媒体履行社会责任的引导和教化作用;二是从内容经营的角度,对内容生产和创新进行管理研究,在坚持导向正确的基础上,推动媒体内容的多元化和多形态发展;三是从市场交换的角度,对内容的传输和推广进行管理研究,保障媒体内容的

传播效果,提高媒体内容的社会舆论影响力和经济盈利能力。

要进行有效的媒体内容管理,就需要媒体组织对媒体组织内的人与组织、财务、资本融通、技术、渠道等要素进行合理管理和有效调配,这也需要媒体管理研究的配合。一方面,媒体管理研究要从人与组织的角度入手,研究在我国媒体产业化和市场化改革过程中,如何进行机制和机构的改革,如何提高媒体组织应对和适应市场变化的能力,如何解决媒体从业人员在从事业机关转换到企业单位的过程中的积极性和主动性问题。另一方面,在媒体组织进行市场化改革之后,媒体组织已经逐步从财政核算的财务体系中剥离出来,成为独立的市场个体。媒体管理研究需要深入探讨媒体组织面对事业与企业的双重属性,应该如何建立健全的财务体系来有效衡量媒体企业的成本收益和市场运作效果,以及如何挖掘媒体市场运作的价值以进行有效的资本融通。此外,面对数字电视和互联网等技术变革对媒体内容生产、运作以及渠道经营所带来的影响,媒体经营管理还应关注在新技术环境下媒体企业所采用的技术和渠道管理手段,以挖掘技术和渠道的市场潜能。

第四节 媒体管理的基本原则

纵观近代企业的发展历程,不同企业在不同经济环境下尝试采取不同的管理原则、策略和模式,都取得了企业发展和市场经营的显著效果。抛开管理策略五花八门的包装,成功企业的管理策略中都蕴含着一些共通和基本的原则,包括整体原则、效率原则、价值原则和动态原则。将这些基本原则与我国媒体运作的实际相结合,可以衍生出众多差异化的管理策略,有效提高媒体组织的管理水平。

一、党管媒体原则

党管媒体原则是我国媒体管理的核心原则。中华人民共和国成立后,新闻事业经历政府管理的探索,形成了党和政府共同管理的局面,确立了以党管媒体原则为核心的中国特色新闻管理体制。[1] 1954年,中国共产党第二次全国宣传工作会议以改进报纸工作为抓手,多方面展现出加强党管媒体的政治主线。[2] 改革开放之后,媒体开启市场化进程,转企改制使得媒体组织形成"以国有为主、多种经济成分共同发展"的局面,统筹处理好社会效益与经济效益之间的关系成为媒体管理的重要目标。这一时期,党对

---

[1] 王润泽、王婉:《党管媒体:新中国新闻事业管理原则的历史考察》,《现代传播(中国传媒大学学报)》2021年第4期,第40—46页。

[2] 王润泽、楚航:《党管媒体的加强:新中国成立后宣传工作管理体制的过渡与调整》,《西南民族大学学报(人文社会科学版)》2021年第10期,第152—160页。

媒体的管理主要体现在党委领导、调控适度、运行有序、促进发展的宏观管理体制上，体现在对媒体的制度决策、方向把控和导向引领上。[①] 2001年，《中共中央办公厅、国务院办公厅关于转发〈中央宣传部、国家广电总局、新闻出版总署关于深化新闻出版广播影视业改革的若干意见〉的通知》首次以中央文件的形式明确了新闻业的"双重属性"[②]："新闻出版广播影视业既有一般行业属性，又有意识形态的特殊性，既是大众传媒，又是党的宣传思想阵地，事关国家安全和政治稳定，负有重要的社会责任。"随着互联网的发展，网络媒体环境更为复杂。党的十八大以来，以习近平同志为核心的新一代中央领导集体提出并践行了一系列"党媒姓党""党管媒体"的新观点、新理念、新思想、新想法与新举措，进一步夯实了网络时代的党管媒体原则。

二、整体原则

整体原则是媒体管理的首要原则。正如前文所述，管理以一个系统性的形态存在，是众多要素相互联系、相互作用、相互制约、有机结合而构成的系统集合体。媒体管理必须遵循整体原则，从全局的高度对媒体组织的资源和要素进行整合。而要在媒体管理中有效地贯彻整体原则，必须从以下方面着手：第一，要有明确的结构性观念，媒体组织并非由各个要素的属性和功能简单集合而成，必须具备某种逻辑结构，媒体管理需要了解各个要素之间相互联系和相互作用的内在方式，以实现对各种要素的有机结合。第二，要有明确的目标，任何媒体组织都有自己特定的社会和经济目的，它们在媒体组织的系统运作中起着激励、导向、聚合和衡量的作用，媒体管理如果能够明确其要实现的社会效果和经济效果，有助于确定媒体管理的整体方向，推动媒体管理的有序进行。第三，媒体管理还需要进行全局性思考，要从全局性的高度促成合理的管理结构的构建，使局部性能融合为整体性能，发挥媒体管理系统的最佳整体效应。第四，整体原则还要求媒体管理有层次性，任何媒体企业都有多个管理层级，媒体管理需要充分考虑整体目标和层级目标，在明确媒体整体目标的同时，要考虑层级目标的特殊性，保证局部和整体效率的协调。

三、效率原则

媒体管理的重要目的之一是构建有效的管理机制，提高媒体资源整合和利用的效率，因此效率原则应该贯穿媒体管理的始终。为在媒体管理中体现效率原则，媒体组织应当全面详尽地制定科学的责任目标，作为对各个环节、各项要素进行管理的具体要

---

① 黄娴、丁柏铨：《党管媒体：新中国成立以来的理论与实践》，《传媒观察》2021年第10期，第5—15页。
② 朱清河：《中国共产党"党管媒体"理念的百年建构与实践》，《郑州大学学报（哲学社会科学版）》2021年第5期，第121—126页。

求,并按照一定的标准对管理工作的执行情况进行评估。在推行效率原则的过程中,媒体管理需要注意以下两点:(1)追求效率不能以牺牲媒体组织应该遵循的伦理道德和法律法规为代价,要综合考虑媒体组织的双重属性,要履行社会责任,通过内容传播和市场运作,对社会政治、经济、文化产生正向的推进作用;(2)追求效率不应为获得短期效果而牺牲长期利益,媒体产业和特定媒体组织要获得可持续发展,必须具备长远的发展眼光,让短期的效率与长期的发展前景相协调。近年来,在媒体产业化和市场化发展过程中,部分媒体为了获取短期的经济利益,降低了对媒体内容审核的标准,让大量低俗和缺乏可信度的信息内容涌入媒体渠道,导致媒体公信力和权威性下降,削弱了媒体的社会服务和舆论引导功能,架空了媒体长期发展所必不可缺的公信力基础。面对这种情况,媒体管理需要在推行效率原则的过程中,充分考虑媒体履行社会责任和义务的特殊属性,对媒体的管理政策和方向进行反思和调整。

四、价值原则

媒体管理遵循价值原则的最终目的是要促成价值的实现。媒体管理要在给定的投入量中争取最大的产出,以最少的资源消耗获得最大化的效果。在履行媒体管理价值原则的过程中,明确媒体组织的价值体现在两个方面,即其在信息宣传和舆论引导方面所体现的社会价值,以及其依靠内容、广告和渠道经营等多种途径而获得的经济价值。对于这两种并驾齐驱但在某些情况下又会出现冲突的价值,媒体管理需要平衡它们之间的关系。媒体组织要在准确把握媒体属性的前提下,区分不同要素和环节在实现两大价值过程中的功能和作用,并合理调配资源保证两大价值的优化实现。而要做到对两种价值的平衡,就必须重视对媒体价值的量化评估。目前,大多数媒体企业在管理过程中已经有效地做到了对媒体经济价值的量化评估,但在社会价值的量化评估方面还存在欠缺。不明确媒体社会价值既有可能导致媒体组织对社会价值的忽略,影响其社会责任和义务的履行;也有可能导致部分管理者和研究者对媒体社会影响的主观放大,阻碍媒体组织在市场经营改革方面的步伐。

五、动态原则

随着媒体全球化、一体化和信息化趋势的加剧,媒体环境呈现出日新月异的特征。面对不断变化的媒体环境,动态原则在媒体管理过程中越来越举足轻重,对媒体组织的创新和发展起着不可忽视的作用。美国学者吉姆·柯林斯和杰里·波勒斯在对数十家经历百年发展、成功塑造并保持市场领先地位的公司进行研究之后认为,这些公司之所以能成功保持企业发展和市场领先地位,是因为其在坚持基本理念和原则不变的情况下,根据市场环境的变动不断调整管理和经营策略。对于媒体组织而言,在坚守媒本身的社会价值取向的前提下,针对经济环境、受众市场、广告营销和技术条件的变化,调整自身的管理策略和模式,同样是其在新媒体环境下寻求可持续发展的重要保障。

小　结

媒体管理是指政府、行业管理部门以及媒体组织,通过建立科学有效的管理制度与管理机制及多元化的方式方法,整合并优化媒体资源配置,实现经济效益和社会效益最大化的过程。与一般企业管理相比,媒体管理在管理主体、管理客体、组织目的、组织环境等方面都有所不同。因此,对媒体管理的实践既要遵循一般管理理论,又要结合媒体行业的特殊性,对理论进行拓展、修正和调整,以提升管理效果。在宏观层面,媒体管理的主体指的是政府及相关主管部门,媒体管理的客体指的是不同性质的媒体企业,媒体管理的方式则是通过相关法律、法规和政策来实施,媒体管理具有科层制特点。但是,互联网的发展对传统科层制管理模式提出了挑战,需要构建符合当前媒体发展要求的管理体系。在微观层面,媒体管理的主体则是媒体组织,管理的对象包括内容、技术、渠道、人才、财务等各种媒体资源,通过多样化的管理机制,可以提高媒体资源的配置效率。媒体管理的原则包括党管媒体原则、整体原则、效率原则、价值原则以及动态原则,其中党管媒体原则是媒体管理的核心原则。

◆ 思考题

1. 媒体管理与媒介经营的区别与联系是什么?
2. 媒体管理与一般企业管理的区别是什么?
3. 我国媒体管理组织结构的变化与特点是什么?
4. 我国媒体管理战略的转变是怎样的?
5. 基于公共管理理论,谈谈舆情管理与危机应对。
6. 简述媒体资源管理的对象与内容。
7. 媒体管理的主要模式有哪些?请列举一二。
8. 基于人力资源管理理论,谈谈如何加强融媒体的人才队伍建设?
9. 党管媒体原则是如何指导我国媒体发展的管理实践的?
10. 互联网的扁平化特点对传统科层制管理有哪些挑战?媒体企业是如何应对的?

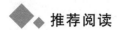

推荐阅读

陈昌凤:《媒体融合中的全员转型与生产流程再造——从澎湃新闻的实践看传统媒体的创新》,《新闻与写作》2015年第9期,第48—50页。

黄娴、丁柏铨:《党管媒体:新中国成立以来的理论与实践》,《传媒观察》2021年第10期,第5—15页。

冷述美编著:《媒体管理案例研究》,中国传媒大学出版社2006年版。

李佳伦:《属地管理:作为一种网络内容治理制度的逻辑》,《法律适用》2020年第21期,第158—168页。

李晋、刘洪:《管理学百年发展回顾与未来研究展望——暨纪念泰罗制诞生100周年》,《外国经济与管理》2011年第4期,第1—9页。

[美]阿德斯·布罗德里克·索恩等:《媒介管理:案例研究法(第二版)》,王梅、冯悦主译,中国人民大学出版社2007年版。

[美]艾伦·B.阿尔巴朗:《电子媒介经营管理(第二版)》,谢新洲等译,北京大学出版社2005年版。

邵培仁主编:《媒介管理学》,高等教育出版社2002年版。

谢新洲、李佳伦:《中国互联网内容管理宏观政策与基本制度发展简史》,《信息资源管理学报》2019年第3期,第41—53页。

谢新洲:《我国媒体融合的困境与出路》,《新闻与写作》2017年第1期,第32—35页。

谢耘耕、徐颖:《新媒体环境下突发公共事件的信源管理研究》,《新闻与传播研究》2011年第4期,第58—67+110页。

曾凡斌:《大数据对媒体经营管理的影响及应对分析》,《出版发行研究》2013年第2期,第21—25页。

赵曙明:《人力资源管理理论研究新进展评析与未来展望》,《外国经济与管理》2011年第1期,第1—10页。

郑勇华:《新媒体环境下媒介经营管理的转型方向》,《新闻界》2012年第6期,第69—72页。

第九章 媒体战略管理

战略管理是企业管理中最高层次的管理,不同于业务管理和职能管理等微观问题的操作,它服务于企业宏观发展规划。对于媒体组织而言,战略管理至关重要。媒体战略是通过对媒体组织外部环境和内部环境的总体把握制定出的适合媒体组织生存与发展的经营管理活动,是有关媒体发展目标和未来方向的总体设计和规划。科学合理的媒体战略可以让媒体组织避免在运作中陷入目光短浅、盲目发展的被动境地,实现媒体组织的长远目标和未来的兴盛。

近年来,媒体融合发展的趋势不断增强,媒体产业化、集团化内涵更丰富,发展模式更多元。新的媒体环境和发展现实给媒体组织战略的制定、执行和管理带来了新课题。如何在竞争日益激烈的世界媒体市场中增强适应环境的能力,实现持续与高速发展,已经成为媒体经营与管理者共同关注的话题。

本章主要从企业战略管理的一般概念及相关的理论出发,分析媒体内部和外部环境构成,理解制定正确的媒体战略、根据所处环境选择合适的战略执行路径的理论与方法。

第一节 战略管理的概念

21世纪第一个十年后,在信息技术高速发展以及互联网广泛普及的背景下,我国媒体生态发生了巨大的变动,媒体产业化和集团化发展进入新阶段,媒体市场竞争日益激烈,合作更加频繁。一方面,新旧媒体为了争夺市场主导地位展开了激烈的拉锯战:新媒体依托新技术优势,发展势头强劲;传统媒体组织则为了守住自己的市场地位和公共话语权,不断地调整、改革,以期探寻到最适合的新模式。另一方面,几乎在同一时间段涌现的大量新兴媒体组织之间为了抢夺市场份额、避免同质化定位,进行了激烈的角逐;传统媒体组织在新旧媒体的竞争中暂时处于劣势地位,需要在不断缩小的市场空间中最大化地吸引用户、探索维持生存与发展的新路径。在这样的一个时代,或为了生存,或为了发展,媒体组织的战略管理都显得尤为重要。

一、战略管理和媒体战略管理

"战略"一词源于军事。"战"是指战争;"略"为谋略,是一种从全局考虑谋划以实现长期目标的规划,即在总体上为未来规划出的可能实现的阶段性愿景。后来,这一概念被引入企业管理领域,衍生出了"企业战略"的概念。

企业战略是对企业各种战略的统称,包括竞争战略、营销战略、发展战略、品牌战略、融资战略、技术发展战略等,是指企业根据环境变化,依据本身资源和实力,选择适合的经营领域和产品,形成自己的核心竞争力,并通过差异化在竞争中取胜。[①] 在现代管理学中,企业战略是一个自上而下的整体性规划过程,包括职能战略、业务战略及产品战略等几个层面的内容。企业的目标是通过制定并实施一个成功的战略,来提高企业战略竞争力和核心竞争力,从而提升企业竞争水平。需要注意区别的是,战略性经营主要关注企业长期的、整体的发展方向以及如何实现既定目标,而战术性经营主要关注企业短期的、局部的运行效率。[②] 企业战略管理理论的中心词是"管理"和"战略",具体到操作层面,则体现为企业制定的各种长短期战略规划和政策。因此,可以从两方面来理解战略管理:战略管理过程和战略管理内容。战略管理过程是指战略的确定和实施环节,而战略管理内容则是指战略的具体规划。邵一明将企业战略管理定义为"为实现企业的愿景、使命和战略目标,科学地分析企业的内外部环境与条件,制定战略决策,评估、选择并实施战略方案,控制战略绩效的动态管理过程"[③];刘冀生则认为,"企业战略管理(corporation strategy management)是把企业战略的分析与制定、评价与选择、实施与控制三者形成一个完整的、相互联系的整体,使企业能够达到战略目标的动态管理过程"[④]。综上,所谓企业战略管理就是指通过全面考虑企业所处的市场环境,以及环境中所蕴含的机会与存在的威胁,制订、评估和选择一系列方案,以达成公司发展使命和目标为目的的企业决策和活动的总和。

媒体战略管理则是以现代企业战略管理理论为基础,将企业战略管理细化到媒体行业当中的过程。结合企业战略管理的相关理论和实践,可以将媒体战略管理界定为:媒体组织根据外部环境和内部条件,确定媒体生存和发展的战略目标,并对实现目标的

---

① 参见杨学成、陈章旺主编:《网络营销》,高等教育出版社 2014 年版。
② 参见项保华:《战略管理——艺术与实务》,华夏出版社 2001 年版。
③ 参见邵一明编著:《战略管理(第二版)》,中国人民大学出版社 2014 年版。
④ 参见刘冀生编著:《企业战略管理——不确定性环境下的战略选择及实施(第三版)》,清华大学出版社 2016 年版。

途径和手段进行总体谋划和具体实施与控制的动态管理过程。这种管理过程涉及媒体战略的分析、制定、选择、实施和控制等。① 据此可以看出,媒体战略管理的首要步骤是对媒体生存的内外环境进行清晰的把握,再以此为依据来制定媒体战略,并选择适合的执行方式。媒体组织的生存和发展在很大程度上源自它对既有环境和未来前景的成功把握和清醒认识。对于媒体组织来说,其所具有的双重属性和双重目标决定了其生存和发展的环境中既有"硬"的一面,又有"软"的一面,同时还涉及整个产业市场的潜在发展趋势和远景。媒体战略决策正是基于对上述环境因素的综合考量而形成的。

二、战略管理理论在媒体战略管理中的应用

在市场经济环境下,企业的战略决策很大程度上取决于其所拥有的资源和所处的行业。媒体产业同样如此,随着媒体市场化改革的深入,媒体的产业属性逐渐显现。以所有权和知识为基础,媒体资源可以分为两大类。媒体通常因为在某方面拥有核心资源而获得竞争优势,比如独家信息渠道、美观的版式设计或融洽通畅的社会关系等。媒体资源不仅包括思想、品牌、文化、信息、环境、传播方式、社会关系等所谓的"软资源",也包括人才、资金、技术、设备、载体、物资等"硬资源"。另外,媒体资源也可以分为信息(内容)资源、渠道资源、用户资源和公信力资源。信息(内容)资源是媒体的元产品,其他资源都以它为基础存在或产生;渠道资源是信息资源进行传播和市场交易的重要保障;用户资源是媒体信息的接收者、购买者、使用者,对于广告商而言则意味着潜在的购买力,是媒体重要的资源;公信力资源体现了一个媒体的品牌价值,这种无形资源为媒体参与市场活动提供了品牌支持。② 媒体产业要生产出实现社会功能和经济功能的产品,在很大程度上依赖对上述资源的有机整合。

媒体组织的竞争优势是内容与渠道资源两个方面共同作用的结果。内容要素部分是无形的,可以以不同的形式呈现,是一种非排斥、非耗尽的"公共物品",在消费过程中其内涵价值不但不会消耗,反而会在内容接收者的共鸣中得以增值。渠道要素部分是有形的,或曰是相对"固定"的资产,它具有一定程度的垄断性和不可共享性。对于传统媒体组织和新媒体环境下的新型媒体组织而言,这两种因素都至关重要,只是各自的处境有所不同。在传播渠道短缺的时代,谁拥有渠道,谁就拥有传播市场的霸权地位。然而,随着媒体业的发展,特别是传播技术的进步,媒体市场上的渠道资源在规模数量和单品种质量上都有了爆发式的增长。此时,媒体组织要取得竞争优势,要实现媒体组织的绩效最大化,必须寻求内容和渠道资源更加完美的组合。

---

① 张立勇:《媒介资源管理是媒介战略管理的核心因素》,《新闻传播》2006年第7期,第66页。
② 颜景毅:《媒体组织的双重属性及其经营创新》,《编辑之友》2018年第9期,第30—34页。

尤其是，媒体资源的价值具有不固定性。一条资讯对于它的需求者来说价值重大，而对不需要者来说则可能毫无用处。以民生新闻为例，很多民生类新闻具有高度的地域相关性，超过一定的地理范围就变得毫无价值。因此，一些地方媒体产业由于无法与更强势的媒体争夺传播范围，多采取以地方文化为主的策略，以其文化的亲切感获得高度的认同，实现更好的传播效果和经济回报。这种侧重本地市场的战略目标，即所谓的"地域相关性"策略。各类平面媒体中的本地新闻、用方言播出的广电栏目剧等，皆属该策略的具体应用。

此外，需要注意的是，媒体产业具有特殊性。一方面，媒体产品是一种文化输出品，用以满足受众的精神需求或者更高层次的需求，其生产和分配过程都极具创造性和个性，媒体产品创造的是无形资产，积累的是品牌效应；另一方面，媒体产品有社会和经济双重属性，这使得政府对媒体的管制相对于其他行业会更严格、更频繁。媒体产业的这些特殊性挑战着传统经济理论的假设，与其他产业在评估资源配置时侧重经济效率不同。媒体产业尽管也需要最大化经济效益或者股东利益，但同时还必须兼顾内在的文化认同以及社会价值目标。

由于媒体产品本身的特殊性及其追求经济效益与社会价值的双重目标，媒体战略管理在借鉴传统的经济学理论时应当做到"有所用而有所不用"。在我国，传媒业的集团化发展开始于1996年。起初，集团化发展主要依赖行政力量进行组建，但伴随着互联网各类渠道的嵌入，亟须在党管的前提下，引入市场的力量，进行资源的整合和扩张。

结合产业组织和资源基础的观点，媒体组织战略的形成应综合考虑一般社会经济环境与媒体特殊的行业环境等外部因素的影响，以及媒体组织自身所拥有的生产要素的特性，并以此为基础，从宏观层面制定管理战略，培育、获取能给媒体组织带来竞争优势的特殊资源，推动媒体机构的长远发展。

第二节 媒体战略制定

正因为媒体战略管理是涉及战略制定、选择、实施各个环节，并最终使媒体组织能够达到战略目标的动态管理过程，所以在制定战略时首先要明确组织的使命、愿景，并将二者操作化为媒体组织的战略目标。然后利用分析工具对媒体组织所处的外部环境和内部环境进行深度分析，以保证在制定战略时做到"知己知彼"，为战略的制定提供参考和事实依据。最后执行适合的战略，为媒体组织的全局发展发挥引导性作用。

本节将系统地介绍媒体战略制定的两大环节，即确定使命和愿景、分析媒体组织环境，并研究SWOT分析法的应用。

一、企业使命、愿景及战略目标

"企业使命"(mission)是彼得·德鲁克于 20 世纪 70 年代提出的。使命是企业在较长一段时间内最基本的发展方向,反映了企业高层管理者对企业性质和活动特征的认识。企业使命要说明企业的根本性质与存在的理由,阐述企业的宗旨、哲学、信念、原则,根据企业服务对象的性质解释企业长远发展的前景,为企业战略目标的确定与具体战略的制定提供依据。企业使命不仅要回答企业要做什么,更要回答企业为什么要做,也要回答企业存在的理由和价值。企业使命的内容包括企业存在的目的、企业的经营哲学、企业的公众形象。[①] 我国的媒体组织长期以来肩负着宣传党和国家的指导思想、政策法规、方针目标的重要使命。

战略愿景表达了管理者对于企业未来发展的一种愿望,为企业指明了发展方向,为公司的未来描绘了一幅战略蓝图。一个有价值的战略愿景必须准确传达管理层希望公司如何发展的期望,为管理者制定战略决策和引领公司未来提供参考。一个清晰的企业愿景将在媒体组织战略管理中发挥重要的作用,它代表了公司管理层对于公司未来发展方向的定位,是赢得组织内部成员支持的管理工具。正确的企业愿景能够减少组织的决策风险,同时能够为基层管理者在制定管理办法和发展目标的时候提供参考依据,以防止基层目标与高层战略脱节。

设立战略目标的目的是将媒体组织的战略愿景和使命转化为可操作的绩效目标。目标反映了组织管理者面对整体经济的变化、行业竞争环境的变动和组织内部能力改变时对公司未来的期望。一个有效的战略目标应该是可量化的,应该有明确实现该目标的时限。战略目标可分为长期目标和短期目标。短期目标主要关注的是当下这段时期内媒体组织理想的绩效表现;而长期目标则是在未来相当长的一段时期内组织整体将要实现的目标,或者通过实现这个目标,组织能够进入新的发展阶段。

使命、愿景和目标是在制定战略时必须首先明确的基本信息。在确定了组织使命、组织愿景和组织战略目标之后,媒体组织的管理者应该对组织所处的内外部环境进行深入分析,为制定满足组织发展需求的媒体战略提供环境信息支持。

二、媒体战略制定的环境分析

媒体组织的使命、愿景和战略目标表达了组织创办者的一种愿望,但要实事求是,要基于对组织内外部环境的分析而提炼,不能凭长官意志,通过"拍脑袋"的方式决定。

---

① 参见刘冀生编著:《企业战略管理——不确定性环境下的战略选择及实施(第三版)》,清华大学出版社 2016 年版。

否则,便容易出现战略目标"高不可攀"或"脱离实际"的现象。要制定媒体战略,首先要对媒体组织的现状进行评估。它涉及两个方面的内容:一是媒体组织所面临的外部环境,包括整体宏观环境和行业态势;二是组织自身的资源和能力,即组织内部环境。正确把握组织的外部环境和内部环境条件,是制定出行之有效的战略的基础。

(一) 媒体战略制定的外部环境分析

对外部环境战略要素的分析和把握是媒体战略管理的基础环节。媒体产业是一个特殊的产业,其所具有的双重属性决定了其更易受到外部环境的影响。尤其对于公益性的媒体组织来说,政府的政策规制往往具有决定性的作用。因此,在决定媒体的战略决策和规划时,媒体组织的管理者必须从现有的外部环境因素出发,充分考虑当前是否具备或在多大程度上具备实施该战略的外部环境条件和基础。

在此主要介绍两种常用的环境分析工具,即用于分析宏观环境的 PEST 分析模型和用于分析行业竞争态势的波特五力模型。

1. 媒体宏观环境的 PEST 分析模型

宏观环境又称一般环境,是指影响一切行业和企业的各种宏观力量。对于宏观环境因素,不同行业需要根据行业特点进行具体分析。

PEST 分析模型中的"P"是政治(politics),"E"是经济(economy),"S"是社会文化(society),"T"是技术(technology)。通常在分析某个企业或组织所处宏观环境背景的时候,可以从上述四个方面对外部环境进行综合分析。

(1) 政治环境

此处所指的政治环境主要包括政治制度、政治体制、政治局势,所在国家政府以及政府制定的法律、法规等内容。媒体产业的政治环境分析尤为重要。

媒体强烈的意识形态色彩使各国政府都在一定程度上对其予以控制。在运营过程中,媒体组织必须基于各国政治法律环境的现实做出相应的战略决策。但是,由于各国国情以及媒体产业发展的历史不同,因此各地对媒体产业的管理方式和控制程度不尽相同,这决定了媒体组织制定和实施媒体战略的现实性和可能性大相径庭。

我国对媒体产业属性的认知是一个不断转变的过程。在计划经济体制时期,传统媒体组织主要作为党和国家的宣传"喉舌"发挥作用,其事业特征多于市场化特征,国家对媒体采取了严格的控制和管理,实行严厉的准入制度,禁止私人、民间组织和外国资本进入主要媒体的经营领域,淡化了媒体的产业特征。

20 世纪 80 年代末,随着媒体改革的推进,我国的媒体组织开始向"事业性质,企业管理"的方向转变,媒体的市场化特征逐步增强。2003 年到 2012 年期间,在全国文化体制改革试点和深入的过程中,国家对我国媒体体制有了较大力度的政策调整,很多制度性限制被突破。一方面,以资本为纽带、打破地域限制的跨地区媒体开始出现。如上海、江苏、浙江三地的报业集团联合出版、在"长三角"地区15个城市发行《东方早报》,人民日报社、光明日报社等中央媒体和广东的地方媒体联合在北京创办《京华时报》和《新京报》等,都对中国媒体改革具有重要的突破意义。另一方面,市场化的媒体扩张手段不断增多,表现为社会资本成功进军媒体行业和新一轮媒体上市热潮启动。如2004年,"北京传媒"在香港H股挂牌上市,成为内地首家在境外上市的传统媒体;2007年,《广州日报》借壳"粤传媒"在深交所正式挂牌交易,推动了国内媒体资本运作的进程。此外,国家广电总局还陆续批准凤凰卫视资讯台、彭博财经电视亚太频道和星空卫视等三家境外电视媒体在中国内地有限落地[1],促进了国内媒体市场的竞争。

自党的十八大以来,文化体制改革逐渐进入全面深化阶段。健全现代文化市场体系成为深化文化体制改革的重要任务之一。在政策引导下,新型文化企业加快进行投融资体制改革,通过资本市场做大做强文化企业。如以"阿里巴巴""百度""腾讯"为代表的大型互联网企业集团通过并购、控股、参股等形式进入文化产业领域;2017年,沪深两市上市文化公司达103家,约占A股上市公司总数的3.21%,全国"新三板"挂牌的文化企业有690家,约占"新三板"挂牌企业总数的6.20%。[2]

尽管如此,目前我国媒体经营与管理者对其产业属性的认知仍然存在一定的分歧,各地在处理媒体的事业和产业两大属性时仍然存在重事业、轻产业的现象。如何妥善处理媒体的两大属性的关系,真正实现做大事业、做强产业的战略目标,仍然是当前和今后相当长一段时间内媒体经营与管理的重要课题。

(2)经济环境

市场经济环境下,媒体业必须立足媒体市场,在发挥"社会公器"作用的同时,兼顾实现经济效益,以维持媒体业的生存和可持续发展。这也意味着,媒体组织在制定战略目标和方针时,必须对媒体市场环境的现实和发展情况给予高度重视。

在宏观环境分析中,构成经济环境的关键战略要素有GDP、利率水平、财政货币政策、通货膨胀、失业率水平、居民可支配收入水平、汇率、能源供给成本、市场机制、市场需求等。其中,影响媒体市场的经济环境主要包括产业背景和市场关系两个方面。

产业背景包括:①媒体产业的整体市场规模、盈利情况、未来市场潜力、行业发展趋势。②媒体产业链上下游的衔接程度、规模经济程度、资本集约化程度、市场网络的完善程度。③竞争环境。竞争是所有处于市场经济环境下的产业都必须面对的经济现象。竞争可以实现优胜劣汰,为产业的发展提供动力,有助于建立充满活力的市场。对

---

[1] 李倩:《资本化与媒介资源分配》,《湖南工业职业技术学院学报》2008年第4期,第37页。
[2] 刘仓:《中国文化体制改革探析》,《当代中国史研究》2018年第4期,第41页。

媒体产业而言,获取竞争优势既是媒体战略形成的原因之一,也是媒体战略的目标之一。在形成媒体战略之前,对竞争环境的有效分析和评估至关重要,只有从分析竞争环境、竞争主体入手,方能采取相应的竞争定位和竞争策略。④技术环境。技术创新对媒体产业产生影响,如当前的信息技术、网络技术和通信技术的发展,造就了新的媒体环境和媒体的全球化趋势等;同时,新媒体开发也极大地影响了现有的媒体产业格局。⑤媒体产品终端市场的变化,包括用户市场对内容产品和服务的需求层次、消费习惯、认知方式、消费心理等。

市场关系是经济环境的微观层面,主要是指媒体市场上各利益主体之间的竞合关系,纵向表现为产业链上下游各参与环节之间的关系,横向表现为不同媒体之间内容产品的替代和互补关系。在市场化条件下,各利益主体之间的竞合实际上就是在共享资源和利益,共担风险和威胁,以及在共同开发市场的基础上相互影响的过程。处理市场关系的能力反映了媒体市场的成熟程度。在媒体改革的过程中,我国媒体组织有效处理市场关系的能力也在不断提高。报业市场的自办发行与邮政发行之争便是一个典型的例子。从一开始邮政发行处于垄断地位到自办发行遍地开花,再到两者协调发展,体现了我国媒体市场的良性互动能力日渐提高。事实上,市场关系问题是否得以有效处理在一定程度上决定了媒体市场上各利益主体是否能实现共赢。如果市场关系混乱,就会影响整个媒体市场的秩序,处于其中的利益主体也都不可避免地会受到损害。

(3) 社会文化环境

社会文化环境包括民族特征、文化传统、价值观、宗教信仰、教育水平、社会结构、风俗习惯等因素。其对媒体战略管理的影响是间接、潜在和持久的。[①] 媒体产业作为"社会公器"的功能也必然使其对社会文化给予更多关注和考虑。在进行战略管理的过程中,媒体产业必须对社会文化环境进行透彻的分析和准确的把握,以便有效把握受众的市场需求,根据市场需要调整媒体组织发展方向,同时更好地实现媒体的社会功能,发挥媒体作为"社会公器"的应有作用。

研究社会文化环境对于媒体战略制定与实施具有重要意义,这主要表现为以下方面。

第一,对社会文化环境的关注有利于将社会文化内化为媒体组织文化,推动形成媒体组织内部的价值观,使媒体组织的一切生产经营活动都禁得起文化环境的价值检验。这对担负着社会文化传承和舆论导向功能的媒体组织来说意义重大,尤其是在信息渠道极大丰富、信息内容爆炸式增长的新媒体市场环境下,虚假新闻和不良信息内容屡禁不止,精确把握社会文化精髓、正确引导全社会的价值观取向,成为整个媒体业面临的

---

① 王颖梅:《企业经营战略选择时的宏观环境分析》,《财会研究》2006年第8期,第58—59页。

巨大挑战。

第二,由于媒体的主要产品是与精神领域相关的内容产品和服务,因此社会文化环境的变化会直接影响到终端市场的消费心理和消费需求变化,也直接关系到媒体战略的针对性和时效性。比如在美国,朝九晚五的生活方式直接导致了"晚报"这一报纸种类的消亡。现在,我国"晚报早出"的现象也是对这一趋势的策略性回应。又如,文盲的减少扩充了报刊的潜在读者群,收入的公平分配以及收入的增加也使媒体的到达率得到了提高。①

第三,互联网所倡导的信息消费者的主体性和个性化已经成为一种群体特征,他们不再是单纯的受众,也成为内容生产者和传播者,以被动接收形式为主的传统媒体对他们的吸引力正在降低,客观上决定了以印刷版报纸为代表的各类传统媒体战略转型的必要性和紧迫性。

(4) 技术因素

技术因素主要是指对企业或组织所处的社会环境产生广泛影响的技术要素的发明、创造、革新,以及与这些技术息息相关的各种应用的出现。媒体组织的发展很大程度上会受到技术因素的影响,比如互联网对传统媒体的冲击。技术对于媒体组织来说是一把"双刃剑",既会为媒体组织带来新的发展机遇,同时也对既有媒体组织的模式构成挑战,如果媒体组织不能及时适应新技术的变革要求,或将面临生存威胁。

2. 媒体行业环境的波特五力模型

行业环境是指一系列能够直接影响企业及其竞争行为和反应的因素,包括新进入者的竞争威胁、供应商的议价能力、购买者的议价能力、替代品的竞争威胁以及当前竞争者之间竞争的激烈程度。② 媒体组织通过分析这些因素,了解行业动态,找准自己在行业中所处的位置,以充分发挥自身优势,扩大自己在行业内的影响力。上述五个因素构建了行业环境的分析工具——迈克尔·波特的"五力模型"。

波特认为,一个产业的激烈竞争的根源在于其内在的竞争结构,上述五种力量即构成了这一结构。五种竞争力量的现状、消长趋势及其综合强度,决定了产业竞争的激烈程度和行业的获利能力。竞争激烈的产业中一般不会出现某个企业获得非常高收益的状况;相对地,在竞争较弱的行业中,企业更容易获得高收益。

(1) 新进入者的竞争

新进入者就是指一个新办的企业或者一个采用多角化战略的原从事其他产业的企业。新进入者给现产业带来了新的生产能力,并要求取得一定的市场份额。在媒体行

---

① 禹建强:《媒介战略管理刍议》,《中国记者》2003年第10期,第26—28页。
② 参见〔美〕迈克尔·A. 希特等:《战略管理:竞争与全球化(概念)(原书第11版)》,焦豪等译,机械工业出版社2016年版。

业中,"新进入者"更多地是指媒体环境转变下产生的新媒体和新媒体组织。近年来,由于新技术催生了新的媒体形态以及媒体组织市场化程度不断加深,因此不断有新的媒体组织进入市场,在给媒体行业带来新的生机活力的同时,也对传统媒体组织的生存和发展构成了极大威胁,加剧了行业竞争。

(2) 现有竞争者之间的竞争

对于大多数行业来说,行业整体的盈利水平主要取决于行业内现有企业之间的竞争情况,产业内各企业都要为增强各自的经营能力而展开竞争。通常来说,出现下述情况的行业会使现有企业之间的竞争加剧:市场进入门槛低,产业需求增长速度慢,竞争者采取降价手段竞争,产品可替换性强,用户转换产品成本低,行业生产能力提高速度快,退出壁垒高,以及行业中弱势竞争者被行业外强势企业收购并以主要竞争者身份重新参与竞争。

(3) 供应商的议价能力

供应商的议价能力是指一个行业内提供原材料、服务和劳动力的组织的议价能力,是供应商提高投入要素价格或提供低质量的产品和服务以提升行业成本的能力。如果供应商的议价能力较强,那么他们能够从客户那里获得更多的利润,即某个行业中供应商的议价能力强对行业内的生产者来说是不利的。

供应商的议价能力会在以下几种情况下变得非常强:

① 供应商的商品几乎没有替代品,并且其产品对于需求方公司是十分重要的。

② 某一特定产业的公司是否购买供应商的产品对供应商的利润没有明显的影响。

③ 由于某供应商所提供的产品具有独特性或差异性,因此某一产业的公司从该供应商转向另一家供应商时要付出明显的转换成本。在这种情况下,需求方公司依赖这家特定供应商,无法与供应商讨价还价。

④ 供应商能够威胁进入需求方公司所在产业,并能利用该公司的投入品生产与客户公司产品形成直接竞争的产品。

⑤ 需求方公司无法进入供应商的产业,并且无法利用自己所生产的产品实施降低投入品价格的战略,无力对供应商构成威胁。[①]

(4) 替代品的竞争

替代品的竞争是指能够满足相同用户的不同业务或产业的产品之间的竞争。在媒体行业中,通常同一类型的媒体组织之间就存在相互替代的关系。相似的替代品会限制媒体组织占有的市场份额、用户规模以及获利能力,因此替代品竞争会强化媒体行业

---

① 参见〔美〕迈克尔·A.希特等:《战略管理:竞争与全球化(概念)(原书第11版)》,焦豪等译,机械工业出版社2016年版。

内部的竞争。

(5) 购买者的议价能力

购买者的议价能力是指购买者在与企业谈判时压价的能力，或者向生产方提出更好的产品质量和服务的要求，使得行业内企业成本提高的能力。通过压低价格和提高成本，具有议价能力的购买者可以榨取生产者的利润，加剧行业内的竞争。对于媒体产品而言，它们的购买者可以是个人，也可以是其他企业或组织。但是，由于媒体产品的特殊性，通常购买者从媒体组织这里购买产品就是购买内容和渠道，当媒体组织能够降低内容的同质化程度时，购买者的议价能力就会被削弱。

(二) 媒体战略制定的内部环境分析

媒体战略管理是一种动态管理，它不同于一般企业战略管理的地方就在于，它不仅涉及对人、财、物的管理，还涉及对信息产品和服务的管理。在媒体逐步实施战略管理的过程中，媒体自身所拥有的内部资源以及媒体组织对这种资源的利用和开发程度，都极大地影响着媒体战略管理目标的最终实现。从这个意义上来说，媒体的内部资源本身就是媒体战略的重要组成部分。媒体管理者和从业者只有对本组织所拥有的内部资源有清晰的认识，并统筹把握，才能将其与外部战略要素进行合理高效的匹配，从而建立起媒体的核心竞争优势，并进一步形成媒体的战略定位和决策。

1. 媒体组织内部资源的分类

通常来说，媒体组织的内部资源可以分为有形资源和无形资源两大类。有形资源(产)包括房产、生产设备、原材料、能源、资金以及各种有价证券等；无形资源(产)则主要是指媒体的信息资源、财务资源、文化资源、信用资源、媒体产品的商标和商誉、媒体特许经营权、著作权、核心技术以及营销网络等。对媒体产业来说，有形资产是其争取竞争优势的战略基础，而无形资产则是其战略核心。因为通常情况下，有形资产可以通过吸引投资、资本经营等手段在短期内获得，而无形资产的形成往往需要一个相对较长的积累过程。

2. 媒体组织内部资源的作用

媒体组织内部资源在媒体战略的形成和实施过程中具有决定性作用，它主要表现为以下几方面。

(1) 媒体组织信息资源是媒体战略管理的安身立命之所在，是媒体组织存在的价值和意义。无论媒体外在的政治、经济、社会、文化环境如何变化，媒体的主要功能始终都在于为受众提供有价值的信息产品和服务。有效发挥信息资源的作用，既是媒体组织实现双重属性的前提，也是媒体组织形成和实施战略管理的基点。

(2) 媒体组织人力资源是媒体战略管理的重要组成部分。媒体业是团体协同劳动的产业,专业分工广泛。媒体组织人力资源是媒体取得绩效的核心因素和发展壮大的中坚力量。媒体组织人力资源构成可分为五类:一是媒体领导者和管理者,二是新闻传播业务人才,三是工程技术人员,四是生产营销策划创意人员,五是其他职能保障人员。媒体组织只有具备良好的人才储备,并能够最大限度地发挥和释放上述人才的才能,才能够在资本运营和市场竞争中获得竞争优势。

(3) 媒体组织财务资源是媒体战略管理的有效保障。在市场经济条件下,媒体组织的财务资源集中体现为媒体的融资能力和资产管理能力。一方面,媒体组织必须通过有效的投资和融资,为媒体组织的发展提供雄厚的资本支持,增强其市场竞争力。近年来,我国不少媒体组织争相上市,正是为了借助股市,获取资本。但上市对媒体组织的财务管理能力具有不同于一般企业和事业单位的要求。另一方面,媒体组织还必须遵循市场规律,合理有效配置资金,并对生产经营的全过程进行财务核算和监控,才能维持媒体组织长期的竞争优势,保障其可持续发展。

(4) 媒体组织技术资源是媒体战略管理的支撑力量。正是媒体技术的进步使大众媒体形态得以从手抄报纸、印刷报纸,扩展到广播、电视以及网络和多媒体,而当前网络化和信息化技术的发展更是给媒体产业带来了颠覆性变化,极大地解放了媒体产业的生产力,为媒体发展战略提供了新的空间和方向。

(5) 媒体组织物质资源是媒体战略管理的基础支持。媒体生产设备的先进程度直接影响着其生产力的发展水平,印刷术的出现带动了报业的极大繁荣就是一个典型的例子。而媒体原材料和能源——包括纸张、油墨、硅材料、电力、水、油等——的消耗程度和定额既体现又影响着媒体内部管理和对外协作的能力。在媒体实施战略管理的过程中,必须充分考虑这些物质资源的现有状态,为战略的有效实施提供坚实的基础支持,解决媒体战略管理在实施和执行过程中的后顾之忧。[①]

三、媒体战略选择的 SWOT 分析法

SWOT 分析法是战略选择的常用方法之一,能够将企业内部环境和外部环境与企业战略有机结合,适时做出战略抉择。其中,"S"是竞争优势(strength),"W"是竞争劣势(weakness),"O"是机会(opportunity),"T"是威胁(threat)。SWOT 分析法用系统的思维将上述因素有机联系起来,明确了组织的自身优势与劣势,厘清了组织面临的机遇与挑战,对于制定未来发展战略十分重要。优劣势分析主要着眼于组织自身的实力及其与竞争对手的比较,而机会和威胁分析则将注意力放在外部环境的变化及其对组织可能产生的影响上。外部环境的同一变化给具有不同资源和能力的组织带来的机会与

---

① 张立勇:《媒介资源管理是媒介战略管理的核心因素》,《新闻传播》2006 年第 7 期,第 66 页。

挑战完全不同,正因如此才存在"化危为机"的可能性。

其中,竞争优势是指该组织拥有的比竞争对手更为杰出的能力,是该组织能够赢得竞争对手的至关重要的因素,可以表现在技术优势、有形资产优势、无形资产优势、组织体系优势等多个方面。竞争劣势是指某种企业缺少或不足的能力或资源,或某种会使企业处于劣势的条件。能够导致竞争劣势的因素包括缺乏具有竞争意义的技能技术,缺乏有竞争力的有形资产、无形资产、人力资源、组织资产等。机会是影响战略制定的重要因素,管理者应当确认每一个机会,评价其成长和利润前景,选取能够使组织竞争优势最大化的最佳机会,如客户群的扩大趋势或产品细分市场、技能与技术向新产品和新业务转移、为更大客户群服务、市场进入壁垒降低、市场需求增长强劲等。威胁是指会对组织的盈利能力和市场地位构成威胁的因素。媒体经营管理者应当及时确认威胁是否存在,做出正确评估,并采取相应的战略行动抵消或减轻它们可能产生的影响。

SWOT 分析步骤如下:第一步,罗列组织的优势和劣势,可能的机会与挑战;第二步,将优势、劣势与机会、威胁相组合,形成 SO、ST、WO、WT 策略;第三步,对 SO、ST、WO、WT 策略进行甄别和选择,确定企业目前应该采取的具体战略与策略。其中,SO 是增长型战略,ST 是多样化战略,WO 是转向型战略,WT 是防御型战略(图 9-1)。

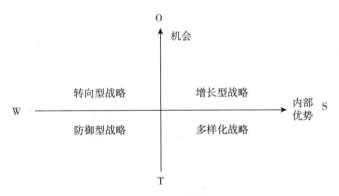

图 9-1 战略地位评估矩阵

当内部优势突出且外部机会众多时,该组织可以采取增长型战略(SO),如集体化战略、中心多样化战略、垂直一体化战略等;当外部机会巨大但受限于内部短板时,该组织可以采取转向型战略(WO),在最小化内部劣势的同时,最大化利用外部机遇;当内部劣势明显且外部面临巨大威胁时,该组织可以采取防御型战略(WT),此时组织没有足够的能力和资源对外扩张,应该避开外部威胁,并且抓紧时机消除内部劣势;当内部优势与外部威胁并存时,该组织应该采取多样化战略(ST),通过多种经营来发挥优势、分散风险。

由于具体情况中所包含的各种因素及其分析结果所形成的对策都与时间范畴有直接联系,因此在进行 SWOT 分析的时候,要根据时间段的不同进行分段分析,再汇总成整个时间段的 SWOT 矩阵,如此分析的结果会更加切合实际。[1]

第三节　媒体战略管理的过程

现代企业战略管理的形成和实施步骤主要包括战略分析、战略规划、战略实施、战略控制四个有机的动态过程。其中,战略分析是认清企业在所处行业中的优势与劣势、机会与威胁,是战略管理的基础;战略规划是综合形成企业发展的宏伟蓝图,是企业战略管理的核心;战略实施是将企业的宏伟蓝图变成现实的过程;战略控制则是对企业的战略规划进行评估、调整与修正,是实现企业战略目标的保证。[2] 参与市场竞争的媒体实施战略管理的过程同样由此组成。媒体战略实施的过程即根据媒体产业的战略目标,合理配置资源,改变组织结构,分派管理工作,并且通过规划、预算、程序等形式来落实既定的战略,同时随着媒体现实环境的变化不断对战略规划进行评估及调整,以保证媒体组织在不断变化的市场中始终占据竞争优势。媒体战略的具体实施者通常是中层和基层管理人员,高层管理人员则负责统筹规划,协调各方关系,指导和检查战略执行情况。

一、战略分析

政治、经济、社会及文化环境对媒体产业的影响巨大,媒体内部的资源构成情况是进行战略管理的支持和前提条件。因此,在进行媒体战略管理之前,媒体必须对外部环境和内部资源进行全面而深入的剖析,寻找影响媒体组织盈利和亏损的关键因素,在统筹分析的基础上,形成对媒体组织及其所处产业现状的综合认识,进而确定媒体组织的战略目标,形成战略规划,实现战略目标。

为了实现战略分析的目标,更好地把握媒体发展的现实环境和状况,媒体战略分析应遵循一些基本原则:一是整体性原则,即媒体组织在进行战略分析的过程中,必须统筹整合影响本产业发展的各要素,内外兼顾。二是动态原则。对于处在市场经济竞争体制下的媒体业来说,其所面临的市场环境本就是一个动态变化的过程,随着信息时代和媒体全球化时代的到来,媒体环境的动态化特征日益明显,动态战略分析成为业界和

---

[1]　参见邵一明编著:《战略管理(第二版)》,中国人民大学出版社 2014 年版。
[2]　韦万民:《企业战略管理关键环节探析——南宁市柳沙企业(集团)公司战略管理实例分析》,《经济师》2007 年第 7 期,第 209—210 页。

学界关注的焦点。在媒体竞争程度加剧的今天，媒体组织在进行战略分析的过程中，必须始终坚持动态分析的视角，以避免单一和静态分析所带来的风险，制定出更符合产业环境特征和媒体组织特征的战略方案，确保竞争优势。三是价值原则。由于战略分析会影响到之后的确定战略目标、制定战略规划等步骤，因此媒体组织在进行战略分析的过程中，必须坚持价值原则，尤其要结合媒体的双重属性，坚持经济价值和社会价值双赢的导向原则，而不能只注重经济利益的扩张，忽视媒体作为社会信息提供者和社会环境监督者的角色。四是针对性原则。媒体市场结构具有多元性和复杂性，媒体组织在进行战略管理时，必须根据媒体市场环境，尤其是市场的消费需求，结合媒体组织本身所具有的行业属性，有针对性地进行战略决策。一方面要避免因贪多求大导致原有的产业体系出现混乱，或者削弱本来具有竞争优势的产业链；另一方面也要避免因盲目扩张导致媒体组织出现资源浪费和不应有的资本消耗，或因循守旧选择错误的发展方向或错失有效的扩张时机。

二、战略规划

在完成战略分析阶段的基本工作后，媒体组织需要着手进行战略规划。战略规划阶段的任务大致包括三方面：一是制定战略目标，二是选择战略措施，三是制订战略方案。媒体的战略目标是媒体功能的具体化，因此战略目标的制定必须与媒体组织的战略分析紧密相连，依靠战略分析提供的具体参数，比如电视台的收视率、广播的收听率、网站的点击率等。战略目标是一个分层体系，并非一个笼统的整体。随着媒体战略的推进，媒体的战略目标也会相应发生变化。因此，在确定战略目标时，应该根据媒体组织的战略发展远景确定近期、中期和长期战略目标。其中，近期目标要尽可能具体，具有较强的操作性；而中长期的目标由于涉及更多变数，不宜过于精细，但要体现战略发展的趋势，不应偏离媒体的发展方向，也不能脱离实际，制定假大空的目标。

确立战略目标后，媒体组织应着手选择战略措施和制订战略方案，即选择实现目标的路径。在选择战略措施的过程中，媒体组织可以围绕以下三方面制定配套措施：一是核心能力建设，即如何通过战略资源的调整和优化提升主要竞争优势。二是主业纵向整合，即将战略措施的着眼点放在是否进行前后项整合，以提高主业链的竞争力上。如电视台可考虑的前向开拓是电视设备和服务技术，后向开拓则是广告及专题节目的发行。三是横向多元开拓，即考虑资本运营、非主业多元发展的选择和策略问题。在媒体战略扩张的过程中，要利用自己的品牌优势和智力优势在相近的产业中发展，使非主业经营项目成为锦上之花。如新闻集团是以新闻出版业为核心，但同时也将业务扩展到影视节目制作发行、网络咨询、造纸、体育等与媒体关联度较高的产业。①

针对媒体产业的特征有针对性地进行战略选择并将之落实到具体的战略执行方案中,是媒体战略管理实现过程中的重要步骤。在制订战略方案时,媒体管理者必须保证方案的可行性、清晰性、稳定性和相对灵活性,确保战略方案的实施人员能够充分理解方案的内容和步骤,同时要确保媒体管理者能够根据不断变动的现实情况,及时调整和修订战略方案,从而不影响战略方案中事先确定的整体发展方向。

三、战略实施

在进入媒体战略具体的实施阶段后,必须保证战略方案实施的持续性以及从事战略管理的团队的协作性。媒体战略管理的实施是一项长期的系统工程,需要着眼未来,统筹协调。一方面,它牵涉部门多、行业广,甚至需要整个媒体组织倾其全力参与,因此战略管理者必须保证媒体组织内部的有序性和协作性,如此方能形成具有凝聚力的高效工作氛围,达到事半功倍之效;另一方面,战略管理的实施历时长,既不能在短期内完成,也未必能在短期内见效,在实施过程中,媒体管理者必须提供足够的资本、人力等资源支持,确保媒体战略可持续推进。

具体来说,媒体战略管理的实施应该从以下方面入手:一是确定实施人员,针对战略扩张的重点,有针对性地选择相应人才。二是落实预算编制,列出费用细目。三是分解战略目标和战略方案,明确阶段性战略目标和具体工作程序,详细说明执行某项工作任务的顺序和方法,使团队的每一个成员都明确其在战略实施中的定位和责任。在此过程中,必须考虑各项任务和措施的连贯性,当现有的组织机构不足以承担战略管理的任务时,要及时进行体制调整,保证战略方案细化到操作者和实施者。四是集中使用组织的一切条件,保障战略目标的实现,并且在实施过程中对战略目标的细节进行调整,在实现战略目标的过程中实现企业内部组织能力的提升。

四、战略控制

战略控制阶段集中体现为对媒体战略的评估、优化和调整。在此阶段,媒体管理者要按照媒体既定的战略,监控各方面的工作,对战略执行的情况及其成果进行评价和控制,以保证媒体战略顺利实施和媒体战略目标顺利实现。一方面,媒体管理人员应通过贯穿整个管理过程的信息反馈系统,将战略制定阶段确定的各项战略目标与战略实施阶段的实际成果进行比较,监控媒体战略计划的执行情况,正确评价战略实施的成果。

---

① 孔祥军:《"战国时代"的传媒战略管理——兼作一种新创战略决策程式的自我推介》,《现代传播(中国传媒大学学报)》2006年第4期,第94—95+102页。

另一方面,基于以上监控结果,媒体管理人员应及时对战略方案及其实施工作进行总结,指出缺陷,对原有方案进行检验、修订和优化,以推进下一阶段战略实施工作。如果在战略实施的过程中,媒体所处产业环境出现了重大变化,媒体管理者还必须重新对原有战略方案和总体发展规划进行评价。

在新媒体背景下,由于技术发展速度极快,行业变化多端,战略转换过程中会出现众多前所未有的新问题,政府及有关部门也会根据新出现的问题及时出台新的政策法规,因此媒体管理者需要时刻关注政策变化,随时调整自己公司的发展战略。"梨视频"便是互联网公司转型成功的代表之一。该短视频平台于2016年正式上线时,将自身定位为时政类视听新闻平台,并且凭借对突发性新闻的报道而迅速打开了市场知名度。但事实上,这一时期"梨视频"并未获得国家批准的发布时政类视听新闻的相关资质。而且,作为一个UGC平台,用户是主要的内容生产者,新闻质量得不到保证,平台出现了大量虚假新闻和违反国家法律法规的内容。结果,"梨视频"在上线三个月后被政府有关部门勒令整改,一度面临生存困境。为了能够继续经营下去,"梨视频"高层管理者放弃原来的"新闻类平台"的定位,将产品重新定位为社会生活短视频记录平台,专注于记录社会中生活、思想、情感等方面的真人真事,才保证了公司能够在国家法律政策允许的框架下运营发展,并且保留了UGC平台的特点。

以上案例说明了战略控制阶段在媒体战略管理过程中的重要作用。媒体管理者必须认识到战略管理是一个动态的不断调整的过程,要不断评估媒体战略实施绩效,及时做出管理反应,以保证媒体战略管理的有效实施和媒体战略管理目标的实现。

总之,媒体战略管理的实现绝非一个线性的静态过程,而是一个循环的、动态的、不断深化的过程。尽管本章将媒体战略管理实现的过程分成四个阶段,但这四个阶段绝非简单的前后相继,而是不断相互影响、相互交叉、相互牵制的。如战略分析阶段几乎贯穿媒体战略管理的始终,不仅为初期媒体战略措施的选择提供参考素材,同时也为战略实施提供调整、修改的依据,更为媒体战略控制阶段的评估提供评判标准。事实上,不管媒体战略管理以何种方式实现,其根本任务都在于通过准确把握企业所处环境,尽量最小化外界环境带来的限制,最大化释放出媒体组织的生产力,从而使媒体组织在竞争日趋激烈的媒体市场中获取绝对的竞争优势,实现媒体组织的经济效益和社会效益最大化。

第四节　媒体战略管理的层次

如前文所述,媒体的战略管理贯穿整个媒体运营过程,是媒体运营的一个重要组成部分。随着媒体外部环境的变化和内部因素的调整,媒体管理者须时时关注行业信息和媒体市场的风吹草动,并据此对媒体的运营方针、运营模式、运营目标等进行调整和修订,此即媒体战略管理。对媒体组织来说,战略管理有可能涉及不同的产业方向,如不同的媒体形态为了争夺媒体市场占有率而进行大规模的战略扩张,以提高竞争力;也可能只涉及单一的媒体产业,如某个媒体组织为了推广新的内容产品与服务而进行运营模式调整。此外,战略管理也可能是媒体组织出于自身发展需要而在内部进行的对媒体管理活动的创新。

具体来说,媒体战略管理一般包含三个层次:总体战略、运营战略和组织战略。通过明确不同层次战略管理的目标和任务,把握各个层次战略决策的不同思路与方法,媒体组织能将自身发展的长远目标和短期利益有机结合起来,最大化利用环境优势和内部资源,建立从宏观到微观互动有序的媒体组织战略管理体系,以便在媒体市场的激烈竞争中获取竞争优势。

一、媒体总体战略

通常情况下,媒体组织的总体战略与整个政治、经济及社会、文化环境的发展情况紧密相关,是基于媒体的长期发展目标和总体发展方向而确定的宏观战略方案。特别是对于采取多元化经营的媒体集团而言,总体战略的确定有利于对其多元业务进行整合规划,从而实现在不同领域的绩效提升,最终形成整体经营优势、产业群优势、市场网络优势和规模经济优势。

(一)媒体总体战略的类型

具体而言,媒体总体战略包括以下四种类型,即维持型战略、发展型战略、衰退型战略、退出型战略。在考虑不同类型的媒体总体战略时,应把握以下要点。

第一,构建优势互补、整体联动、上下衔接的多元化目标体系,明确不同的经营业务领域在市场中的地位及发展前景。在此过程中,媒体的战略决策必须考虑以下因素:(1)新经营领域是否有稳定的利润收益?(2)新经营领域市场风险预估;(3)能否通过竞争赢得预期的市场地位?(4)不同的业务领域在多大程度上具有相关性,是否能形成产业链?(5)媒体组织现有的资源状况能否适应迅速推进业务和拓展市场的需要?(6)是经营狭窄型的多元化,还是经营宽泛型的多元化?

第二,以提升媒体组织的整体盈利能力为目标,通过多元化经营战略,拓展收益渠道,均衡不同经营领域的盈利风险,增加盈利机会点,提高不同经营业务之间相关联的利润水平,保持发展的连贯性和稳定性,从而壮大自身的整体实力,增强竞争优势。尤其是要对那些具有产品相关性,但又属于不同经营领域的业务进行资源整合,以有利于更加充分地发挥不同的经营优势,提升整个媒体组织的核心竞争力。

第三,优化投资组合、多元化产业结构和资本结构,确定不同阶段的投资重点,从有利于提高效益和竞争力的原则出发,根据市场环境的状况和经营业绩的实际情况,对不同业务领域的经营情况进行实时评估和决策,及时退出没有发展前景和盈利能力的业务领域,剥离相关业务和投资,优先发展最具发展前景的业务领域。

第四,建立多元化联合经营的核心资源和优势,保持不同业务领域的横向联系与协同运作能力,在媒体组织内部实现资源共享,形成产业链;针对不同的受众消费群,形成有序的媒体产品梯度;基于现有的优势媒体产品或业务领域,派生出新的媒体产品或业务领域,以此构建媒体组织的核心竞争力和整体竞争优势。①

随着媒体市场化改革的深入,媒体的产业化特征日渐明显,产业一体化趋势也日渐增强,具有远瞻性的总体战略决定了媒体组织的主业和主要发展方向,对媒体业进一步发展的指导意义日趋重大。下文重点以媒体集团化战略和媒体信息化战略为例,对媒体的总体战略进行阐释。

(二) 媒体集团化战略

就我国而言,媒体集团化的进程事实上从1986年就已起步,1996年广州日报报业集团的挂牌标志着国内媒体集团化进程的正式启动。两年后,羊城晚报报业集团、南方日报报业集团、光明日报报业集团和文汇新民联合报业集团的成立标志着报业集团化进程渐入高潮。在出版业方面,1992年,出版行业的集团化试点工作开始;1998年后,出版业的集团化进入高峰期,国家新闻出版署先后批准了广东省出版集团等6家出版集团试点单位。广播电视行业的集团化则肇始于1999年无锡广电集团的成立。次年,湖南电广媒体集团、广东省广电集团、浙江省广播影视集团、上海文广集团、北京歌华有线传播集团也相继成立。2001年,中国广播影视集团成立。② 到2003年底,全国已有各类媒体集团共85家,其中报业集团39家,广播电视集团18家,出版集团14家,发行集团8家,电影集团6家。③ 集团化已经成为中国媒体业发展的大势所趋。2013年,上海报业集团的问世意味着沉寂多年的媒体集团化战略风云再起,只不过此番集团化是与媒体融合紧密关联的。

1. 媒体集团化的作用

毋庸置疑,媒体集团化趋势促进了媒体业的进一步发展,有利于媒体产业建立起核心竞争力和整体竞争优势,从而在日趋激烈的媒体市场竞争中占据一席之地。具体来说,媒体集团化对媒体产业发展的推动作用体现在三个方面。

---

① 潘繁生:《略论媒介战略管理的层次诉求》,《淮海工学院学报(人文社会科学版)》2004年第1期,第71—73页。
② 艾军、李春雷:《我国传媒集团化进程中行政"范式"探讨》,《新闻界》2007年第1期,第31—32+30页。
③ 参见《中国传媒集团发展报告》课题组编纂:《中国传媒集团发展报告》,湖南教育出版社2004年版。

(1) 媒体集团化有利于优化资源配置

媒体集团化对媒体资源的整合主要体现在根据各种资源的内在联系,按照完整性和有序性的原则,通过重构和优化,对资源进行调整、配置,使媒体系统内各种资源发挥最大效益。我国一些规模较大的报业集团、广电集团经过内部资源整合后,竞争力得到很大提升,集团化成为其开拓市场的关键契机和核心动力。例如,湖南广播影视集团作为我国第一家省级广播影视媒体集团,2000 年 12 月 27 日在长沙正式挂牌成立。该集团拥有湖南卫视、湖南经视、湖南都市等 10 个电视频道,湖南人民广播电台新闻频道、交通频道等 5 个广播频率,潇湘电影集团等 1 个电影子集团,3 家公开发行的报刊,金鹰网等 1 家综合性新闻网站,10 余个全资或控股公司(其中包括控股 1 家上市公司,即电广传媒)。"电视湘军"逐渐成为我国广播电视行业中不可忽视的重要力量。在此过程中,媒体集团化所带来的整合优势功不可没。

(2) 媒体集团化有利于提升受众覆盖率与到达率

由于媒体内容产品和服务的特殊性,加之广告业务在媒体运营中的重要地位,媒体的覆盖率和受众覆盖率与到达率一直以来都是媒体组织调整市场战略的重要决策参考。媒体产品是一种文化产品,它的价值在于文化认知、理解和认同,媒体集团化所形成的规模优势可以使内容产品和服务通过多渠道进行传输,提高了其在受众市场的覆盖率和到达率,为媒体组织进行二次售卖、赢得广告收益提供了更加广阔的空间。

美国有线电视两巨头的合并就是在媒体集团化驱使下提高受众覆盖率的典型例子。2006 年 11 月,美国联邦通信委员会(FCC)批准美国最大的两家有线电视公司"AT&T 宽带公司"和"Comcast 通讯"合并,成立新公司"AT&T Comcast"。合并后的公司共拥有 3800 多万服务用户,占美国有线电视市场份额的四成以上,实现了覆盖最大化。此次合并成为美国有线电视行业发展的一个分水岭,对整个美国媒体经济都具有非常重大的意义。

(3) 媒体集团化有利于形成规模效益

媒体集团化的规模效益可以通过两个过程来实现:一是并购战略,二是战略联盟。

并购是兼并与收购的合称,用以寻求协作的竞争优势,把市场竞争力、市场效率、协同效应相整合,以达到快速增长,是媒体集团化的主要手段。当媒体组织不能通过现有的内部组织框架来获得资源增值的时候,即可通过并购来实现价值增值。通过并购,媒体业能迅速聚集起新资源和市场,而不需要更多的计划、发展、执行环节,就可直接完成媒体组织的多元化经营。而且,由于媒体生产、传播信息的边际成本几乎为零,因此并购为媒体带来的规模效益往往是立竿见影的。2002 年 9 月,深圳特区报业集团与深圳商报社合并成立深圳报业集团。经过整合,合并后的两报实现了 80% 的用户自费订阅,发行成本大大下降,发行收入增加超过了 4000 万元,2002 年集团报业广告实收额为 13.8618 亿元,超过广州日报报业集团,跃居全国第一位。2013 年,上海整合重组解放日报报业集团和文汇新民联合报业集团,组建了上海报业集团,成为中国最大的报业集团。其规模化的发展模式迅速推动了传播效果的增强和实际效益的增长。根据上海市委网信办发布的《2018 年上海媒体原创内容传播影响力数据报告》,该集团的代表产品"澎湃新闻"在上海媒体的总传播力、总影响力、平均单篇文章传播力、平均单篇文章影响力等多个指标,均位列第一。① 有数据显示,上海报业集团 2021 年营业收入与净利润实现了"双增长",其中总营收同比 2020 年增长了 16.6%;在全国报刊出版集团经济总规模方面,上海报业集团继续排名第一。②

2. 媒体集团化的并购路径

具体来说,并购可分为横向并购、纵向并购和混合并购三种。

(1)横向并购。它是指并购双方处于同一或相近的行业、生产或经营同一或相近的产品,并购时将资本在同一市场领域或部门进行集中。横向并购可以加强企业在行业内的优势地位,产生规模经济效益,其目的在于消除竞争、扩大市场份额、增加买方公司的垄断实力或形成规模效应。但并购后行业内企业数量减少,个别企业规模扩大,容易形成共谋或垄断,对竞争有潜在的负作用。因此,横向并购在一定程度上受到政府的管制。上面提到的美国最大的两家有线电视公司"AT&T 宽带公司"和"Comcast 通讯"的合并就属于横向并购的范畴,因此需要得到美国联邦通信委员会的批准。

(2)纵向并购。它发生在处于生产经营不同阶段的企业之间,是在生产、经营、销售上互为上下游关系的企业之间进行的并购。纵向并购可分为前向并购和后向并购。前向并购是指企业为增强配销系统的控制权或所有权而进行的并购;后向并购是指企业为了增加对其供应系统的控制权或所有权而进行的并购。生产链的前向并购和后向并购可以降低交易的不确定性,减少交易成本,实现生产交易内部化,更有效地组织专业化生产。对于媒体业而言,纵向并购的作用尤其突出,因为这种并购方式能够把媒体的内容和传播渠道结合在一起。如 1996 年,迪士尼公司以 190 亿美元收购了大都会/美国广播公司(ABC),实现了节目生产制作和节目传播销售一体化的结合,是上游和下游的整合;1984 年,默多克的新闻集团收购了福克斯(FOX)、发展了福克斯电视网(Fox Network)和卫星播送系统等。这些都是纵向并购的成功范例。我国电视台在节目生产中提前介入节目的策划与制作以减轻买片的价格压力,实际上也是一种纵向并购行为。

(3)混合并购。它是指处于不同产业领域、不同产品市场、从事不相关业务类型的

---

① 《澎湃新闻社会责任报告(2018 年度)》,2019 年 5 月 28 日,新华网,http://www.xinhuanet.com//zgjx/2019-05/28/c138096729.htm,2021 年 8 月 22 日访问。

② 深蓝财经:《去年营利双增长!上报集团再提界面财联社上市计划》,2022 年 2 月 16 日,网易网,https://www.163.com/dy/article/H0BTK1HI0519QQUP.html,2022 年 8 月 22 日访问。

企业之间的并购,并购后将产生跨部门、跨行业的多种经营企业。对媒体行业而言,混合并购是媒体系统内部和外部兼并相互融合的一种兼并方式,也就是说,实力强大的媒体为扩大自身的规模,提高市场占有率,可以超出本系统的范围实施兼并。随着媒体市场竞争态势日趋激烈,通过混合并购方式实现多元化经营越来越成为国内媒体产业集团化发展进程中的一种重要趋势。例如,2003年,湖南电广传媒以32 000万元自有资金收购了其控股大股东湖南广播电视产业中心所持有的深圳市荣涵投资有限公司96.97%的股权,并因此成为荣涵投资的第一大股东,在"广告、节目、网络"三大主业之外,将发展触角伸向了房地产。

3. 媒体集团化的联盟路径

战略联盟是媒体集团化的另外一种实现模式。其大致可分为三种类型:特许联盟、组合联盟和合作联盟。通过战略联盟,媒体组织之间可以共享或交换有价值的资源,实现资源的有效融合,从而创造更大的价值。面对竞争激烈的媒体市场环境,战略联盟所形成的集团化优势有利于媒体组织建立起可持续的综合竞争力,从而在媒体市场长期占据有利的地位。

例如,2019年,芒果超媒股份有限公司与咪咕文化科技有限公司签署战略合作协议。合作方式主要为,芒果TV和咪咕文化整合双方的内容制作和渠道资源优势,在大屏、5G技术、渠道等方面深度融合,以全面构建新媒体产业链。2020年,蓝色光标集团旗下的思恩客广告(SNK)与腾讯公司的互动娱乐事业群宣布,双方结成战略合作伙伴关系,共同开发和推广游戏产品,以进一步扩大双方IP的影响力和商业价值。2023年,新京报社与微博联盟开展了内容和MCN矩阵建设的合作:《新京报》为微博的原创内容助力,跨平台输出优质内容,而微博则助力《新京报》加强MCN矩阵建设,不断提升其综合影响力。

总体而言,随着媒体市场化程度越来越高,以及媒体全球化、一体化进程的加剧,媒体集团化已经成为世界各国媒体产业共同的发展方向。尽管目前我国媒体集团化进程中还面临很多问题,如媒体集团经营运作体制的重建问题、资源的重新配置与优化整合问题、产品结构与产业结构的调整问题、产品经营向资本运作的转型问题,以及媒体政治经济和法治环境的建构问题等,但毫无疑问,媒体集团化已经成为中国媒体产业在市场化过程中不可逆转的发展趋势。媒体集团化不仅将继续提升中国媒体组织在世界媒体市场中的竞争力,也必将带动中国媒体产业改革进一步拓展与深化。

在互联网新环境下,媒体行业新的整体布局和产品结构进一步拓展了媒体集团化在中国媒体产业改革中的内涵。传统媒体时代以"渠道为王",但去中心化的网络结构打破了渠道垄断的机制,催生了"内容为王""产业化"的转向。闭塞、单一的传统组织结构难以开展融媒体项目,制约了组织发展潜力。新环境下的媒体集团化的竞争面向在于产品本身,也是宏观意义上跨产业的竞争,要求媒体机构通过"融合"的方式,统一集团的渠道资源、内容资源,从而实现最大程度的规模效益。比如,为应对融媒体时代的新挑战,上海合并两大报业集团——解放日报报业集团和文汇新民联合报业集团,组建了新的上海报业集团,成为中国最大的报业集团。它通过对庞大资源的整合,不断开拓新的产品,成功嵌入了用户的媒体生活,"澎湃新闻"即为其代表作。这意味着,新媒体环境下的媒体集团化需要不断突破原有的机构设置,以"融合"的思路,串联不同的资源,构建多种经济成分并存且更加灵活的组织结构。

(三) 媒体信息化战略

信息化战略是指管理者利用计算机技术、网络技术等一系列现代信息技术,引进现代管理理念,对不适应市场经济要求的经营方式、组织结构、管理流程等进行全面而深刻的变革,通过企业生产、财务、管理和服务的信息化,达到提高效益、降低成本的目的。它是应用信息技术改造管理和业务活动,使之更加有效的过程。它依托信息技术,但却不是一个单纯的技术问题,相反,它几乎涉及业务和管理中所有的重要方面。具体地说,信息化的过程首先要由业务战略驱动,在组织机构和业务流程进行重构的基础上,配合各种标准化的制度来实施,并以信息技术作为支持。这个过程必须得到最高领导层的支持和有力推动。[①]

通过观察媒体产业的发展历史,我们看到,每一种传播媒体都是在技术进步的前提下与社会制度的特征、公众接受的能力和文化内容的嬗变相关的,这三者之间的融合、冲突和演变推动着传播事业的发展。[②] 20世纪90年代以来,以计算机技术、互联网技术、微电子技术以及通信技术的极大发展为特征的新技术革命,给全球媒体业带来了从产业体制到产业结构的深刻变革,拉开了全球媒体业信息化的序幕。

1. 信息化战略的范畴

和企业信息化进程一样,媒体信息化也包括相互联系的两个部分,即运营信息化和管理信息化。

运营信息化主要是指将信息化技术应用到媒体内容和产品的生产、传输、终端等产业链环节上,通过技术的更新换代在信息传播渠道中形成更为丰富广阔的多维网络,构筑起立体的传播环境,改变传统媒体的信息处理和传播方式,进而对传统媒体市场的运营模式和产业链构成进行优化重组升级,以满足受众的多元化和个性化需求。运营信息化是媒体业获取竞争优势的重要步骤。

管理信息化则主要是指在信息化建设的过程中,将信息化渗透到媒体业的每一个

[①] 李晓明:《管理信息化是增强媒体市场竞争力的迫切需要》,《现代电视技术》2007年第8期,第86—89页。
[②] 陈钢、刘辉:《信息、信息化与信息公开——从三个关键词管窥中国传媒发展三十年》,《浙江传媒学院学报》2008年第5期,第30—34页。

工作流程,通过人与信息技术的互动,改变传统的粗放式的工作方式和管理模式,导入新的管理理念和运作方式。管理信息化既是媒体信息化战略的结果,也是推动媒体信息化进程的支持和保障。随着媒体从原来的政策保护型、资源垄断型逐渐向管理优化型转变,加强管理信息化已经成为增强媒体市场竞争力的迫切需要。[①]

可以说,媒体信息化战略进程既是新技术革命发展的题中之义,也是媒体产业逐步实现全球化多元经营、建立起日趋成熟的世界媒体产业体系的必经之道。

2. 我国媒体信息化发展历程

20世纪80年代,我国第一代激光照排系统诞生,中国出版业正式告别"铅与火",进入数字出版时代,这可算作中国媒体信息化进程的开端。同市场经济环境下的其他产业一样,媒体业的信息化也包括四个渐进的发展层次(图9-2)。

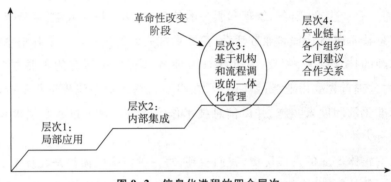

图9-2 信息化进程的四个层次

随着我国媒体行业信息化建设进程不断加快,中国媒体业逐步形成了由报业媒体、广播媒体、电视媒体,以及新技术环境下出现的新兴媒体四大媒体共同构成的庞大产业格局。在媒体全球化趋势的推动下,中国媒体产业在迎来巨大挑战的同时,也爆发出巨大的发展活力。为了迎接这种挑战,国家管理部门、业界和学界都加大了对信息化建设的规划和研究。

(1) 媒体信息化的政策推进

我国政府管理部门对信息化的重视程度日益增强,在国家信息化战略的总体部署中不断推进媒体产业的信息化。如早在2004年,国家广电总局便已经通过确定"数字发展年"和"产业发展年"等方式,大力推进全国广播影视的信息化和产业化进程。

2006年,信息产业部制定了《信息产业科技发展"十一五"规划和2020年中长期规划纲要》(以下简称《纲要》)。《纲要》提出了15个技术发展重点,明确将"下一代网络产品、新一代移动通信设备、宽带无线接入数字集群设备、家庭网关、智能终端、智能信息处理和无处不在的通信网络设备、宽带多媒体网络设备和数字内容产品"等与媒体产

---

① 王亚红:《美联社数字化产品介绍》,《中国传媒科技》2007年第8期,第44—45页。

业信息化密切相关的领域纳入其中。同时,"推动下一代网络、宽带无线移动通信、家庭网络、智能终端、网络与信息安全、信息技术应用与数字内容等领域技术实现突破",被列入信息产业部科学技术司 2006 年工作要点。同年 9 月,文化部印发《文化建设"十一五"规划》,也明确提出,要"积极发展以数字化生产、网络化传播为主要特征的数字内容产业"。此外,从中央到地方都出台了关于具体行业信息化发展相关的专项政策,如 2006 年国务院办公厅转发《关于推动我国动漫产业发展的若干意见》,以及北京、上海等地政府针对"十一五"期间数字内容产业发展制定了一系列政策。

2006 年,《中共中央办公厅 国务院办公厅关于印发〈2006—2020 年国家信息化发展战略〉的通知》提出,信息化是"充分利用信息技术,开发利用信息资源,促进信息交流和知识共享,提高经济增长质量,推动经济社会发展转型的历史进程",指出信息化已经成为经济社会发展的显著特征,并逐步向一场全方位的社会变革演进。该文件明确提出,要积极开发新闻出版、广播影视等领域的信息资源,提供人民群众生产生活所需的数字化信息服务,建成若干强大的、影响广泛的、协同关联的互联网骨干网站群;扶持国家重点新闻网站建设;鼓励公益性网络媒体信息资源的开发利用;制定政策措施,引导和鼓励网络媒体信息资源建设,开发优秀的信息产品,全面营造健康的网络信息环境;注重研究互联网传播规律和新技术发展对网络媒体的深远影响。①

2016 年 7 月,中共中央办公厅、国务院办公厅印发了《国家信息化发展战略纲要》,根据新形势对《2006—2020 年国家信息化发展战略》进行调整,进一步细化了互联网传播时代的发展目标,旨在以信息化驱动现代化,为建设网络强国提供法律法规依据。该纲要文件明确提出,互联网是传播人类优秀文化、弘扬正能量的重要载体;要推动传统媒体和新兴媒体融合发展,有效整合各种媒体资源和生产要素;实施中华优秀文化网上传播工程;加强港澳地区网络传播能力建设;完善全球信息采集传播网络,逐步形成与我国国际地位相适应的网络国际传播能力;做大做强中央主要新闻网站和地方重点新闻网站,加快党报党刊、通讯社、电台电视台数字化改造和技术升级。2021 年 12 月,《"十四五"国家信息化规划》也提出,要加快数字发展,建设数字中国。目前计划将从九个方面落实:一是加快信息基础设施的优化升级,加快 5G 网络规模化部署,前瞻性地布局 6G 网络技术储备,全面推动 IPv6 应用的规模部署;二是充分释放数据要素活力,加快建设数据资源的流通、数据跨境传输和安全保护等基础性制度和标准规范;三是构建释放数字生产力的发展创新体系,要加快数字技术的创新应用,要进一步完善科技创新的体制机制;四是要加快推动数字产业化和产业数字化,促进数字技术与实体经济深度融合,从而在全国范围内真正打造

---

① 《2006—2020 年国家信息化发展战略(全文)》,2006 年 5 月 8 日,中国新闻网,https://www.chinanews.com.cn/news/2006/2006-05-08/8/726880.shtml,2021 年 8 月 22 日访问。

出数字经济的新优势;五是要加快数字社会建设步伐,统筹推进新型智慧城市和数字乡村建设,要构筑全民畅享的数字生活方式;六是提高政府数字建设水平,推动国家行政体系建设更加完善,更好地发挥政府作用,行政效率和公信力要得到显著提升;七是发展普惠便捷的数字便民服务,健全多层次的社会保障体系,不断增强人民获得感;八是推动互利共赢的数字领域国际合作,携手共建网络空间命运共同体;九是建立包容审慎的数字化发展治理体系,营造良好数字生态。

在政策的积极扶持下,中国媒体信息化进程逐步加快,基于信息化的中国数字内容产业蓬勃发展,已初步形成以网络服务、数字影音动漫、无线数字内容服务为主,数字教育、数字出版等市场快速发展的产业格局。

(2) 媒体信息化的技术支持

网络、通信等方面新技术的应用有力带动了国内媒体信息化建设进程。新技术的应用和网络平台的拓展推动了多层次的立体媒体结构的形成。新一代网络通过实现新闻业务功能与底层传送技术的分离,使用户得以自由接入不同新闻提供商的网络,并支持多媒体、移动性和个性化的增值业务,最大限度地满足了市场消费者的多元化和个性化需求。多媒体技术被更多地应用到媒体产业,多媒体技术的升级换代直接推动了媒体的生态变化和快速发展。与此同时,为适应多媒体信息需求,便携、移动、海量存储设备越来越受到重视,这也刺激了媒体信息化需求市场的扩大,进一步带动了国内媒体信息化建设进程。此外,多种网络技术的融合要求在统一标准的基础上,实现媒体内外部信息和资源的整合与共享,从而为加快媒体信息化进程提供支撑。在此情况下,中国新闻界第一个中文信息技术标准的研制工作已经启动,新闻标准化工作可望得到发展。

具体到不同媒体,各种新技术应用对其信息化进度的推动作用均非常明显。

在广电领域,以中央电视台为例。该台启动的信息化工程至少包括:2003 年实施系统整合(提供统一入口、认证和信息交换),形成企业门户;2004 年实施外联网和重构办公自动化系统;2005 年进行重构节目生产管理系统和网络安全建设;等等。央视按照整合、重构、精简、优化的信息化基本思路,通过不断完善信息化系统,为电视台的科学化管理提供了以下五方面的能力:成本核算能力、精确管理能力、全流程管控能力、预防和预警能力、分析评估能力。[①]

在广播领域,信息化主要通过对传统技术的改造,加快了调频同步广播、微波数字化的更新步伐,并推动了发射台的自动化和发射天线的相关研究的发展,同时也为节目生产与管理提供了充分的支持。2018 年 3 月,根据《深化党和国家机构改革方案》,中央广播

---

① 杜泽状:《央视积极探索媒体信息化之路》,2005 年 7 月 6 日,流媒体网,https://lmtw.com/mzw/content/detail/id/10647/keyword_id/-1,2021 年 8 月 22 日访问。

电视总台成立,整合了中央电视台(中国国际电视台)、中央人民广播电台、中国国际广播电台三台资源,将信息化整合作为战略布局的重中之重,取得了"信息连接"的重要成果。在之后几个月内,成立了5G新媒体平台,加强了与BAT技术上的合作等,力图构建"4K+5G+AI"的智能化媒体格局。① 目前,总台的传播力、引导力、影响力、公信力在电视与网络渠道都取得了斐然的成绩。②

在出版领域,数字化出版已蔚然成风。电子出版物品种数量连续几年稳步增长,国内音像电子出版技术装备已经达到世界先进水平,学术期刊借助中国期刊网、维普网等网络平台已经基本实现了出版数字化。2019年,中国数字出版行业规模为9990亿元左右,同比增长19.92%。③

互联网领域的信息化应用则更为明显和全面,因为互联网本身便是信息化的产物。2019年,我国5G通信取得实质性进展。5月,首批11个城市的5G基站建设的时间表得以明确;6月,工信部正式向中国电信、中国移动、中国联通、中国广电发放5G商用牌照,中国正式进入"5G商用元年";8月,中国电信决定9月率先在京放出5G专用号段的手机号码,且老用户升级5G无须换卡;10月,三大通信运营商公布5G商用套餐,并于11月1日正式上线5G商用套餐。2020年,我国所有地级以上城市已实现5G网络全覆盖。2021年7月,工业和信息化部联合9部门印发《5G应用"扬帆"行动计划(2021—2023年)》,以进一步推进5G应用发展。2022年,我国5G用户人数已达5.61亿户。④ 一系列政策安排与商业规划共同促进我国通信业迈入了5G时代,不仅影响着以互联网为代表的新兴网络媒体的发展,也将加速传统媒体的信息化进程。"十四五"规划也将信息化发展工作列入工作重点,通过进一步加快信息化、数字化发展,让国内数字基础设施建设从"量的增长走向质的提升"。⑤

(3) 媒体信息化战略的系统建设

为了更好地实现媒体信息化发展系统层面的构建,我国媒体对软件和IT服务的需求逐年快速递增。对于报业和广电企业而言,内部管理系统、资源管理系统以及客户关

---

① 《中央广播电视总台是怎么做媒体融合的?》,2019年7月19日,搜狐网,https://www.sohu.com/a/327872062_708049,2021年8月22日访问。

② 《细数中央广播电视总台整合后"战绩"》,2018年9月10日,央视网,http://news.cctv.com/2018/09/10/AR-TIrRGUh8Ou1nJ2mIDlfof0180910.shtml,2021年8月22日访问。

③ 参见《2020年中国数字出版产业分析报告——市场竞争现状与未来趋势研究》,观研报告网,https://baogao.chinabaogao.com/chubanfenxiao/525627525627.html,2021年8月22日访问。

④ 《国家互联网信息办公室发布〈数字中国发展报告(2022年)〉》,2023年5月23日,国家互联网信息办公室网站,http://www.cac.gov.cn/2023-05/22/c_1686402318492248.htm?eqid=e964285800089bd400000004646d59f6,2023年5月18日访问。

⑤ 郭倩:《多部门齐发声 加快编制"十四五"数字经济规划》,2020年9月18日,中国经济网,http://www.ce.cn/cysc/tech/gd2012/202009/18/t20200918_35767347.shtml,2021年8月22日访问。

系管理越来越成为信息化建设的重点。而对于电视台而言,数字电视、楼宇电视、车载电视、IPTV 等新媒体带来的竞争和机遇正在形成日益严峻的挑战。

此外,计算机应用技术的普及,尤其是网络应用技术的发展,给媒体作业模式、流程和管理都带来了巨大变革。日常作业流程的信息化和网络化使得媒体业务面临新的风险,比如病毒、黑客攻击、系统故障等,威胁着媒体的正常传播活动。因此,在采编系统数字化和网络化的同时,搭建全方位的信息安全层次体系也成为未来中国媒体业发展过程中必须解决的问题。目前,由于媒体组织普遍加强了对内部管理系统建设的投入,因此媒体行业对应用软件的需求逐年增长,超过了平台软件,对安全系统软件、中间软件等的需求也逐年增长。这表明,媒体组织信息化建设正从基础硬件建设阶段逐渐向系统完善阶段过渡。

(4) 媒体信息化战略的空间变动

随着管理部门、业界和学界对信息化理解的不断深入以及信息技术的不断发展,中国媒体的信息化进程日渐加快,对信息化的投资也不断加大。2021 年"十四五"规划和 2035 年远景目标也明确提出,要建立健全关键信息基础设施保护体系。[①] 未来,随着通信技术和传播技术的更新迭代,中国媒体必将继续通过信息化建设来提升自身的综合竞争实力。

我国媒体信息化进程中出现了地区不平衡问题。以北京为核心的华北地区,由于地理位置的优势,聚集了众多的媒体组织,尤其是国家级的媒体组织大多集中在该区域。因此,华北地区在全国媒体行业 IT 投资中占据了绝对重要的地位,其后依次为华东、华南和华中地区。随着西部大开发战略的不断推进,西北西南部地区媒体信息化进程也逐渐加快,相关投资额度有所提升;东北地区则一直处于稳步发展阶段,比重没有大的变化。媒体信息化投资的变化与当地媒体产业发达程度密切相关。

(5) 媒体信息化战略面临的问题

对当前的中国媒体业来说,虽然信息化进程在逐步加快,但其中也存在很多问题:一是核心技术优势是局部的、不稳定的。尽管我国在信息化诸多领域,如 5G 技术、电子商务、智能终端等方面的技术水平皆已达到世界领先水平,但仍未切实解决核心技术问题。二是信息理念存在滞后的问题。尽管当前我国全国的基础设施已经基本完善,但部分地区对基础信息技术的应用还停留在实操层面,难以从宏观层面进行统筹管理,发挥信息化的最大功用。[②]

---

① 《中华人民共和国国民经济和社会发展第十四个五年规划和 2035 年远景目标纲要》,2021 年 3 月 13 日,中国政府网,http://www.gov.cn/xinwen/2021-03/13/content_5592681.htm,2021 年 8 月 22 日访问。

② 上海市习近平新时代中国特色社会主义思想研究中心:《敏锐抓住信息化发展的历史机遇》,《人民日报》2019 年 4 月 12 日第 9 版。

针对当前信息化战略推进过程中出现的上述问题,媒体管理部门、业界和学界需要从政策支持、构建有效的行业监管体系、健全市场环境和法治环境、普及信息化教育等方面着手,加强媒体信息化的理论探索和实践创新,从信息化方面提升我国媒体产业在世界媒体市场的核心竞争力。

总体而言,信息化战略是一项长期的系统工程,要充分结合我国当前的媒体发展状况,借鉴企业战略管理的经验,从对现有信息系统的增补完善做起,从最核心的内容产品和服务的生产管理系统改造做起,通过信息化进程的逐步推进,建立和完善各项相关管理制度和标准,重组和优化媒体业的产业链和价值链,最终实现新媒体环境下媒体信息化快速、健康地发展。

二、媒体运营战略

在媒体战略管理的实现过程中,如果说总体战略是媒体组织发展的指导性纲领,代表了媒体组织的总体发展方向,那么运营战略则集中体现了媒体战略管理在操作层面的实施,是媒体组织总体战略的细化和阶段化,决定了媒体组织在行为层面的盈利水平。运营战略多与媒体当前的发展现实紧密相关,如当前媒体市场发展的集中度、产品结构分布、进入壁垒与信息量、竞争实力分布等,它是根据媒体市场环境和媒体发展需要而制订的切实可行的方案和计划。

具体而言,媒体运营战略覆盖了媒体组织价值链的各层次,如上下游之间关联企业、客户,组织内部的各业务领域以及内部相关的业务部门和单元,主要涉及在媒体运营过程中的具体战略行动、实施方案和经营策略。它所要解决的问题是:在管理单项的或者阶段性的媒体业务中,如何通过详尽有效而又明确的战略步骤,帮助媒体在内容产品和服务的生产、发布、传播、销售、反馈等产业链上下游的各个环节富有成效地完成任务;根据总体战略和阶段性战略目标的要求,推进和开展具有战略意义的日常运作业务,如内容产品和服务的发行、原材料的采购、广告运作等。一般来说,运营战略多由某项业务的直接负责人,如一线管理人员负责决策与实施,由上一层次的管理者进行审核与监督,以此保证运营战略既能与总体战略的大目标协调一致,同时又能促进阶段性目标的实现。

尽管运营战略偏重具体的操作层面,但是对整个媒体组织的发展来说,由于运营环节的环环相扣,某一业务领域或者某一阶段的运营战略往往会对整个媒体组织的总体战略的顺利实现产生影响。比如在内容产品和服务的生产过程中,如果财务管理没有对生产成本进行有效控制,就会影响到接下来的一系列产业环境,包括该内容产品在发布过程中必须面对的成本问题、价格问题以及利润问题,甚至会影响到该产品的市场生命力,最终影响到媒体组织在该领域的竞争力。所以,在媒体战略管理层面,运营战略举足轻重,它赋予媒体组织蓬勃的生命力和可持续发展的动力,既是总体战略的具体化,也是总体战略目标最后得以实现的基础和保证。

有学者将战略管理的出路概括为独特性的特色、权衡利弊的取舍和多个环节的默契配合三个方面。① 其中,取舍可被视为媒体战略管理过程中的方向性决策,体现在媒体各个层面的战略管理中,尤以总体战略为甚。而特色和配合都与运营战略管理紧密相关,特色可体现在运营的品牌战略中,而产业链上各环节的配合则可通过竞争战略来实现。

(一) 品牌战略

"品牌"自20世纪90年代随CIS(corporate identity system,企业识别系统)理论登陆中国以来,一直是中国经营界和传播界的焦点。所谓品牌战略就是企业将品牌作为独特资源与核心竞争力,以获取差别利润与价值以及持续竞争力的企业运营战略。品牌是媒体组织进入并拓展媒体市场的敲门砖和核心竞争力所在,是包含知识产权、信誉、权利以及媒体关系的无形资产。

1. 品牌的概念与战略意义

根据美国市场营销协会的定义,品牌是一个"名称、专有名词、标记、标志、设计。或是将上述综合,用于识别一个销售商或销售商群体的商品和服务,并且使之同其竞争的商品和服务区分开来"。品牌包括名称和标识两部分。名称也叫"品名",是指可以用语言称呼的部分;标识是指某种图案或符号,一般有特定的颜色,容易被识别和记忆,但不能用语言呼出,简称"品标"。品牌概念被引入媒体领域,是因为媒体组织也必须树立起强势品牌,其所生产的内容产品和服务也要通过市场竞争才能占领市场。

品牌管理的基本理念是:品牌是有价值的,品牌对于企业和顾客都是非常重要的。菲利普·科特勒认为,对于消费者来说,品牌具有两个方面的作用②:一是品牌可以帮助消费者识别产品来源、追究产品制造者的责任、减少风险并降低搜寻成本;二是品牌是产品的质量标识,它可以在产品制造者和消费者之间建立一种协定、呈现一个产品特征的符号标志,建立消费者的信任心理和依赖,特定的品牌甚至可以和消费者形成特殊关系。例如,我们常听到一些消费者说"我只用某某牌子",某些国际品牌甚至成为身份的标识。在这种情况下,品牌已经超出了实用性层面,在高品质的牢固基础上,形成了与消费者的相互印证。

对于产品制造者来说,品牌的重要性也不言而喻。首先,为制造者带来利润。品牌为产品制造者提供了展示创新能力的最好途径,通过品牌的创立和推介,企业可获得强

---

① 参见项保华:《战略管理——艺术与实务》,复旦大学出版社2007年版。
② 参见 Philip Kotler, and Kevin Lane Keller, *Marketing Management*, 15th edition, Pearson Education, Inc., 2016.

大的市场占有率,从而获得高额利润和可持续发展动力,品牌成为竞争优势的一个构成要素。其次,提供维权手段。品牌提供了一个运作或者追踪产品的简便识别方法,也提供了一个合法保护产品的独特性特征、标识质量水平的方法。最后,提升影响力和凝聚力。品牌对企业影响力的提升不仅体现在获取竞争优势,而且还体现在提升内部团结力和凝聚力上。从某种意义上说,品牌是企业文化的灵魂部分。

在媒体组织中,品牌也具有无可替代的作用。媒体本身既具有生产产品(节目内容)的能力,又具有推介品牌的能力,本身拥有品牌的媒体还具有创造和推介其他品牌的优势。在我国,以央视为例,作为中国媒体市场上最具竞争力的主流媒体之一,它拥有国家台的权威地位,对于受众而言,其品牌和产品推介极具权威性和感召力。在品牌建设的过程中,一方面,央视通过一系列标志性栏目,如《新闻联播》《焦点访谈》,完成了自身节目的品牌建设。在我国现有的政治文化格局中,《新闻联播》和《焦点访谈》具有历史性的特殊地位,该栏目的魅力延伸形成了有力的媒体品牌。另一方面,其造成的收视惯性构成了品牌时间,形成了我国大众传播的制高点,从而造就了这一节目时段广告招标的"寸时寸金"。不仅新闻节目如此,央视的综艺节目也彰显出其品牌的综合号召力。如每年除夕的"春节联欢晚会",在娱乐界形成了强大的品牌效应,"春晚"自身也成为央视大品牌中的一个子品牌,其中的单个节目、表演者成为子品牌的子品牌,播出的时间段和出镜时间中都蕴含巨大的商业价值,获得了赞助商的广泛青睐。值得注意的是,随着我国媒体业市场化改革的推进,各地电视集团也逐渐形成较强的品牌效应,有效抢占了市场份额,如湖南(广播)电视台、江苏卫视等,都成为媒体市场不可忽视的力量。另外,在市场经济环境下,国内平面媒体在激烈的竞争中也十分注意品牌战略,分别从不同角度树立了自身独特的品牌个性,如《南方都市报》提出"做中国一流智库媒体""智慧领跑者价值传承者"的口号,《广州日报》提出"比太阳更早、比往年更好",《北京晚报》更以京味幽默方式提出"晚报,不晚报"和"今天,看今天的新闻"等标语。

2. 品牌管理

品牌建设是具有历时性的连续过程,必须贯穿产品的生命周期。因此,在建设品牌的过程中,加强对品牌的管理也就成为品牌战略的重要组成部分。

表面上看,品牌管理似乎并不适合媒体产业,因为媒体所生产的内容产品和服务具有无形和无法预制的特征,受众对该类产品的消费和购买选择包含极大的个性化因素,而且依靠广告支撑的内容产品缺乏容易标识的产品标志。但从另一个方面来看,媒体内容产品和服务都属于经验类商品,消费者在购买时无法通过直接观察来判断质量,而必须借助其他线索来决定是否购买,如熟人推荐、产品概念、口碑、好评等。例如电影。具有号召力的演员、导演本身就可能是极具影响力的品牌,影片的故事情节好坏对票房的影响有时反而是次要的。另外一种情况是,作品依靠不断重复出现的角色或者故事的不断延伸来形成品牌效应,如《大江大河》等都是运用品牌管理手段维持竞争优势的实例。

此外,在20世纪90年代以前,大多数媒体市场都是相对非竞争的,媒体内容产品和服务的销售是基于分开的市场、技术和消费行为的。但是进入21世纪后,由于新技术革命和媒体全球化市场的推动,媒体市场的趋同性日渐增强,受众市场日渐呈现分散化和碎片化的特征,媒体市场竞争的边界越发模糊,跨界竞争成为新趋势。媒体要想抢占受众注意力、强化受众与媒体之间的认知关系、培育受众对媒体的忠诚度,就必须加强对媒体品牌的建设和维护。

具体而言,品牌管理主要包括以下几个方面:

(1)品牌识别。品牌识别是品牌核心价值的外在体现,是所有品牌要素的总称,是消费者对某一品牌所有认知的总和,这些品牌知识能使消费者对该品牌进行识别。科特勒认为,品牌识别由品牌意识和品牌形象这两部分组成,品牌意识与记忆中的品牌节点的强度有关,反映了顾客在不同情况下识别该品牌的能力;品牌形象与记忆中的链条相关,是顾客关于品牌的感觉,反映了顾客关于该品牌的联想。当顾客对品牌有高度的认识和熟悉度,并在记忆中形成强有力的具有偏好性和独特性的品牌联想时,品牌的价值就出现了,它形成了一种强大的导购和引导作用。如栏目的片头音乐、电视台的主持人、报纸的专栏作者,以及电影的导演和演员均具备这样的品牌识别作用,观众基于对他们的熟悉和联想产生消费欲望,确定消费行为。

(2)品牌意识。品牌意识是品牌识别的第一步,是指在消费者记忆系统中品牌元素和产品类别等与购买决策有关的信息的双向联系强度,具体表现为人们能否从众多品牌中识别出某一品牌及其认识的程度。品牌意识是结构性的,它是品牌成功的基础,对于新媒体产品尤其如此。例如,在购买手机时,消费者的品牌意识往往在最终购买决策中发挥着非常重要的作用。

(3)品牌态度。品牌态度是指消费者通过学习和强化习得的以一种喜欢或不喜欢的方式对品牌产生反应的习惯性倾向,是形成消费者的品牌行为(如品牌选择)的基础,表现了消费者对一个品牌的总体评价,是最抽象但又层次最高的品牌联想,是消费者的品牌知识、对品牌的信念和印象的总和,是品牌态度中有意识思考的部分。

(4)品牌联想。品牌联想由一系列内容构成。首先是选择品牌的有形元素,如名称、商标图案、符号、包装、口号等,这是最主要的,它可以使消费者联想到有形或无形的相关因素,形成期望值,产生连续性的消费需求。有效的市场策略就是要向目标观众呈现品牌及有意义的联想,从而形成牢固的消费群体。

在内容产品和服务方面,品牌联想有多种呈现形式,包括内容、方法、特定频道、品牌名、图标、传送系统（如有线电视）以及市场营销运动。建立次级品牌联想的八种不同途径是公司（通过品牌策略）、国家或者其他地理区域（通过表明产品的产地）、分销渠道（通过渠道策略）、其他品牌（通过联合品牌）、特色（通过许可授权）、代言人（通过为商品做广告）、引人注目的事件（通过赞助）、其他第三方资源（通过奖励或评论）。这些途径对于媒体品牌管理而言同样适用。

3. 品牌扩张

品牌扩张是媒体品牌战略中非常重要的，也是利用率最高的一种手段，又称为有效转移。在实现品牌联想后，先进的品牌理念会促成品牌的有效转移，即通过一种产品形成的强大品牌力量扩展相关产品市场。品牌的有效转移的前提是：目标受众必须对该品牌实体有一定程度的熟悉或者了解；品牌与被关联的实体之间必须存在一些有意义的联系；关联必须是可以转移的，当品牌从一个实体移植到另外一个实体的时候，必须保持原有的品牌声誉，特定的品质保证必须是强烈而有新意的。

媒体品牌同一般企业商品品牌不同，它既要强调经济效益，又要强调社会效益，只有达到社会效益和经济效益的统一，才能最好地体现媒体品牌的价值，更好地发挥媒体品牌的市场影响力。因此，对媒体品牌的价值衡量比一般商品品牌更为复杂。由于媒体所具有的社会功能属性，媒体的社会影响力、社会信誉度在很大程度上成为决定其品牌价值的最终力量。在激烈的媒体市场竞争中，谁能将积极而又具有特色的整体形象呈现在受众面前，谁就能在激烈的竞争中脱颖而出，赢得公众的认同。

从狭义上讲，品牌扩张可以理解为品牌延伸，即媒体组织将其某一知名品牌或某一具有市场影响力的成功品牌扩张到其他产品上，凭借现有的成功品牌推出新产品的过程。例如，中央电视台将其在电视品牌上的成功扩展到了央视网，湖南电视台将成功打造的王牌节目扩展到了在线视频平台"芒果TV"。

但从广义上讲，品牌扩张除品牌延伸外还包括市场拓展的含义。市场拓展是指媒体将某一具有市场影响力的成功品牌或其变种或某一全新品牌推广至某一全新市场的过程，涉及品牌、产品和市场三个维度。在品牌的扩展和延伸上，收购兼并通常是主要手段。在这一方面，德国贝塔斯曼集团可以说是一个非常成功的范例，其创业和发展历程就是一场没有硝烟的兼并与控股的战争。它立足图书出版，实施跨媒体、跨行业的多元化经营方针以及全球化战略，不断扩张和延伸其品牌，业务从图书、报刊、印刷、广播影视、娱乐、多媒体逐步扩展到网络零售、信息技术和咨询服务等，涵盖了多种媒体和领域，不仅是产品的内容提供商，也是销售商、技术提供商、行业咨询商，多重角色和功能共同构筑了贝塔斯曼这一国际媒体品牌，推动了集团规模的不断壮大和整体竞争力的不断增强。

著名品牌专家大卫·爱格在分析20世纪末全球品牌经营的趋势时指出,传统的以宝洁为代表的注重战术型和反应型的品牌管理模式已经过时,它将被更有策略头脑和远见卓识的"品牌领导"模式取代。媒体品牌经营也不例外。在中国,尽管已经出现了凤凰卫视、南方报业集团等品牌运营的先行者,但从整体上看,国内媒体产业的品牌运营还没有完成从战术主导型向战略主导型的转变,仍多是以战术型、反应型为主,以注重收视率、广告额等短期实效为突出特征。因此,加强战略意识和战略管理,制定切实可行的战略并实行动态管理,充分发挥品牌和品牌系统的协同效应,打造出真正的强势品牌,是中国媒体品牌经营的当务之急。①

(二) 竞争战略

媒体竞争战略的核心是巩固和提高媒体组织的竞争能力和竞争地位。通过对媒体经营业务领域的策略规划,业务管理职能部门按照媒体组织总体战略和阶段性战略中所确定的经营目标、发展方向和业务组合的战略决策,职能部门结合本业务领域的具体情况,以当前媒体市场的竞争形势为基础,明确资源使用的重点、主要竞争方式,制订相应的行动方案和经营策略,获取媒体组织在媒体市场上的长远的可持续的竞争优势。

1. 竞争战略的任务和分类

媒体竞争战略的任务主要包括四个方面:第一,确定本项媒体经营业务对整个媒体组织的总体战略意义、贡献程度,以及发展目标和业务方向;规划本业务领域与其他业务领域经营的相关性和资源共享的关系,实现同一业务中不同职能战略之间的协同性与平衡发展;根据本业务领域对资源利用的状况和绩效,建立在本媒体经营业务范围内资源使用的评价和控制体系,跟踪并适时调整媒体经营业务的进展。第二,根据媒体组织的产业背景和宏观的政治经济环境的变化,及时提出应对性措施和策略,调整经营行动方案,尽力把外在环境变化所催生的市场机会点,变为媒体组织可利用的资源,形成媒体经营方案与环境资源的最佳匹配。第三,分析媒体经营竞争环境和媒体组织自身的竞争优势,通过确定竞争策略和经营行动方案,扬长避短,打击竞争对手,提高竞争能力,获得稳定、持久的竞争优势。第四,培养在本媒体经营业务领域中独特的竞争价值,从媒体产品的技术、受众市场以及受众市场的结构类型和发展趋势入手,形成自身在本业务领域的能够发挥关键作用的核心竞争能力。②

具体而言,媒体竞争战略主要体现为以下三种形式:同质竞争、差异化竞争和品牌竞争。

---

① 宋祖华、李程骅、戴文红:《试论传媒的品牌战略》,《新闻爱好者》2006年第12期,第28—29页。
② 潘繁生:《略论媒介战略管理的层次诉求》,《淮海工学院学报(人文社会科学版)》2004年第1期,第71—73页。

同质竞争是基于内容产品和服务的可替代性而产生的,是具有相同或类似受众市场定位的媒体组织之间争夺受众市场的竞争。在当前媒体市场竞争日趋激烈的情况下,媒体内容的同质化及抄袭现象严重,这不利于形成多元化的媒体市场格局,不利于满足受众日渐个性化和多样性的信息消费需求,也不利于提升媒体行业的整体竞争优势。如我国广电领域存在"千台一面"的现象,个性化的节目策划少,各家电视台之间相互模仿的痕迹严重。湖南电视台选秀节目走红后,各地方电视台的选秀节目即层出不穷,缺乏真正的创新,同质化现象严重。

差异化竞争包括两个方面。一是新媒体带来的竞争,如大量新闻网站、社会化媒体、短视频网站等,它们借助渠道和技术优势对传统的新闻媒体组织构成威胁。二是原有竞争者通过产品创新抢占市场。在差异化竞争中,由于媒体各自的定位不同,因此即使是相同的原材料,最终生产出的内容产品和服务也能够各具特色,可以满足特定目标受众的需求,这是媒体差异化的最主要表现。比如,尽管多家电视台效仿湖南卫视走上娱乐路线,但大部分卫视频道仍然根据频道的战略定位,建立起了不同程度的差异化竞争优势,如安徽卫视的剧场定位,四川卫视的故事定位,广西卫视的女性定位,北京卫视的本土定位,东方卫视的"新闻+娱乐"定位等。它们一定程度上丰富了电视市场的内容产品和服务类型,为广电业的发展注入了活力。信息爆炸时代,差异化竞争也是互联网新媒体生存与发展的法则。

2. 我国媒体市场竞争现状

尽管我国媒体的市场化程度远不及西方国家,大部分媒体尚未成为真正的市场主体和竞争主体,但是随着政策环境的变化以及新媒体对媒体市场结构的解构,我国的媒体市场也正在逐步走向成熟,媒体竞争市场呈现出许多新的特征。

第一,国内市场上传统媒体之间以及新旧媒体之间的竞争加剧。

新技术革命带来了媒体形态的多元化,媒体融合趋势增强,媒体重组方兴未艾。当前,中国媒体业的发展面临双重挑战:一是数量众多的新兴媒体借助在传播技术、资本、渠道等方面的优势迅速崛起,不断分流原来属于传统媒体的受众和广告;二是传统媒体在同质化竞争压力下呈现可替代性与微利化趋势,覆盖面、渗透率和影响力表现持续下滑,一部分传统媒体甚至退出了市场。例如,1997年7月27日,香港的最后一份晚报——《新晚报》出版了最后一期后宣布停刊。这份具有47年历史的晚报,在其《停刊启事》中称:"由于市场的变化及资讯手段的发展,晚报市场逐渐萎缩,本港晚报普遍经营困难,其他晚报先后停刊,《新晚报》成为仅存的一家晚报。在全体员工共同努力下,本报采取多种措施,以改善经营,但经济上的困难短期内料难根本解决。因此,董事会决定,自 1997 年 7 月 27 日停刊。"①2014 年,北京的《竞报》、上海的《新闻晚报》主动休刊,开启了中国报刊有史以来最大规模的"休刊潮"。上海的《东方早报》《申江服务导报》和北京的《北京娱乐信报》《法制晚报》等相继于 2017 年、2018 年、2018 年、2019 年停刊;2021 年伊始,贵州《遵义晚报》、安徽《铜都晨刊》停刊,湖南《益阳城市报》正式停刊,四川《广元晚报》《内江晚报》《德阳晚报》三家报刊也宣布休刊。

第二,面向国际的传播需求改变了中国媒体的竞争态势。

随着中国的全面改革开放,我国媒体无论其定位是内宣还是外宣,均面临国际传播环境和自身能力方面的挑战。来自国际媒体市场的竞争压力主要体现在两个方面。

一方面,国内媒体开始进入世界媒体市场参与全球竞争。如由中央电视台牵头,与国内 10 家电视台共同组建的中国"长城卫星电视平台"自 2004 年 10 月 1 日正式成立以来,相继在亚洲、欧洲、拉美实现开播,2007 年又在加拿大落地播出。中央电视台国际频道的信号已基本覆盖全球,中文频道、英语频道、西法语频道目前已在 120 个国家和地区实现落地,境外收视用户数量达 7000 万。2007 年 1 月 1 日,中文国际频道又实现了在亚洲、欧洲、美洲分别播出,2007 年 10 月西班牙语频道和法语频道还实现了分频道播出。然而,我国在海外运营的媒体亦常常受到西方的排挤。2020 年 3 月,美国国务院宣布对 5 家在美运营的中国官方媒体实施雇员数量限制,新华社、中国国际电视台(CGTN)、《中国日报》、中国国际广播电台和《人民日报》驻美机构的中国籍雇员人数须从 160 人减少至 100 人,减幅约 40%。这意味着,尽管全球化传媒市场主张客观、公平、自由的传播环境,但由于各国国情、立场不同,因此我国媒体在国际传播中仍然面临新闻自由的困境。

另一方面,随着媒体政策环境的变化和进入壁垒的调整,境外媒体巨头开始将触角伸向中国媒体市场。中国加入世贸组织后,外资媒体便开始不断进入中国电视市场。经广电主管部门批准,目前在二星级以上酒店和特殊社区落地的境外电视频道已达 34 家,其中以凤凰卫视、阳光卫视、华娱卫视和星空卫视最具代表性。有统计称,境外电视节目目前已占据中国内地三分之一的电视播出时间。一些外资媒体还明确表示,希望不久的将来能被允许在北京、上海、广州等大城市落地。外资也争先恐后地进入中国的平面媒体与网络媒体领域。世界第四大媒体集团德国贝塔斯曼公司通过同中国最大的文学网站"榕树下"签约,吸纳了"榕树下"每天 6000 篇稿件,并在同中国科技图书公司合资成立上海贝塔斯曼文化实业公司后,又与上海包装集团和印刷集团结盟,合资成立了国内最大的图书印刷公司。②尽管由于各种原因,贝塔斯曼于 2008 年退出了中国市

---

① 吴昊:《最后的晚报》,《大公报》2012 年 10 月 2 日第 B5 版。
② 童兵:《入世一年的中国传媒市场新格局》,《新闻记者》2003 年第 1 期,第 16—17 页。

场,但其留下的经验和教训却富有启示意义。随着媒体全球化的加剧以及世界媒体市场体系的发展,中国媒体将面临更大的来自国际媒体市场的竞争压力和挑战。

第三,媒体之间的竞争焦点发生转移。

早期的中国媒体由于市场化程度较低,同时媒体数量较少,因此竞争主要集中在三个方面:一是内容产品和服务的生产质量,二是规模竞争,三是渠道竞争。随着中国媒体改革进程的加快,媒体之间的竞争日渐加剧,竞争领域逐渐从同行竞争扩大到行业之间的竞争,竞争内容也延伸到整个产业链上下游的各个环节。媒体组织之间比拼的焦点已经从渠道的竞争过渡到终端(广告商、受众)的竞争,从规模竞争过渡到效益竞争。

以报业为例,在20世纪80年代初期,由于报纸数量较少、品种缺乏,因此仅有的几家报纸的竞争主要是报纸内容的竞争,竞争力主要体现在新闻信息的采写编排等业务层面。20世纪90年代初,报纸品种增加,受众可选择范围扩大,因此报业的竞争重点转移到印刷质量和发行质量,各报社开始逐步脱离依靠邮政发行的单一方式,走上了"自办发行"的道路。到20世纪90年代中后期,报纸周末版的兴起和都市报的出现为报业市场注入了新的竞争要素;随着新技术的出现,地域细分、行业细分、受众细分成为报业发展的新趋势,随之兴起的专业报和厚报将报业竞争带入了新的时代。如今,报纸则不仅面临报业领域内的竞争以及由其他传统媒体形态如电视、广播等带来的竞争,还更多地受到来自互联网和各种多媒体的冲击。

第四,媒体组织运营模式单一,价值链整合能力欠缺,整体竞争力较为有限。

对当前中国媒体业而言,无论是广电行业、报业还是广播业,广告均是其得以生存和盈利的主要模式。这种过度依赖广告的运营模式造成各媒体组织普遍缺乏市场应变能力,经营收益微利化,增长已经到达相对极限。运营模式创新既是媒体组织自身发展的需要,也是媒体市场环境提出的要求。现今的世界媒体业是"大媒体"产业,运营模式早已从传统的生产内容产品和服务扩展到多媒体跨领域运营。时代华纳、迪士尼等媒体巨头,正是通过以媒体产品为核心的大媒体产业链条的纵向和横向整合,逐渐形成了跨领域、跨行业、跨媒体、跨地区的综合媒体集团。北京广电媒体也充分调动当地资源,不断延长产业链,比如通过"北京BTV电视购物"培育了大量优质的现代企业,通过"BTV少年传媒学院"和相关职业培训机构培养后续人才,实现了企业内部从输血到造血的内循环。面对新媒体日趋激烈的竞争形势,中国媒体业要增强国际竞争力,必须通过打通价值链,持续扩大经营范围,实现媒体运营模式的多元化。

3. 我国媒体竞争战略调整路径

今后,我国媒体必须着眼于世界媒体市场的大格局变化,有重点地调整竞争战略,以适应日益变化的媒体市场形势,提高国内媒体组织的国际竞争力,促进媒体业的产业化和市场化进程,使媒体组织真正成为具有核心竞争优势的市场主体。

第一,推进媒体体制优化,营造媒体融合发展的有利环境。

我国媒体产业要获得进一步发展,应当进一步加快推进媒体融合发展。在体制上,应当坚持一体化发展、坚持移动优先,在继续发挥媒体的社会功能和宣传功能的同时,逐步加快其产业化和市场化的进程,实行独立核算、自负盈亏,通过市场洗礼从内而外提升行业竞争力。此外,应当全方位加快全媒体传播体系建设,加速 5G 技术落地。应当通过内容、渠道、理念等三方面自上而下的革新,一方面坚守主流媒体的舆论阵地,另一方面提高对外传播力。

第二,以多元化经营和整体营销取代单一经营模式,注重媒体经营与资本运营的结合。

媒体产业应逐步摆脱依赖广告运营的模式,转而采取更为多元化的经营模式,对内容产品、发行和广告进行全案策划,以增强媒体组织的竞争力,吸引大规模投资进入,实现有效的融资。在广告收入之外,要通过栏目或者内容、商业活动、跨区域跨媒体经营、开发媒体后产品等实现创收。

第三,规避同质竞争,强化差异化竞争,提升媒体竞争力。

在当前新媒体日新月异、受众需求日趋多元化和个性化的新媒体环境下,媒体组织必须加强对原创能力和创新能力的培养,以形成自身独特的核心竞争力,以差异化为基础提升整体竞争力。以互联网视频业务为核心的芒果 TV 提供了可贵的借鉴。它以"精品自制+芒果独播+优质精选"为战略,确定了平台用户画像为青春都市群体,创作了大量优质原创内容,实现了大量的用户留存率。根据艾瑞咨询的数据,从用户性别来看,2018 年芒果 TV 的女性用户占比为 77.14%,远高于"优爱腾"三家,女性用户标签明显。低重叠度的用户定位帮助芒果 TV 建立起自己独特的市场①。

第四,加强对媒体人才的培养,打造媒体核心人才体系。

知识经济本质上就是人才经济。知识经济通过对具有专业知识的人才进行合理开发和优化配置,将知识转化为社会生产力,实现效益最大化。作为知识经济的重要组成部分,媒体业的竞争在很大程度也体现为人才的竞争。对于中国媒体业来说,一方面,必须尽快建立成熟的媒体人才市场和完备的人才储备体系,形成人才的有序良性流动,避免媒体人才出现断层;另一方面,媒体组织必须建立一整套完备的培训、晋升、薪酬和福利制度,以维持并不断丰富现有的人才体系。随着国内媒体市场逐渐与国际市场接轨,各媒体组织都亟需一批具有互联网思维和全媒体能力,既谙熟新闻行业和媒体市场

---

① TTM 研究-爱好者:《深耕女性消费群体,付费用户数高增长拉动会员收入》,2019 年 11 月 10 日,雪球网, https://xueqiu.com/9231373161/135500785,2021 年 8 月 22 日访问。

运作,又懂媒体管理和经营的高级复合型媒体管理人才。人才竞争已经成为中国媒体业,乃至世界媒体市场竞争的重要组成部分。

三、媒体组织战略

媒体组织战略是媒体组织管理层对各个相关职能部门所进行的各种策略规划的总称,其对象包括媒体财务管理、日常运营、人力资源、技术支持、能源供应等各类职能活动和业务领域。媒体组织战略涉及媒体的组织结构和管理领域,因此必须详细且具有可操作性,以便为总体战略或运营战略的落实和协调提供保障和基础支持,实现组织管理效率和经营绩效,最终形成媒体组织从宏观到微观的战略运作体系。由于媒体组织的职能环节众多,而组织战略的贯彻实施必须深入具体的经营流程和部门,因此媒体的组织战略多由相关职能部门的经理负责制定。

(一) 媒体组织战略的内容

在媒体组织战略实施过程中,必须首先明确总体战略和运营战略对组织战略的要求。一方面,要对各个职能部门进行优劣分析和评价,把握目前各相关职能部门的组织结构构成、业务能力水平、面临的主要问题,并提出解决现实问题的方案,优化媒体组织职能结构,提高媒体组织内部的凝聚力和战斗力;另一方面,在实施职能战略的过程中,媒体组织要通过发现和培养可以推动总体战略和运营战略目标实现的重点职能部门与重点职能活动,构建媒体组织的核心竞争力,同时根据不同职能部门和业务运作的需要,决定媒体组织内部资源的分配重点和分配方式,调适与整合职能活动的结构和运作流程,保障总体战略和运营战略实施过程中的人力资源、财务资源等。

(二) 媒体组织战略的实施

媒体组织战略的实施是一个系统的综合的过程,需要媒体组织各职能领域和业务单元相互合作,方能形成合力效应。在实施组织战略的过程中,媒体必须确定对组织战略进行具体运作管理的组织机构,通过对整个媒体进行职能环境分析,制定职能战略,决定职能预算,组织实施相关的职能战略,建立健全职能战略的控制体系,及时对职能战略的绩效进行评估。具体来说,必须首先确定与总体战略以及运营战略相关的职能构成,并向相关职能机构传达总体战略和运营战略的细化方案和目标,提供保障支持,提高各职能部门之间的协调作用能力;然后经由媒体管理者,建立起跨职能部门之间的协调机制;同时从业绩评估入手,控制与调适核心职能战略的进程。通过此过程,实现对媒体组织从宏观到微观、从整体到部分的组织结构、运营能力等的把握,保障媒体组织的有序、健康、高效发展。

小　结

战略管理是制定、实施和评价使组织能够达到其目标的跨功能决策的一门科学。组织资源的独特性是影响其表现以及可持续竞争优势的最重要因素。其中，媒体战略管理的目标就是寻求或者维系媒体资源的独特性。战略管理中的品牌战略是为了更好地维护自己的独特资源，而媒体集团化战略则是通过市场的途径获得竞争对手的独特资源，当独特资源不能有效地通过市场交易或并购获得的时候，战略联盟可用来与其他市场主体共享或交换有价值的资源。所有这些战略管理手段都是为了提升媒体组织在日益变幻的市场环境中的相对竞争力，是媒体组织生存和发展的必要策略。只有在深入分析宏观社会经济环境及行业发展背景给媒体行业带来的机遇和威胁的前提下，有针对性、有重点地确定企业的战略目标，充分挖掘和寻求内外资源，制定实现战略目标的战略步骤，架起目标和现实之间的桥梁，媒体组织才能在激烈的市场竞争中获得并维持竞争优势。

◆◆ 思考题

1. 媒体组织的战略管理与其他企业的战略管理有何异同？
2. 战略管理理论在媒体管理领域有何发展和延伸？
3. 举例分析媒体战略对于媒体发展的重要性。
4. 试着找到一个具有代表性的媒体组织，分析其制定战略的依据。
5. 在媒体组织制定战略的过程中，哪个或哪些因素是更为关键的？
6. 新媒体和传统媒体在战略规划上是否存在差异？
7. 如何理解媒体战略管理的动态性和周期性？
8. 媒体战略管理与市场竞争之间存在怎样的关系？
9. 不同层次下，媒体战略管理的焦点有何差异，又有哪些共性？
10. 如何理解媒体组织的"差异化市场定位"与媒体战略中"竞合关系"之间的联系？

◆◆ 推荐阅读

刘仓:《中国文化体制改革探析》,《当代中国史研究》2018年第4期,第36—49+125—126页。

刘冀生编著:《企业战略管理——不确定性环境下的战略选择及实施(第三版)》,清华大学出版社2016年版。

[美]查尔斯·W. L. 希尔等:《战略管理:概念与案例(原书第10版)》,薛有志等译,机

械工业出版社 2017 年版。

〔美〕迈克尔·A.希特等:《战略管理:竞争与全球化(概念)(原书第 11 版)》,焦豪等译,机械工业出版社 2016 年版。

〔美〕小阿瑟·A.汤普森等:《战略管理:概念与案例(原书第 19 版)》,蓝海林等译,机械工业出版社 2016 年版。

邵一明编著:《战略管理(第二版)》,中国人民大学出版社 2014 年版。

徐园:《新闻+服务:浙报集团的媒体融合之道》,《传媒评论》2014 年第 12 期,第 9—12 页。

颜景毅:《媒体组织的双重属性及其经营创新》,《编辑之友》2018 年第 9 期,第 30—34 页。

第十章　媒体管理规制

媒体组织的经营活动应遵循哪些基本的规则？哪些信息可以或不可以传播？媒体应如何使用和协调信息传播资源？对于此类与媒体组织相关的问题，国家通常会以法律法规或政策规章的形式予以规制，它们构成了影响媒体组织生存与发展的外部环境因素。任何一个国家和地区的媒体，都需要根据其信息采集、加工、传输和发布所在国家和地区的法律法规，调整自己的经营管理行为，协调社会关系，保障媒体组织合法合规地运营。

基于媒体管理规制的必要性，本章分别从媒体管理的法律体系、政策体系、组织体系和主要规制四个方面研究我国媒体管理面临的政策与法律法规环境。

第一节　媒体规制的内涵

媒体管理规制是社会管理的一部分。大众传播媒体是从事信息传播活动的专业性组织，这类专业性组织不仅要实现符合组织利益的经济目标，还要实现符合社会成员利益的社会目标。不论是信息传播组织，还是社会经济运行实体，对媒体行为实施必要的法律规范和行政监督都是十分必要的。而面对生产力和生产关系不断变化的媒介环境，深刻理解媒体规制的内涵是媒体管理机构实施一切管理措施的前提。

一、媒体规制

"规制"的概念来源于经济学，具体指的是政府对经济的干预与控制。日本学者植草益进一步指出，规制是指依据一定的规则对构成特定社会的个人和经济活动主体的活动进行限制的行为。在这一框架下，媒体规制是指通过法律法规等手段对媒体经营管理行为进行干预和控制。① 一般地,全球普遍认同的媒体规制形态包括国家管控、市场规制和社会规制,各国依据自身国情和媒体体制制定相应的媒体规制方式。在我国,传媒属性主要以"党管媒体""属地管理"为基本前提,采用"事业单位,企业管理"的传媒体制,以保证媒体的"喉舌"功能定位。尽管20世纪80年代之后,尤其是1992年实行社会主义市场经济体制改革之后,市场经济给我国带来了一系列传媒产业化发展的需要和一定程度上传媒规制的松动,但监管的配置始终是"红线"。在这一媒体规制的体系下,有学者提出传媒政策和管理规则将发生由公共利益优先向市场需求优先的转向。② 我国没有针对互联网管理规制问题制定专门的法律,而是将管理互联网的规范嵌入"既有法律体系",同时颁布行政法规、部门规章、部门工作性文件、地方性法规等政策,将管理理念向各领域、各地方进行延伸和适用。③ 但鉴于互联网环境下传媒环境的迅速迭代,媒体规制内容难以全面覆盖媒体环境中诸多空白区域。因此,在以往的媒体规制的基础上,也衍生了针对互联网媒体机构的非正式规制制度。这些制度通过灵活的手段,把握市场的变化,不断完善现有的法律体系,力争塑造一个稳定的媒体制度环境。

二、媒体规制层面的主要问题

结合规制经济学基础和媒体的社会功能,媒体规制着眼于公共利益,通过采用"有形的手"和"无形的手"相结合的手段,对市场资源进行重新配置,实现政治利益、经济利益、公共利益的平衡。具体而言,主要解决三大方面的问题:政府职能定位与权责配备、效率与公平、个人表达自由与内容监管。

在政府职能与权责配备方面,中华人民共和国成立70余年以来,我国的媒体管理机构先后经历了三大阶段的12次重大调整。④ 其中,第一阶段以计划经济下的"条块结合,以块为主"的媒体管理格局为主。一方面,基于科层制结构设立的政府多采用行政手段对媒体经营行为进行干预;另一方面,区域之间的市场与管理相互割裂,体制僵化。第二阶段以"署局合并"为时间点,开启了"大部制"。2013年3月,第十二届全国人民代表大会第一次会议通过了中央人民政府机构改革方案,将新闻出版总署与国家广播电影电视总局的职责整合,组建国家新闻出版广播电影电视总局。这是中华人民共和国成立以来新闻出版与广电系统的第二次整合。此次整合一方面按照"行政退出市

---

① 魏永征、张鸿霞主编:《大众传播法学》,法律出版社2007年版,第18—21页。
② 史安斌:《全国网络传播中的文化和意识形态问题》,《新闻与传播研究》2003年第3期,第52—60+95页。
③ 谢新洲、李佳伦:《中国互联网内容管理宏观政策与基本制度发展简史》,《信息资源管理学报》2019年第3期,第41—53页。
④ 同上。

场"原则,通过划转或兼并等形式,优胜劣汰,激发市场活力;另一方面则采用放权思路,给予地方政府、社会组织及基层新闻媒体企事业更多的自主权,试图通过组织的参与,填补监管的空白,形成以党为主、多元主体共同治理的格局。第三阶段以"多部门整合"为亮点,以更好地应对产业融合的发展趋势。一方面,推动媒体事业单位产业融合。2018年3月,整合中央电视台(中国国际电视台)、中央人民广播电台、中国国际广播电台三家中央媒体资源,组建中央广播电视总台,推动视频和音频媒体融合发展,打造机构精简、平台融合的新型传媒事业单位管理体系,以努力建成国际一流的国家级现代"传媒航母",提升中国传媒业的国际影响力。另一方面,将文化部、国家旅游局的职责整合,组建文化和旅游部,对建构文化旅游融合新业态、培育文化旅游产业链具有重要意义。总体而言,伴随着媒体环境的变化,政府职能与权责格局也在应时而动,推动媒体规制体系的现代化。

在效率与公平方面,同样以计划经济开局,但从第二阶段起逐步强调市场主体的主动性,在媒体市场的结构调整与市场准入的变革等方面放宽规制。这一阶段,首先,2001年,《中共中央办公厅、国务院办公厅关于转发〈中央宣传部、国家广电总局、新闻出版总署关于深化新闻出版广播影视业改革的若干意见〉的通知》,提出要以资本和业务为纽带,组建多媒体兼营和跨地区经营的媒体集团,对媒体的组织结构、资本结构等进行全面调整;此后,2003年7月31日,中共中央办公厅、国务院办公厅印发中办发21号文件,提出要全面深化文化产业体制改革,以及《关于促进广播影视产业发展的意见》《新闻出版体制改革试点工作实施方案》,不断推进资本化运作和资源的有限整合。这些政策文件的出台昭示着我国的媒体规制变迁步入了一个新的阶段。媒体业按资源属性的不同被分为公益性和经营性产业两类,除新闻宣传以外的社会服务类、大众娱乐类节目和专业报刊出版等经营性资源从现在的事业体制中被分离出来,按现代产权和企业制度组建公司,实行所有权与经营权分离,并推进经营性资源的区域整合和跨地区经营。这一点与《关于深化新闻出版广播影视业改革的若干意见》有所不同,将改革的重点放在了经营性资源上,以推进经营资本的市场化与资本化,从而破除行业垄断,提升生产效率。

在个人表达与内容监管方面,传统媒体时代的内容监管一般由政府作为外部效应进行监管或由新闻企事业单位作为内部效应自行监管。[①] 此时,新闻出版电视行业尚处于封闭的监管环境中,内部"把关人"制度严苛。进入互联网时代初期,宏观政策与管理制度主要集中在互联网域名制度、互联网对外宣传制度和信息网络安全制度方面。例如,1994年,《中华人民共和国计算机信息系统安全保护条例》发布实施,对计算机信

---

① 谢新洲、柏小林:《完善媒体社会责任评价,强化主流媒体责任担当》,《新闻战线》2018年第17期,第39—42页。

息安全进行了初步的法律规范。随着互联网的迅速发展,国家开始针对互联网安全制定各种政策,对互联网的硬件产品等级分类、运行安全保障和互联网保密都做了详细的规定。2003年6月,《中国互联网协会互联网公共电子邮件服务规范》和《中国互联网协会反垃圾邮件规范》出台,同时为推动立法建设完成了2003年《中国反垃圾邮件市场研究报告》,这是我国行业协会规范中最早的对电子邮件内容的规范。此后进入互联网内容繁盛发展时期,网络有害内容引起了监管部门的注意。2007年12月,国家广播电影电视总局、中华人民共和国信息产业部审议通过了《互联网视听节目服务管理规定》(广电总局令第56号),对具体的视听节目内容进行监管。该规定对"互联网视听节目服务"给出了官方定义,并在第3条提出"对互联网视听节目服务实施监督管理"。2015年,国家新闻出版广电总局分别修订了《互联网视听节目服务管理规定》和《互联网等信息网络传播视听节目管理办法》,并于同日开始实施。2016年,国家互联网信息办公室相继发布了《互联网信息搜索服务管理规定》《移动互联网应用程序信息服务管理规定》和《互联网直播服务管理规定》。上述法律法规的出台也反映出我国当下互联网内容治理的基本原则:尽管互联网是去中心化的结构,但也需要对内容管理进行一定程度的加强,反对绝对的"网络自由",营造清朗的网络空间。

第二节 媒体规制的调整对象

媒体规制的调整对象是作为"社会公器"的传媒机构,其除了受到一般法律法规和社会规范的规制外,还因为传播技术、传播内容和媒体经营行为等方面的特殊性,需要接受特别调整,以保障其以社会公益为目标,而不至于沦为"私器"。

一、传播技术

作为以特定技术为基础的专业性的信息传播组织,大众媒体必须在技术层面受到约束。传统的大众媒体传播方式以印刷为主,其生产的专业性要求较高,生产过程和产品加工过程更为可控。但个别印刷企业也会见利忘义,印制非法出版物。我国媒体管理"打黄扫非"工作中相当大的力量被用来打击此类出版物以及电子光盘等。随着数字传播技术的完善与普及,现代大众媒体已经通过计算机数字化信息传输技术,将印刷、影像音频传播技术、电子通信等领域整合起来,包括印刷媒体在内,广播媒体、电视媒体、网络媒体、手机媒体等借助数字化技术和移动通信网络,融合到同一载体——智能手机上。如果不加强对传播技术应用的规范,非法信息传播便会失控,其影响面将十分广泛。比如,世界各地频发的电信诈骗案不仅骗取公众的财物,而且直接威胁用户的人身安全。我国发生的高考电信诈骗案导致考生不幸离世的悲剧引发了人们对传播技术被非法滥用的焦虑。不仅如此,融为一体的新兴数字传播体系必然催生如频道资源分配、电波信号干扰、IP 地址资源协调等一系列与传播技术相关的问题,需要通过法律法规和政策规章加以协调和引导。电波、频道等资源属于公众,国家有责任对其进行管理、分配和控制,以使其服务于公众。正是鉴于传播技术的影响力和资源的公共性,国家有必要针对大众媒体的设立、许可、运行等制定技术标准、规范和使用方法,以促进媒体资源的合理开发与使用。

二、传播内容

互联网时代,"人人都有麦克风"还意味着,新兴传播技术给公众创造了更为多元和便捷的表达机会。但"人人都有麦克风"并不代表人们可以随心所欲地向公众传播信息而不承担相应的责任。[①] 互联网仅仅赋权普通公众表达自由,却没有明确表达背后的责任。责任和义务需要通过法律加以调节。这种调节并非在互联网普及后才出现,实际上它一直作用于大众传媒,从平面媒体到电子媒体概莫能外,只不过当时的调节对象主要是大众传媒,而不为普通公众所感知。

不同于其他行业的产品,媒体产品影响着人们的精神领域,它是一种长期的、深远的作用机制,具有潜移默化的特征。从传播学的基本理论上看,大众媒体通过"议程设置""沉默的螺旋""培养"等功能可以对社会成员的价值观起到引导、选择和塑造的作用。例如,少年儿童如果受到媒体不良内容的影响,可能会失去生活的信心、敌视社会,甚至走上违法犯罪的道路。因此,世界各国一直在对大众传媒的内容构成加以规范,比如很多国家出台了大众传媒法,明确禁止宣传自杀、毒品、淫秽、色情等信息,限制传播与恐怖、分裂国家、民族仇恨、宗教对立等相关的信息。须约束传播的内容可以归结为两方面:一是可能侵害个体权利的信息,如公民的名誉、隐私、人身安全等相关信息,最近几年世界各地关于保护网络个人数据的讨论即涉及此类;二是涉及社会公共利益的信息,如国家安全、社会公共秩序等相关信息。

三、经营行为

我国媒体事业单位在很长一段时间内有重视社会效益、忽视经济效益的倾向。最近四十多年来,随着社会主义市场经济体制的建立和健全,媒体行业的产业化进程大大加快,并成为文化产业的重要组成部分。于是,媒体的经济属性日益显现,媒体的活动与市场、资本、利润、经济效益等因素的关联越来越密切。在追求经济效益的过程中,媒

---

① 包国强、王作剩、黄诚:《新闻、宣传、公共利益与市场——中国特色媒体社会责任的价值体系构成与内在逻辑》,《新闻爱好者》2020 年第 11 期,第 9—15 页。

体必须遵循调节一般市场经济行为的法律法规的规定,如《中华人民共和国广告法》《中华人民共和国著作权法》《中华人民共和国反不正当竞争法》《中华人民共和国所得税法》等。

大众传媒的产品既具有意识形态属性,也具有经济属性。因此,适当追求经济效益无可厚非,而且传媒产业对于国民经济而言具有重要的意义。但因其产品的特殊性,大众传媒又不能完全等同于一般社会企业,国家对其经营行为有更为严格的要求,即其经营行为必须是在满足其产品与服务的公共性要求基础上的经济活动。换言之,它需要将社会效益置于首位,然后考虑经济效益,当两者出现冲突时,则需要优先考虑社会效益,甚至牺牲一定的经济效益。为此,需要制定专门的政策法规,满足媒体参与市场竞争的需要,以规范媒体组织的经济行为,促进媒体组织的公平、公正竞争,保证媒体市场的健康发展以及媒体组织社会效益的实现。

第三节 媒体管理的法律体系

媒体法律与媒体政策是不同的体系。法律所协调的社会关系主要是媒体组织之间、媒体组织与国家之间、媒体组织与公众之间的三类关系。规范大众传播活动或传媒活动的法律通常被称为媒体法(Media Law)、传播法(Communication Law)、大众传播法(Mass Communication Law)或者新闻法(Press Law)等。媒体法律在不同国家有不同的表现形式。但是,因为媒体活动涉及社会生活的政治、经济、文化等领域,所以至今还没有一个国家能够通过一部专门法规范媒体活动中的一切社会关系。我国目前没有专门的传媒法律,媒体管理相关法条较为分散。依据其法律效力等级和法律位阶,我国媒体管理的法律体系可分为四个层级。

一、宪法

宪法是国家的根本大法。宪法规定了公民和国家之间的基本权利及义务关系,是其他法律产生的基本依据,是各国新闻传播活动的根本规范。宪法中有关媒体的内容,如公民的言论、出版、新闻及表达自由等权利,都属于宪法权利。《中华人民共和国宪法》(以下简称《宪法》)中的部分条款也直接或者间接保障了媒体活动的权利。总体上看,《宪法》在以下三个方面规定了大众媒体的基本权利和义务。

(一)"二为"方针

《宪法》规定了大众媒体的性质和方向,明确了我国的大众媒体是为社会主义服务、为人民服务的事业单位。《宪法》第22条规定:"国家发展为人民服务、为社会主义服务的文学艺术事业、新闻广播电视事业、出版发行事业、图书馆博物馆文化馆和其他文化事业,开展群众性的文化活动。"这一规定界定了大众媒体的性质,具有最高层次的指导意义。

（二）权利与义务

《宪法》规定,言论与出版自由是公民的基本权利,但权利的行使必须伴随相应的义务。如《宪法》第 35 条规定:"中华人民共和国公民有言论、出版、集会、结社、游行、示威的自由。"第 38 条规定:"中华人民共和国公民的人格尊严不受侵犯。禁止用任何方法对公民进行侮辱、诽谤和诬告陷害。"这说明,我国公民在行使言论自由权利时也要尽相关的义务,不能以言论自由的名义对其他人构成侵犯。第 47 条中有关于公民进行科学研究、文学艺术创作和其他文化活动的自由的规定,而第 51 条规定:"中华人民共和国公民在行使自由和权利的时候,不得损害国家的、社会的、集体的利益和其他公民的合法的自由和权利。"这说明,宪法赋予公民的权利不是绝对的,必须受到一定的限制。

（三）舆论监督

《宪法》规定了公民对国家机关和国家工作人员有批评和建议的权利,这就为新闻媒体发挥舆论监督作用提供了法律保障。如第 41 条规定:"中华人民共和国公民对于任何国家机关和国家工作人员,有提出批评和建议的权利;对于任何国家机关和国家工作人员的违法失职行为,有向有关国家机关提出申诉、控告或者检举的权利,但是不得捏造或者歪曲事实进行诬告陷害。"

二、法律

此处的法律特指由全国人民代表大会及其常务委员会制定、颁布的规范性文件,并由国家主席签署主席令公布执行。和其他许多国家一样,我国还没有专门规范媒体活动的新闻法,但与媒体活动有关的法律并不少,它们分散在其他专门法律中。比如,1994 年颁布、2015 年修订、2018 年和 2021 年修正的《中华人民共和国广告法》,1990 年颁布,2001 年、2010 年与 2020 年修正的《中华人民共和国著作权法》,2016 年颁布的《中华人民共和国电影产业促进法》和《中华人民共和国网络安全法》,1993 年颁布、2017 年修订、2019 年修正的《中华人民共和国反不正当竞争法》等。它们是约束媒体行为最为直接的法律。此外,还有《中华人民共和国刑法》对涉及犯罪行为的规制。2020 年,首部《中华人民共和国民法典》颁布,与调节媒体行为相关的民事法律都集中体现在该法典中,该法典也成为制定媒体法规的重要依据。

三、行政法规和部门规章

行政法规是指国务院领导和管理国家各项行政工作,根据《宪法》和法律,并且按照《行政法规制定程序条例》的规定而制定的政治、经济、教育、科技、文化、外事等各类规范性文件的总称,由国务院总理签署、以国务院令的形式公布,其效力和地位低于《宪法》和法律。目前常用的此类规范性文件包括《广播电视管理条例》(1997 年 8 月 11 日由第 228 号国务院令发布,2013 年 12 月 7 日第一次修订、2017 年 3 月 1 日第二次修订、2020 年 11 月 29 日第三次修订①)、《互联网信息服务管理办法》(2000 年 9 月 25 日由第 292 号国务院令公布,2011 年 1 月 8 日修订)、《电影管理条例》(2001 年 12 月 25 日由第 342 号国务院令公布,自 2002 年 2 月 1 日起施行)、《出版管理条例》(2001 年 12 月 25 日由第 343 号国务院令公布,2011 年 3 月 19 日第一次修订、2013 年 7 月 18 日第二次修订、2014 年 7 月 29 日第三次修订、2016 年 2 月 6 日第四次修订、2020 年 11 月 29 日第五次修订②)、《互联网上网服务营业场所管理条例》(2002 年 9 月 29 日由第 363 号国务院令公布,2011 年 1 月 8 日第一次修订、2016 年 2 月 6 日第二次修订、2019 年 3 月 24 日第三次修订、2022 年 3 月 29 日第四次修订)、《信息网络传播权保护条例》(2006 年 5 月 18 日由第 468 号国务院令公布,2013 年 1 月 30 日修订)、《中华人民共和国政府信息公开条例》(2007 年 4 月 5 日由第 492 号国务院令公布,2019 年 4 月 3 日修订),等等。

《广播电视管理条例》是目前广播电视工作中最基本的行政法规,是我国第一部全面规范广播电视活动的行政法规,对广播电台、电视台的设立,广播电视传输覆盖网的规划、组建、开发和管理,广播电视节目的制作、播放等方面进行了规定。《互联网信息服务管理办法》对互联网信息服务单位的设立、许可和备案、经营范围以及监管责任等进行了规定。《电影管理条例》对电影制片、电影审查、电影进出口、电影的发行放映等进行了规定。《出版管理条例》是目前规范报纸、杂志、图书等出版事业的最基本行政法规。《互联网上网服务营业场所管理条例》对互联网上网服务营业场所的许可设立条件、管理制度与责任和惩罚等进行了规定。《信息网络传播权保护条例》对网络信息服务提供者和网络接入服务提供者保护信息网络传播权的责任和义务进行了规定。《中华人民共和国政府信息公开条例》对各级行政机关信息公开的范围、方式和程序进

---

① 2020 年 12 月 11 日,《国务院关于修改和废止部分行政法规的决定》(国务院令第 732 号)第 11 条,明确将《广播电视管理条例》第 10 条第二款中的"外资经营、中外合资经营和中外合作经营"修改为"外商投资"。

② 2020 年 12 月 11 日,《国务院关于修改和废止部分行政法规的决定》(国务院令第 732 号)第 17 条,明确将《出版管理条例》第 39 条中的"中外合资经营企业、中外合作经营企业、外资企业"修改为"外商投资企业"。

行了规定。

部门规章主要是指国务院所属部委和具有行政管理职能的直属机构,根据《宪法》、法律和国务院的行政法规及相关政策,在本部门的权限内制定的规定、办法、实施细则、规则等规范性文件。这些规章具有解释性意义,以方便媒体及其他管理部门对一些法律法规和政策进行理解。同时,因为各行政管理部门的行业区分度较大,部门规章对不同媒体形式的管理更直接、具体。我国的媒体规章有以下几类:一是对行政法规所管理的大众传媒进行分类管理的规则,如新闻出版部门制定并公布的《报纸出版管理规定》《期刊出版管理规定》《电子出版物出版管理规定》等规章,广播电视部门制定并颁布的《有线电视管理暂行办法》《卫星传输广播电视节目管理办法》《卫星电视广播地面接收设施管理规定》《卫星地面接收设施接收外国卫星传送电视节目管理办法》等规章,网信部门制定并公布的《互联网新闻信息服务管理规定》《互联网信息内容管理行政执法程序规定》《区块链信息服务管理规定》《儿童个人信息网络保护规定》《网络信息内容生态治理规定》《网络安全审查办法》以及正在制定当中的《互联网直播营销信息内容服务管理规定》等。此外,工业和信息化部制定并公布了《互联网域名管理办法》,新闻出版广电总局与工业和信息化部联合制定并公布了《网络出版服务管理规定》等。二是依据法律、法规制定的可以操作的细则。如2016年《中华人民共和国电影产业促进法》出台,业界便开始呼吁相关主管部门尽快出台实施细则,以便进一步明确国家如何鼓励和支持电影产业的发展。三是对法律、行政法规未涉及的具体事项制定的规则。条件成熟时,此类行政规章可能按照立法程序上升为专门法律。

四、地方性法规和规章

按照《中华人民共和国立法法》规定,我国地方人民代表大会及其常务委员会可以制定地方性法规。地方行政管理部门根据管辖可以就本地执行某项法律法规出台细则。我国省级人民代表大会和人民政府相继颁布了一系列针对本地传媒行为的地方性法规和规章,如《北京市图书、报纸、期刊、电子出版物管理条例》《湖北省出版物市场管理办法》《上海市出版物发行管理条例》《河北省新闻工作管理条例》等。这些地方性法规主要是依据国家相关政策,结合本地区媒体的实际发展情况制定的,具有可操作性强、管理目的性强等特点,在落实法律、法规和基本的媒介政策中发挥了重大作用。我国当前主要的传媒法律法规见表10-1。

表 10-1　我国当前主要的传媒法律法规一览表(现行有效)[①]

法律、行政法规名称	最早公布时间
《中华人民共和国宪法》(2018 修正)	1982 年 12 月 4 日
《中华人民共和国行政诉讼法》(2017 修正)	1989 年 4 月 4 日
《中华人民共和国著作权法》(2020 修正)	1990 年 9 月 7 日
《中华人民共和国反不正当竞争法》(2019 修正)	1993 年 9 月 2 日
《中华人民共和国民事诉讼法》(2021 修正)	1991 年 4 月 9 日
《中华人民共和国广告法》(2021 修正)	1994 年 10 月 27 日
《全国人民代表大会常务委员会关于维护互联网安全的决定》(2009 修正)	2000 年 12 月 28 日
《中华人民共和国电子签名法》(2019 修正)	2004 年 8 月 28 日
《全国人民代表大会常务委员会关于加强网络信息保护的决定》	2012 年 12 月 28 日
《中华人民共和国网络安全法》	2016 年 11 月 7 日
《中华人民共和国电子商务法》	2018 年 8 月 31 日
《中华人民共和国民法典》	2020 年 5 月 28 日
《广告管理条例》	1987 年 10 月 26 日
《卫星电视广播地面接收设施管理规定》(2018 修订)	1993 年 10 月 5 日
《中华人民共和国计算机信息系统安全保护条例》(2011 修订)	1994 年 2 月 18 日
《中华人民共和国计算机信息网络国际联网管理暂行规定》(1997 修正)	1997 年 5 月 20 日
《广播电视管理条例》(2020 修订)	1997 年 8 月 11 日
《互联网信息服务管理办法》(2011 修订)	2000 年 9 月 25 日
《中华人民共和国电信条例》(2016 修订)	2000 年 9 月 25 日
《电影管理条例》	2001 年 12 月 25 日
《出版管理条例》(2020 修订)	1997 年 1 月 2 日
《印刷业管理条例》(2020 修订)	1997 年 3 月 8 日
《外商投资电信企业管理规定》(2022 修订)	2001 年 12 月 11 日
《音像制品管理条例》(2020 修订)	1994 年 8 月 25 日
《互联网上网服务营业场所管理条例》(2022 修订)	2002 年 9 月 29 日
《信息网络传播权保护条例》(2013 修订)	2006 年 5 月 18 日
《卫星地面接收设施接收外国卫星传送电视节目管理办法》(2018 修订)	1990 年 5 月 28 日

---

① 谢新洲、李佳伦:《中国互联网内容管理宏观政策与基本制度发展简史》,《信息资源管理学报》2019 年第 3 期,第 41—53 页。

（续表）

法律、行政法规名称	最早公布时间
《有线电视管理暂行办法》(2018修订)	1990年11月16日
《广播电视节目传送业务管理办法》(2022)	2004年7月6日
《境外电视节目引进、播出管理规定》	2004年9月23日
《广播电视视频点播业务管理办法》(2021修订)	2004年7月6日
《广播电台电视台审批管理办法》(2017修正)	2004年8月18日
《广播电视无线传输覆盖网管理办法》(2022)	2004年11月15日
《互联网视听节目服务管理规定》(2015修正)	2007年12月20日
《广播电视广告播出管理办法》(2011修订)	2009年9月8日
《广播电视安全播出管理规定》(2021修订)	2009年12月16日
《电视剧内容管理规定》(2016修订)	2010年5月14日
《有线广播电视运营服务管理暂行规定》(2021修订)	2011年12月2日
《专网及定向传播视听节目服务管理规定》(2021修订)	2016年4月25日
《互联网新闻信息服务管理规定》(2017)	2005年9月25日
《未成年人节目管理规定》(2021修订)	2019年3月29日
《新闻出版保密规定》	1992年6月13日
《音像制品出版管理规定》(2017修订)	2004年6月17日
《图书质量管理规定》(2004)	1997年3月3日
《报纸出版管理规定》	2005年9月30日
《期刊出版管理规定》(2017修订)	2005年9月30日
《电子出版物出版管理规定》(2015修正)	2008年2月21日
《音像制品制作管理规定》(2017修订)	2008年2月21日
《图书出版管理规定》(2015修订)	2008年2月21日
《出版专业技术人员职业资格管理规定》	2008年2月21日
《复制管理办法》(2015修订)	2009年6月30日
《新闻记者证管理办法》(2009)	2005年1月10日
《订户订购进口出版物管理办法》(2011)	2014年12月31日
《音像制品进口管理办法》(2011)	1996年2月1日
《内部资料性出版物管理办法》(2015)	1997年12月30日
《新闻出版许可证管理办法》(2017修订)	2016年1月24日

(续表)

法律、行政法规名称	最早公布时间
《网络出版服务管理规定》	2016年2月4日
《公益广告促进和管理暂行办法》	2016年1月15日
《出版物市场管理规定》(2016)	2003年7月24日
《新闻单位驻地方机构管理办法(试行)》	2016年12月30日
《出版物进口备案管理办法》	2017年1月22日
《计算机信息网络国际联网安全保护管理办法》(2011修订)	1997年12月16日
《互联网文化管理暂行规定》(2017修订)	2003年5月10日
《规范互联网信息服务市场秩序若干规定》	2011年12月29日
《电信和互联网用户个人信息保护规定》	2013年7月16日
《互联网新闻信息服务管理规定》(2017)	2005年9月25日
《互联网域名管理办法》	2017年8月24日
《区块链信息服务管理规定》	2019年1月10日
《儿童个人信息网络保护规定》	2019年8月22日
《网络信息内容生态治理规定》	2019年12月15日
《网络安全审查办法》(2021)	2020年4月13日

尽管各种法律、政策、法规等层次不同,但各级立法和行政机关总体上都是按照下位法服从上位法的总原则出台相关法律和规定,因此总体上是协调的,它们在不同地区、对不同媒介、在不同层面上发挥作用,构成了一个统一的媒介规制体系。随着《中华人民共和国行政许可法》和《中华人民共和国立法法》(以下简称《立法法》)的颁布实施,我国立法工作逐渐步入有法可依、依法立法的轨道,一些陈旧的部门规章由于不符合行政许可法的要求或违反《立法法》的规定而被调整、清理和废除,媒体法律体系正在不断稳定和完善。

第四节 媒体管理的政策体系

一个现代化的法治国家,既要依法办事,也离不开政策引导,媒体管理也是如此。媒体法律和媒体政策既因其起源和性质的共同性而具有一致性,又因其适用范围和功能而具有差异性。二者的差异性主要体现在功能、创设机制、作用机制、稳定性等方面。法律和政策在相互制约、配合中完成对媒体的规范和制约。

媒体政策即新闻政策，是"政党、政府对新闻传播媒介规定的活动准则的通称，是政党或政府掌握和管理新闻机构的重要手段和基本方法"[①]。学者郎劲松将这一范畴具体化，认为广义上"新闻政策是政党、政府对所属新闻机构及其从业人员的态度和策略，具体体现在其有关新闻报道、新闻传播、新闻媒介管理与经营等活动的一系列行为准则和规范中，它是政党和政府管理、调控新闻传播领域的重要手段"[②]。

目前在我国，党和政府对新闻事业进行宏观管理的手段主要有两种：法规和政策。尽管二者在制定机关和制定程序、本质属性和功能、表现形式、调整的范围和方式、稳定性程度等方面有诸多不同，但由于长期以来，我国的新闻传播活动一直在依据党的政策加以规范，新闻传播领域的法规往往由政策规章不断完善而形成，因此在研究我国媒体宏观管理制度时不能将两者截然分开。我国的媒体政策体系根据其纵向的梯度可以分为宏观、中观和微观三个层次，即总体政策、基本政策和具体政策。

一、总体政策

总体政策是媒体政策体系中最高层次的政策，是在一定历史时期内国家、政党针对大众媒体活动制定的具有原则性和稳定性的总策略和行动准则，其他的政策都以总体政策为出发点和指导。

二、基本政策

基本政策是从属于总体政策、连接总体政策和具体政策的中间环节，一般具有一定的稳定性，"可以视为用以指导具体政策的主导性政策"[③]。我国的媒体基本政策在媒介技术的发展中不断深化。党的十八大以来，以习近平同志为核心的党中央作出推动传统媒体和新兴媒体融合发展的战略部署。2013年，党的十八届三中全会将"推动传统媒体与新兴媒体融合发展"写入了《中共中央关于全面深化改革若干重大问题的决定》。2014年，中央全面深化改革领导小组会议审议通过了《关于推动传统媒体和新兴媒体融合发展的指导意见》。中央全面深化改革领导小组组长习近平强调："推动传统媒体和新兴媒体融合发展，要遵循新闻传播规律和新兴媒体发展规律，强化互联网思维，坚持传统媒体和新兴媒体优势互补、一体发展，坚持先进技术为支撑、内容建设为根本，推动传统媒体和新兴媒体在内容、渠道、平台、经营、管理等方面的深度融合，着力打造一批形态多样、手段先进、具有竞争力的新型主流媒体，建成几家拥有强大实力和传播力、公信力、影响力的新型媒体集团，形成立体多样、融合发展的现代传播体系。要一

---

① 《新闻事业与现代化建设》课题组编：《新闻事业与中国现代化》，新华出版社1992年版，第43页。
② 郎劲松：《中国新闻政策体系研究》，新华出版社2003年版，第12页。
③ 陆雄文主编：《管理学大辞典》，上海辞书出版社2013年版，第108页。

手抓融合,一手抓管理,确保融合发展沿着正确方向推进。"①依据这一基本思路和实践反馈,2016年7月国家新闻出版广电总局印发实施《关于进一步加快广播电视媒体与新兴媒体融合发展的意见》;2020年9月中共中央办公厅、国务院办公厅印发《关于加快推进媒体深度融合发展的意见》,致力于"尽快建成一批具有强大影响力和竞争力的新型主流媒体,逐步构建网上网下一体、内宣外宣联动的主流舆论格局,建立以内容建设为根本、先进技术为支撑、创新管理为保障的全媒体传播体系"②。

三、具体政策

具体政策是基本政策的具体化,是实现基本政策的可操作性的方式方法。我国媒体政策体系中的具体政策主要通过中共中央、国务院、中宣部、广电总局等党和国家领导机关、职能部门的具体文件来体现,其内容往往较具体,针对性较强,如《文化体制改革试点中支持文化产业发展的规定(试行)》《深化新闻出版体制改革实施方案》等,直接规范和调整了媒体发展方向和路径。

2019年1月25日,中共中央政治局在人民日报社就全媒体时代和媒体融合发展举行第十二次集体学习。中共中央总书记习近平在主持学习时强调:"推动媒体融合发展、建设全媒体就成为我们面临的一项紧迫课题。"要运用信息革命成果,推动媒体融合向纵深发展,"做大做强主流舆论,巩固全党全国人民团结奋斗的共同思想基础,为实现'两个一百年'奋斗目标、实现中华民族伟大复兴的中国梦提供强大精神力量和舆论支持"。③

习近平同志还指出:推动媒体融合发展,要坚持一体化发展方向,"通过流程优化、平台再造,实现各种媒介资源、生产要素有效整合,实现信息内容、技术应用、平台终端、管理手段共融互通,催化融合质变,放大一体效能,打造一批具有强大影响力、竞争力的新型主流媒体"。要坚持移动优先策略,"让主流媒体借助移动传播,牢牢占据舆论引导、思想引领、文化传承、服务人民的传播制高点"。要"探索将人工智能运用在新闻采集、生产、分发、接收、反馈中","全面提高舆论引导能力"。"要统筹处理好传统媒体和新兴媒体、中央媒体和地方媒体、主流媒体和商业平台、大众化媒体和专业性媒体的关系","形成资源集约、结构合理、差异发展、协同高效的全媒体传播体系"。要"依法加强新兴媒体管理,使我们的网络空间更加清朗"。④

---

① 习近平总书记2014年8月18日在中央全面深化改革领导小组第四次会议上发表的重要讲话,题为《关于推动传统媒体和新兴媒体融合发展的指导意见》。
② 中央广电总台央视网:《中办 国办印发〈关于加快推进媒体深度融合发展的意见〉》,2020年9月26日,国际在线网,http://news.cri.cn/uc-eco/20200926/b65593b1-ca74-cb95-b5a2-bc4986939653.html,2023年3月18日访问。
③ 习近平:《加快推动媒体融合发展 构建全媒体传播格局》,《求是》2019年第6期,第4—8页。
④ 同上。

此外，还有一些指导媒体行业或特定领域落实具体政策的实施办法，如《互联网信息服务管理办法》《非经营性互联网信息服务备案管理办法》《互联网站管理工作细则》《信息产业部关于依法打击网络淫秽色情专项行动工作方案的通知》等。总之，具体政策既可能涉及媒体行业的宏观改革与调整，也可能涉及中观和微观层面的经营与管理活动。

第五节 媒体管理的组织体系

我国媒体管理的组织体系具有一定的特殊性，它是在党的宣传部门统一领导下形成的党和政府分工协作的两套组织系统。其中，各级党委宣传部门组成意识形态管理系统，各级政府机构构成媒体行政管理系统。它们之间既有分工，也存在一定的交叉。

一、意识形态管理系统

中国共产党领导的各级党委宣传部门是媒体意识形态安全的主要管理者。从中共中央到各省、自治区、直辖市党委和市县党委，均设置了宣传部门，构成了新闻宣传意识形态管理的纵向体系。以中共中央宣传部为例[1]，其主要工作职责包括：

（1）负责指导全国马克思主义理论的研究、学习和宣传。

（2）负责引导社会舆论，指导协调中央的各新闻媒体做好新闻宣传工作，搞好舆论引导。

（3）从宏观上指导精神文化产品的创作和生产。

（4）规划和部署全局性的思想政治工作的任务。

（5）受中央的委托，协同和会同有关部门对我们宣传文化系统的重要岗位的领导干部进行管理。联系宣传文化系统的知识分子，协助有关部门做好知识分子的工作。

（6）负责提出宣传文化事业发展的指导方针。指导宣传文化系统制定政策和法规；同时还要按照中央的统一工作部署，做好宣传文化系统各有关部门之间的协调工作。

（7）为中央领导和中宣部领导的决策和指导全局工作提供舆情信息的服务，并且要负责组织协调和指导宣传文化系统的舆情信息工作。

（8）负责文化体制改革，包括新闻出版、广播电视业的改革和发展的调研，提出政策性的建议。

---

[1]《中宣部是中共中央主管意识形态工作的综合职能部门》，2010年7月1日，国务院新闻办公室网站，http://www.scio.gov.cn/xwfbh/xwbfbh/wqfbh/2010/0630/zy/document/688182/688182.htm，2023年3月18日访问。

地方各级党委宣传部门的职责与中共中央宣传部相对应,以便将党中央在新闻宣传方面的政策贯彻下去,形成统一的宣传舆论环境,保证媒介社会效益的实现。

可见,各级党委宣传部门对各级各类新闻媒体的新闻报道活动有着较大的影响,是保证正确舆论导向和国家意识形态安全的重要管理部门。从其职责范围我们可以看出,党委宣传部门对媒介进行管理主要有三个特点:

(1) 从思想政治层面对媒体工作进行宏观指导和把握。宣传部门号召媒体工作要配合党的工作,与党的政策、舆论导向要求相协调,要求媒体内容不能与党的路线方针政策相背离。

(2) 对各种媒体形式进行统一管理。宣传部门是综合性指导部门,负责对所有媒体形式进行指导性管理,而不是区别不同媒体形式进行管理,因而更具综合性。

(3) 重视社会效益的实现。我国媒体组织如今大多属于以企业方式运作的事业单位。主管意识形态的党委宣传部门对媒体的管理不是出于媒体经济目标的实现,而是在于媒体社会功能的发挥或媒体在传达党的声音、团结和凝聚全国人民的力量、建设社会主义和谐社会中的社会功能的实现。凡是与上述功能相违背的媒体活动都将受到约束。

二、行政管理系统

结合以上八项职责,中宣部设立了新闻局、办公厅、干部局、研究室、理论局、宣传教育局、新闻出版局、文艺局、文化体制改革办公室等,由不同的政府部门对不同类型的媒体组织实施行政管理。主要的媒体行政管理部门包括新闻出版管理部门、广播电影电视管理部门及对网络媒体技术实施管理的工业和信息化部门,这些部门在不同范围内对媒体行为进行专业化管理。

(一) 国家新闻出版署

新闻出版管理机构成为最近几次政府机构改革的"宠儿",不仅不断被改革组织结构,而且先后经历了总署、署、总局等多次名称变化,其管理对象也经历了新闻出版、广播、电视、电影等不同组合。2018年党和国家机构改革后,为加强党对新闻舆论工作的集中统一领导,加强对出版活动的管理,发展和繁荣中国特色社会主义出版事业,国家新闻出版广电总局的新闻出版管理职责被划入中共中央宣传部。中共中央宣传部对外加挂"国家新闻出版署(国家版权局)"牌子。调整后,中共中央宣传部关于新闻出版管理方面的主要职责是贯彻落实党的宣传工作方针,拟订新闻出版业的管理政策并督促落实,管理新闻出版行政事务,统筹规划和指导协调新闻出版事业、产业发展,监督管理出版物内容和质量,监督管理印刷业,管理著作权,管理出版物进口等。

(二) 国家电影局

电影曾经是大众传媒中最受欢迎的一种传媒形式，在电视普及后，电影的大众传媒地位有所削弱。2018年党和国家机构改革后，为更好发挥电影在宣传思想和文化娱乐方面的特殊重要作用，发展和繁荣电影事业，国家新闻出版广电总局的电影管理职责被划入中共中央宣传部。中共中央宣传部对外加挂"国家电影局"牌子。调整后，中共中央宣传部关于电影管理方面的主要职责是管理电影行政事务，指导监管电影制片、发行、放映工作，组织对电影内容进行审查，指导协调全国性重大电影活动，承担对外合作制片、输入输出影片的国际合作交流等。

(三) 国家广播电视总局

2013年3月，根据第十二届全国人民代表大会第一次会议审议通过的《国务院机构改革和职能转变方案》和《国务院关于机构设置的通知》，原新闻出版总署和国家广电总局进行职能合并，成立国家新闻出版广电总局（正部级），为国务院直属机构。同时，根据政府职能转变的总要求，明确取消和下放了合并前两个部门的部分职责，进一步明确其需要加强的职责，体现了国家管理中的"放管服"的改革思路。

在2018年新一轮国家机构改革中，为加强党对新闻舆论工作的集中统一领导，加强对重要宣传阵地的管理，牢牢掌握意识形态工作领导权，充分发挥广播电视媒体党的"喉舌"作用，在国家新闻出版广电总局的广播电视管理职责的基础上，组建国家广播电视总局，作为国务院直属机构。新组建的国家广播电视总局的主要职责是贯彻党的宣传方针政策，拟订广播电视管理的政策措施并督促落实，统筹规划和指导协调广播电视事业、产业发展，推进广播电视领域的体制机制改革，监督管理、审查广播电视与网络视听节目内容和质量，负责广播电视节目的进口、收录和管理，协调推动广播电视领域走出去工作等。

(四) 国家互联网信息办公室（中央网络安全和信息化委员会办公室）

1991年1月，国务院成立了新闻办公室（简称国务院新闻办），是我国早期互联网事业发展规划和协调部门。2011年5月，经国务院同意，国务院办公厅就设立国家互联网信息办公室发出通知，明确国家互联网信息办公室的主要职责包括：落实互联网信息传播方针政策和推动互联网信息传播法制建设，指导、协调、督促有关部门加强互联网信息内容管理，负责网络新闻业务及其他相关业务的审批和日常监管，指导有关部门做好网络游戏、网络视听、网络出版等网络文化领域业务布局规划，协调有关部门做好网络文化阵地建设的规划和实施工作，负责重点新闻网站的规划建设，组织、协调网上宣传工作，依法查处违法违规网站，指导有关部门督促电信运营企业、接入服务企业、域名注册管理和服务机构等做好域名注册、互联网地址（IP地址）分配、网站登记备案、接入等互联网基础管理工作,在职责范围内指导各地互联网有关部门开展工作。国家互联网信息办公室不另设新的机构,在国务院新闻办公室加挂"国家互联网信息办公室"牌子。

2014年,中央网络安全和信息化领导小组成立,习近平总书记任组长,全面统筹领导中国网络空间的发展与安全工作,同时成立领导小组办公室(简称中央网信办)。当年8月26日,《国务院关于授权国家互联网信息办公室负责互联网信息内容管理工作的通知》(国发〔2014〕33号)对互联网管理重新做出授权。该文件明确指出,为促进互联网信息服务健康有序发展,保护公民、法人和其他组织的合法权益,维护国家安全和公共利益,国务院授权重新组建的国家互联网信息办公室(简称国家网信办、国信办)负责全国互联网信息内容管理工作,并负责监督管理执法。与2011年5月成立国家网信办时相比,重组后的国信办职责中增加了互联网内容的监督管理执法权。自此,中央网信办和国家网信办以一套人马、两块牌子的组织形式,行使中国互联网行政管理权限。2018年,中央网络安全和信息化领导小组变更为中央网络安全和信息化委员会后,国家计算机网络与信息安全管理中心由工业和信息化部管理调整为由中央网络安全和信息化委员会办公室管理。

(五) 工业和信息化部

2008年3月,工业和信息化部成立,其前身是信息产业部。原信息产业部的职责主要包括研究、制定、统筹国家的信息产业政策、规划、业务标准等,具体包括:

(1) 负责统筹规划国家公用通信网(包括本地与长途电信网)、广播电视网(包括无线和有线电视网)、军工部门和其他部门专用通信网并进行行业管理。

(2) 负责组织制定电子信息产品制造业、通信业和软件业的技术政策、技术体制和技术标准;制定广播电视传输网络的技术体制与标准;负责通信网络设备入网认证和电信终端设备进网管理;指导电子信息产品质量监督与管理。

(3) 负责分配与管理全国无线电频率、卫星轨道位置、通信网码号和域名、地址等公共通信资源;负责审批无线电台(站)设置、无线电监测和监督检查,依法组织实施无线电管制,协调无线电干扰事宜,维护空中电波秩序。

(4) 负责依法监管电信与信息服务市场,实行必要的经营许可制度,进行服务质量监督,保障公开竞争,保证普遍服务,维护国家和用户利益;制定通信网之间互联互通办法和结算标准并监督执行。

因为电子媒体包括广播电台、电视台、电信网络等设备,及信息传输等需要国家监管和协调的技术性行为,所以信息产业部成为在技术上或硬件上对媒体组织进行管理的一个重要部门。

2008年新成立的工业和信息化部为国务院组成部门,其主要职责囊括了原信息产业部的大部分职责以及原国务院信息化工作办公室的职责。根据国务院办公厅发布的《工业和信息化部主要职责内设机构和人员编制规定》①，工业和信息化部的职责主要包括以下几方面：

（1）推进工业化与信息化的协调发展，并在信息时代促进各信息传播业的横向联合与共同发展。比如，工业和信息化部职责范围的第10条就是："统筹推进国家信息化工作，组织制定相关政策并协调信息化建设中的重大问题，促进电信、广播电视和计算机网络融合，指导协调电子政务发展，推动跨行业、跨部门的互联互通和重要信息资源的开发利用、共享。"

（2）推进各电子通信网络的资源共用与协调发展。工业和信息化部职责范围的第11条为："统筹规划公用通信网、互联网、专用通信网，依法监督管理电信与信息服务市场，会同有关部门制定电信业务资费政策和标准并监督实施，负责通信资源的分配管理及国际协调，推进电信普遍服务，保障重要通信。"

（3）在技术层面负责协调电波资源的合理配置。工业和信息化部职责范围的第12条为："统一配置和管理无线电频谱资源，依法监督管理无线电台（站），负责卫星轨道位置的协调和管理，协调处理军地间无线电管理相关事宜，负责无线电监测、检测、干扰查处，协调处理电磁干扰事宜，维护空中电波秩序，依法组织实施无线电管制。"

（4）加强网络和信息安全。工业和信息化部职责范围的第13条为："承担通信网络安全及相关信息安全管理的责任，负责协调维护国家信息安全和国家信息安全保障体系建设，指导监督政府部门、重点行业的重要信息系统与基础信息网络的安全保障工作，协调处理网络与信息安全的重大事件。"

为配合部门职责，该部还设立了一系列分支部门，其中与媒体发展和管理相关的有通信发展司、电信管理局、通信保障局、无线电管理局（国家无线电办公室）、信息化推进司、信息安全协调司等。

此外，文化和旅游部、教育部、证监会等部委对媒体的经营与管理的特定领域也具有管理和指导的职能。

2018年3月，中共中央印发《深化党和国家机构改革方案》，将国家计算机网络与信息安全管理中心由工业和信息化部管理调整为由中央网络安全和信息化委员会办公室管理。调整后的工业和信息化部负责网络强国建设相关工作，推动实施宽带发展；负责互联网行业管理（含移动互联网）；协调电信网、互联网、专用通信网的建设，促进网络资源共建共享；组织开展新技术新业务安全评估，加强信息通信业准入管理，拟订相

---

① "中华人民共和国工业和信息化部部门职能"，2014年2月22日，中国政府网，http://www.gov.cn/fuwu/2014-02/22/content_2618642.htm，2023年3月18日访问。

关政策并组织实施;指导电信和互联网相关行业自律和相关行业组织发展;负责电信网、互联网网络与信息安全技术平台的建设和使用管理;负责信息通信领域网络与信息安全保障体系建设;拟订电信网、互联网及工业控制系统网络与信息安全规划、政策、标准并组织实施,加强电信网、互联网及工业控制系统网络安全审查;拟订电信网、互联网数据安全管理政策、规范、标准并组织实施;负责网络安全防护、应急管理和处置。

第六节　媒体规制的主要构成

由于媒体规制大量散落于不同的法律法规和政策制度中,且涉及的管理体系和部门较多,因此很难一次性被理解和掌握。但是,通过本章的学习,我们应对一些影响媒体经营与管理的基本规范和要求,有所掌握。在此,以报刊、广电和互联网为代表,介绍主要的媒体规制构成。

一、报刊业规制

目前,世界各国的报刊规制制度主要包括创办登记制度、主管主办单位制度、报刊导向与质量管理制度、报业从业人员资质管理制度以及报纸经营管理制度。我国的报刊业规制也遵从以上制度发展模式。

（一）创办登记制度

创办报刊实行的制度有保证金制、审查批准制、注册登记制和无须登记的追查制等不同选择。我国实施的是报刊创办审查批准制,它是我国报刊管理的基本制度之一。

我国的报刊审批制由来已久。1949年3月,北平市(今天的北京市)军管会就公布了《北平市军管会关于北平市报纸、杂志、通讯社登记暂行办法的布告》,此后我国报刊创办和管理的方式和程序多有变动,但是审批制沿袭了下来。《中华人民共和国出版管理条例》(以下简称《出版管理条例》)规定:报纸、期刊、图书、音像制品和电子出版物等应当由出版单位出版,同时国务院出版行政主管部门制定全国出版单位总量、结构、布局的规划,并指导、协调出版事业发展。

《出版管理条例》规定,设立出版单位必须具备一定的条件:有出版单位的名称和章程;有符合国务院出版行政部门认定的主办单位及其主管机关;有确定的业务范围;有30万元人民币以上的注册资本和固定的工作场所;有适应业务需要的组织机构和符合国家规定的资格条件的编辑出版专业人员;法律、行政法规规定的其他条件。审批设立出版单位时,除依照前款所列条件外,还应当符合国家关于出版单位总量、结构、布局的规划。

具体的申请程序是:由主办单位持申请书向所在地省、自治区、直辖市政府出版行政部门提出申请,省、自治区、直辖市政府出版行政部门审核同意后,报国务院出版行政部门审批。设立的出版单位为事业单位的,还应当办理机构编制审批手续。国务院出版行政主管部门应当自受理设立出版单位的申请之日起60日内,作出批准或者不批准的决定,并由省、自治区、直辖市人民政府出版行政主管部门书面通知主办单位;不批准的,应当说明理由。出版单位领取出版许可证后,属于事业单位法人的,持出版许可证向事业单位登记管理机关登记,依法领取事业单位法人证书;属于企业法人的,持出版许可证向工商行政管理部门登记,依法领取营业执照。需要注意的是,出版单位不得向任何单位或者个人出售或者以其他形式转让本单位的名称、书号、刊号或者版号、版面,并不得出租本单位的名称、刊号。

（二）主管主办单位制度

为了确保我国报刊的社会主义性质,保证报刊的正确舆论导向功能,报刊不能只一般性地在党的方针政策的原则领导下和国家行政机关的管理下开展活动,所有报刊还必须有确定的上级领导单位以及相应的党组织对其进行具体的领导和管理。根据《出版管理条例》规定,报刊必须有主办单位和主管单位,这是我国新闻事业宏观管理的一项独特制度。

确定主管主办关系是报刊创办的必要条件。1993年,新闻出版署《关于出版单位的主办单位和主管单位职责的暂行规定》（新闻出版署〔1993〕801号）对这一制度进行了比较详细的规定。该规定明确指出了新闻出版单位和主办单位、主管单位的关系：主办单位是出版单位的上级领导部门;主管单位是指出版单位创办时的申请者,并是该出版单位的主办单位的上级主管部门;主管单位、主办单位与出版单位之间必须是领导与被领导的关系,不能是挂靠与被挂靠的关系。

该规定还明确指出了主办单位和主管单位的职责。主办单位要全面承担对报社的领导和监督的职责,主要包括三个方面：

（1）内容导向。主办单位必须领导监督所办的报纸符合党和国家所规定的正确的政治导向;主办单位要负责出版单位的出版计划、报道计划和重要稿件的审核;并对出版单位内容导向上的严重错误和重大问题承担直接领导责任。

（2）经济责任。主办单位要为报社的设立提供和筹集必要的资金、设备,是报社的出资人;主办单位要为报社办理核准登记手续,使其依法取得企业法人或事业法人资格;依照有关规定,决定报社经营管理国有资产的责任制形式;主办单位要在保证报社的经营自主权的同时,对报社各项经营活动切实承担监督和审计职责,确保报社资产的保值和增值;与一般单位不同的是,若报社为了实现社会效益目标而形成政策性亏损,主办单位应给予相应的补贴或其他方式的补偿。

（3）人事管理。主办单位要审核报社的内部机构设置,考核并提出任免报社单位的负责人的建议,报主管部门审批;出版单位的主要负责人应是主办单位所属的职员,禁止将报社承包给其他组织和个人。

(三) 报刊导向与质量管理制度

对报刊导向和内容质量的管理是各国媒体宏观管理的核心内容,是一项系统工程,主要体现为明确禁止传播特定的内容、加强报刊审读、追究违法违规责任和制定质量标准等方面。

1. 禁止传播的内容

《出版管理条例》第 25 条明确规定,任何出版物不得含有下列内容:

(1) 反对宪法确定的基本原则的;

(2) 危害国家统一、主权和领土完整的;

(3) 泄露国家秘密、危害国家安全或者损害国家荣誉和利益的;

(4) 煽动民族仇恨、民族歧视,破坏民族团结,或者侵害民族风俗、习惯的;

(5) 宣扬邪教、迷信的;

(6) 扰乱社会秩序,破坏社会稳定的;

(7) 宣扬淫秽、赌博、暴力或者教唆犯罪的;

(8) 侮辱或者诽谤他人,侵害他人合法权益的;

(9) 危害社会公德或者民族优秀文化传统的;

(10) 有法律、行政法规和国家规定禁止的其他内容的。

以上禁载条款是保证报刊正确导向的最重要、集中而全面的规定。围绕上述条款,还有一系列更为具体的规定,如《新闻出版保密规定》《关于坚决制止发表和出版政治观点错误的文章和图书的通知》《关于严禁在新闻出版和文艺作品中出现损害民族团结内容的通知》等。

其中任何一项具体规定都针对不同范围对新闻出版的内容进行了规定。比如,1992 年,国家保密局、中央对外宣传小组、新闻出版署、广播电影电视部发布的《新闻出版保密规定》规定了我国新闻出版的几项重要制度:(1)新闻出版保密审查制度。新闻出版保密审查实行自审与送审相结合的制度。自审和送审相结合的制度实际上是新闻传播活动中的预防制同追惩制相结合在保密制度中的运用。(2)通过内部途径反映涉及国家秘密信息的制度。新闻机构及其采编人员须向有关部门反映或通报涉及国家秘密的信息,应当通过内部途径进行,并对反映或通报的信息按照规定做出国家秘密的标志。(3)采访涉及国家秘密事项的批准制度。被采访单位、被采访人向新闻机构提供有关信息时,对其中确因工作需要而又涉及国家秘密事项的,应当事先经过批准,并向采编人员申明。对涉及国家秘密的内容在报道前要经有关部门审定。(4)新闻发布制度。为了防止泄露国家秘密而又有利于新闻活动的正常进行,中央国家机关各部门和其他有关单位,应当根据各自业务工作的性质,加强与新闻机构的联系,建立提供信息的正常渠道,健全新闻发布制度,适时通报宣传口径。

2. 审读制度

根据《宪法》和法律,我国对报纸的出版不进行事前检查,而是实行追惩制,审读制就是其中的重要手段之一。报纸的审读制是在报纸出版之后,有关部门实施审读,从而发现问题并采取相应措施的制度。实施审读的部门主要是报纸行政管理部门,同时也鼓励报纸的主管主办单位对其所负责的报纸进行审读,提倡不同报纸的相互审读和报纸对自身的审读,以达到不断提高的目的。而这里所谓"采取相应措施"不仅是惩罚,很多时候也是对报道中取得的成绩的总结和对好的做法的鼓励。

3. 违纪违规报刊警告制度

违纪违规报刊警告制度是审读制度的延续,是根据《出版管理条例》,为加强对报纸的管理、确保报纸正确的舆论导向而采取的一项重要措施。2000年,中共中央宣传部和新闻出版署联合发布了《关于建立违纪违规报刊警告制度的意见》(以下简称《意见》)及其实施细则。

《意见》规定:党委宣传部门和新闻出版行政部门提出警告的报刊违纪违规问题有:(1)否定马列主义、毛泽东思想、邓小平理论的指导地位,造成恶劣的社会影响;(2)违背党的路线、方针、政策,出现严重的政治错误;(3)泄露国家秘密,危害国家安全,损害国家利益;(4)违背民族、宗教政策,危害民族团结,影响社会安全;(5)宣扬凶杀、暴力、色情、迷信和伪科学,思想导向错误;(6)传播谣言,编发假新闻,干扰社会大局;(7)党委宣传部门和新闻传播管理部门认定的其他严重错误。

按照分级管理的原则,各级宣传部门将对所辖区域内出现违纪、违规现象的报纸提出警告意见,由相应的新闻出版行政部门发出"警告通知书"。受警告的报刊的主管单位、主办单位要做出书面检讨,并对造成错误的报刊负责人和责任人给以相应的处分。

4. 报刊质量管理标准

为保证报纸质量,1995年,新闻出版署发布了《报纸质量管理标准(试行)》及其实施细则。新闻出版行政管理部门可依据本质量管理标准对报纸质量进行检查、评定,并根据查评结果,对不符合质量标准的报纸进行整顿提高,对发现违规行为者可给予警告、罚款、停期、停业整顿、撤销登记等处罚。

《报纸质量管理标准(试行)》及实施细则从办报方针、宗旨及舆论导向,报纸依法出版情况,报纸版面的综合质量,报纸广告的质量以及报纸的社会信誉质量五个方面,对报纸出版质量提出了明确而细致的要求,同时对报纸的发行质量也做出了量化的评定标准。

2020年5月28日，国家新闻出版署印发《报纸期刊质量管理规定》(以下简称《规定》)。该《规定》根据《中华人民共和国产品质量法》《出版管理条例》《报纸出版管理规定》《期刊出版管理规定》等法律法规制定，对报刊质量提出了明确要求。报刊质量包括内容质量、编校质量、出版形式质量、印制质量四项，分为合格和不合格两个等级。四项均合格的，其质量为合格；四项中有一项不合格的，其质量为不合格。

《规定》对报刊质量编校差错判定和出版形式差错判定做出了明确说明。报纸编校差错率不超过万分之三的，其编校质量为合格；差错率超过万分之三的，其编校质量为不合格。期刊编校差错率不超过万分之二的，其编校质量为合格；差错率超过万分之二的，其编校质量为不合格。报纸出版形式差错数不超过3个的，其出版形式质量为合格；差错数超过3个的，其出版形式质量为不合格。期刊出版形式差错数不超过5个的，其出版形式质量为合格；差错数超过5个的，其出版形式质量为不合格。

质量检查采取抽样方式进行。报纸内容质量、编校质量、出版形式质量抽样检查的对象为报纸各版面及中缝、插页等所有内容。期刊内容质量、编校质量、出版形式质量抽样检查的对象为期刊正文、封一(含书脊)、封二、封三、封四、版权页、目次页、广告页、插页等所有内容。报刊印制质量检测样本抽取依据相关标准进行。

报刊内容质量、编校质量、出版形式质量不合格的，由省级以上新闻出版主管部门责令改正，给予警告；情节严重的，责令限期停业整顿，或由原发证机关吊销出版许可证。报刊出现严重质量问题的，出版单位应当采取收回、销毁等措施，消除负面影响。报刊印制质量不合格的，出版单位应当及时收回、调换。出版单位违反规定继续发行印制质量不合格报刊的，按照《中华人民共和国产品质量法》《出版管理条例》等相关规定处理。

（四）报业从业人员资质管理制度

对从业人员的管理是我国报业宏观管理的重要内容。我国报业管理实行"党管干部"原则。除了以新闻职业道德作为新闻从业人员的普遍行为准则外，我国相关部门还特别对社长、总编辑的任用标准做了特别的规范。

1995年10月19日，《新闻出版署关于颁布〈关于报刊社社长、总编辑(主编)任职条件的暂行规定〉的通知》，对报刊社的负责人员的任职资格进行了详细的规定，要求报刊社社长、总编辑(主编)必须具备以下资质：

（1）应有较高的马克思主义理论修养和政策水平，有强烈的事业心和高度的责任感，有积极的开拓精神和良好的职业道德。

（2）应坚持建设有中国特色社会主义的理论和党的基本路线，坚持为人民服务、为社会主义服务的方针，坚持为全党全国大局服务的原则，执行社会主义新闻出版的工作方针和政策,遵守国家的有关法律、法规。

(3) 在业务上应熟悉报刊编辑出版及经营管理业务,熟悉与报刊有关的专业知识,具有较丰富的采编工作经验和较高的写作能力,胜任终审定稿工作,有较强的组织协调和经营管理能力。

(4) 报刊社社长、总编辑(主编)必须参加新闻出版署(或本省、自治区、直辖市新闻出版局)按相应岗位规范和培训要求举办的培训班进行培训,并取得社长、总编辑(主编)《岗位培训合格证书》。

此外,该规定还明确了报社社长、总编辑(主编)应具有相应的专业技术资格。规定指出:"所主持的报刊被停刊整顿者,报刊被新闻出版管理部门多次警告批评而不纠正者,其负有直接责任的社长、总编辑应调离社长、总编辑(主编)的工作岗位,并不得再担任其他报刊的社长、总编辑(主编)。"

除了对报刊社负责人的管理规定,对记者的管理也一直是报业行政管理部门的重要任务。改革开放以来,我国曾多次以换发记者证等方式对记者的资格进行考核,对记者队伍进行清理整顿。如1990年的《关于继续进行重新核发记者证工作的通知》,1998年的《关于全国统一换发记者证的通知》,2001年的《关于进一步加强记者证管理的通知》。2003年,国家再一次加强了对记者证颁发的管理,《新闻出版署关于全国统一换发新闻记者证的通知》要求,从2003年11月起统一换发全国新闻机构的记者证。通知重新申明了记者证发放的范围,明确了证件的样式,规范了审核和发放记者证的程序和使用、更换、注销的事项等。这些规定对加强记者队伍的管理起到了重要的作用。

2014年6月30日,国家新闻出版广电总局对照我国保密、劳动用工、著作权、新闻出版等法律法规及微博、博客等相关管理规定,印发《新闻从业人员职务行为信息管理办法》,规范了新闻单位对记者、编辑、播音员、主持人等新闻采编人员及提供技术支持等辅助活动的其他新闻从业人员,在从事采访、参加会议、听取传达、阅读文件等职务活动中,获取的各类信息、素材以及所采制的新闻作品进行管理的制度和程序,包括与新闻从业人员签订职务行为信息保密协议以及明确保密管理的职责和后果等。

(五) 报纸经营管理制度

1. 对报业投资主体的限制

改革开放前,我国不存在报业投资主体的问题,因为所有媒体均由国家财政供养。改革开放后,社会资本才开始有了投资媒体的机会。多年来,对报业投资者的规定一直是媒体政策领域内的敏感地带。1991年底,《新闻出版署关于建立新闻、出版三资企业审批程序的通知》指出:"建立新闻、出版三资(中外合资、外国独资、中外合作)企业,政策性强,应十分慎重。经国务院批准,通知如下:新闻、出版行业(包括图书、期刊、报纸、音像的出版、印刷、复录、发行单位)禁止设立外资企业,原则上也不搞在华中外合资、中外合作企业。如个别确有需要设立的,应事先由中方项目单位报主管部委或省、自治区、直辖市新闻出版局(音像报其归口管理部门)提出意见,报新闻出版署归口审核同意,再到有关部门办理其他手续。其中,属于对外宣传的,新闻出版审核时征求国务院新闻办公室的意见。"这一政策尽管为三资企业的进入提供了可能性,但由于其原则性过强,且特别强调慎重,缺乏可操作性,因此并未真正发挥应有的政策导向作用。

对国内资本进入报业的问题,1999年10月22日,《新闻出版署转发国务院机关事务管理局等〈关于《中国经营报》《精品购物指南》报社产权界定的函〉的通知》明确指出:"目前尚无可由个人、集体出资创办或拥有报刊的规定,因此,我国的报刊社均为全民所有制单位。""报刊创办时,若有个人、集体自筹启动资金的不能认定为对该报的投资,应按债权债务关系处理,由主办单位参照银行同期贷款利率予以退还。"

总之,我国在报业投资主体的管理上较为严格,对外资、台港澳资本以及国内非国有企业资本进入媒体市场持保留态度。目前,国内除了继续保留《计算机世界》(1980年即与美方合资)的合资性质以外,其他曾经批准合资的报刊均被要求取消合资。

2. 报业财税管理制度

在对报业的税收管理方面,党中央下发了多个关于进一步完善文化经济政策的规定,在"八五"和"九五"期间,对媒体实行了各项税收先缴后退的优惠的财税政策,对扶持我国报业经济发展起到了十分有益的作用。据推算,仅广告营业税一项,在1995—1997年的三年里,报业就得到退税约16.8亿元。我国报业经济实力的增强在很大程度上得益于以上政策。由于我国媒体的实力与国际强手相比还很弱小,因此主流媒体承担着繁重的宣传任务。从经济学的角度说,媒体组织一直在为国家生产重要的公共物品,国家财政对媒体实行优惠政策是合理的,也是符合我国国情的。改革开放以来,与税收"返还"政策相匹配的是"断奶"政策,即国家各级财政减少以至停止对新闻媒体的财政拨款。"断奶"和"返还"并举的办法,一方面尽可能地将报纸推向市场,另一方面减轻了新闻单位的税负,扶持了报业经济的发展。这一政策是在"八五"初期确定的,基本符合当时我国媒体产业化运作刚刚起步的实际情况。在媒体融合发展的今天,如何通过合理的财税政策鼓励媒体面向市场,最大限度地实现社会效益与经济效益的共同发展,仍然是一个重要的课题。①

3. 报业广告经营的管理

20世纪90年代后,我国对报业广告的管理日趋规范,从《中华人民共和国广告法》

---

① 谢新洲:《我国媒体融合的困境与出路》,《新闻与写作》2017年第1期,第32—35页。

(以下简称《广告法》)和《广告管理条例施行细则》等到《国家工商行政管理局、国家广播电影电视总局、新闻出版署关于进一步加强对大众传播媒介广告宣传管理的通知》等规范性文件,全面规范了广告主、广告经营者和媒体等主体参与广告经营活动的各环节。其中,对报刊媒体的管理主要体现在以下两个方面:

(1) 明文规定关于发布广告的报刊资质。1990年,国家工商行政管理局、新闻出版署联合发布《国家工商行政管理局、新闻出版署关于报社、期刊社和出版社刊登、经营广告的几项规定》,明确指出,只有经国家新闻出版管理部门批准,编入国内统一刊号(标志为CN××—××××),在全国公开或内部发行的报刊才能够根据广告管理法规的规定,持《报刊登记证》向工商行政管理机关申请,经批准后方可利用正式出版物经营广告业务。而由各省、自治区、直辖市新闻出版局批准,领取"内部报刊准印证"的非正式出版物不得进行包括广告经营在内的任何经营活动。该规定明确限制了发布广告的报刊的资质,即只有拥有全国统一刊号的报刊才能够经营广告业务。

(2) 严格区分广告与新闻内容的原则。国家对报刊经营广告活动最重要的管理是规范报纸的新闻内容和广告内容,防止两者混淆,损害消费者权益,或产生有偿新闻等不良现象。对此,《广告法》明确规定:"大众传播媒介不得以新闻报道形式发布广告。通过大众传播媒介发布的广告应当显著标明'广告',与其他非广告信息相区别,不得使消费者产生误解。"

二、广播电视业规制

广播电视是通过无线电波或导线传播声音或图像的现代化大众传播手段。对广播电视的行政管理主要包括对广播电视机构的管理和对广播电视节目的管理两部分。

(一) 对广播电视台站机构的管理

1. 关于设台的资格和条件

《广播电视管理条例》第10条明确规定:广播电台、电视台由县、不设区的市以上人民政府广播电视行政部门设立。广播电台、电视台只能由代表国家和政府的广播电视行政部门开办和管理。教育电视台则取消县一级,可以由设区的市、自治州以上人民政府教育行政部门设立。此外还明确规定,国家禁止设立外资经营、中外合资经营和中外合作经营的广播电台和电视台。

根据规定,设立广播电视台要具备微观和宏观两个方面的条件。宏观方面,应当符合国家的广播电视建设规划和技术发展规划,国务院广播电视行政部门负责制定全国广播电台、电视台设立规划,确定广播电台、电视台总量、布局和结构。微观方面,应当有符合国家规定的广播电视专业人员、有符合国家规定的广播电视技术设备、有必要的基本建设资金和稳定的资金保障以及有必要的场所。

《广播电视管理条例》明确了国务院广播电视行政部门对设立广播电台、电视台的统一审批权。中央广播电台、电视台由国务院广播电视行政部门设立；地方设台，由达到设台主体级别的政府广电部门提出申请，经本级政府审查同意，逐级上报，经国务院广电部门审查批准后，方可筹建。教育电视台，中央级的由国务院教育行政部门设立，报国务院广电部门审查批准；地方设台，由达到设台主体资格的政府教育部门提出申请，征得同级广电部门同意，并经本级政府审查同意，逐级上报，经国务院教育管理部门审核，国务院广电部门审核批准，方可筹建。

近年来，一些地方出现"地下电台和电视台"，成为广播电视管理的重点对象。比如，自 2006 年 11 月中旬以来，安徽省太和县宫集镇、坟台镇等地相继出现私人开办的非法电视台。这些台自办节目、自刻光碟、自制广告、乱播滥放，播放的电视信号公然打出"宫集电视台""坟台综合频道""桑营转播台"的台标。太和县根据国务院有关"任何单位和个人不得私设电视台"的规定和安徽省有关文件、法规的精神，成立专项整治工作领导小组，制订了周密的工作方案，向其下发了立即停播、拆除的通知，并没收了主要的信号发射及节目制作设备，依法取缔了这些电视台。2008 年，河南省濮阳市广电局在场强参数测量中，监测核实发现濮阳市范县高码头乡宋楼村有非法电视信号源，在有关部门配合下，共查处发射机 1 套 3 组、监视器 1 个、风机 1 个、电源柜 1 个、卫星接收天线 1 个、VCD 机 1 台、电脑 1 台、节目磁盘广告 16 盘、文艺片 32 盘，依法取缔了这一非法电视台。2021 年 6 月，北京市公安局刑侦总队二支队在朝阳区望京的一处小区查处了一套大功率"黑广播"发射设备。这些"黑广播"未经广电主管部门与无线电管理部门审批，私自非法广播宣传违法药品。非法广播电视台的出现不仅严重干扰了广播电视管理秩序，而且会对人民群众的生活、生产和工作造成直接的损害，因此依法取缔非法广播电视台责任重大。

2. 对有线电视的管理规定

2018 年 9 月 18 日，广播电影电视部发布的《有线电视管理暂行办法》规定：本办法所称的有线电视，是指下列利用电缆或者光缆传送电视节目的公共电视传输系统：接收、传送无线电视节目，播放自制电视节目和录像片的有线电视台；接收、传送无线电视节目，播放录像片的有线电视站；接收、传送无线电视节目的共用天线系统。

国家还规定了开办有线电视台的条件。《有线电视管理暂行办法》规定，申请开办有线电视台的机关、部队、团体、企业、事业单位须符合下列条件：符合当地电视覆盖网络的整体规划要求；有专门的管理机构，专职的采访、编辑、制作、摄像、播音、传输以及技术维修人员；有可靠的经费来源；有省级以上广播电视行政管理部门根据国家有关技术标准认定合格的摄像、编辑、播音设备；有固定的节目制作场所；有省级以上广播电视行政管理部门根据国家有关技术标准认定合格的传输设备;有固定的播映场所。[①]

3. 对卫星传输广播电视节目的管理

1997年9月23日,广播电影电视部发布《卫星传输广播电视节目管理办法》,规定广播电影电视部负责规划和管理全国的卫星广播电视频段和转发器使用,负责审批和监督管理全国的卫星传输广播电视节目活动。省级人民政府广播电视行政部门负责本行政区域内的卫星传输广播电视节目活动的初审和日常监督检查工作,具体包括:

(1) 利用卫星方式传输广播电视节目的条件

省级以上广播电台、电视台可以申请利用卫星方式传输广播电视节目。广播电台、电视台利用卫星方式传输广播电视节目,应当具备以下条件:符合全国广播电视发展的总体规划和覆盖要求;有足够的资金保障;自制节目能力达到每天5小时以上,节目播出时间达到每天18小时以上;有健全的节目审查和管理制度;有利用电视通道负载波传输广播电视的条件和设备,有开展卫星多功能应用的方案;有随时关掉卫星广播电视节目的技术保证;广播电影电视部规定的其他条件。

(2) 申请程序

中央人民广播电台、中央电视台利用卫星方式传输广播电视节目,应当向广播电影电视总局提出书面申请。中国教育电视台利用卫星方式传输电视节目,应当报请国家教育委员会批准,并向广播电影电视总局提出书面申请。

省级广播电台、电视台利用卫星方式传输广播电视节目,应当向省级人民政府广播电视行政部门提出书面报告。省级人民政府广播电视行政部门认可需要利用卫星方式传输的,应当报经同级人民政府批准,并向广播电影电视总局提出书面申请。书面申请应包括经费、设备、节目储蓄来源、管理制度、技术参数和人员编制等内容。

省级人民政府广播电视行政部门申请以卫星方式传输广播电视节目,应当向广播电影电视总局提交以下材料:书面申请;省级广播电台、电视台的书面报告;省级人民政府的批准文件;资金保障的证明。

(二) 对广播电视节目的管理

关于对广播电视节目的管理,目前出台的法规有《广播电视管理条例》《广播电视节目制作经营管理规定》等,主要对广播电视节目制作、电视剧制作的许可制度以及广播电视节目的发行、进出口、播放等环节进行了规定。

---

① 广播电影电视部:《有线电视管理暂行办法》,2018年9月18日,中国政府网,http://www.gov.cn/zhengce/2020-12/25/content_5573997.htm,2023年3月18日访问。

1. 制作广播电视节目的主体资格

2020年11月29日最新修订的《广播电视管理条例》①第31条规定:"广播电视节目由广播电台、电视台和省级以上人民政府广播电视行政部门批准设立的广播电视节目制作经营单位制作。广播电台、电视台不得播放未取得广播电视节目制作经营许可的单位制作的广播电视节目。"

2. 审查批准制度

《广播电视管理条例》第33条规定:"广播电台、电视台对其播放的广播电视节目内容,应当依照本条例第三十二条的规定进行播前审查,重播重审。用于广播电台、电视台播放的境外电影、电视剧,必须经国务院广播电视行政部门审查批准。用于广播电台、电视台播放的境外其他广播电视节目,必须经国务院广播电视行政部门或者其授权的机构审查批准。向境外提供的广播电视节目,应当按照国家有关规定向省级以上人民政府广播电视行政部门备案。"《广播电视管理条例》第41条规定:"广播电台、电视台以卫星等传输方式进口、转播境外广播电视节目,必须经国务院广播电视行政部门批准。"

3. 转播规定

《广播电视管理条例》第37条规定:"地方广播电台、电视台或者广播电视站,应当按照国务院广播电视行政部门的有关规定转播广播电视节目。"

4. 禁播规定

禁播内容有七项,即《广播电视管理条例》第32条规定:"危害国家的统一、主权和领土完整的;危害国家的安全、荣誉和利益的;煽动民族分裂,破坏民族团结的;泄露国家秘密的;诽谤、侮辱他人的;宣扬淫秽、迷信或者渲染暴力的;法律、行政法规规定禁止的其他内容。"

三、互联网规制

互联网作为一种新型媒介形态,具有快速传播、传受互动、便于存储和查询等特点,对整个大众传媒体系的影响巨大而深远。互联网在我国的发展过程中也出现了一些不容忽视的问题,如信息安全、网络侵权、网络色情信息传播等。② 因此,我国政府在互联网发展的早期就很重视对互联网传播活动的规制。1996年,国务院就颁布了行政法规《中华人民共和国计算机信息网络国际联网管理暂行规定》(1977年进行修正)。随着

---

① 《广播电视管理条例》,2020年11月29日,中国政府网,http://www.gov.cn/zhengce/2020-12/26/content_5574879.htm,2023年3月18日访问。

② 谢新洲:《专题:新媒体发展与管理》,《信息资源管理学报》2019年第3期,第18页。

互联网的普及，相关部门也频频出台对互联网的管理相关的法律、规章。2000年，国务院通过了《互联网信息服务管理办法》(2011年进行修订)。国务院新闻办公室、信息产业部于2000年11月7日联合发布《互联网站从事登载新闻业务管理暂行规定》，并于五年后的2005年9月25日联合发布《互联网新闻信息服务管理规定》。伴随着一系列针对互联网方面的法律法规的相继出台，我国互联网管理由最初的无序状态逐步走向规范和有序。

随着互联网影响的不断扩大和应用范围的不断拓展，相关的管理法规也越来越细致。相关规定包括信息产业部公布的《非经营性互联网信息服务备案管理办法》(2005)、《互联网站管理工作细则》(2005)、《互联网电子邮件服务管理办法》(2006)、《信息产业部关于依法打击网络淫秽色情专项行动工作方案的通知》(2007)和工信部公布的《通信网络安全防护管理办法》(2010)，国家互联网信息办公室审议通过的《互联网信息服务算法推荐管理规定》(2022)等。这些具体的规定对于网站、网民的约束更为有效。综合来看，近十年来我国对互联网的法律与政策规制涉及互联网的内容、安全、服务、资源等方面。

(一) 互联网传播的内容限制

《互联网新闻信息服务管理规定》将可在互联网上传播的信息界定为时政类新闻信息，包括有关政治、经济、军事、外交等社会公共事务的报道、评论，以及有关社会突发事件的报道、评论。这些发送的新闻信息或者提供的时政类电子公告服务信息中不得含有以下方面的内容：

(1) 违反宪法确定的基本原则；
(2) 危害国家安全，泄露国家秘密，颠覆国家政权，破坏国家统一；
(3) 损害国家荣誉和利益；
(4) 煽动民族仇恨、民族歧视，破坏民族团结；
(5) 破坏国家宗教政策，宣扬邪教和封建迷信；
(6) 散布谣言，扰乱社会秩序，破坏社会稳定；
(7) 散布淫秽、色情、赌博、暴力、恐怖或者教唆犯罪；
(8) 侮辱或者诽谤他人，侵害他人合法权益；
(9) 煽动非法集会、结社、游行、示威、聚众扰乱社会秩序；
(10) 以非法民间组织名义活动；
(11) 含有法律、行政法规禁止的其他内容。

(二) 维护互联网运行安全的规范

2000年12月28日，第九届全国人大常委会第十九次会议通过了《全国人民代表大会常务委员会关于维护互联网安全的决定》，根据 2011 年 1 月 8 日《国务院关于废止和修改部分行政法规的决定》修订[①]，并于 2009 年 8 月 27 日进行了修正。为促进我国互联网的健康发展，维护国家安全和社会公共利益，保护个人、法人和其他组织的合法权益，对互联网络行为进行了具体规范：

（1）保障互联网的运行安全。对有下列行为之一，构成犯罪的，依照刑法有关规定追究刑事责任。侵入国家事务、国防建设、尖端科学技术领域的计算机信息系统；故意制作、传播计算机病毒等破坏性程序，攻击计算机系统及通信网络，致使计算机系统及通信网络遭受损害；违反国家规定，擅自中断计算机网络或者通信服务，造成计算机网络或者通信系统不能正常运行。

（2）维护国家安全和社会稳定。对有下列行为之一，构成犯罪的，依照刑法有关规定追究刑事责任。利用互联网造谣、诽谤或者发表、传播其他有害信息，煽动颠覆国家政权、推翻社会主义制度，或者煽动分裂国家、破坏国家统一；通过互联网窃取、泄露国家秘密、情报或者军事秘密；利用互联网煽动民族仇恨、民族歧视，破坏民族团结；利用互联网组织邪教组织、联络邪教组织成员，破坏国家法律、行政法规实施。

（3）维护社会主义市场经济秩序和社会管理秩序。对有下列行为之一，构成犯罪的，依照刑法有关规定追究刑事责任。利用互联网销售伪劣产品或者对商品、服务作虚假宣传；利用互联网损害他人商业信誉和商品声誉；利用互联网侵犯他人知识产权；利用互联网编造并传播影响证券、期货交易或者其他扰乱金融秩序的虚假信息；在互联网上建立淫秽网站、网页，提供淫秽站点链接服务，或者传播淫秽书刊、影片、音像、图片。

（4）保护个人、法人和其他组织的人身、财产等合法权利。对有下列行为之一，构成犯罪的，依照刑法有关规定追究刑事责任。利用互联网侮辱他人或者捏造事实诽谤他人；非法截获、篡改、删除他人电子邮件或者其他数据资料，侵犯公民通信自由和通信秘密；利用互联网进行盗窃、诈骗、敲诈勒索。

以上行为以外的其他行为，构成犯罪的，依照刑法有关规定追究刑事责任，不构成犯罪的，由公安机关依法予以处罚；违反其他法律、行政法规，尚不构成犯罪的，由有关行政管理部门依法给予行政处罚；对直接负责的主管人员和其他直接责任人员，依法给予行政处分或者纪律处分。利用互联网侵犯他人合法权益，构成民事侵权的，依法承担民事责任。

（三）互联网信息服务机构的设立条件

互联网网络信息服务机构即各类网站。2017 年 5 月 2 日，国家互联网信息办公室

[①] 《全国人民代表大会常务委员会关于维护互联网安全的决定》，2000 年 12 月 29 日，中共中央网络安全和信息化委员会办公室、中华人民共和国国家互联网信息办公室网站，http://www.cac.gov.cn/2000-12/29/c_133158942.htm，2023 年 5 月 1 日访问。

室务会议审议通过并公布了《互联网新闻信息服务管理规定》(以下简称《规定》),自2017年6月1日起施行。《规定》将互联网新闻信息服务分为三类:一是互联网新闻信息采编发布服务,申请主体限定为新闻单位(含其控股的单位),取得该类许可的同时可以提供互联网新闻信息转载服务。二是互联网新闻信息转载服务,申请主体主要是新闻单位(含其控股的单位)以外的其他法人单位。三是互联网新闻信息传播平台服务,申请主体主要是微博客、即时通信工具等平台。传播平台同时提供采编发布、转载服务的,要按要求申请互联网新闻信息采编发布、转载服务许可。①

(四)电子邮件管理

电子邮件是网民普遍使用的网络服务之一。互联网电子邮件具有方便、快捷的特点,给人们的工作和生活带来了诸多便利,但与此同时,也成为少数人发送垃圾广告,进行网络欺诈,传播反动、色情信息,散布谣言,传播计算机病毒等的工具,对用户权益、社会治安、网络安全乃至国家安全构成威胁,社会各界对此反响强烈。此外,一些国外的垃圾邮件发送者还利用我国电子邮件技术和管理方面的漏洞,以我国境内的计算机为跳板,向国外发送大量垃圾邮件,损害我国声誉。

针对日益严重的互联网垃圾电子邮件问题,信息产业部在长期跟踪研究和开展相关工作的基础上,为进一步依法加强治理,保护用户的合法权益,维护互联网的和谐发展,颁布了《互联网电子邮件服务管理办法》(以下简称《办法》),自2006年3月30日起正式施行。该办法的出台标志着我国反垃圾邮件进入了一个新的阶段,对净化网络环境,推动互联网和谐、健康发展,具有十分重要的意义。

《办法》共计27条,主要包括对电子邮件服务提供行为的规范、对电子邮件发送行为的规范、垃圾邮件的举报处理流程,以及相应的处罚措施。

从防范、追查垃圾邮件的角度出发,《办法》规定:"电子邮件服务提供者应当向电信监管机构登记其电子邮件服务器IP地址;应当按照技术标准建设服务系统,采取安全防范措施,防止被他人利用发送垃圾邮件;不得擅自泄露用户的个人注册信息和电子邮件地址;应当记录用户电子邮件的发送时间、发送IP地址等行为日志信息,供有关机关依法查证等。"

《办法》对什么是"垃圾邮件"进行了科学、规范的界定,概括起来包括:未经接收者明确同意而向其发送的包含商业广告内容的电子邮件;没有在邮件标题前面标注"广告"或英文"AD"字样,以便于接收者区分鉴别的广告邮件;接收者之前同意,但一段时间后表示拒绝继续接收,之后发送者继续向其发送的广告邮件。

---

① 人民网:《互联网新闻信息服务管理规定》,2017年6月8日,搜狐网,https://www.sohu.com/a/147031069_114731?spm=smpc.content.share.1.1650795188629akhEclg#comment_area,2023年3月18日访问。

除了上述具有骚扰性质的广告邮件外,"垃圾邮件"还包括:故意伪造或隐匿发送者电子邮件地址等真实信息的电子邮件;采用黑客、病毒、匿名转发等技术控制、利用他人的计算机系统所发送的电子邮件;通过字母数字随机组合等方式获得他人的邮件地址并向其发送的电子邮件;传播色情、恐怖、邪教、民族歧视等国家法律明令禁止的违法有害信息的电子邮件;蓄意进行欺诈、窃取信息等违法活动的电子邮件;故意传播计算机病毒或进行网络攻击等破坏他人电信网络或计算机系统的电子邮件。对于发送上述垃圾邮件的行为,轻则由电信监管机构给予警告、罚款等行政处罚,重则由有关机关依法追究刑事责任。

《办法》规定,互联网电子邮件服务提供者、为互联网电子邮件服务提供接入服务的电信业务提供者应当受理用户对互联网电子邮件的举报,并为用户提供便捷的举报方式。信息产业部还于2006年设立互联网电子邮件举报中心,接收和处理用户和企业的举报。

我国关于电子邮件的管理已经初具成效。2008年1月23日在北京召开的"中国互联网协会反垃圾邮件工作成果报告会"发布的数据显示,中国垃圾邮件数量的排名已由全球第二位降至第三位,成为全球垃圾邮件治理效果最显著的国家。

(五)经营者行为管理

2019年修正的《中华人民共和国反不正当竞争法》第12条,对互联网经营者的行为进行了专门的规定。经营者利用网络从事生产经营活动,应当遵守本法的各项规定。经营者不得利用技术手段,通过影响用户选择或者其他方式,实施下列妨碍、破坏其他经营者合法提供的网络产品或者服务正常运行的行为:(1)未经其他经营者同意,在其合法提供的网络产品或者服务中,插入链接、强制进行目标跳转;(2)误导、欺骗、强迫用户修改、关闭、卸载其他经营者合法提供的网络产品或者服务;(3)恶意对其他经营者合法提供的网络产品或者服务实施不兼容;(4)其他妨碍、破坏其他经营者合法提供的网络产品或者服务正常运行的行为。

(六)网络域名管理

"域名"是互联网络上识别和定位计算机的层次结构式的字符标识,与该计算机的互联网协议(IP)地址相对应。域名是互联网上的重要资源。

目前,工业和信息化部对全国的域名服务实施监督管理,主要职责是:(1)制定互联网域名管理规章及政策;(2)制定中国互联网域名体系、域名资源发展规划;(3)管理境内的域名根服务器运行机构和域名注册管理机构;(4)负责域名体系的网络与信息安全管理;(5)依法保护用户个人信息和合法权益;(6)负责与域名有关的国际协调;(7)管理境内的域名解析服务;(8)管理其他与域名服务相关的活动。

为了规范互联网域名服务,保护用户合法权益,保障互联网域名系统安全、可靠运行,推动中文域名和国家顶级域名发展和应用,促进中国互联网健康发展,2017年8月16日,工业和信息化部部务会议审议通过了新的《互联网络域名管理办法》,原信息产业部2004年11月5日公布的《中国互联网络域名管理办法》(原信息产业部令第30号)同时废止。该办法规定:境内设立域名根服务器及域名根服务器运行机构、域名注册管理机构和域名注册服务机构的,应当依据本办法取得工业和信息化部或者省、自治区、直辖市通信管理局(以下统称电信管理机构)的相应许可。

互联网管理是一种多领域综合性管理,网络涉及范围广,涉及哪个行业,就由相关部门进行规范。1996年3月,新闻出版署制定了《电子出版物管理暂行规定》(已失效;2008年2月新闻出版署发布《电子出版物出版管理规定》,并于2015年进行修订);2000年10月,国务院新闻办公室、信息产业部发布了《互联网站从事登载新闻业务管理暂行规定》;2000年10月,信息产业部发布了《互联网电子公告服务管理规定》(已失效);2000年3月,文化部发布了《文化部关于音像制品网上经营活动有关问题的通知》;2000年3月,中国证监会发布了《网上证券委托暂行管理办法》;等等。2000年9月,国务院令第292号公布的《互联网信息服务管理办法》(2011年1月修订)也明确规定,从事新闻、出版、教育、医疗保健、药品和医疗器械等互联网信息服务,依照法律、行政法规以及国家有关规定须经有关主管部门审核同意,在申请经营许可或者履行备案手续前,应当依法经有关主管部门审核同意。

互联网作为与政治、经济、社会和文化生活全方位密切关联的信息传播平台,具备传统媒体已有的各种功能,并且传播更为便捷、快速,传统的媒体管理思路和方法面临着不适、无效等困局,亟须管理创新[①],以助益媒体融合发展的进程。

小　结

综上,媒体经营和管理活动必须及时把握政策和法律环境的变化,甚至预测环境变化的走向,以更好地适应环境,把握机会发展和在竞争中获得优势,以实现媒体的社会效益和经济效益,服务社会,服务受众。

思考题

1. 媒体规制与一般规制的区别是什么?
2. 简述我国媒体规制的发展历史和阶段特点。

---

① 丁柏铨:《媒介融合:概念、动因及利弊》,《南京社会科学》2011年第11期,第92—99页。

3. 互联网给媒体管理规制带来了哪些变革?
4. 互联网媒体规制有哪些新的技术手段?
5. 媒体法律和政策的关系是怎样的?
6. 简述不同媒介的媒体规制的区别。
7. 简述我国媒体规制的主体以及相互之间的关系。
8. 简述媒体规制对象的变化。
9. 我国媒体规制的底线是什么?
10. 互联网内容生产机制给媒体规制带来了哪些挑战?

◆ **推荐阅读**

包国强、王作剩、黄诚:《新闻、宣传、公共利益与市场——中国特色媒体社会责任的价值体系构成与内在逻辑》,《新闻爱好者》2020年第11期,第9—15页。

丁柏铨:《媒介融合:概念、动因及利弊》,《南京社会科学》2011年第11期,第92—99页。

李佳伦:《互联网法律新思维与适用》,人民出版社2022年版。

魏永征、张鸿霞主编:《大众传播法学》,法律出版社2007年版。

谢新洲、柏小林:《完善媒体社会责任评价,强化主流媒体责任担当》,《新闻战线》2018年第17期,第39—42页。

谢新洲等:《网络出版及其经营管理》,辽海出版社2003年版。

谢新洲、李佳伦:《中国互联网内容管理宏观政策与基本制度发展简史》,《信息资源管理学报》2019年第3期,第41—53页。

谢新洲:《网络传播理论与实践》,北京大学出版社2004年版。

谢新洲:《我国媒体融合的困境与出路》,《新闻与写作》2017年第1期,第32—35页。

谢新洲:《专题:新媒体发展与管理》,《信息资源管理学报》2019年第3期,第18页。

第十一章　媒体组织管理

组织,是在一定的环境中,为实现某种共同的目标,按照一定的结构形式、活动规律结合起来的,具有特定功能的开放系统。媒体组织则是专门负责媒体经营、进行媒体传播的组织。要了解媒体的经营管理,必须要了解媒体组织及其组织结构。因为,媒体组织是媒体产业的基本单元,是媒体自身寻求达成其战略目标的工具和手段,媒体正是通过对其自身的经营和管理才能实现其在社会中的社会效益和经济效益。

在经营和管理的过程中,媒体管理者为了实现组织任务和目标,就要研究和运用良好的计划、设置健全的组织、对人员进行适当的分配,通过正确的指挥方法、严密合理的控制程序及有效的内部协调,使媒体组织的资源能得到高效能的运用。[1] 所以,媒体及其组织结构对是否能达到其目标具有重要的作用。本章从现代组织理论出发,对媒体组织的内涵和特点进行介绍,并简要勾勒各类媒体组织的结构,继而概括其发展趋势。

第一节　媒体组织的内涵

媒体组织是媒体产业的基本单元,媒体战略的计划以及实施都要通过组织来实现。本节主要介绍媒体组织的内涵、组织理论演进及其对媒体组织的影响。

一、组织的定义

对于组织,可以从不同角度去解释。组织理论之父马克斯·韦伯(Max Weber)把组织看作组织成员在实现共同的目标和从事特定活动时,成员之间法定的相互作用方式。[2] 管理学家切斯特·巴纳德(Chester Barnard)把组织看作"有意识调整两个人或更

---

[1] 凌昊莹:《媒介经营管理》,中国广播电视出版社2002年版,第23页。
[2] J. G. March, and H. A. Simon, *Organizations*, John Wiley, 1958, p. 1.转引自傅平:《传媒变革——中国传媒集团组织转型与重塑》,上海文化出版社2005年版,第74页。

多人的行为或各种力量的系统"。斯蒂芬·P. 罗宾斯(Stephen P. Robbins)等提出,组织是有确定目标的、拥有精心设计的结构和协调的活动性系统,并且是与外界相联系的一个社会实体。① 他们还对作为名词的"组织"和作为动词的"组织"进行了区分。当把"组织"看作名词时,它是指为实现某一共同目标而由若干个人组合成的一个系统。工厂、媒体、学校、医院、政府机构等都是组织。而在管理过程中,"组织"也可以是动词,是管理的一项基本职能,是指为达到某一目标而协调人群活动的一切工作的总称。

组织理论学家理查德·H. 霍尔(Richard H. Hall)在综合了各种定义的基础上提出"组织是一个有着相对可辨识边界的团体,它有一个规范的秩序、一定的职权层级、一个沟通系统和一个成员协调系统,该团体以相对持续的环境为基础而生存,从事着一系列与目标相联系的活动,为组织成员、组织本身和社会做出贡献"②。

综合以上定义,我们认为,组织是通过各项任务以及活动来实现特定目标的、有着相对可辨识边界的一群人之间相互作用的模式和结构,以及与外界环境进行双向交流所形成的开放系统。

二、媒体组织的内涵和特点

媒体组织具有组织的内涵和特征,"它是通过一定的制度和运营机制联系起来的人的集合体","是一个社会系统","通过组织结构和组织制度将组织内部的一个个元素联系起来,成为一个有机的整体"。③ 它有自己的目标、资源和任务。

以广播电视媒体组织为例,它们的基本目标就是生产、提供合格的产品——内容,获得良好的社会效益和经济效益。广播电视媒体组织的目标分为四个层面:(1)组织的目标或使命,这是其所处的社会政治经济环境赋予的,是由广播电视媒体组织的拥有者和组织的高层管理者制定的;(2)组织的任务,通常由组织的高层管理者制定;(3)部门任务,由主管部门和员工一起制定;(4)特定的部门目标,通常由中层管理与实践员工根据特定的工作需要来制定。

广播电视组织所拥有的资源包括频率、时间、节目、受众、广告、技术和人力等,这些是广播电视组织进行生产的必要条件。④

广播电视组织的任务是发展、制作、流通和展示。发展是指广播电视组织利用各种

---

① 〔美〕斯蒂芬·P. 罗宾斯、玛丽·库尔特:《管理学(第7版)》,孙健敏等译,中国人民大学出版社2004年版,第207页。
② 傅平:《传媒变革——中国传媒集团组织转型与重塑》,上海文化出版社2005年版,第76页。
③ 周鸿铎:《媒介经营与管理总论》,经济管理出版社2005年版,第146页。
④ 胡正荣:《媒介管理研究——广播电视管理创新体系》,北京广播学院出版社2000年版,第128页。

资源,通过研究和发展,使自身能够进行正常日常运作,并随着技术、环境的变化保持竞争力,持续发展;制作是指广播电视媒体组织进行的生产活动,例如制作节目等;流通是节目的播出;展示是指广播电视媒体组织把制作的产品(例如节目)通过流通,传达给大众,为大众所消费。这些基本任务可用图 11-1 来表示。

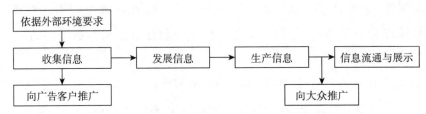

图 11-1　广播电视媒体组织基本任务的流程图①

同时,媒体组织是专门从事大众传播活动以满足社会需要的社会单位或群体,又具有其自身的特点。②

第一,媒体组织的核心产品是信息。媒体组织通过创造和传递信息,满足社会大众更多的信息需求。

第二,媒体组织是在公开环境下进行运作。媒体组织是开放的,任何人都能以接收者的身份参与进来,并可转变为发送者。同时,媒体组织的活动也被大众密切关注。

第三,媒体组织与社会生活和公共议题联系在一起。媒体组织的成立要得到权威部门的认定和社会大众的认同。

第四,媒体组织传播的信息要通过固定的媒介进行,例如图书、报纸、电视、广播、互联网、移动互联网等。

第五,媒体组织讲究效率,强调时效,但也受媒体生产模式和规律的影响,例如日报为每天一期,周刊为一周一期等。新媒体的出现逐渐改变了这种固定的生产频率,网站、社交媒体可以随时发布并"高亮"和"置顶"突发新闻,大大提高了新闻传播的时效性。

综上所述,媒体组织相较于其他组织最大的特点在于,它提供的是满足社会大众沟通需求的信息产品,具有一定的公共性和政治性,承担着推动社会进步的功能。除此以外,有学者提出,媒体组织还具有政治组织的特性,媒体组织要受到其所属的政治系统的制约和影响。例如,我国的媒体组织承担了宣传党和国家方针政策的任务,西方资本

---

① B. L. Sherman, *Telecommunication Management Broadcasting and the New Technologies*, McGraw-Hill, 1995, pp. 5-6.转引自胡正荣:《媒介管理研究——广播电视管理创新体系》,北京广播学院出版社 2000 年版,第128 页。

② 〔英〕露西·金-尚克尔曼:《透视 BBC 与 CNN:媒介组织管理》,彭泰权译,清华大学出版社 2004 年版,第 63 页,转引自李红艳编著:《媒介组织学》,中国传媒大学出版社 2006 年版,第 58—59 页;邵培仁、陈兵:《媒介战略管理》,复旦大学出版社 2003 年版,第 271 页。

主义国家通过一些手段来对媒体组织进行制约。① 可见,媒体组织是公共事业单位,它既是一种信息产业机构,也是一种社会机构。

三、媒体组织相关理论变迁

为了理解现实中的组织工作,需要熟悉组织理论的演进。它的开端要追溯到20世纪早期,那时的报业已获得长足进步,而广播业刚刚奠基。就像媒介在进化一样,对管理和组织的系统分析也在发展。不同组织理论的主要特征已经被组合为不同的学派。

（一）古典学派

古典学派包括两种不同但互相联系的管理视角——科学管理理论和行政管理理论。

1. 科学管理理论

在20世纪初,以弗雷德里克·温斯洛·泰勒为代表的科学管理理论在西方的企业管理中比较流行,泰勒被称为"科学管理之父"。该理论主要关心工人劳动生产率的提高,进而使工人提高收入,管理者获得更多利润。为了达到这个目标,泰勒提出了以下四条管理原则:(1)系统分析每一项工作,提出科学的工作方法以找到最有效能和最有效率的方法;(2)使用科学手段挑选适合特定工作的工人,并培训、教育和培养这些工人;(3)与工人合作,确保工人所做的工作符合科学原理;(4)在管理者和工人之间几乎平等地分配责任,决策权归管理者。②

泰勒相信,经济刺激是最好的激励手段,如果高工资伴随着高产出,工人必会进行协作,于是管理就被断定是劳资双赢。他的发明还包括差别计件工资制、职能工长制等。

由于把人当作机器进行管理,科学管理理论受到不少批评。但是泰勒的贡献仍是巨大的,有人把当时发达国家工人大众的生活质量得以提高到历史上前所未有的水平归功于他。他所开创的工作分析、挑选雇员的方法和相关培训等规范直到今天还在被运用。

2. 行政管理理论

行政管理理论主要是对管理者的基本职能和有效管理的基本原理进行了界定。该学派有两个主要代表人物,一个是德国社会学家马克斯·韦伯,另一个是法国工业学家亨利·法约尔(Henri Fayol)。

---

① 周鸿铎:《媒介经营与管理总论》,经济管理出版社2005年版,第147页。
② 〔美〕斯蒂芬·P.罗宾斯:《组织行为学(第七版)》,孙健敏等译,中国人民大学出版社1997年版,第580—581页。

(1) 马克斯·韦伯的组织理论

韦伯在管理理论方面的主要成就是提出了理想的行政组织体系理论,他被称作"组织理论之父"。韦伯认为,科层制(bureaucracy)是效率最高的组织形式,它是指通过职务或职位而不是通过个人或世袭地位来管理,要根据一定的规章制度,采用层级节制的结构,并按照一整套规定的途径和程序来实现组织目的。组织内的每个职员都要被赋予相应的权利,根据学识和能力选用与工作相称的合格人员。韦伯列举了科层制能够成功的六个基本要素:

① 实行职责分工,为了实现组织的目标,要把组织中的活动划分成基本的作业,并分配给组织中的每个成员;

② 组织内的职位是按照职权的等级原则来组织的,每个职位都有明确的权利和义务,从而形成一个自上而下的等级系统;

③ 组织中的人员任用要根据他们的技术资格来进行,通过正式考试或教育培训选用满足职务要求的人员;

④ 管理人员有固定的薪金和明文规定的升迁制度;

⑤ 管理人员必须严格遵守组织内的纪律;

⑥ 组织中的各级官员必须以理性为指导。

韦伯的组织理论实际上是把管理非人格化,通过依靠责任和工作原则来客观处理各种事务。这种管理也有其不足之处,容易导致组织内部的部门和目标冲突,不利于组织成员之间的沟通,组织成员缺乏灵活性和创新性,组织成员难以得到心理满足,还可能导致领导者的官僚主义。①

(2) 亨利·法约尔的组织理论

法国工业学家法约尔提出了管理者要执行的五项基本职能——计划、组织、指挥、协调和控制,这成为描述管理工作的基本框架。他还提出了14条管理原则:分工原则、职权和责任相伴原则、纪律原则、统一指挥原则、统一指导原则、个人利益服从整体利益原则、员工报酬公平原则、最佳集权程度原则、等级链原则、秩序原则、公正原则、人员稳定性原则、主动性原则以及团队精神原则。其中,后五条原则指向组织内的人际关系问题。此外,法约尔还强调教育在组织内的重要性,他提出要通过对组织成员的教育来提高员工的管理水平。②

古典学派的代表人物主要关心如何使工人和组织更有效率,在当时具有一定的积

---

① 〔德〕马克斯·韦伯:《社会与经济组织理论》,生活·读书·新知三联书店1996年版,第337页,转引自李红艳编著:《媒介组织学》,中国传媒大学出版社2006年版,第24—25页。

② 〔美〕斯蒂芬·P.罗宾斯:《组织行为学(第七版)》,孙健敏等译,中国人民大学出版社1997年版,第580—581页。

极意义。但是他们的观点中也隐含了关于人性的几个假设,例如认为工人是"经济人",只为金钱所动,在工作中需要对工作职责进行详尽描述、对工人需要进行严密的监督,等等。

3. 古典学派对媒体组织的影响

古典学派中的一些思想仍然在现代的组织管理中发挥作用。例如,由科层制引申出的统一指挥、管理跨度、劳动分工以及部门划分等还在现代企业中应用。

(1) 统一指挥

统一指挥的原理是指在组织中,一个下属只应对一个上级直接负责,超过一个上级就可能面临矛盾和冲突。现代管理认为,当组织相对简单时,统一指挥还可以理解和贯彻,但当组织相对复杂时,对此原理的严格执行可能会影响不同部门之间的沟通。

在媒体组织内,大多数记者要对若干个上级负责,例如责任编辑负责考评每个新闻报道,制作人负责考察新闻的时效性,等等。这样,媒体单位若严格遵守统一指挥的原理可能会造成组织内部的沟通不畅,从而影响记者或编辑的业绩。因此,媒体组织一定要对活动进行明确划分并指定专人负责,这样才能使员工知道他们应向某个领导汇报哪项工作。①

(2) 管理跨度

管理跨度是指一个管理者能有效直接指挥的下属数量。它是决定组织的层次以及管理人员数目的主要因素。例如,在其他条件相似的情况下,一个媒体组织的管理跨度是3,另一个组织的跨度是9,那么跨度大的组织可减少3个管理层次,并能精简273名管理人员,如图11-2所示,这样后者又可节省相当可观的管理者费用。②

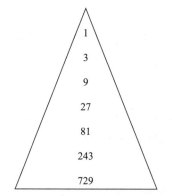 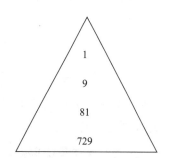

管理跨度=3 一线人员=729人 管理人员=364人　　管理跨度=9 一线人员=729人 管理人员=91人

图11-2 管理跨度的对比

---

① 〔美〕阿德斯·布罗德里克·索恩等:《媒介管理:案例研究法(第二版)》,王海、冯悦主译,中国人民大学出版社2007年版,第76—77页。

② 同上书,第77—78页。

通常,随着组织中职位的升高,直接向一个管理者汇报的人数应该减少。现代组织思想认为,扁平组织结构的效率比较高,这可通过扩大管理跨度来设计。此外,还有一些因素会影响管理跨度,例如工作任务的相似性、任务的复杂程度、工作地点的相近性、下属的能力、使用标准的程度、组织管理信息系统的先进性、组织文化的凝聚力以及管理风格等。

(3) 劳动分工

劳动分工是指组织将一项工作划分为若干个部分,一个人只完成其中的某一个部分,并非由一个人完成全部工作。也就是说,一个人是专门从事某一个部分的活动而不是全部活动。① 例如,报社的图片编辑只负责图片,而不管其他内容。

通过劳动分工,可实现专业化,从而充分运用员工的专业技能,同时也可使员工通过重复一项工作来完善工作的技巧。随着专业化程度和技能的提高,员工的劳动效率就会提高。在媒体组织内,劳动分工普遍存在。例如,主编确定要报道的选题以后,可由记者去找这些新闻,随后由编辑人员决定如何使用等。②

虽然劳动分工有多个优点,但是现代管理思想认为,过度的劳动分工可能会使员工对工作产生厌倦和紧张感,并可能导致效率低下等。针对这个问题,组织机构可通过扩大员工的工作范围来提高工作效率。③

随着新技术的应用和媒体融合的推进,精细的劳动分工在媒体组织中越来越不实用。信息技术的不断迭代呼唤着全媒体人才的出现,单一能力不能够满足新闻从业者的需求。例如,新媒体运营部门的员工通常要负责从选题到出稿的文字内容、图像内容的全部内容编辑。

(4) 部门划分

劳动分工创造了专家,也使专家之间的协调变得非常重要。组织机构可将专家分到某个部门,让他们在一个管理者的指导下工作,以此来促进专家之间的协调。部门的建立常常是根据工作的职能、目标受众以及地理区域等来进行。④

例如,报社可根据职能划分为新闻编辑部、广告部、发行部等。每个部门都有自己的职能,新闻编辑部门负责新闻的采访以及版面的编辑,广告部门负责广告的销售,发行部门负责报纸的发行和推销等。

再如,一些大的媒体集团覆盖多个区域,此时,可按照地理区域进行部门划分,从而

---

① 罗霆编著:《媒体管理——理论框架与案例分析》,中国国际广播出版社2008年版,第155页。
② 〔美〕阿德斯·布罗德里克·索恩等:《媒介管理:案例研究法(第二版)》,王海、冯悦主译,中国人民大学出版社2007年版,第78页。
③ 同上书,第79页。
④ 罗霆编著:《媒体管理——理论框架与案例分析》,中国国际广播出版社2008年版,第158页。

充分利用当地的工人和销售人员。美国甘尼特媒体集团在多个地方设置分支部门,其报纸也在各个地方提供当地的一些内容,这样可以使报纸更关注本地事务,赢得当地客户的好感,也有利于提高客户的满意度。① 随着网络以及多媒体的使用日益广泛,不同职能部门以及不同地理区域的人员之间的沟通协作也越来越便捷,这可减少媒体部门之间的合作壁垒。

（二）行为组织学派

1. 行为组织学派的主要内容

对古典学派的质疑潮流开始于20世纪30年代到40年代的人际关系运动。那时正是广播业的黄金时代。

对人际关系运动贡献最大的是哈佛大学的心理学家埃尔顿·梅奥(Elton Mayo)。从1924年开始,位于伊利诺伊州西方电气公司的霍桑工厂的工程设计师,试图了解照明水平的变化对工人劳动生产率变化的影响。但结果发现,无论是增强还是减弱照明,实际的生产率都会提高,只有当实验组的光照水平降低到仅仅相当于月光的强度时,工人的生产效率才会下降,这样的结果很难解释。1927年,该公司邀请了梅奥教授及其助手参与了这项研究。从1927年至1932年,梅奥率领哈佛大学研究人员在霍桑工厂展开了系列研究,结果发现,改变实验小组照明度、改善休息时间、缩短工作日和变换有鼓励性的工资制度等,似乎都不能解释生产率的变化,而群体内的社会规范或标准成为重要的决定因素。这就是著名的"霍桑实验"。②

霍桑实验促进了对组织中人的研究兴趣,其研究结果表明:人不是"经济人",而是"社会人",在企业提高生产率的刺激因素中,员工的社会心理因素最重要,金钱和经济刺激是第二位的;生产效率主要取决于员工的"士气",组织中存在的"非正式组织"也会对其成员的行为有较大的影响;企业领导必须要重视群体中的人际关系。③

除了梅奥以外,行为组织学派的代表人物还有巴纳德、马斯洛、赫茨伯格以及麦格雷戈等人。巴纳德的社会系统理论、马斯洛的需求层次理论、赫茨伯格的双因素理论、麦格雷戈的X理论和Y理论等都对行为理论做出了重要的贡献。这些理论的核心思想是在组织管理中要根据人的需求进行相应的激励。④

2. 行为组织学派对媒体组织的影响

行为组织学派的人际关系理论以及相关的激励理论等对现代媒体组织的管理有着

---

① 〔美〕阿德斯·布罗德里克·索恩等:《媒介管理:案例研究法(第二版)》,王海、冯悦主译,中国人民大学出版社2007年版,第81页。
② 〔美〕斯蒂芬·P. 罗宾斯:《组织行为学(第七版)》,孙健敏等译,中国人民大学出版社1997年版,第585—586页。
③ 王垒编著:《组织管理心理学》,北京大学出版社1993年版,第47—48页。
④ 许玉林主编:《组织设计与管理》,复旦大学出版社2003年版,第94页。

重要影响。在媒体组织中,团队的建设以及凝聚力是非常重要的,所以媒体组织要利用相关理论,重视工作人员的主体性,加强组织内的团队建设,从而提高工作效率。

(三) 现代组织理论

现代组织理论主要以系统学派和权变学派为代表。在20世纪60年代前后,随着计算机技术及通信技术、信息论、系统论等科学理论和技术的发展,系统学派和权变学派的管理思想逐渐在企业中受到了重视。

1. 系统组织学派

系统组织学派认为,组织是一个开放的、具有整体性能的社会技术系统。其代表人物有弗莱蒙特·E.卡斯特(Froemont E. Kast)、詹姆斯·E.罗森茨韦克(James E. Rosenzweig)和伦西斯·里克特(Rensis Likert)等。

美国管理学家卡斯特和罗森茨韦克认为,组织是一个开放系统,它由目标与价值、社会心理、技术系统、结构和管理等五个子系统组成。各个子系统之间有相互输出和输入,组织也从外部环境接收能源、信息和材料的投入,经过转换,向外部环境输送产出。[①] 运用系统的观点来考察管理的基本职能,可提高组织的效率。

美国学者里克特的"交叠群体"组织理论是另外一种有代表性的系统学派。在该理论中,里克特提出在一个组织内部,每一个下级的领导人同时又是较高一级领导层的成员。由此,这些领导人可成为上下级领导层的联系栓。正是通过这些联系栓,一个组织被连接成为一个统一的整体,组织是由相互关联并形成重叠关系的群体组成的系统。[②]

2. 权变组织理论

权变学派强调组织的变化特性。权变组织理论认为,不存在普遍使用的组织管理理论和方法,组织结构本身不存在优劣之分,只要与环境相适应的结构就是有效率的。根据权变学派的观点,组织要根据环境以及自身的不同条件选取相应的组织结构、领导方式和管理机制等,组织的各个方面都要适应外部环境的变化。[③]

3. 群体生态理论

群体生态理论是由H. E. 阿尔瑞契(H. E. Aldrich)与J. 普费弗(J. Pfeffer)在1976年提出的。该理论的主要观点是:组织在环境中的生存与生物的适者生存规律一样,环境会依据组织结构的特点及其与环境的适应性来选择或者淘汰组织。这一理论强调了环境的作用,但忽视了组织本身的积极性和主动性。后来,资源依赖论弥补了这方面的

---

① 符绍珊:《企业组织结构模式创新研究》,中国经济出版社2008年版,第4页。
② 李红艳编著:《媒介组织学》,中国传媒大学出版社2006年版,第41—43页。
③ 同上书,第43—44页。

不足,强调了组织和环境之间的互动关系。①

4. Z 理论

由于日本企业在 20 世纪的亮眼表现,研究组织的学者将视线转移到亚洲企业组织的研究中。由威廉·大内提出的 Z 理论正是这一时期组织研究的典型代表之一。Z 理论指出,相较于原有组织理论对理性因素的强调,日本企业经营管理中存在很多非理性因素的作用,即注重目标、信念、文化等因素。进入 21 世纪,同样因为日本企业的表现,Z 理论成为学者攻击的对象,但是它所强调的组织内的社会化进程和文化机制、组织文化对组织长足发展的重要性,业已得到业界的广泛认可。

现代组织理论的重心由过去强调组织内部转移到了组织所在的环境,并强调组织和环境之间的互动。这为组织理论提供了新的分析方法。

5. 现代组织理论对媒体组织的影响

现代组织理论对媒体组织有重要的影响。例如,现代媒体组织在管理中运用系统论的思想,重视环境因素的影响。鲍尔斯和莱西提出了电视新闻编辑部门工作满意度的模型,如图 11-3 所示,在该模型中,市场因素、个人因素、组织因素和领导(行为)因素都会影响记者对目标成功(包括较高的利润、良好的人际关系和高品质的新闻等)的认识,从而影响他们的工作满意度。由这个研究也可以看出,媒体组织所在的环境以及媒体组织内部的一些因素都可能会影响媒体的管理。②

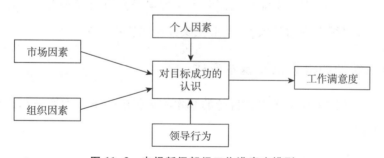

图 11-3 电视新闻部门工作满意度模型

此外,在媒体领域,一些学者提出了生态环境理论,代表人物有哈罗德·英尼斯(Harold Innis)和马歇尔·麦克卢汉(Marshall McLuhan)等。该理论认为,媒体生态系统由媒体系统、社会系统和人群等基本要素构成,这三者之间相互作用,如图 11-4 所示。这三个基本要素相互作用又构成了媒体生态的四个子系统,具体说来就是,媒体与个人之间的相互作用构成了受众生态环境,媒体系统与社会系统之间的相互作用构成

---

① 许玉林主编:《组织设计与管理》,复旦大学出版社 2003 年版,第 95 页。
② 〔美〕阿德斯·布罗德里克·索恩等:《媒介管理:案例研究法(第二版)》,王海、冯悦主译,中国人民大学出版社 2007 年版,第 85—86 页。

了媒体制度与政策环境,媒体之间的互动和竞争构成了行业生态环境,媒体与经济界之间的互动构成了媒体的广告资源环境。媒体生态系统的变化会影响媒体的工作方式以及受众的接收方式等。①

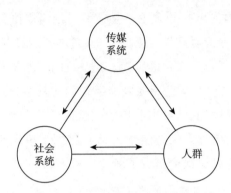

图 11-4　媒体生态系统的基本构成要素

媒体组织的发展离不开其所在的生存环境的作用,环境构成了媒体组织经营和管理的重要因素。

第二节　媒体组织的结构

企业的组织结构一直是企业组织研究和管理学研究中的基本内容。在基本掌握了媒体组织及相关组织理论的基础上,本节主要介绍媒体组织结构的形式。

一、组织结构的概念以及基本形式

合理的组织结构是组织实现其目的的基本物质保障。下文主要介绍组织结构的概念以及基本形式。

(一) 组织结构的概念

许多学者对"组织结构"的概念进行了界定。罗宾斯认为,组织结构是指如何对工作任务进行分组和协调合作。他们进一步提出,在进行组织结构设计时,要考虑六个关键因素:工作专门化、部门化、命令链、管理跨度、集权与分权、正规化。② 有学者把组织结构看作一个组织内各构成部分或各个部分间所确立的关系的形式。③ 还有学者认为,

---

①　傅平:《传媒变革——中国传媒集团组织转型与重塑》,上海文化出版社 2005 年版,第 45—46 页。
②　〔美〕斯蒂芬·P. 罗宾斯:《组织行为学(第七版)》,孙健敏等译,中国人民大学出版社 1997 年版,第 580—581 页。
③　〔美〕弗莱蒙特·E. 卡斯特、詹姆斯·E. 罗森茨韦克:《组织与管理——系统方法与权变方法(第四版)》,傅严等译,中国社会科学出版社 2000 年版,第 283 页。

企业的组织结构是为实现企业目标,企业员工在工作中进行分工协作,由此在职务范围、责任和权力方面所形成的结构体系。这个定义强调,组织结构的目的是实现企业的目标,组织结构的本质关系是员工的分工协作,其内涵是人们在职、责、权方面的结构体系。这个结构体系常包括职能结构、层次结构、部门结构和职权结构。具体来说,职能结构是指完成企业目标所需的各项业务工作关系;层次结构也称作组织的纵向结构,是指各管理部门的构成;部门结构又称作组织的横向结构,是指各管理部门的构成;职权结构是指各层次、各部门在权力和责任方面的分工和相互关系。①

对组织结构的界定大多把企业组织看作企业员工为完成企业目标或任务而进行的分工协作。它是经过组织设计而形成的相对稳定的结构模式,能表现组织各部分的顺序排列、空间位置、聚集状态、联系方式以及各要素之间的相互关系等。②

(二)组织结构的基本形式

由于每个企业都有自己独有的特点,所以企业的组织结构也各种各样。最基本的组织结构主要有以下几种形式。

1. 直线型组织结构

这是一种最简单、最古老的组织结构形式,也是一种低复杂性、低正规化和职权高度集中的组织结构。在这种组织结构中,职权从高层向下传递,经过若干个管理层到达底层。每个下级只对它的直接上级负责。具体如图 11-5 所示。

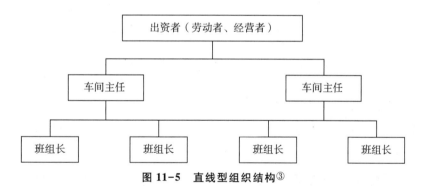

图 11-5 直线型组织结构③

这种组织结构具有以下几个优点:(1)结构简单,指挥统一,决策迅速;(2)各个部门以及个人的责任和权限明确;(3)便于纪律的执行和检查监督;(4)业务人员的比重大,组织的管理费用较低。④

这种组织结构的缺点主要有:(1)由于实行直线指挥和职能管理,管理权限高度集

---

① 许玉林主编:《组织设计与管理》,复旦大学出版社 2003 年版,第 101 页。
② 杨士文、张雁主编:《管理学原理》,中国人民大学出版社 1994 年版,第 176 页。
③ 符绍珊:《企业组织结构模式创新研究》,中国经济出版社 2008 年版,第 41 页。
④ 同上书,第 40 页。

中,需要全能型的管理者;(2)各层领导机构无专业化分工,对组织者和管理者的技能要求都比较高,也不易提高专业管理水平;(3)由于各个部门之间没有横向联系,所以在层次较多的情况下,横向信息沟通比较困难。①

2. 职能型组织结构

职能型组织结构是指,组织内的同一阶层根据职能或业务进行分工,横向划分为若干个部门,各部门之间的职能范围基本相同,但职能或专业分工不同。在职能型组织结构中,组织从上至下按照相同职能将各种活动组织起来,横向之间则是在一些重大任务上不同部门之间进行沟通协作。其组织结构设计的基本依据就是组织内部业务活动的相似性。当组织的外部环境相对稳定,而且组织内部职能部门之间不需要太多的协调时,这种组织结构模式比较有效。其形式具体如图11-6所示。

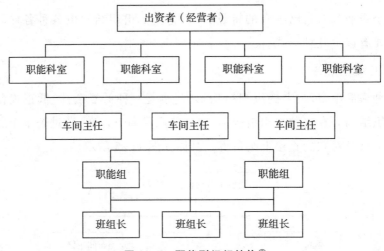

图11-6 职能型组织结构②

职能型组织结构的优点是:(1)部门分工较细,利于专门人才的培养和发挥特长;(2)可减轻上层人员的工作负担;(3)同类业务划归同一部门,便于建立有效的工作秩序。其缺点主要有:(1)可能形成"多头领导"的局面;(2)各部门之间可能产生业务隔绝,较为疏远,不利于统筹规划。

3. 直线职能型组织结构

直线职能结构,简称U型结构(unitary structure),它是以直线型结构为基础,在各级管理者和组织者等行政领导下,设置相应的职能部门,即在直线型结构组织统一指挥的原则下,增加了参谋机构。其具体形式如图11-7所示。在这种结构中,只有各级行

---

① 许玉林主编:《组织设计与管理》,复旦大学出版社2003年版,第124页。
② 同上书,第42页。

政负责人才具有对下级进行指挥和下达命令的权力,各级职能机构为行政负责人提供参谋作用。职能管理人员可对下级进行业务指导,贯彻直线管理的指示。

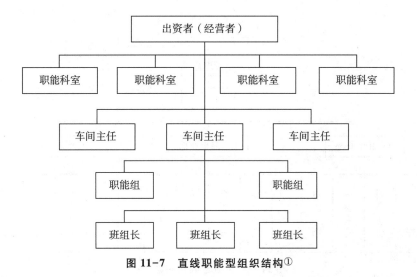

图11-7 直线职能型组织结构①

这种结构的优点主要有:(1)职责明确;(2)部门实行专业分工,便于强化专业管理,利于提高工作效率;(3)利于组织的长期稳定;(4)权力高度集中,便于领导对组织的控制。该结构的缺点主要有:(1)横向协调差;(2)领导业务重;(3)部门的专业分工不利于培养全面素质的人才。②

直线职能型组织结构模式适合于复杂但相对比较稳定的企业组织,尤其是规模较大的企业组织。

4. 事业部制组织结构

当一个公司生产多种产品、提供多种服务、其市场也扩大到多个国家时,原来的直线组织结构就不能适应这种经营方式的变化。在这种情况下,事业部制的组织结构应运而生,被欧美和日本大型企业广泛采用。

事业部制组织结构又称 M 型组织结构(multi-divisional structure),它是一种分权制的组织形式。企业可依照地区或者产品构建事业部并由此被区分为地区事业部制、产品事业部制等类型。这样,每个经营事业部就成为一个利润中心,在总公司的领导下,实行独立核算,自负盈亏。每个事业部也可在总公司政策允许的范围内,根据自己的特点来设置组织结构。具体可由图11-8来表示。

事业部制组织结构的优点是:(1)利于企业最高管理层发挥决策职能;(2)利于调动各事业部领导人的主观能动性,提高企业的生产经营能力;(3)利于多样化和专业化

---

① 符绍珊:《企业组织结构模式创新研究》,中国经济出版社2008年版,第43页。
② 许玉林主编:《组织设计与管理》,复旦大学出版社2003年版,第101页。

的结合。但事业部制组织结构也有其缺点：(1)各个事业部独立经营,可能会影响各事业部之间的协作;(2)有可能造成各事业部之间职能机构的重叠。[①]

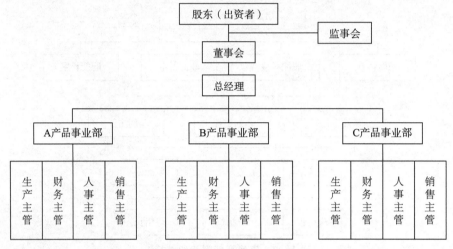

图 11-8　事业部制组织结构[②]

5. 矩阵型组织结构

矩阵型组织结构是在直线职能型结构垂直形态组织系统的基础上,再增加一种横向的领导系统。该组织形式又称为目标结构组织。该结构的特点是,为了完成某一项特殊任务组成一个专业的项目小组,从事相关的研发、设计、制造等工作,在各个不同的阶段,由相关部门派人参加,相互协调及合作,以顺利完成该项目。其形式如图 11-9 所示。

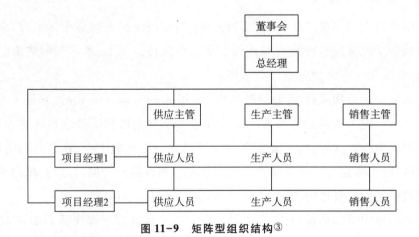

图 11-9　矩阵型组织结构[③]

---

① 符绍珊：《企业组织结构模式创新研究》,中国经济出版社 2008 年版,第 48—49 页。
② 同上书,第 47 页。
③ 同上书,第 49 页。

矩阵型结构主要有以下优点:(1)加强了各部门之间的横向联系;(2)常设机构和非常设机构的结合,既保持了前者的稳定性,又使组织具有适应性和灵活性,同时避免了组织机构的重复设置;(3)利于个人的全面发展。矩阵型结构的缺点主要有:(1)可能造成"多头领导"的现象;(2)由于矩阵组织的不稳定性,成员可能会缺乏归属感。[1]

6. 集团制

随着企业规模的扩大,涉及的产业越来越多,集团制组织形式应运而生。集团制主要是由事业部制变革而来,将原有的事业部转为二级子集团。二级子集团是法人企业,具有独立法人资格。二级子集团分权较事业部制更为彻底,产业集团具有充分的经营自主权,有利于整合集团的资源,形成核心竞争力,提升集团整体的竞争力。一般来说,战略决策集中在集团总部,二级集团可以进行专业化的发展,每一个子集团形成自身发展目标和行业竞争战略,找准行业标杆,明确自身定位,寻求符合自身发展特点的商业模式。在集团化发展的进程中,按产业集群将各业务群进行整合,让各个板块制定自己的发展目标和行业竞争战略。[2] 其形式如图11-10所示。

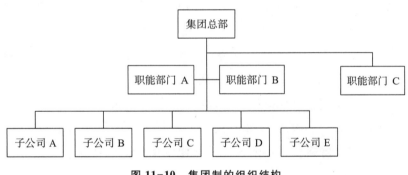

图 11-10 集团制的组织结构

集团制的缺点则包括:集团与子公司组织结构断层,缺乏沟通;多维组织构造混乱;职能边界不清,等等。

以上简单介绍了组织结构的主要形式,媒体组织一般根据所在的环境特点和组织发展需求来设计自己的组织结构,现实中并没有完全符合理想型组织结构的企业组织,多数以混合的形态呈现。

二、影响媒体组织结构的因素

在具体设计组织结构时,哪些因素会决定企业的组织结构呢?管理学者提出,企业

---

[1] 李红艳编著:《媒介组织学》,中国传媒大学出版社2006年版,第19—20页。
[2] 王吉鹏:《集团化管理的新趋势:架构重组》,《印刷经理人》2008年第12期,第55—57页。

的外在环境、企业战略、组织规模、技术应用是决定组织结构的主要因素。[①]

(一) 外在环境

由于组织的生存和发展都需要依赖外界环境的支持,所以组织环境的变化也必然会影响到组织结构。例如,改革开放以来,我国的政治、经济、技术和社会生活在各方面都发生了巨大变化,这种情况迫切要求我们媒体的组织结构也随之改变,以适应环境的需求。以经济环境为例,随着经济体制改革的日趋深入,媒体的企业属性逐渐得到承认,开始发挥市场主体的作用。媒体市场的竞争也在加剧,媒体产品的营销对于媒体的生存和发展也日趋重要。在这种情况下,媒体的组织结构就要适应媒体的营销时代而调整,建立能适应市场需求的部门,例如市场策划部、品牌管理机构等来满足开发市场的需要。[②] 为了实现社会效益和经济效益的平衡,一些媒体组织采取的方法是内容和经营分开管理,既要满足造血需求,又要确保正确的价值导向,防止商业化的侵蚀。

(二) 企业战略

企业战略决定企业未来的方向,企业常会根据企业自身发展的不同阶段或所处环境的变化来完善和调整其发展战略。组织结构则是确保企业健康、良性运转的运营模式,是企业实现其目标的手段。所以,企业战略对企业的组织结构有重要影响。以湖南卫视为例。2014年5月,湖南卫视宣布,其拥有完整知识产权的自制节目由芒果TV独播,以此打造自己的互联网视频平台。在这种企业战略的指导下,新创立的芒果TV获得大量引流,发展迅猛;在运营管理方面,芒果TV靠数据为用户画像,靠节目实现用户参与,靠技术提升用户体验。这一系列举措促使湖南广播电视台在媒体融合中顺利实现了平台化转型。

(三) 组织规模

组织规模的大小会影响到对组织结构的选择。通常,组织规模大,相应就会选择比较复杂的组织结构;组织规模较小,则会选择较为简单的组织结构。

以《新世纪》周刊为例。在原来采编团队仅有21人时,杂志社采用了垂直管理模式,结构分层也比较少,如图11-11所示;后来,在其人员增加至200多人时,《新世纪》周刊的组织结构发生了变化,开始采用事业部制的组织结构,按产品、区域、顾客或营销渠道等进行部门化,形成了准独立性经营单位,具体如图11-12所示。

---

① 王垒编著:《组织管理心理学》,北京大学出版社1993年版,第212—217页。
② 黄蓉:《我国传媒组织结构变革要求及策略分析》,《编辑之友》2006年第2期,第69—71页。

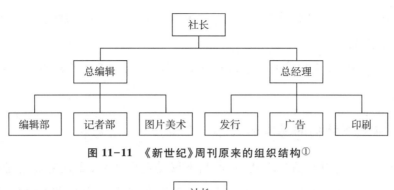

图 11-11 《新世纪》周刊原来的组织结构①

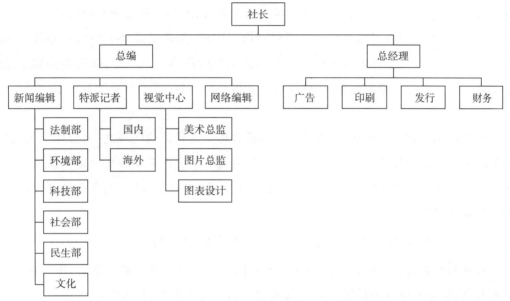

图 11-12 《新世纪》周刊扩大规模后的组织结构②

（四）技术应用

这里所说的技术是指组织为了将人力、物力、资金等各种资源转化为产品或服务所采用的技术。技术应用可能会也可能不会导致组织结构的改变。

为了顺应智能化的趋势，深化运用大数据、人工智能等智能技术，打造"智慧媒体"，在组织结构方面，媒体组织可以通过模块化分解、矩阵式结构、搭建平台生态圈等策略，来进行与战略相匹配的组织变革。比如，湖南广电集团以湖南卫视和芒果 TV 为双引擎，打造了由网络视频、互联网电视、IPTV、移动客户端共同构成的"芒果生态圈"；上海 SMG 以东方明珠新媒体的 BesTV（百视通）为平台，将过去分散各处的新媒体业务整合到东方明珠新媒体，组建了具有"中央厨房"特征的融媒体中心，初步形成了以

---

① 詹蕾：《〈新世纪〉周刊的组织结构状况及评析》，《今传媒》2010 年第 10 期，第 59—61 页。
② 同上。

BesTV为旗舰平台,包括"看看新闻"、"阿基米德"(音频)、"第一财经"三大产品在内的新媒体平台和产品格局。①

除了以上因素外,其他因素也会影响组织结构的设计,例如管理者对组织的权力与控制的要求等。

三、媒体组织结构的基本形式

媒体组织的结构有其独特之处,其产品不仅是物质产品,而且主要还是信息产品。媒体组织在获得经济利益的同时,还要考虑社会效益,承担着重要的社会责任。一般来说,媒体的组织结构由职能部门和经营管理部门构成:前者是媒体组织的核心部门,也是组织的基础部门,主要负责媒体产品和内容生产运作;后者在职能部门的基础上,通过对内外部资源的管理和运营,使媒体组织获得经济利益,主要负责财务管理、发行、营销、资本运营等。②

媒体组织结构是媒体企业适应环境、实现媒体企业目标的手段之一,媒体组织结构的形式决定着整个媒体的运作效率,也是组织完成各项工作和任务的保证。所以,媒体机构选择何种形式的组织结构一定要根据媒体组织的外部环境和内部条件进行设计,而不是套用其他机构的模式。

(一)以报纸和杂志为代表的纸质媒体的组织结构

报纸和杂志的生产流程主要包括四个阶段。第一阶段是策划及准备,由负责人制定总规划,再分发到各个板块筹备选题策划。第二阶段是采写和组稿,以部门为单位,负责调查、写稿和组稿工作。第三阶段是以编辑为主导,负责编辑、排版和校对。由于版面有限,需要在这一阶段对已有内容进行筛选,决定是否启用稿件,并反复通过校对确认内容信息无误。第四阶段是印刷、宣传和发行。最后,还要对报纸和杂志的影响力进行评估,并与读者互动、公关。国内外报社和杂志社基本上都是根据上述生产流程规划媒体组织结构。

在实行市场化改革前,我国报社所出的报纸种类较少,部门之间的沟通相对较少,此时常采用职能型组织结构。以人民日报社为例,其组织结构如图11—13所示,传统报纸大都采用了这种形式的组织结构。③

随着媒体融合的进一步深化,报社业务不断拓展,原有的组织架构已经不能适应报社的整体布局。人民日报社组织结构在横向上丰富了职能部门,尤其是开设了新媒体

---

① 参见严威、张明华:《智慧媒体的组织变革》,《电视研究》2018年第10期,第18—20页。
② 周鸿铎:《媒介经营与管理总论》,经济管理出版社2005年版,第150—152页。
③ 谭云明主编:《传媒经营管理新论》,北京大学出版社2007年版,第67页。

中心统摄新媒体业务,成立了广告有限公司负责市场经营上的相关事务;在纵向上则设立了各地方分部和地方分社,将业务范围铺至全国。其最新组织结构如图11-14所示。

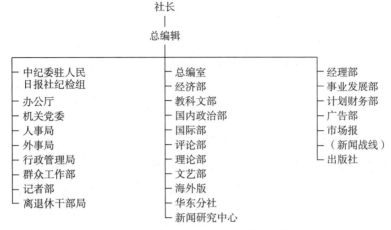

图 11-13　人民日报社组织结构(早期)

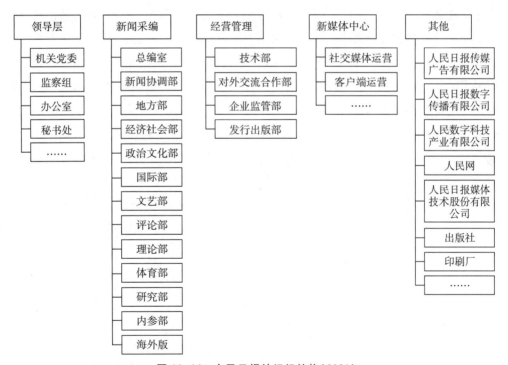

图 11-14　人民日报社组织结构(2021)

报业集团大都采用直线职能型组织结构,由主要职能部门和各子报刊组成。职能部门主要包括党群办公室、总编室、社委办、人事处、财务处、信息处和研究所等,此外还有各子报刊和印刷厂、发行部、广告部等,具体如图11-15所示。①

---

① 郭全中:《传媒集团战略与管理体制研究》,安徽大学出版社2010年版,第281页。

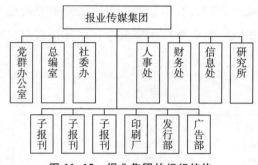

图 11-15　报业集团的组织结构

（二）广播和电视媒体的组织结构

广播和电视节目的生产流程同样是以四个阶段为主。第一阶段是前期准备，包括策划、文字稿写作、人员准备和器材设施准备；第二阶段是采录节目，由各部门制作节目内容；第三阶段是后期合成，非直播节目在这一阶段需要对素材进行剪辑；第四阶段是发行和宣传。另外还有节目内容影响力评估和与受众互动的公关接洽事宜。

在专业化频道出现以前，我国的电视台大多仅拥有一两个无线频道的播出资源，基本上采取的是职能型组织结构、节目部制，如图 11-16 所示。各部门独立性很小，层级多，台里实行集中控制和统一指挥。现在，拥有频道资源较少的地市级电视台还在采用这种组织结构。随着电视传输技术的发展，有线电视和卫星电视得到了发展，地方电视媒体拥有的电视频道资源大量增加，其组织结构也转而采用事业部制，即专业频道制，如图 11-17 所示。① 事业部制以一定的分权制代替了完全的集权制。

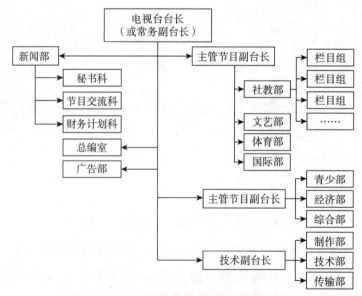

图 11-16　电视媒体职能型组织结构示意图

---

① 王冬冬：《电视媒体的组织结构设计研究》，哈尔滨工业大学博士学位论文，2008 年，第 60—61 页。

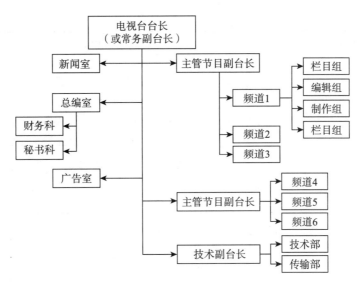

图 11-17　电视媒体事业部制结构示意图

某广播电视台则根据不同的节目类型，以中心制的方式进行业务管理，其组织架构如表 11-1 所示。

表 11-1　某广播电视台组织结构

类别	中心
内设机构	总编室
	办公厅
	新闻中心
	内参舆情中心
	财经节目中心
	文艺节目中心
	体育青少节目中心
	社教节目中心
	影视剧纪录片中心
	民族语言节目中心
	军事节目中心
	农业农村节目中心
	港澳台节目中心
	英语环球节目中心
	亚洲非洲地区语言节目中心
	欧洲拉美地区语言节目中心
	华语环球节目中心

(续表)

类别	中心
	融合发展中心
	新闻新媒体中心
	视听新媒体中心
	国际传播规划局
	人事局
	财务局
	总经理室
	技术局
	国际交流局
	创新发展研究中心
	机关党委
	离退休干部局
地方派出机构	北京总站
	天津总站
	……
海外派出机构	北美总站
	拉美总站
	……
直属事业单位	音像资料馆
	影视翻译制作中心
直属企业	中国国际电视总公司
	央视国际网络有限公司
	……

我国广电集团是由多个以资金为纽带的广播电视机构组成的联合体，其组织结构比较复杂，包含更多的经营实体和管理机构。以湖南电广传媒股份有限公司为例，其经营范围包括广告发布、代理、策划、制作和影视节目制作发行、有线电视网信息传输服务等主营业务，还兼营房地产、旅游和会展等业务，在湖南省内外拥有 40 多家控股、参股公司，其组织结构比较复杂，具体如图 11-18 所示。[①]

[①] 周鸿铎、王文杰、陈鹏:《传媒集团运营机制》，经济管理出版社 2004 年版，第 46—47 页。

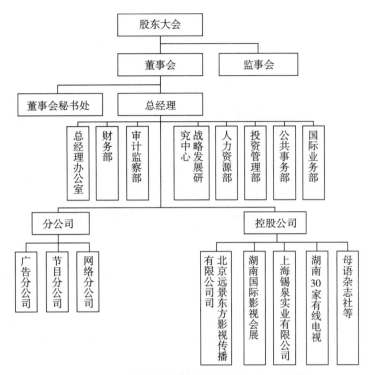

图 11-18 湖南电广传媒股份有限公司组织结构图

(三) 出版社

目前,我国出版社的主要组织结构有三种形式:U 型、M 型和 UM 混合型。

U 型出版企业是根据整个出版运营流程,按照不同的专业职能而相应设立组织层级结构的出版企业。每个部门都是出版企业的一个专业职能单位,如总编辑办公室、编辑部、出版部、市场营销部、物流配送中心、社办公室、人力资源部、财务部、后勤管理部等,它们构成了出版企业的价值链;出版企业最高领导层为企业的决策领导机构,经理(社长)为出版企业最高领导层的主要负责人,各职能部门负责人直接接受企业最高领导层的领导,负责组织本部门员工在相关职能工作范围内履行职责,如图 11-19 所示。

图 11-19 出版企业的 U 型组织结构示意图

M 型出版企业是依照分权的原则,在总部集中领导下,设立多个相对独立业务运营部门的出版企业。出版企业(集团)总部主要负责进行企业战略规划,控制各运营部门,对企业的总体进行协调,总经理(社长)为总部主要负责人。企业的运营业务都具有编辑、出版、营销等系统生产经营的功能,是相对独立的经营个体或利润中心;出版集团的人力资源部、财务部、总编辑办公室等属于服务部门,既服务于总部领导层,也服务于各个相对独立的业务运营部门,归总部直接领导。这种组织结构的管理模式如图 11-20 所示。

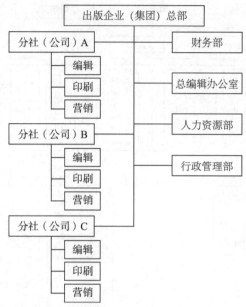

图 11-20　出版企业的 M 型组织结构示意图

中国出版集团就是一个比较典型的分社制组织结构的出版企业。其组织结构如图 11-21 所示。①

此外,还有一些出版社的组织结构是 U 型和 M 型的混合。在这类出版企业中,由于有些部门职能单一,因此只有通过与其他部门的联合才能形成完整的运营系统。例如,如果几个出版分社的出版物全部为纸质产品,集团为了降低成本,就会设置一个生产印制部门和一个物流配送服务中心,集中为这些分社提供印制和发货服务;而对于那些经营相对独立的部门,比如出版企业的音像出版、电子出版等,则可让它们相对独立运作。②

第三节　媒体组织的变迁

如前所述,媒体组织结构要从不同媒体产品特性出发进行探讨,随着电子媒体在媒体市场上占据主导地位,媒体组织为了更好地生产适应新媒体时代的产品,必须对媒体组织结构进行优化,甚至是进行重大调整。本节内容主要介绍了西方和国内应对数字化环境和媒体融合做出的媒体组织架构调整。

---

① "中国出版集团公司组织结构图",中国出版集团公司网站,http://www.cnpubg.com/overview/organizational.shtml,2023 年 6 月 1 日访问。
② 张其友:《出版企业内部组织结构的类型及分析》,《出版发行研究》2008 年第 6 期,第 18—22 页。

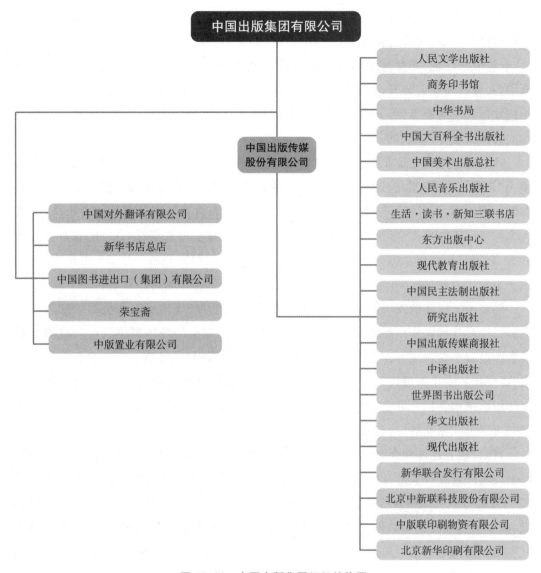

图 11-21　中国出版集团组织结构图

一、西方媒体组织结构变迁

西方媒体产业的发展,即受企业追求利润最大化影响的发展,在增进社会公益方面要受社会责任和政府的约束。相较于中国,市场化利润获取和竞争是其媒体组织结构改进的最大动力,其媒体融合主要是媒体组织自发进行的组织结构调整。

西方媒体组织结构主要经历了两个发展阶段。[①]

第一个阶段是传统企业阶段,其主要特点是媒体的所有权和经营权高度统一。这

---

① 傅平:《传媒变革——中国传媒集团组织转型与重塑》,上海文化出版社 2005 年版,第 194—201 页。

个阶段可分为三个子阶段。(1)一权统配制阶段:这个阶段的媒体组织规模较小,对于早期的报社来说,它就是由老板、记者、编辑和排字印刷工人构成,一个报社只有几个人,老板兼任经理,并参与采编;(2)两权分离制子阶段:随着报业规模的发展,编辑逐渐增多,编辑和经营分开;(3)三权并列阶段:这一阶段,一些报社建立了经理制度,社长或发行人由老板担任,下设权力相当的总编辑和经理。这种由老板、总经理和总编辑构成的体制被称作"三驾马车"体制。

第二阶段是现代企业制度的建立。这个阶段主要包括股份制和集团化兴起两个阶段。(1)股份制19世纪开始在美国兴起,到19世纪末,几乎所有的大报都采取了股份有限公司的形式,并实行三级管理体制。其中,股东大会是公司最高的权力机关,股东大会所选出来的董事会是决策机关,董事长常由持股最多的家族派人出任,董事会任命社长、总编辑和经理。(2)第二个子阶段是集团化兴起和发展的阶段,19世纪末,美国首先出现了报业集团,开启了将分公司体制转化为子公司体制的经营之路。

随着电子媒体的发展及其市场占有额的大幅度增加,媒体组织调整组织结构以适应新媒体时代的媒体产品生产。第一个变化特征是,庞大的跨国媒体组织在巩固和扩展业务过程中变得更为庞大、整合性更强,同时更强调网络化管理。第二个变化特征则是,适应技术变化而进行部门结构调整,形成了全方位的产品市场。比如,时代华纳的媒体组织结构囊括电影、电视节目、游戏、漫画和网络产品生产,在运作特定知识产权作品时可以形成联动效应,充分攫取相关利润。

目前,西方媒体融合组织管理模式可分为以下四种:第一种强调从媒体组织机构内部出发实现管理方式的升级,如借助媒体自身的经济效率或通过媒体组织能力进行管理[1],或通过建立如编辑新闻部这类统一体实现融媒体管理[2]。第二种是从资本力量出发,通过组建如时代华纳等大型媒体集团的方式实现对融媒体的管理工作。[3] 第三种方式则强调从战略布局层面改变传统组织管理方式,从而适应媒体融合管理新形势。[4] 第四种方式则考虑采取多方合作或外部合作等方式进行管理模式创新。[5]

---

[1] Michael Beer, and Nitin Nohria, "Cracking the Code of Change," *Harvard Business Review*, Vol. 78, No. 3, 2000, pp. 133-141.

[2] Larry Dailey, Lori Demo, and Mary Spillman, "The Convergence Continuum: A Model for Studying Collaboration between Media Newsrooms," *Atlantic Journal of Communication*, Vol. 13, No. 3, 2005, pp. 150-168.

[3] 朱天、彭泌溢:《试论媒介融合中的"加减之道"——时代华纳与美国在线"世纪婚姻"终结对我国"三网融合"的启示》,《新闻记者》2011年第7期,第61—65页。

[4] George S. Day, and Paul J. H. Schoemaker, "Avoiding the Pitfalls of Emerging Technologies," *California Management Review*, Vol. 42, No. 2, 2000, pp. 8-33.

[5] Gracie Lawson-Borders, "Integrating New Media and Old Media: Seven Observations of Convergence as a Strategy for best Practices in Media Organizations," *International Journal on Media Management*, Vol. 5, No. 2, 2003, pp. 91-99.

二、我国媒体组织结构变迁

中华人民共和国成立以来,随着社会政治经济环境的变化,我国的媒体组织结构经历了计划经济时期、改革开放时期、转企改制时期、集团化时期、媒体融合时期等不同阶段的变化。

(一)我国媒体组织发展历史

20世纪初期,我国开始出现商业媒体。例如《大公报》,该报曾设社长、总经理和总编辑等职务,编辑、经理各司其职,以编辑部为重。这个时期的媒体组织结构比较简单。在1949年至1978年的计划经济时期,我国的新闻媒体组织被纳入事业单位范畴,不从事经济活动,媒体的组织结构主要是编委会集体领导下的直线型结构,实行总编辑负责制。

1978年,党的十一届三中全会召开之后,随着经济体制改革的逐步深化,媒体组织开始有了市场意识,其组织结构也出现了社长领导下的直线职能制,编辑部和经营部门(通常由社长分管)各自对内容和发行等业务负责。1983年,《关于批转广播电视部党组〈关于广播电视工作的汇报提纲〉的通知》(中发〔1983〕37号)确定了"四级办台"的事业建设体制,形成了行政区域化的广播电视发展格局,报刊、图书等出版发行行业也相应地进行了条块分割式的规划与建设。

在20世纪90年代以后,媒体组织正式进入转企改制的新阶段,确立了"事业单位,企业化管理"二元运作机制,经营意识增强。1996年中共中央办公厅、国务院办公厅出台的《关于加强新闻出版广播电视业管理的通知》以及1997年广播电影电视部据此下发的相关文件,提出了"三台合一、局台合一"的广播电视机构合并模式,加强治理"散""乱"的媒体经营状况。1992年中共中央、国务院作出《关于加快发展第三产业的决定》,正式将广播电视定义为第三产业,明确了其产业属性和商业经营属性,但仍然没有改变其事业单位的属性。1999年《国务院办公厅转发信息产业部 国家广播电影电视总局关于加强广播电视有线网络建设管理意见的通知》提出了"四级变两级"的广播电视改革体制,即在"三台合一"的基础上,推进地(市)、省级无线电视台和有线电视台的合并。这一阶段对我国媒体组织的规制还带有浓厚的计划经济色彩,媒体的经营管理由政府的行政指令决定,而非适应市场竞争的优化和调整。政府调整的是媒体的组织机构等事业性结构。[①]

21世纪初期,媒体集团化发展得到了中央支持。2001年8月,《中共中央办公厅国务院办公厅关于转发〈中央宣传部、国家广电总局、新闻出版总署关于深化新闻出版广

---

① 胡正荣、李继东:《我国媒介规制变迁的制度困境及其意识形态根源》,《新闻大学》2005年第1期,第3—8页。

播影视业改革的若干意见〉的通知》(中办发〔2001〕17号)文件首次提出,"要以资本和业务为纽带组建多媒体兼营和跨地区经营的媒体集团,并要以结构调整为主线对媒体产业的组织结构、资本结构等进行全面调整。在确保国有控股的情况下,可以吸纳国外和国内非国有资金,同时允许经营性资产可以上市"。媒体机构的市场主体性开始显现,且政府开始关注媒体市场主体的结构调整与市场准入的变革。媒体组织将经营性资源与公益性资源相区分,从事业体制中分离出来,按现代产权和企业制度组建公司。

(二) 新媒体环境下我国媒体组织结构发展

当前,媒体组织结构调整的重要目标是适应媒体融合的大趋势。习近平总书记强调:"坚持先进技术为支撑、内容建设为根本,推动传统媒体和新兴媒体在内容、渠道、平台、经营、管理等方面的深度融合,着力打造一批形态多样、手段先进、具有竞争力的新型主流媒体,建成几家拥有强大实力和传播力、公信力、影响力的新型媒体集团,形成立体多样、融合发展的现代传播体系。"[①]围绕媒体融合发展目标,从中央到地方都开始进行探索,调整组织结构,适应发展需要。

从各地的探索看,媒体融合中的组织结构调整有两种路径。一是在媒体集团组织结构中增设融媒体机构。在媒体融合背景下,国内一些事业单位以及已经完成集团化、公司化改革的媒体集团,多以在原有组织结构中增设部门或投资入股的方式运营新媒体业务,探索和逐步调整全媒体时代的媒体组织结构。并且,逐渐从"做加法"式的资源投入、机构增添发展为媒体集团内部组织架构和职能分工的调整,实现了优势资源的整合和互补。二是整体转型。最具代表性的是县级融媒体中心的建设。它将县域内原有的报社、广播电视中心、网络中心、县委报道组、新媒体中心等媒体资源进行总体合并,重新进行了业务构建和流程再造。由于我国县域间的差距悬殊,各地县级融媒体中心的组织结构也有较大差异,但总体都在朝着深度融合方向发展。媒体融合逐渐从内容和渠道的拼凑和叠加向生产流程、经营、管理融合的纵深方向发展。最终,传统媒体理念、思维方式和文化发生转变,从封闭转向开放,从"受众"转向"用户",从传播转向互动,探索出适合互联网的新的表达形式,将新闻媒体转换为信息与服务平台,建立了面向用户需求的数据和内容共享的平台与机制,扩大了传播规模,增强了传播效果,实现了整体的新媒体转型。

值得注意的是,在传统媒体进行组织结构调整的同时,网络媒体也在不断优化组织结构。网络媒体的组织结构主要有两种表现形式:其一是依托互联网平台的自媒体运营结构,比如借助微信平台运营微信公众号、借助微博平台运营微博账号等常见的自媒体运作方式,其具体结构如图11-22所示。这种组织结构较扁平,具体可分为策划、执

---

① 《共同为改革想招一起为改革发力 群策群力把各项改革工作抓到位》,《人民日报》2014年8月19日第1版。

行和推广等多条线：策划包括活动策划和文案；执行主要以视觉设计和文案为主；推广由专业的网络推广人员负责。商务拓展主要负责广告等商务商谈。数据分析则主要通过后台数据重点考察内容的传播范围和效果，同时配合财务分析收支情况。运营总监则需要负责新媒体的整体规划、实施及运营，带领团队实现运营目标。

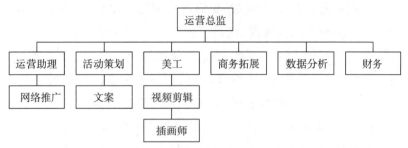

图 11-22　自媒体扁平化组织结构示意图

其二是大型互联网公司对新媒体部门的调整。随着传播技术的更新，传统的互联网公司也渐渐落入"旧媒体"行列，相继在公司内部增设新媒体部，负责网络媒体。但近年来，各大互联网公司逐步放弃了单独设立"网络媒体"部门的做法，而是从平台角度出发整合已有资源。

以腾讯公司为例，自1998年成立至今，腾讯公司经历了三次重大组织变革：2005年的"BU变革"、2012年的"518变革"、2018年的"930变革"。其目前的组织架构是由"930变革"结构积淀而成，主体部分为"1+6+3"结构，即"1"个总办（公司核心决策机构），"6"个事业群[企业发展事业群（CDG）、云与智慧产业事业群（CSIG）、互动娱乐事业群（IEG）、平台与内容事业群（PCG）、技术工程事业群（TEG）、微信事业群（WXG）]，3个职能系统（S1职能线、S2财经线、S3HR与管理线）。除主体部分外，公司还有跨部门组织及其他生态合作组织。图11-23为现在的腾讯组织架构示意图。

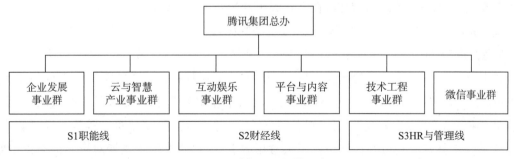

图 11-23　腾讯组织架构示意图

总体而言，腾讯的组织架构有如下特点：

第一，组织架构适应了互联网技术和产业变迁，紧扣业务发展逻辑。回顾过往，腾讯的三次组织变革分别踏准了PC、移动互联网、产业互联网的时代风口，通过内部组织调整适应了业务挑战。2005年,为抓住游戏、广告、搜索、电商等机会,改变单一社交平台职能型组织下内部资源争抢的状态,组织架构变为事业部制,各业务开始形成独立的生态模块;2012年,移动互联网浪潮袭来,公司为协调内部PC端和移动端间的冲突,将同类业务的PC端与移动端合并,成立单独的事业群,微信成功在移动互联网时代占得先机。2018年,C端业务面临多方挑战,B端市场崛起。除保留CDG、IEG、TEG、WXG这4个事业群外,为拥抱产业互联网,新设了面向B端的CSIG,并且巩固消费互联网、合并C端业务,并入了新的PCG。至此,当前腾讯组织架构的主体部分形成。

第二,组织架构是"大权集中、小权分散"的市场型生态。腾讯的组织架构分为负责决策的总办,负责产品业务的事业群(设部、中心、组),负责专业、研究、服务支撑的职能系统三部分。6个事业群可被视为由众多创业公司组成的集合体。它们以独立运营、相互竞争的丛林法则模拟市场竞争环境,确保内部活力;以开放战略连接外部垂直生态伙伴。事业群在业务拓展上被授予最大权限,但其命脉始终由总办控制。腾讯把自下而上的反馈决策和自上而下的全局统筹两个方向的市场机制融入了公司的血液和生态,不断调整的组织架构反过来成为这些能力的底层支撑。腾讯的组织特点呈现了较强的自我修正和进化能力,每一次修正都会带来组织新的进化。

第三,组织架构布局呈现为"经主纬副",确保了业务健康发展。作为超级平台,腾讯内部的业务线、产品线分工与协作既多又细,为确保公司各项业务合法合规,腾讯注重从组织架构层面嵌入风控和服务设计,平衡发展、服务与安全。比如,从跨部门层面看,业务部门和职能部门自成体系、相互分立,职能部门在提供服务的同时,也对业务发展予以不同层面的约束;业务部门的工作目标和价值导向不同,与职能部门之间存在合作和约束关系。从同部门层面看,不同属性的业务也设立了明显的分隔,比如内容和经营业务必须分开。

另外,互联网公司也采用投资布局的方式支持和介入其他媒体组织的发展。同样以腾讯公司2018年的投资为例,在文化娱乐和游戏方面,腾讯总计投资了50家国内外公司,其中涉及多个领域的媒体组织,如"哔哩哔哩"(国内领先的年轻人文化社区)、"喜马拉雅"(知名音频分享平台)、"知乎"(网络问答社区)、"视美影业"(致力于原创动漫制作及创意文化产业的运营发展)、"快手"(短视频社区)、"梨视频"(新闻短视频App)、"斗鱼TV"(直播平台)、"幕星社"(漫画工作室)、"育碧"(跨国的游戏制作、发行和代销商)和"盛大游戏"(国内知名网络游戏开发、运营和发行商),等等。通过资本运作整合媒体资源是市场经济条件下最常用的手段,它要求媒体改变对资本的态度,增设投资部门或者调整传统的财务部门,强化资本运作的职能。

三、媒体融合中的组织结构变迁趋势

媒体融合是新兴媒体发展到一定阶段的必然趋势。新兴媒体和传统媒体由于技术

特性上的差异,对组织结构的要求也不一样。为了推动传统媒体和新兴媒体在内容、渠道、平台、经营、管理等方面的深度融合,组织结构必须作出一定的变革以适应新的生产流程和经营模式。

(一) 适应细分市场需求,组织结构更加多元化

目前,我国的媒体改革处于持续推进的过程中,而且始终以行政力量为主导,媒体建设的行政区域性特征显著,存在大量省级媒体模仿中央媒体、市县媒体拷贝省级媒体的行政化的组织结构生成机制。比如,在人民日报社建立"中央厨房"式的新闻生产模式后,各省、市和县也随之跟进,建设自己的"中央厨房",但一些媒体本身生产能力极为有限,既没有足够的新闻素材需要"中央厨房"加工,也没有相应的信息输出端口,将有限的资金用于建设"中央厨房"未必适合当地媒体发展的实情。因此,未来更多的媒体组织要在提升自我造血功能的同时,寻找自己的细化市场,并根据市场需求,重新构建多元化组织结构。大型媒体集团还要进一步明确事业和企业单位的权责利,建立权责利对等的组织机构。

(二) 适应媒体融合需求,组织结构更具灵活性和创新性

媒体融合是以新型传播技术为支撑的媒体市场重构,并且主要依托先进的微电子技术和无线通信技术,技术的日新月异将会影响媒体组织的战略目标及其实现路径,战略目标及其实现路径要进行调整,必然要对组织结构进行优化或改造。因此,未来媒体要适应媒体融合的发展要求,就必须保证其组织结构具有高度的灵活性和创新性。为此,必须赋予媒体经营管理者以充分的自我完善的权利,改变传统媒体组织结构中的行政生成机制为市场生成机制。

(三) 推动体制机制改革,提高资源配置效率

媒体融合不能只停留在机械的、同质化的内容融合层面,而要在新闻策划和生产的上游就实现内容、渠道、平台、经营的深度融合,这样既适应媒体现状,也有助于内容创新,可将多媒体技术融入新闻稿件,打造出更具互动性和吸引力的新闻产品。打破媒体藩篱不仅指横向上破除媒体机构间的壁垒,为了提高新闻的生产效率,也应在纵向上逐步从等级化的行政管理转向开放式、扁平化的管理模式:融媒体系统中的每一个工作人员都可以在任何一个位置成为阶段性、局部性的中心,彼此自由连接,根据具体的工作组成临时性的新闻小组,实现多元互动、灵活组合、协同运作。融媒体机构可以在整合传统媒体和新兴媒体原有人才队伍和资源的基础上,打破各自为战的现状,科学调配资源,重新划分职能部门,创新工作机制,重塑内容生产流程,摒弃传统生产和传播模式,推动传统媒体和新兴媒体互为流量导入口,搭建灵活机动的工作平台,促进各种报道资源充分共享、各种媒体互联互通、各种服务互相支持。

小　结

基于组织理论认识媒体组织,有助于了解媒体经营和管理的内部结构和职能分配。媒体组织作为媒体产业的基本单元,是媒体自身寻求达成其战略目标的工具和手段,组织变迁也体现了宏观媒体产业制度的变化。在媒体融合的大势所趋下,组织结构由层级化转向扁平化、由中心化转向网络化是各媒体机构表现出的共同特征。如何进一步适应媒体技术的革新,通过正确的指挥方法、严密合理的控制程序及有效的内部协调,使媒体组织的资源得到高效能的配置和运用,是媒体从业人员和学界需要深入思考的问题。

思考题

1. 组织和媒体组织的定义是什么？
2. 相较于其他组织,媒体组织有哪些特征？
3. 媒体组织的相关理论借鉴了哪些经典的组织理论？
4. 媒体组织理论的变迁经历了哪些阶段？
5. 以不同的媒介形式为例,论述不同组织结构的适配性。
6. 影响媒体组织结构的因素有哪些？
7. 新媒体时代,媒体组织结构在哪些方面发生了变化？
8. 西方媒体组织结构变迁的推动力有哪些？
9. 相较于西方的媒体组织结构变迁,我国媒体组织结构变迁的特异性表现在哪里？
10. 媒体融合中的组织结构变迁有哪些趋势？

推荐阅读

傅平:《传媒变革——中国传媒集团组织转型与重塑》,上海文化出版社2005年版。
李红艳编著:《媒介组织学》,中国传媒大学出版社2006年版。
罗霆编著:《媒体管理——理论框架与案例分析》,中国国际广播出版社2008年版。
谭天:《媒介平台论:新兴媒体的组织形态研究》,中国人民大学出版社2016年版。
谢新洲主编:《媒介经营管理案例分析》,北京大学出版社2010年版。
许玉林主编:《组织设计与管理》,复旦大学出版社2003年版。
袁靖华:《媒介愿景论:社会转型时期的媒介组织管理》,中国传媒大学出版社2009年版。
周鸿铎:《媒介经营与管理总论》,经济管理出版社2005年版。

第十二章　媒体人力资源管理

人是生产力中最活跃、多变,也是最难控制的因素,是一种极具创造性和变化性的资源,是企业活力的源泉。随着媒体市场竞争的加剧,对人力资源的合理开发、管理和利用将是媒体组织在市场竞争中制胜的关键。人力资源管理(human resource management,简称HRM)应运而生,其任务是在企业内部设计各种有关的规章制度[①],使之有利于充分发挥组织成员的才干,从而圆满地实现企业的各种目标。如今,越来越多的管理者认识到,企业的竞争优势不仅在于先进的技术和雄厚的资本,而且在于与企业提供的产品和服务直接相关的人。

媒体产业对技术和资金有着较高的要求,同时也是知识密集型行业,因此对于人力资源开发与管理有着更高的要求。人力资源管理是媒体管理中的重要内容,对于媒体组织意义重大。本章将探讨媒体人力资源的特征以及各种影响因素,并介绍媒体人力资源管理的主要内容及相关的操作方法。

第一节　媒体人力资源管理的兴起

"人力资源"的概念于1919年首次被提出,又称"劳动力资源"或"劳动力"。1958年,社会学家怀特·巴克在《人力资源功能》一书中,首次将人力资源管理作为管理的普通职能来讨论。由于我国长期按照事业单位体制管理媒体组织,因此真正意义上的人力资源管理起步非常晚,它经历了一个从传统人事管理向人力资源管理的转变过程,至今仍然处于不断探索与完善之中。

---

① 〔美〕R.韦恩·蒙迪、罗伯特·M.诺埃:《人力资源管理(第六版)》,葛新权等译,经济科学出版社1998年版,第4页。

一、人力资源管理与人事管理的区别

正如一位美国公司的总裁所总结的:"许多年来,人们一直都在说,对于处于发展中的行业来说,资本是一个瓶颈。而我已经不再认为这种看法是正确的了。我认为,真正构成生产瓶颈的是劳动力以及公司在招募及留住优秀劳动力方面的无能。我没有听说过任何一项以完美的思路、充沛的精力和真诚的热情为后盾的重要计划会因资金短缺而中止。我只知道那些增长陷于部分停滞或完全被遏制的行业是由于它们不能维持劳动力的效率和工作热情。并且,我认为,这种判断在将来会越来越显示出其正确性。"[①] 1975年发表在《哈佛商业评论》(第3—4月号)中的这段话如今越发显示出其正确性,从侧面说明了人力资源管理的重要性。这种人力资源管理与传统人事管理有着明显的区别,我国大多数传媒尚须不断提高认识水平。

(一) 两者在组织中的角色不同

在专业的人事管理岗位出现之前,人员的招募和解雇都是由组织的主管人员直接负责,即谁用工、谁招工、谁给钱。早期的人事管理从薪酬管理开始,并逐步加入了对人员的选用和淘汰内容。不过,很长一段时间内,人事管理的主要工作是确保组织内人员配置按程序办事,在各种测试和面谈技术诞生后,人事管理才开始在人员的甄选、培训和晋升方面发挥更大的作用。

随着各种劳动法律法规的实施,人事管理部门越来越重视用工的规范性,努力避免用工单位因为违法用工被诉诸法律。因此,协调劳资纠纷和处理劳动人事争议顺理成章地成为人事管理部门的重要工作。

人事管理向人力资源管理的转变,使得人事管理者从单位用工的保护者和甄选者的角色,向组织的规划者和变革发起者转变。因此,人事管理和人力资源管理两者并不完全等同。

(二) 从被动管理向主动服务转变

我国媒体管理长期以来形成的事业单位人事管理办法已经不适应现代传媒企业的人力资源管理的需要。传统的人事管理者既管人,也管事,且以管人为主,主要任务是根据领导要求,给人安排工作,发放薪酬,以事务性工作为主。因此,传统的新闻媒体中较大程度上存在因人设岗的现象,人员流动性不强。对于此类不合理的人事现象的解释往往是"领导让干的"。在此情形下,人事管理者和被管理者都存在较强的被动性。

---

① 〔美〕加里·德斯勒:《人力资源管理(第六版)》,刘昕等译,中国人民大学出版社1999年版,第18—20页。

现代传媒企业将人事管理改称为人力资源管理,虽然其工作主体并未发生变化,仍然是人和事,但工作的理念、流程和中心却变了。它体现了以人为本的基本理念,承认人的主观能动性,强调服务、公平和公正,鼓励人们自主地选择合适的岗位,而不是被动地等待分配。人员和其他资源的流动成为一种正常的现象。媒体人力资源管理者视员工为媒体的重要资源,重视人才的开发、培养和使用,鼓励人才创新和流动,努力搭建人尽其才、物尽其用的创业平台。这样不仅激发了人才的主动性,也体现了人力资源管理者主动服务的意识。

(三) 从身份管理向岗位管理转变

传统的人事管理强调身份管理,劳动者被严格区分为干部和工人等身份,区别使用聘用合同和劳动合同,有正式工和临时工的差别,有编制内和编制外的区分,导致了明显的同工不同酬的不公平现象。

现代人力资源管理则以岗位管理为中心,以合同为约束,强调同工同酬。随着我国劳动人事管理制度的深入改革,国家最高管理机构已经将人事部和劳动部合并为人力资源和社会保障部。同样地,国家广播电视总局的改称及其机构设置调整是为了从顶层设计开始,逐步消除人员身份界限和行业间的行政壁垒,推动管理改革。

面对我国劳动人事管理改革的深化,现代新闻媒体的人力资源管理者要根据媒体发展战略规划,制订人力资源规划,调节人才供需关系,然后据此招募、发现、培养和激励相应的人才,使之在合适的岗位上发挥应有作用,并赋予其相匹配的权责利。

(四) 反映了不同的管理哲学

人事管理和人力资源管理的区别,实际上体现了管理哲学的区别。人事管理哲学受到管理者关于人的基本假设的影响。

道格拉斯·麦格雷戈(Douglas McGregor)将关于人的假设分为两类,即所谓的X理论(Theory X)和Y理论(Theory Y)。伦西斯·利克特(Rensis Likert)认为,这两种理论假设反映了不同的组织体系(Ⅰ和Ⅳ)和态度。[①] 由表12-1可见,在X理论的假设中,人本质上不喜欢工作,也不愿意承担责任,因此管理者往往对下属没有信心,一切决策和目标都来自高层,下属在恐惧、威胁和惩罚中被动工作;在Y理论的假设中,人并不厌恶工作,人们需要满足成就感、自尊感和自我实现感,并愿为此承担责任,相应地,管理者对下属充分信任,决策权分散,员工被鼓励积极参与管理和决策。

---

① 〔美〕加里·德斯勒:《人力资源管理(第六版)》,刘昕等译,中国人民大学出版社1999年版,第17页。

表 12-1　道格拉斯 X/Y 理论与伦西斯 I/IV 组织体系的对应关系

关于人的假设与组织类型	关于人的假设的属性	对应的组织类型属性
X 理论与对应的组织体系 I	一般人本质上不喜欢工作,并且一旦有可能就不工作	组织的管理实践表现出对下属没有信心和不信任
	大多数人都必须进行强迫、控制以及指挥,甚至以处罚相威胁才能尽力工作	各种决策以及组织目标都由高层制定
	一般人都愿意被人指挥并且希望逃避责任	下属在恐惧、威胁和惩罚中被强迫工作
		控制权高度集中于高层管理人员手中
Y 理论与对应的组织体系 IV	一般人在本质上并不厌恶工作	组织的管理实践表现出对下属有充分的信心和信任
	外部控制和惩罚威胁并不是使人们为组织目标奋斗的唯一手段	决策权分散而非高度集中
	激励人们的最好办法是满足他们的成就感、自尊感和自我实现感等高层次需求	对员工的激励是借助管理参与和决策参与实现的
	在适当的条件下,一般人不仅愿意承担责任,而且会主动地去寻求责任感	监督人员和下属之间的关系是包容和友好的
	较强的想象力、理解力和在解决组织问题的过程中所运用的创造力等各种能力,非常广泛地体现在每一个人身上,而不是仅集中在少数人身上	控制的责任广且分散,较低层次的人也负有完全的责任

不同的人生哲学影响着人力资源管理哲学。持有 Y 理论观点的人力资源管理者强调改善企业的工作生活质量,帮助员工通过工作实现个人需求,并为此公平、公正地对待员工,让每一位员工获得最大限度发挥个人才能的机会。员工与企业之间能够进行公开可信的沟通,员工有机会参与和他们工作有关的决策,最终获得足够公平的报酬,享有安全的、健康的工作环境等。只有当企业的人事行动不仅关注组织中员工的生活需要的满足,而且还注意到员工的成长需要和自我实现需要的满足时,企业的人事管理系统才能够称得上是人力资源管理系统。

在现实生活中,一些领导者对于员工的意见经常表现出疑问,如:"你想干什么?"其实,这表明企业领导对于员工需求的不理解,认为能够满足员工的基本生活需求便完成任务了。在此观点的作用下,企业很难获得员工的全力支持。新闻媒体从业人员大多知识丰富、个性张扬,管理者选择何种人生哲学和人力资源管理哲学,对媒体整体事业的发展至关重要。

二、媒体人力资源管理的特殊要求

实践中,考虑到新闻媒体的特殊性,管理者应注意媒体人力资源管理中的特殊要求。

（一）坚持党管媒体的原则

新闻媒体是党和人民的"喉舌",其政治属性强。因此,在招募、选择、培养和使用人才时,要选择和培养能坚持正确舆论导向,具有大局意识和敏锐的政治意识的人才,新闻媒体人才团队要能够坚持新闻媒体为人民服务和为社会主义服务的基本方向。在人才的管理方面,要自觉接受中国共产党的领导。

（二）适应新闻媒体的创新需求

新闻作品的编采和媒体的经营与管理都强调创造和创新,因此人力资源管理者在进行绩效考核时,应该始终把鼓励创新作为重要的标准,对创新失败者持有包容的态度,为媒体的内容创新、管理创新和经营创新创造机会,营造氛围,搭建有利于新闻媒体人才建功立业的平台。

（三）尊重新闻媒体工作的规律

新闻媒体的工作不同于一般的组织和企业工作,它强调时效性,强调变化,并以此作为保持竞争实力、吸引受众的重要法宝。新闻媒体的从业人员为了获得新鲜的独家新闻,在工作时间和工作方法上都需要突破常规,其工作时间弹性较大,工作强度远非最终呈现的新闻作品所能体现,为获得新闻采取的工作方法可能带有一定的风险。因此,人力资源管理者要尊重新闻工作的规律,避免盲目照抄照搬其他企业的管理制度,避免简单地以结果论英雄。

（四）关注新闻媒体人力资源的构成特征

新闻媒体人力资源的总体构成特征可以概括为:受教育程度高、知识背景复杂;人员流动性强;团队协作要求高;人员之间的竞争激烈;政治敏锐性强;等等。人力资源管理者既要掌握本单位人才队伍的结构和特点,也要了解新闻媒体整体的人才状况,关注相关媒体的人才结构,成为媒体内部的"猎头",及时为所在媒体发现、物色、挖掘人才,以填补本单位人才的空缺,完善人才结构,服务于媒体发展大局。

（五）重视新闻伦理与职业道德培训

新闻工作者除了要坚守最基本的法律底线外,还要重视新闻伦理,讲究职业道德。对此,一些年轻的新闻工作者往往重视不够,并因此引发民事纠纷,甚至导致违法与犯罪行为。新闻媒体的人力资源管理部门有责任将新闻伦理和职业道德,作为新闻从业人员入职培训和继续教育的一项重要内容,并予以重视。

目前,在我国新闻媒体管理体系中,往往新闻行政主管部门强调新闻伦理和职业道德较多,人力资源管理部门对此重视不够。

（六）理解并认同新闻媒体的价值观

媒体产品属于意识形态产品,不同的价值观会影响到新闻的采集、制作、实施标准与绩效评估。对于同一作品、栏目和观点,人们可能仁者见仁、智者见智,存在难分高低对错的现象。认同者为之欢呼,反对者甚至视之如无物。人力资源管理者要了解所在媒体的价值观,了解媒体的受众组成,选择能够认同本媒体价值观的人才。只有这样,人才才能获得快速成长的空间,并寻找到归属感。

总之,新闻媒体的人力资源管理不能满足于一般企业的人力资源管理思路和办法,要在选人、用人、育人和促进媒体发展等不同环节,充分考虑新闻媒体经营与管理的特殊性,将人力资源管理的共性知识与媒体的特点结合起来,努力创新,以满足现代新闻媒体发展的需要。

三、媒体人力资源工作原则

在开展具体业务时,媒体人力资源管理者应该注意把握以下基本原则。

（一）依法管理

人力资源管理工作受到多项法律规章的约束,具有较强的政策性。因此,人力资源管理者除了要掌握工作的方法和技巧外,还要特别重视对法律法规的学习。目前,直接用于调整我国新闻媒体人事与劳动关系的法律法规包括《中华人民共和国劳动法》《中华人民共和国劳动合同法》和事业单位进行聘用制改革依照的行政法规,以及相关的实施细则。

其他重要法律包括《中华人民共和国社会保险法》《中华人民共和国个人所得税法》《中华人民共和国公司法》《中华人民共和国职业病防治法》《中华人民共和国工会法》和《中华人民共和国安全生产法》等。此外,就业、工资、劳动合同、档案管理、工作时间和休息休假、劳动保护、劳动人事争议仲裁、离退休、住房公积金管理等业务工作还涉及大量的行政法规。为此,新闻媒体人力资源管理者需要认真学习,熟悉其中适用的规定,在起草和制定媒体的人力资源规划、薪酬福利制度等文件时自觉融入相关法律法规的内容,确保媒体内部的人力资源规章制度合法合规。

（二）尊重人才

新闻媒体是人才密集型组织,以大学本科及以上人才为主体,涵盖学士、硕士和博士等多种层次人才,知识结构多样,既有文、史、哲和新闻专业人才,也有法律、计算机、工程技术、经营管理等各方面的人才。一些人还同时具有多种学科背景,比如本科是学计算机专业,硕士攻读传播学专业,平时对法律知识感兴趣等。

人才多元化符合媒体工作的特征。不同的报道领域需要相应的知识支持,多元化人才结构能很好地满足媒体不断创新发展的需要。因此,人力资源管理者对不同人才应该一视同仁,给予充分尊重,而不应因毕业院校或者所学专业不同而另眼相待,更不能出现歧视现象。就业歧视是违法行为,人力资源管理者对此应该特别重视。

（三）注重程序

虽然媒体工作具有较强的创新性,在工作时间和方法上弹性大,但人力资源工作者要注重程序,讲究规则。尤其在涉及对人才的奖惩时,更应该注重程序,避免因个人好恶产生奖惩不公。人力资源管理者除了自己要注重程序外,还有责任提醒和督促媒体其他管理者重视程序,及时纠正程序不当的管理行为。

（四）主动沟通

现代人力资源管理理念越来越强调满足员工的知情权。与员工沟通是人力资源管理的重要内容。有效的沟通既能满足员工的知情权,又能提高人力资源工作的效率。但是,媒体人员的工作时间不统一,给沟通增加了难度。媒体很难通过召开一次全体人员的大会,进行充分的沟通,达成共识,形成力量。人力资源管理部门需要打破自身的工作节奏,根据媒体一线工作人员的工作规律和时间,分批分次地、主动耐心地进行沟通。对于事关全体员工切身利益的重大决策,一定要努力让每一个员工都了解决策依据,参与决策过程,清楚决策影响。为此,人力资源管理者要深入一线部门,分别沟通、讲解,听取意见。

（五）公平、公开和公正

公平既包括政策的公平,也包括机会的均等;公开既强调结果的公开,也强调过程的公开;公正既需要同工同酬,也需要评价公允。新闻媒体人力资源管理的公平、公开和公正是新闻媒体良知在自身管理中的体现,也是新闻媒体以人为本的基础。

第二节　媒体人力资源的特征

尽管在去中心化的传播结构下,"人人都有麦克风",似乎人人都能做记者、编辑和主播,但实际上,大众传媒作为一种兼具事业与产业特征的特殊领域,对人员素质和能力仍有一定的要求。研究我国及世界其他主要国家的媒体人才结构,可以发现媒体人力资源独特的要求、工作原则及管理内容。

一、人才结构特征

从人才结构上看,媒体从业者总体上学历高、专业广、发展较为全面,新媒体的应用确实一定程度上降低了人才需求门槛,但却对全媒体人才的培养提出了更高的要求。

(一) 媒体人员的总体受教育程度比较高

中华全国新闻工作者协会(中国记协)2022年发布的《中国新闻事业发展报告》显示,截至2021年12月,全国共有194 263名记者持有有效的新闻记者证。其中,中央新闻单位22 402人,占11.53%;地方新闻单位171 861人,占88.47%。从性别看,男性95 966人,占49.40%;女性98 297人,占50.60%。从学历看,专科21 719人,占11.18%;本科148 378人,占76.38%;硕士23 234人,占11.96%;博士796人,占0.41%;其他学历136人,占0.07%。① 如图12-1所示,媒体人员的总体受教育程度比较高。而互联网新媒体对学历要求相对低且宽松,对学历不做硬性规定,而以能力和创造力为核心。不过,"腾讯""百度"等依旧看重学历。

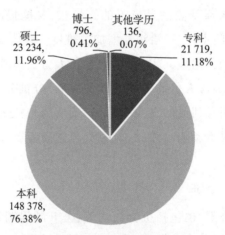

图12-1 2021年全国记者学历统计

(二) 媒体人员涉及的专业广泛

媒体所提供的产品,不管是广告还是节目,往往涉及社会生活的各个方面,因此媒体组织所需人才的类型非常广泛,招聘人员不限于文、史、哲专业和新闻专业,还涉及金融、法律、计算机、工程技术、天文地理等各方面的人才。因为单一专业人士从事传媒工作,可能会由于对社会生活其他领域的了解不深,无法对特定专业的报道和节目进行准确把握,难以形成专业性或深度性报道。腾讯新闻2018年发布的一项传媒人才需求报

---

① 中华全国新闻工作者协会:《中国新闻事业发展报告(2022年发布)》,2022年5月16日,中国记协网,http://www.zgjx.cn/2022-05/16/c_1310592108.htm,2023年6月1日访问。

告显示,在对专业知识的需求方面,金融学、经济学排名第一位、第二位,紧随其后的是社会学、法学、哲学、政治学,存在对人文社会科学学科专业人才的大量需求。①

（三）媒体人员的全能化发展

随着互联网对媒体产品的深度介入,不论是传统媒体还是新媒体,都增强了对IT人才的需求。Office办公软件是媒体人才需要掌握的基本能力;图像处理、音频视频制作、网页制作能力甚至编程能力是现代媒体产业对人才提出的新要求;云计算、大数据的发展则要求媒体具备拥有数据挖掘、数据可视化、数据新闻制作等数据方面能力的人才。现代媒体产业愈发要求从业者掌握"十八般武艺",综合性全能人才受到欢迎。

二、人员的流动性强

媒体人员流动性主要表现为两方面。一是从业者的岗位随着媒体产品结构和市场的变化而不断调整,即内部岗位经常性变化;二是从业者在媒体间和媒体与其他行业之间流动。

媒体组织的产品不同于一般的产品,多数情况下无法大批量、模板化地重复生产。就报纸、杂志而言,虽然每一期报纸或杂志可以大规模印刷,达到成千上万份,但是任何两期报纸或杂志之间却不可能采用同样的内容;就广播、电视而言,虽然很多节目都是系列性的,都在每一天或者每一周的同一时段播放,但每一期节目都力求有所创新,以吸引受众;就互联网媒体而言,虽然自媒体的内容为了追求热点,很多时候都会有重复性的问题,但每种自媒体还是在努力地塑造自己的独特属性。

媒体产品的这个特点决定了,传统媒体组织从业者很少在一个固定的位置重复做相同的工作,他们往往会因为栏目或者节目的需要更换工作地点和工作内容。在媒体从业人员中,从事行政管理的人员的工作相对较为固定,而从事采编、策划、节目制作的工作人员则常常根据栏目或者节目的变化而进行调配。媒体的产品处于常变常新的状态之中,每一件媒体产品都是媒体工作人员辛勤劳作和努力创新的结果。媒体组织的人力资源管理部门需要根据所生产的产品的特性以及员工的特点来安排员工的工作岗位,将适合某种产品的员工派到生产这种产品的岗位上去。由于媒体产品处在经常变化的过程当中,因此媒体的人力资源管理与一般企业相比,表现出更大的动态性的特征,媒体人力资源管理者必须根据媒体从业人员的个人特征和特长,动态地使用人力资源,将员工安排到合适的工作岗位,充分发挥员工的能力,以期实现最大效用。

这种动态性还表现在,媒体行业的人员流动也比较频繁。新媒体行业中,一直存在

---

① 刘蒙之、刘战伟:《2018传媒业需要什么样的人才?——腾讯新闻发布首份传媒人能力需求报告》,《城市党报研究》2018年第3期,第20—33页。

着人员流动性强、岗位需求变动大的问题。许多传统媒体的人才到新媒体任职;新媒体职位的不稳定性也导致从业者经常在不同的岗位之间流动。2020年的一项调研数据分析与访谈结果显示:记者以77.41%的比例成为传统媒体人才流失的主要群体;复合型人才和融媒体人才分别以52.11%和50.00%的占比,成为人才流失的第二大群体;编辑以44.88%的占比位居第三;前沿领域高水平人才、高技能人才和高端研发人才以23.80%、24.10%和18.98%紧随其后;媒体部门领导、单位领导分别以17.47%、4.52%的比例加入人才流动的序列。① 可见,传统媒体行业的人才流动呈现出多层级、多元化的特征。

"在对职业素质要求较高的行业的劳动市场上,劳动者的流动性越强,劳动报酬提高的机会越大,因为,在人才竞争中,高素质的劳动者有可能通过流动来追求更高的报酬。"② 而媒体人员的适当流动也可以充分发挥人才的作用,并能使聘用单位以最低成本获得使用人才的最大收益,所以一些媒体组织也提出了相应措施来应对这种特点。例如,中央电视台就提出了"不求所有,但求所用,来去自由,合同聘任"这样的措施。③

三、人力资源的竞争

改革开放以来,伴随着我国社会主义市场经济体制的逐步建立和完善,媒体行业也逐渐向产业化发展,其重要的标志之一即通过人力资源的优化配置来实现效益的最大化。在以内容创作为中心的媒体行业,人才是竞争核心,唯有准确把握新闻价值观同时具有新闻专业能力的团队,方可在媒体市场中不断输出优质内容,在用户中留下深入人心的印象。尤其是,当前的互联网时代要求团队成员具备优秀的策划运作能力和熟练的动手能力,从而适应迅速迭代的互联网信息社会。

然而,在当前的媒体市场,优秀的媒体人乏善可陈,主要源于三方面的原因:首先,媒体从业者为市场所裹挟,在追逐名利的过程中,逐渐失去新闻理想,导致价值与内容的错位;其次,媒体行业的升迁机制尚未跳出机关单位的藩篱,优秀人才随时有可能被提拔调离,往往难以在同一机构扎根;最后,薪酬机制与劳动时间不匹配。

互联网在不断提高新闻时效性的同时,相应的绩效考核机制却未更新。因此,基于以上三方面原因,媒体行业的人力资源往往面临激烈的竞争。

四、团队协作要求高

媒体产品具有高度的创造性和不重复性,因此要求团队成员具有高度的协作意识,

---

① 吴湘韩、张红光:《当前我国传统媒体人才流失观察》,《青年记者》2020年第15期,第9—12页。
② 金碚:《报业经济学》,经济管理出版社2002年版,第190页。
③ 刘社瑞、张凡编著:《媒介人力资源管理》,湖南大学出版社2006年版,第9页。

无私地贡献自己的智慧。由于媒体组织所提供的产品往往是脑力劳动的结晶,同时在激烈的市场竞争中,媒体组织还必须力保自己产品的新颖性、独到性、及时性,因此个人的创新能力和想象力不能满足这些需求。而且,很多媒体产品的制作流程相当复杂,涉及策划、编撰、制作等各个环节,由于产品制作的过程没有明确和固定的标准可以参照,因此各个环节需要相互沟通和协作。在此过程中,很难量化计算每个成员对媒体产品的贡献的大小。比如,校对人员对作品中一个小数点错误的纠正,相较于整篇文章的创作而言其难度要小得多,但如果没有发现这个错误,则可能导致整篇报道前功尽弃,不仅难以实现其社会价值,而且可能影响媒体品牌声誉,更严重者可能引发诉讼。编辑的重要职能便是协同各环节的工作人员发挥自己的才智,集体完成媒体产品。媒体人力资源管理部门要真正理解媒体产品背后的团队协作的重要性,制定更为公平、合理的绩效考核办法,激励团队精神发扬光大。

在新媒体环境下,伴随着媒体传播主体、传播渠道、媒体信息的多元化以及受众碎片化的新趋势,传统报业采编分离的生产流程难以适应新媒体迅速的生产与传播机制,传统媒体难以在提供海量信息的同时实现新闻的实时滚动,这对传统团队的协作提出了新的挑战。具体而言,媒体组织可以成立融媒体指挥调动中心,将传统上各自为政的部门进行重新统筹,由总编室统一负责内容的统一筹划、创作编辑、美化包装、制作发布等。为此,媒体人才需要转变观念,主动迎接新媒体,及时适应"中央厨房"式的多元发布终端的合作模式,加强部门之间的联动。

五、政治敏锐性强

传媒组织是一种特殊的组织,以社会效益为首位,隶属于特定的阶级、政党或集团,带有很强的政治性。毕竟媒体所传播的内容"不仅改变了人类的知识结构,也改变了人类观察世界的方法和思想过程",特别是在互联网时代,传媒被视为立法、行政、司法之外的"第四种权力",通过反向议程设置的形式介入公共事件,并引导了舆论的发展。[1] 媒体的政治性与生俱来,其政治性和商业性贯穿传媒的发展史,并不区分东西方。"西方政府和组织通过增加、限制或操纵媒体对新闻的获取或采访权,影响新闻的传播","媒体通过对某一政策或事件的及时、重点、突出报道等来协助政府设置议程"。[2]

我国的传媒组织是党、政府和人民的"喉舌",因此在组织管理上,我国的传媒机构接受党的领导、政府的管理和行业的监督。比如,我国实行媒体设立的审批制、内容的审读制等,都是为了保证媒体能够坚持正确的舆论导向。媒体的政治性要求从业者要

---

[1] 陈柏峰:《当代传媒的政治性及其法律规制》,《法制与社会发展》2017 年第 3 期,第 122—132 页。
[2] 李希光、赵心树:《媒体的力量》,南方日报出版社 2002 年版,第 24—25 页。

具有很强的政治敏锐性,坚持党对新闻舆论工作的领导,在传媒活动中要保持党性和人民性的统一[①]。

第三节 媒体人力资源管理的内容

人力资源是企业最活跃、最富有创造性的资源,良好的人力资源管理体系有助于媒体组织建立起竞争优势。媒体根据组织战略规划和目标确定需要何种人员和何时需要,并依此展开人力资源管理,具体包括人力资源规划、招聘与选择、人力资源开发(培训与开发)、绩效管理、激励与薪酬等内容。

一、媒体人力资源规划

人力资源规划在企业人力资源管理中具有重要的作用和地位,直接影响企业人力资源管理的水平和效率。众多学者从不同角度对人力资源规划进行了界定。例如,有学者提出,人力资源规划是指根据未来的组织任务和环境的需求,制定人力资源管理的行动方针的过程。[②] 有人认为,所谓人力资源规划,是指一个组织或机构科学地预测、分析其在环境变化中的人力资源的供需状况,制定适当的政策和措施以确保该组织或机构在需要的时间和需要的岗位上,获得所需要的人力资源,此过程要使组织和个体都能从中获益。[③] 不同的研究者对人力资源规划的重要性达成了共识。

(一) 媒体人力资源规划的必要性

首先,媒体人力资源规划有利于完善媒体组织人力资源结构。媒体产品是多个环节互相配合形成的,不仅需要采编人才,还需要广告、发行、排版、设计、经营与管理人才。从传统媒体到新媒体,原有传统的采编人才难以适应新兴媒体技术和传播平台的要求,媒体的人力资源结构面临重大调整和优化完善的紧迫需求。人力资源部门应该根据媒体发展战略提前规划,保证媒体战略目标的实施。

其次,媒体人力资源规划是媒体组织长期发展的制度保障。媒体组织运营的过程当中不时会出现空缺职位,需要及时通过内部调整、晋升、外部招募和引进及时补缺,避免因人才短缺影响组织发展。如果媒体人力资源部门缺乏有针对性的人才规划,只能采取"兵来将挡,水来土掩"的临时措施补救,就会存在较大的被动性。建立适当的人员预测和计划,是成功的大型媒体组织所不可缺少的制度。

---

① 刘社瑞:《论媒介人力资源特征与管理》,《湖湘论坛》2005 年第 3 期,第 40—41 页。
② 赵曙明编著:《人力资源战略与规划》,中国人民大学出版社 2002 年版,第 11—12 页。
③ 朱永跃、马志强、陈永清:《基于胜任力的组织人力资源规划系统的设计》,《科技管理研究》2008 年第 7 期,第 336—338 页。

最后，媒体人力资源规划有利于促进内外部一致性。有价值的人力资源规划具有内部一致性和外部一致性。美国学者德斯勒认为，内部一致性主要是指招募、甄选、配置、培训以及绩效评估等人力资源规划的设计要彼此一致；外部一致性是指人力资源规划应当成为企业总体规划的一个组成部分，与其企业成长、发展相适应（见图 12-2）。①

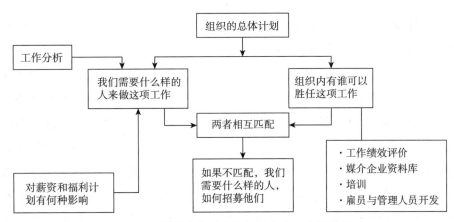

图 12-2　各种人事功能如何影响人力资源规划

（二）媒体人力资源规划的任务

人力资源规划要与企业或组织的战略目标相适应，即媒体的人力资源规划是为了实现媒体的战略目标而进行的人员需求规划。其直接任务是，在一定的时间内确保企业或机构能获得所需的不同岗位上的适当人选，包括对企业人力资源在数量、质量和结构上的规划。数量方面的规划是指，探讨现有的人力资源数量是否能满足企业或机构所需的数量；质量方面的规划是指，研究现有工作人员的受教育程度、工作知识、工作能力是否能满足企业发展的要求；结构方面的规划是指，探讨企业人员的搭配是否合理高效。通过对这几个方面的探查，企业可以做出合理、高效的人力资源规划。② 媒体技术的革新不断提出新的人才要求，在媒体融合背景下，传统媒体人才结构已经出现明显不适，人力资源规划的责任更重了。

媒体人力资源规划的根本任务在于促进组织和员工的共同成长。一方面，要通过规划来满足媒体对人力资源的需求；另一方面，也要通过各种机制的有效运行，不仅及时吸引外部人才，而且最大限度地挖掘现有人员的潜力，使组织的发展和员工个人的成长有机结合。正常的人力资源规划中不仅有人员补充计划，还有员工的培训计划、提升计划、薪酬福利计划等，以全面促进人的发展。

---

① 参见〔美〕加里·德斯勒：《人力资源管理（第 14 版）》，刘昕译，中国人民大学出版社 2017 年版。
② 安鸿章：《应当正确理解企业 HR 规划的基本概念》，《中国人力资源开发》2002 年第 2 期，第 8—11 页。

（三）媒体人力资源规划的流程

人力资源规划的一般过程包括预测与分析、规划制定、规划执行和效果评价三个步骤。媒体组织在设计人力资源规划的时候，需要关注外部政策、市场情况、媒体战略、工作职位等各个方面的信息。

1. 预测与分析

预测与分析是人力资源规划的重要内容，通常包括三方面：人员需求预测、内部候选人供给预测和外部候选人供给预测。

所谓人员需求预测，指的是人力资源管理部门根据一系列因素，预测组织未来在发展和提升时将会需要什么样的人才，或者需要现有人才具备何种技能，组织中将会产生什么样的职位空缺，这类空缺应该如何填补，等等。在进行人员需求预测的时候，管理者应该考虑多种因素。从经营角度看，媒体首先要考虑受众和广告商希望媒体组织提供什么样的产品和服务，然后决定由特定类型的人员为消费者提供对应的产品，比如新媒体环境下，媒体对产品经理的需求更为迫切，人力资源部门应该建立产品经理人才需求库。除此以外，管理者还必须考虑员工的流动比率、员工的质量与性质等多种因素。

所谓内部候选人供给预测，指的是当媒体组织面临新的职位空缺时，人力资源管理者需要清楚有多少空缺职位的候补人员可以来自组织内部。这要求人力资源部门对内部员工的教育背景、工作经历、履职能力和个人爱好等有充分的了解。如果机构内没有合适的候选人可供挑选，媒体组织就需要将目光转向外部候选人。外部候选人供给预测包括经济状况预测、当地市场情况预测以及职业市场预测等。经济状况、当地市场情况以及职业市场的情况会对企业招聘人才的难易程度产生影响，在不同的经济状况、市场情况以及职业市场中，媒体组织应该采取不同的招聘措施，以不同的宣传推广力度来吸引外部人才。

人力资源预测不仅决定晋升与招募，也影响裁员或者内部岗位调整。当人员供大于求时，媒体组织可能需要有计划地进行裁员、调换职位、休假或者延长假期；当人员供不应求时，媒体组织则需要通过加班、招聘、晋升等方式来进行补充；当人员供求平衡时，媒体组织有必要关注工作本身，可采取工作轮换、工作扩大化、工作丰富化等措施来让人力资本活力最大化。

2. 规划制定

媒体组织的人力资源规划可以分为总体规划和业务规划。总体规划建立在媒体组织的战略层次上，包括明确媒体组织在规划期内的总目标、总任务、总政策、总预算和主要实施步骤。业务规划包括晋升规划、补充规划、培训规划、配置规划、补偿规划、职业生涯规划和缩减规划。人力资源的总体规划和业务规划需要相互协调,以保持人力资源的供求平衡;各个业务规划之间也需要相互协调。比如,媒体组织为了获得更多的具有新媒体才能的员工,可以制定相应的新媒体培训规划,也可以制定从外部获得人才的补充规划。

3. 规划执行和效果评价

媒体在制定人力资源规划后,就进入实施和控制阶段。首先,根据战略目标的分解结果,建立和完善组织结构,通过人员招聘、培训、晋升、岗位调整等工作,将相应的人力资源规划落实到具体的部门和人员。其次,由于媒体的内外部环境在不断发生变化,因此媒体组织需要做好人力资源规划的控制工作。人力资源部门要根据媒体组织的战略目标跟踪人力资源规划实施的效果,及时调整组织结构和岗位设置中的不合理安排,持续优化人力资源规划,及时进行动态调整。

二、媒体招聘与选择

一般来说,媒体机构的招聘分为内部招聘和外部招聘。甄选过程则分为简历筛选、测试、面试、录用等步骤。

(一)招聘

1. 内部招聘

内部招聘是最为快捷和简易的一种招聘方法。人力资源管理部门可以通过内部OA系统、电子邮件或社交媒体等平台发布内部推荐信息。据统计,腾讯在社会招聘中的内部推荐比例可以达到50%。腾讯制订了"活水计划",为工作满一年且绩效达标的员工申请转岗提供了机会。内部招聘一方面可以满足组织内部人员的自身发展的需要,加强员工的自我认同感和归属感;另一方面展示出管理者帮助员工升迁的意愿,有助于鼓舞现有员工的士气。此外,内部招聘还可以节约媒体机构从外部选人的时间、费用等成本。

2. 外部招聘

当组织内部人才无法满足需求的时候,外部招聘是重要的手段。互联网已成为媒体招募人才的重要平台。一些媒体组织建立了自己的招聘平台,方便招聘者借助该系统统一管理应聘申请。微博、微信等社交媒体也成为媒体发布招聘信息的重要渠道。网络招聘具有费用低、转发方便、人群覆盖范围广、简历筛选更加精准、人才测评方式灵活等优势,但也存在无用简历多、面试到场率低等不足。除了在官网、官媒发布招聘启事外,传统媒体也会利用第三方招聘网站发布自己的招聘需求,比如人民网会在"百度百聘""Boss直聘"等平台上发布对正式员工、实习生的招聘广告。人才招聘会是一种能快速、高效连接人才和用人单位的招聘方式。媒体可以通过高校组织的校园招聘会和专业人才服务机构组织的人才招聘会,与应聘者面对面地交流,提高招聘成功率。

随着从国外引入猎头公司,我国媒体在招募高级人才时也开始尝试借力咨询组织和猎头公司。此类公司主要用于帮助寻找高级管理人员、媒体运营官以及其他高级新闻传播人才,其服务费用较高。目前在国内,猎头公司关注的多是三十万至五十万元年薪的中层,比如总监、公关经理;中小猎头公司负责的职位年薪主要集中在二十万元左右。用于寻找年薪百万的CEO等精英人物的猎头公司尚属少数,这与国内的许多媒体机构的负责人和主管主要通过行政任命的管理体制有关。真正通过猎头公司招募的高级人才大部分是技术总监、财务总监和首席运营官。

（二）甄选

甄选就是从众多申请者中筛选出满足组织需要的人员。人员筛选往往包括以下步骤。

1. 简历筛选

简历是人才筛选的第一个依据。借此,媒体能够比较精确地了解候选人的个人信息,尤其是受教育程度、工作经历以及个人特征等,并有针对性地对相关信息予以求证。一份信息完整的简历往往可以给人力资源管理者提供以下四个方面的信息:(1)申请人是否满足该工作的基本要求,如教育背景和工作经历;(2)申请人在成长与进步中的表现;(3)申请人的工作稳定性;(4)申请人与其他申请人的可比性。

2. 测试

在经过了简历筛选以后,很多媒体组织还要对申请人员进行测试,作为第二次甄选,以决定哪些人能够进入最后面试。人力资源管理者常常运用的测试类型包括认知能力测试、运动和身体能力测试、个性和兴趣测试以及成就测试等。媒体组织测试非常强调测试类型对于某个工作岗位是否必要,以防止对在某些方面有缺陷的人士形成歧视,即测试的方法一定要与测试目标相匹配。唯有如此,媒体组织才能找到适合某个岗位的人才。

3. 面试

面试是媒体组织选拔人才中最重要的一环。对于管理人员来说,面试时他们能够亲自评价候选人,并掌握一些在测试中了解不到的信息。同时,面试还使得管理人员有机会对候选人的个性做出判断,并有机会评价候选人的一些个人特征,比如面部表情、仪态和紧张程度等。对求职者来说,面试为其提供了一个机会来参观媒体组织、和未来的同事及上司见面,从而更好地了解应聘职位的特点和职责以及了解媒体组织文化。因此,面试成为一种受欢迎的人才选拔方式。但是,由于面试费时费力,对于管理者和应聘者来说都可能意味着较高的成本,因此面试往往作为选拔工作的最后一步。面试的具体方法有很多,包括非定向面试、定向面试、情景面试、小组面试、压力面试,等等。

对应聘者进行面试往往包括以下六个步骤:

第一步,设计面试结构。人力资源管理者可以设计一些问题来提高面试的结构化程度,包括基于实际工作职责的问题和工作知识、情景性或者行为导向性的问题。

第二步,准备面试。人力资源管理者应该提前做好面试准备,仔细审查求职者的简历,并注明求职者的优缺点以及需要询问的地方。人力资源管理者应该非常明确理想的求职者要具备何种特征,从而在面试中精准地发现候选人才。同时,人力资源管理者还应该考虑寻找合适的面试环境,保证整个面试过程能正常进行。

第三步,营造和谐的气氛。面试开始以后,面试官应该表现出对面试者的欢迎,避免让他们感到拘束,保证面试过程顺利进行,以使面试者对媒体组织产生良好的印象。

第四步,提问题。这是面试的关键环节。主试者要防止出现一些常见的面试错误,例如轻易对面试者做出判断、过度受面试者的一些负面表现的影响而忽略了面试者的总体能力,等等。面试官应该表现出对面试者的尊重和回应,同时要防止出现面试者控制整个面试过程的局面。

第五步,结束面试。在面试结束之前,面试官应该留出时间回答求职者的一些问题,用合适的语言表达对求职者的认可或拒绝,以保持求职者对媒体组织的兴趣。

第六步,回顾面试。大多数人力资源管理者并不会在面试中当即决定选拔结果,往往还会进行面试回顾,并综合前面的简历和测试,做出最后的雇佣决定。①

另外,面试可以分多次进行。最初的面试可以由人事经理主持,后面的面试可以交给空缺职位的实际主管主持。

当媒体组织和应聘者均同意签订劳动合同时,就意味着招聘选择的结束。选择过程的最后一步通常是对就业合同的条款进行协商。

三、媒体人力资源开发

人力资源开发是对于人的智力、知识、经验、技能等进行的培训、挖掘、利用和规划。在此阶段,媒体人力资源管理部门应通过各种方法使员工尽快适应媒体工作,激发员工的工作热情,加快员工的工作节奏,以最充分地发挥人力资源的效用,实现组织目标。

---

① 〔美〕加里·德斯勒:《人力资源管理(第14版)》,刘昕译,中国人民大学出版社2017年版,第225—239页。

（一）培训

1. 培训的内涵

在人力资源管理中，组织通过对员工进行的知识和技能的培训，使新老员工可以获得完成工作必须具备的技能和方法。培训有利于组织战略目标的实施，可以使其达到最佳的用人状态。适当的培训也能够让员工感受到单位对他们的关心，增强其归属感和凝聚力。要使培训达到预期目标，需要注意坚持遵循激励原则、个体差异原则、实践原则、效果反馈和结果强化原则、明确培训目的原则和有利于个人发展原则。

2. 培训步骤

部门负责人或者主管应该对新员工的职位适应过程负责。在理想状况下，管理人员应该在面试的过程中就工作的实际状况向新员工做出描述，尽可能缩短后者的适应时间。事实上，如果新员工没有对职位相关的职责和期望有完整的了解，就常常会在工作中遇到麻烦。研究者将这种情况称为"现实冲击"（reality shock），指的是新员工对新工作所怀有的期望与工作实际情况之间存在差距。现实冲击会对媒体组织造成损害，因为这会将新职员置于一个被动的地位，降低他们的积极性和对新工作的期望。因此，媒体组织必须确保职员在进行实际工作前，已经对工作有了一个全面的了解。

培训计划包括四个步骤（如图12-3所示）。首先是评估，以便确定培训需求。在确定经过培训达到的一项或多项需求后，应当建立培训目标。在建立培训目标时，要逐一确定参训的雇员与其应达到的明确和可量度的工作绩效。为此，要选择培训技术，然后实际开展培训。最后，还应该实施评价。在这个阶段，要对受训者接受培训前后的工作绩效进行比较，并对培训计划的效益进行评价。

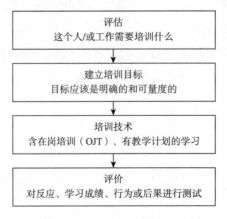

图 12-3　培训的四个基本步骤①

---

① 〔美〕加里·德斯勒：《人力资源管理（第14版）》，刘昕译，中国人民大学出版社2017年版，第262页。

3. 培训方式

培训可以分为集中培训和自我学习。集中培训主要是指媒体组织将员工集中起来培训,既可以使用传统的培训方式,也可以利用新媒体技术培训。传统的培训方式包括演示法和体验法。演示法通常是培训者将培训内容展示出来,组织讲座;培训手段简单,成本较低,运用最为广泛。体验法的目的是使员工通过亲身体验,学习相关的技能知识;培训者可以通过案例分析、角色扮演、行为示范等方法来让员工切实体验工作内容。

自我学习强调员工的主动性,包括自我学习公司的章程、手册和学习材料。现在,自我学习更多利用现代信息技术。在线学习是指组织机构制作网络课程供员工学习,这种方法往往可选择性广泛,学习时间也更加灵活。为了检验学习效果,一些单位会要求员工在学习之后,进行网上考试。媒体可以根据实际选择培训方式。对于培训内容比较固定的课程,采用在线学习的方式有利于组织控制成本。比如,长沙广电建立了长沙广电云传媒学院云培训平台,提供面授、远程学习、人才交流等服务,可免费提供500多门课程,员工可依托平台自主学习、分享心得、沟通交流。[1]

4. 培训对象

媒体培训既针对新员工,也包括老员工,但对两者的要求不尽相同。

新员工培训需要讲究及时性。例如,腾讯每年的新员工招聘包括应届生培训和社会招聘新人培训。应届生员工一般有十天的封闭式培训,社会招聘新人则一般有两天半的集中式培训。腾讯为新员工配备了一对一的导师,新员工可以去采访导师;也会让新员工去动手解决实际问题。同时,及时向新员工宣讲企业文化,避免新员工带来的企业文化稀释,有利于员工尽快融入企业,提升技能,建立人脉。[2]

对老员工的培训同样重要。例如,新华社规定,所有员工每人每年的培训应不少于40学时。培训内容根据新华社内部业务的需要来确定,讲课者一般是新华社内部对这项工作或业务非常了解的人,重点培训整套的业务规则。

在新媒体的浪潮下,传统媒体员工需要适应新媒体的运作方式,增强媒体创新本领,加强在职培训成为提升员工素质最重要的路径。例如,浙江日报社报业集团将培训进行了规范化、制度化、专业化、精准化,为未来的新媒体培训打下了良好的基础。[3]

(二)管理人员开发

管理人员开发是指一切通过传授知识、转变观念或提高技能来改善当前或未来管

---

[1] 黄华、罗莉:《广电人力资源供给侧结构性改革简论》,《中国广播电视学刊》2018年第11期,第64—66页。
[2] 陈伟编著:《腾讯人力资源管理》,古吴轩出版社2018年版,第91页。
[3] 吴妙丽、程瑶:《"全媒体达人"养成计划——浙报集团全媒体培训的创新探索》,《传媒评论》2014年第5期,第8—12页。

理工作绩效的活动。进行管理人员开发的最终目的是提高媒体组织的未来工作绩效。因此,媒体组织需要通过对特定管理人员的工作绩效和需求进行评价,有针对性地组织管理人员开发。

媒体管理人员有两大来源:一类是从业务领域中成长起来的管理人才,一类是专门的管理类人才。在市场经济环境下运作媒体组织,要求管理者不仅要对自己的业务领域非常熟悉,也要对市场经济的运作规律和机制,以及现代企业管理制度和规范等都有比较全面的了解和准确的把握。当前,我国媒体紧缺既懂得媒体生产特征,又善于管理和经营的复合型人才。因此,管理人员开发成为我国媒体组织面临的一项迫切的任务。

(三) 职业生涯管理

职业生涯管理是一个终身的过程,是个人开发、实现和监控职业生涯目标和策略的过程。个人需要对自己的职业有所规划,组织有义务最大限度地利用员工的能力,并且为每一个职员提供一个不断成长以及发掘个人最大潜力和获得职业发展的机会。

在职业发展的过程中,人力资源规划、筛选和培训等一系列活动都起着十分重要的作用。比如,人力资源规划不仅可以预测职业空缺情况,而且能够发现潜在的内部候选人,并能够理清为什么他们可以适应新职位的需要,应当对他们进行哪些培训等。良好的员工职业发展计划要与机构的人力资源计划结合在一起,两者可产生协同作用(见图 12-4)。

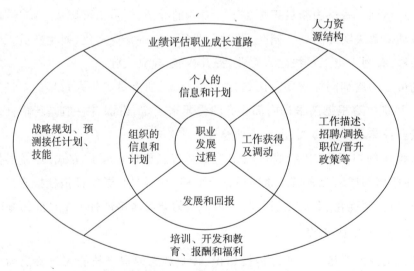

图 12-4　职业发展和人力资源管理系统之间的协作①

---

① Zandy B. Leibowitz, Caela Farren, and Beverly L. Kaye, *Designing Career Development Systems*, Sanfrancisco Jossey-Bass, 1986, 42. 转引自〔美〕亚瑟·W. 小舍曼等:《人力资源管理(第十一版)》,张文贤主译,东北财经大学出版社 2001 年版,第 199 页。

媒体组织不仅能够运用定期的员工工作绩效评价来确定薪资,而且可以借此发现某一名员工的发展需要并设法确保这些需要得到满足。所以,职业生涯管理要把媒体机构的需要与员工的职业要求联系在一起,可采取图 12-5 的方式,来了解组织和员工的需要。这样,媒体机构的人事活动不仅能够满足媒体机构的需要,而且能够满足个人的需要:媒体组织从更具有献身精神的员工所带来的绩效改善中获利,员工则从工作内容更为丰富、更具有挑战性的职业中获益。

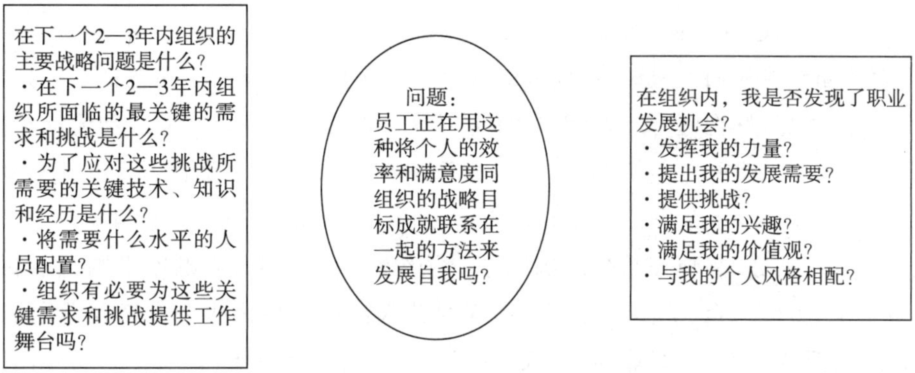

```
在下一个2—3年内组织的         问题:           在组织内,我是否发现了职业
主要战略问题是什么?           员工正在用这       发展机会?
·在下一个2—3年内组         种将个人的效       ·发挥我的力量?
织所面临的最关键的需           率和满意度同       ·提出我的发展需要?
求和挑战是什么?             组织的战略目       ·提供挑战?
·为了应对这些挑战所           标成就联系在       ·满足我的兴趣?
需要的关键技术、知识           一起的方法来       ·满足我的价值观?
和经历是什么?              发展自我吗?       ·与我的个人风格相配?
·将需要什么水平的人
员配置?
·组织有必要为这些关
键需求和挑战提供工作
舞台吗?
```

图 12-5　组织—个人需要的联系纽带①

不同的学者对于职业生涯发展阶段有着不同的分类,但是总体上都以年龄作为分类的依据,认为在某一个年龄段内,人们往往会表现出相似的职业特征、职业需求和面对相似的职业发展任务。人们职业生涯的发展往往以童年为开始,在随后的岁月里对职业的认识和选择不断发生变化。金斯伯格提出的职业生涯发展阶段理论把人的职业选择心理分为三个阶段:第一个阶段是幻想期(11 岁以前),儿童主要在想象自己未来可能会成为什么人;第二个阶段是尝试期(11—18 岁),青少年开始注意自己的职业兴趣,较客观地认识自己的能力和价值观;第三个阶段是实现期(17 岁以后),人们开始基于现实做选择,对工作进行试探和选择。美国著名人力资源管理专家加里·德斯勒将职业生涯划分为五个阶段:成长阶段(出生—14 岁),在亲朋老师的影响下,个人开始形成自我、找到兴趣和能力;探索阶段(15—24 岁),个人认真探索职业的可能并不断地尝试,最终获得一个自我评价;确立阶段(25—44 岁),这一阶段最为核心,但是人们也在不断地进行职业尝试,确定工作是否合适,往往会在明确职业后开始自我规划和学习,并在三四十岁的职业中期危机阶段重新反思工作;维持阶段(45—65 岁),人们的精力主要是保持现有职位;之后随着年龄的增长,职业生涯进入下降阶段。②

---

① Forrer, and Leibowitz, *Conceptual Systems*,转引自〔美〕亚瑟·W. 小舍曼等:《人力资源管理(第十一版)》,张文贤主译,东北财经大学出版社 2001 年版,第 200 页。
② 周文霞主编:《职业生涯管理》,复旦大学出版社 2004 年版,第 58 页。

职业生涯管理是需要个人和组织共同完成的事情。在做出规划之前,组织需要对员工有相应的了解,可以使用心理测量工具来了解员工,诸如职业能力测量、人格测试、性格测试等。个人则需要认清自我、认清环境。除了借助测量工具,人们还可以不断地对过去的职业生涯进行自我反思。

制定个人职业生涯规划时可以遵循以下步骤:(1)确立志向;(2)自我评估;(3)职业生涯机会评估;(4)职业选择;(5)职业生涯路线选择;(6)设定职业生涯目标;(7)制订行动计划与措施;(8)评估和回馈。个人职业生涯的选择是一个不断动态变化的过程,会受到个人兴趣和志向、行业环境、单位情况等多个方面的影响。

对于新闻媒体人而言,选择新闻采编或经营管理作为职业的原因包括个人兴趣、文字功底、新闻理想、好奇心、能够证明自身价值等。媒体从业人员离职率和流动率提高,越来越多的媒体人离开了传统媒体,走入了新媒体的怀抱,这也反映了个人的职业生涯规划在不断变动。职业生涯的转换与退出理由包括个人原因和组织原因。对于个人而言,性别、年龄、家庭、兴趣等都是影响因素。从组织角度来看,影响因素则包括薪酬待遇、同事关系、工作内容、工作环境等。新闻媒体人离职的原因主要有新闻业职业生涯发展缓慢、晋升通道有限、职业面临"天花板"等。为了保证新闻和消息的及时性,新闻媒体人往往需要付出大量的精力和体力,是一个"青春化"问题严重的职业,这也导致许多人选择转换职业。[1]

四、媒体人力资源绩效管理

绩效管理是人力资源管理中的核心工作之一。它通过科学的方法和手段对工作进行定期考核,激发员工潜力,帮助企业达成预期目的。[2]

(一)媒体绩效管理的目的

媒体工作绩效评估可以达到以下目的。首先,绩效评价所提供的信息有助于媒体组织判断关于职务晋升或工资发放的决策。其次,它为媒体组织管理者及其下属人员提供了一个机会,使大家能对下属人员的工作行为进行一番审查。而这又使得管理者及其下属人员有机会通过制订计划来修正工作绩效评估过程揭示出来的那些低效率行为,同时还可以帮助管理者强化下属人员已有的正确行为。最后,工作绩效评估能够而且应该被运用于媒体组织的员工职业发展规划,因为它为媒体组织根据员工已经表现出来的优点和弱点制定员工的个人职业发展规划提供了一个绝好的机会。

(二)绩效管理的指标

绩效管理遵循一定的指标,可以从员工的品德、能力、工作态度和工作成果四方面

---

[1] 冯强、王蕾:《从入场到退出:离职媒体人职业生涯叙事研究》,《新闻记者》2019年第7期,第38—49页。
[2] 杨明娜等主编:《绩效管理实务(第三版)》,中国人民大学出版社2018年版,第2页。

进行评估。第一是员工的品德,反映了员工的工作价值观及工作态度;第二是员工的能力,对不同的职位来说,能力要求是不同的,主要包括技能、理解力、判断力、创造力、计划力、协调力、督导力、决策力、控制力、人际沟通能力和影响力等;第三是勤奋敬业的精神,是指员工的工作积极性、创造性、主动性、纪律性和出勤率等;第四是员工的工作成果,包括所完成的工作数量、质量、效率、经济效益等。[①]

（三）媒体机构的绩效评估方法

这里简单介绍两种媒体机构的绩效评估方法:分级法和行为锚定等级评价法。

1. 分级法

分级法是一种常用而又易行的绩效考核方法,它主要通过对员工的绩效进行优劣排序,确定员工的相对名次。按照分级程度的不同,分级法可以分为简单分级法、配对比较法、强制分级技术。

简单分级法又叫简单排序法。该方法是按照特性、能力、总体工作熟练度以及工作绩效等从高到低或者从低到高对员工排序。该方法简单,易操作。但由于其只是简单的排序,所以提供的评价性数据比较少。该方法适用于员工数量少和只需要了解员工相对位置的媒体。我国的一些媒体机构采取的所谓末位淘汰法便属于此类,通过对编辑、记者进行绩效排名,最后几名将被警告乃至解聘等。

配对比较法。该方法是将员工的绩效与团队中其他每个员工的绩效进行比较。该方法相对于排序法的一个优点是,评价过程更加简单,还可以给予能力相同的人同样的排序。其缺点是,当有大量员工要按照这种方法进行绩效评定时,就需要大量的比较。因此,这种技术适用于人数较少的团队或者对总体工作效率进行单一排序的情况。

强制分级技术。该技术是由主管根据一个类似一种曲线（例如正态分布曲线）的方法,根据指定的等级分布来对员工进行绩效评价。例如,可把员工分成优、良、中、差、劣五个等级,每个等级所占的比例分别为 10%、20%、40%、20%、10%。强制分级技术的缺点在于,主管被迫运用事先确定好的评价等级,这样可能不能正确地评价特定的员工群体。在一个所有员工的表现都非常出色的团体中,所有人本应都得到好的评价,但在按照这种方法进行评价时,只有一部分人可以得到优秀的评价。

2. 行为锚定等级评价法(behaviorally anchored rating scale,简称 BARS)

该方法是对关键工作行为做出评估,它明确界定每一评价项目,同时使用关键事件法对不同水平的工作要求进行描述,这样,就可为评价者提供明确而客观的评价标准。在运用这种方法时,对每一职务的每个考核维度都要设计出一个相应的评分量表,并用

[①] 徐渤 bobo 编著:《绩效管理全能一本通(附赠实用模板)》,人民邮电出版社 2019 年版,第 303—312 页。

一些典型的行为描述性说明词与量表上的一定刻度(评分标准)相对应和联系(所谓锚定)。这可在评价相关人员的实际表现时作为参考依据。

(四) 常见的绩效管理工具

1. 目标管理

目标管理(Management By Objectives,简称 MBO)是指下级与上级双方在一段时间内共同协定所要达到的具体绩效目标,并且定期检查完成目标进展情况的一种管理方式。由此而产生的奖励或处罚则根据目标的完成情况来确定。该方法通常包括两个主要方面:目标设置和绩效回顾。在目标设置中,主管要与员工进行良好的沟通,以确定要达到的目标,并且讨论达到目标的方法。绩效回顾就是要评价目标达成的程度。[1]

目前,我国的大多数媒体机构都有一套评价员工绩效的方法,对员工的工作实行量化管理,并建立了绩效工资制,在一定程度上起到了调动员工积极性的作用。但是,这种量化管理的方法也有其潜在的危害。例如,很多报社都规定了一名记者所需要完成稿件的基本数量,否则记者就要被罚款,对超额完成者则会给予一定的奖励。结果就可能出现重量不重质的问题。数量型的考核导致拼凑稿、注水稿的出现,从而降低了报纸的水准。[2] 为消除量化考核所带来的弊端,一些媒体在绩效管理中对稿件的质量也进行了规定,兼顾数量质量,及时对编辑、记者进行激励嘉奖。例如,《北京青年报》建立了以数量为考核基点的"工作补贴制度"、以质量为考核基点的"质量考核条例"和以即时引导编辑、记者业务方向为目的的"每日总编辑奖",还设立了负责考核和监控的信息中心。有些媒体还设立首席记者、首席编辑的职位,规定其专门的工作目标、任务及考核办法,以弥补一般性考核分配制度对特定人才进行评价的缺陷。总之,绩效评估只有做到公平、客观和公正,才能促进媒体机构的健康发展。

2. 平衡计分卡

平衡计分卡(Balanced Score Card,简称 BSC)是由美国学者罗伯特·卡普兰和戴维·诺顿提出的一种绩效管理体系。平衡记分卡有财务、客户、内部流程、学习与成长四个维度。这种方法可以有效地平衡单位内部的绩效指标,可以和企业、部门、个人的绩效紧密挂钩,保证媒体的战略目标能逐级分解、层层落实到个人身上。

首先,媒体组织需要分解目标,建立对应指标。其中,学习和成长维度是对员工进行的绩效管理。如在南京广电集团运用平衡计分卡设置的目标和对应的指标中,员工能力目标对应的指标是员工学历层次提高率、员工技能职称提高率;员工满意目标对应

---

[1] 王立纲:《"拷问"媒体绩效考核》,《新闻实践》2008 年第 6 期,第 36—37 页。
[2] 禹建强:《报业绩效考核的弊病与对策》,《新闻记者》2005 年第 11 期,第 31—33 页。

的指标为员工流失率;等等。① 其次,确定各种指标在整体绩效考核中的权重。必要时,需要邀请专家参加调研以确定权重。最后,平衡计分卡考核是一个动态的过程,需要不断地根据媒体自身的变化加以调整。

3. 关键绩效指标考核

媒体可以将自身的宏观战略目标分解量化,形成关键绩效指标(Key Performance Indicator,简称 KPI)。KPI 是企业分解自身战略目标的工具,当运用在人力资源绩效管理之中时,并非事无巨细地关注员工的所有方面,而是选取和企业战略目标紧密关联的工作内容作为考核项目。KPI 之所以被广泛运用是基于人们对"二八定律"的认同。KPI 抓住的正是企业内部员工 20%的关键行为。KPI 在设置时需要注意目标导向、注意工作质量,并注意可操作性和可衡量性。KPI 常常和平衡计分卡一起用来进行绩效管理。

媒体可以从财务、客户、内部流程、学习与发展的角度设置 KPI。媒体经营与管理考核的 KPI 因素通常有广告、发行、受众满意度、节目收视率、新媒体流量、新媒体影响力、广告客户满意度等指标。内容生产的 KPI 可以考虑稿件的数量与质量、获奖情况、新媒体产品数量和质量、节目制作的数量和质量等指标。学习与发展的 KPI 可以考虑员工工作态度、能力指数、建议数等指标。在指标确定以后,每个 KPI 需要被赋予不同的权重,分为好、中、差三个等级。媒体的绩效管理不仅需要考核采编人员,也需要对经营人员、技术人员和管理人员加以考核,以构筑全媒体绩效管理体系。

利用 KPI 的方式进行绩效考核已经成为国内外媒体常用的手段。比如,江苏广电集团探索了一套较为完整的 KPI 体系,形成了舆论引导类、内容生产类、收视收听类、经济效益类、管理类等考核种类,并在每年的下半年启动绩效管理,由目标管理委员会拟制年度总体目标、工作重点等,之后与相关责任部门和责任人签订绩效考核责任书。②

KPI 通过量化目标,能够让员工更加明确工作的要求和内容,好的 KPI 设定应该可以让员工明确未来工作的方向、在压力中前行。KPI 既有好处,也有缺点,要努力避免由 KPI 造成员工压力过大,甚至引发内部恶性竞争的情况。

在媒体融合背景下,媒体有必要细化新媒体岗位、技术岗位的绩效机制,增加考核权重,将绩效考核和激励相结合,鼓励传统媒体人才转型。如广东广播电视台的新媒体考核内容包括微信、微博和广东台创建的"触电新闻"App、"正直播"平台等的发稿量和点击量;江苏电视台旗下的"荔枝新闻"客户端每月根据记者以及通讯员稿件的数量、

---

① 陈浩、曾向东:《平衡计分卡与广播电视产业绩效评估——以南京广播电视集团为例》,《南京社会科学》2013 年第 5 期,第 149—156 页。

② 杜欢欢:《绩效管理制度和全面预算管理探讨——以江苏广电集团为例》,《行政事业资产与财务》2018 年第 15 期,第 19—20 页。

点击量等予以奖励;贵州广播电视台最强势的地面公共频道在 2017 年虽然降低了硬广考核指标,但加入了 1000 万元新媒体经营指标。① 显然,绩效考核已经成为媒体适应新技术、新市场发展必不可少的管理内容,其重要性愈发显现,新型传播技术的开发与应用在考核中的比重正在增大,媒体绩效考核的难度和复杂性也在继续增加。

五、激励与薪酬

激励一直是人力资源管理的焦点,它可以调动员工努力工作的积极性,提高个人工作绩效,实现自我,并最终促进媒体组织绩效的提升以及媒体组织的发展。利用良好的激励和薪酬设置来吸引人才、留住人才是必要的选择。

(一)根据员工的需求层次进行激励

美国心理学家 A. H. 马斯洛在 1943 年提出了需求层次理论,把人的需求由低到高分为生理的需求、安全的需求、归属和爱的需求、尊重的需求和自我实现的需求。该理论认为,当一级需求获得基本满足后,追求上一级的需求就成了驱动行为的动力。马斯洛把生理、安全、归属和爱的需求归入低级的需求,把尊重和自我实现的需求归入高级需求。前者(低级需求)可通过外部条件得以满足,例如工资收入可满足生理需求等,而后者(高级需求)是人从内部得到满足,而且一个人对于后者是永远不会感到完全满足的。因此,企业通过满足员工的高级需求来调动生产积极性,具有更稳定、更持久的力量。

据此,媒体组织可结合媒体人员自身需求进行激励。例如,刚工作的年轻人需要努力工作挣钱来获得生活必需品,此时工资、福利、奖金等对他们有比较大的吸引力,生理和安全需求的满足十分重要;对于年龄较大的员工来说,家庭事业稳定,生活比较富足,低层次的需求已经不是最重要的,他们更看重他人的尊重以及自我实现,特别是对于资深的编辑、记者、主持人、主播和高级经营管理人员等,媒体组织要适时帮助其实现自我价值的飞跃。

(二)重视提高员工满意度的激励措施

美国心理学家 F. 赫茨伯格(F. Herzberg)提出了双因素理论。他指出,使员工感到不满意的因素与使员工感到满意的因素是不同的:前者主要包括公司政策、行政管理、监督与主管的关系、工作条件、与下级的关系、地位和安全等外界工作环境因素;后者主要包括成就、认可、责任感、发展和成长等工作本身的因素。即使改善使员工不满的工作环境因素,也只是能够消除员工的不满,不能使员工感到满意,赫茨伯格把这类因素称作保健因素;而对后一类因素的改善能够激发员工的积极性和热情,如果处理不好,也可能引发员工不满,但影响不大,赫茨伯格把这类因素称作激励因素。企业可运用工

---

① 佘晓琳:《媒体融合时代广电人力资源规划与开发》,《南方电视学刊》2017 年第 5 期,第 120—122 页。

作丰富化、扩大化等方法,使员工得到激励,来增强员工的工作积极性。①

按照双因素理论,媒体机构的政策、工资、福利、待遇、工作条件等因素都属于保健因素,要安排合理,否则就会导致员工的不满。同时,也要重视用奖金、评优选先和职务晋升、荣誉等激励因素,来有效地调动员工的积极性。比如,中央广电集团为了培养更优秀的人才,通过设置学术首席、子媒体岗位首席和"四个一批""双百"人才等激励机制激励员工,通过鼓励员工参与研究项目、出版书籍来激励人才,让员工获得更高的成就感和满意度。②

(三)采取员工感觉相对公平的激励措施

公平理论是美国心理学家亚当斯在1967年提出的。该理论认为,职工的工作动机不仅受其所得的绝对报酬的影响,而且受到相对报酬的影响。也就是说,一个人不仅关心自己的实际收入,还会将自己的收入与他人的收入以及自己以前的收入进行对比。如果比较的结果是自己的收支比例与他人及自己以前的收支比例相等,他就会认为是正常的,因而心情舒畅、努力地工作;如果比较的结果是自己的收支比例与他人或者自己过去的收支比例不等,那么他就会产生不公平感,从而会满腔怨气,甚至制造人际矛盾或放弃工作。③

目前,我国的媒体机构大多都打破了过去的"大锅饭式"的奖金制度,对编辑、记者都采取了量化的绩效管理方法,多劳多得,目的是使人们产生公平感,从而提高劳动积极性。但是,考虑到媒体的特殊性,即它所产出的不是一般的产品,而是具有精神价值的特殊产品,在激励员工时,不仅要考虑编辑、记者所写稿件或者编写版面的多少,还要从质量上进行考核,否则很有可能使他们产生不公平感,影响激励效果。毕竟同一个版面,不同的编辑、不同的付出所形成的效果截然不同。

例如,在目前以量化为主的考核制度下,记者很难做长达半年甚至两三年的调查报道,尽管该类型的报道最能体现记者的成就感和扩大报纸的影响力,但记者很有可能在长时间内不发稿,给自己造成很大的经济损失,甚至面临岗位危机。以《中国经济时报》"揭黑记者"王克勤为例,2002年,由于调查北京市出租车行业垄断问题,他半年的时间没有发表稿件,没有稿费,每月只拿1200元的基本工资,成为报社最穷的记者,甚至连手机费都只能由亲戚帮助买单。④

2017年,中共中央宣传部等多部门联合印发《关于深化中央主要新闻单位采编播管岗位人事管理制度改革的试行意见》,要求新闻单位完善考核评价和退出机制,采取

---

① 卢盛忠主编:《管理心理学(第四版)》,浙江教育出版社2006年版,第142—146页。
② 张尧:《媒体融合背景下广电集团人力资源管理探析》,《传媒论坛》2019年第6期,第1—2+5页。
③ 卢盛忠主编:《管理心理学(第四版)》,浙江教育出版社2006年版,第148—149页。
④ 禹建强:《报业绩效考核的弊病与对策》,《新闻记者》2005年第11期,第31—33页。

一视同仁的激励约束制度,实现同一平台工作人员同样管理标准、同等地位权益。该意见中的基本原则同样适用于其他媒体,中央宣传部直接管理中央主要新闻单位,地方新闻单位由所在地党委和政府参照中央单位出台相关指导意见进行管理。

（四）媒体薪酬

薪酬管理也是人力资源管理的重要环节。

1. 薪酬的内涵

薪酬是指员工在企业完成劳动后获得的货币形式和非货币形式的补偿。薪酬并不能和工资简单对等。薪酬通常可分为内在薪酬和外在薪酬,前者是指员工完成工作而形成的心理思维形式,后者是指员工由于作为员工而获得的货币奖励及非货币奖励。组织机构常通过有效的工作设计来提高内在薪酬。例如,当一份工作技术多样、重要且有意义时,员工就会认为该工作是有意义的;当员工可以决定如何完成工作,拥有自由、独立的处置权时,他们就会对工作结果具有责任感;当工作可以获得清楚、直接的反馈时,员工就可以掌握自己的工作结果。以上三种心理状态都会提高员工的内在薪酬。[1]外在薪酬通常包括货币薪酬和非货币薪酬两个部分:货币薪酬主要是指以工资、薪水、奖金、佣金、股权和红利等形式支付的直接货币报酬;非货币薪酬是指以各种间接货币形式支付的福利,如机构支付的保险、休假等。

2. 薪酬的具体形式

工资是最基础的薪酬形式。基础工资也称"固定工资",它不随绩效的改变而发生变化。基础工资中有年薪、月薪、日薪的区别。

奖金和福利提供了工资以外的其他诱因,它们不仅满足了雇员的基本生活需求,也满足了雇员个人实现、赢得他人的赞赏和认可、获得心灵上的满足感等需求,从而使得员工更有动力去努力工作。在中国的媒体组织中,记者的奖金与发表稿件的数量挂钩,电视节目制作人的奖金与节目的收视率挂钩,广播节目制作人的收益与节目的收听率挂钩,新媒体内容运营的奖金和内容的流量挂钩……媒体组织通过提供工资以外的其他激励机制,调动员工的积极性,从而创造出更有吸引力的内容产品。

有条件的媒体组织可能会为员工提供各种福利,比如说房补、通信补贴、交通补贴、带薪假期、人寿保险、医疗保险、养老保险金,等等。此类福利虽然一定程度上增加了企业的成本,但有助于培养员工对媒体组织的忠诚度,增强员工的献身精神,从长远来讲,对媒体组织的发展是有利无弊的。此外,股票激励是一种目前被尝试的长期激励模式,有利于调动员工的主人翁意识,使其不仅把工作当成一份职业,也把媒体组织视同自己

---

[1] 王惠琴主编:《人力资源管理(第二版)》,南京大学出版社 2018 年版,第 194—202 页。

开办的公司一样来爱护。但所有这些都取决于媒体的经营管理水平。只有经营有方、管理得当的媒体,才有望形成足够的影响力和公信力,进而实现社会效益与经济效益的同步发展,为员工提供具有吸引力的激励。

3. 薪酬管理

薪酬管理是人力资源部门在组织宏观战略规划下,确定其薪酬结构、薪酬水平、薪酬等级,并对薪酬进行调整和控制的工作总和。薪酬管理的目标是留住员工、激励员工,并且进行合理的成本控制。薪酬管理受内外部因素的影响。外部因素包括政策法规、整体的劳动力市场状况、当地的物价水平等,而企业自身的发展阶段、所处行业和经营战略,以及员工个人的职位、工作年限、绩效能力等则属于影响薪酬的内部因素。

媒体组织在决定人工的薪酬水平的时候,应该遵循一些客观的标准和规律。一般而言,确定薪酬水平应该包括以下几个步骤,见图12-6:

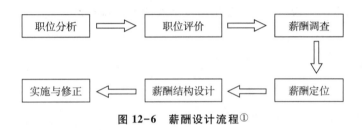

图 12-6　薪酬设计流程①

第一步,职位分析。这是指结合企业的经营管理目标,分析业务和人员,明确部门职能和职位关系,明确职位在市场和企业内部的定位。

第二步,职位评价,即确定每个职位的相对价值。要判断一个职位的相对价值,就需要做职位评价。职位评价的基本程序是对每一个职位所包含的内容(例如职位所要求的努力程度、技术复杂程度和承担的责任)进行相互比较,从而确定一个职位相对于其他职位的价值而言所处的工资和薪水等级。

第三步,薪酬调查。通常,企业需要了解同类机构的员工报酬情况,了解市场价格的水平,并根据自身的情况确定工资水平。同时也要收集同类企业在病假、休假和员工福利等方面所采取的措施,以便制订自己的福利政策方案。

第四步,薪酬定位。这是指根据行业、地域来确定薪酬位置,明确本单位的薪酬标准是高于行业水平,还是处于中位或略低于行业平均值等。

第五步,薪酬结构设计。薪酬往往由三个方面的工资构成:职位工资、技能工资、绩效工资。要确定职位工资,需要对职位进行评估;要确定技能工资,需要对人员资历进行评估;要确定绩效工资,需要对工作绩效进行评估。

---

① 参见王惠琴主编:《人力资源管理(第二版)》,南京大学出版社2018年版。

第六步,薪酬体系的实施与修正。企业需要不断和员工沟通并宣传薪酬体系,定期调整薪酬也是保持员工满意度的重要手段;同时,要根据单位经营情况和市场薪酬水平,适时调整薪酬体系,及时修正薪酬体系中不合理的部分。

小　结

人的因素在媒体组织发展中占据重要地位,在过去很长的一段时间内,包括媒体组织在内的许多企业都没有充分重视人力资源管理,仅将人事部门视作一级行政部门,其职责是负责组织人员的进出、选拔等简单事宜,并不参与媒体组织的经营决策,缺乏将人视作组织资源加以开发、培训和使用的科学规划,缺乏有效的人力资源培训,绩效管理也较为落后。未来,在媒体市场竞争日益激烈的环境中,媒体组织需要将人力资源管理置于重要地位,通过科学地选择人才、利用人才、管理人才和开发培养人才,提升组织目标与个人成长之间的契合度,促进组织与个人的共同成长。

思考题

1. 简述人力资源管理的兴起和发展。
2. 人力资源管理的作用是什么?
3. 媒体人力资源管理有哪些特殊要求?
4. 媒体人力资源管理有哪些工作原则?
5. 媒体人力资源在人才结构上有哪些特征?
6. 媒体人员的流动性表现在哪里,原因是什么?
7. 媒体人力资源的竞争体现在哪里?
8. 媒体人力资源规划的步骤是什么?
9. 媒体人力资源开发有哪些途径?
10. 媒体绩效评估的原则和方法是什么?

推荐阅读

Mathis, Robert L., and John H. Jackson, *Human Resource Management*, 9th edition, South-Western College Publishing, 2000.

Scott, Randall K., *Human Resource Management in the Electronic Media*, Quorum Books, 1998.

崔永泉、高福安、宋培义主编:《电视媒体人力资源管理》,中国广播电视出版社 2009 年版。

胡正荣:《媒介管理研究——广播电视管理创新体系》,北京广播学院出版社2000年版。

刘社瑞、张丹编著:《媒介人力资源管理》,湖南大学出版社2006年版。

〔美〕R.韦恩·蒙迪、罗伯特·M.诺埃:《人力资源管理(第六版)》,葛新权等译,经济科学出版社1998年版。

〔美〕加里·德斯勒:《人力资源管理(第六版)》,刘昕等译,中国人民大学出版社1999年版。

王惠琴主编:《人力资源管理(第二版)》,南京大学出版社2018年版。

吴文虎主编:《新闻事业经营管理》,高等教育出版社1999年版。

向志强:《人力资本与媒介人力资源管理开发研究》,湖南大学出版社2006年版。

第十三章 媒体渠道管理

新兴的信息传播技术不断表现出前所未有的力量,快速改变着人类的信息传播结构,也悄然改变了人们对信息内容和信息传播渠道的认识。社交媒体打破了传统媒体以往的"一对多"的单线的传播渠道,对流量和注意力进行了分流,冲击了传统媒体的收视率和营收状况。

2014年8月18日,中央全面深化改革领导小组第四次会议审议通过了《关于推动传统媒体和新兴媒体融合发展的指导意见》(以下简称《意见》)。《意见》提出,要推动传统媒体和新兴媒体在内容、渠道、平台、经营、管理等方面的深度融合,着力打造一批形态多样、手段先进、具有竞争力的新型主流媒体,从而将渠道视为影响内容分发、内容覆盖率和传播影响力的重要因素。

在新媒体持续涌现、用户市场不断细分、用户接触信息的方式越来越多样的情况下,媒体越来越需要构建和利用精准的渠道,以实现有效到达目标用户。本章从媒体渠道的概念出发,介绍了媒体渠道的主要流程和功能,以及印刷媒体、电子媒体及新媒体的渠道运营和管理,并探讨了媒体渠道的发展趋势。

第一节 媒体渠道的独特性

随着我国媒体市场化和产业化程度的深入,渠道建设日渐成为媒体开拓和占领用户市场的关键。媒体产业归根结底是内容产业,媒体价值的实现根本在于用户对内容的消费,而媒体渠道则是内容到达用户的前提和保障,是连接媒体与用户的桥梁。媒体的内容产品只有通过这座桥梁才能抵达用户,否则就没有媒体消费可言,媒体渠道建设和管理对于媒体的重要性从中可见一斑。尤其值得强调的是,面对用户市场细分化和碎片化的发展趋势,市场对于媒体渠道的要求不只限于广度,还要求精度,媒体需要针对自己的内容和市场定位,构建有效到达目标用户群体的渠道。这就对媒体渠道管理提出了更高层次的要求,也进一步突出了媒体渠道研究的必要性。

一、媒体渠道内涵的特殊性

"渠道"是市场营销学的概念。众所周知,当符合市场需要且价格适当的产品或服务出现时,生产者除了通过各种手段和措施进行促销以使产品和服务广为人知外,还必须借助某些组织或机构,以适当的方式和手段,在适当的时间和地点,把产品和服务准确地送达顾客和终端消费者。所谓渠道就是指产品或服务从生产者向消费者转移的过程中所经过的由各中间环节连接而成的路径。通俗地讲,渠道就是指产品或服务从生产者转移到消费者经过的所有通道的集合。

对媒体而言,媒体内容的生产者可以是独立的内容制作商,也可以是具有内容制作能力的媒体企业,内容的消费者则是其用户。在任何一种媒体经营模式(无论是传统的广告盈利模式、付费内容模式,还是新媒体环境下的"打赏"模式、品牌增值服务模式等)下,其媒体价值实现的关键都在于内容向消费者的转移。媒体渠道即媒体内容在从内容制作方向用户方转移的过程中所依赖的载体和路径。鉴于媒体内容在形态上与普通消费产品存在差异,媒体渠道既包括承载和传递非实体内容产品的技术介质(例如有线电视网、互联网、手机),又包括传递和分销实体媒体产品的销售路径(例如报刊和音像制品的发行渠道)。

和其他产品渠道一样,媒体渠道中也包含一系列相互联系、相互合作的组织、机构和个人。由于各种媒体的介质特征、传播方式等存在明显差异,因此各种媒体渠道的构成也有明显不同。整体而言,媒体渠道通常包括四个部分:内容制作商、内容集成商、渠道供应商和用户。作为媒体二元经济的重要支撑,广告商在媒体渠道中扮演着相对隐性的角色,一定程度上影响着媒体渠道的产品和资金流向。

由于媒体的特殊经营方式,媒体渠道各基本成员之间的划分并不一定非常清晰。在某些情况下,媒体企业既扮演内容制作商的角色,又承担内容集成的工作,例如传统媒体大多自己制作内容,并通过集成的报纸、电视频道、广播频率等形式进行内容传送。新媒体平台大多自己不生产内容,更多地扮演着内容集成商和渠道供应商的角色,例如短视频平台自己并不生产内容,而是将用户生产内容(UGC)与专业生产内容(PGC)依据特定的规则进行全网分发。随着技术的进步,内容生产由围绕大众生产发展到围绕个人生产,用户可以从新媒体平台获取个性化定制的内容;相应地,内容生产主体也由专业化走向了平民化、分散化和多元化。总体而言,媒体渠道的组成复杂多变,而媒体本身的传播特征、市场地位、经营方式、市场范围和资源能力等都是影响其媒体渠道的重要因素。

在媒体渠道的四大基本成员中,内容制作商是渠道的源头和起点;用户作为消费者,是内容在媒体渠道运行中的终点和接收者。由于用户对不同媒体内容的接收和消费方式、使用终端和消费环境的方式等明显不同,因此不同媒体渠道的结构和活动形式也会有明显差异。存在于内容制作商和用户之间的内容集成商和渠道运营商是媒体渠道的中间环节。随着我国媒体产业化和市场化进程的推进以及媒体技术的发展和融合,内容集成商和渠道运营商与内容制作商之间的分野日渐明显,并逐步从传统媒体当中剥离出来,成为媒体产业链条中的独立环节,发挥着越来越重要的作用。

"媒体渠道"的概念与市场营销学中的"渠道"有共同点,但由于媒体独有的市场属性及其产品特征,媒体渠道和普通商品渠道相比,有以下两方面的特点。

第一,更复杂的价值实现过程。普通商品渠道的起点是制造商,终点是通过生产消费和个人生活消费能实质上改变商品的形状、使用价值和价值的最终消费者和用户;产品借助在普通商品渠道中的流通,即可实现制造商和用户之间的商品价值和使用价值的交换。媒体渠道虽然也能够帮助内容制作商和用户实现价值和使用价值的交换,但鉴于目前大部分媒体仍采取广告盈利模式,内容产品的价值实现并不单纯依赖内容在媒体渠道中的流动,而是更依赖媒体对观众注意力的二次售卖,即大部分媒体产品通过媒体渠道实现了观众注意力和内容产品使用价值的交换,媒体再通过与广告主进行价值与注意力的交换,最终实现内容产品的价值。

第二,独特的使用权流动形式。普通商品在从生产者流向最终消费者或用户的过程中,最少要经历一次商品所有权的转移,消费者最终将拥有商品的所有权和处置权。但在媒体渠道中,媒体内容的流动并不代表着媒体内容所有权的转移,在大多数情况下,用户最终只获得了内容产品的消费权,内容产品的版权依然归媒体所有。尤其对于电视、广播、互联网知识付费产品等没有实体形态的产品而言,用户所获得的仅仅是收看、收听、浏览内容的权利。

尽管媒体渠道和普通商品渠道相比有自己的独特性,但对于媒体而言,联想集团领军人柳传志提出的"产品是立命之本,渠道是立身之本"同样适用,即"内容是立命之本,渠道是立身之本"。能够有效到达目标用户的媒体渠道已经成为媒体最宝贵和重要的资本。在传统媒体逐渐式微、新媒体市场份额不断扩大的当下,各类媒体都在寻求把握更广泛和更精准的媒体渠道。而在此过程中,新技术必将打破传统媒体的渠道垄断,改变各类媒体的市场竞争格局,对媒体渠道建设和管理提出新的要求。

二、媒体渠道资源流动的独特性

媒体渠道各成员之间通过内容产品的交换和转移、资金的转移以及各种促销、谈判、信息交流和订货行为联系在一起。在上述活动过程中,各渠道成员还不同程度地承担着内容传递和经营的风险与责任。媒体渠道成员的上述活动在运行的过程中形成了不同的流程,这些流程将媒体渠道的各类成员联系起来,形成了完整的媒体渠道体系

(图 13-1)。在这些流程中,各渠道成员正常履行自身的功能和职责,是媒体渠道畅通运行的保证。

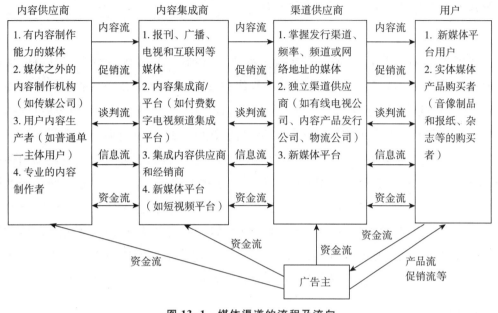

图 13-1 媒体渠道的流程及流向

(一) 内容流

内容流(content flows)是指媒体内容产品从内容供应商转移到最终消费者(用户)的过程。例如,某电视剧制作商在制作一部电视剧之后,或者需要与某些电视媒体合作,通过电视频道向观众播出该剧目;或者需要将内容制作成录像带或者 DVD 等,通过一定的音像产品分销渠道,最终到达消费者。媒体内容在流动的过程中,必须为非实物性的媒体内容找到一定的物理载体,如书本、报纸、杂志等实体产品,或者广播频率、电视频道、新媒体平台等传播介质。

(二) 促销流

促销流(promotion flows)是指通过广告、人员推销、宣传报道和其他促销活动等,一个媒体渠道成员对另一个媒体渠道成员施加影响的过程。在传统媒体的媒体渠道结构中,前后两个成员通常隶属于不同媒体机构,因此每一级渠道成员都有必要向下一级渠道成员进行促销。例如,电视剧的制作机构需要通过影视博览会或临时看片会,向电视台推销自己的产品;电视台在购买电视剧之后,需要向观众及广告主进行促销,以吸引观众收视,并吸引广告主对相应的广告时段进行广告投放。然而,在新媒体整合内容集成和渠道供应的媒体渠道结构中,促销流的对象发生了变化,通常为新媒体平台向内容供应商和消费者进行促销。促销也呈现出不同的特点:从追求覆盖量到追求创造持续参与感;从线性促销到多种促销并行。以当下火热的短视频平台为例,传统内容供应商与消费者在 UGC 模式下合二为一,即视频拍摄者同时也是视频消费者;而广告主通过开屏广告、信息流广告、达人广告、贴纸广告等多种形式的无缝广告投放,在保证用户的短视频平台参与感的情况下实现营销推广。

(三) 谈判流

谈判流(negotiation flows)是指在媒体渠道中,内容产品在各成员之间的每一次转移通常都会涉及一次谈判,由此确定某一级媒体渠道成员对内容产品的所有权和使用权,这些谈判过程构成了谈判流。例如,当小说的作者作为内容供应者,与出版社(内容集成商)进行谈判时,双方需要就作品的版权,包括版权的适用时间、范围和媒体形式等达成协议。又如,当电视剧制作商将电视剧出售给电视台时,双方会就电视剧播出的时间、次数、频道范围和首播时间等达成协议。新媒体时代下,媒体渠道成员间的谈判体现为各成员与平台之间签订的用户协议,例如内容供应者在首次接入新媒体平台时签署的用户隐私协议,便属于一次谈判。由于在内容产品的流动过程中,内容产品所有权的转移方式与普通产品有明显差异,渠道成员之间需要根据法律规定和双方协议达成明确的共识,因此谈判流在媒体渠道中扮演着重要角色。

(四) 信息流

信息流(information flows)是指在媒体渠道中,各级渠道成员之间相互传递信息的过程,这种信息传递通常在相邻两级成员之间进行,也会视特定情况,发生在不相邻的各级成员之间。信息流可以帮助媒体内容的制作者和传播者及时把握市场反馈和内容供需状况,对内容产品的生产、销售和购买等有较强的指导意义。近几年来,我国媒体市场日趋成熟,竞争加剧,贴近、满足目标用户的内容需求成为媒体生存和发展的关键,这就对媒体渠道中信息流与用户需求的匹配性提出了更高的要求。

(五) 资金流

资金流(capital flows)是指在媒体渠道中,各成员之间为获得内容的所有权或使用权而形成的资金交付流程,它是媒体渠道体系得以维系的基础。值得注意的是,媒体渠道系统中的资金流相较于普通商品的资金流更为复杂,除了涉及渠道成员之间的资金转移之外,还因为媒体的二元经济属性,涉及消费者、广告主与各类媒体成员之间的资金流动。

在上述几大流程中,内容流和资金流是媒体渠道的主要组成部分,促销流、谈判流和信息流则对媒体渠道的运作有明显的辅助作用。正如前文所说,由于媒体的市场主体的特殊性,以及媒体经营方式的差异性,不同媒体渠道的资源流程和流向可能会大相径庭,需要进行有针对性的分析和研究。

三、媒体渠道功能的独特性

媒体渠道的主要功能即实现内容产品从制作者向消费者的转移，它可以帮助弥补内容产品和服务与消费者之间的各种缺口，例如载体、时间、地点、所有权和使用权以及数量等，使得内容产品最终可以被用户所接收和消费。具体而言，媒体渠道的主要功能体现在内容集合、大规模传播、用户洞察和社交工具四个方面。

（一）内容集合

媒体渠道最重要的功能之一就在于对媒体内容的集合和整理，以保证渠道通畅。在媒体渠道中，通过对内容的集合，内容集成商协调了内容制作商和用户之间两种相互冲突的倾向，即内容制作商，尤其是个体的内容制作者倾向集中生产有限类别的产品，而用户却倾向消费多元内容产品。这一冲突使得个体内容制作者与用户之间的供需并不完全契合，因此单纯依赖内容制作者与用户之间的直接内容交流，无法构建有效的媒体内容交易体系。内容集成商对各种内容的集合和整理则有效解决了这一问题，提高了内容流动的效率，也由此体现了媒体渠道的功能和价值。

事实上，现代媒体的业务大致都可以分为内容制作、内容集成和内容传送几大领域。同时，几乎所有的现代媒体都具有内容集成的功能。例如，报纸的版面编辑其实就是在履行内容集合的职责，将不同作者的不同文章集合在同一版面上；广播电视媒体的节目排期人员也是在完成内容集合的工作，将不同的节目内容按照不同的时间顺序安排在同一广播频率或电视频道中播出；新媒体平台主要依靠技术完成内容集合。现代媒体的内容集合功能大致如下：

（1）分类，即将不同的内容产品按照主题或形式的相似性和相关性分别归入不同的节目类别，如电视节目就可以分为新闻节目、综艺娱乐节目、电视剧、电影、体育节目和科教节目等多种类别。

（2）集合，即将不同内容制作者制作的相同及相关的内容产品集合在一起，构成一个同类节目的"供应库"。通过分类和集合的行为，媒体有效地在制作者内容制作的专业性和用户内容需求的多样性之间找到了平衡。

（3）分配，即在对内容进行分类和集合之后，媒体会将不同的内容分配到不同的内容载体进行传送。例如，报纸将时政、经济、体育和娱乐等信息分配到不同的版面；电视则将新闻、综艺娱乐和电视剧等节目安排到不同的时段或专业频道进行播出；而新媒体平台在此基础上，根据用户过往的浏览数据选择传送更可能满足用户需求的内容。

（4）组合。由于大多数媒体最终向用户传播的都是内容的集成和组合，以满足用户多样性的内容需求，因此按照用户的需求，选取不同的或相似的内容构建内容产品组合，也是内容集成商的重要功能。

(二) 大规模传播

由于媒体渠道的主要功能就是完成内容产品从制作者向用户的转移,因此通过媒体渠道,制作者的内容产品可以到达成千上万的最终消费者。例如,通过成形的发行体系,报社和杂志社可以在最快的时间里,将当期产品配送到各个销售终端或者直接送到消费者手中;通过卫星频道或者有线电视频道,电视台可以将同一套节目内容传递到成千上万的家庭;通过互联网,各种信息可以被传递到全世界各个角落;等等。媒体渠道的存在,为内容到达最大规模的用户提供了可能,减少了内容制作者到达大规模用户的成本,提高了内容传播的效率。大规模传播是媒体渠道的主要功能之一,也是支撑现代媒体经济的关键。然而在新媒体时代,大规模传播面临巨大的挑战:首先是同类产品越来越多,市场竞争越来越激烈,缺乏创意的传播很难达到预期传播效果;其次是媒体数量急剧增加,导致信息分流严重;最后是用户拥有充分的信息选择权,不再只是被动的信息接收者。随着媒体技术的革新与用户需求的改变,新媒体将在"大规模传播"的基础上进一步实现"精准传播"。

(三) 用户洞察

在进行内容传送的过程中,传统媒体需要与用户进行接触与沟通,了解用户的需要、兴趣以及之前内容传播的效果。然而,大多数传统媒体无法直接接触用户,只能通过有限的方式获得有限的观众回馈,如通过读者、观众、听众的来信或者来电了解用户的所思所想。另外,一些传统媒体渠道环节可以通过系统化的市场调查,发现和收集重要的市场情报。例如,在数字电视服务中,运营商可以根据观众对付费频道和视频点播的订阅情况,来判断用户市场的内容需求。由于部分渠道环节与用户保持着最直接的联系,又非常了解当地市场的竞争情况,因此其所进行的市场调查可以为内容制作者提供极有价值的参考。新媒体环境下,平台可以利用技术挖掘用户绑定平台账号的历史行为数据,分析用户的兴趣特征,勾勒出一整套完善的用户画像,全面了解用户的需求以及整体市场对于平台内容的反馈。

(四) 社交工具

传统媒体的媒体渠道通常具有垄断性,而垄断性又意味着稀缺性。拥有稀缺媒体资源的传播主体在内容传播的过程中体现出了权威性和专业性,例如广播电台和电视台掌握着内容传播的主动权。而今,新媒体技术的发展使得渠道成为一种可裂变的媒体产品,新媒体可在短时间内生产出令人目不暇接的媒体渠道,传统媒体的渠道垄断性优势不复存在。同时,新媒体渠道数量的增多导致了渠道平等性,用户有机会接触媒体、熟悉媒体、使用媒体;媒体也从传统意义上接收远方信息的驿站演变成用户进行近距离沟通和交流的工具,媒体的社交属性因此诞生。

第二节　印刷媒体的渠道运作和管理

在传统媒体中,印刷媒体的渠道运作和管理与普通商品的渠道运作和管理有更大的共通之处。由于印刷媒体的内容传播更明显地依赖实体产品(报纸、杂志、图书)的使用权和所有权转移,因此普通商品的众多渠道营销策略同样适用于印刷媒体的渠道运作和管理,印刷媒体的渠道管理具有更明显的多样化和灵活性特征。整体而言,印刷媒体的渠道主要包括五大组成部分,即作为内容供应商的作者,作为内容集成商的报社、杂志社、出版社,作为分销商的发行公司,作为渠道供应商的配送公司和零售终端,以及作为产品消费者的读者(图13-2)。

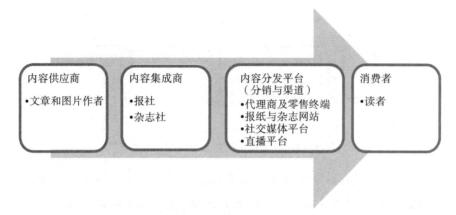

图 13-2　印刷媒体渠道示意图

渠道是印刷媒体市场化运作的重要支撑和保障。在我国,印刷媒体渠道管理的发展与我国媒体市场化和产业化的进程紧密相关。在计划经济体制下,印刷媒体没有因发行量而产生生存压力,对渠道管理的重视程度较低,在报社中负责渠道管理的发行部门大多数只扮演与邮局进行联系和协调的角色,是平面媒体编辑部下辖的二级部门。而随着我国媒体市场化和产业化进程的推进,印刷媒体到达读者的广度和精度直接影响到其发行收入和广告招商能力,并与媒体的生存息息相关。渠道管理开始在印刷媒体中变得日益重要。

对于渠道管理效率和效力的追求推动了我国印刷媒体渠道的扩展和创新。在短短的二十余年中,我国的印刷媒体渠道经历了"邮局独家代理""邮局发行与自办发行各行其道"和"多种渠道整合经营"三大发展阶段。印刷媒体渠道的参与者也得到了极大的丰富,从单纯的印刷媒体和邮局主导,发展到印刷媒体、邮局、民营运营商和外资运营商共同运作的局面,产生了邮局发行、报社杂志社自办发行、第三方发行和数字化发行等多种渠道管理模式。多种渠道管理模式的共生与并存为我国印刷媒体的市场运作提供了丰富的渠道选择,在提高报刊产品流通速度和效度的同时,也实现了对印刷媒体产业的资源整合,促成了印刷媒体市场的成熟和完善。

一、邮政发行

所谓邮政发行模式,是指在印刷媒体的渠道管理中,邮局统一扮演着报刊印刷产品分销商和渠道供应商的角色,负责报刊印刷产品的发行和配送,邮局是连接报刊媒体和读者的唯一渠道(图13-3)。1950年2月,我国确立了"邮发合一"的方针,在此后的三十余年中,报刊印刷产品一直采用单一的邮局代理发行模式。在这种模式下,印刷媒体只负责内容的采集和编辑,而产品的发行、配送、征订和收款等工作则均由邮局统一管理和实施。

图 13-3 印刷媒体的邮政发行渠道模式

邮政发行是我国印刷媒体的主要发行方式之一。和其他发行渠道相比,邮政发行的优点表现在:一是邮局拥有覆盖广阔的发行网络,规模庞大的发行团队,在全国基本上实现了无盲区的发行覆盖,这是任何自办发行或第三方发行渠道在短时间内都难以做到的。二是邮局发行大多采用订阅的方式,且多采用半年或者全年为一个订阅周期。从国际报业的发展经验来看,与零售型相比,征订型更有利于保证报刊媒体的持续稳定发展。邮局在征订发行方面举足轻重的地位,也让其成为不少印刷媒体发行渠道的重要选择。

邮政发行的缺点表现在:一是邮局缺乏灵活的市场运作机制,对市场变化缺乏有效的应变能力,不能满足印刷媒体在新的市场环境下的需要。例如,邮局对用户的报刊征订采用年度或半年度的收费方式,而对报刊媒体的费用支付则采用月度费用支付的收费方式,从而借助发行垄断掌握了报刊征订的现金流,降低了报刊媒体资金回笼的效率。二是邮政系统网络庞大,上下层级太多、管理松散、执行能力弱,难以保证报刊印刷产品发行的时效性。三是邮政系统从业人员长期在"铁饭碗"的观念下工作,不受明确的业绩考核的制约,工作态度懈怠、服务态度差。发行是印刷媒体直接接触消费者的终端,邮政系统欠佳的服务态度不利于印刷媒体培养与读者的关系。

正因为上述缺陷的存在,以《洛阳日报》等为代表的部分报刊媒体早在1985年就开始尝试自办发行,以摆脱"邮老大"的独家垄断,加强媒体对渠道的管理和控制,提升发行的效率和质量。在随后的 20 年间,全国有近 800 家报刊媒体选择了自办发行。虽然这与我国报刊媒体的总量相比还相对有限,但自办发行的报纸所取得的销售成绩确实对邮政发行提出了挑战。

面对市场竞争的压力,我国的邮政系统开始寻求变革,推出了发行提速和个性化投递等系列措施,以提升服务水平。2005 年 8 月和 2006 年 11 月,邮政系统对邮发报刊分别进行了两次大提速,保证了报刊投递的时效性。① 2007 年,邮政系统又在全国范围内推广报刊发行名址系统,以期建立完整的读者数据库,为报刊媒体开拓数据库营销建立基础;同年,部分地区的邮政系统还与网络媒体、移动通信运营商合作,以加强报刊的数字化发行。邮政系统的变革有效地提升了其作为印刷媒体渠道的效率和质量,再加上邮政系统明显的资金优势、渠道优势、人员优势和品牌优势,邮政系统再次表现出强劲的市场竞争力。

邮政发行由于其广泛的覆盖面和全国性的影响力,比较适用于以征订为主要收入来源的、跨区域经营的、专营性较强的报刊媒体。而邮政发行所采用的代理型发行方式相较于自办发行而言,可以减少报刊媒体本身的运营成本,提高资源利用的效率。正因为如此,不少尝试过自办发行的报刊媒体开始选择邮政发行与自办发行相结合的模式,在不同的市场范围内,充分发挥和结合两种市场渠道的优势。例如,《广州日报》就建立了自办发行网络和邮政发行相结合,以自发为主、邮发为辅的渠道管理模式,有效地实现了市场覆盖。

二、自办发行与第三方发行

自办发行是我国印刷媒体在市场化发展中的一种选择和尝试。所谓自办发行,是指"由报社自己组建发行队伍,创建发行渠道或把报社名下相关的部门组建成发行公司,在一些人口密集区域同时设立多个发行站或连锁商店,依靠专职发行人员,上门征订,投递到户"②。20 世纪 80 年代中后期,《洛阳日报》率先尝试了自建发行所的独立自主的模式,打破了邮局垄断报刊发行的格局;之后,资金不足的报社则采用"二渠道"发行,如《扬子晚报》即通过零售等批发渠道实现了自办发行;到 90 年代,为解决条块分割的发行渠道的问题,大批都市报开始走向系统化的理念创新,搭建起了结构分明的全国城市发行网络,并建立了规范的发行规则,实现了规模效应,取得了突出的市场成绩。③

---

① 窦中利、林明、刘红岩:《2007 中国报刊发行业的四个关键词》,《中国报业》2007 年第 12 期,第 21—23 页。
② 小舟:《自办发行给报业经济的发展带来了什么——写在自办发行 15 年之际》,《中国记者》2000 年第 4 期,第 44—45 页。
③ 吴锋:《中国报纸"自办发行"的昨天、今天与明天》,《中国报业》2006 年第 2 期,第 52—55 页。

随着同一市场内自办发行的竞争加剧,发行成本不断上升,媒体业开始对自办发行进行反思和调整。我国的报刊自办发行在30余年的发展过程中,经历了三大发展阶段,也形成了三种比较具有代表性的运作和管理模式(图13-4)。

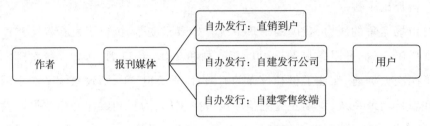

图13-4 报刊媒体的自办发行渠道模式

一是直销到户,是指由报刊媒体自行经营的发行系统,可以将报刊产品配送到消费者家中,是一种上门宣传、上门征订、上门投递的发行模式。此外,在北京、上海和广州等地还出现了在地铁等公众场所免费发行报纸的操作方法。这种方法在国外并不鲜见,通过在校园和交通枢纽等地向读者免费派发报纸,能有效地提升发行量。采取这种操作方法的报刊媒体往往需要通过与特定的机构(如学校和地铁公司)合作,获得在特定场所进行报纸发放的许可。但是随着移动互联网的发展,移动媒体成为地铁场景下用户接收信息的主要渠道,地铁报纸这种形式逐渐消失。

二是自建发行公司,是指由报刊媒体出资,建立隶属于报刊媒体的发行公司,负责报刊的发行和分销。目前,大多数自建发行公司均通过自主发行、代理分销的方式运作,这样一方面可以把报刊产品发行的主动权掌握在自己手中,另一方面可以借助多种发行渠道实现产品的有效覆盖,避免自主分销所需要承担的相对较高的成本。自建发行公司的运作方法,能够使报刊媒体实现向产业链下游的延伸,也有助于报刊发行走向公司化道路,是我国报刊媒体渠道管理中的重大进步。

三是自建零售终端,是自办发行进一步深化发展和报刊媒体进一步延伸产业链条的一种表现。市场营销中有着"得终端者,得天下;失终端者,失天下"的说法。市场对终端的重视成为推动报刊媒体自建终端发展的重要推力。通过自办发行,中国的报刊媒体摆脱了邮局对报刊发行的垄断,提高了发行的效度、精度和资金回笼的速度,自办发行一度与邮政发行形成鼎立之势,互不相让。但是,同一市场内众多报刊媒体选择自办发行体系,承受着较高的运营成本和压力,还会造成社会资源的浪费。正因为如此,在自办发行迅猛发展数年之后,报刊媒体开始对自办发行进行反思。不少报刊媒体都开始尝试自办发行与邮政发行和第三方渠道发行相结合的发行方式,推动了我国印刷媒体渠道管理的成熟。

第三方发行是指,报刊媒体将其产品发行交由邮政系统和报刊媒体之外的第三方运营商。第三方发行运营商通过代理发行、批发经销和零售经营的方式,让报刊产品逐级流动,到达消费者。和邮政发行、报刊自办发行相比,第三方发行在我国出现相对较晚,这与我国对文化产业发展的严格控制有关。第三方运营商对报刊媒体发行的介入更多的是从零售终端开始。随着我国加入世界贸易组织,政府逐步放松了对报刊媒体发行的控制,2003年发布的《出版物市场管理规定》对投资者从事图书、报刊以及电子出版物机会均等的有关准入门槛进行了规定,让民营资本看到了进入报刊发行领域的希望。

与报刊媒体略有不同,出版社主要有新华书店总发行、出版社自办发行、全国订货会三种发行方式。

一是新华书店总发行。在计划经济体制下,全国的出版社数量有限、出版物种类单一,出版社的图书一般由新华书店统一发行,实行包销制度。到了20世纪80年代,伴随着出版社数量的增长,出版物品种日趋多元化,传统的新华书店在资金、场地、储运以及人员结构、技术设备、运行机制等方面难以满足市场的需求,第二种发行方式——出版社自办发行便出现了。

二是出版社自办发行。相较于新华书店总发行的模式,出版社自办发行以读者为导向,并形成了风格化的特征。出版社在发行产品前会开展严谨的市场调研工作,并基于调研结果开展选题策划和出版活动。同时,出版社还会直接与全国各地的图书经销商广泛地进行业务交流,以消弭编、发之间的信息差,提高发行效率和效益。

三是全国订货会。全国订货会搭建了一个出版社集体展示产品的平台。各出版社借助订货会,传播图书信息,加强与图书批发商的沟通,从而促成图书在全国范围内的订货与销售。伴随着信息交流方式的多元化以及图书市场的繁荣发展,全国订货会的订货功能逐渐式微,而其产品展示、交流研讨、信息分享、凝聚共识等功能得到增强。

三、数字化转型

以互联网和数字技术为支撑的新媒体呈现出强劲的发展势头,为传统媒体的发展带来重大冲击和严峻挑战,传统媒体的用户出现明显分流,甚至有人悲观地预言了"报纸媒体的灭亡",但更多的人则看到了印刷媒体数字化带来的新机遇。所谓印刷媒体数字化,就是指报刊媒体借助数字技术,改变报刊媒体原始的内容呈现形态,丰富内容传递的媒体渠道,寻找内容产品发行渠道和发行范围的扩张。

印刷媒体的数字化转型为渠道转型创造了机会,这主要体现在三方面:一是报刊媒体选择网络作为媒体渠道,通过开办传统报刊媒体的网络版,以免费赠阅或者有偿订阅的方式,实现报刊的网络发行;二是报刊媒体选择移动通信网络运营商作为合作伙伴,选择手机等移动设备作为媒体终端,采取推送或订阅的方式向读者传递内容产品;三是报刊内容供应商和报刊媒体借助报刊数据库平台,实现内容产品的二次发行(图13-5)。

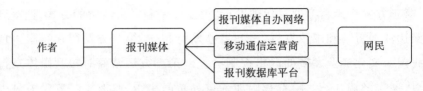

图13-5 印刷媒体的数字化发行渠道模式

通过自办网络发行内容产品,是报刊媒体在数字化发展初期惯常采取的方式。大部分报刊媒体都把搭建自己的网站以及复制纸版内容作为数字化的主要形式。早期的报刊网站除了在内容上与纸媒保持一致之外,在形式上与原有报刊有明显的差异,很容易造成读者品牌认知的模糊。有鉴于此,2007年开始,不少国内报纸都在尝试提供报纸的PDF版本,这样读者在网络上阅读到的报纸与市场上发行的报纸保持了一致的形态。为了培育读者的习惯性阅读,大部分报刊网站都开通了订阅功能,读者只需要提供电子邮箱地址,就可以定期收到赠阅的内容产品。部分知名的报纸媒体则开通了网络付费订阅的功能,以期开拓新市场。

媒体自己构建网络发行平台,需要承担一定的运营和维护成本,也不容易形成规模效应。为此,部分网络运营商针对媒体网络发行的需要,构建了综合的数字化发行平台,以为多家媒体提供发行服务。例如,国内数字媒体发行平台Xplus就通过提供"'一键式'智能报纸出版技术、多渠道辅助发行手段、灵活的商务服务形式",帮助传统媒体向数字媒体跨越,以实现数字化发行的规模效应。与传统媒体相比,Xplus实现了图、文、声、像的结合,丰富了用户的多维感官体验,并以自动化、个性化订阅,精准满足了用户的不同需求。

与互联网平台相比,近些年,移动终端平台在报刊媒体数字化发行的过程中拥有了更高的热度。移动终端携带方便,可以让读者在接收内容产品时不受时空限制,延续了报刊媒体传统的便携性和易读性的特点。移动通信技术的革新与应用实现了期刊的移动终端出版和阅读。手机从单纯的通信工具转为移动媒体终端,丰富了期刊出版和阅读的方式,手机和平板电脑迅速成为期刊出版及阅读的主要阵地;Flash动画、TVC视频音频、Web控件、3D技术和超链接等多媒体技术被广泛应用于网络多媒体杂志的出版过程中,网络多媒体杂志大量涌现;云计算技术的应用实现了期刊数字出版的全流程管理。

借助数字空间海量和分类存储的功能,部分网络运营商开始搭建互联网报刊数据库平台。这些运营商一方面扮演着内容集成商的角色,将成千上万的报刊文章分类管理,形成了庞大的报刊文章数据库;另一方面则扮演起渠道供应商的角色,通过互联网平台,为终端消费者提供了查询、浏览和购买内容产品的渠道。目前,国内期刊数据库的运作已经步入正轨,创造出了可观的经济收益。

第三节 电子媒体的渠道运作和管理

与印刷媒体不同,电子媒体的渠道运作和管理意味着,其内容产品要顺利到达消费者,需要解决两大关键问题:一是要寻找到合适的载体来承载其内容信号,二是要普及相应的接收装置,供消费者接收、解码信号,并实现对内容产品的消费。由此,电子媒体的渠道大致由五个部分构成,即作为内容供应商的节目制作者(包括广电媒体内部的节目制作部门和外部的内容制作商),作为内容集成商的广播电台和电视台,作为信号载体和传输平台的无线频率/频道、卫星频率/频道和有线广播电视网络,作为内容接收终端的收音机、电视机和手机等设备,以及作为内容消费者的听众和观众(图 13-6)。

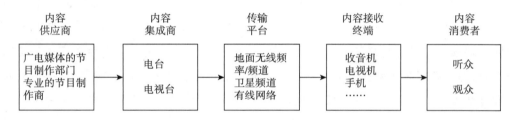

图 13-6 电子媒体渠道模式

电子媒体传输平台的运营管理与资源和技术有很大的关系。在采用模拟信号压缩和传送技术的时期,频道和频率资源相对有限,广播电视媒体的传输平台管理更多在于对频率和频道资源的获取和维护。而随着数字电视技术的应用,频率和频道资源呈扩张的趋势,在增加了广播电视媒体到达用户机会的同时,也增强了电子媒体渠道管理的复杂性。目前,全球大多数国家都处在从模拟技术向数字技术转换的过程当中,对传输渠道的技术研究、应用和基础设施建设成为目前电子媒体渠道管理的重要内容之一。

电子媒体的内容信号需要特定的装置来接收和呈现,因此对内容终端的开发也是电子媒体渠道管理的重要方面。影响电子媒体终端普及的因素主要有两个方面:一是技术因素,即现有的技术能够开发出何种形态、价格水平和性能的电子媒体终端;二是适用性,即媒体终端是否能够适应市场和消费者对媒体内容消费的需求,是否能够较好地融入用户的日常生活。在过去的半个多世纪里,广播电视技术获得了迅速的发展,接收终端的成本持续走低,使得广播电视成为普及范围最广的大众媒体形态。而今,互联网等新媒体对传统广播电视媒体提出了挑战,不少电子媒体在寻求内容创新的同时,也在尝试开发新的接收终端,以便让用户在更广泛的范围、更方便的时间进行内容消费。

一、广播渠道

从全球范围来看,广播媒体经历了 20 世纪 30 年代的兴起和繁荣,在 50 年代后逐步为电视媒体所取代,在与其他媒体进行竞争和适应的过程中,逐步确立了以地方性媒体为主的市场定位。目前,全球大部分地区的广播媒体均属于借助地面传送技术到达区域性听众的地方媒体,仅有少数广播媒体可以借助卫星传播技术,向全国乃至跨区域的听众传递收听信号。进入 21 世纪后,数字技术的应用和新媒体的兴起再次对广播媒体的市场地位发起挑战,引发了广播渠道管理的创新和发展。从信号传输上对互联网和数字卫星技术的应用,到接收装置上向更多媒体终端的扩展,渠道的创新和扩展为广播媒体找到了新的生存和发展空间。

对于传统的广播媒体而言,借助模拟信号的地面传输技术和收音机设备,向特定区域内的听众传送信号,是其主要的渠道运作和管理方式。所谓地面传输技术,是指利用地面甚高频(VHF)和特高频(UHF)的广播信道,进行信号传送。由于地面广播信道资源有限,因此政府对频率资源的管理相当严格,特定频率执照需要由国家或者省、自治区和直辖市的广电主管部门核发。同时,为协调不同地区、不同媒体对广播频率的使用,相关主管部门还会对频率使用的地理范围、信号传送的发射功率等予以管制。由此可见,广播媒体的渠道管理很大程度上是由政府主管。

当然,部分全国性广播媒体也会借助卫星传送渠道,向更广范围的听众传递节目信号。不过,由于采用模拟信号的广播频率在传播过程中容易受到各种干扰因素的影响,听众借助普通收听设备直接接收的信号质量较差,因此在模拟技术条件下,大部分卫星广播会选择由地方差转台进行转播,在信号落地之后,再通过当地的地面广播频率进行传输。这也就是为什么部分广播卫星频率虽然使用统一的呼号,但在不同地区、不同的频段进行播出。

数字技术的出现为广播媒体的渠道运作和管理提供了新的机会,这种机会既表现为传输平台的丰富性,也表现为接收终端的扩张。从传输平台来看,数字广播技术的出现不仅极大地丰富了广播频率资源,也增强了广播信号的稳定性,为进行大范围的广播卫星信号传播提供了可能。例如,美国的"XMRadio"和"天狼星"(Sirius)两大卫星广播公司借助技术的发展,挖掘了听众潜藏的内容需求。其中,"天狼星"建设了 76 个录制棚、4 处表演场地和 1 个有 200 多万首乐曲的音乐库,可以为听众提供数十个细分更彻底且不含商业广告的音乐频率,通过新的广播媒体渠道向听众提供全新的服务选择,赢得了市场的欢迎。

数字广播技术的出现还让广播频率有了承载更多元化的信号形态的能力,不少广播媒体尝试在声音内容之外,开发文字和多媒体内容,以发挥广播频率移动传输的优势,打造移动多媒体传输平台,为自身的媒体渠道寻找更广阔的利润空间。例如,北京广播电台成立了全资子公司北京悦龙数字广播传媒科技有限责任公司,采用数字信号广播技术(digital audio broadcasting,DAB),提供包括音频、视频和数据等在内的多媒体信息传送服务,为北京广播电台开辟了全新的业务领域。

除了数字广播技术之外,互联网技术也为广播媒体拓展传播渠道提供了帮助。数据显示,2022年,我国广播音频智能终端用户规模突破4亿,占广播听众整体规模的62.61%。[①] 通过互联网收听广播的人往往具有较高的学历、收入水平和社会地位,且互联网广播的"伴随性"特征凸显,在开车、运动健身、做家务等场景中,网络音频较其他媒体的使用率高出9%—12%[②],因而互联网广播听众群体是消费者群体中较被广告商看中的群体。随着国内互联网基础设施建设的完善和互联网传输技术的改善,不少国内广播电台也开始在互联网上进行音频直播,通过互联网到达更多的年轻听众。2014年起,北京广播电视台、东方广播、中央人民广播电台相继进行创新变革,分别自建官方移动音频客户端"听听FM""阿基米德FM""云听",打造新型的主流媒体,并迅速在音频市场上占有一席之地。一方面,通过用户数据的沉淀,传统广播电台得以深入描绘用户画像;另一方面,在被强化的传受关系中,电台可以通过市场反馈即时了解用户喜好,从而最终迅速适应大浪淘沙的互联网音频市场。当然,技术进步也明显地丰富了广播媒体的接收装置,进而丰富了广播媒体渠道。

近年来,随着我国私家车数量的迅速增加,车载广播的普及率迅速提高。由于在行车的过程中,只占用听觉通道的广播媒体是最具优势的伴随性媒体,故而车载广播终端的广泛应用一度带来了交通广播的繁荣,有效带动了我国的广播产业实现市场突破。手机和个人数字助理(PDA)等终端设备中也出现了收音机功能,进一步丰富了广播媒体的接收终端形态,能有效地帮助广播媒体到达更广泛的听众。

总体来说,对于广播媒体而言,加强渠道建设和管理,利用数字技术和互联网技术,实现传播平台、渠道业务和接收终端的多元化,让广播内容借助更丰富的媒体渠道到达更广泛的用户,是其应对新媒体的竞争、找到更合适的市场位置的重要举措之一。

二、电视渠道

不论是采取模拟技术还是数字技术,电视媒体的内容传播渠道都大致可以分为三类:有线传送、地面无线传送和卫星传送。有线传送借助有线光缆向所覆盖区域的电视

---

① 《赛立信最新数据:中国之声线上点击量同比增长近50%》,2023年2月24日,央广网,https://ad.cnr.cn/hyzx/20230308/t20230308_526175474.shtml,2023年6月1日访问。
② 《尼尔森IQ网络音频媒体价值洞察》,2022年6月9日,NIQ网站,https://nielseniq.cn/global/zh/insights/report/2022/尼尔森iq网络音频媒体价值洞察/,2023年6月1日访问。

观众传送信号,能较有效地保证图像和声音信号的稳定,是目前电视媒体最常选用的渠道形态。不过,有线电视基础建设成本较高,且覆盖范围相对有限,因此有线电视网络往往只局限于区域市场。

地面无线传送借助地面甚高频(VHF)和特高频(UHF)的广播信道进行信号传送,和有线传送相比,具有成本低廉、覆盖较广的优点。在模拟技术条件下,地面无线传送的信号质量较差,难以保证内容传播的效果,其渠道的价值相对较小。经数字电视转换后,地面传送的信号质量被大大提高,可以将内容信号传送到有线电视难以到达的农村和偏远地区,因而地面无线传送在电视媒体渠道管理中的地位将大大提升。

和有线传送与地面无线传送相比,卫星传送的渠道管理相对复杂。卫星传送是指借助卫星信道传播电视信号的传送方法。卫星传送以覆盖面广、质量好、干扰少且资源丰富为特点,是目前最为重要的通信手段之一。不过,卫星传送所面临的终端接收问题相对严峻。无论是在模拟还是在数字电视技术背景下,消费者个体接收卫星信号的成本都相对较高,正因为如此,不少上星频道都会选择与区域性的有线网络或无线差转台合作,实现信号的落地。

总体而言,电视媒体渠道管理和运作大致包括如下几个流程,即节目制作商先制作节目,然后交由电视台或其他内容集成平台进行内容集成,接着电视台通过自有的或租用的传送平台进行节目传送,最终消费者通过特定的终端设备进行节目收视(图13-7)。目前,在我国市场上,有线传送和卫星传送是电视媒体内容传送的主要渠道。在数字电视转换之后,新增的付费频道和视频点播等服务,同样也主要依赖上述渠道进行传播。在本书中,我们将着重介绍卫星电视、有线电视和数字电视付费频道的媒体渠道运作和管理。

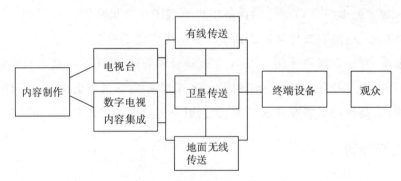

图13-7 电视的媒体渠道构成

(一)卫星电视渠道

卫星电视的媒体渠道运作和管理需要解决两大问题——"上天"和"落地"。所谓"上天",是指电视台通过谈判和协商,以一定的租星费用获得某卫星频段的使用权,借以进行节目传送。在我国,卫星频段使用权的获取并非简单的市场操作问题,还需要得到国家相关主管部门的批准。20世纪90年代初,由于受到自然条件的限制,在我国西藏及云南、贵州等西部地区,电视信号覆盖较差。为了解决这一问题,在主管部门的政策指导下,西藏卫视成为首批通过卫星传送节目的电视台之一。在随后不到十年中,我国32家省级电视台的主频道悉数上星;再加上中央电视台的十余个上星频道,以及获批的数个卫视动画频道(如湖南金鹰卡通)和副省级卫视频道(如深圳卫视),我国的卫星频道已超过50个。

经营卫视频道的成本高昂。在上星之初,电视台需要花费上千万元进行基础设施建设,同时每年还要支付1000万元的租星费和日常维护费。[①] 然而,这些巨额的资金投入仅仅只是完成了卫视频道渠道管理的第一步。在模拟电视技术条件下,大多数观众,尤其是城镇观众无法有效通过自有设备接收信号。要保证内容信号的有效到达,卫视频道还需要寻求与地方有线网络或差转台的合作,实现频道"落地"。

在我国卫星电视发展的早期,卫星频道的"落地"主要依赖行政力量主导下的"对等落地"。也就是说,某一地区的卫视频道要进入另一个地区的有线电视网,交换条件就是另一地区的卫星电视也可进入该地区的有线电视网。"对等落地"是我国卫星电视发展早期的产物,对电视台渠道管理的要求相对不高。

随着我国电视产业市场化程度的深入以及市场竞争的加剧,"对等落地"逐步暴露出两大弊端:一是区域有线电视网在转播卫星电视的同时,更承担着传输本地有线电视频道的责任,在模拟传送技术条件下,有线网络所能承载的频道数量相对有限,导致卫星频道在落地时面临资源紧缺问题。二是从收视和广告经营的角度讲,各地市场的价值并不对等。例如,对于北京电视台而言,其在本地的广告经营额可达十几亿元,因此并不急于去其他地区市场落地,但外省卫视对在北京落地却有着较强的需求。正是由于有线频道资源稀缺和市场地位不对等,再加上各地卫视上星时间不同、落地情况差异较大等,因此21世纪初,部分卫视台选择"交钱入网"的方法,打破了原有的卫视频道落地格局,将卫视频道的渠道运作和管理推入了更为市场化的"付费落地"阶段。

在呼唤相关主管部门出台管理政策,对有线电视网的入网要价进行规范的同时,各地卫视频道的渠道管理人员开始探索通过覆盖策略、借助技术升级等手段,走出目前卫视频道落地难的困境。部分卫视提出,要避开要价较高的一、二线城市,转向要价较低,但拥有中国87.2%左右电视人口的三、四线城市进行覆盖,可以在降低覆盖成本的同时,获取更大的观众规模。

数字电视转换将改变有线网络频道资源稀缺的局面,降低有线网络的渠道价值,带来入网费的降低。值得注意的是,对于广告主而言,拥有较高消费水平和较完善消费市场的一、二线市场始终是其关注的主要对象,覆盖三、四线城市的策略能否改善卫视频

---

① 陆群、张佳昺:《新媒体革命——技术、资本与人重构传媒业》,社会科学文献出版社2002年版,第44页。

道的盈利状况尚须观察。同时,在数字电视转换之后,虽然有线电视网络资源会进一步丰富,但地方有线网仍然拥有对网络资源的垄断权,部分有线网络甚至可以通过将某卫视打入免费包和付费包的方式,来影响卫视频道的覆盖。因此,卫视频道管理其实需要与其他渠道管理紧密联系,统筹规划。2015年,《有线电视管理暂行办法》明确写明,全国有线电视管理工作由广播电影电视部统一管理,省、自治区、直辖市广播电视行政管理部门负责本行政区域内的有线电视管理工作。2019年10月28日,《国家广播电视总局2019—2028年立法工作规划》发布,明确指出,各级广播电视行政部门要大力支持地方立法工作,相信在未来的十年内,将逐步解决落地问题。①

(二) 有线电视渠道

简单而言,在有线电视的媒体渠道管理中,最重要的环节就是对有线电视网的管理。对我国的电视媒体而言,有线电视网管理面临的最大问题就是"台网合一"和"台网分离"的问题。所谓"台网合一"是指各地的有线电视台和有线电视网合一运营,有线电视网是有线电视台的附属部分的运作方式。这种运作方式的产生与我国有线电视行业的发展历程密切相关。我国的有线电视行业是自下而上发展起来的,其资金来源非常复杂,包括国家拨款、群众和社会筹资,大多数地区的有线电视网都是附属于本地的有线电视台发展起来的。这种自下而上、"台网合一"的发展模式,在迅速推进我国有线电视产业发展的同时,也导致了条块分割、网络零碎和资源浪费的问题。在"台网合一"的情况下,有线电视台既要和无线电视台在节目制作和收视上进行竞争,还要和电信在网络增值业务上进行角力,明显力不从心。

随着我国电视产业市场化的推进,"台网合一"的弊端日渐突出。21世纪初,国家广电总局要求各地在2001年底前完成"台网分离"的工作。在"台网分离"的过程中,大多数地区的有线电视台和无线电视台实现了合并,有线电视网成为单独的网络公司。"台网分离"一方面使有线电视台的节目制作和播出部门独立出来,与无线电视台合并,实现了资源整合,加强了地方电视台的节目制作和播出能力;另一方面使有线电视网能够以独立公司的身份进行市场化运作,在做好广播电视节目传输工作的基础上,可以涉足互联网和语音电话服务等电信增值业务领域。

对于有线电视的渠道管理而言,"台网分离"事实上将原本由电视台自己控制的渠道环节剥离出来,使有线电视的内容集成和内容传送相互分离。由于在"台网分离"之后,当地的有线电视台和有线电视网仍然归当地广电主管部门统一管理,因此内容集成和内容传送的业务分离并没有造成运作成本的明显提升,反而促成了两大环节运作和

---

① 国家广播电视总局政策法规司:《〈国家广播电视总局2019—2028年立法工作规划〉印发》,2019年10月29日,国家广播电视总局网站,http://www.nrta.gov.cn/art/2019/10/29/art_114_47932.html,2022年6月20日访问。

管理的专业化。在进行"台网分离"之后,尽管出现了功能复用甚至恶性竞争的情况,但总体而言,有线电视网络为增强自己在增值业务市场上的竞争力,对自身的用户管理系统、收费系统、网络维护系统和客户服务系统等进行了全面的升级和改进,提升了渠道管理的专业化水平,一定程度上提升了有线电视渠道管理和服务的质量。

互联网时代,伴随着宽带技术的发展,媒体的内容与渠道逐渐分离,衍生了"台网融合",改变了传统的商业模式,甚至引发了产业链重构和价值转移的现象。在渠道单一的背景下,有线电视作为 B to B、B to C 的中间方,将广电机构制作的内容向用户进行销售。但互联网多元化的渠道转变了视频终端的逻辑,它可以直接采用 OTT 模式,越过有线电视网,渠道可以直接与用户进行交易。为此,为了满足渠道竞争带来的内容差异化的需求,有线电视渠道需要主动破除线性传播的局限性,在打通用户与内容互动的机制的同时,重新整合现有的信息化资源。

比如,重庆有线(网)与重庆台(台)联手打造了一个面向少儿的地方电视频道专区——"i12"。用户在该频道上既可以观看直播,也可以享受点播服务,从而实现了线性结构与非线性结构的有机组合,甚至将内容与线下活动或商品进行联动,进一步扩大了影响力。由此,有线电视网的管理不再局限于电视网内部本身,而需要开展跨界的延伸活动。

(三) 数字电视付费频道的渠道

数字电视转换除在技术上提升了电视媒体渠道的质量和效率之外,其所带来的全新的业务模式还促使电视媒体的渠道管理进行着流程再造。在基于数字电视技术而产生的各种新服务中,数字电视付费频道改变了传统电视"免费传送信号,以观众的注意力换取广告收入"的经济模式,采用"观众支付一定费用订阅电视频道"的盈利模式,在丰富电视媒体的经营模式的同时,也带来了电视媒体渠道管理的创新。

在数字电视付费频道的渠道运营和管理中,电视台或民营制作机构通过开发专业的数字付费频道内容扮演了内容供应商的角色,由政府批准的数家付费频道集成运营商则借助自己在信号压缩、频道加密、代销服务和入网服务等方面的业务优势,扮演了内容集成商和内容经销商的双重角色,集成运营商集成的数字付费频道通过传输运营机构被传送给各地的有线网络运营商,并最终通过有线网络运营实现向电视观众的分销(图13-8)。

图 13-8 数字电视付费频道的渠道运作模式

在数字电视付费频道的渠道管理中,频道供应商是整条渠道管理的先决条件,为渠道的存在提供了产品基础。2003年11月14日,国家广电总局发布《广播电视有线数字付费频道业务管理暂行办法(试行)》,正式启动对数字电视付费频道的管理,之后各地电视台都积极申报开办了数字付费频道。数字电视频道的开办主体主要是国家级和省市级电视台,同时政策还鼓励社会资本参与频道运作。在政策的鼓励和推进下,短短几年,我国数字电视付费频道数量已逾160家。频道供应商在完成节目制作和频道编排之后,将节目内容通过省干网和国干网传送给集成运营机构。

集成运营商负责集中各地的付费频道,再通过传输运营机构将付费频道传给各地的有线网络商。在付费频道运营之初,只有通过中央数字节目平台("中数传媒"的前身),付费频道才能把节目传送给各地有线网。2004年6月,广电总局印发了《关于推进广播电视有线数字付费频道运营产业化的意见》和《关于申办全国性广播电视有线数字付费频道集成运营机构的通知》,明确规定,"中央、省级的广播电视播出机构、广播影视集团(总台)以及中国广播影视集团的直属机构可以单独或联合申请开办全国数字付费频道集成运营机构"。中央数字电视传媒有限公司、上海文广互动电视有限公司、北广传媒旗下的鼎视传媒等公司相继获得牌照。各集成运营商集成了不同的数字付费频道,并基于不同的节目加密和信号传送技术提供服务。在我国有线电视数字转换技术加速发展的同时,各集成运营商也开始在不同区域市场上展开角逐。

根据政策规定,集成运营商可以采取有线、卫星和微波传送方式,将其集成的数字电视频道传递给有线运营商。在同等条件下,集成运营商应该优先使用有线广播电视光缆向有线网络运营商传送付费频道。有线网络运营商在接收到付费频道之后,需要完成内容向终端用户的传送。由于付费电视频道采取订阅收视的方式,因此有线电视运营商在经营数字付费频道的过程中,需要在频道加密、客户系统管理和资金流系统管理等方面进行升级;与此同时,付费电视业务的加入还对有线电视运营商的市场营销提出了新的挑战。

总体而言,和传统电视频道相比,数字电视付费频道的渠道管理与媒体机构明显分离,渠道的有效运作更明显地依赖产业链各个环节的协力合作。在付费频道的产业链当中,频道提供商是产业链存在的基础,而有线网络运营商是产品从生产者向消费者转移的关键环节,从而成为付费电视渠道管理最重要的组成部分。

第四节　新媒体的渠道运作和管理

新媒体是Web 2.0时代下利用数字技术、网络技术,通过互联网、宽带局域网、无线通信网、卫星等渠道,以及电脑、手机、数字电视机等终端,向用户提供信息和娱乐服务的传播形态。新媒体从本质上说属于电子媒体,和传统电子媒体相似,新媒体所传递的内容产品也大多属于非实物形态。因此,内容信号的载体和最终接收与解码的终端设备,是新媒体渠道运作中最为关键的两大环节。对于和传统电子媒体一样采取广告运营方式的新媒体来说,其渠道管理依然包括五大环节,即作为内容供应商的节目制作者(包括音频、视频和文本内容的作者),作为内容集成商的媒体机构(诸如互联网站、移动应用平台等),作为信号传送载体的互联网、数字通信频道频率或移动通信通道,作为内容接收终端的电脑、手机等设备,以及作为最终的内容消费者的受众。

值得注意的是,在新技术的支持和消费市场需求的推动下,部分新媒体开始尝试利用和延伸媒体渠道,提供产品销售和渠道支持等服务,拓宽了媒体渠道的盈利前景,对媒体渠道管理有明显的创新和再造作用。在这种情况下,媒体不再局限于借助渠道传递特殊内容产品,而是借助其信息渠道,完成对普通商品信息和服务信息的传送,并为商品交易和服务实现提供平台。部分媒体还尝试与现代物流和资金流系统进行合作,进一步拓展媒体渠道的功能,实现了现代媒体业和零售业的结合。鉴于新媒体中数字电视和 IPTV 的渠道管理与传统有线电视渠道管理有一定的相似性,本书不再详细介绍其渠道管理,而重点关注互联网、数字移动电视、社交媒体的渠道运作和管理。

一、互联网渠道

互联网作为一种以计算机为信息接收终端的,集文字、声音和图像等多种信息传播于一体的数字化多媒体的传播媒体形态,集合了传统媒体的多种功能和优势,在渠道运作和管理上也传承了传统媒体的特征。在互联网媒体发展的早期,多数人看重的是互联网作为广告传播新渠道的威力,广告经营成为最被看好的盈利形态。在这个阶段,大多数互联网媒体的渠道管理侧重通过提供网络内容服务,吸引用户对自身网站和页面的注意力,在传递互联网内容产品的同时,借助网络媒体渠道传递产品广告信息,进而实现经济效益。

作为一种新兴媒体,互联网在发展早期受到技术和基础设施的限制,其渠道的效力相对较弱。这一方面表现为受编解码技术、压缩技术和带宽技术的限制,互联网还不能对音频和视频实现有效的实时传送;另一方面则表现为接入互联网的光缆普及程度不高,能够通过计算机终端访问互联网的用户人数有限。因此,在互联网发展早期,其渠道运作和管理更多地集中于互联网传送技术的升级和互联网基础网络的铺设。鉴于互联网对人类信息传播的巨大影响力,各国政府都清楚地认识到了互联网在未来信息经济中的关键性作用。在政策大力推进和投资者大量介入的背景下,20 世纪 90 年代末,互联网迎来了一轮发展高潮,互联网渠道也借此机会得到了升级和完善。

与传统媒体相比,互联网的一个显著特征在于海量信息。成千上万的互联网媒体在同一个网络载体上进行信息传递,这和传统媒体市场上有限的报纸、杂志、广播频率和电视频道相比,明显增加了观众知晓和到达某个特定网络媒体的难度,同时也增加了互联网媒体有效到达用户的难度。正是因此,在互联网渠道建设的过程中,搜索引擎的出现意义重大。借助搜索引擎,特定的内容产品可以与有相应需求的用户实现有效对接。从功能的角度来看,搜索引擎类似于零售业中的大卖场,它通过对海量内容产品的分类陈列,改善了网络媒体的终端呈现,提高了互联网渠道的传播效率。

值得注意的是,不同的互联网媒体渠道具有差异化的媒体效果。当前的互联网媒体渠道大体可分为传统媒体融合下的网络媒体和天生具有互联网基因的新媒体。有研究表明,在媒体传播效果上,以"新浪"为代表的门户网站和其他网络渠道具有明显的效果分野。前者的媒体传播规律仍符合传统的传播理论,用户不会因为同时使用多个门户网站而改变态度,而后者作为以微信为代表的网络渠道则造成了不同结果:用户会因为同时使用多个社交媒体渠道接触媒体信息而产生媒体态度的变化。[①]

到 21 世纪初,单纯的广告盈利模式已无法支撑飞速发展且规模庞大的互联网产业。互联网经济泡沫的破灭促成了互联网产业的重新洗牌。部分互联网媒体在产业调整中尝试寻找新的盈利模式,在实现自身成长的同时,也促成了互联网渠道运作和管理的升级。在寻找新的盈利模式的过程中,不少互联网媒体看中了互联网本身作为信息渠道和传播平台的功能,尝试建立独立的渠道运营部门,借助互联网的渠道优势,吸引传统媒体之外的其他行业参与和合作,开拓出了新的业务模式。其中最有代表性的即为销售盈利模式和渠道盈利模式。

所谓销售盈利模式,即电子商务模式。在这种模式下,互联网媒体渠道被视为产品供求信息的传播渠道,与产品的配送渠道和资金流动渠道相结合,构建出非实体性的市场平台,这是传统的媒体渠道和产品渠道的结合与升华。为充分发挥互联网作为商品信息渠道的功用,从事电子商务业务的互联网站还通过建立电子数据交换系统、电子商情系统、电子合同系统和电子支付系统,加强与产品供应商、物流供应商和资金流通平台的合作,保证了信息流和商品流的顺畅。事实上,互联网的这种经营模式在电视产业中早有体现,最典型的是 20 世纪 90 年代中后期出现的"电视购物"。当时,电视媒体尝试将电视媒体渠道作为一种产品交易信息传播渠道,与媒体之外的资金流和物流系统合作,开展商品销售。但由于当时的电视普及率、通信能力、物流能力和远程支付能力等多种因素的限制,电视购物并未获得持久发展。互联网的普及、智能终端的兴起、网

[①] 王天娇:《"新媒体使用"概念的有效性——从媒介使用和媒介效果看网络信息渠道的异质性》,《国际新闻界》2020 年第 1 期,第 119—135 页。

络支付的成熟和快递业的成长,为互联网电子商务的发展创造了前所未有的便捷条件,互联网渠道属性得到深入开发。

现如今,伴随着移动5G技术的成熟,互联网中出现了类似电视购物形式的渠道销售盈利形式——"直播带货",激活了上下游产业链的发展。[①] 上游产业链为实体经济,传统的内容产业为负责产业的下游,且产生了专业化的组织——MCN公司等。MCN公司负责筛选"红人",并为他们制定"人设",匹配相应的销售场景和销售产品。直播间通过"红人"的场景化呈现和即时互动,最终激发用户的购物欲望。[②]

所谓渠道盈利模式,则是指将互联网作为一个交互平台,为用户提供具有交互性的通信和娱乐服务。在这种盈利模式中,最为典型的即网络游戏服务。网络游戏的渠道管理过程有几大组成部分:负责游戏设计和开发的网络游戏开发商;负责网络游戏服务提供的ICP运营商;负责网络载体硬件和宽带服务的基础电信运营商;负责网络游戏的发行、推广和收费的发行渠道商。这些运营商与传统的媒体内容供应商和渠道运营商有一定的关联和区别。简而言之,它们通过内容开发商开发相关服务,借助电信运营商提供的互联网基础平台,借助ICP运营商的服务和发行渠道的推广营销,将内容和服务产品传递到消费者手中。

伴随着互联网媒体在盈利模式上的创新,其渠道管理不仅要面对与内容产品传递相关的各业务环节,还要面对与其他产品和服务供应商、物流供应商和资金流运作商的合作。为保证媒体渠道的顺畅运作,互联网媒体需要就媒体渠道、顾客信息和资金流动等问题与上述供应商实现更深入和紧密的融合发展。

二、数字移动电视渠道

所谓数字移动电视是指借助数字电视的压缩、传送和接收技术,向处于移动状态下的电视接收终端,如公交车、地铁、出租车和火车等传递信号,并借此到达移动受众人群的电视媒体。尽管在电视发明之初,不少电视生产厂商就开始尝试制造便携性的电视接收设备,向移动收视领域迈进,但受到技术条件的限制,依托模拟电视技术的移动电视难以摆脱信号传送质量不稳定和移动终端设备价格高昂的困境,移动电视的渠道难以建立和健全,无法形成有效的市场。

对于移动电视而言,数字电视技术的出现有效地解决了传送载体和接收终端的问题,构建了比较完善的渠道体系,使移动电视的商用成为可能。

---

① 赵子忠、陈连子:《直播电商的传播理论、发展现状、产业结构及反思》,《中国广播》2020年第9期,第11—18页。
② 王佳航、张帅男:《营销模式迁移:场景传播视角下的直播带货》,《新闻与写作》2020年第9期,第13—20页。

从传送载体来看，数字电视技术一方面通过改变内容信号的压缩方式，增强信号传播的稳定性，使在移动状态下接收高质量的电视信号成为可能；另一方面压缩了一套电视节目所需要占用的频率空间，数倍扩大了频道资源，让移动电视有机会获得专用频段进行信号传送。尽管数字电视技术对传送载体的改进显而易见，但从全球范围来看，移动电视的传输平台建设并不容易，这很大程度上缘于同一市场中关于数字传输技术的标准之争。在我国，针对移动电视主要依赖的"数字电视地面传输技术"的标准之争长达近十年。尽管2007年已经出台数字电视地面传输的国标，但围绕国标实施的一系列软硬件开发、基础设施建设以及利益之争仍在继续，从传送载体的角度来看，数字移动电视渠道建设还面对不少困难。

从接收终端来看，得益于数字电视的传送技术和解码技术的发展，移动设备借助电视接收装置获得稳定的电视信号成为可能。不过，目前的数字移动电视大多针对大众人群而非个人，因此终端的普及更多地依赖移动电视公司的自我建设和普及。由于大多数数字移动电视仍旧选择了广告经营的盈利模式，因此移动电视内容到达用户的效度和广度直接影响着移动电视的盈利能力，进而影响着移动电视公司进行终端建设的能力。自2002年上海率先开始尝试向公交车移动电视传送节目信号以来，上海、北京、广州等经济相对发达的城市已经构建出比较成熟的数字移动电视终端网络。与此同时，高速列车上的移动电视终端也进一步普及。鉴于移动电视的接收终端通常由移动电视公司统一管理，而这些终端又分散在数以千计的移动交通工具之上，因此相对于传统电视而言，数字移动电视的终端管理和协调工作是更为复杂的（如移动电视公司如何保证每一台终端设备都按时播出节目等），这对移动电视媒体的渠道管理提出了更高的要求。

此外，手机电视是移动电视的一种，因涉及移动通信运营商和媒体运营商等多个利益主体，其渠道建设会面临多种路径选择，需要结合移动通信技术和数字电视技术的各自优劣，最大限度地便捷用户。

三、社交媒体渠道

社交媒体是指建立在Web 2.0技术基础之上，允许用户自己创造和即时交流内容的网络应用。其与传统媒体的主要区别就在于内容生产和传播方式的用户自主性。用户能够通过社交媒体将图片、视频、文本和传统内容进行混搭处理，并建立互动，建构联系，生成意义。当今，社交媒体广泛存在于互联网应用的各个方面：虚拟社区、即时通信、移动直播、微博微信、音视频等。具体来说，社交媒体可分为平台型社交媒体、社群型社交媒体、工具型社交媒体和泛在型社交媒体四种形态。

第一种形态是平台型社交媒体，其特点是可以聚合资源、响应需求、创造价值。微博与微信属于典型的平台型社交媒体。微博是当下中国最大的弱关系社交平台,当公共事件在微博上进行传播的时候,用户的参与度决定了网络舆论的影响力。与此同时,微博成为基于用户社会关系的内容生产与交换平台,通过关系间的转换,实现经济收入,促进了媒体平台的良性运转。相比于聚合内容的微博平台模式,微信更趋于一种服务型平台,通过即时通信、语音、二维码、"摇一摇"、"朋友圈"等服务,满足用户聊天、自我展现、拓展关系的社交需求,增强了用户黏性。

第二种形态是社群型社交媒体。随着互联网技术的发展,人类的社会关系从血缘关系、地缘关系、业缘关系发展到虚拟关系,社群型社交媒体应运而生,从 BBS、网络论坛发展到 QQ 群以及微信。社群化社交的特征体现在两方面:基于现实熟人关系形成的强关系社群,例如家庭微信群、工作微信群;基于弱关系形成的微信群,例如以趣缘为基础建立起的微信群,成员之间的关系可以是熟人也可以是陌生人,彼此之间通过话题的互动维系社群的关系。

第三种形态是工具型社交媒体。并非所有社交媒体都像微博、微信一样作为社交平台服务用户。工具型社交媒体将社交工具化,使社交成为新媒体中的重要元素而不是主导元素,即社交是工具,服务才是目的。典型的工具型社交媒体如"滴滴出行""网易云音乐""饿了么"。工具型社交媒体的鲜明特点是关注应用场景,通过社交与使用场景的适配,接入用户。

第四种形态是泛在型社交媒体。它是以社交属性的内容和服务"嵌入"各类媒体形态的,准确而言,是一种无处不在的社交连接形式。当前移动互联网的发展已经突破了 PC 互联网的限制,移动社交已广泛存在于各类媒体中,网络直播即是一种带有媒体属性的社交行为。

按传统思维,内容就是内容,渠道就是渠道,渠道是内容的传输工具。新媒体时代,渠道发生了变化。一部手机就是一个传播工具,以微信、微博为代表的社交媒体就是传播平台,电信运营商提供的网络服务就是传播通道。在这条传播渠道上,任何人都可以同时生产和传播信息。每个人都可以利用渠道,意味着渠道本身的影响力开始减弱。一定程度上,这是一个传播渠道虚化的时代。如果按照内容和渠道二分法来进行分类的话,移动互联网时代,传播渠道不再是问题,关键在于内容。社交媒体的病毒式传播模式更加突出了对媒体内容的生产、选择和控制的重要性。

第五节 媒体渠道管理的发展趋势

如今,为在用户有限的注意力中争取到更大的份额,各类媒体都加强了对渠道管理的关注。面对用户市场碎片化和细分化的发展趋势,"渠道制胜"再次成为颇受媒体青睐的竞争策略。各类媒体都在渠道构建、运营和完善方面下功夫,促使媒体渠道管理朝着渠道多元化、操作专业化、渠道细分化和营销科学化的方向发展。

一、渠道多元化

截至2021年12月,我国网民规模达10.32亿,互联网普及率达73.0%;手机网民规模达10.29亿,网民使用手机上网的比例为99.7%,使用电视上网的比例为28.1%,使用台式电脑、笔记本电脑、平板电脑上网的比例分别为35.0%、33.0%和27.4%。[①] 随着移动互联网技术的发展、移动终端的普及,我国社会信息化、数字化程度更深,上网逐渐成为人们的生活常态,用户触媒、上网的方式和场景也日益多元化。

对于媒体而言,媒体渠道的运作和管理需要根据媒体产品的特征、目标用户的范围、基础设施的建设情况和终端设备的普及情况等因素综合考虑,选择最有利的渠道或渠道组合,以实现渠道管理的投入产出的最大化。在传统的媒体经营管理中,受到渠道形态有限和媒体市场化程度不高等客观条件的限制,媒体渠道选择中往往表现出单一化倾向。在现代传播环境下,新技术不仅提升了传统渠道的生产与运营能力,而且催生了新渠道,媒体内容生产商和集成商可以借助更为多元化的渠道组合,实现更广泛的用户覆盖。

不断加剧的内容市场细分让媒体消费个性化的特征更趋明显,用户分散性更加突出。为此,媒体就必须开拓更多的媒体渠道,以锁定日渐离散的用户的注意力。例如,目前大多数印刷媒体都开始借助网络渠道进行内容传播,而不少电视媒体也开始尝试与门户网站或视频网站合作,实现传统电视内容在互联网上的播出。寻求媒体渠道的多元化已成为媒体渠道管理的重要发展趋势。

值得注意的是,对多元化渠道的选择必须以媒体的市场运作目标为依据。例如,同为报纸媒体,都市报可以在成本允许的情况下,选择以自办发行为主的媒体渠道,但全国性报纸需要到达更广泛和分散的读者,自办发行的成本极高,就有必要与邮政系统及第三方发行渠道进行合作,以保证覆盖更广泛区域的读者。

二、操作专业化

在我国媒体渠道建设的发展过程中,市场经济与互联网技术双轮驱动,演变出几种看似截然相反的发展倾向。印刷媒体整体经历了"依赖邮发""自办发行""回归邮发"等三个阶段;广电媒体也经历了"台网一体化""台网分离""台网协作"等三个阶段。这两大

---

① 《第49次中国互联网络发展状况统计报告》,2022年2月25日,中国互联网络信息中心网站,http://www.cnnic.net.cn/hlwfzyj/hlwxzbg/hlwtjbg/202202/P020220721404263787858.pdf,2022年3月25日访问。

类媒体的发展趋势的本质相同,均瞄准了渠道管理的专业化、内容与渠道的相互调适。

长期以来,印刷媒体的发行一直依赖邮政,但邮政独家垄断,无法保证服务质量,影响印刷媒体的迅速发展,于是 20 世纪 90 年代前期,以广州日报社为代表的企业化经营的报社开始"自办发行",引入现代物流的管理经验,提高了报刊配送的效率和质量,同时拓宽了报刊发行渠道的盈利能力,取得了不错的效果。① 自办发行的专业化操作对邮政系统造成了竞争压力,反过来促成了邮政系统的变革。专业化的邮政系统凭借其广泛的覆盖面和完善的体系,再次赢得了市场的青睐,越来越多的报刊媒体开始寻求自办发行和邮政发行的结合,以求借助专业化的渠道管理操作,实现渠道效率的最大化。然而,进入互联网时代,传统媒体的"二次售卖"的模式失效,通过互联网触媒的用户量与日俱增,导致传统媒体广告市场大幅萎缩。具体到广州日报报业集团,粤传媒(广州日报报业集团所属的上市公司)的年报显示,2017 年全年,粤传媒的广告收入(包括《广州日报》以及十余份系列报刊)只有 3 亿多元,而 2016 年,粤传媒的广告收入还有 4 亿多元,在高峰时期,仅《广州日报》一张报纸的广告收入一年就超过 20 亿元;在粤传媒的总体收入中,广告收入约占 35%,发行、印刷等业务收入也在不同程度地下滑。② 为此,粤传媒重走"非市场化"的道路,接受由广州市财政局专项拨款 3.5 亿元补贴《广州日报》的生产和发行。尽管如此,目前印刷媒体还在不断探索新的市场化道路,试图通过"非报收入""跨界运营"等方式拓展出更加多元的盈利模式。

地方电视台从"台网一体化"走向"台网分离",同样源于主管部门和行业对于"台网合一"情况下低效运作和重复建设的不满。在"台网合一"的情况下,有线电视网大多作为电视台的一个附属部门进行运作,缺乏市场化的运作机制和管理机制。在推行"台网分离"之后,有线电视网作为一个独立实体运作有线电视的媒体渠道,加强了管理和操作的专业化。与此同时,有线电视网还得以借助自己的渠道优势推出网络服务,与电信运营商竞争市场,获得了更宽的市场空间。但这一机制并不适用于以内容差异化为主导的多渠道的互联网环境。面对海量信息下的内容同质化的挑战,传统的线性传播模式失灵,难以满足用户即时互动的需要,因此衍生了"台网协作"的模式,要求广电系统跳出原有的固定市场,深刻认识互联网环境中媒体的融合与信息的流动,实行跨界运营,通过紧密结合台网关系,与用户形成更深层的互动,从而增强用户的黏性。

未来,媒体融合的过程中还会出现媒体内容生产和渠道建设的分合选择,其均应发

---

① 李良荣、窦锋昌:《中国新闻改革 40 年:以市场化为中心的考察——基于〈广州日报〉的个案研究》,《新闻与传播评论》2019 年第 3 期,第 108—116 页。
② 《2017 年年报》,2019 年 2 月 26 日,粤传媒网,http://guba.eastmoney.com/news,002181,756061418.html,2019 年 7 月 3 日访问。

挥市场对资源配置的主导性,以提升渠道管理的专业化水平为目标。在当前电视媒体的管理和营销过程当中,渠道管理已经成为关系媒体市场效果的热点话题之一,业内对渠道管理重视程度的加强将推动渠道管理操作的专业化。

三、渠道细分化

对媒体机构而言,无论是采取广告经营模式还是内容售卖模式,当前的媒体市场都早已过了"一锅烩"的阶段,用户的碎片化和细分化要求媒体在进行渠道运作和管理的过程中,更多地考虑"精准到达"的需求。媒体要实现"精准到达",关键是要精准地选择内容传送的渠道。用户市场的细分给媒体渠道管理带来的最大影响就是,以前可以实现广泛到达的媒体渠道不再具有共享性。例如,20世纪90年代,全家人晚餐后一起围坐在客厅看电视,是我国大部分家庭的媒体消费方式,同一媒体渠道可以到达大规模的观众。但随着互联网等新媒体的出现,用户日渐分散向各种媒体终端,同一渠道到达大规模观众的能力明显下降。

渠道细分化对媒体渠道管理提出了更高的要求,媒体渠道管理部门需要与内容管理部门更密切地配合。在过去的渠道管理中,最需要关注的是渠道流程的顺畅和内容载体的稳定。而在渠道细分化的情况下,渠道管理部门需要与内容制作部门进行充分沟通,明确媒体的内容定位和目标用户,充分研究媒体目标用户的生活习惯和媒体消费习惯,并据此选择最合适的媒体渠道。

此外,应当因地制宜,充分融合传统媒体渠道和新媒体渠道,合理适配渠道和内容,实现"你中有我,我中有你"。比如,尽管新媒体在新闻的时效性、传播力和影响力方面都远胜于传统媒体,但由于互联网信息来源不一,内容质量参差不齐,往往不具备公信力。对此,媒体机构应当依据渠道特点,匹配不同形式的内容,从而实现传播效果的最大化。

四、营销科学化

在媒体渠道管理过程中,操作专业化和渠道细分化带来了另一个发展趋势,即媒体渠道的营销科学化。渠道管理的根本目的是实现内容产品从生产者向消费者的转移,营销则是促成这一转移的催化剂。在更为专业和精准的渠道管理过程中,不少媒体都建立并完善了自己的客户资料数据库。这一数据库可以为媒体内容营销和渠道管理提供丰富的数据支持,推动营销科学化。这就是所谓的数据库营销(database marketing)。

营销学权威专家菲利普·科特勒认为,数据库营销是指"营销者建立、维持和利用顾客数据库和其他数据库(产品、供应商、批发商和零售商),以进行接触和成交的过程"[1]。

---

[1] 鲁俊渝:《信用卡数据库营销中个人信息的法律保护探讨》,《法制与社会》2007年第4期,第755—756页。

美国全国数据库营销中心则将数据库营销定义为,一套内容涵盖现有消费者和潜在消费者,可以随时扩充更新的动态数据库管理系统。其功能主要有:(1)确认最易打动的消费者及潜在消费者;(2)与长期消费者建立起长期、高品质的良好关系;(3)根据数据库建立先期模型,使之能够做到:于适当时机以合适方式将必要的信息传递给适当的消费者,有效赢得消费者的欢心,让营销支出更有效益,建立品牌忠诚度,增加利润。①

通过建立完备的顾客数据库和有效的沟通交流机制,媒体组织一方面可以让用户及时向自己反馈其态度和建议,另一方面可以及时掌握市场供需情况和变化趋势。数据库营销通过对媒体信息渠道的有效利用,在传递内容产品的同时,加强了市场供需双方的交流,改善了媒体与用户之间的关系,有助于实现媒体和用户双方效益的最大化。

目前,国内不少报刊媒体已经成立了"读者俱乐部",建立起会员数据库,通过掌握会员个人信息、订阅情况和反馈意见,了解自身的市场需求情况,发现市场机会,并开展有针对性的内容制作和渠道建设活动。通过数据库营销,媒体的品牌、传播功能及数据库资源得到了全面整合,在有效强化核心用户群忠诚度的同时,还可以丰富媒体自身的盈利渠道。

依赖媒体渠道构建的顾客数据库,将媒体与其目标用户联结成一个有机整体,有助于实现媒体与用户的"一对一"接触,这对改善媒体服务质量、提高用户忠诚度有很大的推动作用。在数据库营销过程中,媒体根据客户的个性化需求,基于数据库中所记录的诸如地址、行业、兴趣和人口特征等信息,为客户提供内容选择和内容传送的"一条龙"服务,这样能够帮助媒体建立起内容产品消费价值以外的情感认同价值。在媒体竞争日趋激烈的今天,高忠诚度的用户是媒体的核心资产,而基于渠道收集到的顾客数据、开展的科学化的营销,有助于培养和维护用户对媒体的忠诚度。这也决定了在渠道管理过程中,数据库建设占据着举足轻重的地位。

面对迅速迭代的移动新媒体环境,仅依赖"读者俱乐部"的单一数据模式,报刊发行难以为继,亟须引入全渠道营销模式,将数据与入口相结合,开展场景化的整合营销。目前最常用的报业营销模式为"1+N",即以报业为主业,持续增加其在信息传播与舆论引导方面的公信力,同时通过跨界合作,实现营销场景的全覆盖。在媒体方面,报业可以引入报纸、户外媒体等多种媒体形式;在行业方面,可以在会展业、影视制作、网络营销领域推进;在互动方面,可以拓展活动策划、危机公关甚至在直播带货领域实行广告运营。② 通过集合多方资源和力量,一方面可以更加精准地监测用户的喜好,另一方面

---

① 黄京华等:《广告调查与数据库应用——营销活动的理性作业》,中南大学出版社2003年版,第221页。
② 周劲:《场景化营销报业不应忽略》,2021年6月1日,人民网,http://media.people.com.cn/n1/2016/0510/c40606-28338637.html? s_uh275,2021年7月1日访问。

可以不断延伸产品的价值链和产业链,深入嵌入用户的生活。世界传媒业巨头美国"新闻集团"将传播渠道定为其战略环节,展示出"掌握越多的信息传送形式,赚得的利润就越大"的经营理念,即形成了渠道制胜的盈利模式。新闻集团的传播渠道包括广播、电视、报纸、杂志、图书出版、网络等,新闻集团各个公司的名称反映了它的明确定位,如"福克斯广播公司""英国天空广播公司""亚洲星空传媒集团""美国数字出版公司"等,是围绕传播渠道在不同地点组建的不同公司,高度重视传播渠道是这些公司的共同点。①

需要注意的是,过于依赖大数据提供的"精准营销"方式将限制媒体用户的消费范围。尽管营销渠道是线性的,但 Web 3.0 时代的用户消费行为模式经历了从"AIDMA"到"ISMAS"的变化,强调社会网络中的口碑对消费者的营销。② 在"人人拥有麦克风"的时代,媒体应当充分利用好各渠道的话题特征,有意识地放大媒体内容的特色,并通过多种手段提升用户分享与转发的数量,配合适当的线下活动传播,提高传播的抵达率。因此,媒体渠道管理不仅要重视"精准营销"带来的高转化率,也不能忽视扩大用户的覆盖面,从而提高全民的品牌认知度,最终实现更大范围的转化率。

在媒体经营与管理活动中,内容与渠道何者为"王"的争论虽然有其特定的背景,但是对于任何一个媒体组织来说,厚此薄彼都会导致经营与管理的失衡。因此,既重视内容创造,又重视渠道或渠道管理,合理分配资源布局,是极具合理性的而非折中的选择。

小　结

用户市场的细分化和营销的精准化对媒体渠道管理提出了更高的要求,媒体企业如何针对其内容和产品定位,构建能够有效触达用户的渠道,是当前渠道管理要解决的关键问题。媒体渠道是指媒体内容从生产方向用户传递的过程中所依赖的载体和路径。与普通商品渠道相比,因媒体的特殊属性,媒体渠道也表现出自己的特点:一是价值实现过程的复杂性,二是独特的使用权流动形式。不同媒介形态的媒体渠道的运作和管理方式也不同。互联网的出现不仅拓宽了传统的媒体渠道,也推动着媒体渠道的整体数字化转型。当前,媒体渠道管理呈现出渠道多元化、操作专业化、渠道细分化和营销科学化的趋势。媒体政策、技术和市场需求的不断变化也对媒体渠道管理创新提出了更高的要求。

---

① 王玉梅:《基于价值链的创意产业赢利模式》,《经济管理》2006 年第 17 期,第 38—40 页。
② 刘德寰、陈斯洛:《广告传播新法则:从 AIDMA、AISAS 到 ISMAS》,《广告大观(综合版)》2013 年第 4 期,第 96—98 页。

◆ 思考题

1. 互联网给媒体渠道带来了哪些变革？
2. 媒体的内容、渠道与用户之间的关系是怎样的？
3. 媒体的数字化转型对内容分发产生了哪些影响？
4. 社交媒体渠道的运营模式有哪些？其管理面临哪些问题？
5. 短视频是主流媒体传播内容的新渠道，其渠道管理模式有何特点？

◆ 推荐阅读

包国强编著：《媒介营销》，清华大学出版社2005年版。

〔美〕加里·阿姆斯特朗、菲利普·科特勒：《科特勒市场营销教程（第6版）》，俞利军译，华夏出版社2004年版。

谭天：《从渠道争夺到终端制胜，从受众场景到用户场景——传统媒体融合转型的关键》，《新闻记者》2015年第4期，第15—20页。

王天娇：《"新媒体使用"概念的有效性——从媒介使用和媒介效果看网络信息渠道的异质性》，《国际新闻界》2020年第1期，第119—135页。

咸晨旭：《"渠道-平台生产"角色转换下平台型媒体所涉版权问题与对策》，《科技与出版》2021年第8期，第95—100页。

熊敏、肖燕雄：《内容·渠道·用户：内容分发平台媒体的内容运营体系构建》，《中国编辑》2021年第10期，第33—37页。

张洪忠、梁爽、王竞一：《官方渠道、人际传播、自媒体：有关新冠肺炎疫情的传播渠道公信力分析》，《新闻与写作》2020年第4期，第37—42页。

张沛然等：《互联网环境下的多渠道管理研究——一个综述》，《经济管理》2017年第1期，第134—146页。

第十四章　媒体财务管理

盈利虽然不是媒体组织的唯一目标,但是,不盈利显然是其生存和发展中的巨大障碍。如今,媒体因为入不敷出而停办已不是什么新鲜事。目前,新媒体发展迅猛,媒体形态多样,媒体组织不断变化,影响媒体组织是否盈利和盈利多少的因素非常复杂。但是,精打细算、入出有序的财务管理是所有媒体组织必须重视的工作内容。

随着我国的经济体制由计划经济转向市场经济,国家对媒体组织的财政支持也从以往的财政全额拨款逐步变为每年少量的财政补助,甚至完全"断奶"。在文化体制改革不断深化以及媒体产业探索产业化发展道路的过程中,媒体的财务管理活动也相应发生了变化。今天,媒体组织要整合资源、占领市场、增强竞争实力,必须改革原有的计划经济体制时期的简单的"记账-算账"式管理方式,从企业经营和提高经济效益的角度出发,将财务管理纳入科学化管理的轨道,以增强媒体生产流程的科学性、精确性,推进媒体组织企业化改革。

本章从媒体财务管理的一般概念出发,介绍媒体成本控制的分类、手段,以及媒体预算与利润管理、媒体运营绩效评价的主要内容和方式。

第一节　媒体财务管理的作用、目标与任务

财务管理是企业管理的一个组成部分,它是企业组织财务活动、处理财务关系的一项经济管理工作。[1] 媒体财务管理是媒体企业化管理的一个重要环节,其内容主要包括媒体组织的融资与投资、媒体成本控制、预算与利润管理、媒体运营绩效评价等。有关媒体组织的融资与投资的内容将在第十七章"媒体资本运作创新"中详细介绍。

---

[1] 荆新、王化成、刘俊彦主编:《财务管理学(第8版)》,中国人民大学出版社2018年版,第1—4页。

一、媒体财务管理的作用

我国的媒体在性质上本属于国有事业单位,事业单位没有生产收入,由国家经费开支,不进行经济核算。① 但从20世纪70年代末开始,媒体作为事业单位却开始实行企业化管理的制度。对此,我们可做这样的理解——媒体虽然是事业单位,但是我们把它看作特殊的企业,并以企业的标准对其进行经营管理。

媒体组织日常开展的采编、广告、发行、设备维护与采买等业务或工作中往往涉及大量资金流动,一些大的媒体组织还会参与资本运作、公司上市、企业并购等重要项目。这就要求媒体组织建立和完善科学的财务管理系统,以保证财务运转安全、有序、高效。

媒体财务管理是媒体经营管理的重要组成部分,主要是对资金流动的管理,即在媒体组织的运行中,对媒介资产价值形式进行控制,以实现媒体组织的经济目标。资金是媒体组织开展经营管理工作的血液,所有工作都需要在资金参与下运转。因此,在微观意义上,媒体财务管理是媒体经营管理的关键环节;在宏观意义上,媒体财务管理是媒体产业管理的中心环节。② 具体而言,财务管理对于进行企业化管理的媒体组织而言同样发挥着下列作用:组织企业资金流动,保证企业再生产过程顺利、有效地进行;调节资金流动的流向、流量、流速,协调企业各方面的财务关系;对企业生产经营活动取得的货币收入进行分配;利用价值手段对企业生产经营活动进行财务监督,保证各项经济活动运行的合理性。③

二、媒体财务管理的目标

财务管理是企业管理的重要组成部分,其目标服务于企业目标。对于财务管理的目标,理论界有几种具有代表性的表述:经济效益最大化,利润最大化,权益资本利润最大化,股东财富最大化,企业价值最大化,履行社会责任。④

媒体组织具有特殊性,其活动需兼具经济利益与社会效益。考虑到媒体组织的特殊性和我国媒体组织的复杂性,综合比较几种理论,本书将媒体财务管理活动的目标总结为:以履行社会责任为前提,在提高经济效益的总体思路下,谋求媒体组织利润的最大化。

需要指出的是,上述"谋求媒体组织利润的最大化"并非片面强调短期的利润最大化。在财务管理过程中,也需考虑取得报酬的时间及时间价值、报酬与风险的关系、权

---

① 黄恒学:《中国事业管理体制改革研究》,清华大学出版社1998年版,第2页。
② 周鸿铎、赵立文:《媒介财务管理》,经济管理出版社2004年版,第13页。
③ 郭复初、王庆成主编:《财务管理学(第5版)》,高等教育出版社2018年版,第7—8页。
④ 同上书,第19页。

益资本利润率以及相关人利益,这样才能防止媒体组织在追求利润上的短期行为,保证媒体组织经济效益的持续提高与社会责任的有效履行。

落实到实操层面,制定媒体财务管理目标是进行媒体财务管理工作的起点。媒体组织必须为自己设立一个切实可行并具有一定发展空间的目标。在目标确定之后,再建立财务管理的责任制度,并进行日常的财务管理。不同的媒体组织的利润目标是不同的,一般而言,具有全国性影响的媒体组织的利润目标更大,地区性的媒体组织的目标则相对较小;电子媒体组织如电视台的利润目标往往超过印刷媒体。

要发挥财务管理在媒体经营管理中的控制作用,科学稳定的制度是必要条件。如果说利润目标是经营维度上的目标,那么在管理维度上,媒体还必须建立科学、规范的财务管理制度,以保证财务管理的系统性、科学性。媒体组织要在各类媒体组织必须遵守的财务通则的基础上,结合媒体行业和本媒体组织的特点和要求,制定出符合组织发展目标的财务管理制度体系,以实现财务管理的筹资、调节、分配和监督四大职能。[①]

三、媒体财务管理的任务

媒体财务管理的对象是媒体组织的资金运动。资金运动的过程体现在资金形态转换的各个环节中,包括媒体运作资金的筹集、投放、耗费、回收和分配等。其中,筹资是起点;投资是前提条件;资金耗费是指成本费用支出;资金回收是指媒体组织以业务收入及投资收益等形式收回资金;资金分配是对回收资金的安排和处理,以协调国家、媒体组织和员工之间的利益关系。[②]

相应地,媒体财务管理的任务包括以下几个方面:

(1) 合理筹集媒体组织运行所需要的资金,以满足媒体产品的生产和经营需求。媒体组织对于技术的要求很高,传统媒体如广播电台、电视台对摄录装置、节目的编辑处理设备都有较高的配置要求,而新媒体的要求则更高,比如近年来新媒体对于人工智能技术的学习和利用,相关设备和技术上的投入耗资巨大。同时,电子设备必须随着技术的发展同步更新,否则就难以在市场竞争中占有优势,而部分固定资产尚未折旧完就被其他新的设备所取代,也造成了较多的无形磨损。因此,媒体组织的正常运转需要相当数量的资金支持。媒体财务管理活动可以通过各种渠道筹集资金,以保证媒体组织的正常活动。

(2) 合理配置媒体组织的资金,确保其增值。媒体组织在产品生产上尽管与各类普通企业有很大差别,但从资金流转的角度看,二者却有高度相似之处,即都是通过先

[①] 郭复初主编:《新编财务管理学》,清华大学出版社2006年版,第6页。
[②] 曲喜和等编著:《财务管理(第2版)》,北京邮电大学出版社2007年版,第7页。

期投入,进行产品的生产,并且通过交换得到市场承认和实现价值。媒体财务管理可以将资金以合理的比例进行组合和投放。资金投放一方面要确保媒体主要业务的发展,另一方面要积极谋求多元投资,将资金投放于不同种类的市场,以降低市场风险,形成业务之间的相互支撑。媒体财务管理部门应当熟悉投资风险、现金管理以及银行利率变化,知道如何合理、有效地管理资金,使媒体组织的资金发挥最大的价值,创造最大化的利益。

(3)合理分配收入,以保证媒体组织再生产的顺利进行,保证员工的适当利益以及保证投资者的利益。媒体的利润不可能全部用于个人福利,当然也不能全部用于再生产的追加资金,那么财务管理就须依据组织发展目标,在利润中扣除税收支出等,再将媒体组织的收入按合理的比例进行分配,既要保证媒体本身的发展,又要调动员工的积极性。

(4)合理利用价值形式对媒体的经济活动进行监督,以确保媒体组织的活动既符合国家有关法规和政策,又实现媒体利益。财务部门应当建立健全财务管理制度,规范资金收支的预算、控制、分析、核算和考核工作,认真做好财务报表并注明特殊事项,方便后续的分析与考核工作;对资金运行进行监察,确保资金安全并提高资金投入转出使用效益,定期进行财产清算,监督公司固定资产的购置、建设与使用情况。

很多媒体组织在制定财务管理制度时将这些内容具体化为财务部门的职责。比如,人民网在其《人民网股份有限公司章程》[1]中明确规定:公司财务管理制度要求公司在每一会计年度终了时编制财务会计报告,并依法经会计师事务所审计;公司在分配当年税后利润时,应当提取利润的 10% 列入公司法定公积金,以用于弥补公司的亏损、扩大公司生产经营或者转为增加公司资本;公司的利润分配政策为以现金、股票或其他合法方式分配股利。又如,北京赛迪传媒投资股份有限公司的"财务管理制度"第七条就规定了企业财会机构的主要职责,即具体负责:企业的财务管理和经济核算,包括生产经营过程中的一切财务核算、会计核算;如实反映本公司的财务状况和经营成果;监督财务收支,依法计缴国家税收并向有关方面报送财务决算;参与企业经营决策,统一调度资金,统筹处理财务工作中出现的问题;组织、指导下属公司的财务管理和经济核算。[2]

第二节　媒体成本控制

成本控制是媒体组织财务管理的重要方面,是避免陷入财务危机的重要手段。

---

[1] 《人民网股份有限公司章程》,2015 年 4 月,http://static.sse.com.cn/disclosure/listedinfo/announcement/c/2015-04-14/603000_20150415_1.pdf,2022 年 12 月 12 日访问。
[2] 《北京赛迪传媒投资股份有限公司财务管理制度》,2007 年 9 月 15 日,巨潮资讯网,http://www.cninfo.cnfinalpage2007-09-1531671995.PDF,2022 年 6 月 20 日访问。

2008 年到 2017 年,美国报纸编辑部雇员数量下降了 45%,而 2018 年,美国日报总发行量下滑 8%,上百家日报无法维持营收,不得不选择"缩刊"转型。同样的,自 2012 年起,中国传统媒体广告业务开始下滑。随着报业经营环境的持续恶化,很多报纸开始通过减员、减版等方式向集约化运营转型。2016 年以来,《中国青年报》《东南快报》《东南商报》等由日报改为周五报,周六、周日不出纸质版。2018 年,《赣州晚报》改版为周刊,《春城晚报》由周七刊变更为周六刊。2019 年元旦起,《人民日报》进行减版,工作日从 24 版调整为 20 版,周末和节假日为 9 版,全部版面彩色印刷。① 为了进一步压缩成本,部分国外媒体已放弃发行纸质版。如 2013 年,美国三大新闻周刊《时代》《新闻周刊》《美国新闻与世界报道》停止发行纸质版;2016 年 3 月,英国四大报纸之一的《独立报》停止发行纸质版。2019 年 1 月 1 日,我国的《法制晚报》也停止发行纸质版。

一、媒体成本控制的构成要素

成本控制是指对生产经营活动过程中的一切耗费进行约束性调节,以降低成本、提高效益。在销售收入一定的情况下,成本费用的高低决定了媒体组织经济效益的高低。具体来看,媒体成本是媒体组织在日常运作中所产生的所有费用,包括媒体产品生产成本、媒体产品经营成本、媒体组织管理费用等。在媒体产品销售之后,扣除这些成本以及其他必要支出后的余额就形成媒体组织的利润。在其他条件不变的情况下,成本越低,利润越高。媒体的成本控制是指对媒体在整个运作中所产生的所有费用(包括媒体产品的生产成本、管理费用、经营费用等)进行预测、核算、分析等控制过程,目的是以最小的支出实现媒体组织经济效益的最大化。

从我国媒体组织当前所处的内外环境来看,科学有效的媒体成本控制有以下四点意义。

第一,提高媒体组织的市场竞争力。成本领先战略是美国著名管理学家迈克尔·波特提出的现代市场竞争理论的三大基本战略之一。这三种能够带来成功机会的基本竞争战略为成本领先战略、集中化战略和差异化战略。其中,成本领先战略是构成竞争优势的基础。随着新媒体的不断发展成熟,媒体市场竞争愈发激烈。媒体组织要在竞争中处于优势地位,就必须做好成本的管理和控制。

第二,提高媒体组织的资金使用率。成本控制的最终目的是增加收益。通过手段和方法进行成本控制,一方面降低了直接成本,提升了媒体组织的市场竞争力;另一方面节省出了可以用来再投入其他项目的资金,从而增加了经济效益。

第三,为媒体组织的投资决策提供合理支撑。计算成本和预期收益是企业决策中

---

① 胡线勤:《中国报业现状与未来趋势探究》,《中国报业》2019 年第 15 期,第 34—39 页。

的重要环节。在预期收入固定的情况下,如何真实合理地确定成本是媒体组织投资决策的关键所在。因此,做好成本控制可以帮助媒体组织清楚掌握成本情况,为投资决策提供合理依据。

第四,创造良好的内部竞争环境。科学有效的成本控制要求根据成本项目,划分责任中心、建立责任会计、进行责任成本考核,将成本控制与绩效结合起来。① 这样可以建立内部良好的竞争环境和激励环境——权责划分清晰、内部协调一致,多劳多得,最大限度地激发员工积极性,打破"大锅饭"的困局。

二、媒体成本的分类

美国会计学会(AAA)所属的成本与标准委员会认为,"成本"是指为达到特定目的而发生的价值牺牲,它可用货币单位加以衡量。② 按照传统观念,成本是企业所消耗资源的货币表现。③ 按照管理的观念,成本是企业为获得未来经济利益所耗资源的货币表现。这些资源既包括物质资源,如资产和负债,也包括非物质资源,如作业、流程和时间。基于不同目的,有不同的成本分类方式。④

基于财务报告目的的成本分类包含四种不同的分类标准:经济用途、与特定成本计算对象的关系、与收入相配合的时间、反映成本计算对象的结果。成本按经济用途可分为制造成本和非制造成本,制造成本包含直接材料费用、直接人工费用、制造费用,非制造成本包含销售费用、管理费用和财务费用。成本按与特定成本计算对象的关系可分为直接成本和间接成本。成本按与收入相配合的时间可分为产品成本和期间费用成本。成本按反映成本计算对象的结果可分为总成本和单位成本。此外,还有基于管理目的的成本分类方式,比如成本按成本性态可分为固定成本、变动成本和混合成本三类。⑤

在具体的媒体财务管理实操中,我们经常会见到基于财务报告的成本分类方式。如根据具体媒体组织经营活动,将成本分为生产制作活动的制作成本和传播活动的传播成本,这就是按经济用途的分类方式。有的媒体组织还根据其具体业务情况进行成本的分类计算。比如,中视传媒将营业成本按行业分为三大板块:影视业务、广告业务和旅游业务。其中,影视业务营业成本包括职工薪酬、劳务费、技术服务费、制景费、租赁费等项目,与传统媒体相似。华谊兄弟则将营业成本按产品分为影视娱乐、品牌授权

---

① 彭嫒:《电视媒体成本控制研究》,《中国集体经济》2012年第33期,第78—81页。
② 王伟、麦强盛:《企业成本控制实务》,广东经济出版社2003年版,第3页。
③ 孙茂竹、姚岳编著:《成本管理学(第3版)》,中国人民大学出版社2019年版,第19页。
④ 同上书,第21—37页。
⑤ 固定成本是指在一定期间和一定业务量范围内,其总额不受业务量变动的影响而保持固定不变的成本,如行政人员的工资、教育培训费用等。变动成本则相反,如产品包装费、按件计酬的工人薪资、按加工量计算的固定资产折旧费等。混合成本是介于固定成本和变动成本之间,其总额随业务量变动又不成正比例的那部分成本。

及实景娱乐、互联网娱乐及其他业务类型,从中可以看出,其成本划分依据为价值链环节。"唐德影视"的划分则更加详细,按产品将营业成本分为电视剧业务、电影业务、剧本创作及销售业务、栏目业务、其他业务、艺人经纪业务、影视广告制作及相关服务业务、影视后期制作业务、影院业务。

不同的媒体形式的成本构成也不相同。比如,报纸的成本不仅包括纸张、印刷等与成品外在形式有关的费用,也包括内容采编方面的费用。广播电台的成本不仅包括信号发送、电台设备方面的费用,也包括节目制作过程中的录音和播出方面的设备费用、人力费用以及内容收集、编辑、后期制作、合成方面的费用。随着新媒体的出现,对内容的营销推广、形象设计等费用也都被计入成本。电视台的成本相对更高,包括:(1)生产制作成本,即创作稿件的支出、摄像编辑机器耗损、车辆使用费用、配音摄像技术人员和编辑人员的支出等;(2)播出维护成本,主要包括电视节目通过接收设备、播出设备、有线传送系统发送和日常维护的成本;(3)管理成本,主要是电视媒体的行政管理部门进行日常管理、运作的成本;(4)销售成本,即为了争夺有限的广告资源,广告部门需要进行必要的广告招商以及形象推广活动,由此产生的成本属于电视媒体的销售成本。[①]

此外,媒体成本还包括为产品生产所购买的配套服务产品,比如金融服务、保险服务、维修服务、建筑设计服务、宣传服务、运输服务、市场信息服务、人员培训服务以及法律服务、审计咨询服务等,这些无形的服务类支出也都要被计入媒体成本。

三、媒体成本控制的基本原则

总体来看,媒体成本控制可以从多角度、多层面展开,一般应把握以下原则。

（一）可控性原则

媒体生产成本必须为可控成本。这一原则要求媒体组织满足三个条件。

① 可预测。通过进行有效的预算规划,媒体组织要在投入资金和生产产品之前预知成本费用,并由此控制投资的成本范围。

对电视媒体而言,电视媒体产品不仅需要大量的节目生产和制作成本,也需要信号落地成本。由于各卫视频道落地费用上涨,因此电视媒体的落地覆盖成本占媒体总运行成本的比例随之水涨船高。以旅游卫视为例,其落地覆盖成本已达到总体运行成本的70%。这样一来,对落地覆盖成本的控制成为电视媒体运营当中的重要问题,电视媒体不仅要保证频道自身的宣传覆盖率和辐射规模,而且要对成本进行科学有效的控制,不能使其超出自身的经济承受水平。

---

① 朱毅等:《中国内地电视媒体成本控制机制研究》,《现代传播（中国传媒大学学报）》2007年第4期,第89—92页。

②可量化。通过财务管理手段,媒体组织要对生产过程中的成本进行量化和控制,从而对生产情况与市场行情进行有效和准确的掌握。

成本表现为一项项具体的明细。明确媒体生产制作中的资金、人力、物料等各种资源的耗费,细化生产成本范围,是进行成本控制、成本管理的前提和基础。或者说,只有细化成本、明确成本,才能控制成本。

③可限制。通过建立健全有效的支出标准及监察体系,媒体组织要对成本费用发生过程进行有效的监督和限制。否则,成本控制只能是一句空话。

上海文化广播影视集团在事业单位、企业化管理的道路上做了许多有益的尝试,其推行企业会计核算的做法转变了以往事业体制下媒体组织管理者和经营者对媒体资产的认知,具有重要意义。例如,对于买入电视剧,之前事业单位的会计核算方法就是列支费用。而随着会计核算方法的转变,电视的版权和播映权被列入资产范畴。对于外购的电视剧播映权,买入时被计入资产,首次播出时则结转为成本。虽然这种核算方法没有涉及版权成本在有效期内的分摊,其会计处理方式有待进一步探讨,但是电视剧购买及播出的全过程都被详细记录在会计记录中,促使节目采购部门加强了电视剧采购管理,建立完善的采购决策程序并合理安排付款进度,实现了良好的成本控制。[①]

(二)责权结合原则

在可控成本范围内,媒体组织内部实施成本控制的部门必须拥有采取有效措施对各项耗费实施有效控制的权力。因此,媒体组织要建立科学有效的管理制度。例如,对成本控制人员实行"超罚节奖"的管理制度,当某一部门或个人为公司带来效益时,就应当对其按照比例进行奖励,以调动其工作积极性。与此同时,管理部门也应当承担经济责任,当因成本管理不善而带来失误乃至损失的时候,管理部门也要受到惩罚。实际上,成本控制与媒体组织的每一个环节和每一个员工都有着千丝万缕的联系,在具体管理中采用成本控制—薪酬奖励—经济责任三方挂钩的人员管理办法,可以令每一个员工都自觉树立成本控制责任意识,有效推动成本管理向精细型管理转变。从管理层到财务部门再到每一个员工,都要逐层明确成本控制的目标和责任,并将成本控制指标分解到岗位和个人,从而有效实施成本控制。这样层层设立目标便于操作和执行总体的成本决策。

以报业集团为例,为了落实成本管理责任制,做到责权结合,报业集团一般采用分级归口管理的方式管理成本,也就是将构成成本的各项经济指标进行分解,然后将其下达至各个责任单位,并将其与各责任单位和责任人的经济利益挂钩,以充分发挥各个部门的积极性,使成本得到全面控制。

---

① 参见杨赟:《制播分离下湖南广播电视台娱乐频道财务管理模式研究》,湖南大学硕士学位论文,2013年。

(三) 创新原则

媒体组织的成本产生于其开展经营和管理实践的多个环节,成本构成面广、构成要素多元,给媒体成本控制留出了创新的空间。同时,新媒体技术的发展也为媒体成本控制提供了创新手段。创新成本控制方式,有利于媒体组织在不影响核心业务正常运转的前提下,降低生产和管理成本,提高经营管理效益。

典型的例子是融媒体中心建设。以"中央厨房"为模板,融媒体中心通过流程再造、体制机制创新,形成了"一体策划、一次采集、多种生产、多元传播"的融媒传播格局。其中,"一次采集、多种生产"强调打破按媒介形态分类的部门壁垒,组建统一的融媒体采编团队,一次外出采访便能够带回图文、音视频等多种媒介形态的新闻素材,供不同播发平台按需采用或做二次加工,极大精简了采编团队(原来的做法往往是针对一个活动,电视台派出一队人马、报社派出一队人马,其中存在人员冗余、重复劳动的问题),压缩了生产成本。"一体策划"打通了各部门的统一选题策划会和调度会。融媒体采编系统提供的移动采编、移动编审、多媒体资源管理等功能,有效压缩了部门与部门之间、生产线不同环节之间的沟通成本。采编流程再造带动了组织架构的扁平化转型,一些媒体组织创新性地采用项目制的分工与合作方式,促进责任到人、任务落地,压缩了管理成本。

(四) 市场原则

作为开展经营管理工作的市场主体,媒体组织进行成本控制时还应遵循市场规律。浙江报业集团就探索出了"一媒体一公司,两分开一本账"的管理体制。浙江报业集团旗下媒体在实现采编与经营两分离的基础上,将经营部门均组建为媒体公司。媒体公司董事长由媒体总编辑兼任,对宣传业务与经营业务部门的干部人事、资产财务、考核监督等负总责,从而更大程度上发挥其市场主体的积极性、主动性和创造性。单个媒体与对应的媒体公司实行"一本账",两个单位的工资总额以及两家单位领导层的奖金计划都与"一本账"的最后利润结果紧密相关。在"一本账"体制下,媒体公司和编辑记者需要有市场意识,充分考虑读者及市场需求,综合权衡投入产出比重,从而在提升媒体产品质量的同时,有效实现了媒体成本控制。①

四、媒体成本控制的环节

一般企业的成本控制主要包括以下内容:确定目标成本;将实际发生数与目标成本进行比较;分析差异,查明原因,进行信息反馈;把目标成本加减实际成本与目标成本的差异,计算产品的实际成本。

---

① 郭全中、胡洁:《复盘浙报集团的转型之路》,《新闻爱好者》2017年第2期,第4—10页。

具体的成本管理程序包括事前控制、事中控制、事后控制三个环节,分别是成本控制过程中的设计阶段、执行阶段和考核阶段。相应地,媒体组织的成本控制也包括这样三个环节。如图 14-1 所示。

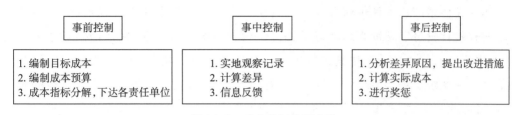

图 14-1　成本控制的程序①

事前控制是在产品生产之前,对影响成本的生产经营活动进行预测、规划、审核和监督。具体包括建立科学的定额管理制度、制定切实可行的成本费用开支范围与标准、实行严格的成本考核、建立预算管理制度等。

事中控制是在实际发生生产费用的过程中,按成本标准控制费用,提示生产处于节约还是浪费状态,并预测今后的发展趋势,将可能出现的浪费因素及时控制在初级阶段。比如,电视媒体在对某一栏目支出进行事中控制时,会根据栏目进度、即时效果、预期走势等调整成本支出幅度。这就要求媒体在生产产品过程中做好生产数据、成本数据等的记录。

事后控制是产品完成后的综合分析,以为未来的管理提供调整的依据。这种成本分析是定期进行的(一般是按季度、半年或者年度进行一次)。主要包括通过对媒体组织所有的成本支出进行分析,按类型进行横向比较以及与历史同期进行纵向比较,比照既定目标进行责任成本考核、奖惩,并据此合理规划下期成本预算,以达到成本控制的目标。②

以中视传媒的节目管理模式为例。其成本的事前控制始于最开始的立项环节,制片人、责编或项目负责人首先要依据对市场的判断选择题材,并通过对内容生产方、播出方、接收方(客户)的前期调研,对项目未来收益做出预判。在此基础上,立项须经历三轮审核流程,大额项目须经领导小组集体审议。立项后,项目负责人着手进行团队组建和预算编制、申请,预算申请同样需要经历审批环节。在事中控制上,项目负责人需要定期出具项目进度报告,对计划执行情况进行分析对比,同时持续关注市场情形,若因市场变化而导致销售额与理想销售额差异过大,就需要进行相关的财务处理。在事后控制上,销售发行后,在决算与评估阶段,财务部要进行毛利润与预算比较分析,形成

---

①　夏嘉华编著:《财务管理学》,立信会计出版社 2004 年版,第 322 页。
②　朱毅等:《中国内地电视媒体成本控制机制研究》,《现代传播(中国传媒大学学报)》2007 年第 4 期,第 89—92 页。

财务分析报告,同时协助节目集成部进行项目总结,提交项目总结报告。公司总经理办公会要审议并总结项目执行、项目财务状况等内容,对项目进行评估打分,并依据公司绩效考核相关文件对相关人员进行考核与工资发放。[①]

建立媒体生产成本评价体系是完善电视节目事后控制的制度性保证,对媒体产品成本的有效评价可以帮助管理者寻求提高经营效率的各种方法,从而增强竞争力。目前,业内比较有代表性的做法是进行媒体产品评估。以电视节目生产为例。电视节目评估是一项系统工程,其评估标准涉及政治、业务、技术、经营等多个方面。具体的做法是,通过对收视率、满意度、专家评价、节目成本等几个方面的基础数据进行收集、核算、比较分析,得出结论。这几项指标实际上反映了电视节目作为产品被消费者使用、消费的情况,据此可以确定广告时段价格,这有利于准确把握投入产出情况,从而控制节目的生产成本。

五、媒体成本控制的手段

在其他条件相同的情况下,成本越低,利润越大。媒体成本控制就是根据一定时期内预先设定的预算目标,对媒体产品生产、制作、运营过程中所发生的直接耗材、人工、制造等各类费用予以监督和调节,从而实现成本的有效管理,保障合理的成本补偿。

根据企业财务管理的有关理论,影响企业成本费用水平高低的因素包括产品产量、管理水平、技术条件、劳动生产率及国家政策和制度等。[②] 对于媒体组织而言,这些因素依然是影响媒体产品生产、制作、运营等成本的主要因素。因此,媒体组织在成本管理工作中,要从这些主要影响因素入手,采取相应的成本控制手段。

(一)提高劳动生产率

这一方法主要通过提高媒体从业人员的技能、技术等业务素质以及采用先进的技术和设备来实现。这样不仅可以使生产单位产品的劳动时间减少,而且可以在减少工作人员工作时间的同时,直接减少薪酬劳务等成本支出,还可以减少劳动资料的耗费,提高利用率,实现高效能的投入产出比例。同时,还要合理使用媒体产品生产中的设备,加速固定资产折旧,快速回收成本,以减少因为技术进步造成的设备贬值。对于电视媒体来说,摄录像设备、后期制作设备、演播室或转播车以及其他车辆设备等是重要的固定资产,在节目制作与生产的过程中发挥着重要作用,提高这些设备的利用率可以有效地降低节目生产设备的使用成本。

对科学技术的充分利用可以提高劳动生产率,也自然可以降低媒体生产成本。比

---

① 参见李轩:《财务管理视角下 C 传媒公司电视节目制播分离机制研究》,首都经济贸易大学硕士学位论文,2015 年。

② 郭复初主编:《新编财务管理学》,清华大学出版社 2006 年版,第 163 页。

如,20世纪80年代以后,信息技术的飞速发展为媒体产品的生产提供了多种便利,媒体生产中的许多劳动如机械打字、手工排版、抄写、送稿等,费时费力费钱,在信息传播技术及计算机技术的推动下,图形和图像制作、激光照排、文本传输等技术大大提高了媒体产品的劳动生产率,降低了生产成本。实践证明,那些较早使用新媒体技术的媒体组织往往能够通过节省人力、物力,获得竞争优势。因此,媒体组织应该积极开掘和利用新技术,以节约生产成本。

(二) 在不改变媒体产品质量的前提下,减少直接生产费用

直接生产费用包括报纸或期刊的纸张、广电媒体的劳务费用和能源费用等直接与媒体产品相联系的支出。这些支出看似是必需的,实际上其中却隐含着成本节约的空间。以报纸为例,有些报纸就通过缩减版面的方式来降低成本。2007年,《华尔街日报》《纽约时报》这两份报纸进行了改版。《华尔街日报》版面由每版6栏变为5栏,报纸宽度由15英寸(38.1厘米)缩小到标准宽度12英寸(30.5厘米),版面压缩幅度达到20%;《纽约时报》则将版面宽度缩小了3.8厘米。改版的原因主要来自经济上的考虑。《纽约时报》坦承:"此举是为了压缩印刷成本。"其发言人戴安娜·麦克诺尔蒂表示,改版后报纸的宽度为30.5厘米,外观"看起来与以前几乎一样,只是略微窄一些",新闻标题也将用稍小一些的字体印刷,每篇文章占用的版面会略有压缩,而这一举动将为报纸每年节省大约1000万美元的成本。[①]

自2016年以来,国内新闻纸价格持续攀升,一些纸媒因此入不敷出,同样选择通过缩减版面的方式来降低成本。国内纸媒的减版方式主要有三种类型:一是将部分版面上传到新媒体平台后就不再发行同期实体报纸,比如《中国青年报》将周末版内容上传至线上,并停止了同期实体报纸的发行;二是减少发行频率,比如《晶报》实行双休日合刊发行,《信息日报》由周五报改为周报;三是在原有版面设置的基础上减少版面,比如《浙江日报》将原来16版或20版的版面数量改为12版或16版。这些都是降低成本的有效方式。

(三) 合理配置媒体产品生产各个环节中的资源

媒体组织在生产过程中,应该合理配置设备资源、人力资源以及媒体机构积累起来的内容资源等,加强专业分工和协作,避免重复购置和重复制作,减少产品的直接材料费用、人工费用以及制造费用,以尽可能低的成本生产出更多的产品。比如,对于电视台的一些专题节目制作,在不影响节目内容和效果的前提下,如果素材库里有可利用的材料,就没有必要重复进行采访和录制声像资料。这就要求组织管理者有整体意识和宏观视野。

---

① 凌久:《纽约时报改版"瘦身"》,《新闻记者》2007年第9期,第91页。

媒体集团可以利用组织的优势,通过资源统一配置降低成本。以报纸采编业务为例。对于一个包括采访、分稿、编辑、校对、审定、组版等步骤的多环节流程,不同环节和步骤中都会产生费用,报业集团一般会对采编业务的成本进行管理和控制,包括制定采编业务的经费预算,考核采编业务各环节的执行情况等,同时会将自身拥有的读者、信息、品牌形象、版面栏目和传播渠道等资源,按照市场规律进行优化配置,以降低采编成本,提高综合效益。[①] 例如,《新京报》通过在集团内共享新闻资源,节省了采写和编辑成本;通过统一调拨物质资源,缓冲了纸张印刷的压力;通过统一调配人力资源,实现了工作班子的快速搭建,优势十分明显。

(四)不同媒体间建立横向联合,进行资源共享,共降成本

近年来,一些在定位上有共通性或互补性的媒体组织为节约生产成本,采取联合的手段,实现了"内容共享"。2012年,美国最大的报业集团甘尼特(Gannett)旗下130多家地方日报、电视台与其旗舰媒体《今日美国》(USA Today),一起开发了一个专有的后端内容管理系统,从而使全国各地的新闻编辑部可以借此进行内容共享。[②] 国内媒体之间也有此类合作,比如"粤桂琼三省区十三市报业联盟"的建立。从2015年的"两广七市报业联盟"到如今的"粤桂琼三省区十三市报业联盟",各成员单位不断在新闻合作和媒体经营上进行合作尝试。如针对联盟城市市委、市政府的重大决策、热点焦点问题、合作发展等领域的重大战略,组织联盟成员联合开展采访活动;共同搭建新闻共享平台,共享各自采写的各市重大的区域新闻、经济新闻和重大突发事件新闻;建立新闻采编业务交流机制;出版"联盟专版",定期联合刊发;开展广告经营合作与多元化合作,进行广告代理、广告联动和广告整合。通过合作机制来保障信息资源共享,报纸与其他报刊、电台电视台、网站或电信机构形成结盟或互动,从而实现成本的节省。[③]

(五)减少各种非生产性支出,把有限的资金切实用于媒体生产

非生产性支出主要是指媒体组织中各种不直接与媒体实务相联系的人事、组织、宣传、保卫等部门的支出。我国的媒体组织是事业机构,在管理上具有严格的上下级、科层制的机关管理特征。长期的垂直组织结构造成管理层次多、管理人员多、管理成本大等问题。对于媒体机构来说,精简各种非生产性机构、减少管理的层次、建立扁平的组织结构,可以降低管理成本,同时也有利于组织内信息的流动。这部分被节省下来的资

---

① 孙金水:《报业集团成本管理体系的建设和成本控制中的会计协调》,《中州大学学报》2007年第1期,第19—22页。

② 刘天宇、罗昊:《协作是新闻业的未来吗?——对跨组织新闻协作的元新闻话语分析》,《新闻记者》2021年第11期,第66—80页。

③ 许开德、许多:《区域报业联盟为地方媒体融合发展开辟新途径——以"粤桂琼十一市报业联盟"为例》,《传媒》2019年第1期,第27—29页。

金可以用于加强对生产性、经营性机构的投入。

2010年初,湖南广电正式推行"局台分离"的运行方式。湖南广电总局成为行政管理主体,从最初的什么都管,变为以宏观管理为主,政事独立运行;湖南广播电视台则作为事业运行主体,管理事业和产业两大板块,在旗下组建了具有独立法人资格的传媒产业集团——芒果传媒。为了保证"台"的正常运行,湖南广电按照现代企业的总体要求进行了产业化、集团化的建设,将传统的管理体制转变为扁平化的管理体制。它很好地解决了层级管理效率低下的问题:一是管理主体明确,以频道总监为核心的频道编委会对本频道全面负责;二是运行成本降低,撤销了体制内的大量行政和服务人员;三是打破了部门界限,在整个频道范围内整合资源,实现了效率的提升。

(六)加强媒体成本核算,节约成本费用

媒体组织要通过财务管理手段加强媒体成本核算,加强对媒体产品生产制作过程中的劳动消耗与劳动成果的分析、对比和考核,寻找节约成本费用的途径。内容主要包括:一是核算媒体产品生产成本的数量,包括对生产单位产品所耗费的资金量进行核算,对同等或不同等数量和质量的产品进行资金量耗费的分析、对比。比如,生产一期报纸或期刊所需要的资金、生产一集广播或电视节目平均所需要的资金,等等。二是核算媒体产品生产成本的范围。媒体产品生产过程中的成本所涉及的支出范围和项目分类是相对固定的。通过核算,可以弄清楚哪些成本属于正常范围,哪些支出是不合理的,从而进行控制。比如,记者采访产生的交通费用、节目制作费用属于正常范围,而一些人情费、超出正常生活要求的享受费用则是不在正常范围内的。三是核算媒体产品生产成本的构成,即对媒体产品生产中所发生的各种费用在成本中所占的比重进行分析。将直接材料费用、人工费用和制造费用构成比例,同先进的媒体机构或同行业、同性质的媒体组织进行比较,找出成本耗费上的差距,并加以改进。[①]

总之,媒体组织要使媒体成本管理向规模经济、产业化的方向发展,首先要做到实施产业化的经营,建立与市场经济相适应的现代企业制度,从而对现有的管理机制进行自上而下的全方位改善,吸取成熟的企业管理经验,从专业分工的角度、从科学管理的层面,讲求资本运营的效益,最终建立起科学合理的成本调控机制。

第三节　媒体预算与利润管理

作为媒体经营管理的重要组成部分,媒体财务管理必须具有计划性和远瞻性。媒体财务管理的计划性主要体现为媒体财务预算,凡事预则立,不预则废。预算是用数字

[①] 参见方瑛:《广电产业集团化运作研究》,浙江大学硕士学位论文,2004年。

编制未来某个时期的计划,它既是一种计划和预测,也是一种有效的控制手段。① 而媒体财务管理的远瞻性则主要表现为对利润的利用,利润是经营管理效果的直观体现,也是来年财务预算的编制基础之一。如何将利润切实应用到媒体组织的长远发展上,是媒体组织实现可持续发展的关键。

一、媒体预算管理

不同的媒体组织有不同的预算原则。加强预算管理可以有效地控制和管理有限的资金,使其发挥最大效用;同时还可以监督公司效益目标与财务指标的实际执行情况,并通过预算来对市场环境做出预测,从而挖掘降低成本、增加效益的方式和途径。

以湖北电视台为例。该台将预算管理作为财务控制的重中之重,其预算编制原则是:实事求是、量入为出、精打细算、保证重点、留有余地。② 财务部门在制定年度预算规划时,不仅依照上年度的财务收支情况,还会统筹本年度事业发展与政治宣传任务的需要,并兼顾财政制度与上级主管部门的要求。同时,采用数据化管理方式,建立了集预算管理、预算控制、成本核算、财务管理于一体的财务系统,对预算执行情况进行实时监控与反馈。在部门经费预算方面,改公用经费"按制作经费的一定比例划拨"为"按人员编制数核定划拨",改善了原来公用经费过度依赖节目经费的问题,使部门、频道公用经费的使用更加合理。③

每个媒体组织都有自己的强档产品,重点发展这些产品是提升媒体品牌的关键。因此在预算编制过程中,除了要保证媒体组织的正常运转,还要突出重点,将经费安排向重点项目、栏目、版面倾斜。以中央电视台为例。中央电视台现行的节目预算管理机制以收视率为重要依据,分为常规节目预算管理机制与栏目外重点选题预算管理机制。

对常规节目预算的编制采用增量预算法,即在编制节目预算时,以上一个年度的频道预算为基数,根据节目制作量的情况相应增加或减少节目预算,根据栏目形态、全年播出量以及部门设置、人力资源配备等情况核定。核定的标准参考《中央电视台节目预算分配标准和预算分配管理办法》,这一管理办法通过各类型节目预算分配标准、频道首播量标准和频道主要类型节目配置标准三个体系来确定栏目和频道的预算投入。

(1)各类型节目预算分配标准体系

中央电视台的节目可分为原创节目、编辑类节目、引进节目、电视剧和栏目外重点选题(特别节目),各类型节目又按照不同的特点进行进一步细分,确定相应的预算分

---

① 朱毅等:《中国内地电视媒体成本控制机制研究》,《现代传播(中国传媒大学学报)》2007年第4期,第89—92页。
② 尹冬贺、李祖清:《预算管理与电视业发展》,《新闻前哨》2005年第10期,第104—105页。
③ 参见唐世鼎主编:《中国电视台管理创新报告(2004—2005)》,中国传媒大学出版社2006年版。

配标准。以综艺节目为例。大型综艺类周播节目以著名歌手参与互动为主,比如《梦想合唱团》《非常 6+1》,预算分配标准为 3000 元/分钟;娱乐益智类周播节目以嘉宾表演秀为主,比如《谢天谢地,你来啦》,预算分配标准为 1500 元/分钟。[1] 预算分配标准由对同一类型节目预算的数据分析形成,标准确定后,单个栏目的预算再依据其节目形态和播出时长核定。

(2) 频道首播量标准体系

频道首播量标准是指出于科学合理使用节目资源的需要,通过本频道内或者跨频道重播的方式,逐步增加栏目和节目(尤其是品牌栏目和品牌节目)的重播频次。

首播比例 = 某频道中首播的节目次数/该频道中节目播出总次数

媒体组织可以通过对历年播出数据与收视数据的分析来制定各频道首播比例标准。比如,CCTV-1 综合频道的首播比例标准为 56%,而 CCTV-2 财经频道的首播比例标准为 60%。由于频道的总播出时长是确定的,因此在确定频道首播量标准后,节目的播出时长也就确定了。首播量标准内的节目预算由财务管理予以保障,超过首播量标准的节目制作费用则由频道内调剂解决。

(3) 频道主要类型节目配置标准体系

频道内主要类型节目配置标准是基于频道专业化定位和播出效果评估的需要,对各频道节目类型的配置的明确要求。例如,CCTV-3 综艺频道的新闻资讯类节目不得高于播出总量的 20%,综艺益智类节目不得低于播出总量的 50%,专题服务类节目不得高于播出总量的 10%,电视剧节目则不得高于播出总量的 40%。对于超过标准制作的栏目,经费预算不予保障,而是由频道内部调剂解决。

节目预算编制完成后,报经中央电视台分党组审议通过后进入预算执行阶段,年中新增的任务可由财务管理部门申请追加预算。

特别节目预算的编制则由两部分构成,即计划内特别节目的预算和计划外特别节目的编制。

① 计划内特别节目。在实际操作过程中,计划内特别节目也被称为重点选题,各频道主要根据可知的热点事件来进行下一年度的设计。方案经由编委会审议通过后,可申请财务部门的预留经费,具体额度依据节目组提供的详细方案和预算使用明细方案确定。

② 计划外特别节目。计划外特别节目也被称为突发事件,一般为上级主管部门交付的任务或应各部委要求配合开展的宣传报道。计划外特别节目的预算额度一般根据上一年度的突发事件规模预留,由于具有很强的时效性,预算审核上开设了"快速通

---

[1] 参见冷冰:《中央电视台基于收视率的预算管理研究》,湘潭大学硕士学位论文,2013 年。

道",以采取简便方式先行划拨部分启动预算。①

可以看出,中央电视台的财务预算充分体现了对特殊节目、栏目的重视,既关注收视率等市场指标,向重点栏目、特色节目倾斜,也注重履行"社会公器"职责,为特别节目预留了一定的预算空间。尽管各级各类媒体的经营管理、内容生产等实际情况中存在差异,但其媒体经费预算管理都要求媒体组织从全局着眼、从实际出发,建立起科学专业且符合自身发展实际的预算制度,并切实保证预算制度得到严格执行。

二、媒体利润管理

关于利润管理,各级各类媒体组织的方法各异,效果也不同。比如,有的媒体组织将广告经营收入纳入统一的利润管理范畴;有的媒体组织为调动员工积极性,运用企业管理中的激励机制,在年度预算结余中,除去事业发展基金和集体福利基金以外,按一定比例为员工提取劳务补贴。

辽宁人民广播电台曾经采用"成本核算、结余分成、超收奖励"的创收分配方式进行管理,具体包括:

(1) 确定创收指标。按照上一年的实际营业收入和各频道资源与广告时间的具体情况,对本年度的创收指标进行规划。

(2) 创收余额分成比例。专题广告结余,70%归台里使用,10%作为创收部门的福利基金,20%作为创收部门的奖金;非专题广告余额,30%归台里使用,20%作为创收部门的福利基金,50%作为创收部门的奖金。

(3) 超计划创收额的奖励。超计划创收额部分,除按计划内分成比例政策执行外,另按超计划创收额部分的7%提取奖励基金,其中的2%奖励创收部门的总监,5%作为该部门创收、创优的奖励基金。

(4) 对进款额的要求。创收部门每月必须保证完成管理部门下达的最低进款额。如不能完成最低进款额,对其差额部分进行扣款。扣款顺序为先扣本部门的直接费用,若抵扣不足,再扣除该部门的结存福利基金,直至扣完,再扣该部门的人员工资。

(5) 对节目费用支出的要求。各创收部门必须严格执行台里下达的费用支出计划,不准超支。若有超支,从该部门结余分成的福利基金中扣除。

(6) 福利基金的使用。每月由计财处计算出各创收部门的福利基金数,归各创收部门所有,按国家规定的使用范围,由主管财务台长批准使用。②

此外,在媒体组织的利润管理中,还要特别做好营收账款的监控机制,比如做好日

---

① 参见冷冰:《中央电视台基于收视率的预算管理研究》,湘潭大学硕士学位论文,2013年。
② 张福南:《搞好经营创收 加强财务管理——辽宁人民广播电台以创收保创优经验点滴》,《辽宁财税》1999年第8期,第29—30页。

常控制工作,增强员工法律意识,完善合同或协议约定,明确双方的权利和义务,从而为应收账款提供安全的法律保障;明晰应收账款的奖惩制度,建立一套果断有力的催收措施,增强各责任人的催款积极性;财务部门要做好应收账款的日常控制工作,提高资金的使用效率,发挥好会计核算和监督职能。[①]

第四节 媒体运营绩效评价

媒体运营绩效评价是一种约束或制约机制,其主要作用在于对媒体组织运营绩效的真实性、可靠性和合法性进行评价,发现问题及时调整和处理,同时对财务收支、资产管理、重大决策等方面进行科学评估,以保证媒体组织的民主管理、民主参与、科学决策。

一、媒体运营绩效评价的特殊性

评价一个媒体组织运行的好坏有不同角度的评价标准。评价角度不同,方法不同,结论也会存在差异。组织所处行业或组织策略不同,对其组织经营绩效进行评估的维度也有所不同,所以对不同组织的评价标准侧重点也不同。

应该看到,媒体效益与工商企业经济效益是有很大区别的,主要体现为:产品不同——不同于工商企业生产的物质产品,媒体提供的是精神产品;途径不同——工商企业获得利益的途径是物质产品的生产和销售,而媒体获得利益的途径主要是广告经营、发行、节目销售以及有偿服务、多种经营等;影响因素不同——影响工商企业经济效益的主要因素包括产品质量、经济管理水平等经济因素,而影响媒体经济效益的因素还包括受众的文化程度、国家的政治文化环境等;经济效益的地位不同——对于工商企业来说,追求经济效益是其最主要的目标,而媒体则必须将社会效益置于首要地位。[②]因此,媒体运营绩效评价要重视对经济效益的评价,且必须将其建立在社会效益的基础之上。

二、媒体运营绩效评价的内容

媒体组织与一般意义上的企业有很大的不同,其产品是文化产品,包含意识形态的部分,作用于人们的精神领域。根据其目标,对媒体组织整体的绩效评估可以分为产业、政治和公众三个维度。其中,政治维度和公众维度代表媒体组织所承担的舆论导向

---

① 何海燕:《新形势下优化报业集团资金管理的对策研究》,《中国市场》2020 年第 34 期,第 102—103 页。
② 詹成大:《媒介经营管理》,浙江大学出版社 2004 年版,第 471 页。

功能和大众消费功能,二者都要通过市场这一环节来更好地实现与加强。① 而媒体财务管理中的财务核算及运营绩效评价则是从产业维度或经济维度进行的。

通常,财务分析包括盈利能力分析、偿债能力分析、运营能力分析、发展能力分析、财务趋势分析、财务综合分析。② 其中,财务趋势分析是指对企业连续若干期的会计信息和财务指标进行分析,以判断发展趋势,财务综合分析是指全面分析和评价企业各方面的信息。因此,财务分析的基本内容为盈利能力分析、偿债能力分析、运营能力分析和发展能力分析。③ 这也是媒体运营绩效评价的主要内容。

盈利能力是媒体组织获取利润的能力,是媒体组织市场竞争力的集中体现,是财务报表分析的核心内容,也是财务评价的中心。盈利能力分析可从利润(收入减支出)和资金占用等方面进行;主要评价指标包括主营业务利润率、销售利润率、成本费用利润率、净资产收益率等。

偿债能力即媒体组织及时偿还其所欠债务的能力,是保证盈利能力的条件。偿债能力对于那些开启市场化、集团化转型的媒体组织而言非常重要。偿债能力可分为短期偿债能力和长期偿债能力,主要评价指标包括流动比率、速动比率、资产负债率和利息保障倍数等。

运营能力是创造盈利能力的基础,又称资金周转能力,主要反映了媒体组织资产使用的效率,主要评价指标包括总资产周转率、流动资产周转率、非流动资产周转率等。这些指标数值越高,说明资产周转速度越快,资产的使用效率越高。

发展能力指标主要说明了媒体组织发展的速度,主要评价指标包括总资产增长率、三年利润平均增长率、三年资本平均增长率等。这些指标数值越大,表明媒体组织的发展速度越快。

三、媒体运营绩效评价的基础

媒体组织经营的目的之一在于追求组织整体价值的最大化,从经济维度对媒体组织的经营收益情况进行评估,这有助于各利益相关方详细了解媒体组织的经营管理状况,从总体上把握组织的盈利能力、市场价值等。④ 一般而论,企业高级管理人员要通过财务报表分析对企业进行评价,即根据企业的财务报告等资料,运用科学的方法和指标,对企业的生产经营状况、财务状况和发展趋势进行研究分析,为评价和改善企业经营管理提供决策支持信息。

媒体组织的财务报表按照不同周期可分成周报、月报、季报和年报。按照新会计准

---

① 林洪美、方文江:《中国媒介组织绩效评估的维度分析》,《事业财会》2006年第6期,第16—17页。
② 荆新、王化成、刘俊彦主编:《财务管理学(第8版)》,中国人民大学出版社2018年版,第71—72页。
③ 谭云明主编:《传媒经营管理新论(第二版)》,北京大学出版社2014年版,第163页。
④ 林洪美、方文江:《中国媒介组织绩效评估的维度分析》,《事业财会》2006年第6期,第16—17页。

则的规定,一套完整的财务报表包括"四表一注",即资产负债表、利润表、现金流量表、所有者权益变动表以及附注。① 这里主要介绍前三种表②。

(一) 资产负债表

资产负债表是反映媒体组织(企业)在某一特定时期财务状况的会计报表,编制资产负债表须遵循会计恒等式：

$$资产=负债+所有者权益$$

资产负债表中的资产反映了由过去的交易和事项形成,并由媒体组织(企业)在某一特定时期所拥有或控制的、预期会给媒体组织(企业)带来经济利益的资源,一般按照资产流动性由强到弱在资产负债表中列示。

资产负债表中的负债反映了在某一特定时期媒体组织(企业)所承担的、预期会导致经济利益流出媒体组织(企业)的现时义务,一般按照负债的流动性由强到弱排列,即按照资金的可用时间由短到长排列。

资产负债表中的所有者权益是媒体组织(企业)资产扣除媒体组织(企业)负债后的剩余权益,反映了媒体组织(企业)在某一特定时期股东投资者拥有的净资产的总额,一般按照净资产的不同来源和特定用途进行分类,应当按照实收资本(或股本)、资本公积、盈余公积、未分配利润等项目分项列示。

表14-1是来源于其公司年报的芒果超媒2019年度资产负债简表。从中可知,芒果超媒2019年资产总额为1 707 820.61万元,其中流动资产为1 172 802.61万元,主要分布在货币资金、应收账款、存货等环节,分别占企业流动资产合计的43.18%、25.55%、16.34%。非流动资产为535 018.01万元,主要分布在无形资产、长期投资等环节,分别占企业非流动资产的90.67%、3.93%。

表14-1 芒果超媒2019年度资产负债简表

(单位:元)

项目名称	金额
货币资金	5 064 224 581
应收票据及应收账款	3 092 466 866
预付款项	1 127 734 126
其他应收款合计	35 946 263
其他应收款	35 946 263
存货	1 916 375 339

---

① 谭云明主编:《传媒经营管理新论(第二版)》,北京大学出版社2014年版,第151—153页。
② 参见荆新、王化成、刘俊彦主编:《财务管理学(第8版)》,中国人民大学出版社2018年版。

(续表)

项目名称	金额
其他流动资产	491 278 914
流动资产合计	11 728 026 090
长期股权投资	210 436 179
其他非流动金融资产	6 946 467
固定资产	180 606 150
无形资产	4 851 078 019
开发支出	38 338 884
长期待摊费用	61 646 861
其他非流动资产	1 127 499
非流动资产合计	5 350 180 060
资产总计	17 078 206 150
短期借款	349 816 948
应付票据及应付账款	5 374 324 392
预收款项	1 192 477 980
应付职工薪酬	589 359 252
应交税费	137 563 509
其他应付款合计	202 952 467
其他应付款	202 952 467
一年内到期的非流动负债	10 400 000
其他流动负债	78 695 862
流动负债合计	7 935 590 409
预计负债	14 232 872
递延收益	308 425 485
非流动负债合计	322 658 357
负债合计	8 258 248 766

（二）利润表

利润表是反映媒体组织（企业）一定会计期间经营成果的会计报表。其编制依据为：

$$收入-成本=利润$$

利润表可以充分反映媒体组织（企业）经营业绩的主要来源和构成。以中视传媒为例,其利润表包括节目销售收入、广告销售收入、节目有偿服务收入及多种经营收入等,还反映了各种支出,包括非商品性节目生产播出总费用、商品性节目生产播出总费用以及其他支出("上星"费、"落地"费等)等(见表14-2、表14-3)。

表14-2 中视传媒2019年度利润简表

项目	2019年度(元)
一、营业总收入	855 821 413.23
营业收入	855 821 413.23
二、营业总成本	745 782 169.67
营业成本	634 718 197.85
税金及附加	6 465 762.66
销售费用	33 948 368.12
管理费用	77 773 313.10
研发费用	—
财务费用	−7 123 472.06
投资收益(损失以"—"号填列)	8 995 575.89
三、营业利润(亏损以"—"号填列)	131 522 455.09
营业外收入	156 727.01
营业外支出	1 022 393.37
四、利润总额(亏损总额以"—"号填列)	130 656 788.73
所得税费用	35 232 770.49
五、净利润(净亏损以"—"号填列)	95 424 018.24

表14-3 中视传媒2019年度主营业务分行业、分地区利润简表

主营业务分行业情况						
分行业	营业收入(元)	营业成本(元)	毛利率(%)	营业收入比上年增减(%)	营业成本比上年增减(%)	毛利率比上年增减(%)
影视业务	256 517 272.94	214 520 923.74	16.37	32.02	33.58	减少0.98个百分点
广告业务	356 711 317.61	297 121 913.00	16.71	−7.53	19.15	减少18.65个百分点
旅游业务	239 381 487.82	122 194 806.72	48.95	4.72	5.21	减少0.24个百分点
基金业务	2 047 468.41		100.00	55.76		

（续表）

主营业务分地区情况						
分地区	营业收入（元）	营业成本（元）	毛利率（%）	营业收入比上年增减（%）	营业成本比上年增减（%）	毛利率比上年增减（%）
上海	402 456 232.54	336 504 590.07	16.39	-4.03	18.75	减少 1.19 个百分点
无锡	190 470 583.61	102 408 285.21	46.23	-1.04	1.93	减少 3.77 个百分点
北京	211 798 714.91	174 837 342.15	17.45	40.84	41.28	增加 3.03 个百分点
佛山	51 350 669.19	23 526 379.91	54.18	9.96	25.48	减少 7.82 个百分点

（三）现金流量表

现金流量表是以现金及现金等价物为基础编制的财务状况变动表，提供了媒体组织（企业）一定会计期间现金和现金等价物流入和流出的信息。我们可以通过现金流量表了解媒体组织（企业）获取现金和现金等价物的能力，并据此评估和预测媒体组织（企业）未来的现金流动情况。

表 14-4 列出的是人民网 2019 年度经营活动现金流情况。从中可知，人民网 2019 年经营活动产生的现金流量净额为 568 358 878.74 元。由于在一般企业业务中，筹资活动和投资活动相对较少，因此其财务数据容易获取。经营活动产生的现金流量在财务计算中显得尤为重要。经营活动产生的现金流量净额和净利润的比较也决定了媒体组织（企业）的现金质量。

表 14-4　人民网 2019 年度经营活动现金流量表

项目	本期金额（元）
销售商品、提供劳务收到的现金	2 421 292 275
收到的税费返还	475 058
收到其他与经营活动有关的现金	102 517 714
经营活动现金流入小计	2 524 285 047
购买商品、接受劳务支付的现金	767 830 591
支付给职工以及为职工支付的现金	796 737 175
支付的各项税费	132 029 644
支付其他与经营活动有关的现金	259 328 758
经营活动现金流出小计	1 955 926 168
经营活动产生的现金流量净额	568 358 879

（续表）

项目	本期金额（元）
收回投资收到的现金	6 894 662 331
取得投资收益收到的现金	69 177 210
处置固定资产、无形资产和其他长期资产收回的现金净额	106 320
收到其他与投资活动有关的现金	44 389
投资活动现金流入小计	6 963 990 250
购建固定资产、无形资产和其他长期资产支付的现金	55 321 762
投资支付的现金	7 336 434 008
投资活动现金流出小计	7 391 755 770
投资活动产生的现金流量净额	-427 765 520
吸收投资收到的现金	25 000 000
筹资活动现金流入小计	25 000 000
分配股利、利润或偿付利息支付的现金	161 268 861
筹资活动现金流出小计	161 268 861
筹资活动产生的现金流量净额	-136 268 861
汇率变动对现金及现金等价物的影响	1 144 531
现金及现金等价物净增加额	5 469 030
期初现金及现金等价物余额	764 732 969
期末现金及现金等价物余额	770 201 999

此外，财务报表还可以按报表的编制主体分为个别财务报表和合并财务报表。[①]

四、媒体运营绩效评价指标

（一）盈利能力分析

主营业务利润率是衡量企业盈利能力的一个重要指标，这个指标越高，表明媒体组织（企业）的主营业务市场竞争力越强、盈利能力越强，媒体组织（企业）的发展潜力越大。如果这个指标不高，即使媒体组织（企业）的利润额很大，媒体组织（企业）的主营业务方面也可能存在问题。

我们可以根据表14-2、表14-3，计算"中视传媒"2019年度的主营业务利润率等相关财务比率：

$$\text{主营业务利润率} = (\text{主营业务利润} / \text{主营业务收入净额}) \times 100\%$$
$$= 131\ 522\ 455.09 / 855\ 821\ 413.23 = 15.37\%$$

---

① 夏嘉华编著：《财务管理学》，立信会计出版社2004年版，第414页。

需要指出的是,并不能独立地、绝对地去衡量和评价某一项财务指标,需要与同行业的平均水平、与本公司的历史最好水平等进行横向、纵向对比,这样才能够更好地说明企业的盈利能力。

(二) 偿债能力分析

资产负债率是衡量媒体组织(企业)长期偿债能力的重要指标,是企业负债总额与资产总额的比率。资产负债率又称负债比率或举债经营比率,反映了企业资产总额中有多大比例是通过举债得到的。[1]

我们可以计算一下表14-1中"芒果超媒"的资产负债率等相关表明偿债能力的财务比率:

$$资产负债率 = (负债总额/资产总额) \times 100\%$$
$$= (8\ 258\ 248\ 766/17\ 078\ 206\ 150) \times 100\% = 48.36\%$$

流动比率反映了流动资产与流动负债的对比关系,体现了企业的短期偿债能力。[2]

同样,计算"芒果超媒"2019年的流动比率为:

$$流动比率 = 流动资产/流动负债 = 11\ 728\ 026\ 090/7\ 935\ 590\ 409 = 1.48$$

流动比率不足2,表明"芒果超媒"短期偿债能力较弱;而资产负债率为48.36%,表明"芒果超媒"处于一个相对可控、健康的资产负债状态(一般资产负债率在40%—60%之间可视为风险可控的健康状态)。当然公司具体面临多大的债务风险,还需要分析债务的具体构成和偿付条件。

联系媒体组织的特殊性,反映媒体经济效益的评价指标还有阅读率、收视率,到达率、覆盖率,发行量成本消耗指标以及营销利润指标等,这对于全面、细致地评价媒体在市场中的地位、经营和盈利状况等具有重要参考意义。

小 结

媒体财务管理是媒体企业化管理的一个重要环节,为的是保证媒体组织资金流通顺畅、财务运转安全有序,保证媒体组织有充足的资金可持续地开展其核心业务、履行其社会职能。媒体财务管理主要包括媒体组织的融资与投资、媒体成本控制、财务预算及利润管理、媒体运营绩效评价等方面。其中,媒体成本控制可以从多角度、多层面进行,一般应把握可控性原则、责权结合原则、创新原则、市场原则等。媒体预算管理和利润管理分别是媒体财务管理实现计划性和远瞻性的关键,媒体运营绩效评价则以结果导向为媒体组织实现高质量、可持续发展查摆问题、及时纠偏。作为"社会公器",媒体

---

[1] 荆新、王化成、刘俊彦主编:《财务管理学(第8版)》,中国人民大学出版社2018年版,第80页。
[2] 郭复初、王庆成主编:《财务管理学(第5版)》,高等教育出版社2018年版,第384页。

组织与一般意义上的企业有很大的不同,其产品是文化产品,包含意识形态的部分。因此,媒体财务管理既要尊重、顺应市场规律,也应该为履行舆论引导、文化建设、公共服务等社会职能留出空间,彰显媒体组织的社会效益。

◆ 思考题

1. 媒体组织的目标是什么?盈利性是媒体组织的必要目标吗?
2. 媒体财务管理的任务有哪些?一家媒体企业的财务管理人员应该如何平衡好企业的盈利性和公益性?
3. 总体来看,媒体成本控制可以从多角度、多层面进行,应把握哪些原则?
4. 查阅人民网最新的年报,总结人民网的预算管理方法。
5. 当媒体企业的预计利润和实际利润有较大出入时,应当如何进行管理?
6. 如何对媒体企业的运营绩效进行评价?
7. 我国有哪些媒体企业,它们的财务管理和绩效有什么区别?
8. 查阅一家上市媒体企业的年报,对其盈利能力、偿债能力进行分析。
9. 2019年3月,中共中央宣传部对2019年主题宣传、主题出版和导向管理工作提出要求和建议,同时宣布成立传媒监管局。该部门的职能是什么?对传媒企业财务管理有什么影响?
10. 2021年8月,中国华融发布盈利警告称,经初步测算,集团2020年度经营业绩预计将出现亏损,本公司股东的净亏损预计为人民币1029.03亿元。该企业为什么会出现大额亏损?应该如何做好财务管理,避免这样的现象发生?

◆ 推荐阅读

Keown, Arthur J., et al., *Foundations of Finance: The Logic and Practice of Financial Management*, Prentice Hall, 2004.

夏嘉华编著:《财务管理学》,立信会计出版社2004年版。

周鸿铎、赵立文:《媒介财务管理》,经济管理出版社2004年版。

荆新、王化成、刘俊彦主编:《财务管理学(第8版)》,中国人民大学出版社2018年版。

闫华红、邹颖主编:《财务管理学》,首都经济贸易大学出版社2018年版。

郭复初、王庆成主编:《财务管理学(第5版)》,高等教育出版社2018年版。

黄晓兰编著:《媒体财务管理》,中国传媒大学出版社2006年版。

詹成大:《媒介经营管理》,浙江大学出版社2004年版。

谭云明主编:《传媒经营管理新论(第二版)》,北京大学出版社2014年版。

第三编

媒体创新

人工智能等新技术的快速发展、人机交互模式的不断更新,带来了信息生产、传播、消费与管理方式的变革,也为媒介经营与管理带来了更多的想象空间。在形式上,网络直播、短视频、VR、AR等新兴内容载体相继涌现,媒体内容的呈现方式日趋丰富多元,并伴随着5G等网络基础设施的优化、移动终端设备的普及以及基于"模因"的社会化内容生产,深入用户日常生活的方方面面,加剧了碎片化、视觉化、沉浸化的内容消费趋势。在这种"内容泛在"的媒介环境下,用户在媒介市场中的主体地位更加明显。用户生产内容愈发重要,这极大地提升了媒介产品的丰富性和交互性,成为媒体组织构建其内容生态的重要组成部分;用户数据的价值愈发凸显,媒体组织基于用户数据提供了更加精准、高效的内容信息服务,进一步彰显了其在内容质量把控、信息筛选、知识提取等方面的价值。

从内容生产到内容消费的模式转移,带来了媒介经营与管理方式的适应性调整。媒体组织纷纷开启平台化进程,由"二次售卖"进一步探索"多次售卖"的可能性。其本质是:以内容信息服务为抓手,利用算法推荐机制等数据处理技术,持续满足用户的个性化诉求,将媒介产品整合进用户日常的生活行为习惯;提供数字化协作工具,降低内容生产门槛,鼓励用户在平台内生产、分享内容,为平台实现"网络效应"、提升精准服务能力进行"补给"。这就要求媒体组织采取更加灵活、有弹性的体制机制,顺应以精准化、精细化为导向的行业分工趋势,适应瞬息万变、稍纵即逝的媒介市场竞争格局,进一步激活、释放其经营活力;创新资本运作方式,为媒体组织拓展经营能力和经营方式提供动能支持,并带动媒体组织管理模式的优化和创新,分散潜在的经营风险。

对于当前面临巨大经营压力的传统媒体而言,媒体创新显得尤为"迫在眉睫"。一方面,大量用户向互联网转移使得传统媒体固有的用户基础优势遭到瓦解,极大削弱了媒介经营的内生动力；另一方面，基于传统大众传播格局形成的经营与管理模式在新媒体环境下逐渐显现出不适应性，亟须加以调整。新媒体技术给传统媒体带来挑战的同时，也为传统媒体提供了新的经营与管理工具和手段。在挑战和机遇之间，关键是对用户的争夺，本质上要求传统媒体开启新媒体化的转型进程。

媒体融合发展成为当前我国媒体体制改革与经营管理创新的关键议题，它既反映了传统媒体在新媒体冲击下的自我革新，也反映了媒体创新路径的双向性。媒体融合发展是党和国家着眼当前媒体生态变革而作出的重要战略部署，经过基层媒体组织的探索、试错、创新而不断得到丰富。可见，作为连接器的媒体组织的改革创新关系到跨部门、跨层级、跨领域等多种社会关系的调整与优化。本编将重点从媒体体制改革和媒体机制创新、媒体资本运作创新、媒体融合的实践与创新三个方面，讲解媒体创新的意义（原因）、特殊性及其实现路径。

第十五章　媒介经营管理创新概论

创新是引领发展的第一动力,是一个国家和民族发展进步的源头。传媒产业的发展水平是国家软实力的重要标志之一,传媒产业改革和发展的脚步从未停歇。我国的传媒产业虽然起步略晚,但发展势头迅速,报业、期刊、广播、电视等相继问世之后,互联网发展更是"弯道超车"。随着传播媒体日趋多元化和传播手段日益现代化,媒体对政治、经济、文化和社会生活产生了极大的影响。那么,应该如何界定媒体创新?驱动媒体创新的因素是什么?媒体创新涉及哪些领域?本章将对上述问题一一进行解答。

第一节　媒体创新的现实原因

创新是指在经济和社会领域中生产或采用、吸收和开发具有附加值的新事物;产品、服务和市场的更新和扩大;新的生产方式的开发;新的管理制度的建立。它既是一个过程,也是一个结果。[1] 创新的重要性是不言而喻的。有研究表明,在不断变化的环境中,创新是竞争优势的关键来源[2];也有管理学者认为,创新能力是决定企业绩效的最重要因素。[3]

媒体创新是随着信息技术的发展及其给整个社会带来的变迁而不断调整、变化的,不同阶段的媒体创新有不同的内容,并呈现出新的特点。早期的关于媒体创新的研究是分散的,尚未形成系统性的论述。21世纪初,我国刚加入世贸组织并渐次开放了一部分出版、报业和电视广播等信息产业市场,传媒业界在实际传播活动中进行了创新性

---

[1] Crossan M. M., and Apaydin M., "A Multi-Dimensional Framework of Organizational Innovation: A Systematic Review of the Literature," *Journal of Management Studies*, Vol. 47, No. 6, 2010, pp. 1154-1191.

[2] Dess G. G., and Picken J. C., "Changing Roles: Leadership in the 21st Century," *Organizational Dynamics*, Vol. 28, No. 3, 2000, pp. 18-34.

[3] Mone M. A., et al., "Organizational Decline and Innovation: A Contingency Framework," *Academy of Management Review*, Vol. 23, No. 1, 1998, pp. 115-132.

探索,以适应新的市场竞争。顾行伟指出,报业发展要兼顾"经营创新"和"创新经营",这是两个截然不同的概念,经营创新是经营活动中某项内容和手段的创新,创新经营是改革、创新经营的思路。① 陈绚认为,媒体创新包括三个层面:宏观管理制度、采编运作制度和经营分配制度,并对媒体创新内容的不同层次进行了描述。② 随着媒体融合的发展,郭全中提出,要在全程媒体、全息媒体、全员媒体、全效媒体等方面进行媒体创新。③ 不同学者对媒体创新有不同的认知和理解,可以归纳为,媒体创新既包括内部思想的创新,也包括外部生产或采用的创新。

一、以互联网为主的新媒体技术形成了创新驱动力

互联网虽然起源于满足军事需求,但如今已经成为整个社会变革的重要驱动力。随着互联网技术的成熟,其与各个领域的融合发展成为势不可当的时代潮流。"互联网+"的理念应运而生,它是指把互联网的创新成果与经济社会各领域深度融合,推动技术进步、效率提升和组织变革,提高实体经济创新力和生产力,形成更广泛的以互联网为基础设施和创新要素的经济社会发展新形态。④ 当然,互联网的发展挑战了以报纸杂志、广播电视等为主体的传统的新闻媒体生态环境,并对新闻媒体既有的生产方式、传播渠道、经营模式等产生了深远的影响。

(一) 影响信息生产方式

传统的新闻内容是由新闻媒体的编采人员采访、编辑、设计、制作完成的,有着严格的采编流程和规范。而互联网使得每个人都可以通过自己的电脑、手机或其他终端生产信息、传递信息。互联网的这种技术功能不仅影响着网络新闻媒体的发展,同样也促进了传统新闻媒体的生产方式的变革。在"互联网+"影响下,信息生产门槛进一步降低,具备信息内容生产条件的机构和个人都可以成为媒体,信息生产能力得到极大提升,社会化的内容生产活力被激发。

(二) 影响信息接收方式

作为人体的延伸,媒体信息被人感知的方式无非三种,即读、听、看。受信息传播介质属性的影响,传统媒体受众在获取信息时明显受到时间的限制,如报纸必须在被投递

---

① 顾行伟:《当前报业发展的十大关系》,《中国记者》2002年第1期,第9—11页。
② 陈绚:《"传媒集团化"过程中媒介发展的机会点——兼议中国媒体的改革与创新》,《国际新闻界》2002年第6期,第18—23页。
③ 郭全中:《全程全息全员全效媒体创新探析》,《中国出版》2019年第4期,第9—13页。
④ 《国务院关于积极推进"互联网+"行动的指导意见》,2015年7月,中国政府网,http://www.gov.cn/gongbao/content/2015/content_2897187.htm,2023年3月18日访问。

到户或从报摊/亭购买后方可被阅读,广播电视节目都是在特定时间播放的,错过了特定时间往往就很难再次被收听,观众只能等待重播。而互联网空间的无限性使得已经生产出来的新闻信息可以长久地保留在服务器中,人们可以随时点击关注信息,阅读或收看相关的新闻,选择余地更大。

(三) 影响信息传播方式

传统媒体的传播方式是典型的单向传播。虽然受众可以通过打电话、写信或上门进行信息反馈,但反馈总是显得不够方便,而且是延时的。互联网提供了实时反馈和互动的技术保障,而且在"互联网+"环境下,传播媒体多元化,传播时空立体化,实现双向传播变得更容易了。

(四) 影响信息管理方式

报纸、广播和电视的内容是经过严格的选择和把关的,是基于基本事实确实存在的真实性原则进行报道的,因而形成了其强大的公信力。网络的内容空间相对无限,内容生产更加自由,每个人都可以参与其中,信息的生产、发布和传播频繁而自由,出现了信息过载、信息泛滥,甚至信息质量良莠不齐的负面现象,对传统新闻媒体的管理模式提出了挑战。

(五) 影响媒介经营模式

"发行+广告"或者说"内容+广告"一直是传统媒体的主要经营模式,它是经过长期的实践总结出来的。随着互联网媒体的诞生,传统新闻媒体的经营模式正在发生变化。网络新闻媒体的经营模式除了发布广告之外,还可以学习商业网站的经营之道,比如流量变现、付费会员、社群服务和电商服务等。同时,互联网也打破了传媒产业的边界,通过技术创新和管理创新,促进了传媒产业和其他产业的融合,将传媒产品的文化和创意附加值延伸到消费产品和服务中,借助媒体传播带来的品牌影响力,带动相关产业的发展。[①] 例如 IP 运营理念的盛行,可以充分渗透到出版、动漫、游戏、音乐、旅游、时尚等泛文娱产业中,在推动产业发展的同时获得盈利。

可见,互联网对于大众传媒产业的解构作用明显,成为当今媒介经营与管理创新最直接的驱动力。在此情形下,传统媒体必须适应新形势,掌握新技术,运用新手段,创新思维,全面改革。当前,我国的大众传媒正在通过媒体融合的方式积极发展新媒体,尝试市场化运作,在制度创新和体制创新方面进行了大量有益的探索,对信息采集、生产、营销和广告流程进行了再造,重新配置了组织机构、人力资源及资产和资本等各类要

---

① 金韶、廖卫华:《"互联网+"推动下传媒产业创新的机遇、策略和趋势研究》,《新闻爱好者》2018 年第 7 期,第 73—76 页。

素。不过,现有创新实践尚未真正寻求到传统媒体平稳转型、准确定位的成功路径,不同的媒介形式和不同区域的媒体,在互联网时代面临的问题与挑战也不尽相同。因此,大众传媒的经营与管理创新永远在路上,永无止境。

二、媒体行业在当下亟须化解的几组矛盾

信息时代的一个重要表征就是信息传播技术的变化。以互联网为代表的信息传播技术频繁更新换代,媒体也在改革的浪潮中不断发展、创新。例如,从早期纸质版新闻在线上的"复制粘贴",到现在基于媒体融合的"两微一端"发布,各个媒体组织正在运用技术手段提高内容质量,扩展传播渠道。利用互联网技术、融入VR和AR体验完成的高清拍摄和实景拍摄等媒体内容生产,机器人新闻写作和播报等,都体现了传播技术所带来的创新性变化。技术创新带来了行业发展的变化,同时也使得媒体行业面临新的问题和挑战。当前,媒体行业面临社会效益与经济效益、制度与市场、竞争与垄断等新的不平衡问题。

一是媒体企业的社会效益与经济效益的不平衡。由于媒体行业的特殊属性,媒体企业既与一般性企业一样,作为一个经营单位,有提高经济效益的基本需求,同时也有保障意识形态安全、监督舆论、维护社会稳定的社会责任。具体来说,《2018媒体社会责任报告》将媒体责任分为"正确引导责任、合法经营责任、提供服务责任、繁荣发展文化责任、安全刊播责任、人文关怀责任、遵守职业规范责任、保障新闻从业人员权益责任"[①]八大责任。然而,以互联网为代表的新媒体消弭了产业的界限,媒体企业的范围在不断扩大,不仅主流媒体,互联网内容平台、互联网信息服务平台、自媒体等,都成为媒体行业的重要组成部分。一方面,新媒体的兴起对传统媒体企业形成了严峻的下行压力,传统媒体企业经济效益下滑,且在经营方式上创新不足,或观念陈旧,没有市场经营的理念。另一方面,一些商业媒体企业为了追求经济利益最大化,忽视了其应该承担的社会责任以及应该履行的义务。无论是过度偏向经济效益还是社会效益,都不利于媒体企业的可持续发展。因此,业界需要更多的创新理念和手段以平衡两者之间的关系,在两者的动态平衡中推动媒体企业的可持续发展。

二是管理制度与市场发展的矛盾。当前媒体行业的发展离不开制度、技术和市场的驱动。但是,制度和市场发展并不总是和谐的,其不平衡主要表现在以下几个方面。首先,一般情况下,管理制度相对落后于市场发展,因为人们对市场发展的认识需要一个过程,尤其是新兴市场。在相对宽松的制度环境下,市场会有一个快速发展期,但是

---

① 新华社:《46家媒体2018年度社会责任报告发布 报告单位新增5家新媒体和1家全国性行业类媒体》,2019年5月29日,中国记协网,http://www.zgjx.cn/2019-05/29/c_138100218.htm,2023年3月18日访问。

这一时期,由于缺乏制度的约束,市场弊病也会充分暴露出来。例如,早期互联网的商业化蓬勃发展就得益于宽松的政策环境,各种互联网商业模式百花齐放,但是这种环境也催生了很多问题,如版权侵犯、虚假广告等。其次,市场是瞬息万变的,市场的活力在于其变化性,但是制度相对来说是稳定的,朝令夕改的制度会丧失其权威性,并且制度的制定程序比较复杂,历时较长。正是因为如此,体制机制的问题在很长时间里都成为传统媒体市场改革路上的重要障碍。例如,在媒体融合纵向发展的过程中,审批制度、激励机制、薪酬体制、资金获取方式等问题成为主流媒体转型面对的主要问题。最后,市场发展的多样性与制度执行的"一刀切"之间是矛盾的,市场发展过程中会出现不同的业态和模式,同时也会出现不同程度、不同面向的问题,而制度在实施的过程当中总会形成"一刀切"的局面。"一刀切"的方式可以有效解决市场发展中的普遍性问题,但是由于新媒体生态的复杂性和多元化,很难用一套标准作为治理新媒体市场的唯一衡量尺度,"一刀切"将抑制多样性发展的可能性和创新的积极性。因此,新媒体行业的发展需要解决好管理制度与市场发展的不平衡问题。

三是竞争与垄断的问题。进入移动互联时代以来,中国互联网企业快速发展,持续创新商业模式,涌现出一批批新的互联网平台企业。这些企业在成长过程中突破了原有行业格局,持续投入、敢于创新,为所在行业注入了新的血液。例如,以互联网平台为代表的新媒体企业为媒体行业注入了新的活力,推动了媒体行业的快速发展,增强了媒体企业的竞争意识。一定程度的垄断地位使互联网平台获取了更多的生产要素,有利于企业的快速扩张和发展。例如,资本可以快速推动各种生产要素的聚集,如人才、技术和资金等,这些要素助推企业规模不断扩大从而获得了垄断性地位,也助推企业维持垄断并扩张了企业边界。然而,随着互联网平台企业不断做大,互联网平台企业自身的网络效应等特点也会使得企业造成诸多负面影响,最终限制行业进一步的创新和变革。头部企业掌握资源分配权、掐尖并购等问题抑制了创新,"二选一"竞争失序、利用规则形成垄断等风险问题频发。例如,在网络内容产业中,主流媒体、自媒体和网络内容平台三者之间就出现了话语权分配不均的情况。平台通过信息与数据的整合,汇聚大量流量价值,并通过制定和开发一系列商业规则和工具,掌握着流量分配的主动权,内容生产者只能依从平台规则。同时,由于资本的"加持",大量人才和资金都涌向互联网的垄断平台,不利于其他创新型、科技型企业,如一些高技术产业的发展。但是,过度实施反垄断政策也可能会削弱本土互联网平台企业在国际上的竞争力。因此,要解决新媒体行业发展中竞争与垄断之间的平衡问题,需要更多的创新理念和方法论。

第二节　媒体创新的主要领域

媒体创新的理论与实践源于一般的产业创新理论。最早的创新理论是美籍奥地利裔经济学家约瑟夫·熊彼特提出的。熊彼特将创新活动划分为五个方面：生产出新的产品或对产品的某些特征进行改进；对产品生产方式的改进；开辟新的产品市场；获得新的供应来源；形成新的产业组织结构。① 这一划分奠定了创新研究的基本框架，并经后继者的不断发展形成了创新经济学研究的五大领域：制度创新、组织创新、管理创新、技术创新和市场创新。② 它们也成为媒介经营管理创新的五大领域。结合我国当前媒体发展的实际情况，未来一段时间内媒体创新的重点将以文化体制改革为主线，以媒体融合为战略目标，着力进行媒体制度创新、媒体组织管理创新、媒体经营理念创新和媒体技术创新。

一、媒体制度创新

媒体创新首先牵涉的问题就是体制创新。媒体体制创新是媒体管理部门的重要任务，这是一个除旧布新的渐进过程，是在旧的体制的基础上，剔除完全不适应现实发展的规制，改变不适应现实的规制，创造新的能够促进发展的体制。归根结底，媒体制度创新就是要建立现代企业制度，妥善处理政府与媒体的关系。

在我国的媒体环境实现产业化之前，媒体资源配置不是以市场机制而是以政府计划来配置的。媒体设置以行政为主、条块分割，分为国家级、省级、市级、县级；媒体组织则基本上被定性为事业单位，分为财政全额拨款事业单位、财政差额拨款事业单位和自收自支事业单位三种。尽管我国自改革开放起就开始逐步进行媒体市场化运作，但是媒体市场尚未实现完全意义上的自由竞争，还存在很多"禁区"和障碍。因此，媒体制度创新必须妥善处理好政府与媒体的关系。

媒体制度创新还要因地制宜，循序渐进。改革并非要齐头并进，各区域应该根据各自的经济社会情况分先后渐进。我国东西部地区经济发展不均衡，城乡差异较大，经济发展的差异性必然导致传媒业发展的不均衡性。我国媒体管理创新设计出的"事业单位，企业化管理"模式，就是从试点开始实施，之后逐步推向全国的。整体转制可以先进行部分转制，将其中的产业部分剥离出来，重组为企业，进行市场化、公司化运作。同时要促使媒体更新观念，面向市场，逐步完成产业化和集团化的蜕变，成为国民经济发展

---

① 〔美〕约瑟夫·熊彼特：《经济发展理论——对于利润、资本、信贷、利息和经济周期的考察》，何畏等译，商务印书馆 2020 年版，第 73—74 页。
② 芮明杰：《中国企业发展的战略选择》，复旦大学出版社 2000 年版，第 58 页。

的重要组成部分。对于个别媒体组织的创新行为,管理部门应该在鼓励中考察,在实践中发展一些新的管理模式。"在这个过程中,党和政府也许并不直接提供程式安排,只是通过反复观察和考量集团的行为,再以默许、鼓励、追认和批准的方式,逐渐促进新体制的产生,或者以限制、干涉和禁止的方式来阻滞或取缔新体制的产生。"①

二、媒体组织管理创新

媒体的组织管理创新与制度创新紧密相连,是指媒体机构内部资源优化和重组中的形式、结构、方式创新。通过组织管理创新,媒体机构能最大化地激活内部创造力和媒体产品生产力,更有效地实现媒体组织的经济目标和社会目标。管理意味着效率,效率意味着竞争能力。任何媒体组织中都存在人员进出、产品流程、责任分工等组织管理活动,这些活动与媒体组织的效率息息相关,媒体组织管理的创新是各个媒体组织都要重视的一个问题。就我国媒体的实践来说,在媒体组织管理创新的实践中应重点做好以下几方面的工作。

第一,勇于尝试新的媒体组织管理方式方法,优化媒体资源组合,改善媒体产品结构,提高媒体产品和服务质量。我国媒体管理体制呈现出明显的"条块分割"的特征,报纸、广播、电视、出版不仅分属不同的管理部门,相互之间的界线也泾渭分明。报社只能单纯地经营报纸,电视台除了能出版发行广播电视报外,也不能随意涉足报业。这种单一经营的模式无疑阻碍了我国媒体竞争能力的提升。

在新媒体环境下,媒体产业化趋势增强,我国传媒业及管理部门正在以此为契机积极尝试对媒体管理组织框架的重构。目前,从中央到地方都在纷纷尝试建立融媒体中心和全媒体新闻平台。人民日报社的"中央厨房"模式正试图实现"报、网、端、微"一体联动,建立移动优先、PC做全、纸媒做深、多次生成、多元传播的策采编发新流程。无论是县级融媒体中心的建设,还是人民日报社的"中央厨房"模式的推广,都是在以新的生产流程促进组织管理创新。

第二,以名牌媒体为核心,加速媒体集团化,通过组建媒体集团,进行资产重组、转换机制,提高媒体组织的竞争力。目前,国外具有高知名度、高竞争力、较强影响力的媒体大多是集团化和跨媒介性质的大型传播集团,这些传播集团因其广泛的影响力在市场中处于优势地位。从我国的实际来看,媒体若要强大,必须走集团化的道路。

跨媒介整合成为许多地方媒体推进改革的一个重要手段。例如,2018年底,天津将天津日报社、今晚报社、天津广播电视台合并组建天津海河传媒中心;大连将11家单位整合成立大连新闻传媒集团;2019年4月,珠海市也重组珠海传媒集团,整合了报纸、

---

① 肖赞军、张惠:《传媒经营体制演进轨迹与特征》,《重庆社会科学》2016第2期,第95—103页。

电视、广播、网站等八大传媒渠道。① 传统媒体和新兴媒体深入推进融合发展，媒体与产业深度融合的案例越来越多，正逐渐形成拥有较强传播力、引导力、影响力、公信力的新型主流媒体矩阵。

第三，以调动媒体从业者的积极性和内在的创造力为基点，改革决策机制、用人机制、分配机制和约束机制。应通过对人才资源的合理开发和优化配置来实现效益的最大化，从而将知识资本、人力资本转化为社会生产力。作为知识经济的重要组成部分，传媒呈现出知识密集性、管理密集性、资金密集性、人才密集性和技术密集性等特性。这一切都是以人才高度密集为前提。只有形成一支有站位、有能力、有素养的人才队伍，才能为媒体组织提供支撑其运转的知识、技术和管理能力，保证媒体正常运转并形成竞争优势。尤其当前媒体发展已进入产业化、资本化运作的"竞合"时代，人才密集性是传媒生存和发展的制胜法宝。②

在新的媒体环境下，国内媒体要想实现媒体组织管理创新，激发媒体生产的创造力和活力，获取更大的竞争优势，必须健全竞争机制、建构合理的激励机制、建立真正有效的约束激励机制、加快人才的培训培养，从而为媒体创新提供有利的实施环境。

三、媒体经营理念创新

如果说媒体组织的管理创新主要是媒体内部管理者的任务，那么经营理念则是与媒体组织中任何一个从业者都密切相关的一个层面。如今，媒体组织对于经营的认识已经比较深入，但任何一个成功的经营模式或营销方式都可能在媒体市场被很快仿效，进而失去其相对优势，媒体经营理念也要不断适应媒体市场、受众、同业竞争者的变化而不断调整。

在经营模式方面，要适应不断发展的市场需要进行创新。新技术的到来使得市场环境发生了明显的变化——由"以产品为中心"转向"以客户为中心"，由"推销已有产品"变为"满足客户需求"，由"批量化生产"转向"定制化生产"，也就是由"4P"升级为"4C"。面对日趋激烈的市场竞争，许多媒体企业已经由单一形态的纵向经营逐渐向横向经营和跨媒介经营转变，如与互联网科技公司或资本公司跨界合作经营等，追求多元化的经营模式。从传媒产业经营模式的角度看，我国传媒业正在从以往的粗放式经营模式向专业化经营模式的方向转型。③ 而所谓专业化经营中的"专业"是指专业的智慧、专业的能力和专业的操作。这种转变主要表现为：传媒产业扩张中的"权力嫁接"

---

① 《广电总局传媒机构管理司积极推进全国广播电视频率频道精简精办》，2020年8月21日，国家广播电视总局网站，http://www.nrta.gov.cn/art/2020/8/21/art_114_52554.html，2023年3月18日访问。
② 郭允涛：《高素质人才集聚对融媒体创新效率的影响》，《中国广播电视学刊》2023年第2期，第84—88页。
③ 喻国明：《传媒产业经营模式的转型》，《当代传播》2004年第4期，第1页。

模式将部分让位于"资本联姻"模式,一般性运作传媒的方式将让位于个性化运作传媒的方式,掌握渠道将延伸为掌控终端。

在资本运作方面,传媒资本运营机制必须相应实现创新。通过资本运作加快媒体集团化进程,整合媒体资源,是我国传媒业进一步发展的必由之路,这对盘活传媒资产,尤其是提高我国传媒业的国际市场竞争力具有极大的现实意义。可以说,资本市场与传媒产业的结合,既让中国传媒感受到了资本运营的艰难,也让中国传媒看到了发展的远景和希望。[1] 除了继续自力更生,加速积累,争取政府支持、税收优惠外,国内传媒业还必须改革传媒投融资体制,实行产业经营与资本经营相结合,加速实现资本扩张和产业规模扩张。[2] 当前,我国传媒进入资本市场主要有以下三种方式:一是直接上市;二是媒体与上市公司合作,成立子公司;三是媒体通过间接方式收购上市公司,进入资本市场。

在品牌经营方面,媒体品牌是媒体栏目或节目的名称和标志的组合。从内涵来看,媒体品牌蕴涵着媒体信息传播的质量和形式、媒体的市场占有率和市场回报率等要素,是媒体名称、属性、个性、风格、知名度、美誉度、价值的组合,是媒体消费者的期待、需求、信任和投入的组合,是媒体无形资产中的核心。[3] 随着媒体市场的日益发育和成熟,媒体内容产品越来越趋向同质化,传媒之间的竞争在相当大的程度上即品牌竞争,传媒也只有借助创造和扩大品牌价值来争取广告和吸纳资本投入,从而赢得更大的发展空间。[4] 因此,在参与媒体市场竞争的过程中,媒体品牌成为各传媒集团竞相打出的一张"底牌"。例如,南方报业集团独创的适应媒体多品牌经营的"报系"结构为品牌经营创新提供了范例;凤凰卫视则在广电领域开创了新的品牌经营模式。

四、媒体技术创新

技术进步是媒体进化的一个重要核心变量。从印刷术发明到广播、电影、电视技术的出现,再到互联网的发明,可以说媒体领域是技术应用最直接的领域。随着媒体融合的逐步深化,越来越多的媒体组织意识到了技术赋能在改革发展中的重要作用。近年来,数字技术日新月异的发展造就了媒体产业翻天覆地的变化。

在新技术的带动下,媒介形态极大丰富。新媒体层出不穷,互联网、数字电视、车载电视、手机电视、IPTV、智能机器人等新媒体的成长十分迅速,各大媒体的报道方式也在

---

[1] 骆正林:《传媒资本市场的缺陷与转机》,《青年记者》2006年第19期,第40—42页。
[2] 谢耘耕:《中国传媒资本运营若干问题研究》,《新闻界》2006年第3期,第4—9+1页。
[3] 宋素红、罗斌:《假如你主持的知名栏目被他人"抢注"——媒介品牌法律保护的问题与对策》,《中国记者》2005年第1期,第19—21页。
[4] 沈正赋:《传媒核心竞争力及其影响要素解读》,《新闻大学》2004年第4期,第64—66页。

进一步改造升级。例如,2019年6月,国家广播电视总局在SMG设立"智慧媒体制播应用国家广播电视总局重点实验室",推动广播电视制播应用与人工智能深度融合发展;湖北IPTV进行了系统升级,将AI技术运用到IPTV整体架构中,实现了用户千人千面的视听场景;北京广播电视台的新媒体报道产品使用面部"AI+3D"技术,将动画人物口型自动生成短视频,用以介绍世园会内容。这些尖端技术展现了个性化生产、可视化呈现和互动化传播的特点,为用户提供了全媒体渠道的"表演""在场""陪伴"式的体验观感。

新技术给传统媒体和媒体市场带来了一场根本性的变革。新媒体的出现"不是要淘汰以往的媒体,而是要开拓新的需要。如果说需求个别化、多样化是现代化社会的特征之一,那么,新媒体正是为了能更加细分化地适应社会的多样化需求而大大丰富人们的选择余地"[1]。个性化、精准化、人本化、以需求为导向的生产方式以及由此掀起的生活模式变革,正在成为一种常态。[2] 例如,传媒各领域明显呈现出"视频化"和"直播化"趋势;电商直播成为重要的变现手段,各领域都在加速与电商的融合;短视频行业将持续引领风口;平台竞争加剧。[3] 同时,TikTok在2018年夏天进入美国市场,成为"苹果应用商店"和Google Play上的重要App。

以新一代数字技术、网络技术、信息技术为基础的新媒体业务成为世界高新技术发展的大趋势,开辟了崭新的经济增长和巨大的利润增长空间。随着信息传播技术的不断升级换代,即时性、多元化、个性化的传播逐渐普及,传统媒体在传播效果与范围、力度上已经被互联网、手机等新媒体赶上或超越。例如,受生产和消费端的双向驱动,知识付费产品快速扩张;媒体变现的模式将更加多元化,互联网广告将继续保持稳定的发展;互联网企业将增加对大数据分析应用和人工智能技术的持续投入。

小 结

未来几年,随着数字技术在媒体领域的深度开发与应用,技术创新将表现出越来越强大的对媒体组织发展的推动作用,更加广泛而深刻地影响传媒产业,几乎所有媒体都将不可避免地受到数字化的冲击。在这种情况下,促进媒体组织向数字化、网络化发展,在新媒体环境中充分发挥创新所带来的基础支持作用,实现媒体领域的技术和渠道优化,推动产业升级,成为许多媒体未来发展的重点之一。目前,国内媒体市场正处在空前的变革与发展过程中,在激烈的市场竞争中,许多媒体正通过产品创新、管理创新、经营创新来扩大消费者群体,提高媒体机构的竞争力。

---

[1] 吴信训:《世界大众传播新潮》,四川人民出版社1994年版,第20页。
[2] 谢新洲:《新媒体给社会生活带来巨大变革(势所必然)》,《人民日报》2015年10月11日第5版。
[3] 参见崔保国等主编:《中国传媒产业发展报告(2020)》,社会科学文献出版社2020年版。

思考题

1. 媒体企业创新的驱动力有哪些?
2. 媒体行业发展面临哪些主要矛盾?
3. 如何平衡媒体企业发展的经济效益与社会效益?
4. 如何解决媒体行业管理制度与市场发展的矛盾?
5. 谈谈你对当前新媒体产业中垄断问题的看法。
6. 谈谈你对当前互联网内容产业反垄断规制的认识,以及该如何优化公平竞争?
7. 在新媒体环境下,主流媒体如何提升自己的竞争优势?
8. 当前有哪些创新的媒体经营模式?这些创新模式对于主流媒体的发展有何启示?
9. 如何实现媒体组织管理创新?
10. 媒体企业创新的困境主要表现在哪些方面,该如何化解?

推荐阅读

Dal Zotto, C., and H. Van Kranenburg, *Management and Innovation in the Media Industry: Introduction*, Edward Elgar Publishing, 2008.

熊澄宇编选:《新媒介与创新思维》,清华大学出版社2001年版。

胡正荣:《媒介管理研究——广播电视管理创新体系》,北京广播学院出版社2000年版。

谢新洲:《县级融媒体中心建设的四梁八柱——融合、创新、引导、服务》,《新闻战线》2019年第3期,第45—47页。

张志安、曾子瑾:《从"媒体平台"到"平台媒体"——海外互联网巨头的新闻创新及启示》,《新闻记者》2016年第1期,第16—25页。

吴超等:《基于社群经济的自媒体商业模式创新——"罗辑思维"案例》,《管理评论》2017年第4期,第255—263页。

严三九:《中国传统媒体与新兴媒体融合发展的现状、问题与创新路径》,《华东师范大学学报(哲学社会科学版)》2018年第1期,第89—101+179页。

刘泾:《新媒体时代政府网络舆情治理模式创新研究》,《情报科学》2018年第12期,第66—70+89页。

刘颂杰、张晨露:《从"技术跟随者"到"媒体创新者"的尝试——传统媒体"新闻客户端2.0"热潮分析》,《新闻记者》2016年第2期,第29—39页。

曾祥敏、刘思琦、唐雯:《2019全国两会媒体融合产品创新研究》,《新闻与写作》2019年第5期,第22—29页。

舒咏平、陶薇:《新媒体广告的"原生之困"与管理创新》,《现代传播(中国传媒大学学报)》2016年第3期,第109—112页。

朱鸿军:《颠覆性创新:大型传统媒体的融媒转型》,《现代传播(中国传媒大学学报)》2019年第8期,第1—6页。

刘海虹:《媒体融合背景下新闻聚合的著作权法规制——以网络商业模式的创新为视角》,《新闻大学》2015年第2期,第7—13页。

第十六章　媒体体制改革和媒体机制创新

媒体体制和媒体机制是媒体开展经营管理活动的组织方式和工作方式的制度化集合，既承接了媒体外部的宏观政策和制度环境，又源自媒体内部对经营管理实践的经验性总结，对媒体产业发展起着规范和指导作用。了解媒体体制是把握媒体产业发展概况和外部环境的前提，创新媒体机制则是媒体组织顺应媒体体制设计和变化的重要实践。本章主要阐述媒体体制和媒体机制的基本含义和重要意义，梳理我国媒体体制的历史沿革进程，剖析我国深化媒体体制改革的必要性，并从切入点到落脚点介绍我国媒体机制创新的实现路径和预期效果。

第一节　媒体体制和媒体机制的含义与特征

在本章中，媒体体制主要指的是国家层面关于媒体产业资源组织方式和管理方式的顶层设计，媒体机制则主要关注媒体组织层面根据国家媒体体制的制度安排对自身工作模式的自主调整和基层创新。"媒体体制"和"媒体机制"是媒体经营管理中常见的两个概念，本书有必要首先对这两个常见概念进行辨析，以避免混淆、误用。

一、媒体体制、媒体机制的概念与关系

对"媒体体制"和"媒体机制"的概念探讨首先要回到"体制"和"机制"这两个基础概念。从社会学角度出发，制度经济学家道格拉斯·C.诺斯（Douglass C. North）指出，"体制"代表了社会学中所指的"机构"及其稳定关联所形成的结构，以及这种关联所遵循的原则和规范。[①] "体制"的核心是"制度"，其本质上是一种秩序的安排，是对某一场

[①] Douglass North, *Institutions, Institutional Change, and Economic Performance*, Cambridge University Press, 1990, pp.3-10.

域内的组织机构以及行为者进行的规范和调控①,因而也被视作以社会机构为载体、以社会规范为核心的结合体②。社会机构可以是社会活动实施机构或是社会活动管理机构,据此我们还可以把体制理解为实施体制与管理体制的结合。③

按照《辞海》的解释,体制是指国家机关、企业事业单位在机构设置、领导隶属关系和管理权限划分等方面的体系、制度、方法、形式等的总称,如政治体制、经济体制等;机制则原是指机器的构造和运作原理,借指事物的内在工作方式,包括有关机构组成部分的相互关系以及各种变化的相互联系。体制是关于组织形式的制度,而机制则是关于组织关系内部各主体的相互作用过程和方式,如市场机制、竞争机制、淘汰机制等。两者是制度在不同层面的表现:体制是制度的外显表现,是管理社会事务的规范体系;机制是制度的实践方式,是推动制度发挥功能的作用路径。相较于宏观层面的制度,体制属于中观层面,强调"组织"和"规则";机制属于微观层面,强调"设计"和"执行"。体制与机制相互作用,体制决定着机制建设所拥有的主体、关系、资源、方式等,机制运行的顺畅与否则关乎体制效能的实现效果。

与上述"体制"和"机制"两个基础概念相对应,媒体体制可以理解为媒体组织与媒体规范的结合,是关于媒体经营管理实践组织方式的规范体系。媒体体制实际上是不同媒体机构、不同媒体实践之间相互作用,融合而成的一个整体,它包含所有不同的媒体组织,也包含所有媒体内容生产中的不同因素,如记者、媒体经营者、编辑等。此外,这些因素、机构同社会其他因素、机构之间相互作用所形成的结构也是媒体体制的一部分。④ 媒体机制则是这些主体、要素相互作用、协同运行的过程和方式,是媒体体制的效能载体。市场机制、竞争机制、激励机制、淘汰机制、用人机制等同样是媒体经营管理中常见的机制类型。媒体体制与媒体机制同样是相互作用、相辅相成的,媒体体制决定了媒体机制的作用方式和边界,媒体机制则关乎媒体体制组织功能的实现。

二、媒体体制的特殊性

媒体体制具有一定的特殊性,具体体现在以下几个方面。首先,媒体体制具有社会交互性。媒体体制不是孤立存在的,它作为社会体制的一部分,不仅会和其他体制(如司法体制、财政体制)相互影响,也在一定的政治、经济、文化框架下运转并发挥作用。⑤

---

① 秦汉:《新闻媒介体制:要素、内涵与特征》,《国际新闻界》2018年第7期,第79—99页。
② 孙绵涛:《体制论》,《南阳师范学院学报》2009年第2期,第1—12页。
③ 秦汉、杨保军:《我国新闻媒介体制的基本特征与可能改进方式》,《山西大学学报(哲学社会科学版)》2015年第6期,第73—81页。
④ 秦汉:《媒介体制:一个亟待梳理的研究领域——专访加利福尼亚大学圣地亚哥分校传播学院教授丹尼尔·哈林》,《国际新闻界》2016年第2期,第73—83页。
⑤ 秦汉:《新闻媒介体制:要素、内涵与特征》,《国际新闻界》2018年第7期,第79—99页。

媒体体制不仅决定着媒体组织内部成分(资格)的界定和关于业态结构关系的宏观规定,也决定媒体组织与外部社会交换"物质流""能量流""信息流"的规则。由此,媒体体制需要解决的问题是:(1)媒介的创办权(产业准入资格的界定);(2)不同类别传媒的组合结构方式与竞争规则;(3)传媒在社会运作结构中的基本角色规定;(4)传媒在社会环境中的政治、经济和文化运作的基本规则与底线。[①] 在社会主义市场经济体制这一基本框架下,当前我国新闻媒体体制的基本特征,本质上是政治属性或意识形态属性、商业属性与新闻专业属性之间互动的结果。[②]

其次,媒体体制具有历史性。体制的建立,无论是自在自发式的,还是自觉自主式的,都源于人们在相关活动过程中的实践与积累,并且是在达到某种特定程度时,人们根据一定的体制观念进行总结与创造的。[③] 媒体体制是历史的产物,是在特定历史阶段的政治、经济、文化、社会背景下形成的。因此,事实上并不存在一个理想的媒体体制,因为每一种媒体体制都根植于某一特定的历史情境之中并在这一语境中运转。[④] 理解和评价某种媒体体制,需要回到特定的历史阶段及其社会情境中,挖掘和剖析背后的动因,特别是多种因素的交织和博弈,切忌"一刀切""绝对化""简单化"。历史性特征也恰恰是媒体体制的内生活力与改革动力所在。尊重、正视媒体体制是一种历史性的存在,既有助于我们认清其真实面目,也有利于保持其开放性、包容性与灵活性。[⑤]

与社会交互性和历史性相承接,媒体体制还具有相对独立性和多元性。纵向上看,媒体体制与政治体制的相互影响是随历史发展而变化的,在一定的历史阶段政治力量主宰媒体体制,但在其他历史阶段媒体体制则可能相对独立,甚至对政治体制产生影响。[⑥] 横向上看,受不同国家和地区的不同社会体制和经济社会发展环境的影响,各国媒体体制之间存在显著差异,这进一步体现了媒体体制是社会历史的选择。

作为媒体体制的实现方式,媒体机制的一个重要特点是自组织性。一套成熟的媒体机制内部的各要素、环节之间相互作用、相互影响,在一定时间和条件下保持机制系统整体的相对稳定性,比如市场机制、竞争机制等。媒体机制内部一旦出现不符合机制系统整体运转要求的部分,机制系统便能通过自组织作用将其剔除或对其进行调节,以

---

① 喻国明:《中国传媒业发展的关键与"问题单"——兼论传媒体制改革的现实性与迫切性》,《新闻记者》2003年第3期,第35—37页。
② 秦汉、杨保军:《我国新闻媒介体制的基本特征与可能改进方式》,《山西大学学报(哲学社会科学版)》2015年第6期,第73—81页。
③ 秦汉:《新闻媒介体制:要素、内涵与特征》,《国际新闻界》2018年第7期,第79—99页。
④ 秦汉:《媒介体制:一个亟待梳理的研究领域——专访加利福尼亚大学圣地亚哥分校传播学院教授丹尼尔·哈林》,《国际新闻界》2016年第2期,第73—83页。
⑤ 秦汉:《新闻媒介体制:要素、内涵与特征》,《国际新闻界》2018年第7期,第79—99页。
⑥ 秦汉:《媒介体制:一个亟待梳理的研究领域——专访加利福尼亚大学圣地亚哥分校传播学院教授丹尼尔·哈林》,《国际新闻界》2016年第2期,第73—83页。

保障机制系统的合理性和有效性。在这种意义上,媒体机制可以被理解为一套"方法论",它以系统的方式、方法和程序,规范、指导着媒体经营管理实践。[①]

三、体制、机制在媒体经营管理中的作用

以社会交互性为基础,媒体体制、媒体机制的作用分别体现在对外、对内两个维度上。对外,媒体体制与宏观社会制度、其他体制以及经济社会环境相承接,有利于引导媒体经营管理实践顺应外部社会环境,保证其合法性和合理性。比如,在我国,"党管媒体"是新闻媒体制度的核心原则,具体包括党掌握媒体创办资格的审核权、媒体主要领导的任命权、重大事项的决策权、重要资产的配置权和新闻宣传内容的终审权等。

党性原则对媒体的规制集中体现在对媒体资本结构和编辑方针的控制上。对媒体资本结构的控制体现在媒体准入机制和媒体融资两个方面,确保了新闻媒体资本全部为国有。在媒体准入机制上,为了加强对行业秩序的把控和管理,2021年10月,国家发展改革委发布了《市场准入负面清单(2021年版)》的征求意见稿,在"禁止准入"类中新增"禁止违规开展新闻传媒相关业务",明确规定,非公有资本不得从事新闻采编播发业务。在媒体融资方面,政府放开的可经营性资产是与意识形态距离较远的影视出版、广告等媒体产业。新闻媒体作为公益性事业单位与社会资本保持着隔离。在编辑方针上,通过掌握媒体主要领导干部的任免权,党委实现了对媒体在总体发展上的垂直管理。在媒体日常运作中,通过党委宣传部对媒体编辑方针的把关,同时结合新闻事后审查制度,各级党委能够对新闻媒体进行持续的管理。[②]

对内,媒体机制是对媒体经营管理实践的经验性总结,对优化、调整媒体经营管理活动起着约束和引导作用。实践证明,每一次媒体机制的调整和优化都带来了媒体经营管理从观念到方式的变化。最突出的表现便是,在媒体机制向市场化、产业化转移的背景下,媒体经营管理愈发注重以用户为导向,提高市场竞争能力和水平、释放经营管理活力和潜力成为媒体组织转型的关键。在媒体机制的指引下,媒体经营管理更多地依赖"法治"而非"人治",这有利于提升媒体经营管理的效率,增强媒体经营管理的针对性和实用性,减少随意性,从而降低媒体经营管理成本,避免资源浪费,提升媒体组织的专业性和市场化水平。

---

① 赵文文:《制度、体制、机制的区分及其对改革开放的方法论意义》,《中共中央党校学报》2009年第5期,第17—21页。
② 陈欢、张昆:《1978—2013:中国新闻体制的规制与发展》,《编辑之友》2015年第6期,第63—68页。

第二节　我国媒体体制的历史沿革

纵观我国媒体体制的历史沿革,媒体体制改革以我国特殊国情为基石,以改革开放为驱动,以政策支持为保障,持续拓展着媒体产业化发展的新局面。

一、经济核算制逐渐取代中央机关报体制

1930年8月15日,中国共产党创办了第二次国内革命时期中共中央机关报《红旗日报》,以传播党的声音、做党的"喉舌"为宗旨,建立起中央机关报体制。媒体尤其是机关报纸,作为意识形态的组成部分,一直具有单一的政治属性,承担着党和政府宣传工具和舆论"喉舌"的功能。

1949年12月,中央人民政府新闻总署在召开全国报纸经理会议时指出,"全国一切公私营报纸的经营,必须采取与贯彻企业化的方针。即公营报纸必须把报社真正作为生产事业来经营,逐步实行经济核算制。私营报纸亦须在已有的基础上进一步改善经营方法"①,我国的报纸实行企业化经营开始提上日程。

1950年9月,中共中央宣传部发布《关于报纸实行企业化经营情况的通报》,肯定上述方针是"完全正确的,可以实现的",并指出,"有些报社的工作同志还不了解和不重视企业化的方针,他们以为报纸是文化企业,不能当作生产事业来经营"。② 1954年8月,中共中央宣传部下发《关于统一和加强国营、地方国营、公私合营报社、杂志社、出版社企业管理的指示》再次予以强调。这充分说明,中华人民共和国成立之初,国家的管理者既认识到了媒体的政治属性,也强调媒体具有经济属性。

但是,在20世纪50年代后期到70年代期间,由于当时面临复杂的国际国内形势,特别是为了应对以美国为首的西方发达国家对中国的全面封锁,确保舆论的高度一致,报社实行企业化经营的方针被迫中断。从此,媒体只具有"喉舌"功能,不再具有经济功能,其创新只偶尔表现为内容和体裁上的探索与尝试,而媒体经营与管理处于全面萎缩或停滞状态,其创新更无从谈起。

二、确立"事业单位,企业化管理"体制

"文化大革命"结束后,我国新闻媒体的经营管理进入恢复和振兴期。始于报业的"事业单位,企业化管理"模式创造性地出现,打破了我国媒体完全依赖国家财政支持

---

① 杜庆云主编:《中国报刊发行史料》,光明日报出版社1987年版,第7页。
② 中国社会科学院新闻研究所编:《中国共产党新闻工作文件汇编 中卷》,新华出版社1980年版,第20—21页。

的单一经营格局。《人民日报》等首都数家新闻单位从1978年开始陆续试行"事业单位,企业化管理"的方针。1982年9月,党的十二大明确提出,文化建设包括教育、科学、文化艺术、新闻出版、广播电视、卫生体育、图书馆、博物馆等各项文化事业的发展和人民群众知识水平的提高。① 1983年,广播电视在"四级办台"的方针指导下,开始改变经营管理方向,同年3月,第十一次全国广播电视工作会议召开,发布中共中央37号文件,指出"节约开支,提高经济效益,并开辟财源,以补充国家拨款的不足","各级广播电视机构的服务公司或服务部,要实行事业单位企业化管理"。②

1988年3月,国家有关部门出台了《关于报社、期刊社、出版社开展有偿服务和经营活动的暂行办法》,鼓励通过市场化的方式和单位经营来扭转亏损局面。同时,广电业的企业化管理也不再仅限于"服务公司或服务部",而是扩大到整个行业。

1992年6月,中共中央、国务院作出《关于加快发展第三产业的决定》(以下简称《决定》),要求第三产业机构应做到自主经营、自负盈亏。《决定》明确要求,大部分福利型、公益型和事业型第三产业单位要逐步向经营型转变,实行企业化管理。"事业单位,企业化管理"模式是20世纪新中国媒体经营与管理最重要的创新成果,一定程度上释放了媒体内部的生产积极性和创造力,提高了媒体经营管理水平,培养了媒体的竞争意识,为我国新闻事业的发展创造了活力、拓展了空间。

三、推进媒体集团化建设

2001年中国加入世界贸易组织后,必须依照相关约定,进一步对外开放文化传媒市场。2001年初,全国宣传部长会议提出"宏观管理机制创新、微观领域结构创新、市场组织体系创新、投融资体制创新"四个创新,媒体资本经营开始受到关注。同年8月,《中共中央办公厅、国务院办公厅关于转发〈中央宣传部、国家广电总局、新闻出版总署关于深化新闻出版广播影视改革的若干意见〉的通知》(17号文件)提出三个主要思想:一是推进集团化建设,此为我国党和政府首次明确要求积极推进媒体集团化;二是媒体可以跨行业、跨地区经营;三是媒体的经营性资产可以上市。这三个主要思想具有划时代的意义,确定了此后媒体改革与创新的方向。

到2005年,全国广播电视集团(含总台)达到28家,此后进入调整期,国家暂停审批新的广播电视集团,但行业内转企改仍在进行,到2011年,广电系统中有56家转企改制的电视剧制作中心顺利完成改革任务。与此同时,新闻出版行业集团化战略仍在

---

① 张士义、王祖强、沈传宝主编:《从一大到十九大:中国共产党全国代表大会史(1921—2017)》,东方出版社2018年版,第240页。

② 葛娴:《以宣传为中心改革广播电视——记第十一次全国广播电视工作会议》,《新闻战线》1983年第5期,第13+18页。

推进,到 2011 年,全国已组建新闻出版企业集团 120 多家。新增加的集团主要是出版集团和发行集团;报业集团和广电集团一样,2009 年起暂未增加,长期保持在 49 家。2012 年,国家新闻出版总署印发《关于加快出版传媒集团改革发展的指导意见》,指出要进一步深化出版传媒集团体制改革,包括完善法人治理结构、推进股份制改造、转换内部经营机制、引导和规范国有出版传媒集团与非公有文化企业开展合作等方面。[①] 2013 年,上海报业集团的成立意味着新一轮新闻传媒集团化战略的启动。

四、文化体制改革带动媒体体制改革创新

2003 年 6 月,全国文化体制改革试点工作会议在北京召开。2003 年 7 月,中共中央办公厅、国务院办公厅转发了《中共中央宣传部、文化部、国家广电总局、新闻出版总署关于文化体制改革试点工作的意见》(以下简称《意识》),《意见》指出,试点工作要"以发展为主题,以体制机制创新为重点,以增强活力、增大实力、提高竞争力,繁荣和发展社会主义文化,满足人民群众日益增长的精神文化需求为目的","建立有利于加强和改善党的领导,充分调动文化工作者积极性,推动文化创新,多出精品、多出人才的管制体制和运行机制,为推动文化事业和文化产业的更大发展创造条件"。其中,创新既是改革试点工作的重点,也是实现试点目标的重要路径。

通过改革试点,我国相继成立了一大批新闻媒体集团公司,新闻媒体的经营范围不断拓展,多元化战略备受青睐,资本经营获得高度关注,媒体上市成为潮流,极大地改变了我国新闻媒体经营与管理的格局,促进了媒体经营与管理的持续创新。当试点进入尾声时,2005 年 12 月,《中共中央、国务院关于深化文化体制改革的若干意见》将文化体制改革由试点引向深入,再次明确要"以体制机制创新为重点"。无论是"突破""改变",还是"革除",都需要通过解放思想和不断创新,来重新构建新的思想、规定和体制。

2011 年,党的十七届六中全会提出要深入推进文化体制改革,审议通过了《中共中央关于深化文化体制改革、推动社会主义文化大发展大繁荣若干重大问题的决定》,要"鼓励有实力的文化企业跨地区、跨行业、跨所有制兼并重组,培育文化产业领域战略投资者"[②]。

自此,全国新闻媒体的经营与管理工作得到空前的发展。新一轮的新闻媒体体制改革与制度创新以"转企改制"为核心,以建立现代传媒企业为主要模式,以做强新闻

---

① 《新闻出版总署关于加快出版传媒集团改革发展的指导意见》,2012 年 2 月 27 日,国家新闻出版总署网站,https://www.nppa.gov.cn/nppa/contents/772/76594.shtml,2019 年 6 月 1 日访问。
② 《中共中央关于深化文化体制改革推动社会主义文化大发展大繁荣若干重大问题的决定》,新华社北京 2011 年 10 月 25 日中文电。

产业和做大新闻事业为根本目标。"多元化""集团化""资产剥离""资源整合""上市融资"等成为媒体经营中的高频词,做大做强成为媒体经营的基本思路。

此次改革不同于"事业单位,企业化管理"模式的根本之处在于,它借助自上而下的强大的改革推动力,通过对新闻媒体的分类管理,区分出了公益性媒体和经营性媒体,剥离了事业资产和经营性资产,并分别以事业法人和企业法人对其进行管理,更加强调通过市场手段整合资源,谋求文化事业和文化企业的双发展;通过签署委托经营协议等契约模式,明确了媒体企业法人与事业法人之间的关系,确保事业法人坚持正确的舆论导向,继续发挥党和人民的"喉舌"功能,同时赋予了企业法人参与市场的主动权和独立性。

五、媒体融合推进现代传播体系的建立

党的十八大以来,习近平同志的一些重要讲话为媒体融合发展绘制了路线图,从提出"推动媒体融合发展的重大任务"到"推动媒体融合向纵深发展",从"加强顶层设计"到提出"采编发流程再造以及融媒体中心建设",党中央高度重视传统媒体和新兴媒体的融合发展。[①] 党的二十大报告明确指出,要"加强全媒体传播体系建设,塑造主流舆论新格局"。[②] 全媒体传播体系建设成为新时期我国媒体事业发展的重要指向,媒体深度融合成为新时期我国媒体体制改革必须面对的新形势。

媒体融合是一项系统的复杂工程,要求传统媒体和新兴媒体在内容、渠道、平台、经营、管理等方面深度融合。要通过流程再造、平台建设,推动各种媒介资源、生产要素有效整合,推动信息内容、技术应用、平台终端、人才队伍共享融通,最终打造新型主流媒体,建成新型媒体集团,形成资源集约、结构合理、差异发展、协同高效的全媒体传播体系。媒体融合是动态发展的过程,我们需要从内容生产、平台整合、管理理念和体制等方面进行协同创新[③],体制机制创新也势在必行。一方面,要以体制机制创新为抓手,强调互联网思维、扁平化管理和用户导向,推动内容生产的供给侧结构性改革,促进资源高效流通和优化配置;另一方面,要以体制机制为保障,打破部门壁垒,促进多种资源有效整合,形成常态化、可持续的融合传播模式和工作模式。

[①] 《习近平绘就媒体融合发展路线图》,2019年1月28日,中国新闻网,www.chinanews.com/gn/2019/01-28/8740754.shtml,2022年6月1日访问。

[②] 《习近平:高举中国特色社会主义伟大旗帜,为全面建设社会主义现代化国家而团结奋斗——在中国共产党第二十次全国代表大会上的报告》,2022年10月25日,中国政府网,http://www.gov.cn/xinwen/2022-10/25/content_5721685.htm,2023年6月14日访问。

[③] 谢新洲:《我国媒体融合的困境与出路》,《新闻与写作》2017年第1期,第32—35页。

第三节　媒体体制改革与机制创新的必要性

同一种媒体制度可以适用于不同的媒体体制和运行机制。关键在于,媒体体制能否呈现并服务于媒体制度,媒体机制能否推动媒体制度和体制的运行与实现,媒体体制、机制能否与外部的社会环境和制度相承接、与内部的媒体发展要求相契合。

一、媒体体制改革与机制创新的社会历史动因

首先,新时代新征程,全面建成社会主义现代化强国的战略目标要求媒体体制改革与机制创新。

如前文所述,我国媒体体制改革进程与我国经济社会发展同步,与特定历史阶段国际、国内形势相适应。我国的传媒业意识形态属性比较强,如果想要实现产业化的发展,必须得到政策上的支持。改革开放以来,传媒业进入了巨大变革的时代。1985年,国家统计局发布《关于建立第三产业统计的报告》,把广播电视事业纳入第三产业的第三层次,并建立必要的核算制度以满足计算国民生产总值和第三产业产值的需要;2002年,党的十六大提出要积极发展文化事业和文化产业,继续深化文化体制改革,明确将新闻媒体作为文化领域的重要构成,同时纳入文化体制改革的整体安排,在中央确定的第一批35家文化体制改革试点单位和地区中,有新闻出版单位21家,新闻媒体是文化体制改革的重要主体;党的十八大以来,以习近平同志为核心的党中央作出推动传统媒体和新兴媒体融合发展的战略部署,"政府的管理重点由过程管理向宏观管理与效果管理转变,建立以结果为导向的管理体制"[①]。党的二十大对加强全媒体传播体系建设提出了新要求,这就需要构建更加能顺应全媒体时代新要求的体制机制,用创新为构建全媒体传播体系提供制度和智力支撑。

政治体制上一系列由浅入深的改革为传媒体制改革和机制创新提供了较为宽松的氛围和前所未有的空间,作为第三产业的传媒业呈现出蓬勃发展的态势,不仅影响力与日俱增,而且出现了一批较具实力的报业、广电、出版集团及新兴媒体公司。同时,政治体制上的改革成果和经验为传媒体制改革和机制创新提供了很多借鉴。

进入中国特色社会主义新时代,我国社会主要矛盾已经转化为人民日益增长的美好生活需要和不平衡不充分的发展之间的矛盾。社会需求结构和居民消费结构已经发生了深刻的变化,人民的需求不仅是有形商品,而且还包括精神文化产品以及由有形商品所带来的情绪上、体力上、智力上以及精神上的体验。这种个性化、差异化与情感化

---

① 谢新洲:《我国媒体融合的困境与出路》,《新闻与写作》2017年第1期,第32—35页。

的需求促使企业的经营发生重大转变,为消费者提供更加周到、个性化的服务成为企业生存的基础与核心使命。①

其次,经济体制改革引起的社会环境的变化,带动媒体体制改革与机制创新。

从1978年我国开始建立以市场为取向的经济体制改革,到党的十二大明确提出社会主义精神文明包括文化建设和思想建设两方面,并将新闻出版、广播电视等纳入文化建设②,再到文化体制的深度改革,都要求我国传媒业及早走向市场,建立同市场机制相适应的不仅能够经济自立,而且能为社会产出财富的新型传媒业体制和相应的实现机制。

广泛而深刻的经济体制改革过程中诸多因素的变化,对媒体的发展产生了重要的影响。一方面,媒体的经营和管理在市场化的过程中,逐步由国家财政支持变为在市场竞争中寻找利润,媒体自己开始寻找财源;另一方面,为了适应竞争日益激烈的媒体市场,媒体产品日益丰富,消费者面临更多的选择,生产者面临更大的销售压力,形成了媒体经营的良性循环,产业的发展"倒逼"改革。值得注意的是,传媒产业整体发展的良好态势得益于基于互联网发展起来的新兴媒体。2014年,互联网与移动增值市场的份额不但一举超过传统媒体市场份额总和,领先优势高达10.2%,而且双方差距还有继续扩大的趋势。③ 这反映了在中国传媒产业总量增加的过程中,产业结构开始发生显著变化。

自党的十九大以来,我国经济已由高速增长阶段转向高质量发展阶段,正处在转变发展方式、优化经济结构、转换增长动力的攻关期,建设现代化经济体系是跨越关口的迫切要求和我国发展的战略目标。互联网在生产、流通、消费等各个环节的普及渗透和信息技术、网络技术的迭代发展,促使媒体体制和机制不断地进行变革和创新,从而催生了新的经济增长模式和商业模式,其以前所未有的力量冲击着现有的传播媒体格局。

中央和地方主要新闻媒体重点围绕深化内部改革和搞活机制的目标进行创新,通过转换经营机制、加强管理、降低成本,进一步增强媒体活力,优化资源配置,建立现代企业制度。媒体资本经营的改革创新得到前所未有的重视。

在继续做好党报、党刊的各项传媒事业的同时,我国媒体市场得到空前发展壮大,以电影、电视剧和娱乐节目制作单位,出版物发行和印刷企业,放映、演出公司和一般性艺术表演团体等为代表的完全的文化传媒企业,通过公司制改造,完善法人治理结构,逐步建立起现代企业制度,真正成为市场竞争主体,在市场竞争中发展壮大起来,并极

---

① 谢新洲:《新媒体将带来六大变革》,《唯实(现代管理)》2015年第8期,第57—58页。
② 张士义、王祖强、沈传宝主编:《从一大到十九大:中国共产党全国代表大会史(1921—2017)》,东方出版社2018年版,第240页。
③ 崔保国、何丹嵋:《2014年中国传媒产业发展报告》,《传媒》2015年第12期,第11—16页。

大地促进了中国文化传媒产业的整体繁荣。大众传媒是文化体制改革创新的生力军。

"十四五"规划和二〇三五年远景目标明确提出了"提升公共文化服务水平"的发展要求,要加强公共文化服务体系建设和体制机制创新,推进媒体深度融合,做强新型主流媒体;明确提出了"健全现代文化产业体系"的发展要求,要坚持把社会效益放在首位、社会效益和经济效益相统一,健全现代文化产业体系和市场体系。在扩大优质文化产品供给方面,要实施文化产业数字化战略,加快发展新型文化企业、文化业态、文化消费模式,壮大数字创意、网络视听、数字出版、数字娱乐、线上演播等产业。在深化文化体制改革方面,要完善文化管理体制和生产经营机制,提升文化治理效能;要完善国有文化资产管理体制机制,深化公益性文化事业单位改革,推进公共文化机构法人治理结构改革;同时,要完善文化市场综合执法体制,制定未成年人网络保护、信息网络传播视听等领域法律法规。[①] 这些要求为新时期媒体体制机制发展创新指明了方向。

再次,社会生活的多元化发展,推动媒体体制改革与机制创新。

在政治体制和经济体制改革中,我国的媒体逐渐向商业媒体转变,由知识分子向普通大众渗透,深入人们生活的各个方面。我国的媒体最早是以"精英文化"载体的面貌出现的,虽然应该代表普通大众的利益和意愿,但其所传播的内容却是受过良好教育、具有先进思想的知识分子对大众的思想和意识形态的灌输[②]。直到20世纪70年代末期,随着政治改革和经济发展,普通大众对信息的需求由单一的政治性逐渐变得更加多元化,如关注经济形势、关注自身需求、关注娱乐消费等,国民的社会生活也日渐多元化。

我国互联网应用已渗入人们生活的方方面面(见图16-1)。[③] 一方面,庞大的网民数量为我国媒体产品的经营和创新提供了有力的支撑。根据中国互联网络信息中心(CNNIC)的统计,截至2021年12月,中国网民规模已达10.32亿,普及率达73.0%,而手机网民占整体网民比例高达99.7%,规模达到10.29亿。[④] 另一方面,网民规模年增长率的逐年递减促使媒体产品内容不断创新。我国网民规模的年增长率逐年递减,从1997年的157.0%,到2017年的53.3%,再到2020年的5.9%。[⑤] 随着互联网用户人口红利见顶,移动应用只有通过优质内容和服务才能从激烈的市场竞争中脱颖而出,赢得

---

① 《中华人民共和国国民经济和社会发展第十四个五年规划和2035年远景目标纲要》,2021年3月13日,中国政府网,http://www.gov.cn/xinwen/2021-03/13/content_5592681.htm,2022年6月1日访问。
② 黄升民、丁俊杰主编:《媒介经营与产业化研究》,北京广播学院出版社1997年版,第51页。
③ 《第47次中国互联网络发展状况统计报告》,2021年2月3日,中国互联网络信息中心网站,http://www.cnnic.net.cn/hlwfzyj/hlwxzbg/hlwtjbg/202102/P020210203334633480104.pdf,2022年6月1日访问。
④ 《第49次中国互联网络发展状况统计报告》,2022年2月25日,中国互联网络信息中心网站,http://www.cnnic.net.cn/hlwfzyj/hlwxzbg/hlwtjbg/202202/P020220721404263787858.pdf,2022年6月1日访问。
⑤ 根据中国互联网络信息中心历次《中国互联网络发展状况统计报告》整理而成。

更多的用户及使用时长。① 这就要求媒体组织及时调整内容生产模式，顺应新媒体发展规律，探索并建立高效、灵活、扁平的组织架构，以适应瞬息万变的市场竞争环境。

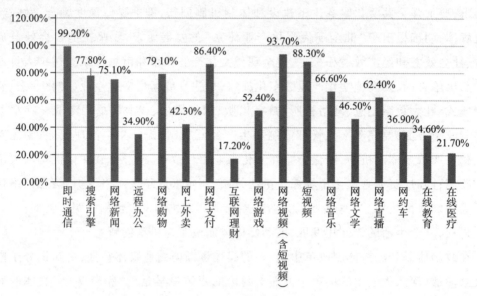

图 16-1　各类网络应用使用率

　　以报纸为代表的平面媒体为了赢得媒体市场的受众，借助新技术，通过改扩版等手段，优化了报纸内容，拓展了信息来源，在不同层面上呈现出创新势头。例如，《江西晨报》开启了中部地区第一份百版大报的历史，从周一到周五全部扩至 104 版；《金陵晚报》推出了动感报纸，读者只需扫一下二维码，便可直接听到以"感恩""爱"为主题的音乐；《中山商报》推出了首张香味报纸，读者可以近距离闻到报纸上的牡丹香味。

　　广播电视则对内容制作的模式进行了创新。比如，在引进和借鉴国外的成熟模式方面，从中央电视台改编英国具有 30 多年历史的电视节目 *Go Bing* 后打造的《幸运52》，到湖南卫视以《美国偶像》为原型制作的《超级女声》，再到江苏卫视引进英国节目 *Take Me Out* 推出的大型婚恋交友节目《非诚勿扰》等，都取得了现象级的收视奇迹和广告收益。新媒体环境下，广播电视进一步顺应媒体市场化趋势，以制播分离的形式进行专业化分工，以直播互动的方式提升了用户的交互感和体验感。

　　最后，国外传媒行业的发展与渗透对我国传媒产业造成了很大的冲击，要求我国的媒体经营与管理进行改革与创新。

　　一方面，国外传播思想的进入促使我国传媒领域的发展模式向重视经济效益转变。长久以来，我国的传媒业作为党的"喉舌"，以行政区域划分界限，传媒业的结构布局受到地理位置的限制。随着我国改革开放的日益深入，国际传媒产业开始进入我国市场，

---

① 崔保国主编：《中国传媒产业发展报告（2018）》，社会科学文献出版社 2018 年版，第 12 页。

区域保护主义受到了巨大的冲击,我国的传媒业开始了跨地区、跨行业、跨媒体的创新改革。例如,2013 年,媒体跨地区合作现象出现飞跃,由单一媒体的合作发展到媒体集团之间的战略合作。江西日报传媒集团、湖南日报报业集团和湖北日报传媒集团在武汉共同签署了《中部传媒战略合作协议》,以及一系列具体合作协议。从协议的蓝图到协议内容都可以看出,这次合作涉及报道、采编、宣传和经营等各个方面,实现了中国媒体功能的一次突破,它超越了新闻业、传媒圈,对中国经济战略的发展有着重要的意义。①

另一方面,媒体的全球化发展带来的媒体产品对我国的社会主义精神文明建设形成了巨大的冲击。2001 年加入 WTO 之后,我国进入了全球化的市场体系,传媒业也随之对外开放,国外形形色色的信息、知识和文化产品依托网络等新的媒介不断涌入中国;与此同时,人民群众对于大众传播的需求和期待不断增长,开始越来越多地接受、消费这些国外媒体产品。2014 年,《深化文化体制改革实施方案》明确提出,新一轮文化体制改革开始进入全面实施阶段,未来五到十年的中国媒体体制机制改革的舆论管理目标要坚持马克思主义新闻观,牢牢把握正确导向,发挥新闻媒体宣传党的主张、弘扬社会正气、通达社情民意、引导社会热点、疏导公众情绪、搞好舆论监督的重要作用。"十四五"规划和二〇三五年远景目标也对文化事业发展提出了明确要求,即要坚持马克思主义在意识形态领域的指导地位,坚定文化自信,坚持以社会主义核心价值观引领文化建设,围绕举旗帜、聚民心、育新人、兴文化、展形象的使命任务,促进满足人民文化需求和增强人民精神力量相统一,推进社会主义文化强国建设。②

二、体制机制问题成为我国媒体发展面临的重要瓶颈

(一)媒体管理的系统性和协同性仍待提升

加快政府职能转变主要是要实现三个转变:一是从以办文化为主转向以管文化为主;二是从以管理文化机构和文化设施为主转向以管理公共文化为主;三是从以行政手段直接管理为主转向以经济手段和间接管理为主。

经过多年的努力,政府职能转变虽然取得了一些进展,但是仍难以满足社会发展的需要。我国传媒管理中一直以来存在"九龙治水、多头管理"的现象,条块分割现象严重,这个问题更突出地表现在网络治理层面。互联网环境下,不同主体之间的联系日益紧密、互动性增强,治理需要不同主体协同参与,既涉及政府内部多个部门和多种行政层级,也涵盖媒体、企业、行业组织、用户等行政体系以外的多元主体。然而,我国缺乏

---

① 陈昌凤:《媒体跨地区合作的历史性创新》,《中国记者》2013 年第 4 期,第 17 页。
② 《中华人民共和国国民经济和社会发展第十四个五年规划和 2035 年远景目标纲要》,2021 年 3 月 13 日,中国政府网,http://www.gov.cn/xinwen/2021-03/13/content_5592681.htm,2022 年 6 月 1 日访问。

与多元共治相适应的体制机制保障。比如,跨部门的网络治理专项行动尚未形成长效机制,部门联动机制仍有待探索;网信系统的属地管理体系往往难以适应网络问题跨地域、跨领域的复杂性;自上而下的"锦标赛"压力构成地方政府重要行动的动因,公众导向的压力机制效果有限,使得政府向公共服务型政府转型的动力不足;等等。[①] 同时,对媒体组织自身在经营管理上的创新实践,同样缺乏必要的体制机制保障,不利于媒体经营管理创新成果的孵化和落地。比如,在媒体融合领域,县级融媒体中心普遍存在缺乏"番号"、编制有限等问题,地市一级融媒体中心因尚未得到明确的政策扶持而在媒体融合发展全局中处于"空心"地位等。体制机制问题成为媒体融合向纵深发展的主要瓶颈,阻碍了基层创新与顶层设计的连接路径。

(二) 以市场为主导的资源配置机制仍待健全

传媒制度的改革意味着资源的重新配置。党的十九大明确提出,要使市场在资源配置中起决定性作用。但是目前,有关部门考虑到媒体的意识形态属性,更多地在使用行政手段进行资源配置。当然,这并非说行政主导的传媒体制创新就一定不如市场。事实上,此前的许多传媒制度创新都是通过行政力量实现的,而且效果也很好。

以上海为例。早在 2001 年,上海文广系统便做出了两大引人注目的制度创新,即将部分文艺院团委托由文广集团下属的一些实体管理,以及将新闻传媒实体从文广局剥离,组建文广集团。这两个举措尽管是政府行政主管部门调控包办的产物,不是市场经营主体自由选择的结果,但却比较切合社会主义计划经济向社会主义市场经济转轨时期的实际。[②] 即使是 2013 年上海报业集团的成立及随后的"澎湃新闻"客户端的诞生,都离不开上海市委市政府的强有力的支持与推动。

然而,应该注意到,行政主导的此类改革是有选择性的,更多的传媒资源仍然需要由市场来重新配置。特别是在新媒体的冲击下,我国新旧媒体之间在内容、体制和运营等多方面展开竞争。传媒业之所以尚未实现市场资源优化配置的理想模式、尚未建立起现代企业制度,是因为媒体融合背后存在制度冲突。[③] 传媒创新一方面要改变其过去的行政依赖性,重视并主动利用市场在媒体资源配置中的关键作用;另一方面,要综合考虑行政和市场的两种力量,摒弃简单的"一元论",既要通过体制机制创新为媒体经营管理释放活力,也要反对"流量至上"逻辑,坚守媒体的政治立场和社会效益,遏止当前媒体内容生产中的同质化、低俗化、娱乐化等问题。

[①] 谢新洲、宋琢:《构建网络内容治理主体协同机制的作用与优化路径》,《新闻与写作》2021 年第 1 期,第 71—81 页。

[②] 徐清泉:《上海文广系统制度创新及其前瞻性研究》,《上海改革》2002 年第 1 期,第 31—42 页。

[③] 霍鹏飞:《媒介融合背景下我国传媒企业转型研究》,《传播力研究》2017 年第 10 期,第 74 页。

(三)"两分开"面临的实际困难仍待创新突破

党的十六大提出了文化建设和文化体制改革的问题,党的十六大报告厘清了文化事业与文化产业的关系,首次要提出积极发展文化事业和文化产业,这是我国传媒文化体制改革中的大胆探索,已显现出较强的生命力。但是,随着改革由试点向全面深入推进,由于我国媒体发展的区域不平衡性和人们对改革认知水平的差异,"两分开"在实际运营中面临的困难越来越多。

这些困难主要表现为:第一,经营性资产与非经营性资产的界限不清,经营与采编业务的剥离难度较大,缺乏详细、明确、统一、可操作的标准。例如,电视台的卫星转播车很难明确是经营性资产还是非经营性资产;广播电视的编辑机在用于编辑时政新闻或用于编辑娱乐节目时,其性质也是不同的。因此,对于如何处理此类资产,是完全剥离还是部分剥离,都需要反复权衡。

第二,我国传媒的国有资产产权不够清晰,产权虚置现象较为普遍。这不利于剥离,即使剥离后也难以形成真正的市场主体,无法进行融资、上市等操作。目前,已有地方政府开始尝试设立文化资产管理委员会代为持有传媒的国有产权。此类创新之举仍需在实践中不断加以完善。因此,要确保"两分开"过程中传媒产业各方明确的所有权、支配权、使用权,切实形成市场主体,避免国有资产流失,都需要制度创新。

第三,"两分开"后,协调负责宣传的事业主体和负责经营的产业主体之间的关系,需要通过改革和创新在过去的行政命令和未来的市场调节之间寻求一个平衡点。"两分开"后,事业主体与产业主体常会遇到一些二者关系不协调的情况。例如,传媒集团所属的二级单位常利用政策之便,免费或以远低于市场的价格使用集团的公共设备和各种资源,并且想方设法地抢占更多的集团资源,而集团却难以准确计算二级单位的贡献率,因此很难评估这些被占有的资源是否发挥了应有的市场效益作用。[①]

第四,资产剥离和转制会引起媒体内部组织结构、人事制度、利益分配等的重大调整,必然造成有人欢喜有人忧。不仅实行企业化管理的事业单位没有动机进行真正的企业化管理,而且"自相矛盾的体制"激励事业单位增加成本,这使管理者、职工的物质利益体现为成本。[②] 要想充分发挥企业员工的积极性,有效克服来自内部的各种阻力,需要对企业内部的管理进行大胆创新。

(四)鼓励创新的激励机制和社会环境仍待培育

传媒创新的纠结之处在于,不创新肯定没落,创新失败则可能导致更快死亡。由于传媒改革同时涉及政治和经济两大领域的改革,因此改革始终是渐进式的,甚至时有反

---

① 李春:《当代中国传媒史(1978—2010)》,漓江出版社 2014 年版,第 747 页。

② 同上。

复。制定改革政策的管理者和参与改革的试点单位都表现得相对谨慎。一些试点单位取得的成功往往被归因于特殊政策的支持,而试点单位自身创新的意义未能得到充分重视,尚未形成对创新个人和创新单位的激励机制。创新成果的评估基本依靠领导和上级的态度,缺乏客观的评价标准,缺乏对创新的制度保障。整个社会也尚未形成鼓励创新、包容创新的良好氛围。

由于我国传统媒体承担的党和政府"喉舌"功能的特殊性质,国家对传媒业的管理只能采取条块分割的模式。因此,其改革和创新仍然只能隶属于对应的行政层级或党委,受限于传媒业区域分割和行业分割,而且各地域各行业间的行政壁垒极大阻碍了媒体创新的深化。

目前,党和政府已经充分意识到创新的意义和重要性,党和国家领导人反复强调和鼓励创新。早在 2013 年 10 月,习近平总书记在中国欧美同学会成立 100 周年庆祝大会上指出,"创新是一个民族进步的灵魂,是一个国家兴旺发达的不竭动力,也是中华民族最深沉的民族禀赋。在激烈的国际竞争中,惟创新者进,惟创新者强,惟创新者胜"[1]。2017 年,党的十九大提出,理论创新没有止境,必须不断推进理论创新、实践创新、制度创新、文化创新以及其他各方面创新。"十四五"规划和二〇三五年远景目标纲要则提出,要坚持创新在我国现代化建设全局中的核心地位。[2]

第四节　媒体机制创新的实现路径

作为文化体制改革的重点环节,我国媒体体制改革逐渐深化,目的是调整媒体产业发展中与我国经济社会发展战略以及政治、经济、文化、社会等其他领域体制建设不相适应的部分。对于媒体组织开展经营管理实践而言,媒体体制是重要的外部环境和行动指南。媒体体制改革要求媒体组织顺应体制改革的理念和内容,调整内部经营管理活动中与之不相适应的部分,进一步优化经营管理模式,提升经营管理的效率和效果。

一、以政治立场和社会属性为底线

在我国的媒体制度中,"党管媒体"的原则是始终不变的,媒体作为党和国家的"耳目喉舌"的地位是始终不变的。要进行媒体体制改革和机制创新,首先要厘清事业和产业的关系。媒体经营与管理的工作思路和方法与单位的性质密不可分。我国新闻媒体组织体系中同时存在事业和产业两类业务,存在事业单位和企业两种组织形式,同一个

---

[1] 习近平:《习近平谈治国理政》,外文出版社 2014 年版,第 59 页。
[2] 《中华人民共和国国民经济和社会发展第十四个五年规划和 2035 年远景目标纲要》,2021 年 3 月 13 日,中国政府网,http://www.gov.cn/xinwen/2021-03/13/content_5592681.htm,2022 年 6 月 1 日访问。

媒体集团内也会同时存在两种业态和组织,只有正确区分单位性质,区别工作方法,才能保证工作准确到位。

事业与企业分开本身就是改革中的一种体制创新,在持续创新的过程中,要慎重处理事业单位性质的媒体内容生产单位与企业性质的媒体经营机构的关系。新闻媒体从事业单位向企业转变的重点是要建立现代企业制度,它涉及从人事管理向人力资源管理的转变、从事业单位财务制度向企业财务制度的转变、从财政拨款向资本经营的转变以及公司治理结构的建设等。不仅如此,传媒产品的生产、发行、交换等活动都应以市场为导向,遵循市场规律,谋求更大发展。

为此,要将创新思维融入媒体经营与管理的各个环节,从媒体经营战略开始,面向市场准确定位,根据市场需求组织生产,加强渠道建设,努力控制成本,提高员工的积极性,构建和谐有序的媒体就业和创业环境。

最后,一定要正确理解"变"与"不变"的关系。深化媒体体制改革要求不断创新,但并不意味着要对过去全盘否定。改革创新是在"党和人民的喉舌的性质不能变,党管媒体不能变,党管干部不能变,正确的舆论导向不能变"的"四个不变"[1]的原则下开展的。《"十四五"文化发展规划》则明确要求,在深化文化体制改革过程中,要"坚持和加强党对宣传思想文化工作的全面领导,把党的领导落实到国家文化治理各领域各方面各环节"[2]。"变"则主要体现为机制创新和体制完善、社会效益与经济效益同步提升等。这要求媒体组织提高经营与管理的水平。

二、以市场机制为抓手

首先,要从培育市场主体的角度进行改革和创新。新闻媒体要参与社会主义市场经济体制建设和竞争,就需要确定其市场主体地位。为此,要以建立现代企业制度为重点,加快推进经营性文化单位改革,培育合格市场主体,努力形成一批自主经营、自负盈亏、自我发展、自我约束、有竞争能力的国有控股的文化企业和企业集团。

其中,转企改制是核心任务。目前,中国出版业已经完成转企改制的工作,获得了市场主体资格。一批非政类报刊也已启动转企改制。与新闻内容关联度相对较低的下游环节,比如发行、印刷、广播电视网络、影视剧制作单位等已经完成或正在筹备转企改制。未来的改制任务依然艰巨,需要创新思路,方能克服可能遇到的困难。

主流媒体内部要深化体制机制改革,建立适应全媒体生产传播的一体化组织架构,

---

[1] 谢新洲:《我国媒体融合的困境与出路》,《新闻与写作》2017年第1期,第32—35页。
[2] 《中共中央办公厅 国务院办公厅印发〈"十四五"文化发展规划〉》,2022年8月16日,中国政府网,https://www.gov.cn/zhengce/2022-08/16/content_5705612.htm,2023年6月1日访问。

构建新型采编流程,形成集约高效的内容生产体系和传播链条。① 在新媒体环境下,要想顺应媒体融合的发展趋势,发挥市场在媒体经营与管理中的主体作用,必须做到以下四点:(1)将当前修修补补的增量改革,变为猛药去疴的存量改革;(2)在生产、传播、技术、经营、营销等各个环节进行专业化运作;(3)将传统媒体业务与新媒体业务一视同仁,促进二者互联互通,既要用新媒体技术改造传统媒体业务,又要在新媒体业务中发掘传统媒体业务的专业积累;(4)着手解决传统媒体中由体制原因所造成的各种历史问题,例如离退休人员安置、职能部门冗余等,减轻企业负担,让企业轻装上阵。②

其次,要从文化市场体系改革入手,充分发挥市场在文化资源配置中的作用,完善传媒市场体系。中华人民共和国成立以来,我国历经政策上的变革,传媒产业体制已经呈现从单纯的政治宣传属性逐步过渡到兼顾经济属性的转变。同时,以创新驱动的传媒业结构调整和集团化发展为我国媒体产业化制度的建立奠定了基础。

在新的发展阶段,《"十四五"文化发展规划》明确指出,要"建设高标准文化市场体系",包括加快构建统一开放、高效规范、竞争有序的文化市场;健全文化市场体系基础制度,完善文化企业坚持正确导向履行社会责任的制度;落实统一的市场准入负面清单制度,清理破除文化市场准入隐性壁垒等。同时,《"十四五"文化发展规划》还指出,深化文化体制改革,要把进一步发挥市场在文化资源配置中的积极作用与更好发挥政府作用结合起来,加快完善有利于激发文化创新创造活力的文化管理体制和生产经营机制。③ 这些内容肯定了改革文化市场体系、发挥市场机制作用的重要意义,进一步明确了深化改革的方向。

创新需要突破,同样,突破也要求创新。只有创造出新的思想、方法和体制,才能革除旧的思想、方法和体制。同时,我们要随着媒体生态和传播任务的发展变化,用发展的眼光发掘现实需求,用发展的决策解决现实问题,用发展的理论指导现实工作④,建立起新的媒体观。文化体制的继续深入改革就是要突破一切妨碍发展的思想观念、改变一切束缚发展的做法和规定、革除一切影响发展的体制弊端,这同时也表达了改革设计者的坚定决心。

三、以特色定位为目标

各类媒体组织应结合自身特点,以机制创新带动对市场定位的探索、调整和确立。

---

① 《中共中央办公厅 国务院办公厅印发〈"十四五"文化发展规划〉》,2022年8月16日,中国政府网,https://www.gov.cn/zhengce/2022-08/16/content_5705612.htm,2023年6月1日访问。
② 谢新洲:《我国媒体融合的困境与出路》,《新闻与写作》2017年第1期,第32—35页。
③ 《中共中央办公厅 国务院办公厅印发〈"十四五"文化发展规划〉》,2022年8月16日,中国政府网,https://www.gov.cn/zhengce/2022-08/16/content_5705612.htm,2023年6月1日访问。
④ 谢新洲:《我国媒体融合的困境与出路》,《新闻与写作》2017年第1期,第33页。

2018年3月,根据《深化党和国家机构改革方案》,中央电视台(中国国际电视台)、中央人民广播电台、中国国际广播电台整合组建成为中央广播电视总台。[1]为了顺应媒体融合的发展趋势,中央广播电视总台坚持以创新为要旨,提出了"5G+4K/8K+AI"的战略布局,在内容生产、技术驱动、平台竞争、生态建设等诸方面进行机制创新,提高了其媒体影响力和传播力。上海报业集团主动迎合市场需求,进行机制创新,大力推进媒体与政府部门、大型国企、金融机构等不同主体的合作形式,实现了从品牌影响力到实际经济效益的转化。[2]

新兴媒体的快速成长加速了传统媒体内部治理的创新步伐。从2009年开始,在全媒体集群的概念下,南方都市报社着手实施跨区域、跨行业、跨媒体融合发展战略,在确保传统报刊行业龙头地位的基础上,优先做好跨媒体融合,以真正做到"南都,无处不在",并为此进行了内容平台和数据库建设、全介质传播能力跃升、新闻和资讯素材快速共享和100%被多层次利用加工、媒体数字化运营能力整体布局,通过全媒体采编经营理念再造、全媒体流程再造、全媒体组织再造、全媒体人才再造、全媒体考核再造、全媒体产品再造等多项平台再造措施,进行了内部治理创新。

找准自身特色定位对于媒体组织明确改革目标、缩减改革成本、提升改革成效,最终形成核心竞争力而言具有重要意义。上述实践归纳起来,可以得到三个方面的经验:一是要注重市场调研和用户研究,加强对用户数据、用户反馈的挖掘和分析,明确并不断细化目标用户画像,形成媒体组织特色定位的基本参照;二是要推进内容生产供给侧结构性改革,通过体制机制创新(如组织架构扁平化、策采编发流程再造、项目制分工等),突破、摒弃旧有体制机制中与内容生产实际需求不相符、不匹配的部分,调动内容生产的活力和创新力,提升内容生产的效率和精准性;三是要敢于创新媒体业态,从网站、网络电台、网络视频到社交媒体、网络直播、短视频,再到增强现实AR、虚拟现实VR甚至"元宇宙",从媒体广告创收到内容增值服务、内容付费、电子商务、网络游戏,新媒体技术发展为媒体组织带来了新的传播手段和经营手段,以"技术赋能"的方式为媒体组织深化自身的特色定位、拓展市场竞争力提供了源源不断的动力。

四、以分类管理、分层推进为原则

首先,根据总体部署,文化体制改革已经科学界定了文化单位的性质和功能,并区别对待、分类指导、循序渐进、逐步推开。

目前,文化体制改革从一般国有文艺院团、非时政类报刊社、新闻网站转企改制入

---

[1]《中共中央印发〈深化党和国家机构改革方案〉》,新华社北京2018年3月21日中文电。
[2]《在创新发展中彰显价值|上海报业集团2023年度工作会议召开》,2023年2月16日,新民晚报官方帐号,https://baijiahao.baidu.com/s?id=1757985964805971016&wfr=spider&for=pc,2023年6月15日访问。

手,正在进一步拓展出版、发行、影视企业改革成果,加快公司制股份制改造,完善法人治理结构,以最终形成符合现代企业制度要求、体现文化企业特点的资产组织形式和经营管理模式。其中,报刊转企改制是新闻体制改革中的难题,但改革的步伐是坚定的。至 2011 年 3 月,除新疆、西藏和港澳台地区以外的全国 29 个省(自治区、直辖市)中,已有 512 家非时政类报刊出版单位进行了转企改制,加上之前中央部门和单位中已经转制以及在创刊时就已登记为企业法人的,全国共有 1300 余家企业性质的非时政类报刊法人实体。①

在此基础上,文化体制改革将推动党报党刊、电台电视台进一步完善管理和运行机制;推动一般时政类报刊社、公益性出版社、代表民族特色和国家水准的文艺院团等事业单位实行企业化管理,增强面向市场、面向群众提供服务的能力,力求其在做强产业的同时,做大事业。

其次,为了从不同角度进行创新探索,《中共中央、国务院关于深化文化体制改革的若干意见》明确了"因地制宜、分类指导、先点后面、统筹兼顾"的试点原则,对于不同试点单位和试点地区的改革目标进行了统筹安排,明确了各自的创新领域。2003 年启动的文化企事业试点单位的改革大体可分为两大类:一类是公益性文化事业单位的改革,一类是经营性文化企业单位的改革。前者要以增加投入、转换机制、增强活力、改善服务为重点;后者则要以创新体制、转换机制、面向市场、增强活力为重点。

文化体制改革综合性试点地区的主要任务是,在着力抓好单项试点的基础上,积极探索建立新形势下的保证党委领导、调控适度、运行有序、促进发展的宏观管理体制;建立保证正确导向、富有经营活力的微观运行机制;建立体现宣传文化特点、适应法治建设总体要求的政策法规体系;形成传播精神文化产品,促进资源优化配置,竞争、有序的市场环境;形成吸收国外优秀文化和先进技术,抵制低俗文化,用好"两个市场、两种资源"的开放格局。

无论是试点单位还是试点地区,要实现改革目标,都必须打破旧的思维模式,实现创新思维。实践表明,凡是取得成绩的参与试点的地区和单位,要么是在宏观管理上有所创新,要么是在内部治理上有所突破,都是在借鉴国内外成功经验的基础上,找到了适合自身发展的新路径和新模式,形成了明显的示范效应。

此后,为了进一步探索改革经验,党中央、国务院决定延续原有试点。各试点单位和试点地区不断巩固试点成果,向更深层次的改革发展,创造性地解决了改革中的一系列难题,取得了突破性进展。最为显著的是,一大批传媒集团相继诞生,媒体经营管理

---

① 杨春兰、黄逸秋:《难中求进 坚韧攻关——非时政类报刊转企改制阶段性成果综述》,《传媒》2011 年第 11 期,第 11—14 页。

得到空前重视,内部运营机制更加灵活。

随着媒体融合向纵深发展,各层级、各地的融媒体改革已初见成效,全媒体传播体系建设已初具规模。考虑到全媒体传播体系的系统性、传播体系各主体(各类媒体组织)的实际情况,建设全媒体传播体系要统筹处理好传统媒体和新兴媒体、中央媒体和地方媒体、主流媒体和商业平台、大众化媒体和专业性媒体的关系。各层级媒体组织在加快推进媒体深度融合发展进程中也应扬长避短、有的放矢:对于中央级媒体而言,要推动有条件、有实力的中央媒体建成新型主流媒体"航母"和"旗舰";对于省级媒体而言,要重点建设区域性传播平台,打造特色新媒体品牌,提高新闻生产力,更好地服务地方经济社会发展;对于地市级媒体而言,要加快探索形成适合自身的融合发展模式,既可以各自建设融媒体中心和传播平台,也可以加强资源统筹和机构整合,共同打造地市级融媒体中心;对于县级融媒体中心而言,要在基本实现全覆盖的基础上进一步建强用好,实现可持续发展,推动2500余家县级融媒体中心深化"新闻+政务+服务",更好地引导群众、服务群众。[①]

小 结

解决好体制、机制问题对媒体经营管理而言具有重要意义。媒体体制具有社会交互性和政治性,它与宏观社会制度、其他体制以及经济社会环境相承接,完善媒体体制有利于引导媒体经营与管理和外部社会环境、既有社会秩序相适应,充分发挥媒体组织的社会效益。媒体机制是对媒体体制的具体应用和实践,媒体经营与管理实践需要在既定的媒体体制架构下展开,遵守相关的法律体系、行政管理体制、行业规范等。建立并优化媒体机制,有利于通过制度建设、规范建设、流程建设提升媒体经营与管理的效率和效果,降低媒体经营与管理的成本,提升媒体组织的专业性和市场化水平。纵观我国媒体体制的历史沿革,媒体体制改革指向了媒体产业化、专业化发展,即在"党管媒体"的原则下,调整旧有体制中与经济社会发展、其他领域体制改革、媒体发展趋势不相适应的部分,进一步激发媒体经营与管理的活力,释放潜力。当前,媒体体制机制问题已成为阻碍我国媒体发展的重要瓶颈。为此,要进一步深化媒体体制改革,提升媒体管理的系统性和协同性,健全以市场为主导的资源配置机制,切实解决"两分开"带来的实际困难,培育鼓励创新的激励机制和社会环境。媒体组织则要因应媒体体制改革进程,以政治立场和社会属性为底线,以市场机制为抓手,以特色定位为目标,以分类管理、分层推进为原则,开拓媒体机制创新之路。

---

① 《中共中央办公厅 国务院办公厅印发〈"十四五"文化发展规划〉》,新华社北京2022年8月16日中文电。

◆ 思考题

1. 尝试解释"媒体体制"和"媒体机制"的概念以及两者的关系。
2. 相较于经济体制,我国媒体体制的特殊性主要体现在哪些方面?
3. 举例说明体制、机制在媒体经营管理中的作用。
4. 简要梳理我国媒体体制历史沿革的脉络与规律。
5. 用户需求的多元化与媒体体制创新、机制改革之间存在怎样的关系?
6. 请辨析,县级融媒体中心普遍存在的缺乏"番号"现象是体制问题还是机制问题,为什么?
7. 以市场为主导的媒体机制与"流量至上"逻辑之间的联系和区别是什么?
8. 通过查询资料,思考媒体产业中"产权不清"问题的历史成因、现实表现及常见的解决路径。
9. 如何理解和评价我国媒体事业"两分开"的制度创新?
10. 如何理解社会效益和经济效益是媒体体制机制创新的一体两面?

◆ 推荐阅读

李德刚:《历史制度主义:媒介制度变迁研究的新范式》,《现代传播(中国传媒大学学报)》2010年第2期,第33—36页。

刘志飞、祝黄河:《媒介全球化背景下中国特色社会主义意识形态的理性回应》,《江西社会科学》2015年第3期,第207—212页。

秦汉:《媒介体制:一个亟待梳理的研究领域——专访加利福尼亚大学圣地亚哥分校传播学院教授丹尼尔·哈林》,《国际新闻界》2016年第2期,第73—83页。

秦汉、杨保军:《我国新闻媒介体制的基本特征与可能改进方式》,《山西大学学报(哲学社会科学版)》2015年第6期,第73—81页。

汪丁丁、韦森、姚洋:《制度经济学三人谈》,北京大学出版社2005年版。

谢新洲等:《见微知著:地县媒体融合创新实践》,人民出版社2020年版。

谢新洲等:《县级融媒体中心建设:理论与实践》,电子工业出版社2019年版。

第十七章　媒体资本运作创新

媒体资本运作就是将媒体组织所拥有的一切有形与无形的可经营性存量资产视为可以经营的价值资本,对其进行运作的一种经营管理方式。其目的在于优化媒体资源配置、扩张媒体资本规模、进行有效经营,以实现最大限度的增值。这些资产既包括和新闻业有关的广告、发行、印刷、信息、出版等产业,也包括由媒体所经营的其他产业部分。其运作途径有价值成本的流动、兼并、重组、参股、控股、交易、转让、租赁等。[①] 媒体资本运作既可以帮助媒体企业维持日常经营运转,同时也是媒体组织创新发展的源泉。

媒体资本运作主要包括媒体融资和媒体投资两个环节。媒体融资是指媒体组织通过一系列方法和手段获得经营所需资本,保证组织生产运作;媒体投资是指媒体组织将所取得的资本通过组合向能够获得利润的市场进行投放,以实现资金增值。以筹资和投资为主要任务的融投资管理是媒体财务管理的重要方面。现阶段,大多数媒体组织都在力图拓宽融资渠道,以增强经济实力,积极参与市场竞争;同时,在社会资本联系日益紧密的市场化经济体系中,媒体组织的投资方向也日趋多元化。

第一节　媒体资本运作的背景

媒体组织资本运作以我国传媒体制改革为背景而萌芽,并随着市场化改革的不断推进而发展。资本在媒体组织建立与发展的过程中逐渐发挥出不可忽视的作用,资本运作在传媒行业中的重要性也日益受到关注。在传媒行业规模扩张、不断推陈出新的过程中,媒体产业为获得更好的发展前景而衍生出对各类资本的需求,进一步引发了对媒体资本运作的需求。同时,以来自政策、技术和经济环境等多维度的利好作为支撑,媒体资本运作的可行性得到了较为充分的保障。

---

① 生奇志主编:《媒介管理学》,清华大学出版社2012年版,第148页。

一、我国传媒体制的改革历程

　　1978年,我国改革开放拉开序幕,传媒体制也开始进行改革。当年,财政部批准了人民日报社等八家新闻单位实施企业化管理的报告,同意这些单位提取一定比例资金用于增加员工收入和福利、改善传媒自身条件,由此开启了我国传媒行业"事业单位,企业化管理"的时期,传媒的经济属性开始受到重视。1982年6月,文化部发布《关于图书发行体制改革工作的通知》,提出建立以国营书店为主体、增加流通渠道、增加经济成分、增加购销形式和减少流通环节的发行体制,使个体经济得以参与图书发行,增强了图书发行的多样性,提高了其活力。1988年,中共中央宣传部、新闻出版署联合发布了《关于当前图书发行体制改革的若干意见》,确认了民营资本可以进入发行和销售环节的资格,标志着我国图书出版体制走上了市场化道路;同年,文化部、国家工商行政管理局发布《关于加强文化市场管理工作的通知》,正式提出"文化市场"的概念,明确了文化市场的管理范围、任务、原则和方针,这标志着我国"文化市场"的地位正式得到承认。1992年,党的十四大提出文化体制改革,我国传媒经济体制进入了改革深水区。1993年,广播电影电视部印发《关于当前深化电影行业机制改革的若干意见》,开启了电影体制的改革,明确了电影产业化的发展方向。1994年8月1日,广电部印发《关于进一步深化电影行业机制改革的通知》,认可了电影行业各企业的经营自主权,促进了市场多主体的形成。1996年3月,全国电影工作会议召开后,各地方的电影电视管理部门被统一纳入当地的广电部门的规范领导,行政管理部门对电影生产不同环节的归属实行统一化管理。2000年,国家广电总局、文化部联合印发《关于进一步深化电影业改革的若干意见》,强调要规范组建电影企业集团,对电影行业提出试行股份制、调整产权结构的要求,要求积极推行促进跨地区经营、增加发行渠道的院线制。2001年12月28日,《关于改革电影发行放映机制的实施细则(试行)》正式发布,明确了院线制作为我国电影发行放映的主要机制,将原有的中央、省、市和县四级发行变为制片方直接对院线发行,打破了原有行政垄断格局,提高了市场竞争度,形成了全国统一性市场。院线制改革还带动了上游制片环节和下游电影院放映环节的发展,促进了电影院投资主体和制片方资金来源的多样化。与此同时,"制播分离"也是电视体制改革议程中的重要事项之一,成为广播电视产业化的标志,为资本市场提供了更多高回报的投资机会,吸引了更多社会资本投入广播电视行业。2009年8月15日,全国文化体制改革经验交流会举行,掀起了"制播分离"的新高潮,上海广播电视台、湖南广播电视台的重组及控股传媒集团公司的成立成为首批改革试点的标志。

　　2002年党的十六大召开,进一步推进了我国传媒经济体制改革。2003年12月,《国务院办公厅关于印发文化体制改革试点中支持文化产业发展和经营性文化事业单位转制为企业的两个规定的通知》①,进一步放开了对投融资的权限,支持在国有资本控股前提下引入民营资本,允许经过股份制改造的投资主体多元化的文化企业申请上市。此后,推动"三网融合"的政策逐步落地生根。2010年1月13日,国务院总理温家宝主持召开国务院常务会议,将电信网、广播电视网和互联网"三网融合"上升为国家发展战略。

2009年7月22日,国务院常务会议审议通过了我国第一个文化产业专项规划《文化产业振兴规划》,指出要加大金融业对文化产业发展的支持,成立文化产业基金,实现市场化运作,进行股权投资,鼓励银行业金融机构加大对文化企业的金融支持力度,支持有条件的文化企业进入主板、创业板上市融资,鼓励上市文化企业通过公开增发、定向增发等再融资方式进行并购重组。②

2013年,党的十八届三中全会提出要深化文化体制改革,必须"加快完善文化管理体制和文化生产经营机制,建立健全现代公共文化服务体系、现代文化市场体系,推动社会主义文化大发展大繁荣"③,鼓励相关产业文化企业按照产权交易的市场方式而非行政方式进行重组并购,完善文化市场准入机制和退出机制,逐步开放文化金融市场。

2019年,文化和旅游部、中国人民银行、财政部正式批复同意北京市东城区首批国家文化与金融合作示范区的创建资格。2020年,北京市文化改革和发展领导小组发布《关于加快推进国家文化与金融合作示范区发展的若干措施》作为行动指南,将推进文化产业发展作为目标和主线,拓宽风投、信贷、保险、债券、上市等多种融资渠道,打通文化与金融合作机制,从而推进文化产业的高质量、可持续发展。

相关政策的出台推动了文化产业的繁荣发展。2021年,全国文化及相关产业增加值为52 385亿元,占国内生产总值(GDP)的比重为4.56%,比2020年提高了0.13个百分点。④ 40多年来,传媒经济体制不断向市场化方向发展,这是改革开放不断深化的结果,也是我国媒体企业转型升级的必然要求。

二、媒体资本运作的必要性

作为资源配置的最高级形式,资本运作能够吸引劳动力资源、消费资源以及生产资源,从而发挥不同资源的优势。当媒体产业发展到一定阶段时,资本运作必然成为媒体

---

① 《国务院办公厅关于印发文化体制改革试点中支持文化产业发展和经营性文化事业单位转制为企业的两个规定的通知》,2003年12月31日,中国政府网,http://www.gov.cn/zhengce/content/2016-09/21/content_5110267.htm,2023年3月1日访问。
② 《文化产业振兴规划》,新华社北京2009年9月26日中文电。
③ 《中共十八届三中全会与全面深化改革》,新华社北京2014年11月3日中文电。
④ 《2021年全国文化及相关产业增加值占GDP比重为4.56%》,2022年12月30日,中国政府网,https://www.gov.cn/xinwen/2022-12/30/content_5734208.htm,2023年6月1日访问。

解决人力、技术、信息以及物质资源供需矛盾的主要手段。媒体产业资本的丰富与否决定着媒体产业的发展前景,而媒体产业资本的获得和配置则与媒体资本运作过程息息相关。因此,资本运作对于我国媒体产业的发展具有极大的必要性。

(1) 媒体产业投资门槛高。媒体产业与高技术、重装备等特质息息相关。随着我国媒体体制改革的不断推进、媒体市场竞争的不断加剧以及传播技术的不断更新,媒体组织面临扩张规模、更新设备、引进人才的种种需求,媒体产业的投资门槛日益提高,凸显了媒体资本运作的必要性。

(2) 媒体产业扩张规模的需求旺盛。媒体产业是技术密集型产业,容易形成明显的规模经济和范围经济,其优越性在于随着产量的增加,长期平均总成本将下降。因此,媒体组织需要通过发展一定的生产规模来实现经济效益最大化。这催生了媒体产业对规模扩张的内在需求。

(3) 媒体产业面临可持续、多元化的发展方向。中国媒体的竞争市场具有地区垄断的特点,资本运作是媒体组织在市场竞争日益激烈的环境背景下更好地发展、保障自身在市场中占有一席之地的必然选择。在改革开放的历史浪潮中,媒体组织逐渐进入改革深水区,需要大规模地社会化和市场化以实现可持续发展;同时,我国媒体也正逐步向集团化、品牌化、国际化的方向发展。[①] 这就要求,媒体组织必须提高通过资本运作募得并盘活大量资金的能力。

(4) 媒体产业市场化改革程度不断加深。传统的媒体组织尽管得到了国家政策层面的大力支持,但作为事业单位,其在管理方式上仍存在一定的问题。随着市场化改革的深入,国家政策出现"断奶"趋势,政府对媒体组织的财政补贴逐渐减少。媒体组织自负盈亏,需要引入更多的资本,改革其运作模式和管理理念,以实现创造更大的社会价值的目标。

(5) 融媒体建设发展过程引发了一系列资源吸纳与管理需求。近年来,新媒体快速崛起,对传统媒体市场产生了巨大冲击和影响。一方面,新媒体占据的市场份额逐渐增加,对传统媒体用户市场造成了挤压,因此原有传统媒体组织面临较大的生存威胁,其自身发展受到较大制约,亟须扩大筹资规模以维系生存和发展。另一方面,新媒体的发展也引发了融媒体的发展趋势。2014年8月18日,中央全面深化改革领导小组第四次会议审议通过了《关于推动传统媒体和新兴媒体融合发展的指导意见》[②],强调在媒体格局发生深刻变化,提升主流媒体的传播力、公信力、影响力和舆论引导能力的任务日益凸显的今天,需要加快媒体融合的步伐。2018年8月,在全国宣传思想工作会议

---

① 生奇志主编:《媒介管理学》,清华大学出版社2012年版,第149页。
② 《推动主流媒体在融合发展之路上走稳走快走好》,《人民日报》2014年8月21日第4版。

上,习近平总书记指出要扎实抓好县级融媒体中心建设①,首次提出了"县级融媒体"概念。融媒体的建设发展离不开劳动力资源、消费资源与生产资源的支持,资本运作的重要性不言而喻。

(6)媒体组织要为更好地实现其社会效益而努力。媒体组织是生产文化产品的特殊行业主体,其经济行为具有巨大的社会效益。文化产品和服务质量的好坏直接影响其社会效益的程度,作为文化市场的重要引导力量,媒体组织与其他行业企业不同,不仅要追求经济效益最大化,也要受到保障社会效益的实现的约束。因此,良好的资本运作不仅能够使媒体组织更好地发展,进而实现更大的社会效益,也有助于媒体组织在社会效益约束条件下实现更大经济效益,避免出现媒体组织由于自身经济效益较低而忽视实现社会效益目标的问题。

三、确立党在媒体资本运作中的主体地位

中国共产党代表中国先进生产力的发展要求、代表中国先进文化的前进方向、代表中国最广大人民的根本利益。作为执政党,中国共产党在各行各业的建设发展中都扮演着必不可少的角色,在多方面起着重要的作用。在媒体资本运作中,党的重要性不言而喻。

(1)引导资本运作的方向。在媒体组织的融资方面,传媒行业具有作为"喉舌"、承担意识形态宣传职能、容易对受众的思想观念产生巨大影响的特殊性质,中国共产党处在把控全局的执政地位上,自然负有引导其融资渠道方向的责任,即要对媒体组织境内资本和境外资本的吸纳结构比例、不同性质媒体组织该结构比例的差异化等进行合理的布局和安排。在媒体组织的投资方面,党同样需要对其投资方向进行适当的引导,以便于在协助媒体组织获得更多投资回报以增强其资金实力的同时,实现与宏观产业发展政策相呼应、相匹配的目标。

(2)提供相关政策支持。要对媒体组织进行良好的资本运作,就必须为其提供相应的良好资本运作环境,而政策因素正是资本运作面临的生态环境中最重要的因素之一。党在政策制定方面可以起到决定性作用,其在媒体资本运作中必不可少。

(3)加强对资本运作的管控。如前所述,鉴于传媒行业的特殊性质,相比于其他行业,媒体资本运作往往会受到更多的限制。但这不能排除某些媒体组织为了积聚更雄厚的资金,而将经济效益置于社会效益之前,违背相关的规章规定的情况。如果只关注事后惩罚,而忽略事前、事中监管,将无法消除媒体组织运营者的侥幸心理,从而无法从根本上消除这一潜在的隐患。因此,党在媒体资本运作的监督和管控环节中,同样不可缺位。

---

① 《习近平出席全国宣传思想工作会议并发表重要讲话》,新华社北京 2018 年 8 月 22 日中文电。

四、媒体资本运作的可行性

媒体资本运作的必要性只是其运行的前提和基础,在我国媒体领域内,资本运作要为媒体组织所接受和实现,还必须具备一定的可行性。[①] 媒体资本运作的可行性主要体现在政策、技术、经济环境等层面。

(1) 在政策层面上,党和政府对媒体资本运作的支持力度日益增强,越来越多的媒体组织开始尝试与资本合作。2018年,国务院办公厅印发《文化体制改革中经营性文化事业单位转制为企业的规定》和《进一步支持文化企业发展的规定》[②],提出要创新文化产业投融资体制,推动文化资源与金融资本有效对接,鼓励有条件的文化企业利用资本市场发展壮大,推动资产证券化,鼓励文化企业充分利用金融资源,投资开发战略性、先导性文化项目。其中对媒体产业的融资及与外资的合作等问题的回应表明了积极的态度。

(2) 在技术层面上,我国目前已经建立起一个相对成熟、规范的资本市场,为媒体资本运作搭建了一个较为完善的平台。在国家政策允许的范围内,媒体参与资本市场的技术操作已较为成熟。目前,业界主要通过以下六种方式参与资本市场:媒体资本并购、媒体直接上市、买壳和借壳间接上市、媒体分拆上市、媒体与上市公司合作以及对包括媒体品牌和栏目等在内的无形资本进行运作。

(3) 在经济环境层面上,改革开放四十多年来,社会主义市场经济体制逐渐得到完善。我国的经济发展取得了举世瞩目的成就,物质资本富足,甚至出现了一定的剩余。与其他多数行业相比,传媒产业的投资回报率处于较高的水平,在税收优惠政策的加持作用下,媒体组织逐渐获得大量闲置资本的青睐。这些都为媒体资本运作营造了良好的经济环境。

第二节 媒体资本运作的作用

媒体资本运作在媒体组织发展壮大的历程中起着多方面的重要作用,包括积聚媒体组织发展所必需的物质资本、开拓媒体组织利润来源的更多渠道、促进媒体管理模式的更新换代、协助媒体组织规避或减少可能的经营风险,等等。因此,媒体资本运作是媒体组织建设发展过程中不容忽视的重要环节。

[①] 王国平、向志强:《资本运营:我国媒介产业化的必然选择》,《求索》2005年第11期,第26—28页。
[②] 《国务院办公厅关于印发文化体制改革中经营性文化事业单位转制为企业和进一步支持文化企业发展两个规定的通知》,2018年12月18日,中国政府网,http://www.gov.cn/zhengce/content/2018-12/25/content_5352010.htm,2023年3月1日访问。

一、积聚媒体发展所需资本

媒体组织通过资本运作,有望在短时期内迅速积累发展所需的巨额资金。早在1998年,电广传媒便借助资本市场,迅速获取了发展资金。1998年12月23日,电广传媒在深圳证券交易所上市,发行股票500万股,募集资金超4亿元。1998年上市时,公司资产总额为118 791万元,经过21年的发展,到2017年底公司资产总额达到2 239 864万元,约为原来的18.86倍;公司的所有者权益总额1998年为75 542万元,2017年底为1 227 723万元,增长了约16.25倍;此外,2019年底,公司的主营业务收入为1998年底的22.82倍(如表17-1所示)[①]。这表明,公司实力提高,为社会提供合格的媒体产品的能力增强。

表17-1 电广传媒主要财务数据对比表

(单位:万元)

	时间		后者是前者的倍数
	1998年12月31日	2019年12月31日	
资产总额	118 791	2 239 864	18.86
负债总额	43 249	1 012 140	23.40
所有者权益	75 542	1 227 723	16.25
主营业务收入	30 852	703 492	22.80

二、丰富媒体利润来源

媒体资本市场不仅为媒体吸引发展资金创造了必要条件,而且为媒体组织的经营开辟了更大的利润增长空间。比如,上市的传媒组织就可以充分利用资本市场的规则,扩大自身影响力,增强盈利能力。进入21世纪以来,我国房地产市场繁荣发展。浙江日报报业集团很早便认识到了房地产市场的巨大机遇与自身在获得政府资源上的优势。2005年8月,浙江日报报业集团和绿城集团共同组建浙江报业绿城投资有限公司,各持股50%。该公司借助浙江日报报业集团和绿城集团的资源、资金、品牌和团队优势,积极进军二、三线城市的房地产市场,在浙江、山东、福建等地都开发了不少大型项目,收益颇丰,来自房地产的净利润一度超过来自报业的净利润。[②] 不过,地产项目风险较大,浙江报业集团如今已基本退出地产行业。通过多元化投资及经营,传媒资本及产业资本、金融资本实现有效融合,这是传媒组织发挥自身优势以拓宽发展路径、顺应市

---

① 《湖南电广传媒股份有限公司2020年年度报告全文》,2021年4月30日,电广传媒网,http://www.tik.com.cn/upload/202109/16/20210916203415 6186.PDF,2023年6月1日访问。

② 郭全中、胡洁:《复盘浙报集团的转型之路》,《新闻爱好者》2017年第2期,第4—10页。

场化经济体制的选择。在如今传媒产业内部资源受限的情况下，以资本运作引进金融资本为传媒资本提供支持，能够极大地改善传媒产业的经营环境，同时延伸传媒产业价值链，使其向多元化产业结构方向发展。

三、推动媒体管理模式创新

传媒资本市场的发展使传媒业与其他行业之间建立了密切的联系，也带来了人才流动、经营理念的变化。一些非传媒组织的管理经验也随着资本的流动进入媒体管理领域，影响着媒体管理的方式方法，推动着媒体经营与管理模式的创新。

阿里巴巴在2014年凭借8.04亿美元的投资，成为拥有《京华时报》经营权的香港文化中国传播集团公司的最大股东；2015年，以总投资24亿元，24.22元每股的价格认购光线传媒超过9900万股，成为光线传媒第二大股东；与拥有《财经》等著名杂志的财讯集团等机构联合组建新媒体机构"无界新闻"；首期上亿元投资《北青社区报》，与北京青年报社在物流等方面开展合作；以12亿元入股第一财经传媒有限公司，成为第二大股东，加强了媒体和金融信息合作；出资1亿元与四川日报报业集团联合创办"封面传媒"；以17.2亿元收购香港百年大报《南华早报》。2014年，阿里与云锋基金共同投资"优酷土豆"12.2亿美元，2015年以57.2亿美元全资收购"优酷土豆"，补齐了在视频领域的短板。2018年，阿里投资华人文化集团。作为一家老牌的传媒巨头，华文文化集团旗下不仅包括"星空传媒""正午阳光""邵氏兄弟"等传媒制作公司，也掌握了一系列头部发行渠道，如香港TVB、"爱奇艺"、UME影院、"梨视频""快手"等，它还是年轻用户喜欢的新兴媒体平台——"B站"(bilibili)的重要投资人。2020年，在收购了分众传媒、芒果超媒后，阿里巴巴利用自己产业与资本的能力重新塑造了公司能力，推动了管理模式创新。①

这些产业组织过程丰富了媒体资本的成分，也使非国有资本将其已有的管理经验扩展到媒体的管理活动中来。这对媒体组织提高竞争力、提升行业管理素质都具有极大的意义。2022年3月发布的《市场准入负面清单（2022年版）》②显示，禁止准入类共有6大项，其中第6项为禁止违规开展新闻传媒相关业务，具体包括非公有资本不得从事新闻采编播发业务，非公有资本不得投资设立和经营新闻机构，包括但不限于通讯社、报刊出版单位、广播电视播出机构、广播电视站以及互联网新闻信息采编发布服务机构等6个方面的内容。非公有资本参与媒体管理的难度将有所提高。

---

① 张春林、于丹丹：《论产业融合视野下媒介融合的"互联网+"思路——基于阿里巴巴布局传媒业的案例分析》，《重庆工商大学学报（社会科学版）》2017年第1期，第12—18页。

② 《国家发展改革委 商务部关于印发〈市场准入负面清单（2022年版）〉的通知》，2022年3月12日，中国政府网，http://www.gov.cn/zhengce/zhengceku/2022-03/26/content_5682276.htm，2023年3月1日访问。

四、分散媒体经营风险

市场经济必然伴随着市场风险和经营风险,资本来源单一可能会使风险更为集中。先行试水资本市场的一些媒体组织正是通过资本市场,寻求资本来源多元化、股权分散化,来改善公司治理结构、降低经营风险的。上海传媒第一股"东方明珠"就因为广泛融资,从最初较为单纯的电视转播塔和音像制品经销等业务范畴,发展出包含车载数字移动电视、户外及楼宇电视在内的诸多新兴业务,分化出近 10 个广电业务类子公司。网站是新的媒体组织形式。但是,网站的盈利来源往往以广告收入为主,且其占总收入比重较高,存在单一盈利途径的问题,抵抗市场风险的能力也不强。"新浪"和"搜狐"两大门户网站的主要盈利模式是"广告+无线增值服务",而"网易"则在转型过程中将主要盈利模式转变为"广告+网络游戏"。网易自主研发的《梦幻西游》《阴阳师》《第五人格》等获得了巨大的成功。目前,网络游戏已取代广告成为网易的收入支撑。根据网易财务统计报告,2019 年网易在线游戏净收入为 464.23 亿元,较 2018 年 401.90 亿元同比增长 15.5%;2019 年网易全年总收入为 592.41 亿元,游戏收入占总收入的 78.36%。

实际上,媒体组织只有建立多元盈利的经营模式,不断拓展自身发展领域,寻找新的利润增长点,延长产业链,才能走出一条盈利模式多层次、多样化,相互依存、相互补充的可持续发展道路。这也是商业性网站未来在盈利模式上需要着重努力的方向。网站应建立多元组合的盈利模式,不断地寻找新的利润增长点,分散自身经营风险,这样才能提高对市场的适应能力,以应对市场更大的挑战。

第三节 媒体资本运作的特殊性

媒体资本运作在行业间和行业内都具有一定的特殊性,这主要体现在以下两个方面。一方面,由于媒体行业所具有的特殊性,媒体资本运作与其他行业中传统的资本运作模式在不同性质业务、不同子行业、对待不同资本的态度等维度上有所区别;另一方面,在传媒行业内部,新媒体的资本运作与传统媒体的资本运作之间也存在一定的差异。

一、媒体资本运作与一般企业资本运作的不同

我国传媒产业的特殊性使得媒体资本运作与传统资本运作有所区别。[1]

(1)经营性和公益性业务有所区分。传统资本运作一般是纯粹资本化运营,在业务属性上少有经营性和公益性之分。与之不同的是,我国媒体产业兼具商品、政治、公

---

[1] 黄升民、刘珊:《管控与融合:中国媒体与资本在博弈中探索前行》,《现代传播(中国传媒大学学报)》2016 年第 11 期,第 1—4 页。

益等多重属性,因此在进行媒体资本运作时,首先需要将经营性业务和公益性业务进行区分,明确经营业务可用于上市,而新闻生产和公共服务类业务则不受资本控制的原则。

(2) 核心行业和外围行业有所区分。传统资本运作在不同子行业中的受限程度一般没有明显的差异。与之不同的是,我国文化传媒业的各个子行业中存在核心行业和外围行业的区分,外围行业多是指偏向文化消费的行业,核心行业多是指偏向意识形态的行业。从资本运作上来说,外围行业相对宽松,核心行业则必须被严格把控。

(3) 对待不同资本的态度存在差异。传统资本运作中,接受融资的企业对待国有资本、社会资本、境外资本等往往态度一致,在融资过程中无须过多考虑资本来源。与之不同的是,我国媒体产业对不同资本的态度和方法存在一定的差异,国有文化资本、国有其他资本、社会民营资本和外资在媒体领域的进入权限有所不同。

二、新媒体资本运作与传统媒体资本运作的不同

近年来,新媒体的迅猛发展和多领域渗透使得越来越多的用户对其产生了依赖性,新媒体所面临的市场需求日益增大。对于各类传媒公司而言,相较于自主研发产品进行媒体融合,更有成效的选择是利用政策和资本的优势,收购发展成熟的新媒体项目。当前,新媒体市场总量持续增长,资本运作成为其吸纳资金、扩大经济实力和社会影响力、提高竞争力和抗风险能力的有效手段。[①] 与传统媒体相比,新媒体在资本运作方面具有如下独到之处。

首先,新媒体资本运作采用市场化手段的特点突出。新媒体的发展与市场化之间存在不可分割的紧密联系,只有紧紧依靠市场化手段,按照市场化的规则,对各类技术和商业资源进行合理的配置和有效的整合,新兴媒体才能提高自身在市场中的竞争力。基于所依托的平台的差异,新媒体企业在实现体现市场化手段特点的运营模式上的便利性比传统媒体更强,因此其采用市场化手段的特点更为突出。新媒体采用市场化手段的运营模式具体表现在如下四个方面。

(1) 通过二次成交,规避潜在成本。在达到受众资源相对稳定的阶段后,新媒体企业会与合作者在首次成功合作的基础上,展开商业广告和信息应用的二次合作,不断完善其内容建设环节,以便实现更好地迎合市场和用户的需要的目标。与已有成功合作经验基础的合作者进行二次合作,是新媒体通过市场化手段合理规避潜在的磨合成本、交易成本从而提高资源配置效率的途径。

(2) 采用在线销售的商业模式。新媒体内容生产上的营收包括有偿下载、有偿观看、有偿参与、有偿阅读等各种形式,在互联网技术飞速发展、线上支付应用日渐普遍的

---

① 陈凯:《新媒体资本运作现状、问题与应对策略》,《新闻研究导刊》2017 年第 1 期,第 54—55 页。

当下,对在线销售的商业模式的运用是新媒体适应市场潜在客户群需求变化、增加收入、提高资源整合与利用效率的又一项市场化手段。

(3) 采用与传统媒体相结合的模式。新媒体的出现及其快速的发展诱使受众在接收信息的习惯上发生了巨大的变化,这一现实对传统媒体的生存和发展而言无疑是一个巨大的冲击,但不可否认,它也是驱动传统媒体向营利组织改制的动力源泉。在当前的媒体产业中,新媒体与传统媒体的有机结合已是媒体发展的必然趋势,常见的例子包括新媒体与传统平面媒体合作生产网络杂志、电子报刊,新媒体与传统视频媒体合作生产在线影院、视频点播,等等。由于传统媒体在内容尺度、播出时间、介入门槛等多方面都受到较多的政策限制,因此其与新媒体相结合的发展模式能够在一定程度上更好地满足用户的需求。通过这一模式,新媒体实现了对资源的合理配置和有效整合,也达到了与传统媒体双赢的目标。

(4) 延伸产业链,采用增值服务模式。在市场需求的驱动下,新媒体企业在平台上通过出售虚拟道具、提供在线定向服务、提供网上金融服务、提供网络销售服务等方式延伸其产业链,实现增值获利的目标。

其次,相比于传统媒体,新媒体在提高资本运作效能上具有更大的需求。一方面,新媒体运营具有显著不同于传统媒体运营的互动性与开放性。相比于传统媒体传递信息的单一性,新媒体传递方式较多,大大提高了信息数据传播的速度及互动性,使资讯信息呈现乘积式增长,进而增加了经济效益。因此,新媒体的市场总量呈现指数型增长态势。另一方面,新媒体运营渠道较广。今天,计算机等新媒体运营的相关设施设备操作难度降低,新媒体运营的传播成本和设备成本随之下降,新媒体开发运营的渠道也随之拓宽。新媒体运营对于吸纳资本及提升资本运作效能具有较大的需求。目前,市场对新媒体的资本投入已经实现了来源渠道多元化。

此外,股权资源往往对新媒体企业的资本运作策略起着决定性的作用。具有不同结构的股权资源的新媒体企业在资本运作方面的特点也存在差异。目前,外资控股的新媒体公司凭借强大的资本、技术、品牌和人才优势,频繁进行资本运作,通过良好的激励机制和灵活的市场机制实现纵向整合,并试图垄断上下游产业链;民营资本控股的新媒体公司尽管体量较小,但其机制较为灵活,因为股权和核心技术掌握在创业者手中,而在龙头企业陆续的横向整合、同业兼并背景下,行业集中度不断提高;国有控股公司往往在市场中扮演追随者的角色,其上市一方面是为了实现资本补充机制,另一方面是为了保持其在意识形态领域的主导权,因而缺乏盈利冲动,资本运作活跃度不够,盈利模式仍有待创新。[1] 因此,媒体企业的股权融资应当受到重点关注。

---

[1] 梁智勇:《中国新媒体上市公司股权结构分析及其资本运作新动向》,《新闻大学》2013年第3期,第121—129页。

第四节　媒体资本运作的现状

对于媒体资本运作的现状，主要可以从其当前所处的媒体生态环境、当前的困境及未来可能的发展路径三个方面进行了解。

一、媒体资本运作的生态环境

好的环境是媒体资本良好运营的基础，积极适应和改善不断变化的生态环境，是实现媒体可持续发展的前提。①

从媒体生态环境中的国际因素来看，我国传媒市场拥有巨大的消费潜力及可供开发的文化资源潜力，这对于国际传媒集团而言具有巨大的吸引力。目前，境外媒体进入我国内地市场的主要方式包括电视节目入驻、参与影视娱乐项目合作、参与商业媒体或传媒公司的投融资等。以电视节目入驻为例，2016 年全年，我国电视剧节目进口总额为 20.99 亿元，出口总额为 3.69 亿元，贸易逆差为 17.30 亿元；除在东南亚、非洲和中国台湾地区实现贸易顺差，在其他国家和地区均是逆差，其中对日本贸易逆差最大，共计 7.93 亿元。不少境外电视节目在我国已经具备了较为广泛的市场。例如，1994 年起，迪士尼控股的 ESPN 长期以较低的价格将其独家的"英超""西甲""意甲""NBA"等世界著名体育赛事转播资源转卖给国内地方台，并依靠庞大的观众群在国内迅速扎根。凭借内容优势进入中国电视节目市场，是未取得在中国落地权的国外媒体寻求开拓中国市场的最主要的方式。

从媒体生态环境中的国内因素来看，总体来说，国内媒体产业发展迅速。2021 年，我国媒体产业总产值达 29 710.3 亿元，较 2020 年增长 13.54%②；全国图书总印数达 110 亿册，期刊总印数达 20 亿册，报纸出版总印数达 276 亿份；全国广播综合人口覆盖率达 99.50%，电视综合人口覆盖率达 99.70%③；我国网民规模达 10.32 亿，互联网普及率达 73.00%，手机网民规模达 10.29 亿，网民使用手机上网的比例达 99.70%④。在媒体组织最主要的收入来源之一——广告方面，相关数据显示，2020 年我国广告市场规模达 9143.9 亿元⑤，全国人均广告消费额约为 647 元，广告市场总体规模逐年增大，持续呈现上升势头。

---

① 王国平、王方晖：《媒介资本运营与中国的现实进路》，《求索》2006 年第 8 期，第 76—80 页。
② 崔保国、陈媛媛：《2021—2022 年中国传媒产业发展报告》，《传媒》2022 年第 16 期，第 9—15 页。
③ 数据来源于国家统计局网站，http://www.stats.gov.cn/，2022 年 12 月 12 日访问。
④ 《第 49 次中国互联网络发展状况统计报告》，2022 年 2 月 25 日，中国互联网络信息中心网站，http://www.cnnic.net.cn/hlwfzyj/hlwxzbg/hlwtjbg/202202/P020220721404263787858.pdf，2023 年 3 月 1 日访问。
⑤ 数据来源于国家市场监督管理总局网站，https://www.samr.gov.cn/，2022 年 12 月 12 日访问。

我国媒体产业正处于高速发展时期，庞大的用户基础和强烈的市场需求为媒体发展提供了广阔的前景。但不可忽略的是，由于市场竞争日益激烈，"马太效应"凸显，目前国内仍有许多媒体处于资金短缺状态，因此资金匮乏成为制约我国媒体发展的瓶颈，尤其对传统媒体的发展构成了巨大的阻碍。从平面、广电、互联网、移动互联网"四分天下"，到传统媒体、互联网和移动互联网"三足鼎立"，再到移动互联网"一超多强"，以2011年为分水岭，我国传媒行业格局快速调整，传统媒体市场份额不断被新媒体挤压。在2017年的媒体市场格局中，移动互联网占整个媒体市场份额的近一半，而传统媒体总体规模占比仅为20%，其中报刊、图书等平面媒体的市场份额不到6%。[1] 在2020年9143.9亿元的总体广告市场规模中，互联网广告规模占比已过半，达到5439.3亿元。[2] 在新媒体的冲击下，报纸、图书、期刊、广播电视等传统媒体面临融媒转型和寻找新的盈利增长点的迫切需求。

从我国媒体企业上市情况来看，2010年，中共中央宣传部、中国人民银行、财政部、文化部、广电总局、新闻出版总署、银监会、证监会和保监会等九部委联合发布指导意见，要推动符合条件的文化企业上市融资，因此大量公司有望通过首次公开募股（IPO）和并购重组等多种方式进入资本市场，并借助资本市场做大做强。在明朗的外部环境中，我国媒体企业上市进展情况良好，传媒上市公司IPO进度加快。截至2019年底，传媒上市公司共有143家，总市值达到14 607.47亿元，其中动漫板块流通市值全年上涨了47.10%，互联网板块则上涨了40%。

截至2019年，各类上市媒体企业代表企业的基本情况如表17-2所示。

表17-2 2019年我国各类上市媒体企业代表企业的基本情况

上市企业类别	代表企业	经营状况
互联网上市公司	阿里巴巴	营业收入5097.11亿元，同比增长35.26% 净利润1403.5亿元，比上年增长75.00%
	腾讯	营业收入3772.89亿元，同比增长20.66% 年度盈利958.88亿元，同比增长19.88%
广告上市公司	蓝色光标	营业收入281.06亿元，同比增长21.65% 净利润7.10亿元，同比增长82.66%
	省广股份	营业收入115.35亿元，同比减少4.78%
	分众传媒	归属母公司的净利润1.49亿元 营业收入121.35亿元，同比减少16.6% 营业利润23.66亿元，同比减少66.0%

---

[1] 崔保国主编：《中国传媒产业发展报告（2018）》，社会科学文献出版社2018年版，第12—13页。
[2] 数据来源于QuestMobile网站，https://www.questmobile.com.cn/，2022年12月30日访问。

（续表）

上市企业类别	代表企业	经营状况
动漫上市公司	奥飞娱乐	营业收入 27.26 亿元，同比减少 3.97% 利润总额 1.04 亿元，同比增长 105.89%
	拓维信息	营业收入 1239 亿元，同比增长 4.62% 净利润 0.25 亿元，同比增长 101.61%
网络游戏上市公司	天神娱乐	营业收入 13.3 亿元，同比减少 48.63%
	电魂网络	营业收入 6.97 亿元，同比增长 55.39% 净利润 2.28 亿元，同比增长 75.92%
出版上市公司	中文在线	营业收入 7.05 亿元，同比减少 20.34%
报刊上市公司	浙数文化	营业收入 28.27 亿元，同比增长 47.23% 净利润 6.90 亿元，同比增长 20.54%
	博瑞传播	营业收入 4.25 亿元，同比减少 27.12% 净利润 0.66 亿元，同比增长 104.36%
发行上市公司	广弘控股	营业收入 30.91 亿元，同比增长 20.83% 净利润 2.86 亿元，同比增长 49.70%
	天舟文化	营业收入 12.39 亿元，同比增长 10.08% 净利润 0.31 亿元，同比增长 102.88%
印刷上市公司	盛通股份	营业收入 19.53 亿元，同比增长 5.87% 净利润 1.41 亿元，同比增长 13.82%
	劲嘉股份	营业收入 39.89 亿元，同比增长 18.25% 净利润 8.77 亿元，同比增长 20.88%
	永新股份	营业收入 26.00 亿元，同比增长 11.47% 净利润 2.69 亿元，同比增长 19.44%
影视上市公司	唐德影视	营业收入 -1.15 亿元，净利润 -1.07 亿元
	慈文传媒	营业收入 11.71 亿元，同比减少 18.37% 净利润 1.65 亿元，同比增长 115.05%
	华策影视	营业收入 26.31 亿元，同比减少 54.62% 净利润 -14.67 亿元，同比减少 794.55%
	万达电影	营业收入 75.64 亿元，同比减少 11.18 亿元 净利润 5.23 亿元，同比减少 61.88 亿元
	华谊兄弟	营业收入 10.77 亿元，同比减少 49.26% 净利润 -3.80 亿元，同比减少 236.75%

（续表）

上市企业类别	代表企业	经营状况
广电网络上市公司	江苏有线	营业收入 76.50 亿元，同比减少 2.98% 净利润 3.31 亿元，同比减少 46.97%
	湖北广电	营业收入 26.25 亿元，同比减少 4.48% 净利润 1.03 亿元，同比减少 43.87%
	电广传媒	营业收入 70.77 亿元，同比减少 32.67% 净利润 1.11 亿元，同比增长 26.87%
文化演艺上市公司	宋城演艺	营业收入 26.12 亿元，同比减少 18.67% 净利润 13.40 亿元，同比增长 4.09%
教育服务上市公司	开元股份	营业收入 14.90 亿元，同比增长 2.44% 净利润-6.23 亿元，同比减少 691.77%
其他上市公司	跨境通	营业收入 178.74 亿元，同比减少 16.99% 净利润-27.08 亿元，同比减少 534.82%

上述我国媒体企业上市公司的发展中存在以下几个特点：第一，"马太效应"即强者愈强、弱者愈弱的现象愈发显著，头部企业更加具有稳健性。行业头部企业抗压能力强，尤其是在游戏行业中，市场份额向头部企业聚集效应较为明显。头部企业拥有更强的内容开发能力和更加充足的资金储备，能够更快地适应要求调整自身经营模式，中小企业则易经历震荡。第二，游戏、影视、营销等前几年普遍实行外延式扩张策略的行业，持续受到收购标的发展不达预期、商誉等资产减值的影响。除营销板块扭亏情况较好外，互联网板块、影视板块、游戏板块仍面临整体亏损情况。[1]

具体来说，我国不同媒体细分行业面临不同的资本和政策环境。

第一，报纸产业。近年来，报纸产业营收数据缩窄，主流报业依旧具有一定影响力。2019年，报纸广告降幅迎来五年来第一个30%以下，期刊广告降幅也维持在个位数。相较于2011年的"巅峰状态"，之后的十年，报纸广告收入持续下跌，2021年的广告收入已跌至2011年的1/15。[2] 一些主流报业集团依旧具备品牌影响力和内容生产力，个别传统报刊"两微一端"运行较好，依然保持着一定的受众基础和媒体影响力。但整体来看，我国报纸产业仍呈现下滑趋势——读者持续减少、发行持续减量，盈利模式多元化依旧是报刊媒体在融合升级阶段需解决的关键问题。[3]

---

[1] 建投华文投资有限责任公司、人民日报社企业监管部：《中国传媒投资发展报告（2019）》，社会科学文献出版社2019年版，第219页。

[2] 崔保国、陈媛媛：《2021—2022年中国传媒产业发展报告》，《传媒》2022年第16期，第9—15页。

[3] 建投华文投资有限责任公司、人民日报社企业监管部：《中国传媒投资发展报告（2019）》，社会科学文献出版社2019年版，第2页。

第二,广播电视产业。21 世纪以来,政府推行广播电视制播分离改革政策,这为广播电视节目制作提供了广阔的发展空间,为资本融通打通了一条"制播分离改制—面向市场—吸纳社会资本—上市融资"之路,同时也为想进入广播电视业的业外资本指明了一条投资之路。[①] 1999 年,《国务院办公厅转发信息产业部、国家广播电影电视总局关于加强广播电视有线网络建设管理的意见》详细规定了媒体的融资问题,强调新闻媒体由国家主办、不吸收外资和私人资本的原则,但可以批准其新闻出版广播影视部门进行融资,且允许其经营部门成立公司,以向国有大型企业事业单位融资;2001 年 8 月,《中共中央办公厅、国务院办公厅关于转发〈中央宣传部、国家广电总局、新闻出版总署关于深化新闻出版广播影视业改革的若干意见〉的通知》,对媒体融资、媒体涉外合作和跨媒体发展等内容作出了具体的规定,降低了社会资本和外资的进入门槛,指出在确保国有控股的前提下,广播电视传输网络公司的股份制改造、电视剧的制作、图书发行机构的运作等环节可以根据需要吸纳国内外的非国有资本;2003 年,国家广播电影电视总局加大了对广电资本产业开发的政策支持力度,开始广泛吸引社会资本进入广播电视产业运作;2004 年 2 月,国家广播电影电视总局发布了《关于促进广播影视产业发展的意见》,鼓励民间资本和境外资本进入除新闻宣传外的其他类型的电视节目、进行频道合作等,从此各类业外资金开始进入媒体产业;2012 年 5 月,《广电总局关于鼓励和引导民间资本投资广播影视产业的实施意见》,明确鼓励和允许民间资本投入影视产业。[②] 2018 年,《国务院办公厅关于印发文化体制改革中经营性文化事业单位转制为企业和进一步支持文化企业发展两个规定的通知》,提出要创新文化产业投融资体制。在电视节目方面,资本的注入促使原为事业单位的电视台现在根据市场需求不断推动自身创新发展。以湖南卫视、浙江卫视、江苏卫视、东方卫视为代表的一线卫视都发展出了自己的品牌节目,吸引了大量的资本注入,表现出了极强的资本吸收能力,由此在较为雄厚的资金的支持下,在各项业务上取得了良好的进展。

第三,出版业。2003 年,国家新闻出版总署印发《新闻出版体制改革试点工作实施方案》等多个文件,进一步放松了对媒体资本运作的政策管制,将媒体产业企业划分为公益性事业和经营性产业两大类,新闻宣传以外的社会服务类、大众娱乐类节目和专业报刊出版等经营性资源从现有事业体制中被分离出来组建公司,允许各类所有制机构进入经营性项目。在市场经济条件下,出版业跨区域、跨行业兼并重组取得一定进展,

---

[①] 吴凌玲:《我国广播电视业资本运营的核心问题与优化策略》,《新闻爱好者》2011 年第 14 期,第 117—118 页。

[②] 樊希、周曼莉:《浅论我国广播电视产业资本运营概况及风险防范》,《新闻研究导刊》2018 年第 12 期,第 254—255 页。

更多的出版单位通过产权多元化和建立现代企业制度逐步实现了与社会资本的融合。①2019年,我国共出版图书105.97亿册,同比增长5.87%;零售市场总规模达到1022.7亿元,同比增长14.40%;营业收入增长了5.60%。② 尽管面临较好的市场环境,但国有出版企业由于资本金来源单一、范围较小——其主体表现形式是转制时核定的资本金、国有增资投入,因此在筹融资金上仍面临一定的压力和资本实力不足的困局。

第四,广告业。在文化产业和互联网产业的发展得到政府大力扶持的背景之下,中国广告产业在估值较高、受政策影响较大的中国资本市场环境中得到了更多资本的支持。2010年后,广告产业资本化进程速度加快、程度深化,伴随着一批本土广告集团的出现,中国广告产业逐步走向资本竞争阶段。2012年,传统媒体广告投入的下滑昭示了广告公司基于传统媒体所设计的商业模式的衰落,如何借助资本的力量实现互联网转型成为广告公司扭转局面需解决的关键问题。2014年后,广告产业资本化程度加深,数字营销技术和互联网产业进一步发展,广告的商业模式的属性日益突出,异业资本纷纷通过资本运作参与广告产业竞争,广告产业出现参与主体多样化、资本运作常态化的现象。③ 2019年,我国广告市场总体规模达到8674.28亿元,同比增长8.54%,占国民生产总值的0.88%。基于中青年群体强大的购买力,社交媒体和视频媒体,如具有用户规模优势的"抖音""快手"等平台,将吸引更多的营销预算,有望在广告营收上实现高增长。④ 2021年,我国互联网广告收入为5435亿元,互联网营销服务收入为6173亿元,二者合计达11 608亿元,规模稳居传媒产业大盘的核心位置。⑤

二、媒体资本运作当前的困境

从媒体产业自身所具有的特性来看,目前其发展过程面临各类风险,具体可从媒体组织自身业务经营的内部因素、其适用的政策和管理体制等外部因素来看。在这些媒体组织面临的共同困境之外,相比于传统媒体组织,新媒体还面临其他风险。

(一)内部因素

在与媒体企业自身的业务运营相关的因素中,资本运作环节所可能遭遇的困境主要来自以下几个方面。

(1)传媒业的核心竞争资源是创意人才与创意成果,这些属于无形资产,具有较强

---

① 刘林山:《市场经济条件下出版企业的资本运作分析》,《生产力研究》2013年第8期,第163—164+170页。
② 崔保国等主编:《中国传媒产业发展报告(2019)》,社会科学文献出版社2019年版,第8页。
③ 刘志一:《中国广告产业资本运营历程的分期研究(2001—2013)》,《广告大观(理论版)》2016年第3期,第4—10页。
④ 建投华文投资有限责任公司、中央财经大学新闻传播系主编:《中国传媒投资发展报告2018》,社会科学文献出版社2018年版,第14页。
⑤ 崔保国、陈媛媛:《2021—2022年中国传媒产业发展报告》,《传媒》2022年第16期,第9—15页。

的不稳定性。一方面,在市场竞争日益激烈的生态环境下,无形资产的流动性进一步增强;另一方面,在相关法律法规体系尚未完善、传媒业自律性仍有待加强的背景下,节目模式等创意成果及其收益很难得到有效的法律保护。对传媒行业企业而言,无形资产在总资产中的占比往往较高,其不稳定性使得资产价值难以得到准确有效的评估,从而难以在投融资市场中获得抵押或认可。

（2）传媒行业聚焦创意,该行业中产品的成功极端依赖其内容的独创性和新鲜度,重复出现的节目模式会导致受众的"审美疲劳"。这也就意味着,成功模式的可复制性较弱。

（3）传媒行业受众广泛,市场口味难以捉摸,传媒产品的发展前景具有极强的不可预估性。以电影行业为例,中国电影近年来的票房冠军在题材、审美风格、拍摄班底方面几乎就没有相似性。

（4）传媒行业产品的市场反应还受国际形势、演员声誉、发行环境等多重风险因素的影响,其发展具有不确定性。[①]

（二）外部因素

从外部政策和管理体制层面看,我国媒体的资本运作还面临新的难点。

一方面,媒体融资不断受到证监会政策及 IPO 审核的影响。2016 年下半年以来,证监会加强了对影视、娱乐类企业的 IPO 审核,传媒类上市公司通过定增并购重组来融资愈发困难。2017 年 2 月 17 日,证监会发布"再融资新规";2017 年 5 月下旬,证监会发布《上市公司股东、董监高减持股份的若干规定》。受上述两个政策影响,再融资企业数量和融资规模均大幅下降。[②]

另一方面,与媒体资本运作的过程相应的管理体制中依然存在漏洞,进而导致媒体组织的资本运作面临以下风险:(1)关联交易引致的市场风险。目前,多数上市的媒体公司都是由原有媒体剥离其核心经营业务后重组而成,很容易与其母公司发生关联交易,甚至其主要利润都来自与母公司的关联交易。因此,上市公司的盈利状况主要取决于关联媒体的经营状况,缺乏独立抵抗市场风险的能力。此外,由于关联媒体的负责人往往也是上市公司的决策者,一方面,他可以通过关联交易为上市公司承担成本,另一方面,他也可能通过关联交易转移上市公司资产,套取巨额资金。因而,关联交易也为关联媒体侵吞上市公司利润提供了机会。(2)同业竞争造成的市场风险。一些上市公司与关联媒体的经营业务重复,容易产生同业竞争。这是媒体类上市公司面临的另一

[①] 胡钰、王嘉婧、徐雪洁:《中国传媒业投融资:发展与创新》,《湖南师范大学社会科学学报》2018 年第 1 期,第 134—142 页。

[②] 建投华文投资有限责任公司、中央财经大学新闻传播系主编:《中国传媒投资发展报告(2018)》,社会科学文献出版社 2018 年版,第 263、275 页。

困局。例如,中央电视台控股的中视传媒的影视节目制作业务与中央电视台内各节目制作单位之间存在同业竞争。鉴于自身面对的竞争压力,中央电视台不得不将最初的按中视传媒影视产品成本定价、全部包销的政策,改为按市场定价、部分销售的方式,这造成了中视传媒业绩下滑。(3)业外资本注入过程中存在的政策风险。我国媒体资本运作的相关政策法规尚不成熟,其中存在政策反复风险。例如,因为对政策风险缺乏正确估计,四川托普软件投资股份有限公司在传媒产业的资本运作中便遭受了严重的挫折。2000年以来,"托普"开始实践其对"传媒帝国"的构想,陆续投入传媒领域:收购"炎黄在线"网站,投资《蜀报》和《商务早报》,入资《四川文化报》,创办《IT时代》,并计划收购《四川青年报》。然而,这些举动招致了管理部门的注意。2001年,《蜀报》和《商务早报》被叫停。"托普"在这两家报纸上投入的4000万元血本无归。再加上投入《四川文化报》的300万元,"托普"最起码赔了4300万元,考虑到还有后续的一系列问题要处理,托普的实际支出极有可能比这个数字要多很多。①

特别地,对如今炙手可热的新媒体行业而言,市场资本运作方面依然存在以下四个阻碍性问题:(1)新媒体开发过程需要大量的技术投入、宣传投入、内容生产投入等,单个中小型新媒体企业普遍存在资金投入不足的问题。(2)当前,新媒体市场呈现基本饱和的状态,信息进入快消品时代后,由"量变"转向"质变"成为必然的发展趋势;在新媒体发展过程中,商业价值链和成本的回收周期都被不断拉长,投资回报率的不确定性随之增加,这使得投资者在对媒体行业进行投资决策时采取更为慎重的态度,从而增大了新媒体获得投资的难度。(3)尽管目前许多新媒体在付费下载、内容定制、金融服务等盈利方式上都做出了积极的尝试,但"免费-广告"仍然是目前新媒体运营的主流模式,多数新媒体的用户黏性来源依然是提供免费服务,这一模式将很难支撑新媒体项目的后续发展。这一困境所体现的盈利模式不清晰的问题同时也反映出,在新媒体行业中进行投资的风险巨大,较低的期望收益使得投资者缺乏投资信心,这又进一步使新媒体面临筹资困难、发展受限的问题,陷入"难以筹资—发展前景不明朗—行业风险提高—无法吸引投资者"的恶性循环。(4)新媒体的产生主要通过两个途径实现,一是传统媒体通过改造或者利用现有资源开拓新的媒体形式,二是个体通过社交网络平台发展壮大后再吸引资本注入。但无论从哪一路径出发,新媒体都因为体量小而普遍存在上市难的问题;同时,我国的风险投资市场尚未成熟,相关政策亟待进一步完善,上市的新媒体缺乏完备的退出机制。新媒体上市难、退市难带来的风险同样阻碍了其融资过程。②

---

① 王国平、王方晖:《媒介资本运营与中国的现实进路》,《求索》2006年第8期,第76—80页。
② 陈凯:《新媒体资本运作现状、问题与应对策略》,《新闻研究导刊》2017年第1期,第54—55页。

三、媒体资本运作的发展路径

结合当前媒体资本运作所处的生态环境,首先应当在国家层面进行顶层设计,加强相应的引导与管理,扫除体制机制中的障碍。而媒体组织在进行资本运作时,主要可参考以下几条发展路径进行发展规划,优化无形资本、人才资本和金融资本这三类资本的运作。此外,从投资者的角度来看,应当加强对传媒行业的认识和了解。

(一)统筹兼顾,加强对媒体资本运作的引导与管理

巨额民营资本与外资进入我国传媒产业已是客观现实和必然趋势,因此国家需要以积极的态度对其进行引导与管理,主要可从以下三个方面入手。第一,由于传媒业具有重要的政治属性与强大的社会功能,影响国家和社会的稳定,而资本运作将会使行业所有制结构发生转变、决策权力分散、运作上呈现更加复杂的状态,因此国家应当制定指导资本运作的宏观方针,以确保传媒业发展能够最大限度地符合国家的目标设定。第二,针对当前传媒产业资本运作缺乏规范的现象,国家应尽快制定考虑周全、完整细致、具有一定前瞻性和系统性的实施细则,在尽量长远的周期内指导媒体资本运作,避免业外资本过多不规范运作以及跨系统运作衔接不畅的问题发生。第三,作为涉及国计民生、国民经济命脉等具有重大战略意义的行业,国家应对传媒行业的相关重要环节资产控股超过50%。[①]

要加快消除阻碍传媒资源合理流动的体制性障碍。中国传媒行业具有"多头管理、条块分割"的特点,传媒资源跨行业、跨地域流动困难,存在横向的各市场间的封闭与准封闭的运作状态。此外,中国的传媒机构具有明确的行政级别,媒体组织容易被视为地方宣传工具和区域财产,这也成为媒体资本运作的障碍。要改革创新传媒机制,加速消除这些阻碍传媒资源有效流动的体制性障碍,以使资本实现充分的流动。[②]

(二)加强对无形资本运作策略的研究

媒体的各类无形资产包括传媒名称、商标、专利产权、版权、版面、频率资源、频道资源、栏目品牌、节目形式和内容、播出时间、知识、契约、公关等。

良好的无形资本运作不仅有助于媒体组织实现品牌扩张,也有助于媒体组织实现资产扩张,如其可以信誉和品牌作为资本,与其他企业进行联合、参股、控股、兼并等资产活动,在减少资金投入的条件下收购企业。相比于有形资本运作,无形资本运作更加快捷高效,具有更大的发展空间。以动画起家的迪士尼是无形资本运作的典型成功案例。其不仅经营影视产品,也通过特许经营的方式,将品牌延伸到了音乐、玩具、服装、

---

① 张辉锋:《传媒经济学:理论、历史与实务(第三版)》,人民日报出版社2015年版,第211—212页。
② 同上书,第212—213页。

食品、饮料甚至手机等多个领域。① 此外,无形资本的特殊性决定了无形资本运作提高经济效益和社会效益的作用具有长期性和不可替代性,完善无形资本运作的各个环节对于促进媒体资本运作更好地发展具有重要的意义。然而,国内媒体企业资本意识淡薄,或把无形资本与意识形态相联系,在一定程度上阻碍了无形资本运作作用的发挥。② 因此,提高媒体组织经营者对无形资本的认知度,进而研究其具体策略,是我国媒体无形资本运作发展的首要步骤。

(三)加大人才资本运作的创新力度

人才资本运作的主要对象是人才,即掌握了传媒理论和传媒产业运营技巧的劳动者。人才资本运作过程具有一定的系统性,主要包括企业对人才资本的投资、管理、整合和扩张四个方面。具体来说,企业要以其人才存量为核心进行开发,并结合市场机制的作用,根据特定目标对人才资本进行使用、管理、优化资源配置,以实现效率和收益的最大化。③ 物质性资本的保值增值必须依赖运作主体人才主观能动性的发挥,而人才资本作用的发挥需要有良好的内在环境,即媒体人才资本的组织结构和运作机制。在人才结构合理的情况下,各种能力层次、不同知识领域的人才须相互协作、积极互动,为媒体创造最大的价值。④

媒体企业人才资本运作的主要目的是激发媒体人才的积极性和创造性,具体运作方式为通过合同制形式实施人才竞聘制度,具体运营机制包括薪酬机制、人才运作环境机制、人才供求机制、人才竞争机制等。对于我国媒体产业而言,人才资本紧缺,因此对人才资本进行创新性的运筹、管理和策划,不断创造和增加媒体人才资本的价值,是至关重要的。

媒体人才资本运作的主要特点是:第一,人才资本运作自身能够创造价值,因此其资本增值具有无限性,这就意味着人才资本运作规模天然具有扩展性。第二,一方面,相比于其他生产要素而言,人的主观能动性较强,因此人才资本运作所能创造的效益在不同条件下差异较大;另一方面,人才资本运作的对象是人,具有情感特征,实际操作层面很可能受到情感因素的影响,因此人才资本运作的效果具有较强的不可预测性。第三,人的天性之一在于利己,这也是薪酬制度等激励机制建立的理论基础,因此人才资本运作往往需要关注人才的个人利益。第四,人才是创新的根源所在,因此人才资本运

---

① 王国平、王方晖:《媒介资本运营与中国的现实进路》,《求索》2006年第8期,第76—80页。
② 周鸿铎:《传媒经济论:理论基础卷》,中国书籍出版社2013年版,第197—198页。
③ 王朝晖、傅佳诚、周胡非:《中国电影产业的人才资本运营探析》,《中国电影市场》2019年第7期,第13—17页。
④ 王国平、王方晖:《媒介资本运营与中国的现实进路》,《求索》2006年第8期,第76—80页。

作具有较强的创新性。① 以电影产业为例,目前中国大多数电影项目采用导演中心制的模式,以保证影片艺术风格及艺术样式完整统一。此外,名声收益大于票房收益也是中国电影市场的潜在规律,在影视公司希冀借力"口碑效应"提高自身产品竞争力的前提下,大部分影视公司的盈利收入更多依赖知名导演、资深编剧和一线演员的参与,人才资本运作在电影产业发展的环节中的重要地位不言而喻。②

(四)提高金融资本运作效率

金融资本是媒体企业经营运作重要的物质基础之一,指的是对已经形成的金融资本的运筹、策划和管理。良好的金融资本运作有助于提高媒体企业有形资本的利用效率与管理者的资本意识。确立科学的金融资本运作管理制度,组建有效的金融资本运作机构,构建金融资本结构体系和回收率指标体系等,是完善媒体企业金融资本运作的有效路径。③

关于媒体企业金融资本运作的具体举措,一些国外经验值得借鉴。新加坡《报章与印务馆法令》规定:报业公司的股份分为管理股和普通股两种,其中管理股拥有普通股200倍的表决权,并限制个人或公司拥有媒体公司超过3%的股权,以防止个别家族和团体对媒体的操纵。新加坡报业控股公司就是一家上市公司,且其盈利能力在华文媒体中也数一数二。④ 国际出版商"培生"、里德·爱思唯尔和贝塔斯曼等普遍开始向新媒体和知识服务资本运营领域进行调整、向信息服务商进行转型。比如,培生主要为教育机构、政府机关、专业公司及个人提供全套的教育产品和服务,在高等教育市场的份额位居世界第一;里德·爱思唯尔是世界上最大的科技、医学、法律、商业信息服务提供商之一;贝塔斯曼不断在数字媒体领域发力,将业务扩展至在线教育、视频网站等领域。⑤此外,在金融板块,国外出版商的金融投资较为频繁,常根据产业发展趋势和业务调整情况展开业务投资。比如,2015年,汤森路透出售了旗下知识产权与科技板块,保留了金融和风险、法律、财税和会计、路透新闻投资等四大板块。⑥以上案例体现了媒体组织对金融资本利用效率和管理者资本意识的重视,具有一定的科学性,值得国内媒体学习。

近年来,金融资本不断助力我国文化传媒产业的发展,基于"主板""创业板""新三板"等不同的融资平台,不同规模和处于不同发展阶段的文化传媒产业都能有多样化的

---

① 周鸿铎:《传媒经济论:理论基础卷》,中国书籍出版社2013年版,第192—194页。
② 王朝晖、傅佳诚、周胡非:《中国电影产业的人才资本运营探析》,《中国电影市场》2019年第7期,第13—17页。
③ 周鸿铎:《传媒经济论:理论基础卷》,中国书籍出版社2013年版,第195—196页。
④ 王国平、王方晖:《媒介资本运营与中国的现实进路》,《求索》2006年第8期,第76—80页。
⑤ 付国乐、马悠、张志强:《出版传媒企业资本运营模式研究》,《中国出版》2019年第2期,第28—30页。
⑥ 丁晓蔚、高淑萍:《汤森路透集团转型道路探析:兼论"SCI"被售》,《编辑之友》2017年第3期,第99—106页。

发展路径。① 可以看到,金融资本与传媒资源有机结合,并形成对传媒产业全方位发展的有力支撑的这一天即将到来。

(五) 加强投资方对传媒行业的深层了解

一方面,投资方的要求在于尽量缩短资本的流通过程,尽快实现盈利,短期行为较多;而在传媒行业中,产品逐步打开市场、获得一定数量的受众,进而获得广告主的青睐并实现依靠广告资源销售获利是一个需要相当时限的过程。另一方面,投资方进入传媒行业的目的在于盈利,而传媒行业的运作目标是以追求社会效益为第一原则,二者的基本宗旨并不完全一致,导致投资方为追求短暂盈利降低传媒内容产品的格调,使其低俗化,甚至影响其宣传职能的问题。

因此,要化解投资方与传媒行业之间的矛盾冲突,就必须要求投资方加强对传媒行业的深层了解,清晰深入地把握其运作规律,这样双方的合作才能顺利进行。② 专注于传媒行业的产业基金可能是媒体组织投资的更佳选择。

第五节 媒体资本运作的方式

由于媒体资本运作的主要内容包括融资和投资两方面,因此媒体资本运作方式可以划分为融资渠道和投资战略两大类。其中,融资渠道主要包括国内金融投资、资本市场融资和吸收外资注入三种;投资战略则主要包括直接的多元化投资、产业链投资、风险投资及间接的并购和集团化运作五种。根据自身实际情况选用恰当合理的资本运作方式,有助于媒体组织通过直接融资手段和取得回报收益的投资行为,获取满足自身发展所需的资金,实现良好的资本运作效果。

一、媒体资本的融资渠道

在国外的媒体产业中,媒体组织在资本运作中主要有三条融资渠道:一是媒体跨行业合并,从行业外获取资金;二是媒体上市,从社会上集聚资金;三是大资本集团投入媒体产业运营,介入媒体产业的结构调整。③

我国媒体具有强大的公信力和影响力,加上由政府作为信用支撑,对于追求高风险、高回报且具有规避风险的内在要求的风险投资者而言,传媒业无疑是一个具有发展潜力的投资领域。我国传媒业的资本运作融资渠道主要可分为以下三种:一是吸纳国

---

① 陈端:《2015—2016 中国传媒投融资领域模式创新与风险剖析》,《中国出版》2016 年第 14 期,第 3—8 页。
② 张辉锋:《传媒经济学:理论、历史与实务(第三版)》,人民日报出版社 2015 年版,第 213—214 页。
③ 王国平、向志强:《资本运营:我国媒介产业化的必然选择》,《求索》2005 年第 11 期,第 76—80 页。

内金融资本投资;二是通过市场运作,获得国内行业外投资;三是吸纳海外资金。此外,我国的媒体组织承担着"喉舌"的功能,对于社会资本的吸纳受一定程度的限制。2001年8月,《中共中央办公厅、国务院办公厅关于转发〈中央宣传部、国家广电总局、新闻出版总署关于深化新闻出版广播影视业改革的若干意见〉的通知》明确指出,"经中央宣传部和新闻出版总署批准,试点发行集团可吸收国有资本、非国有资本和境外资本,集团国有资本应不低于51%","印刷集团吸收境外资本须报经新闻出版总署批准"。2018年12月25日,国务院办公厅印发的《文化体制改革中经营性文化事业单位转制为企业的规定》开篇即点明,经营性文化事业单位转制为企业,要依法登记为有限责任公司或股份有限公司,在坚持国有资本主导地位的前提下,积极稳妥推进混合所有制改革。①

（一）国内金融投资

对国内金融资本来说,目前其他行业中许多国有大中型企业常常面临经营状况堪忧、还贷能力不足的困境,与之相较,大众传媒业发展势头被看好,对于国内金融资本具有一定的吸引力。另外,作为意识形态领域的重要工具,相比于更可能受到政策保护的国内资本,境外资本直接注入媒体产业必然会因其特殊性质而受到更严格的限制。因此,对媒体产业而言,国内金融资本的投资是其主要的融资途径之一。

具体来看,主要的融资方式包括三种:一是通过银行融资。这也是最基本、最主要的传统融资方式,包括银行授信、发行短期融资券、发行中期票据等。二是利用文化产业投资基金融资。近年来,我国文化产业投资基金发展较快,突出表现为投资规模扩大、投资数量增加、国际化水平提高等。目前,国内有多种文化产业基金,如规模最大的由财政部、中银国际控股有限公司、深圳国际文化产业博览交易会有限公司等多家单位联合发起的中国文化产业投资基金,由建银国际为普通合伙人(general partner,简称GP)、由中影集团及中国出版集团为单人有限合伙人(limited partners,简称LP)成立的中国影视出版产业基金,以及第一个在国家发改委备案的文化产业私募股权基金——由上海东方传媒集团有限公司(SMG)组建的华人文化产业投资基金(CMC)等,体现了文化产业投资基金的国际化水平日益提升。这些国际化文化产业投资基金的设立主要用于吸收境外投资基金,并从事境内外影视剧、音乐、现场娱乐等文化创意、娱乐产品的投融资。② 文化产业投资基金的设立更好地满足了传统媒体转型及拓展业务的过程中对于投入运转的资金的巨大需求,如2015年11月,中南出版传媒集团股份有限公司与湖南潇湘资本投资股份有限公司共同设立泊富基金管理有限公司和泊富文化产业投资

---

① 《文化体制改革中经营性文化事业单位转制为企业的规定》,2018年12月25日,中国政府网,http://www.gov.cn/zhengce/content/2018-12/25/content_5352010.htm,2023年3月1日访问。

② 孙清岩:《新常态下我国传媒业投融资发展趋势》,《青年记者》2015年第25期,第19—20页。

基金,通过投资与中南传媒有协同效应的关联产业来推动中南传媒产融结合的发展战略。[1] 三是私募股权投资基金融资。有代表性的基金主要包括红杉资本中国基金、凯鹏华盈中国基金、经纬创投中国基金等。[2]

其中,风险投资是较为独特的一个类型。风险投资简称风投,是主要面向初创企业提供资金支持并取得该公司股份的一种融资方式,也被称为创业投资。风险投资基金是风险投资一般采取的运作方式。具体来说,闲散资金被集中到专业从事风险投资的机构中统一管理;经验较为丰富的风险投资人员寻找具有发展潜力的项目,对其进行投资,后为其经营管理环节提供咨询,并参与企业重大问题的决策制定;风险投资成功后,投资家将会出售手中的股份并退出该企业,开启新一轮的风投。截至2022年8月7日,我国新媒体行业共发生投融资事件1181起,主要集中在A轮(411起)和天使轮(403起)。2021年,我国新媒体行业投融资金额达154.86亿元。[3] 以"快手"为例,2018年7月,"快手"完成E+轮融资10亿美元,投资后其估值达到180亿美元。

(二) 资本市场融资

目前我国国内的新闻媒体已基本脱离从政府拨款获取资金的阶段,取而代之的是自负盈亏及自我积累的新发展阶段,媒体组织被迫进入资本市场融资,即通过市场运作获得行业外投资,从而更为快速地获取资金。我国的媒体组织在上市时偏好以IPO方式上市。原因是,一方面,传媒企业中新兴势力较多;另一方面,由于证监会等机构对资产重组进行管控,因此并购重组往往是上市方式的备选。从上市本体与媒体组织自身的关系来看,具体的上市形式主要有以下几种。

1. 整体上市

这一形式具体又可分为以下两种方式:

一是整体直接上市。鉴于媒体组织在意识形态领域的重要性,国有资本往往需要对其核心业务有一定的绝对控制权,因此传统的媒体很难不经过业务和资产的剥离实现整体直接上市。然而,随着互联网时代的发展,部分网络媒体凭借其边缘业务在市场中崛起,在发展初期,其新闻价值往往被忽略,因此较少受到政策限制。如"新浪""搜狐"等商业网站就在较为宽松的政策背景下实现了整体直接上市。[4]

二是买壳上市与借壳上市。与未上市的企业相比,上市公司能够通过在证券市场上进行大规模融资,来促进其规模的快速扩大,因此在市场竞争中具有较大的优势。在

---

[1] 秦宗财、郭金玲:《我国媒体融合创新中的资本运作研究》,《文化产业研究》2017年第3期,第146—158页。
[2] 郭全中:《传媒业资本运作研究》,《新闻前哨》2014年第4期,第19—23页。
[3] 《2022年我国新媒体行业投融资事件汇总 去年已披露投融资金额达154.86亿人民币》,2022年8月9日,观研报告网,https://www.chinabaogao.com/tuozi/202208/606105.html,2023年6月1日访问。
[4] 谭云明主编:《传媒经营管理新论(第二版)》,北京大学出版社2014年版,第500页。

我国证券市场,许多上市公司由于经营管理不善,面临连年亏损、即将被勒令退市的严峻形势,自身也无法努力扭转败局,丧失了在资本市场上进一步筹集资金的资格和能力,因此被称为"壳公司"。而所谓"壳"就是指上市公司的上市资格。媒体组织在意识形态领域的重要作用使得其不仅关注自身发展的经济效益,也关注其发展所带来的社会效益,承担着重要的社会责任,因此在上市环节,媒体组织将受到更为严格的政策限制,面临更多的困难和复杂问题。多数媒体企业偏好尝试"买壳"上市与"借壳"上市的路径,由此在实现自身上市的目标的同时,还能够改变"壳公司"的困境,为其重新发展注入新的活力,并进行资产重组,一举三得。

买壳上市是指,一些非上市公司通过一定手段购买壳公司的一定比例股份,从而获得上市地位,然后注入自己的有关业务及资产,实现间接上市。这些手段包括收购债权、控股、直接出资、购买股票等。借壳上市是指,已上市传媒组织的母公司(集团公司)通过把主要资产注入一家市值较低的已上市公司,得到该公司一定程度的控股权,利用其上市公司的地位,使自己的资产得以上市。具体来说,主要是通过资产换股权、法人股协议转让、法人股竞拍、资产置换这四种方式进行操作。两者的共同之处在于,都是对经营不善的上市公司这一"壳"资源进行重新配置与利用的活动,其目的都在于实现自身的间接上市;两者的不同之处在于,从实施环节来看,买壳是借壳的前提,即买壳上市的企业需要先获得一家上市公司的控制权,而借壳上市的企业本身就已经拥有了。

尽管相比于直接上市而言,买壳上市、借壳上市更容易实现,但也存在一定的问题。首先,买壳上市、借壳上市的企业往往需要付出大量的人力、物力和时间成本,来对壳资源本身的资产和人员问题进行安排和处置。其次,壳资源经营不善的特点往往也意味着沉重的债务,这对于买壳上市、借壳上市的企业而言也是一种负担。最后,买壳后要经过一年的辅导才能提出上市申请,因此从时间上来算,借壳上市与改制上市相差无几;如果证监会对壳公司业务的独立性、关联交易不认可,那么企业可能在买壳后的很长时间内都无法进行融资。如果买壳上市失败,不但企业的前期投入化为流水,企业还背上了沉重的包袱,若想甩掉包袱,还需要付额外的成本,可谓进退维谷。[①] 此外,这一运作方式还要求新闻媒体有较为强大的经济实力和专业的精英人才,而且为防止出现股权纠纷,往往需要选择好上市公司,并得到原控股股东的支持。[②]

2. 分拆上市(子公司上市)

广义的分拆上市是指已上市公司或未上市公司将部分业务独立出去进行上市融

---

① 谢耘耕:《中国传媒资本运营若干问题研究》,《新闻界》2006 年第 3 期,第 4—9+1 页。
② 谭云明主编:《传媒经营管理新论(第二版)》,北京大学出版社 2014 年版,第 498 页。

资,我国很多传媒企业多采用这种方式,即未上市的母公司为符合证监会规定的上市条件,将优质资产注入子公司,然后申请子公司上市。狭义的分拆上市是指已上市公司将其部分业务或者某个子公司独立出来,另行公开招股上市,如新闻媒体对核心业务和边缘业务进行切割,在保证国有资本对核心业务的绝对控制下,将业务技术性和市场性较强、与意识形态关联性较弱的优质经营性资产剥离出来,加以整合重现,注册成隶属新闻媒体管理部门或媒体的、由国有资产控股的、具有独立法人资格的股份制的子公司,然后申请上市,公开募集资金。1994年在香港上市的联想集团在2001年分拆出神州数码在香港上市①;1994年上市的东方明珠、1997年上市的中视股份和1999年上市的湖南电广传媒,都是将媒体的经营性业务进行重组上市的。②

3. 与其他上市公司相关联的产物

这一形式具体又可分为以下两种方式。

一是合作经营。传统媒体可与上市公司联合开发新项目,以国有频道、频率、刊号等作为资本,转让一定时期的广告经营权、发行权,甚至频道和频率时段、栏目版面内容的刊播权来换取社会资金的注入,或与上市公司合作成立子公司,然后共同经营。③ 如1999年,《经济日报》的子报《名牌时报》接受上市公司湖南投资投入的1000万元,湖南投资买断该报10年独家发行权和独家广告经营权;2001年,隶属人民日报社的《京华时报》接受旗下拥有三家上市公司的北大青鸟注资的5000万元,在北京创刊。2002年初,天津日报社与上市公司天药股份合资成立天津每日新传媒发展有限公司,天津日报社拥有51%的股份,为绝对控股方,天药股份拥有33%的股份。新成立的公司拥有天津日报社报刊亭及相关业务完整经营权,其经营范围包括书报刊的征订、批发、零售、物流配送、信息服务、广告代理、文教用品经营等,同时被授予了30年的天津日报社"五报三刊"发行业务独家代理权。④

二是投资上市。在改革开放的浪潮中,许多媒体企业积累了大量资本。部分媒体企业选择将闲置资本投入与其他上市公司联合开发的业务,通过其他非传媒业务的投资实现盈利。如人民网近年来参与金融租赁、内容审核等业务,并获得了相当比例的收入。

作为当今中国广电业的领头羊,上海文广和湖南广电采取了不同的上市方式。上海文广采用的是开发性金融合作与上市融资等整体性较强的方式。上海文广原先整体采用的是事业部制,2010年制播分离改革后,上海广播电视台全资控股东方传媒公司,

---

① 牛勇平:《传媒产业资本运营》,经济管理出版社2014年版,第71页。
② 谭云明主编:《传媒经营管理新论(第二版)》,北京大学出版社2014年版,第497—498页。
③ 同上书,第499页。
④ 张辉锋:《传媒经济学:理论、历史与实务(第三版)》,人民日报出版社2015年版,第205—207页。

并利用东方明珠与百视通两大上市公司融资平台,对直接的、跨区域的资本资源加以整合。整合后的新文广与华人文化产业投资基金、华纳兄弟等共同成立了跨国文化创意投资基金,从事境内外文化创意、娱乐产品的投融资。相比之下,湖南广电则采取了相对独立的上市方式,将独立上市、拆分子公司作为主流融资路径。早在1999年,湖南广电旗下的电广传媒就已登陆A股。作为当时的"广电第一股",电广传媒旨在打造一个资产规模和收入规模超过传统业务板块、具有强大资本实力和竞争力的互联网新媒体产业集群。2015年1月,以电视购物为主营业务的"快乐购"上市,成为湖南广电旗下的第二家上市公司。此外,湖南广电还将旗下的其他可经营资产全部打包到芒果传媒当中,芒果传媒旗下拥有天娱传媒、经视文化、芒果TV等,具有很强的资本市场潜力。①

媒体企业通过上市获得资本市场融资的另一个典型案例是成立于2005年的人民网股份有限公司。人民网是《人民日报》建设的以新闻为主的大型网上信息交互平台,也是国际互联网上最大的综合性网络媒体之一。其从事的主要业务包括广告及宣传服务、移动增值业务、信息服务、技术服务等,是国家重点新闻网站的排头兵、第一家上市的中央网络媒体。人民网作为党和国家治国理政的重要资源和手段,是"网上的人民日报",在网络舆论生态中努力发挥着领航者、排头兵和中流砥柱的作用,具备新闻内容的垄断优势,日常传播覆盖超过1.3亿人次。2009年9月,国务院新闻办公室下发《关于重点新闻网站转企改制试点工作方案》通知,对十家全国重点新闻网站转企改制试点进行部署,同年底人民网启动转企改制。2010年,国务院新闻办公室召开全国重点新闻网站转企改制试点工作座谈会,对外宣布三家中央重点新闻网站(人民网、新华网、央视网)以及七家地方重点新闻网站(北京千龙网、上海东方网、天津北方网等)被列为全国重点新闻网站转企改制试点单位。2012年,人民网股份有限公司正式启动IPO程序,进入上市阶段,4月登陆A股,成为国内第一家上市的新闻网站,更是首家在A股上市的国有背景的互联网新闻门户。国家为保证新闻媒体坚持正确舆论导向,要求新闻单位采编业务与经营业务遵循"两分开"原则,即各报纸与采编有关的业务和资产留归相应报社管理;而广告、发行、印刷等报刊经营业务则由各媒体公司具体经营,并纳入上市资产范围。人民网突破了这一限制,具备了独立的新闻采编权,成为第一家采编与经营"整体上市"的新闻媒体。

4. 外资注入

除了国内资本外,国外资本的注入同样是我国媒体产业融资的主要途径之一。部分传媒企业获得了来自包括美国国际数据集团(International Data Group,IDG)、米拉德

---

① 沈菲:《媒介融合背景下广电集团的发展战略》,《青年记者》2016年第12期,第91—92页。

国际控股集团公司(MIH)、摩根大通、高盛集团等在内的许多国际知名投资公司的青睐。其中,成立于1992年的IDG是最早进入中国市场的美国风险投资公司之一,目前已在中国投资了包括腾讯、百度、搜狐等传媒企业在内的一百多家优秀创业公司;MIH于2001年至2002年间的互联网产业最低迷时期购得了腾讯46.5%的股权,成为其最大的单一股东;高盛集团的投资方向则主要包括分众传媒、华视传媒等传媒企业。①

国外资本进入中国网络媒体市场的方式主要可分为五类:(1)投资中国互联网企业股权,包括风险投资、私募投资和在证券市场上购买上市公司股票。(2)并购中国互联网企业。例如2007年,美国艺电公司收购"第九城市"15%的股份以进入中国市场。(3)战略合资,例如"微软"与上海联盟投资有限公司在2005年合资成立上海MSN网络通讯技术有限公司[微软在线网络通讯技术(上海)有限公司]。(4)品牌合作,这是较为普遍的外资注入途径,一共有四种方式。第一种方式是版权交易与节目输入,比如好莱坞六大电影公司、国家地理频道(NGC)等不少知名品牌在中国设立了办事处或公司,将汉化版节目版权销售给中国;第二种则是版权商务合作,如音乐电视网(MTV)旗下的尼克国际儿童频道和CCTV-动画频道共同搭建并合作运营尼克中文官方网站,该网站于2010年2月4日正式上线,并将《海绵宝宝》《爱冒险的朵拉》引入中国,且衍生出动漫周边产品、品牌授权等一系列产业链;第三种是基于版权合作成立合资公司,如以2000万美元为注册资金,51%:49%(华数:Discovery)为占比的华数&Discovery合资公司;第四种则是节目直接落地播出,如新闻集团的全资子公司星空传媒于2002年3月28日通过有线系统向广东地区播放星空卫视,这是一个全新的24小时综艺频道,包含了娱乐、音乐和影视剧等内容。②(5)购买境外上市的中国传媒企业股票。

二、媒体资本的投资战略

投资是媒体资本运作中除融资以外的另一项重要内容。媒体组织除了通过上述融资途径,以较为直接的方式获取其发展所需的资金来源,还可以通过自身对其他行业企业的投资行为获取一定的投资回报,并将所获得的投资收益投入自身运作经营的再生产环节,转化为支撑自身发展的新的资金动力。

媒体投资战略是指媒体企业为保障长期生存和发展,在充分估计内外环境的各种影响因素的基础上,通过环境分析、确定战略目标、进行可行性论证、拍板决策等环节,对其长期投资所制定的总体规划和部署。其主要目的在于有效利用和配置资源,保持媒体组织的生命活力和竞争优势。常见的直接投资战略主要包括多元化投资、产业链

---

① 郭全中:《传媒业资本运作研究》,《新闻前哨》2014年第4期,第19—23页。
② 潘莺、陈雪萍:《浅谈外资进入中国传媒行业的方式及其影响——以视频节目版权合作角度出发》,《传播与版权》2016年第9期,第134—136页。

投资、风险投资。此外,媒体组织还会采用间接投资战略,即在通过扩大自身规模以增强企业实力的前提下,以更雄厚的资本为基础开展投资行为,获得更多投资回报,进一步提高自身资金实力,实现良性循环,常见的形式主要为并购和集团化运作。

(一) 多元化投资

媒体组织的多元化投资指的是媒体组织基于内在要素和外部环境而进行多样化投资。内在要素和外在环境约束的交互影响决定了媒体组织多元化的投资行为。[1] 内在因素包括管理者动机和媒体企业的资源状况,管理者动机指的是价值创造动机和代理动机两种,而外在环境包括制度环境、市场环境和产业环境。就价值创造动机驱动的多元化投资而言,媒体组织进行多元化投资的意义在于:一是当外部环境出现新机会时,多元化投资是一种重要的增长战略;二是当既有行业成熟或企业绩效出现下滑时,多元化投资是企业维系生存的出路。

在我国媒体政策和市场政策的影响下,媒体组织一般是要通过多元化投资找到新的经济增长点,通过多元化投资来弥补主营业务营收的亏损,利用企业整体优势来实现范围经济。20世纪70年代末,随着"事业单位,企业化管理"的推行,我国媒体市场化改革正式拉开序幕。20世纪90年代初期,媒体企业通过资本运营吸引资金扩大经营规模和范围,使得更多媒体有足够的资金支撑以涉足房地产、交通运输、高新科技开发、餐饮旅游等经济领域。但20世纪90年代中后期,媒体发展的资金压力越来越大,为吸引社会资本,少数媒体将新闻业务之外的资产重组进入资本市场,从而在雄厚资金的支持下进入其他行业。与此同时,媒体集团的出现使媒体企业有条件在主业之外获得更多的发展机会。例如,广州日报报业集团就按照现代企业运行机制的要求,围绕主报业务的需要,以资产为纽带、以集团为依托,迅速扩大了自身的产业经营规模,获得了较快的发展。它们利用自身的信息渠道,建立了以经营房地产为主的大洋房地产公司,为集团带来了可观的利润。

随着互联网、移动互联网的快速发展,新媒体在市场和用户两个方面对传统媒体市场实现的双重分割,使得传统媒体面临生存困境。2014年,随着媒体融合发展上升为国家战略,我国媒体的政策环境和市场环境都发生了巨大的变化,传统媒体为谋求自身发展,开始向新媒体转型,多元化投资就是转型的重要手段之一,为媒体融合提供了更多的资金来源。例如,浙江日报报业集团旗下的浙数文化以31.9亿元收购了"边锋""浩方"两家游戏公司,投资建设了互联网数据中心和浙江大数据交易中心,收购了"ST罗顿",布局了电子竞技产业;凤凰出版传媒、上海报业集团、大众日报报业集团等都成立了相应的基金,以进行多元化的投资;河南日报报业集团布局教育产业;随着直播行

---

[1] 柳建华:《多元化投资、代理问题与企业绩效》,《金融研究》2009年第7期,第104—120页。

业的快速发展,湖南广电、浙江广电等开始投资直播电商领域。①

（二）产业链投资

产业链条是各产业部分之间的链条式关联关系状态,这些关系通常基于一定的技术经济关联,并依托某种逻辑关系或时空布局关系而形成,包含四个维度的链条,分别为价值链、企业链、供需链和空间链。②

产业链投资,即媒体组织为实现纵向一体化战略,整合纵向产业链,利用本身的资源优势向行业的上中下游拓展,可直接投资媒体的核心业务,利用已有的品牌效应深度开发系列报刊和节目等,也可集中投资与媒体主营业务相关的业务,如与媒体主营业务密切相关的印刷、广告、物流、活动策划等领域。③ 例如,一个电视台可以拥有涉足演员经纪、技术设备、服装道具、拍摄制作、发行、广告等整个电视产业各环节的企业,以美国的电视网为代表,其处在产业链中内容集成和分销的环节,但也与处在内容制作和供应环节的各类制作公司进行合作,深度参与创意、策划和筛选的过程④；一家报社则可以拥有自己的造纸厂、油墨厂、印刷厂、发行企业、广告企业和出版社,日本的报业集团还拥有经营林木资源的企业,可为造纸厂提供原材料。

以光线传媒为例。该公司将重点放置在优秀影视制作方面,专注影视创作及整合营销等价值链环节,同时投资其他公司来延伸自身发展领域,内容板块涉及多个领域,例如投资动漫公司,带来了《西游记之大圣归来》《大鱼海棠》等动漫作品。而在发行环节,该公司通过联手光线控股投资猫眼电影,获取了网络购票渠道的用户资源。同时,该公司还在艺人管理、技术辅助等领域加大投入,以完善自身产业链,实现上下游的有机结合。这些投资在带来收益的同时,还可以形成规模效应,从而实现自身品牌价值的提升。

不可否认,产业链投资意味着企业掌控的子企业或业务板块增多,继而增加企业的管理成本和运作风险。但当媒体组织进行产业链投资时,如果其所投资的领域与自身经营领域有较大的重合,这无疑有助于媒体组织发挥其行业优势,更好地通过资源的整合降低投资成本,进而提高投资回报率,实现投资目标。

（三）并购

并购是兼并与收购的合称,兼并指占据优势的一家媒体组织主导吸收多家独立媒体组织合并组成一家媒体公司,收购指一家媒体组织使用现金或有价证券购买另一家

---

① 郭全中:《中国传统媒体深度融合转型的新进展及其思考》,《新闻与写作》2020 年第 11 期,第 69—75 页。
② 党东耀:《传媒经济研究:发展与未来》,复旦大学出版社 2016 年版,第 177 页。
③ 王国平、王方晖:《媒介资本运营与中国的现实进路》,《求索》2006 年第 8 期,第 76—80 页。
④ 党东耀:《传媒经济研究:发展与未来》,复旦大学出版社 2016 年版,第 180 页。

媒体组织的股票或资产,以此获得对其全部资产或某项资产的所有权或对该媒体企业的控制权。① 这是资本市场的普遍行为,也是一种超常的发展方式,可以使组织以较快的速度获取专门的资产、技术、人才及特许经营资格等各类资源。特别地,实行并购为媒体组织通过市场化手段买下当地的传媒或持有其一定股份提供了条件,有助于媒体组织冲破地区壁垒,进入正常投资不能进入的市场,实现其扩张的目的②,因此成为媒体组织投资战略的良好选择。20世纪90年代中期以来,美国和欧洲各国纷纷修改传媒法和电信法,以此来推动传媒产业和电信产业的重组和融合,在全球范围内掀起了又一次传媒并购的浪潮。③

媒体组织的并购类型主要包括横向并购、纵向并购和混合并购三类。④ 横向并购即对传媒行业内的其他企业进行并购,有助于企业实现横向规模扩张,获得更大的市场份额,实现规模经济带来的巨大效益。在全球性行业重组浪潮的推动和我国政策法律的支持下,这一类发展较为迅速。纵向并购即传媒行业上下游供应商和需求商之间的并购,有助于实现业务内部化,以组织协调替代市场交易,降低相应环节的成本。混合并购即不同行业企业之间的并购,是媒体企业分散潜在市场风险,在多元整合下扩大资源配置范围,进行产业互动,产生新的利润增长点的有效举措。⑤ 2018年,阿里巴巴以150亿元入股分众传媒,合计取得其10.3%的股份。⑥ 通过并购,阿里巴巴可以获得分众传媒在线下的强大流量体系,拓展新的利润点。

(四)集团化运作

西方媒体企业多以并购手段作为投资战略来优化投资行为。与西方媒体企业不同,我国媒体组织往往采用集团化的方式促进媒体组织发展。媒体集团化是指多个规模较小的媒体组织相互联合,其中自身发展水平无法与时代的需求相匹配的媒体组织将会被其他的媒体组织或集团吞并,从而传媒集团从规模数量型转向优质高效型,从粗放型转向集约型。

中西方媒体集团化的不同之处主要体现在以下几方面:(1)西方传媒集团的组建以纯市场行为为手段;而行政命令是我国传媒集团组建的主要驱动力。(2)西方传媒

---

① 生奇志主编:《媒介管理学》,清华大学出版社2012年版,第150页。
② 张辉锋:《传媒经济学:理论、历史与实务(第三版)》,人民日报出版社2015年版,第229—230页。
③ 谢耘耕:《中国传媒资本运营若干问题研究》,《新闻界》2006年第3期,第4—9+1页。
④ 谢彬:《横向并购、纵向并购、混合并购的比较分析》,《华北电力大学学报(社会科学版)》2002年第2期,第7—10+22页。
⑤ 卜彦芳:《传媒经济理论》,中国广播电视出版社2012年版,第105—106页。
⑥ 《阿里150亿美元入股分众传媒 广告业新零售再落一子|新京报财讯》,2018年7月19日,https://baijiahao.baidu.com/s?id=1606404611097395317&wfr=spider&for=pc,2023年6月1日访问。

集团由企业组成,属于企业联合体;而我国传媒集团则属于事业性质或企业性质,其组成的实体大多是事业单位。(3)西方传媒集团是企业集团,母公司对其他公司实行参股控股,并向其派出董事、监事人员,集团层面不存在独立法人;而我国传媒集团本身是一个独立法人,集团层面设有针对所有下属实体的领导机构,一般为董事会或管委会等,进行权威的行政领导。(4)在组建模式上,西方传媒集团是根据市场机会通过并购等行为组建而成,无市场界限及行政级别等方面的限制;而我国传媒集团是在行政区域市场的封闭性领域内,以市场内的高行政级别传媒单位为主体、吸纳同级或低级别的传媒组建而成。①

1996年1月15日,中共中央宣传部批准《广州日报》挂牌成为全国第一家报业集团试点,媒体集团化改革的序幕就此拉开。2000年11月17日,国家广播电影电视总局下发《关于广播电影电视集团化发展试行工作的原则意见》作为集团化改革的指导性文件,规定了广播电视集团化的具体内容,即广播、电视、电影三位一体,无线、有线、教育三台合并,省级、地级、县级三级贯通。2001年,《中共中央办公厅、国务院办公厅关于转发〈中央宣传部、国家广电总局、新闻出版总署关于深化新闻出版广播影视业改革的若干意见〉的通知》进一步强调了推进集团化建设的重要性,提出"在现有试点基础上,组建若干大型报业集团、出版集团、发行集团、广电集团、电影集团,有条件的经批准可组建跨地区、多媒体的大型新闻集团"。

经过二十余年的发展,媒体集团的规模和影响力日渐扩大,社会效益和经济效益显著提升,既是我国媒体行业的主要力量,也成为媒体改革的"先锋军"。② 2014年8月18日,中央全面深化改革领导小组第四次会议审议通过了《关于推动传统媒体和新兴媒体融合发展的指导意见》(以下简称《意见》),《意见》指出,要着力打造一批形态多样、手段先进、具有竞争力的新型主流媒体,建成几家拥有强大实力和传播力、公信力、影响力的新型媒体集团③。近年来,在政策和市场的驱动下,各地纷纷成立了新型媒体集团并初显成效。例如,中央广播电视总台在"台网并重、先网后台"的发展战略指引下,推出了新媒体机构"央视网",在构建融合新生态、拥抱转型升级方面已经取得了积极成果。在2020年抗击新冠肺炎疫情的主题报道中,中央广播电视总台上线了"央视频"5G新媒体平台,在疫情主题报道、舆论引导、正能量传播方面发挥了新型主流媒体集团的优势作用。

---

① 张辉锋:《传媒经济学:理论、历史与实务(第三版)》,人民日报出版社2015年版,第235—236页。
② 谢耘耕:《中国传媒资本运营若干问题研究》,《新闻界》2006年第3期,第4—9页+1。
③ 《推动传统媒体和新兴媒体融合发展指导意见审议通过》,2014年8月21日,人民网,http://culture.people.com.cn/n/2014/0821/c172318-25511854.html,2023年3月1日访问。

小 结

媒体组织通过资本运作,可以迅速积累资金,维持日常业务运转并发展创新业务。媒体组织兼具经营性和公益性,因此在资本运作方面需要有特别考量。当前,中国传媒市场拥有巨大的消费潜力及可供开发的文化资源潜力,可以吸引国际、国内的产业、财务等各方面投资人。从外部政策和管理体制层面看,我国媒体资本运作还会面临新的难点。媒体资本运作的创新要兼顾媒体组织的特点、资本市场的监管,走出中国特色的媒体经营发展之路。

思考题

1. 我国有哪几类媒体产业投资机构,它们的发展现状如何?
2. 近年来,媒体产业投资的门槛提高了吗?对投资机构的准入限制有哪些?
3. 有的学者认为,国有文化资本、国有其他资本、社会民营资本和外资进入媒体领域的权限有所不同。这是否说明,我们并不鼓励民营资本和外资进入媒体领域?
4. 随着市场经济的发展,越来越多的传统媒体面临财政转型压力,请查阅有关资料,了解转型成功和失败的案例。
5. 由于传媒行业受众广泛,市场口味难以捉摸,因此传媒产品的发展前景具有极强的不可预估性,我们应该如何防范和化解这种不可预估性?
6. 为什么我国的媒体组织在上市时偏好以 IPO 方式上市?
7. 为什么媒体组织要进行产业链上下游整合,投资其他产业?怎么看待这种投资带来的收益与风险?
8. 近年来,各地报刊组织纷纷成立了融媒体中心。这是不是企业多元化发展的举措?你看好传统组织转型融媒体吗?
9. 2018 年,国务院办公厅印发《文化体制改革中经营性文化事业单位转制为企业的规定》和《进一步支持文化企业发展的规定》,提出要创新文化产业投融资体制,推动文化资源与金融资本有效对接,鼓励有条件的文化企业利用资本市场发展壮大,推动资产证券化,鼓励文化企业充分利用金融资源,投资开发战略性、先导性文化项目。成功的资本运作案例有哪些?
10. 2021 年 9 月,针对流量至上、"饭圈"乱象、违法失德等文娱领域出现的问题,中共中央宣传部印发《关于开展文娱领域综合治理工作的通知》,指出,近年来,文娱行业在满足人民群众多样化文化需求、推动经济增长等方面发挥了积极作用。但是,随着文娱产业迅速发展,天价片酬、"阴阳合同"、偷逃税等问题有以新方式、新手段死灰复燃迹象,流量至上、畸形审美、"饭圈"乱象、"耽改"之风等新情况新问题迭出,一些从业人员政治素养不高、法律意识淡薄、道德观念滑坡,违法失德言行时有发生,对社会特别是青少年产生不良影响,严重污染社会风气,人民群众反映强烈。如何看待媒体组织资本运作及其产生的一系列问题?

◆ 推荐阅读

卜彦芳:《传媒经济理论》,中国广播电视出版社2012年版。

党东耀:《传媒经济研究:发展与未来》,复旦大学出版社2016年版。

董剑:《围绕产业链投资布局有望成为新亮点——2020年报业资本运营盘点》,《中国报业》2021年第1期,第28—30页。

郭全中:《媒体融合转型中的资本运作——从SMG的"百视通"吸收合并"东方明珠"的案例谈起》,《新闻与写作》2015年第4期,第51—54页。

黄升民、刘珊:《管控与融合:中国媒体与资本在博弈中探索前行》,《现代传播(中国传媒大学学报)》2016年第11期,第1—4页。

梁智勇:《中国新媒体上市公司股权结构分析及其资本运作新动向》,《新闻大学》2013年第3期,第121—129页。

牛勇平:《传媒产业资本运营》,经济管理出版社2014年版。

秦宗财、郭金玲:《我国媒体融合创新中的资本运作研究》,《文化产业研究》2017年第3期,第146—158页。

尚杰:《媒体融合背景下报业集团资本运作的路径——从中国报业投资联盟大会成立看报业"组团"开展资本运作》,《新闻爱好者》2017年第5期,第75—78页。

生奇志主编:《媒介管理学》,清华大学出版社2012年版。

谭云明主编:《传媒经营管理新论(第二版)》,北京大学出版社2014年版。

张辉锋:《传媒经济学:理论、历史与实务(第三版)》,人民日报出版社2012年版。

赵小兵等编著:《中国媒体投资——理论和案例》,复旦大学出版社2004年版。

周鸿铎:《传媒经济论:理论基础卷》,中国书籍出版社2013年版。

朱春阳、谢晨静:《传媒业集团化17年:问题反思与发展方向——以上海报业集团组建为基点的讨论》,《新闻记者》2013年第12期,第17—22页。

第十八章 媒体融合的实践与创新

媒体融合是新媒体环境下媒体经营管理创新的重要实践，媒介技术革新带来了媒体经营管理从理念到手段的创新，对媒体业态、行业发展产生了深远的影响。在我国，媒体融合发展已经上升为国家战略，成为我国媒体改革、发展的重要趋势和指向。面对新媒体的强劲冲击，传统媒体纷纷开启新媒体化转型之路以纾解经营之困。从试点到全国、从中央到地方，覆盖全国范围、各个行政层级的媒体融合大幕拉开，理论与实践在此融合、激荡，涌现出许多具有中国媒体行业特色的或具有地方发展特色的新思想、新做法。要想把握我国媒体行业的发展动向、深刻理解我国媒体创新的背景及现实，媒体融合是必须掌握的重要方面。

第一节 媒体融合概念的发展与影响

2014年8月18日，中央全面深化改革领导小组第四次会议审议通过了《关于推动传统媒体和新兴媒体融合发展的指导意见》（以下简称《意见》）。这标志着媒体融合发展已经成为国家战略，对于全面深化改革、推进宣传文化领域改革创新具有重要指导意义。这一政策出台在互联网时代传统媒体亟须转型的大背景之下，也是对新的媒体技术推动媒体行业进步这一媒体发展趋势的重要回应。

自互联网进入中国以来，其天然的媒体属性为传统媒体传播内容提供了另一种可能性：改变了基于报纸、电视与广播这三类媒体的内容及其生产流程，通过网络技术实现了多种媒体形式在同一平台的呈现。这在根本上对先前科层化、流水线式的新闻生产工作提出了挑战。基于互联网的新闻传播，读者对内容的要求被放大，甚至凌驾于代表着精英身份的记者之上，产生了"公民新闻"或者"自媒体"的群体。作为政治"喉舌"的新闻媒体，在社会走向市场化的浪潮中也面临着资本供应的难题，纸媒"寒冬"的论调早已广为流传。

在这样的大环境下,"媒体融合"这一概念从出现伊始,就注定要掀起传统媒体改革的风潮。媒体融合的思想建基于对科学技术发展的预期。随着数字化时代的到来,媒体融合的理念获得越来越广泛的认同,许多国家和地区都出台了相应的媒体融合战略,进一步加速了媒体融合的发展趋势。

媒体融合在发展中逐渐形成了这样的基本内容:基于新媒体技术,以大众媒体为主导的媒体机构在内容生产、传播过程中改变了原先功能结构、形态模式的变化趋势,其最终目标是建立具有现代企业组织性质的传播机构,占据市场份额,增强自身影响力。

一、媒体融合概念溯源

"媒体融合"概念自1983年被提出至今,在研究和实践领域都有近30年的发展历程。美国学者普尔(Pool)在1983年出版的《自由的科技》(*Technologies of Freedom*)一书中,颇有预见地提出,一种被称为"各种模式融合"[1]的过程正在模糊媒体之间的界限。他指出,数码电子科技的发展是历来泾渭分明的传播形态聚合的原因。此前,人们关于媒体融合的想象大多是将电视、报刊等传统媒体融合在一起。普尔则在这本书中首次对媒体融合进行了较为深入、整体的认识和分析。他认为电子技术的发展促成了媒体融合,并且指出媒体融合表现为不同种类媒体功能的合并,即"过去为不同媒体所提供的服务,如今可由一个媒体提供;过去为一个媒体所提供的服务,如今可由不同的媒体提供"[2]。

在美国报纸订阅量与电视收视率下滑的大背景下,普尔提出的这一定义基本囊括了20世纪90年代国外学术界与媒体行业对"融合"一词的讨论范畴,其重点是通过数字化将此前分离的技术平台合并在一起。霍夫特(Hoffert)等人在1991年以数字新闻系统EDUCOM为例[3],认为其可以实现电脑、电视、计算机与互联网间交互的功能,并且利用图解说明在这一系统中,同一终端可以利用多种工具分发不同内容。作者进一步认为,这类系统可以帮助新闻从业者更快地追逐热点,打破过去大众媒体较为迟缓的内容更新节奏。类似研究以数字化为核心,将普尔对媒体技术界限的模糊化带入实践,并设想了这一技术平台的运作机制与功能作用。除报纸、广播、电视行业外,众多学者还将部分具有媒体属性的传播技术纳入研究,如有学者对电影内容进入互联网的流程进行了考察,肯定了其传播范围的扩大。

---

[1] 参见 Ithiel de Sola Pool, *Technologies of Freedom*, Harvard University Press, 1983。

[2] E. Khilji, "Modes of Convergence and Divergence: An Integrative View of Multinational Practices in Pakistan," *International Journal of Human Resource Management*, Vol. 13, No. 2, 2002, pp. 232-253.

[3] E. M. Hoffert, G. Gretsch, "The Digital News System at EDUCOM: A Convergence of Interactive Computing, Newspapers, Television and High-Speed Networks," *Communications of the ACM*, Vol. 34, No. 4, 1991, pp. 113-116.

大量媒体机构以自身实践证明了用同一平台合并多种技术的可行性,此时部分学者意识到,合并所带来的技术影响势必将蔓延至媒体从内容生产、分发到市场经营,甚至产业规则制定环节。① 尼葛洛庞帝(Negroponte)曾在20世纪80年代以数字融合的三个圆作为示意,预测未来20年内电视、出版与计算机将在产业范围内实现重叠(overlapped)。② 媒体融合的含义从合并的技术视角不断外延,对媒体产业的各个环节均有不同程度的影响。尼葛洛庞帝预示了计算机、印刷业和广播影视业走向聚合的发展方向,并认为三者的交叉处将成为成长最快、创新最多的领域。在此基础上,他将媒体融合理解为"各种各样的技术和媒体形式都汇集到一起"③。

1997年,欧盟通过了《电信、媒体与信息技术绿皮书》④,认为媒体是这样一种现象:一种发生在任何用户、网络与服务间的通信、电视与个人计算机间的无缝汇流(coming together)。基于媒体技术的服务、用户与新闻机构三者的互动关系在这一阶段已被纳入考察范畴。但学者在考虑这一问题时也在不断反思,当强调技术主导视角的融合时,媒体或媒介成为问题中心,而"传播"作为媒体融合过程中的重要环节反而被忽略了。此外,一些学者提出,融合带来的改变不仅限于媒体机构的自主转型,在Web 2.0的参与下,用户利用新媒体完成在各个平台的内容迁移⑤,这在实际上说明了更多社会因素在媒体融合中发挥着影响,并投射在媒体产业、媒体规制、用户创造等各个方面。

由此,我们可以看到,媒体融合的概念自诞生就拥有独有的技术特性,其发展必然与技术进步息息相关。从最初的多媒体呈现到多媒体平台的出现,媒体融合愈发多样化,融合带来的副产品也愈发丰富——媒体融合在传统新闻行业率先得到充分实践,它不仅改变了传统媒体行业的生产流程,也对行业运营、行业标准产生了一定程度的震荡。同时,互联网在强调个人表达的同时,为网民参与内容生产提供了天然的平台。"媒体融合"这一概念也伴随着这两大类实践不断推进、完善。

二、媒体融合概念的发展

随着媒体融合从概念层面走向实践层面,以互联网为代表的数字技术在改造传统

---

① Siddhartha Menon, "Policy Initiative Dilemmas Surrounding Media Convergence: A Cross National Perspective1," *Prometheus*, Vol. 24, No. 1, 2006, pp. 59-80.

② Nicholas Negroponte, and Mark E. Frisse, "Being Digital," *Academic Medicine*, Vol. 70, No. 10, 1995, pp. 934-936.

③ Nicholas Negroponte, "Agents: From Direct Manipulation to Delegation," in J. M. Bradshaw, ed., *Software Agents*, MIT Press, 1997, pp. 57-66.

④ European Commission, "Green Paper on the Convergence of the Telecommunications, Media and Information Technology Sectors, and the Implications for Regulation—Towards an Information Society Approach," *Brussels*, December 3, 1997.

⑤ H. Jenkins, "Transmedia Storytelling and Entertainment: An Annotated Syllabus," *Continuum*, Vol. 24, No. 6, 2010, pp. 943-958.

媒体行业的同时,也丰富了媒体融合概念。除了强调多媒体技术在同一内容形态上的呈现外,一方面,融合的内涵结合新闻业,并对其生产流程、行业发展、职业定位产生着变革性的影响,另一方面,融合作为一种现象渗透于社会各个方面,甚至发展为全球性社会现象,被广泛讨论。

李奇·高登(Rich Gordon)在2003年归纳了美国已出现的五种"媒体融合"(或称"新闻业融合")类型,具体包括:(1)所有权融合(ownership convergence),即大型的传媒集团拥有不同类型的媒体,因此能够实现这些媒体之间的内容和资源共享,如美国佛罗里达州坦帕市的媒体综合集团(the Media General Company)、美国俄亥俄州的新闻电信集团(Dispatch Media Group),二者都是将各自在同一地区拥有的报纸、广播电台、电视台和网站进行了融合。此外,还有美国在线与时代华纳的联合等。(2)策略性融合(tactical convergence),即所有权不同的媒体之间在内容上实现共享,如分属不同媒体集团的报社与电视台进行合作,相互推介内容并共享一些新闻资源。(3)结构性融合(structural convergence),这种融合与新闻采集、分配方式有关,如雇用专业团队将多媒体新闻做成一个成熟产品,将报纸新闻加工打包后出售给电视台。在这种合作模式中,报纸的编辑和记者可能作为专家到合作方电视台去做节目,对新闻进行深入报道与解释。(4)信息采集融合(information-gathering convergence),主要是指在新闻报道层面上,一部分新闻从业者以多媒体融合的新闻技能完成新闻信息采集工作。(5)新闻表达融合(storytelling or presentation convergence),主要是指记者和编辑综合运用多媒体的与公众互动的工具和技能完成对新闻事实的表达。[①]

高登在美国新闻业媒体融合实践的基础上得出了以上结论,是从技术融合的视角出发,强调融合对新闻业的改造。因此,他的研究也受到一些质疑。如蔡雯认为,高登划分五种类型的标准并不一致,前三类是从"媒体组织行为"角度进行划分,后两类则是以从业人员为标准加以划分的。尽管如此,高登的这一研究向人们指出了媒体融合包含的广阔范围。事实上,正是前两种融合的愈演愈烈才使得第三种融合成为必需,组织行为的变化又必然要求组织中的从业者做出相应的调整,因此才有了对从业者技能融合或者掌握融合化工具和技能的要求。因此,蔡雯认为,媒体融合"就是在数字技术和网络传播推动下,各类型媒体通过新介质真正实现汇聚和融合"[②]。

美国新闻学会媒体研究中心(The American Press Institute Media Center)主任安德鲁·纳奇森(Andrew Nachison)将媒体融合定义为"印刷品、音响、影像以及互动数字信

---

① 参见傅玉辉:《大媒体产业:从媒介融合到产业融合——中美电信业和传媒业关系研究》,中国广播电视出版社2008年版。
② 蔡雯:《媒介融合前景下的新闻传播变革——试论"融合新闻"及其挑战》,《国际新闻界》2006年第5期,第31—35页。

息的服务与组织有策略性的、具备操作性的产品和文化的联合"①,即不同种类媒体组织之间的兼并、合作。按照密苏里大学新闻学院 2004 年的定义,媒体融合则是"大量媒体之间相互分享内容,交叉促进媒体报道,以及新闻编辑部内部人员的合作与互动"②,即媒体组织间、内部人员间的互动、合作。

概括而言,"媒体融合"概念包括两层含义:一是不同媒体形态的聚合,是浅层次的融合表现;二是不同媒体之间的全面融合,涉及内容、渠道、经营管理等各个领域,属于深度融合。后者是趋势,但不可能自发形成,需要通过创新推动。

亨利·詹金斯(Henry Jenkins)详细阐述了媒体融合的五种形式:技术融合(technological convergence)、经济融合(economic convergence)、社会或组织融合(social or organic convergence)、文化融合(cultural convergence)和全球融合(global convergence)。③

相较于技术融合,詹金斯更倾向文化融合的观点。他曾反驳道:有一种观点称融合主要是一个技术过程,即在一种设备上汇集多种媒体功能的过程,事实上,"融合代表了文化变迁。因为它鼓励消费者获取新信息,并把分散的媒体内容联结起来"。在他看来,"融合的发生并不是依靠媒体设施,无论这些设施变得如何的高度精密复杂,融合发生在每个消费者的头脑中,通过他们与其他人之间的社会互动来实现"。④

克劳斯·布鲁恩·詹森(Klaus Bruhn Jensen)在很大程度上系统化阐述了媒体和传播现象。他从媒体研究的角度介绍媒体融合理论的科学性,强调哲学需要实用主义,它意味着要指明怎样的内容适用于媒体和传播的融合研究。詹森希望在传播学研究中充分调动与术语"聚合"相关的关系,这实际上给出了一个定义:"媒体融合可以被理解为跨越不同物质技术和社会机构的传播实践在历史中的无限制迁移。"⑤詹森与亨利·詹金斯做出了同样的选择,即用一个与特定媒体技术发展没有直接社会联系的概念,去弱化对"融合"这一概念的定义。他在各类文章中广泛讨论了数字媒体及其与其他媒体的关系,使用"聚合"来描述通信中的一种非常普遍的现象——一个领域的实践向其他领域反馈的方式。

詹森真正想要研究的是,如何给数字媒体和以前的媒体之间的关系赋予新的形态和名称。此外,他还想探讨如何将更广泛的媒体和传播研究领域进行融合。他从经典

---

① 陈长松、蔡月亮:《多中心与去中心:融合媒介使用主体存在特征及影响》,《中国出版》2015 年第 4 期,第 40—43 页。
② 参见 B. S. Brooks, et al., *Telling the Story: The Convergence of Print, Broadcast and Online Media*, Macmillan Higher Education, 2012。
③ S. C. Hammond, D. Petersen, and S. Thomsen, "Print, Broadcast and Online Convergence in the Newsroom," *Journalism & Mass Communication Educator*, Vol. 55, No. 2, 2000, pp. 16-26.
④ 参见〔美〕亨利·詹金斯:《融合文化:新媒体和旧媒体的冲突地带》,杜永明译,商务印书馆 2012 年版。
⑤ K. B. Jensen, *Media Convergence: The Three Degrees of Network, Mass and Interpersonal Communication*, Routledge, 2010, pp. 14-15.

大众传播理论入手,也采纳了亚里士多德等人涉及传播学的哲学讨论。詹森还讨论了所谓的"三级媒体"的各个方面及其相互关系。在这里,他将媒体写作分为"一级"(通过身体进行人际传播)、"二级"(传统大众传播,通过技术复制的形式得以大规模传播)和"三级"(数字化传播,在单一平台上对一级和二级媒体进行重组),很好地解释了三级数字媒体是如何从一级和二级媒体中产生的。[①] 将人际传播定义为通过身体进行的一级媒体,这很好地说明了在数字媒体中人际传播和媒体传播是如何相互联系的。

总之,关于媒体融合概念的讨论,以及采用什么研究方法来解决与之相关的问题,是较为复杂的。多数学者的讨论至少要求各方就融合的"真正"含义达成一定的共识,并形成一些公认的解决方案。"媒体融合"可能与其他重要的媒体研究术语类似,如"多样性""公共服务"或"互动性"。它们似乎都属于W. B. 加利所说的"本质上有争议的概念"。这些术语是具有评价性的、复杂的、多变的、开放的。这类概念没有一个最终的结果,即不存在以各方都能接受的方式声明它们的正确或标准的用途。加利指出,对一个本质上有争议的概念的使用进行理性和合乎逻辑的研究是可能的,但必须确保论证的连贯性和逻辑性。然而,"媒体融合"的概念在抛开媒体产业,甚至偏离媒体这一基点后,在众多学者的"发散"下显得过于飘散,缺乏严谨的逻辑关联,甚至纳入了一些不相符的观念,这无疑是一个令人担忧的迹象。尤其是,多数学者借"媒体融合"的名头,专注于建立自己独特的概念,但这些概念与融合的关系不大,对读者的理解也并无太大用处。"媒体融合"的概念实际上并不是那么有争议,只是在众多讨论中累积成了散乱的点。从长远来看,很难在这种混乱状态中找到一种共存的妥协方案。

对媒体融合概念的理解应考虑两个因素:一是技术要素对媒体及媒体产业本身的形塑。无论以何种形式呈现的新型媒体形式,都在一定程度上冲击了以报纸、电视、广播为核心的大众传媒业的发展。二是融合概念本身与社会发展的结合程度,即融合的表现方式在社会发展各个阶段的凸显应该充分考虑社会因素的影响。在对媒体融合进行考察时,必须看到这一概念的本质。

三、媒体融合的本质:新媒体化的大趋势

伴随着技术应用的不断发展,互联网以多种面貌、多种形式渗透到人类的社会生活中。为了将这些媒体形式与传统的报纸、广播、电视等进行区分,我们将其统称为"新媒体"。[②]

目前,学界对于"新媒体"还没有统一的定义。我国新闻传播学界在探讨"新媒体"

---

① K. B. Jensen, "Two-Step and Multistep Flows of Communication," in K. B. Jensen, et al., eds., *The International Encyclopedia of Communication Theory and Philosophy*, John Wiley & Sons, 2016, pp. 1–11.

② 谢新洲、李冰:《新媒体研究的困境及发展》,《新闻与写作》2016年第2期,第29—32页。

概念的过程中达成了两点共识:一是"新媒体"本身不是一个严谨的学术词语,而是一个相对松散的能指,即"新媒体"是一个相对的概念;二是可以将计算机技术作为技术基础,使用几种具体的技术形态或者媒体形态来解构"新媒体"。① 从时间维度的媒体发展史来看,"新媒体"是相对的,而在某一特定的历史时期,"新媒体"又是一个时间的概念。② "新媒体"理应是一个具有历史感的概念,尽管在当下,它已经高度特指化。③ 到现在,人们对于"新媒体"已经具有了稳定的认同和理解,这是我们再一次明确"新媒体"定义的基础。我们给"新媒体"的定义如下:"新媒体"是一个发展中的概念与领域,它是计算机技术和通信技术相结合后的产物,是通过数字技术、通信技术、多样化的输入输出设备和终端处理、传播和使用信息的媒体形态与信息服务平台,它实现了信息内容的数字化、传播的网络化、服务的个性化和个人化。④

从最开始的科学计算到信息传输,再到信息的生产和发布,以计算机技术为基础,科技的跨越见证了社会的巨变。技术形态的每一次演变都丰富了现在"新媒体"这一概念的内涵。新媒体在经济、政治、文化等多个领域产生了广泛、深刻的影响,以互联网为代表的新媒体解构了传统社会结构,再造了人与人之间的相处、交流模式,催生了一系列新型社会现象。各个国家和地区之间的联系日益紧密,一个全球化的网络共同体已经形成。新媒体不再仅是塑造信息环境的工具,而且具有了强大的社会解构力和再造力。

"媒体融合"这一概念诞生于技术,也依靠技术不断发展,其内涵在相关实践中得以丰富。总结概念的发展路径,结合新媒体概念的变迁,便可以看出,媒体融合的演进与新媒体的定义不谋而合,当融合强调多种媒体呈现形式作用于同一平台时,正是以互联网为代表的新技术,将大众媒体的多种形式聚合在网络空间。一方面,互联网本身的媒体属性适应了大众媒体的传播特性,催生了电子出版物、视频、音频等新形态;另一方面,大众媒体也在利用互联网双向互动、准入便利的优势,与用户形成愈发紧密的联系。新媒体发展的趋势正是媒体融合概念的本质所在,因此我们认为,媒体融合的本质是新媒体化。

历史地看,媒体融合即新媒体化的这一本质,是多种因素从理论走向实践共同作用的结果。其中,技术创新、市场环境作为较显著的诱因,持续推动着大众媒体甚至媒体产业新媒体化程度的不断加深。

---

① 参见蒋宏、徐剑主编:《新媒体导论》,上海交通大学出版社2006年版。
② 毕晓梅:《国外新媒体研究溯源》,《国外社会科学》2011年第3期,第114—118页。
③ 参见谢新洲等:《互联网等新媒体对社会舆论影响与利用研究》,经济科学出版社2013年版。
④ 谢新洲、李冰:《新媒体研究的困境及发展》,《新闻与写作》2016年第2期,第29—32页。

(一) 技术创新是媒体融合的最直接诱因

约瑟夫·熊彼特在 1911 年出版的《经济发展理论》中首次提出了"技术创新"理论。他认为,资本主义的经济增长并不是由资本、劳动等生产要素的增加所引起的消耗性增长,而是由新技术、新生产方式、新产品和新组织形式等造成的创新性的增长,所以经济是由于技术创新才得到了发展。①

作为经济发展的一个重要组成部分,传媒产业的发展始终得益于技术创新。更具体地讲,数字技术的发展及网络的诞生成为媒体融合的直接诱因。如果没有数字技术,就不可能发生媒体融合,数字技术的成熟是媒体融合的必备条件。网络社会论的代表人物美国社会学者曼纽尔·卡斯特在《网络社会的崛起》中指出,作为一种历史趋势,信息时代的主要功能和方法均是围绕网络形成的,网络构成了我们社会新的形态,是支配和改变我们社会的源泉。② 他指出,信息技术革命已经催生了一个新的社会模式——网络社会。它的表现特征为经济行为的全球化,网络成为社会的组织形式,工作是灵活而不固定的,劳动是个性化的。网络通过改变生活、空间和时间的物质基础,构建了一个流动的空间和无限的时间。这种社会的新的组织形式正在渗透全球,遍及整个世界。③ 无疑,网络的发展既要求信息传播的载体——各类媒体进一步融合,也为融合提供了外部条件。

(二) 市场环境是媒体融合的外在动力

熊彼特在创新理论中指出,人之所以创新,是因为创新能带来获取超额利润的机会,创新一经出现,必然在社会上引起模仿。模仿活动引发创新浪潮,于是经济走向高潮。可见,经济利润是创新的内在动力,创新进一步推动经济发展。媒体融合是一个多因素综合平衡的过程,它包括经营协同效应、突破进入壁垒、战略性动机、扩大市场权利、不确定性与交易费用的节约、经营者功利驱动等,最终显现为规模经济效应。如果没有经济诱因,媒体融合就缺乏内在动力,技术创新就无法转化为生产力。

媒体融合的经济诱因中存在两种生产规律,分别是传统意义上的和网络经济背景下的产业生产规律。前者要求媒体融合必须进行专业化生产,必须进行合作化生产,进而要求规模化生产;后者同样要求规模化生产。能否实现媒体融合生产的规模化取决于市场的需求。因此,市场环境是媒体融合的外在动力。

正是由于消费者/受众在商品消费和信息接收上呈现出的规模化、分众化、多样性需求和便捷性需求等特征,媒体融合具备了市场需求这一外在动力。媒体融合作为媒

---

① 谢新洲、李冰:《新媒体研究的困境及发展》,《新闻与写作》2016 年第 2 期,第 29—32 页。
② 参见〔美〕曼纽尔·卡斯特:《网络社会的崛起》,夏铸九等译,社会科学文献出版社 2001 年版。
③ 参见崔保国编著:《信息社会的理论与模式》,高等教育出版社 1999 年版。

体产业发展到数字技术和网络技术时代的产业升级形态,要受到网络外部性等网络经济规律的影响。此处可以把网络外部性理解为网络规模扩大过程中的一种规模经济,不过这种规模经济与产生于供给方面的传统规模经济是不同的,它产生于市场的需求方面,因而也被称为需求方规模经济。网络外部性有两种表现:一是用户数量的增加导致直接的物理效果,如某种型号设备的用户增加可以促使与之匹配的外在服务的增加;二是随着某一产品使用者数量的增加,该产品的互补品数量增多,其价格下降并带来价值增加。对于媒体融合来说,直接网络外部性就是规模化生产的作用规律,而间接网络外部性则是分工合作以及追求技术标准化的作用规律。与之相关的是联结经济与范围经济。联结经济来自信息产品的共享性,企业与企业之间通过网络技术,形成一种作为媒体彼此联系的复合体,以降低交易费用。联结经济所产生的网络复合效应及其带来的范围经济效应是媒体融合中产业链上的各种企业进行横向融合和纵向融合的内生规律。

数字化和网络化的技术创新为媒体融合提供了最直接的诱因与最基本的物质支持,以追求利润为特征的市场环境诱因促使媒体产业更加积极主动地参与媒体融合进程,而媒体融合能否取得成功,取决于是否有市场需求。这便是媒体融合中的三大诱因作用的机理。其中,技术诱因被称为推力,而经济诱因和市场诱因则被称为引力,只不过一个是追求利润的内在引力,另一个则是市场需求的外在引力(图 18-1)。三个诱因共同发生作用,使媒体融合具有可能性和必然性。

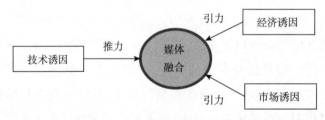

图 18-1　影响媒体融合的三大诱因①

第二节　我国媒体融合的具体实践

以 2014 年 8 月 18 日中央全面深化改革领导小组第四次会议审议通过《关于推动传统媒体和新兴媒体融合发展的指导意见》②为界,我国媒体融合的探索可以分为两个阶段。在此之前的阶段是以媒体机构自主探索为主,包括传统媒体主动尝试新技术"上

---

① 参见王菲:《媒介大融合——数字新媒体时代下的媒介融合论》,南方日报出版社 2007 年版。
② 《推动主流媒体在融合发展之路上走稳走快走好》,《人民日报》2014 年 8 月 21 日第 4 版。

网"、主动市场化等;在此之后,以政策为指导,各类传媒集团以"中央厨房"为主要组织形式,自上而下地进入规模化深度融合阶段。2016—2017年,我国中央和地方主流媒体纷纷加大推进媒体融合发展的力度,由简单的相加式转型阶段升级到深度相融相生阶段,内容建设与技术革新相辅相成,联合媒体产业实现了创新。

2018年,县级融媒体中心的建设工作成为媒体融合领域的新热点和新难点。2018年8月21日,习近平总书记在全国宣传思想工作会议上明确提出,"要扎实抓好县级融媒体中心建设,更好引导群众、服务群众"[1]。同年11月14日,习近平总书记主持召开中央全面深化改革委员会第五次会议,审议通过了《关于加强县级融媒体中心建设的意见》,提出"要深化机构、人事、财政、薪酬等方面改革,调整优化媒体布局,推进融合发展,不断提高县级媒体传播力、引导力、影响力"[2]。县级融媒体中心建设工作迎来了发展关键期和机遇期。

由此可以看出,我国媒体融合政策从政府顶层设计到媒体机构、各单位具体落地执行,一直是在实践中摸索我国新媒体发展的独特道路。如何建设具有传播力、引导力、影响力与公信力的内容载体,了解群众需求是关键环节。目前,我国媒体融合发展逐步由以中央媒体机构、地方传媒集团为主体的"规模型"融合,转向以县级媒体机构为单位的"精准型"融合,这要求深耕基层群众内容需求,自下而上夯实我国媒体融合发展的基础构建。[3]

一、我国媒体融合发展的总体进路

"媒体融合"既是一个具有深刻技术内涵的必然趋势,又是一条承载市场期望的改革路径,成为我国传统媒体改革过程中备受瞩目与争议的热点话题。传统媒体和新媒体之间不是一个简单的此消彼长的关系。我国新闻传播学界在关于媒体融合的讨论中形成了几类观点。一些学者从媒体融合的适用范围出发,认为在我国的媒体语境下,媒体融合的适用范围在于传统媒体的"新媒体化",即传统媒体的数字化延伸,指的是信息技术对于传统传播方式的改造。"就媒体融合的目的而言,主要是传媒企业为传播效果最大化而寻求媒体的新业态,这样媒体融合的演化方向和结果自然是要诞生新质态的媒体,但是,新媒体应吸纳传统媒体优长而不能横空出世,即使新业态的媒体诞生也应与传统媒体并存发展。"[4]一些学者对媒体融合的内容进行了分类,认为媒体融合包

---

[1] 《习近平出席全国宣传思想工作会议并发表重要讲话》,新华社北京2018年8月22日中文电。
[2] 《习近平主持召开中央全面深化改革委员会第五次会议》,新华社北京2018年11月14日中文电。
[3] 谢新洲、黄杨:《我国县级融媒体建设的现状与问题》,《中国记者》2018年第10期,第53—56页。
[4] 南长森、石义彬:《媒介融合的中国释义及其本土化致思与评骘》,《陕西师范大学学报(哲学社会科学版)》2012年第3期,第159—166页。

括工具融合、操作融合和理念融合①;或者是媒体内容融合、传播渠道融合和媒体终端融合②。还有学者认为,应该跳出媒体的圈子,将宏观政策规制作为媒体融合的核心议题,其价值取向与目标应该体现中国的现实与未来发展要求。③

媒体融合在我国媒体的改革中主要包含三个层次的由表及里的渐进式实践。第一,媒体融合首先表现为传统媒体在数字化时代的"抢滩登陆",实现内容的数字化与网络化,对传播渠道进行物理性的搭建与扩张;第二,传统媒体通过媒体融合,借助新型技术手段,在形式上实现新旧平稳过渡的同时,发挥传统媒体的资源优势和专业优势,在网络时代凸显影响力与公信力;第三,面向用户需求,建立内容共享平台与机制,将传统媒体的新闻属性转换为信息与服务属性,扩大传播规模与效果,最终实现整体的新媒体转型。④

中共中央办公厅、国务院办公厅印发《关于加快推进媒体深度融合发展的意见》,要求深刻认识全媒体时代推进这项工作的重要性、紧迫性,坚持正能量是总要求、管得住是硬道理、用得好是真本事,坚持正确方向,坚持一体发展,坚持移动优先,坚持科学布局,坚持改革创新,推动传统媒体和新兴媒体在体制机制、政策措施、流程管理、人才技术等方面加快融合步伐,尽快建成一批具有强大影响力和竞争力的新型主流媒体,逐步构建网上网下一体、内宣外宣联动的主流舆论格局,建立以内容建设为根本、先进技术为支撑、创新管理为保障的全媒体传播体系。⑤ 从历史上看,我国大众媒体在实践媒体融合的道路上,一方面兼顾技术发展,一方面受社会发展大环境的指导,先后出现了以下四种模式。

(1)台(报)网联动型。在互联网进入中国社会初期,大众媒体机构积极涉足互联网技术领域,希望通过互联网将报纸或电视台的内容积极传播出去,这一尝试又被称为"报网联动"或"台网联动",它是媒体融合之路的初级模式,即传统媒体形态与互联网这一新媒体在网络空间中的呈现。具体案例有,1995年1月《神州学人》⑥建立网站,成为我国首家进入国际互联网的传统媒体,随后中国新闻社、人民日报社、新华社等中央媒体也分别建立网站或上线电子版。在当时网站成为传统媒体尝试新媒体化的主要途径。

(2)资源拓展型。大众媒体在建立网站或者电子版的基础上,积极拓展新媒体业

---

① 丁柏铨:《媒介融合:概念、动因及利弊》,《南京社会科学》2011年第11期,第92—99页。
② 蔡雯、王学文:《角度·视野·轨迹——试析有关"媒介融合"的研究》,《国际新闻界》2009年第11期,第87—91页。
③ 朱春阳:《媒介融合规制研究的反思:中国面向与核心议题》,《国际新闻界》2009年第6期,第24—27页。
④ 谢新洲:《我国媒体融合的困境与出路》,《新闻与写作》2017年第1期,第32—35页。
⑤ 《中共中央办公厅 国务院办公厅印发〈关于加快推进媒体深度融合发展的意见〉》,新华社北京2020年9月26日中文电。
⑥ 宋永毅:《〈神州学人〉(电子周刊)被美国图书馆电脑网络正式编目》,《神州学人》1995年第12期,第42页。

务,利用如 IPTV、移动电视、手机等不断更新的新媒体终端,呈现多样式内容,如 Podcast、电视点播、手机 App 等。其传播方式已扩展到报、网、微博、微信、二维码、电子阅报栏、手机报、手机网、移动客户端、网络电视等 10 种载体。这一模式实际上是媒体将自身内容资源加工之后,向多个媒体平台分发,即媒体的"窗口化策略",也是媒体融合基础模式上的另一种变形。

(3) 平台自建型。这是指自建新媒体平台,把传统媒体的优质内容资源放到自建平台上加以运作,平台运营相对独立,可形成品牌优势。随着网络媒体的崛起,越来越多的传统媒体意识到必须打造符合自身特点的平台,不依靠第三方,安排分发自主内容产品。但这一模式对大众媒体市场化程度要求较高,资金投入量较大。如湖南卫视的芒果 TV;又如新华社新媒体专线,着力新闻信息集成服务,举全社之力打造国内最大的党政客户端集群,在产品融合、终端融合、渠道融合、平台融合等方面实现了跨越式发展,努力探索出一条具有通讯社特色的媒体融合发展之路。

(4) 平台共建型。这类模式一般呈现两种态势。一种即大众媒体与网络新媒体平台合作,在网络媒体平台上开设官方账号进行运营。比如人民日报官方微博账号,各个传统媒体进驻"今日头条""抖音"等流媒体平台;又如新旧媒体在新媒体平台上共同运作传统媒体的某档节目。另一种即多个传统媒体形成联盟,共设新媒体平台加以运作,如城市联合网络电视台(CUTV)的成立。此外,在宏观上,大众媒体集团还可以与新媒体商业公司合作,推动新兴媒体业务的发展,如东方卫视与阿里巴巴进行合作,重点拓展娱乐宝等业务。

需要注意的是,四种模式之间并没有截然的界限,很多时候是同时存在、多路并进的,或者同一个媒体集团在不同阶段会使用不同的融合模式,对此不应机械地理解。但总体上,目前正在进行的融合尝试是以传统媒体主动联姻互联网媒体为主,互联网媒体主动拥抱传统媒体的案例相对较少,并且比较单一地表现为资本合作。

二、我国大众媒体的集团化转型

我国传统媒体尝试媒体融合的努力大都始于中央媒体或地方媒体集团,这类媒体机构一方面可以即时接触新媒体技术,一方面也拥有经济实力,可以代表省、全国成为改革标杆。因此,人民日报社、新华社、浙江日报报业集团、湖南广电集团等兼备上述条件的传统媒体,大多致力于新媒体改革。

无论是在理论上还是在实践上,我国已有诸多媒体融合成果,国家层面也给予了资金、人才等多方面支持。[①] 但媒体融合的发展始终面临目标理想与现实情况不相匹配的

---

① 《关于推动传统媒体机构和新兴媒体融合发展的指导意见》,《今传媒》2015 年第 8 期,第 52 页。

困境,如多数媒体机构忽略新媒体技术特征与市场规律,仅依靠行政手段强行捏合内容,与新媒体平台形融而内核照旧,影响力十分有限。① 亦有学者认为,媒体融合当下仍停留在初级阶段,难以有突破性发展。② 目前,学界主要从建设内容平台、改革媒体经营模式与重构行政组织形态三方面对媒体融合的发展进行研究③,探讨媒体机构与媒体从业者在过程中出现的问题与相关解决途径。

为探索中国媒体融合的具体发展现状,北京大学新媒体研究院谢新洲研究团队选取全国从中央到地方各类媒体机构为样本,基本囊括了现有大众媒体的全部类型(如人民日报社、光明日报社、浙江日报报业集团、江苏广播电视集团等);同时,根据国家重点新闻网站政策,将由大众媒体或地方政府牵头组建的新闻网站,如东方网、千龙网、东北网、红网,由上海《东方早报》控股、直接以移动 App 形态转型的澎湃新闻也列为考察对象。通过对其机构负责人或新媒体部门负责人进行深度访谈,从平台融合、经营模式融合与机构融合三个方面,梳理了媒体融合发展现状及媒体融合过程中面临的平台盲目扩张、市场份额减少、组织形态固化等问题,并对其原因进行探究,由此提出了媒体融合未来发展的相关策略。

(一) 平台融合,建构基本形态

大众媒体利用互联网技术建设内容平台,由最初的网络版、新闻网站等单一内容呈现平台向以用户需求为中心的内容互动平台逐步转型。当前,媒体大多通过"两微一端一号"的方式进行平台融合,但在具体实践中已经出现数量过多、供大于求的问题,"一个媒体机构+多个社会化媒体平台"的"1+N"运营模式呈现平台盲目扩张的态势,导致内容同质化现象严重,媒体的公信力与影响力也随之降低。④

1."两微一端一号":平台融合的发展现状

平台融合是以社会化媒体为基础,一方面结合技术手段搭建媒体机构内容聚合平台,另一方面以用户生产内容为核心,建设基于媒体机构议程设置的互动平台。当前,媒体机构平台融合主要以移动互联网为技术条件,实名注册并运营微博、微信、今日头条等社会化媒体账号,并开发手机新闻客户端,即呈现为"两微一端一号"的发展路径。

《中国媒体融合发展报告(2019)》⑤显示,2019 年,我国媒体机构进驻各类社交媒体平台的比例高达 90%,社会化媒体平台中的媒体机构账号数量已颇具规模。一些媒

---

① 严三九:《中国传统媒体与新兴媒体产业融合发展研究》,《新闻大学》2017 年第 2 期,第 93—101+151 页。
② 马知远、刘海贵:《都市报互联网基因的发酵与嬗变》,《新闻大学》2015 年第 6 期,第 39—43+10 页。
③ 李良荣、周宽玮:《媒体融合:老套路和新探索》,《新闻记者》2014 年第 8 期,第 16—20 页。
④ 向安玲、沈阳、罗茜:《媒体两微一端融合策略研究——基于国内 110 家主流媒体的调查分析》,《现代传播(中国传媒大学学报)》2016 年第 4 期,第 64—69 页。
⑤ 参见北京市新闻工作者协会编:《中国媒体融合发展报告(2019)》,社会科学文献出版社 2019 年版。

体机构就现有庞大的平台资源做出了二次整合。例如,浙江日报报业集团打造"一核多平台多集群"媒体新格局,形成以《浙江日报》、浙江新闻客户端为核心,以浙江在线(天目新闻客户端)、《钱江晚报》(小时新闻客户端)为重点平台,都市报和专业报各媒体集群协同发展的全媒体传播矩阵。①

由此可看出,媒体机构建设的"两微一端一号"是当下媒体机构最主要,也是最具规模性的平台融合实践,这表明媒体机构已具备在新媒体时代掌握话语权的意识,并通过微博、微信公众号等平台为用户自主设置议程。

2. 盲目扩张:平台融合的现实问题

"两微一端一号"的目标是媒体机构可借助技术手段,积极在社会化媒体构建以用户需求为核心的内容平台,并保持各个平台间的相互照应,增强媒体机构在互联网中的话语权,由此达致平台融合的状态。

但研究团队访谈发现,受访的14家媒体机构虽均基本完成"一个媒体机构+多个社会化媒体平台"的"1+N"建设,有的已经形成体系化、层级化的新媒体传播路径与传播效果评估方法,但绝大多数平台的媒体融合建设呈现出只看数量、不计后果的盲目扩张态势。甚至,相当一部分媒体机构认为社会化媒体平台准入门槛较低,要求部门机关无论大小都进行"两微一端一号"建设,并认为平台数量达标才是媒体融合成功的重要标准。此外,平台运营手段也仅停留在以"新平台+传统内容"为主要形式、以"占领"社会化媒体平台为主要手段的简单相加阶段,缺乏对用户信息需求的针对性考虑。媒体机构内部也鲜有对新媒体平台运营策略的培训,平台之间内容同质化严重,媒体机构"僵尸号"现象②也层出不穷,媒体机构在深化平台融合方面面临众多亟须解决的现实问题。

已有不少媒体人意识到,社会化媒体账号的数量多少与内容在其平台上的实际传播效力不能完全画上等号,平台上不考虑用户需求的同质化信息会折损媒体机构专业化的形象,降低媒体机构的影响力。"两微一端一号"的平台融合建设目前仍在高速推进,但其实践与理想状态已出现较大落差,媒体机构整体在这一路径中的融合尚未突破大众媒体时期的发展模式,平台融合所预想的在新媒体时代掌握话语权的目标也尚未实现。

(二)经营模式融合,完善市场化形态

面对以互联网为基础的新媒体产业快速发展的现状,自2009年起,我国媒体机构尝试转向现代企业制度,股份制改造活动从未停歇,意图运用上市融资等经济手段,增

---

① 唐中祥:《建设新型主流媒体 打造新时代重要传播窗口——浙江日报报业集团关于加快推进媒体深度融合发展的思考》,《中国记者》2021年第1期,第30—34页。
② 何瑛、胡翼青:《从"编辑部生产"到"中央厨房":当代新闻生产的再思考》,《新闻记者》2017年第8期,第28—35页。

强市场竞争力与媒体影响力。经营模式融合的理想状态是为媒体机构整体融合发展提供必要的资金支持,颠覆过去传统的盈利模式,做出真正符合市场规律、契合用户需求的产品。然而,目前我国部分媒体机构依然处于背靠国家补助、只求社会效益的尴尬局面,媒体融合的要求迫使它们进入市场,却难以承受市场的竞争与压力。

1. 转企改制:经营模式融合的目标路径

门户网站与社交媒体的出现不断挤压着媒体机构的发展空间,其盈利能力受到巨大影响。过去,媒体机构的主要经营模式是以广告收入为主的"二次售卖"模式,即利用优质内容吸引受众注意力,再利用这一影响力向广告主销售广告位,以此获得盈利。随着互联网技术的快速发展,新的传播手段不断出现,受众的注意力资源更多地流向以人际关系为基础、重视受众体验的新媒体。除此之外,拥有海量用户数据的互联网公司可以为广告主提供更为精准的投放服务,广告客户大规模旁移。固守单一的经营模式、对广告收益依赖度极高的媒体机构受这两方面的冲击,其传播影响力逐步下降,其盈利模式自然面临挑战。

媒体机构一直在积极寻求化解这一困境的方法。2006年,新闻出版总署报纸期刊管理司部署传统报业经营模式转型的重要策略,要求其广泛开展内容增值服务,迎合市场需求。[①]电视业与广播业也紧随其后逐步转型。2009年,全国重点新闻网站也被纳入经营模式改革范围,转企改制试点工作正式启动。直至目前,媒体机构转企改制的实践依然在继续,从中央逐步推广至地方,覆盖全国。

转企改制在媒体融合的整体布局中承担了帮助资本积累的重要角色,这也是达成媒体融合最终目标的必经之路。过去,媒体机构依靠政府拨款与广告收益维持生计,在面对以市场为主导的互联网内容产品时缺乏相应的竞争力。转企改制的主要目的是扭转媒体机构单一的盈利模式,通过股份制企业改革,发行股票进行直接融资,获得长期稳定的资本性资金[②];同时将获得的资金投入内容产品研发,增强市场竞争力,从而形成资本积累的良性循环,改善媒体机构的经营模式。

在受访的14家媒体机构中,大多数均在转企改制中取得了进展。如表18-1所示,首先进行这一尝试的是湖南广播电视集团,它在1993年就以电广传媒的名义进入资本市场。随后,地方传媒集团和由媒体机构合作成立的地方新闻网站开始尝试取消事业编制,以企业化的模式运营媒体机构。如浙江日报报业集团在2009年前后提出"传媒控制资本,资本壮大传媒"的新理念,2010年借壳完成了主体上市;2012年人民网整体上市更被视为中央媒体机构转企改制转型的新风向标志。

---

① 林江主编:《中国报业发展报告2007——创新成就未来》,社会科学文献出版社2007年版,第146—178页。
② 喻国明:《媒介的一体化经营平台的构建》,《新闻与写作》2011年第7期,第59—62页。

表 18-1 受访媒体机构上市情况一览表

年份	资本运作机构	实际控股机构	上市情况
1998	湖南电广传媒股份有限公司	湖南广播电视集团	2000 年非整体上市
2000	上海东方网股份有限公司	上海东方网	2015 年整体上市
2002	浙江传媒控股集团有限公司	浙江日报报业基团	2010 年非整体上市
2006	湖南红网新媒体集团有限公司	湖南出版投资控股集团	2010 年非整体上市
2008	江苏有线信息网络股份有限公司	江苏广播电视集团	2015 年非整体上市
2009	人民网股份有限公司	人民网	2012 年整体上市
2010	新华网股份有限公司	新华通讯社	2016 年整体上市

媒体机构通过转企改制完成了初期资本积累，为媒体融合提供了必要的资金条件，媒体行政结构也随之优化调整，更具现代企业特征、更适应当下用户信息需求，由此增强了市场竞争力，最终获得盈利反哺媒体机构。这一资本积累的经营循环模式在媒体机构内确立后，为媒体融合的最终实现提供了关键支援。

2. 互联网企业进驻媒体市场：经营模式融合的现实挑战

随着媒体机构逐步进入市场，以转企改制为核心的经营模式融合取得了阶段性成效，但与此同时，互联网企业快速崛起，不断重构着传统行业的产业链条，其中也包括媒体业。传统媒体的内容生产方式、传播渠道、用户需求与经营模式都受到来自互联网企业趋向扁平化、多元化模式的冲击。另外，拥有海量用户的互联网企业近年来着力建设基于人际关系的内容平台，用户在其中承担内容生产与内容传播的双重角色，这在一定程度上削减了媒体机构专业化的优势。

互联网企业携带充足的资本力量，以合作、投资、收购甚至创业的方式角逐媒体市场已成常态，如 2013 年美国电商企业亚马逊收购《华盛顿邮报》曾轰动一时。国内以百度公司、阿里巴巴集团、腾讯公司 BAT 为主导的互联网企业也通过各类经营方式，不断扩大各自的媒体版图。腾讯自 2006 年与《重庆商报》展开合作成立地方门户网站"大渝网"后，将这一模式推广至全国，目前已成立 13 家合作型地方门户网站[①]，如"大浙网""大楚网"等，其中腾讯控股超过 50% 的地方门户网站不在少数。阿里巴巴则从 2013 年开始逐步投资或收购各类娱乐、财经、科技等垂直领域媒体，至 2015 年已近 25

[①] 廖磊、杨晨、张志楠：《媒介融合视角下的报网互动——以重庆商报与腾讯大渝网合作为例》，《新闻研究导刊》2009 年第 2 期，第 10—12 页。

家。① 同时,阿里巴巴整体收购了《第一财经》《南华早报》等较为成熟的大型媒体集团,将媒体机构的内容优势带入企业其他领域。百度作为目前国内用户量最大的搜索引擎,也是大多数媒体机构内容合作导流的重要平台。

以 BAT 为代表的互联网企业所拥有的媒体影响力在目前远远超过任何一家媒体机构,其与媒体机构合作的走向也发生了变化:其自身在数据与用户方面的优势结合媒体机构的优质内容资源与品牌优势,最终目的是更好地构建属于互联网企业的媒体话语权,塑造利己的舆论环境,利用媒体机构为企业发展背书。

从访谈中研究团队发现,互联网企业抢滩传媒市场的速度远远超过媒体机构转企改制进程这一现象,已经引起许多媒体从业者的担忧,即便经营模式融合发展加快进程,也难以赶上互联网企业吞并市场的速度,在这一层面媒体融合面临必须应对的现实挑战。

(三) 机构融合,更新媒体组织形态

媒体机构为适应互联网技术,改变原有按日发布信息、单一版面制作的新闻生产方式,试图将获得的一手内容经过统一平台的分工协作后,延伸为多种传播形态的新闻产品,以求达到"一次采集,多个出口"的理想状态,实现最优传播效果。这类高度协作的内容生产方式要求媒体机构的行政结构趋向机构融合的企业化发展,当下建设名为"中央厨房"的多功能内容协同平台模式正在被逐步推广,但在实际操作层面却出现了行政冗杂等诸多问题。

1. 中央厨房:媒体融合的组织重构

"中央厨房"由新华社于 2015 年在报道"两会"时的成功应用而被逐步推广,其含义是指媒体机构基于信息共享的理念,从机构布局、人员职能两方面改造媒体机构过去的新闻生产流程,搭建"中央厨房"式的多媒体报道平台。其流程是,先由适应新媒体运营模式的"全能型记者"在平台内输入信息,再由平台根据信息发布终端的具体要求加工信息,并配以多媒体技术的丰富形态。这一模式意图达成运营集约化、内容传播力最大化的目标,并由此增强媒体机构的市场竞争优势,最终形成趋向组织形态融合的理想状态。② 目前,这一模式主要在中央、地方大型媒体集团开展试行。

媒体机构就建设信息共享平台,自 2005 年起不断在实践中探索。如南方报业传媒集团提出了"新闻数码港"概念;广州日报社成立了"滚动新闻部"跨媒体平台,实现了报纸、手机报与新闻网站的内容联动。2007 年,国家新闻出版总署倡导建设"全媒体数

---

① 《阿里收购〈南华早报〉互联网和媒体优势结合》,2015 年 12 月 11 日,新浪网,http://tech.sina.com.cn/i/2015-12-11/doc-ifxmpnqf9577324.shtml,2023 年 3 月 1 日访问。

② 范以锦:《"中央厨房"产品不是终极产品》,《新闻与写作》2016 年第 3 期,第 56—58 页。

字采编发布系统工程",2008年,烟台日报传媒集团联合技术团队对此进行了开发,在当时已初步完成了初步信息—多次加工—信息成品的"中央厨房"式流程。

通过访谈得知,人民日报社、浙江日报报业集团、光明日报社都已建成了较为完备的"中央厨房"平台,并不断推出较为成熟的内容产品,如《人民日报》的 H5 系列产品,每一次发布都能成为话题热点。① 其他媒体机构集团也在试图搭建类似的信息云平台,如江苏广电集团的"荔枝云服务"与湖南广电于 2015 年成立的广电云数据中心,都将信息共享、部门协同合作纳入内容传播的流程,使其成为媒体机构新闻生产过程中的常态化步骤。

"中央厨房"式的新闻生产方式适应了互联网对信息传播快速、准确、多元化的新要求,并在系统的帮助下改变了原有媒体机构编辑部的组织结构,使其呈现出扁平化、协同化的特征。这一模式目前在对大型新闻事件的实时报道中发挥了重要作用,并逐步在媒体机构中推广。

2. 形态固化:机构融合的现实困境

"中央厨房"的架构设想是联合过去各自为政的报纸、新闻网站、微博与微信公众平台、新闻客户端等内容呈现终端,使新旧媒体从业人员一道组成工作团队,统一对进入平台的信息进行分类、加工与分发。在访谈中得知,这一模式的具体搭建主要以抽调原部门中的人力资源成立新媒体中心的形式为主,目的是在节约人力成本的基础上实现工作流程的优化。

但通过对 14 家媒体机构的访谈得知,当前"中央厨房"模式的现实发展情况不容乐观。这一模式在实际操作中并未基于先前对流程优化的设想进行,媒体机构的固定科层制仍被保留了下来,新媒体中心与报纸、网站等传统机构基本并行,新部门要求的大量技术开发、维护新媒体内容分发系统工作,还需重新培养所谓"全媒体记者"的熟悉流程,人数反而造成了冗杂的局面。另外,大部分访谈者将"中央厨房"的定位直接指向"海量信息处理系统",认为核心团队在技术的辅助下可以通过大量信息定位用户需求,所以过去新闻生产过程中的求"精"转向了当前对信息量的刻意求"多"②,对目前大部分处于转型期的媒体机构而言,其对信息处理速度与质量的双重要求已构成巨大挑战。在访谈过程中,也有媒体从业者向我们坦言,经过"中央厨房"的大量内容都还是半成品,他们为赶上发稿时间不得不降低质量。"中央厨房"的运营在媒体机构中难以为继的另一重要原因是发展决策的频繁更替。接受访谈的 14 家媒体机构中,彻底完成

---

① 樊坤、贺群:《基于 HTML5 的人民网移动应用改进方案》,2014 年 3 月 21 日,人民网,http://media.people.com.cn/n/2014/0321/c225470-24701002.html,2023 年 3 月 1 日访问。

② I. J. Erdal, "Researching Media Convergence and Crossmedia News Production," *Nordicom Review*, Vol. 28, No. 2, 2007, pp. 51-61.

转企改制、建立现代企业制度的机构寥寥无几,管理者的人事变动频繁,使得决策不能贯彻落实,阻碍了媒体融合的进展。

由此可以看到,基于"中央厨房"模式的媒体组织形态融合,需要投入大量的财力、人力与组织力量,过去科层化的组织形态完全不能满足当下互联网时代对信息获取的快速、精准的高要求。必须承认的是,我国媒体机构目前处于"不上不下"的尴尬境地,虽大张旗鼓地改革,但大多数尚未具备运行"中央厨房"的组织融合条件,无法从根本上实现利用互联网相关技术融合的愿望。

任何一种模式都是对媒体融合的有益尝试与探索,但是要判断某一个融合模式是否与媒体的具体情况相符合,或者说媒体融合的实践是否取得了成功,需要从以下四个方面进行考量:第一,是否帮助提升了媒体的经济绩效。也就是说,当下的媒体融合实践是否切实帮助媒体跑赢了市场,"中央厨房"式的融媒体平台在盈利模式上还需探索。第二,是否有利于媒体产业的整体健康发展。有些省份的报业集团以兼并优质资源为主,对媒体行业整体而言依然是一个界限封闭的"零和游戏"。第三,是否推动了媒体产品和服务的改善。任何媒体的融合与改革的成效最终都要通过被市场认可的产品和服务才能体现出来。第四,是否有助于媒体在凝聚共识中发挥作用。舆论引导和凝聚共识是主流媒体的重要使命,在推进媒体融合的过程中,切忌在经济利益与政治底线之间顾此失彼。[①]

三、我国县级融媒体中心的精准化建设

我国县级媒体脱胎于1983年召开的第十一次全国广播电视工作会议中"四级办台、混合覆盖"的方针政策,旨在快速提升广播电视等媒体在基层的普及率,为人民群众构建更加通畅的信息获取渠道,建立与我国四级行政区划相符的大众媒体传播层次。这一具有集约化特征的政策广泛适用于电视、报纸、广播等大众媒体,在短时间内取得了显著效果。多数县级广播电视台、报纸抛弃了由中央媒体"独家办"或中央媒体与省级媒体"两级办台"的模式,立足县城,围绕本县党和政府的工作展开活动,在统一资金的资助下打通了与中央、省市媒体的内容传播渠道,建成了数量庞大、分支稠密的县级媒体站点,既能将第一手国家政策、新闻报道带入基层寻常百姓家,还能帮助县一级政府更好地联系群众,指导工作。县级媒体一时间成为数量最多、遍布范围最广的基层主流媒体,肩负着传播政治、经济政策方针与宣传"喉舌"的双重功能,连接了中央、省、市与县级基层宣传组织战线的"最后一公里"。[②]

---

① 谢新洲:《我国媒体融合的困境与出路》,《新闻与写作》2017年第1期,第32—35页。
② 谢新洲等:《县级融媒体中心建设:理论与实践》,电子工业出版社2019年版,第1—2页。

"四级办台、混合覆盖"政策集中解决了当时我国信息不畅、宣传上行下不效的问题,确实收到了一定效果。但由于我国行政区域划分以点状分布,整体较为分散,在每个县级单位配置全套报纸、广电等传统媒体,直接导致大量媒体资源散落在各个地区单打独斗,无法进行统一调配,难以形成规模性的信息传播组织,整体呈现出"多而散"的局面,出现了资源浪费现象。除此之外,数量过于庞杂的县级媒体机构日常运营需要大量经济、人力成本,县级政府或宣传部对此基本无力承担。1999 年,我国出台相关文件着手解决上述问题,以停止"四级办台"为核心,实行网台分离,将县、市电视广播合并等措施;2003 年,我国进行了全国报业整顿,原有近 3000 家县级报纸直接减至 40 余家。[①]

移动互联网的崛起与智能手机的普及使得以移动设备为终端的线上信息服务成为基层群众的生活常态。根据《第 49 次中国互联网络发展状况统计报告》,截至 2021 年 12 月,通过手机接入互联网的网民数量达到 10.29 亿,使用手机上网的比例提升到 99.7%[②],网络媒体与自媒体以微信公众号和移动手机 App 为内容呈现平台,采用较大众媒体更为生动、更具本地特色的内容,迅速占领媒体市场,收获了大批用户。短视频的出现为我国基层群众提供了多元化的娱乐方式,以"小镇青年"为代表的基层年轻网民利用短视频 App,以内容创造的方式充分表达自我,完成了基层文化向城市文化的反向输出,并通过电子商务等其他互联网活动获得了商业价值。可以说,移动互联网与移动智能设备在我国基层的普及,帮助基层群众在互联网各类平台自发集聚了有地方特色、规模性的基层网络文化,极大地提升了基层群众在我国社会发展进程中的参与度和认同感,是帮助建设我国基层信息化、数字化工作的重要举措。

(一)县级融媒体中心建设成为国家战略

2018 年 8 月 21 日,习近平总书记在全国宣传思想工作会议上明确提出,"要扎实抓好县级融媒体中心建设,更好引导群众、服务群众"[③],这是习近平总书记首次对"县级融媒体中心"的建设工作作出重要指示。一个月后,中宣部主办的县级融媒体中心建设现场推进会在浙江省长兴传媒集团召开,提出 2018 年先行启动 600 个县级融媒体中心建设、2020 年底全国基本覆盖的工作安排。2018 年 11 月 14 日,习近平总书记主持召开中央全面深化改革委员会第五次会议,审议通过了《关于加强县级融媒体中心建设的意见》,提出"要深化机构、人事、财政、薪酬等方面改革,调整优化媒体布局,推进融合

---

① 谢新洲等:《县级融媒体中心建设:理论与实践》,电子工业出版社 2019 年版,第 1—2 页。
② 《第 49 次中国互联网络发展状况统计报告》,2022 年 2 月 25 日,中国互联网络信息中心网站,http://www.cnnic.net.cn/hlwfzyj/hlwxzbg/hlwtjbg/202202/P020220721404263787858.pdf,2023 年 3 月 1 日访问。
③ 《习近平出席全国宣传思想工作会议并发表重要讲话》,新华社北京 2018 年 8 月 22 日中文电。

发展,不断提高县级媒体传播力、引导力、影响力"①。由此,县级融媒体中心建设工作迎来了发展关键期和机遇期。

2019年1月15日,受中共中央宣传部委托,国家广播电视总局组织编制并审查了《县级融媒体中心省级技术平台规范要求》②,规定了对为县级融媒体中心提供业务和技术支撑的省级技术平台的规范要求。中共中央宣传部和国家广播电视总局联合发布的《县级融媒体中心建设规范》③,则对县级融媒体中心技术系统的建设提出了总体架构要求、功能要求、基础设施配套要求、关键技术指标及验收要求等规范要求。这是国家层面对县级融媒体中心建设首次提出的规划性技术要求,从省级技术平台层面出发为县级融媒体中心行业提供了制度化的技术标准。

2020年,县级融媒体中心已基本实现全国覆盖,县级融媒体中心建设进入纵深发展阶段,既要"建强"也要"用好",既强调"效果"也强调"可持续",旨在推动县级融媒体中心真正嵌入基层社会治理体系,发挥其信息服务枢纽作用,更好地服务于地方经济社会发展。2022年,中共中央办公厅、国务院办公厅印发的《"十四五"文化发展规划》指出,县级融媒体中心建设要"在基本实现全覆盖的基础上进一步建强用好,实现可持续发展,推动2500余家县级融媒体中心深化'新闻+政务+服务',更好引导群众、服务群众"④;同年,中央一号文件提出,要"依托新时代文明实践中心、县级融媒体中心等平台开展对象化分众化宣传教育,弘扬和践行社会主义核心价值观"⑤。

(二)县级融媒体中心的内涵

县级媒体是一种基层媒体形态,在发展道路上"复制了中央、省、市三级的媒体管理体制和资源配置方式,作为县域空间大众传播资源的垄断者而深嵌于区县行政体系"⑥。县级媒体由于地域优势,也是现代传播体系的基础环节,承担着联系和服务基层群众的职能。但是,县级媒体由于资源短缺及前期政策的忽视,在新媒体时代面临巨大的生存危机。如何推动县级媒体融合,为县级媒体在新时期开拓发展道路,实现其自身的独特价值,这一问题逐渐进入研究者的视野。

目前,县级层面很少有正式发行的报纸,传统媒体主要是指广播和电视。一些研究

---

① 《习近平主持召开中央全面深化改革委员会第五次会议》,新华社北京2018年11月14日中文电。
② 《〈县级融媒体中心省级技术平台规范要求〉〈县级融媒体中心建设规范〉发布实施》,2019年1月15日,中共中央网络安全和信息化委员会办公室、中华人民共和国国家互联网信息办公室网站,http://www.cac.gov.cn/2019-01/15/c_1123992942.htm,2023年3月1日访问。
③ 《县级融媒体中心建设五项标准规范全部发布实施》,2019年4月14日,中共中央网络安全和信息化委员会办公室、中华人民共和国国家互联网信息办公室网站,http://www.cac.gov.cn/2019-04/14/c_1124364050.htm,2023年3月1日访问。
④ 《中共中央办公厅 国务院办公厅印发〈"十四五"文化发展规划〉》,新华社北京2022年8月16日中文电。
⑤ 《2022年中央一号文件公布 提出全面推进乡村振兴重点工作》,新华社北京2022年2月22日中文电。
⑥ 朱春阳:《县级融媒体中心建设:经验坐标、发展机遇与路径创新》,《新闻界》2018年第9期,第21—27页。

关注县级广播电视台在新媒体时代的转型发展策略。有研究认为,县级广播电视台应当:革新组织架构,适应扁平化的互联网生态,搭建融合的采编系统平台,在内部形成跨部门沟通协作的采编流程与组织架构;加快与网络媒体融合,借助网络与受众互动,而不是简单地将广播电视节目用在线收听、收看或者点播的形式放到网络上;针对县级广播电台处于四级办台最基层的特征,其应当发挥区位优势和新媒体互动性、参与性、分享性的技术特性,面向基层群众的需求,用场景化的服务链接社区用户,增进社区用户对本地媒体的黏性,比如可以尝试打造公共生活服务类 App,突破内容平移的传统思维,提供社区智慧服务;在经营方面,目前县级台主要还是依赖单一的广告盈利模式,可以通过延伸栏目运作经济、拓展文化活动经济、开发特色服务业经济等形式,探索多元化经营模式,比如长兴传媒集团的"媒体+电商""媒体+活动"的模式就取得了可观的经济效益。[①]

根据媒体融合发展理论,总结基层实践经验,县级融媒体中心的内涵可以被提炼为:以互联网为平台,以信息技术为支撑,以新媒体化为方向,以融合创新为手段,以舆论引导为主责,以服务群众为宗旨,负责统筹县域时政要闻、政务信息、公共信息、服务信息等生产、汇集、交互、分发流程的机构。县级融媒体中心的建设将有助于化解当前基层媒体发展的困境,为媒体融合、信息沟通、社情传递打通"最后一公里",积极推动政府转型和社会公共服务的完善。

县级融媒体平台主要有五个方面的特征属性:一是政府主导性。县级融媒体平台都是由政府部门或者国有媒体主管主办的,可以充分发挥基层党委政府的"喉舌"作用,严格落实党管媒体原则,严格落实意识形态责任制。二是鲜明的地域性。县级融媒体平台是基层政权治理的重要手段,与县域特点结合紧密,本地化程度高。三是双向互动性。县级融媒体以"用户"取代传统媒体观念中的"受众",具有信息发布与获取的双重功能,新媒体平台成为双向、互动信息的传播渠道。在这一过程中,用户对于信息的需求、对于内容产品的双向反馈成为媒体内容发展的关键,闭门造车、一味向用户"倾倒"内容的经验已不再适用。四是体现群众性。县级融媒体需要扎根基层群众,从内容生产到信息服务均须贴近基层、贴近实际、贴近群众。五是突出服务性。县级融媒体须面向群众需求拓展服务项目,提升服务质量和水平,在服务群众中引导群众。

因此,建设县级融媒体中心应加快融合型服务体系建设,发挥原有传统媒体在基层的公信力优势,依托数据云平台开展基层综合信息服务,将媒体传播优势积极融入现代服务业;应努力寻求县域媒体机构与当地政务、商务、教育、医疗、旅游、农业、环保等相

---

① 金家平:《融媒体环境下县级台的发展策略》,《中国广播电视学刊》2012 年第 7 期,第 37—39 页;王晓伟:《县级广电媒体的融合之路——以浙江长兴传媒集团为例》,《声屏世界》2017 年第 1 期,第 16—19 页。

关行业合作的有效路径,积极参与"智慧城市"系列建设,推动当地融合型服务业务协同共进。

(三) 县级融媒体中心的建设发展现状

县级融媒体中心建设强调精准化,与地方经济社会发展实际、媒体资源基础条件等密切相关。因此,县级融媒体中心建设中不存在一个统一的样板。随着县级融媒体中心基本实现全国覆盖,各地结合自身发展实际,充分调动基层创新能力,探索出各具特色的建设模式。例如,东部地区的浙江省长兴县原有媒体资源较丰富,经济实力较强,基于此成立了长兴传媒集团,进行市场化运作;中部地区的江西省分宜县的媒体融合之路起步较早,着力推动体制机制改革,成立了正式机构分宜县融媒体中心,统一开展县域新闻宣传工作;西部地区的甘肃省玉门市的广播电视台实力较强,新媒体方面略显薄弱,便在广播电视台下设融媒体中心,主导县域媒体融合;东北地区的吉林省农安县则在县委宣传部的统筹下建立了融媒体中心,并接入了全省融媒体集群,实现了上下纵横贯通。可见,各地主导县级融媒体中心建设的主体有所差别。有的县由县委宣传部直接牵头建设;有的县则在宣传部指导下由县级广电部门主导建设;有的省份强调全局性,率先在省级层面出台相关政策统筹县级融媒体中心建设,并指派省级媒体为县级融媒体提供技术、内容、人才等资源支持;有的省份则更重视县级单位的实际情况和地方差异,鼓励县级融媒体自行探索发展模式。

在内容及功能建设上,县级融媒体中心以舆论引导为核心,将推动党和政府的声音向基层传播作为首要工作内容。在此基础上,一些县级融媒体探索出"新闻+政务""新闻+服务"等内容服务功能体系,充分利用县级融媒体的近地性和权威性,着力将自身打造为地方信息服务枢纽,嵌入基层治理体系,以"服务群众"促进"引导群众"。在内容采编流程上,各地县级融媒体中心基本通过流程管理、体制机制、技术平台等方面,实现了采编流程的重组和优化。显著的变化主要体现在:部分县级融媒体探索出"项目制""线上虚拟团队"等协作方式;形成了制度化的融媒体采编流程,绩效考核、人才培训等制度逐渐向新媒体端倾斜;打造了融媒体移动采编平台,基本实现了"一次采集、多元生成、多端传播",提升了内容生产效率。目前,县级融媒体中心技术系统基本都具备移动采编、一键签发、数据挖掘与分析、舆情监测管理等功能,为选题线索汇聚、采编过程管理、采编团队灵活调度与应急管理、传播效果监测与反馈等提供了技术支撑。

在经营管理上,目前多数县级融媒体中心的经费来源主要为政府财政拨款支持,具备独立经营造血能力的县级融媒体中心不多。广告仍然是县级融媒体创收的主要来源。然而,对于刚刚起步、辐射范围有限的县级融媒体而言,单靠广告收入是远远不够的,部分地方探索出创新性的经营方式。比如,浙江省长兴县融媒体中心通过融媒体建设模式输出及融媒体援建实现了创收、甘肃省玉门市融媒体中心参与了当地智慧城市建设等。县级融媒体中心另一个突出的经营管理问题是编制问题,即非在编人员占比高。为了充分调动工作人员的积极性,各地在绩效考核、人员晋升、人才引进等方面实行体制机制改革,推动实现"同工同酬"。浙江省长兴县融媒体中心以长兴传媒集团为主体,整个集团的聘用制人员占89%,事业编人员仅占11%。为了更好地调动在岗人员的工作积极性,长兴传媒集团采用"双聘+五档薪酬"的"双轨机制",打破编制内外人员的身份限制,以"按岗定薪、同岗同薪、量化考核、多劳多得"的模式进行分配,完全打通了档位和中层的晋升通道,形成了"五级贯通升降制度"。江西分宜县融媒体中心的"企业分开"机制与之有异曲同工之妙。该融媒体中心的32名在岗人员均为事业编制。为了招聘更多融媒体运营人才,江西分宜县融媒体中心成立了融美文化传媒公司,采用企业聘用制招聘专业人才,实现了人才引进。

(四)县级融媒体中心建设中存在的问题

我国县级融媒体中心建设主要面临以下几个核心问题,其中既有现实问题,也有历史遗留问题。这些问题解决与否及其解决程度关系到县级融媒体中心后续发展的可持续性,对于推动媒体融合向纵深发展具有重要意义。

1. 全国一窝蜂式建设,缺乏长期规划

各地缺少对于县级融媒体工作的基本认识,缺乏对于融媒体中心未来发展的长期规划。一些县不顾自身实际情况,削足适履,盲目模仿其他县市;一些县将县级融媒体中心建设视作政绩工程,导致资源浪费;一些县只是加挂一块"融媒体中心"的牌子,实际上并没有涉及生产流程、经营管理等深度融合环节。

2. 基层条件有限,难以保障人才

目前,各县融媒体工作普遍没有专业运营团队,缺乏既懂技术又懂媒体工作的专业人员。这是源于县级基层单位为专业技术人员提供的薪资待遇、发展机遇、生活环境等整体条件有限。人才难题始终是媒体发展道路上的巨大阻碍。县级环境对高端人才缺乏吸引力和缺乏专业人才引进制度、人才长期发展路径模糊等现实问题,制约了县级融媒体中心吸纳人才、留住人才,从而导致县级融媒体中心的发展浮于表面,停滞不前。

3. 资金缺口较大,缺乏盈利模式

融媒体中心建设涉及平台、技术、服务等的购买问题,在前期需要大量的财政资金投入。但县一级的财政支出有限,投入媒体建设的财政费用相较融媒体中心所需要的资金来说,通常都会存在很大的缺口。各县在新媒体平台建设上的财政投入相对较少,远远不能满足实际需要,其他资金来源渠道较少,而且在长期发展过程中,融媒体平台市场竞争力不足、缺乏可持续的盈利能力。

4. 技术标准不一，存在通用壁垒

目前市场上有多家提供县级融媒体系统技术服务的公司，许多省级传统媒体也利用自身的技术优势开发了适合县级融媒体中心的系统。可以说，县级融媒体的各大技术开发商和提供商仍然处于各自开发技术、争夺市场份额的阶段，缺少技术发展整体层面的沟通和规划，也没有统一的标准和规范，各个系统存在彼此不兼容的情况。技术的先天壁垒导致目前县级融媒体中心各自发展、无法打通的实际困难，各县往往只能在本县范围内建设融媒体中心，很难实现对外和向上的技术对接，无法真正形成横纵联通的媒体通路。

5. 党宣流于形式，深入基层不足

虽然各县都有意识地将融媒体中心与党宣工作相结合，在新形势下借助整合过的媒体资源丰富传播内容、创新传播手段、壮大主流意识形态阵地、提高党的声音的传播力和影响力，但其主要形式是在新媒体平台上开设一些党宣阵地，停留于传统内容和新媒体平台简单"相加"的层面，存在流于形式、工作不够深入和细致的问题。此外，面对农村群众文化水平有限、新媒体使用水平较低的情况，大部分县没有采取一些有针对性的融合措施向这些群众传播理论、政策、科技、法规、文化等，影响党的声音深入基层。

6. 传播效果薄弱，服务有待强化

由于县级融媒体平台面临中央和省级融媒体产品、商业新兴平台等带来的巨大挑战，加之很多中心在实际运营过程中只是几乎原封不动地将传统媒体模式下生产的内容照搬到新媒体平台，没有考虑到互动性和长远发展，因此新媒体布局较为混乱，传播效果不佳，服务功能欠缺。尤其是，政府服务功能领域需要强大的技术投入以及县域多部门配合，而目前各县在服务功能上较多以客户端链接形式实现政务服务功能，群众实际使用度不高，无法真正实现服务群众的目标。

第三节 我国媒体融合视角下的媒体经营与管理

2019年1月25日，中共中央政治局就全媒体时代和媒体融合发展举行第十二次集体学习，中共中央总书记习近平在主持学习时发表重要讲话，深刻阐明了媒体融合发展的时代大势，就推动媒体融合向纵深发展提出了明确要求。当前，全媒体不断发展，带来媒体格局、传播方式、舆论生态的深刻变化，媒体经营与管理工作面临新的机遇和挑战。肯取势者可为人先，能谋势者必有所成。可以看到，媒体融合已成为当下我国媒体产业发展的重要方向，促进着我国媒体行业逐渐向新媒体转型，带来了媒体组织经营与管理方式的变革。

一、媒体融合视角下媒体经营与管理面临的挑战

由于缺乏理念和机制的全面创新，我国的媒体融合工作并未取得理想的效果。具体来说，目前媒体融合或者表现为传统媒体通过引进技术、搭建平台而形成"多媒体组合"，或者表现为新兴互联网企业通过资本运作对传统媒体渠道实现"倒融合"。媒体融合总体来说形式大于内容，量变多于质变，面临诸多问题和挑战。

(一) 媒体管理理念尚未实现"新媒体化"

有的媒体机构不重视新媒体业务，将推进媒体融合当作一项政治任务来完成，为了融合而融合。它们对新媒体的重视仅仅停留在口号上和文件里，将传统媒体作为主体、将新媒体作为补充的信息搜集渠道与工具手段，忽视了新媒体在媒体融合中的核心地位和作用，缺乏思考，自我设限，因而难以将新媒体的思维渗透至具体业务层面。有的媒体领导用管理传统媒体的思维与经验来管理新媒体，往往在传统媒体业务与新媒体业务之间人为地设置壁垒，以条块分割的思路来管理新媒体业务，视网络事件如洪水猛兽，对待复杂的网络传播现象采取"一刀切"的官僚主义管理方式，陷入自上而下的"长官意志"与互联网"草根属性"格格不入的境况。

(二) 体制壁垒根深蒂固，难有全盘格局

我国传统媒体大多是在国家事业单位体制内进行管理，而互联网新媒体则是从企业和市场的环境中发展起来的，体制的不同导致了新旧媒体之间资源与地位的不对等。虽然国家在媒体融合方面加大了投入，但一些媒体没有转变传统思想观念，始终把传统媒体作为主体和主导，把新媒体业务作为附属和附庸，将人力、物力、财力集中在传统业务上，而非用于新媒体业务的应用和拓展。

(三) 缺乏符合实际情况的创新性融合设计

目前传统媒体对于媒体改革和融合的路径的探索还处于模仿和摸索阶段。例如，"中央厨房"式的融合路径一经提出，各媒体纷纷效仿，而不问此方法是否适合媒体自身实际情况。目前传统媒体没有打开融合思路，缺乏创新式、越顶式的全盘设计，还是主要采取"增量改革"的方式，通过修补与加法的途径来推进媒体融合，很多采用"传统媒体+N"模式，即从一张报纸发展为一张报纸加一个网站、一个客户端、几个微博微信账号。各模块之间貌合神离，对内容缺乏有效整合，没有形成统一的平台或者有机链条，不同的内容生产区块之间不能互通，导致信息不能共融共享，改革不愿意触碰庞大的传统媒体业务，难以见到大刀阔斧的媒体融合创新举措。[①]

---

① 谢新洲：《我国媒体融合的困境与出路》，《新闻与写作》2017年第1期，第32—35页。

二、融媒体经营与管理的新特点

习近平总书记强调,推动传统媒体和新兴媒体融合发展,要遵循新闻传播规律和新兴媒体发展规律,强化互联网思维,坚持传统媒体和新兴媒体优势互补、一体发展,坚持先进技术为支撑、内容建设为根本,推动传统媒体和新兴媒体在内容、渠道、平台、经营、管理等方面的深度融合,着力打造一批形态多样、手段先进、具有竞争力的新型主流媒体,建成几家拥有强大实力和传播力、公信力、影响力的新型媒体集团,形成立体多样、融合发展的现代传播体系;特别强调,要一手抓融合,一手抓管理。在媒体融合发展趋势下,媒体经营与管理在理念、对象、手段、方式等方面呈现出以下新的特点。

(一)技术管理与内容管理一体两翼

媒体融合发展要以先进技术为支撑,推动媒体产业快速发展的是信息技术、数字技术等的更新迭代。媒体融合发展早期,媒体界有一种消极观念认为,新兴媒体将完全取代传统媒体,新兴媒体与传统媒体之间的融合最终意味着传统媒体的消亡;也有一些新兴媒体高举"技术决定一切"的大旗,频显"非我莫属"的"豪情壮志"。[①] 党中央强调要以先进技术为支撑,以内容为根本,构建融合发展的两大驱动,正是为了发挥传统媒体和新媒体各自的相对优势,实现优势互补,将技术建设和内容建设摆在同等重要的位置,而非以一种媒体取代或消灭另一种媒体。舆论引导和内容治理是目的,新媒体技术是手段,技术管理与内容管理构成了融媒体管理的"一体两翼"。一方面,融媒体经营与管理要顺应媒体融合的技术发展趋势,重视技术研发和技术建设,加大相应投入,加强媒体组织的技术能力和新媒体技术未来发展的适应能力;另一方面,融媒体经营与管理要坚守舆论引导的核心职能,加强对网络传播环境、舆论环境、传播规律的研究和适应,做好内容管理和内容治理,彰显融媒体的社会效益。

(二)多元媒体、多种渠道管理

党中央强调的"深度融合"概念,意在打破传统媒体与新媒体之间的壁垒,以解决问题为目标,加快构建主流舆论阵地,夯实现代传播体系。"深度融合"的概念表明,新兴媒体与传统媒体之间不是简单的组合,亦非选择性的融合,而是传统媒体应当按照互联网思维在内容、渠道、平台、经营、管理等方面向新媒体转移。同时,互联网载体也主动整合传统媒体资源,彻底打破传统媒体单向的内容生产方式、传播方式和垂直型管理运营方式,营造出立体、互动、实时的复合型媒体新生态。因此,融媒体经营与管理是对多元媒体、多种渠道的经营管理。

---

① 谢新洲:《媒体联盟,实现了三个层面的融合》,《传媒观察》2014 年第 10 期,第 13—14 页。

(三) 受众成为信息传播者

互联网时代,人人都有了麦克风,人们既是信息的接收者、消费者,同时也成为信息的生产者和传播者。如果说传统媒体时代的报纸、杂志、广播、电视、出版等需要具有高专业素养的人员从事内容生产和传播工作,那么在基于互联网技术的发展出现的网站、微博、微信、电商等平台上,内容生产和传播门槛降低,普通网民同样得到了参与内容生产和传播的机会。在他们利用这些平台进行信息消费、享受生活便利的同时,用户生产内容也在成为网络内容生态的重要组成,甚至催生出职业游戏玩家、网络视频博主等新型职业。用户与技术之间、用户与媒体之间的关系发生根本性改变,因而传统媒体在新闻内容生产、信息传播方式、平台阵地搭建、内容服务创新以及内容产品经营方式等方面也在经历着根本性的变革。

三、融媒体经营与管理的发展趋势

媒体融合战略是出于我国主动适应媒体发展趋势和应对时代挑战的高度自觉,我国媒体行业正在进行一场自上而下的传媒生态大变革。历经多年的政策研究与基层实践,各部门、各层级媒体、各地均展开了有益的探索,积累了一定的经验,取得了一定的成效。因应媒体融合发展趋势下的技术革新、市场变化、政策沿革,媒体经营与管理呈现出新的发展趋势。

(一) 强化互联网思维

融媒体经营与管理更加强调互联网思维,强调对网络传播规律和新兴媒体发展规律的研究和遵循。如今,互联网已经成为媒体行业甚至人们日常生活的"操作系统",带来了媒体生态的深刻变革。互联网是底层技术架构,媒体组织开展经营与管理活动要适应它的发展规律和运行规则,推动组织架构扁平化改革、管理流程精准化和自动化升级、人才队伍新媒体化转型;要加大资源整合力度,优化资源配置方式,重点加强对内容资源和数据资源的挖掘和利用;要加强内容服务功能建设,形成融媒体独特的内容服务体系,以服务功能带动融媒体平台生态的构建;重视技术发展与建设,切实增强对未来媒体生态演变的前瞻性、预见性和把握力。

(二) 以用户为导向的创新

融媒体经营与管理更加强调以用户为导向,要求传统媒体突破旧有的单向传播思维,向互联网环境下的双向传播逻辑转移。以用户为导向,意味着内容供给侧将开展结构性改革,充分体察用户需求,重视用户反馈,加强用户连接,促进精准化、圈层化传播,切实提升融媒体内容生产与传播效能;意味着市场机制将被更广泛地引入融媒体经营与管理,更加重视融媒体传播效果评估,媒体组织的竞争意识显著增强,市场淘汰机制逐渐确立，倒逼媒体组织创新内容生产与传播方式、经营与管理方式。在此过程中，新媒体既是挑战，也是机遇。

（三）以体制机制问题为抓手的改革

创新的本质是解放和发展生产力。在媒体融合发展背景下，媒体组织（特别是传统媒体组织）面临诸多阻碍生产力提升的问题和瓶颈，其中体制机制问题最为棘手，也最为关键。例如，固有的管理体制带来的阻力并未被清除、现行的媒体管理法律法规不够健全、部分管理机制仍不通畅等。融媒体经营与管理要求加强制度建设和制度创新，打破传统管理思维，充分研究并体察新媒体传播及发展规律，加大鼓励基层创新力度，并善于应用基层创新成果，以体制机制改革和创新为抓手，为媒体组织优化经营管理模式，顺应新媒体发展趋势、融媒体政策趋势提供保障。

 小 结

本章我们主要讨论了媒体融合背景下的媒体经营与管理。媒体融合是历史的选择，是媒体技术发展的产物；它既遵循了媒体发展的客观规律，也体现了我国媒体行业主动顺应技术发展趋势的远见卓识。以互联网为代表的新媒体技术为媒体经营与管理活动带来了创新活力，传统媒体在经营压力和技术机遇下开始向新媒体化转型。在我国的传媒管理体制下，我国媒体融合发展呈现出鲜明的"中国特色"，并随着新媒体技术的发展呈现出阶段性特征。如今，媒体融合发展趋势已从试点到全局、从中央到地方蔓延开来，并进入向纵深发展的新阶段。媒体经营与管理从理念到方式、从内涵到范围都在经历深刻的变革。未来，融媒体经营与管理势必成为新媒体环境下媒体经营与管理的关键议题，值得我们持续关注和研究。

◆ 思考题

1. 你是如何理解媒体融合的？
2. 传统媒体真的会被新兴媒体所取代吗？你是如何看待这种观点的？
3. 我国的媒体融合与世界其他国家的媒体融合有什么不同点？
4. 如何看待传统媒体在媒体融合发展进程中的发展变化？
5. 地市级媒体在媒体融合中的地位如何？
6. 县级融媒体中心面临的困难和挑战有哪些？
7. 请分析一个媒体组织在媒体融合背景下改革创新的案例。
8. 媒体融合背景下，媒体经营管理面临哪些挑战？
9. 如何看待融媒体经营管理的特点与趋势？
10. 随着新技术的发展，试着展望一下未来媒体融合的发展及其带来的挑战。

◆ **推荐阅读**

谢新洲等编著:《鉴往知来:媒体融合源起与发展》,人民日报出版社 2020 年版。

谢新洲等:《见微知著:地县媒体融合创新实践》,人民出版社 2020 年版。

谢新洲等:《县级融媒体中心建设:理论与实践》,电子工业出版社 2019 年版。

谢新洲:《融合传播,小心别进这三条死胡同》,《中国报业》2016 年第 13 期,第 35 页。

谢新洲:《我国媒体融合的困境与出路》,《新闻与写作》2017 年第 1 期,第 32—35 页。

谢新洲:《用发展的理论解决发展中的问题》,《青年记者》2018 年第 28 期,第 33 页。

第一版后记

我们正处在一个急剧变革的时代。政策、技术和市场推动媒体自身乃至生存环境发生着重大的变革。进入21世纪以来，主要发达国家相继出台了促进文化产业发展的政策。我国政府于2009年7月审议通过了《文化产业振兴规划》，把文化产业上升为国家的战略性产业。传媒业作为文化产业的核心，加快了改革与发展的步伐。新的媒体技术层出不穷，新旧媒体的竞争与合作改变着媒介生态环境。在政策与技术的推动下，媒介市场被悄然重塑，跨区域、跨媒体，乃至全球化的市场格局已经初见端倪。

在上述原因共同作用下，无论是政府对传媒业的宏观管理，还是媒介企业内部的微观管理，无论是媒介市场、媒介产品、营销渠道，还是媒介消费者的获取方式与消费方式等，都发生着急剧的变化。

多年来，我们客观、冷静地注视着传媒业的改变，准备组织编写一部体系合理、内容丰富又充分体现时代特色的媒介经营与管理教材，但是由于贪恋追求新变化、新发展，书稿在翻来覆去的修改中迟迟不得出版。为了体现产业发展的新动向和学科研究的新进展，我们立足前沿，力争使用最新的数据与资料。但是，我们"喜新但不厌旧"，通过对教材体系的设计和内容的科学安排，深入浅出地展示百家观点，引导和启发学生站在"巨人的肩膀"上思考。同时，我们致力于推动媒介经营与管理研究的现代化和规范化，既体现学界对产业现实问题的深切关注，同时反映业界对理论创新的不懈追求，希望能够对传媒业的发展有一定的指导和参考价值。

本书是集体智慧的结晶。央视-索福瑞媒介研究机构对本书的写作提供了无私的支持。学界和业界的一些专家和我指导的硕士、博士研究生参与了编撰工作，书稿从酝酿至今已经数载，历经十余次修改甚至是重写，已经很难一一列举出每一章的作者，因为这本书的每一个章节都凝聚着大家的思考和心血，在此一并表示感谢。郑维东、徐金灿、王洪波、王靖华、严富昌、田丽、陈晓洲、邵华冬、王建平、王锡苓、孙莉、姚慧、李泾、张天莉、左瀚颖、鞠宏磊、张炀等参与了本书的写作；硕士研究生安静、刘青、王舒颖和李梦茹参与了本书的资料收集与核实工作。没有大家的努力和智慧,本书的出版是难以完成的。

本书在写作过程中,参考引用了大量的文献和数据,特向这些作者表示衷心感谢!行文中对于标注十分小心谨慎,如有疏漏之处,在此特表歉意!

本书的编写得到了北京大学新闻与传播学院的大力支持。感谢北京大学新闻与传播学院领导和老师们的支持与提出的有益建议,感谢这十年来听过我讲授"媒介经营与管理"这门课的同学,是你们的聪慧与激励给了我们坚持的力量。

书中难免存在不足和疏漏之处,恳请读者批评指正。

谢新洲
2011 年 1 月

第二版后记

我们正处在一个急剧变革的时代。政策、技术和市场推动媒体自身乃至生存环境发生着重大的变革。进入 21 世纪以来，主要发达国家相继出台了促进文化产业发展的政策。我国政府于 2009 年 7 月审议通过了《文化产业振兴规划》，把文化产业上升为国家的战略性产业。

"十二五"规划第一次明确提出，要推动文化产业成为国民经济支柱性产业。"十三五"规划进一步提出，要加快发展现代文化产业，推进文化业态创新，大力发展创意文化产业。"十四五"规划则提出，要健全现代文化产业体系和市场体系。

媒介产业作为文化产业的核心，加快了改革与发展的步伐。新的媒介技术层出不穷，新旧媒体的竞争与合作改变着媒介生态环境。在政策与技术的推动下，媒介市场被悄然重塑，跨区域、跨媒介，乃至全球化的市场格局逐渐成形。在上述因素的共同作用下，无论是政府对媒介产业的宏观管理，还是企业内部的微观管理，无论是媒介市场、媒介产品、营销渠道，还是消费者的消费方式等，都发生着急剧的变化。本书的目的正是在于记录和洞悉这些进行中的变化。

本书自 2011 年推出以来，受到了学界、业界的一致好评，许多学校都推荐使用本书作为相关课程教材。这是对编者的莫大肯定，也突显了一部体系合理、深入浅出又充分体现时代特色的媒介经营与管理教材的重要性。

2014 年，北京大学出版社专门就本教材举办了研讨会，来自全国多所高校的老师们拨冗参加，为本教材的修订提供了宝贵的意见。互联网时代，媒介产业面对的内外部环境发生了彻底性的变革。为适应新变化，及时吸纳新观点和新方法，一些老师、学者鼓励编者修订《媒介经营与管理》。随着印刷次数的不断增加以及越来越多的高校选用该书，在编者感受到鼓舞的同时，进一步完善它的愿望变得愈加强烈。经过几年的不懈努力，在谢新洲教授的主持下，编校组终于完成了此次修订。

在此次修订中，我们力图以更加全面、客观、审慎的眼光关注传媒业近十余年的新动向,更新传统理论,回应现实问题,以架设起学界和业界沟通的桥梁。首先,从技术进步看,互联网的超文本、交互性与多媒体等技术特征改变了传统媒体的单向传播模式。以计算机技术、通信技术、网络技术为代表的信息技术的发展催生了网络媒体。互联网作为新媒介,全面影响了用户获取和传播信息的路径,乃至其工作与生活的方式。其次,从体制机制变革看,在《关于推动传统媒体和新兴媒体融合发展的指导意见》的政策引领下,传媒业开启了自上而下的媒体融合发展阶段,着力打造一批形态多样、手段先进、具有竞争力的新型主流媒体,建成几家拥有强大实力和传播力、公信力、影响力的新型媒体集团,形成立体多样、融合发展的现代传播体系。最后,从竞争环境看,以互联网为代表的新媒体产业获得了急剧的扩张与发展,不断挤压传统媒体的生存空间,传统媒体备感竞争压力。电视业、广播业和全国重点新闻网站等广泛开展内容增值服务以迎合市场需求。这些变化为我们提供了充足的研究素材,但也对我们发现问题、分析问题、解决问题的能力提出了一定的挑战,亟须细致而深入地思考。

修订并不意味着完全否定,更多是与时俱进,让教材的使用者,无论是老师,还是同学,可以更加便捷地发现、获取、掌握相关知识,完成教与学的双重任务。其中,更正错漏之处成为改善用户体验的首要之举。本版教材主要做了如下具体调整:

第一,体系和结构调整。本版教材被显著分割成三编,即"媒介经营""媒体管理"和"媒体创新"。每编都加了导语,统领各编。同时,各章节后附有思考题和延伸阅读材料,以问题为导向,激发使用者的研究兴趣,深化其理解和认识。思考题的答案也许可以浓缩为一句话,同样可能丰富成一篇研究论文。其中,独立思考的意义远在答案的正确性之上。

第二,重点关注新媒体对传统媒体的冲击。考虑到媒介经营与管理的环境变化,本版教材对原有内容进行了适当增减,重点关注新媒体环境下的新特点、新趋势。比如,媒体生产中增加了"信息服务"一节;广告经营模式中增加了"混合经营模式",并根据《中华人民共和国广告法》的修订相应调整了部分内容;媒体管理机构和体制中,删减了原新闻出版总署、原国家广播电视总局和国务院新闻办相关内容,增加了新闻出版广电总局和国家网信办的相关内容。诸如此类,不一一列举。

第三,基于创新的重要性,全书变化最多的是"媒体创新"一编。该编由原来一章增加为三章,重点介绍了创新思维的培养、媒介产业在文化体制改革中的创新、媒体整合与全面创新的要求等内容,其核心是围绕媒体制度创新,提高我国媒介经营与管理能力。

第四,数据的系统更新。数据是媒介经营与管理的基础,更新数据的意义不仅在于获得最新的素材,也希望通过数据的变化发现规律。因此,此项工作"永远在路上",直到付梓。

我们"喜新但不厌旧",通过对教材体系的设计和内容的科学安排,深入浅出地展示百家观点,引导和启发学生站在"巨人的肩膀"上思考。同时,我们致力于推动媒介经营管理研究的现代化和规范化,既体现学界对产业现实问题的深切关注,同时反映业界对理论创新的不懈追求,希望能够对传媒业的发展有一定的指导和参考价值。

本书是集体智慧的结晶。本书编写工作由谢新洲教授主持,参与编写的有石林、杜燕、宋琢、李佳伦、林彦君、潘援、温婧、黄杨、胡宏超、金光耀、彭昊程。为了追赶媒介技术、市场、行业快速发展与变化的脚步,其间我们补充走访了一些媒体组织和从业人员,新增或更新了大量一手资料,也感谢他们对本书的贡献与支持。没有大家的努力和智慧,本书的出版是难以完成的。

本书在写作过程中,参考引用了大量的文献和数据,特向这些作者表示衷心感谢!行文中对于标注十分小心谨慎,如有疏漏之处,在此特表歉意!

本书的编写得到了北京大学新媒体研究院的大力支持。感谢北京大学新媒体研究院领导和老师们的支持与提出的有益建议,感谢这十多年来听过我们讲授"媒介经营与管理"这门课的同学,是你们的聪慧与激励给了我们坚持的力量。

最后,热忱欢迎各位老师和同学提出宝贵意见,以便不断完善本教材。

编　者

2022 年 12 月

教师反馈及教辅申请表

北京大学出版社本着"教材优先、学术为本"的出版宗旨,竭诚为广大高等院校师生服务。

本书配有教学课件,获取方法:

第一步,扫描右侧二维码,或直接微信搜索公众号"北大出版社社科图书",进行关注;

第二步,点击菜单栏"教辅资源"—"在线申请",填写相关信息后点击提交。

如果您不使用微信,请填写完整以下表格后拍照发到 ss@pup.cn。我们会在 1—2 个工作日内将相关资料发送到您的邮箱。

书名		书号	978-7-301-	作者	
您的姓名				职称、职务	
学校及院系					
您所讲授的课程名称					
授课学生类型(可多选)		□ 本科一、二年级 □ 高职、高专 □ 其他_____		□ 本科三、四年级 □ 研究生	
每学期学生人数		_____人		学时	
手机号码(必填)				QQ	
电子信箱(必填)					
您对本书的建议:					

我们的联系方式:

北京大学出版社社会科学编辑室

通信地址:北京市海淀区成府路 205 号,100871

电子信箱:ss@pup.cn

电话:010-62753121 / 62765016

微信公众号:北大出版社社科图书(ss_book)

新浪微博:@未名社科-北大图书

网址:http://www.pup.cn